主 编 李育民

近代中外条约关系通史

第 7 卷

平等条约关系的基本形成及历史新趋向

(1937—1949)

侯中军 著

中 华 书 局

目　录

导　言

　　"七七"事变爆发后，救亡图存成为压倒一切的任务。从中外条约关系而言，如何在现有的条约体系内找到有利于中国抗战的因素，是国民政府面临的新挑战，归根到底在于：如何最大可能地获取外援，最大可能限制日本。国民政府对此时中国所参加的国际公约寄予厚望，希望通过公约组织的机制制裁日本，但事实证明，公约组织无法完成此项任务。国联会议、布鲁塞尔会议均未能实现制裁日本的目的。在双边条约关系上，中国取得了进展，最为重要的成果是签订了中苏《不侵犯条约》，为获得苏联的援助扫清了障碍。虽然中日之间已经处于实际上的战争状态，但双方并未宣战，中日双方如何理解和应对已经名存实亡的中日条约关系，构成了此时期中外条约关系的显著特征。

　　中日之间的条约关系因战争的爆发事实上已经中止，中国驻日使馆也在坚持了一段时间后被迫撤离。对于此时中日条约关系的认识，需要清楚这一状况：尽管双方已经处于战争状态，但双边条约仍未公开宣布废除。中日双方对于是否宣战的研判，也处于一种看似矛盾的状态：双方均认为宣战的结果是弊多利少，尽力避免宣战。这种战而不宣的结果之一就是造成很多战时公约对于中日双方并不适用。相应地，由于中日双方并未宣战，除中日之外的其他双边条约关系也在涉及中日关系时存有一种模糊的中间地带。抗战前期英美等国对日制裁犹豫不决，未能坚决对日实行封锁和禁运，也与此种战而不宣下的条约关系有关。本卷对于中日宣战问题做了较为详细的梳理，这对于理解此时期的中日条约关系及中国与其他国家间的条约关系，提供了一个国际法的观察角度。

　　本卷提出，虽然"九一八"事变打断了中国的废约进程，但战时中国的学术界和舆论界对于废约的呼声从未停止，并为将来可能的废约模式进行了理论上的探讨。这些前期的理论探讨为抗战废约的实现提供了基本的依据，并为国民政府从政策上调整做好了准备。为了鼓舞中国抗战，欧战爆发后，英美均曾在不同场合表示将在战后放弃在华治外法权及其他条约特权。太平洋战争爆发后，英美决定战时废约，提前放弃在华条约特权，以鼓舞中国军民的士气。1943 年 1 月 11 日，经过谈判，中英、中美最终签署了放弃两国在华治外法权及其他条约特权的协议。中英、中美新约的签订，标志着近代中外条约关系由不平等转向基本平等，由此掀起了一波废约的高潮，其他国家先后放弃在华条约特权。

需要注意的是，英美等虽然率先放弃在华条约特权，做出了废约的表率，但中国与其他国家的废约谈判之路并非畅通无阻。为废止旧约订立新约，中国与荷兰一直谈谈停停，因在一些具体权益上的不同解释，双方甚至一直拖到了战争结束前夕方签订新约。即使英国，其在放弃治外法权的同时，仍对旧有殖民权益紧抓不放，香港问题成为中英之间的一个主要谈判障碍。本卷在中英条约关系变迁中特别论述了中英之间的分歧，尤其是列立专章讨论中英新约订立后的商约谈判。

本卷对于平等条约关系的普遍建立这一历史进程进行系统论述，重点关注了中美、中苏、中英等国家。对于其他国家也给予了适当的关注，尽可能全面展现条约关系转换的历史进程。本卷还试图从理论上论述战后条约关系的复杂性质，认为理想中的中外平等条约关系并未完全实现。具体而言，战后的条约关系并非完全按照国际法的原则建立，强权政治、大国政治的影响无处不在。《中美商约》、中苏《友好同盟条约》两章阐释了这一条约关系趋势。对于不平等条约这一概念的理解，学界一直存有多种争论，战后条约关系的演进为学界的争论提供了更多可以讨论的案例。

需要看到，在中外条约关系从不平等到基本平等的转变过程中，由于中国共产党坚持了正确的路线，发挥了举足轻重的作用。自中国共产党诞生后，在实现民族解放和国家独立的伟大斗争中，坚持完全彻底的废约方针，并为此作了艰苦卓绝的奋斗，也由此注定了中外条约关系的历史趋向。抗战胜利之后，中国共产党继续进行这一斗争，反对各种新形式的不平等条约。中华人民共和国成立后，彻底清除了不平等条约的残余。

第一章　战而不宣状态下中日条约关系的变化

"七七"事变爆发后，中日之间进入事实上的战争状态，中国的修约进程被迫中断。虽然在太平洋战争爆发之前中日之间均未宣战，但事实上的战争状态已经影响到了中外条约关系：一方面，随着战争的持续，中日之间的条约关系已经中止；另一方面，中国与其他国家的双边关系亦因战争发生了相应变化。"九一八"事变后，日本扶植成立伪满洲国，"七七"事变后又建立了汪伪政权，两个傀儡政权均与日本订立条约，而此部分条约未经当时中国中央政府的批准，属于中外条约关系的另类。①

---

① 本章所论述的伪满条约属于追溯性质，目的在于全面介绍中日条约关系中的这一特殊类别。

第一节　中日间条约关系的彻底断绝

一、"七七"事变后国民政府对于宣战及废除中日条约的讨论

"七七"事变后，国民政府对于是否宣战，是否废除日本在华条约特权，都进行过详细的讨论。国民政府的这些讨论，对于处理战时中日之间的条约关系起到了理论上的指导作用，为太平洋战争爆发后迅速对日宣战做了充分的前期准备。

从国际法一般程序而言，宣战作为一种法律程序有其特定的构成要素，"一般在宣战书中声明作战的理由和决心，或提出最后通牒"。"最后通牒是一种有条件的宣战书"，通过通牒向对方提出最后的绝对要求，并限期答复，如对方不如期接受要求，即采取战争手段。[①] 宣战作为开始战争的一种标志，在过去往往有些庄严的仪式，但近代以来，这些仪式都已绝迹，即通过简单的通知来实现。但是必须遵循两个条件：一是"宣战必须是明确无误的"；二是"必须说明诉诸武力的理由"。[②] 如以此判断，"七七"事变后中日两国所做的声明均未能构成宣战文件。

卢沟桥事变爆发后的一段时期内，蒋介石及国民政府内部分人士曾考虑过对日宣战问题。但在平津沦陷前，国民政府内部讨论的并非宣战的法律手续问题，而是是否断绝国交的问题，以及可否通过划定交战区域而避免宣战。1937 年 7 月 16 日，在为应对日本侵略而召集的统帅部第六次会议上，何应钦提出："现我须全部准备，但究竟局部化与全部化，何者于我有利，在国际公法上手续如何？均须详为研究。"[③] 7 月 17 日，经与外交部协商，统帅部会议决定了一旦中日正式冲突中国应采取的外交手段及措施数条，

---

① 王铁崖：《国际法》，法律出版社，1995 年，第 457 页。
② ［英］劳特派特修订：《奥本海国际法》下卷第 1 分册，第 94 目"宣战"，商务印书馆，1989 年，第 215 页。
③ 《卢沟桥事件第六次会报》，1937 年 7 月 16 日，《民国档案》1987 年第 2 期，第 9 页。

其中第一条是"正式冲突后，外交部即发表一正式宣言，叙明日本对我压迫，我不能不自卫之理由"。这里所提及的自卫声明与宣战布告是不同的。讨论结果的第二条是是否断绝国交。会议认为：一旦断绝中日国交，"日方可以行使交战国之权利，我方则不能享此交战国权利。"这里的权利侧重的仍是军事方面的，比如日本可以通过绝对优势的海军封锁中国，禁止军需品输入；因租界的存在，日本侨民可以在英法租界内从事敌对活动。① 这些具体的应对措施，与宣战所涉及国家间条约及国际政治后果等尚不在一个层面。

面对日本在华北步步紧逼的军事态势，蒋介石在 7 月 17 日于庐山发表应战谈话，19 日向外界公开发表。该谈话从法律层面而言，并未构成宣战文件，更多地类似于一个自卫声明。平津沦陷后，原先所考虑的是局部战争还是全面战争的问题已经有了答案。战争的扩大已经是必然。蒋介石此时在宣战问题上仍处于慎重考虑之中，"宣战时间与作用，以对内关系，不可不注重"。② 8 月 7 日，蒋介石召集国防会议，军事各部会长官及阎锡山、白崇禧、余汉谋、何键、刘湘等参加。蒋介石呼吁国内各派放弃派系之争，"为民族为国家多多的发表意见，务须完全站在民族的立场上着想，不要以个人的主见来主观的判断，完全要拿实际的状况，替国家做一个总的打算"。③ 汪精卫提出宣布断绝国交"予日以严重态度，表示中国的坚毅决心"。林森认为宣布断绝国交影响战事，应"不宣而战，有利于我甚多"。会议总结时提议，如果决定抗战，请起立表示同意。与会代表即不约而同起立决心抗战，约定共同遵守大会决议：一、"在未正式宣战以前，与彼交涉仍不轻弃和平"；二、"今后军事外交上各方之态度，均听从中央之指挥与处置"。④

1937 年 8 月 13 日，淞沪抗战爆发，中日战争已发展成事实上的全面战争。8 月 14 日，国防最高会议召开第一次全体会议，决定"暂不取宣战或断

---

① 《卢沟桥事件第七次会报》，1937 年 7 月 17 日，《民国档案》1987 年第 2 期，第 10 页。

② 《蒋介石日记》，1937 年 8 月 1 日，斯坦福大学藏中国社会科学院近代史研究所抄本。

③ 《国防会议记录》，1937 年 8 月 7 日，中国史学会、中国社会科学院近代史研究所编：《抗日战争》第四卷（上），四川人民出版社，1997 年，第 119 页。

④ 《国防会议记录》，1937 年 8 月 7 日，中国史学会、中国社会科学院近代史研究所编：《抗日战争》第四卷（上），第 120—121 页。

绝国交方式",从外交上仍"向英、法、俄接洽,诉诸国联"。① 同日,国民政府对外发布《自卫抗战声明》:"中国之领土主权,已横受日本之侵略;国联盟约、九国公约、非战公约,已为日本破坏无余","中国以责任所在,自应尽其能力,以维护领土主权及维护上述各种条约之尊严。中国决不放弃领土之任何部分,遇有侵略,惟有实行天赋之自卫权以应之。"②

虽然决定暂不宣战,但并不意味着在国家对外关系上无事可做。8 月 26 日,国民党中央政治委员会建议国防最高会议应从国际政治上考虑所必须准备之事,"唯国际政治问题之亟待进行者,其重要性或不减于军事,否则恐战场中虽有重大之牺牲,而政治上并不收获相当之代价,则百年来空前之机会未免失之可惜"。国民党中央政治委员会建议:一、为收回关税自主权,先行解雇海关日籍职员;二、取消在华日本人的治外法权。中央政治委员会认为,不论是否断绝中日国交,收回关税自主及治外法权属于单方面停止两国家间的条约,而"条约之片面停止生效而并不为断绝国交之表示,希特勒政府已先我而为之"。即使各国出面调停,亦应先行提出且"请求不妨具体,不妨扩大","先将此等问题解决,则以后言和果实,有利于我国"。③

国民党中央政治委员会的提议已开始涉及宣战布告等实质性问题。自近代以来,日本通过历次对华施压所取得的协定关税及治外法权、租界、使馆区等率为侵犯中国主权的条款,这些条款构成了日本在华特权的重大方面。此时领土等问题尚未涉及。之后,国民政府的宣战准备工作并未脱出此范围,仍局限于一些具体的措施。9 月 1 日,在国防最高会议第三次会议上,蒋介石汇报军事与外交进展时就宣战问题称:"中国为自卫而抗战,不采宣战方式,故暂不公布大本营之组织。"④

在民间舆论上,对日是否宣战亦有不同看法,认为不宜宣战的声音一直

---

① 林美莉编:《王世杰日记》,1937 年 8 月 14 日,台北"中研院"近代史研究所,2013 年,第 32 页。

② 《国民政府自卫抗战声明书》,1937 年 8 月 14 日,中国第二历史档案馆编:《中华民国史档案资料汇编》第五辑第二编《外交》,江苏古籍出版社,1997 年,第 27 页。

③ 《国民党中央政治委员会致国防最高会议》,1937 年 8 月 26 日,王建朗主编:《中华民国时期外交文献汇编 1911—1949》第七卷(上),中华书局,2015 年,第 37—39 页。

④ 《出席国防最高会议第三次会议,报告最近军事外交》,1937 年 9 月 1 日,吕芳上主编:《蒋中正先生年谱长编》第 5 册,台北"国史馆"、中正纪念堂管理处、财团法人中正文教基金会,2014 年,第 397 页。

存在。在布鲁塞尔会议召开之前，上海市文化界救亡协会认为：社会上主张对日绝交宣战的声音是错误的观念，"我国为自卫而应战，并无宣战之必要"。事实上，日本大使馆驻华人员已经离开中国，日本驻华侨民几乎全部撤退；同样地，中国驻日大使馆亦已经完全停止活动，"两国外交关系事实上早已中断"。虽不主张宣战，但该协会建议政府为纠正所谓妥协观念，仍须采取对外措施：一是"宣布停付对日债务"；二是"对于日侨及日本在华公私财产，按照大战时对德、奥办法，分别加以处置"；三是"即行召回驻日大使馆人员"；四是"委托第三国代任保护我国家及人民在日本之利益"。①

　　南京陷落后，对宣战问题的考虑开始转向日本是否会对华宣战的问题，该问题曾一度占据国民政府内部思考宣战问题的主要方面。王世杰向国防最高会议建议研究日本对华宣战的可能，并批评外交部"一切问题，均缺乏准备；其行动均缺乏自动精神"。② 随着战局的进展，王世杰在 1938 年 3 月 7 日的军委会参事室座谈会上，提出了对于日本宣战问题的研判，认为日本是否对华宣战将取决于英国的态度；如果英德谈判成功，日本不敢对华宣战，如果英德谈判失败，则日本必将对华宣战。对于日本宣战的利害关系，王世杰认为利少害多，"一旦宣战，我国海上交通即全部断绝，此际我国在外交上究应如何应付，对英、美、法、俄等国，希望其采取何种态度，皆应及早准备，预先向各国提出，以免临时措手不及"。③

　　事实上，在 1938 年 1 月 26 日，中国驻美大使王正廷已经向美国政府探询态度，以便明确日本对华宣战后美国的做法。王正廷询问美国国务卿赫尔（Cordell Hull）："如果日本对华宣战，美国将采取何种政策？"赫尔回答道："一旦形势发展到日本对华宣战的地步，美国自当与中国协商，但现在讨论这个问题为时尚早"。赫尔虽然委婉表达美方的态度，但亦表明对中日之间

---

① 《上海市文化界救亡协会国际宣传委员会对九国公约会议开会前后我国外交政策意见书呈》，1937 年 10 月 25 日，中国第二历史档案馆编：《中华民国史档案资料汇编》第五辑第二编《外交》，第 29—30 页。

② 林美莉编：《王世杰日记》，1938 年 2 月 26 日，第 95 页。

③ 《关于抗战外交及国民精神总动员——军委会参事室座谈会记录》，1938 年 3 月 7 日，《中华民国史档案资料汇编》第五辑第二编《外交》，第 53 页。

的现状非常了解。①

蒋介石一直在考虑日本是否对华宣战的问题。1月14日在思考日本对华方针时，蒋介石把日本对华宣战问题排在首位，其次是日本否认国民政府问题。在15日雪耻日记中记道："此一星期中敌人以宣战否认国府与继续军事行动等等威胁逼近，无所不至可云极矣。以余视之不值一笑，无论其出于如何举动，皆不能摇动我抗战之决心与信心。"② 2月11日，蒋介石认为，日军在心理上已经受到挫败，"抵御外侮篇发表后，敌国装作不闻，是其不敢再提宣战矣"。③ 在3月7日的参事室会议上，蒋介石听取了王世杰等人的讨论后，提出："日本如欲对我宣战，必不出最近两月以内，逾此期限，英国第一期海军军备完成，其远东兵力即充实，且我国军队经此两月整顿补充，亦可加强，彼时日本即不能不有所顾虑。"故蒋判断"在六月以前，为我国最危险时期，但自三月十五日起，美国海军举行太平洋大演习四十五日，故日本亦不得不暗中防备"。④

1938年6月份，美国从秘密情报中得悉，日本对华宣战的可能性大增。6月22日，美国驻日大使格鲁以绝密形式致电国务卿赫尔：据日本东京《日日新闻》报道，宇垣缠正在积极考虑对华宣战。该报道还称，尽管宇垣缠表示他本人仍在尽力争取通过外交渠道解决中日冲突，但有关国家不会主动停止向中国供应武器，他无法说服这些国家去衡量宣战与否的利弊。格鲁在电报中还表示，近期日本陆军和海军方面都在向东京提交为最后决定所需的各种数据。⑤

从卢沟桥事变至1938年初，中国政府内部曾考虑是否对日宣战问题。经过最初的研判，中方认为宣战对中国不利之处较多，决定不宣战，仅示以中国抗战的决心。此种做法的目的在于拖延决战关头的来临，为中国抗战做

---

① Memorandum of Conversation，by the Secretary of State，January 26，1938，Foreign Relations of the United States：1938 Volume Ⅲ，Washington D. C. ：United Sates Government Printing Office，1954，pp. 54-55.

② 《蒋介石日记》，1938年1月15日，斯坦福大学藏中国社会科学院近代史研究所抄本。

③ 《蒋介石日记》，1938年2月11日。

④ 《关于抗战外交及国民精神总动员——军委会参事室座谈会记录》，1938年3月7日，《民国档案》1995年第1期，第55页。

⑤ From Gray to Secretary of State，June 22，1938，Hornbeck Papers，Box 148，Palo Alto：Hoover Archives.

准备。但随着战事的进展，日本是否会对华宣战开始困扰国民政府决策层。中国虽然决定暂不宣战，但如果一旦日本对华宣战，中国将如何应对？此后的宣战对策研讨主要是以假想日本对华宣战而展开的。

二、 日本对于宣战及中日条约关系的分析

在中国研判是否对日宣战问题时，日本也在研究同样的问题。日本对于宣战及中日条约关系的分析，可以为全面理解中日宣战问题提供另外的视角。卢沟桥事变爆发后，日本走上全面军事侵华的战争道路，占领平津后，中日双方的战争焦点集中于上海。此时，日本政府内部开始考虑是否对华宣战。

1937 年 8 月 15 日，日本政府为扩大侵华战争发表声明，称："中国方面如此轻侮帝国，非法残暴无所不至，我在华侨民的生命财产，限于危殆，帝国隐忍已达极限。为膺惩中国军之暴戾，促使南京政府反省，今已不得不采取断然措施。"[①] 该声明形式上只是一个对华采取军事行动的理由，并不具备宣战的国际法效力。需要注意的是，声明仍强调日本军事行动的目的在于"日华提携"，取得"日满华三国融合提携之实效"。[②] 1937 年 8 月 25 日，日本首相、陆相、海相、外相举行四相会议，围绕是否宣战交换意见。经过商讨，四相会议决定暂时搁置对华宣战问题，因此问题"利害得失错综复杂"，一时之间尚难以判断宣战是否有利于日本。为了给已进行的全面侵华战争以一定的借口，四相会议决定以天皇诏书的形式表达。9 月 4 日，在第 72 届帝国会议开幕式上，天皇发布了战争诏书："中华民国不理解帝国之真意，肆意制造事端，以致有今日之事变。朕对此深为遗憾。今朕之军人正排除万难发挥忠勇，只为促使中华民国醒悟，迅速确立东亚之和平，别无它意。"[③] 此诏书是对日本国内的战争传达，并不具备宣战布告的形式和实质要件。

---

① 日本防卫厅防卫研究所战史室编：《日本军国主义侵华资料长编——大本营陆军部摘译》，四川人民出版社，1987 年，第 344 页。
② 日本防卫厅防卫研究所战史室编：《日本军国主义侵华资料长编——大本营陆军部摘译》，第 344 页。
③ 《日本天皇致第 72 届帝国议会开幕式诏书》，1937 年 9 月 4 日，中国史学会、中国社会科学院近代史研究所编：《抗日战争》第四卷（上），第 123 页。

至 1937 年 11 月，日本相关部门就围绕是否宣战的问题各自提出了详细的意见。外务省通商局认为：就中日间现有条约与合同而言，如宣战，将直接影响四项在华经济特权。其一，日本政府在国民政府统治区内的公私财产将被没收或扣押。其二，丧失在华债权。"庚子赔款与对其他矿山、铁路之国家及私人债权，私人借款、赊销货款等将完全取消"。其三，条约特权之丧失。日本在华特权如治外法权、租界、内河航行权及沿海贸易权、专卖权等方面的特权均将丧失。其四，海关、盐务、邮政等所被聘用之日本人将被清退。通商局指出：第一、第二、第三项在日本取得胜利后，可以获得赔偿，但中国是否有能力支付是个问题。[①] 宣战后的对华限制措施必须以香港及越南沿海为中心，并延伸至新加坡，"遭受打击最大者为英国"，英国必将进一步联合各国对日本进行经济封锁。[②]

相较于日本外务省通商局对宣战利弊的分析，国民党中央政治委员会所提议的对日措施则较为简单直接，缺乏基于国际关系及中日两国历史的整体分析；政治、外交方面的考虑，则基本上未能体现于国民党中央政治委员会最初的构想中。

日本海军省所提交的分析，则侧重于分析日本对外关系及条约利益方面的得失。海军省认为：如果对华正式宣战，日本对外关系上有七个有利方面：封锁中国沿海，杜绝中国的海上贸易，给中国以经济上的打击；禁止第三国对华输出武器和军用物资；消磨中国人的抗战意志；炮轰南京等地，可要求第三国撤离；利用军队占领地区；没收占领区的船只、财产；战后交涉时可以对东北、内蒙古、华北、上海等地提出更多要求。[③] 海军省同样认为，宣战对日本对外关系所造成的不利之处也是很明显的。宣战将以中国全体国民为敌，与过去声明"以日华合作共存共荣为目标，以有利于东亚安定"相背，因而要强调此次出兵并非敌视中国民众，"只是征讨执行错误的排日政

---

① 《宣战布告对日本经济之影响》，1937 年 11 月 6 日，王建朗主编：《中华民国时期外交文献汇编 1911—1949》第七卷（上），第 39—42 页。

② 《宣战布告对日本经济之影响》，1937 年 11 月 6 日，王建朗主编：《中华民国时期外交文献汇编 1911—1949》第七卷（上），第 42—43 页。

③ 《对华宣战布告之利害得失》，1937 年 11 月 7 日，王建朗主编：《中华民国时期外交文献汇编 1911—1949》第七卷（上），第 48—49 页。

策的南京政府及军队"。从国际政治格局而言，如日本发动对华全面战争，《非战公约》及《九国公约》签字各国均有可能谴责日本，造成政治上的被动。因此海军省认为"《非战公约》虽不限制自卫权之发动，但鉴于满洲事变以来各国的对日气氛，各国势将指责违反该条约"。海军省还特别分析了宣战将对中日间现有条约产生的影响，认为，将会出现三种不同的状况：持续有效条约，丧失效力的条约，效力中止的条约。

海军省的分析是基于当时的国际法规定而做出的，相较 1941 年中国的宣战布告具有一定的比较意义。"以规定永久状态为目的之条约"，比如土地割让条约、划界条约、永久中立条约及担保条约等，将不会因宣战丧失其既有国际法效力；另一类不会丧失效力的条约是"在租借期内以规定永久性状态为目的之条约"，具体到中日之间的条约，海军省认为《马关条约》《交割台湾文据》、解决山东悬案专约及庚子赔款等将继续保持效力。丧失效力的主要有两类：划定势力范围、结盟条约等政治性条约将丧失效力；通商关税等涉及经济关系的条约亦将丧失效力。如中日之间的通商条约，关于福建、山东不割让的换文，关于电话、银行等借款类协定、合同。所谓效力中止的条约，主要是指中日两国参加的国际公约，"交战国以外国家参加的条约，限于交战国之间效力停止"，如万国邮政条约、万国著作权保护条约等。[①]

海军省在分析三类条约之后，还一一列举了日本在华的条约特权，分为两类：一类是各国均沾或共有特权；一类是日本独享之条约特权。比较重要的各国共有特权有内河航行权、北平到天津之间的交通维持权、华北驻兵权、领事裁判权、公使馆区占有权，盐务、海关及邮政行政的介入。日本独占的特权共十二项：旅大租借地；条约口岸天津、福州、苏州、杭州、沙市、重庆、汉口、厦门的专有租界；福建势力范围，《民四条约》获得的关于东北的各项特权；电信、电话及采矿权等。

日本外务省总结了对华宣战的得失后，认为不宜宣战。在其所总结的三项利益及九项不利中，与海军省的报告大体一致，只是更为简略一些。外务

---

① 《对华宣战布告之利害得失》，1937 年 11 月 7 日，王建朗主编：《中华民国时期外交文献汇编 1911—1949》第七卷（上），第 49—50 页。

省认为：可通过宣战团结日本国民，禁绝中国进口武器及"行使军事占领、实施军管等交战权之利益"；对华宣战将与日本一直以来的对华政策相矛盾，与日本屡次宣称的"'以日中合作为目的'、'不以中国民众为敌'"等主张相矛盾。从对外关系上而言，外务省亦提及了《非战公约》、美国《中立法规》以及国联盟约可能对日本带来的严重影响。不同之处在于，海军省所忽略的苏联的影响在外务省的分析中得以体现："可以断定，苏联与中国不论有无密约，可以看出正在伺机对华加强援助"，"在国际关系恶化时，恐怕苏联将乘机采取积极行动"。由于外务省通商局已经从经济上有了详细的报告，因此外务省的报告主要提及了可能受到的影响，未再详细展开。①

抗日战争初期，中日两国间的战斗主要发生在陆地战场，陆军省的报告对军事方面的分析尤为详细。陆军省在报告中认为，宣战最大的利处是可以禁绝第三国向中国供应武器。报告列举了三项宣战对军事作战的有利之处：一是可以公开实施陆战、海战法规，有利于军事行动的展开；二是完备对华的海上封锁；三是可以施行占领地行政。虽然外务省、海军省亦曾提及占领地行政问题，但陆军省的分析更为全面。经过战争的最初阶段，日本陆军感到最为不便的是："不能公开在占领地实施行政，尤其北平、天津等地有很多第三国人，对于宣战、防谍有很大毒害"。通过宣战还可以"实行征收、征用、赋役、课税"，"敌之国有财产自不待言，即在陆上、海上、空中传送报道或运送人货的一切工具、贮藏兵器及其他军需品，即使属于私人亦可扣押"。陆军省对于宣战布告的不利之处总结了五个方面，大体与外务省的分析相同。陆军省判断，此时对日最不友好的国家是英国，可能乘机偕同更多国家对日本实行压迫，苏联也可能对日采取积极主动的行动。②

有一点不同的是，陆军省报告提出了如何补救因不宣战而产生的不利影响。针对第三国向中国供应武器及军需品之事，"可劝告各国为东亚之和平予以中止"；如果不能予以劝止，则尽可能通过协商外交，扣留所供应之武

---

① 《对华布告宣战之得失》，1937 年 11 月 8 日，王建朗主编：《中华民国时期外交文献汇编 1911—1949》第七卷（上），第 52—53 页。

② 《关于可否宣战之意见》，1937 年 11 月 8 日，王建朗主编：《中华民国时期外交文献汇编 1911—1949》第七卷（上），第 53—55 页。

器，并补偿一定的利息；如仍不能停止武器供应，则可轰炸粤汉铁路及通往越南方面之交通路线。[①]

日本各部门在研究对华宣战问题时，涉及中日关系的各个方面，既包括国际关系，也有中日之间既有的条约及合同等，总体而言，日本外务省、陆军省、海军省均认为不宜对华宣战。

三、 英美对中国对日宣战的态度

国民政府亦曾探询英国对中日宣战的态度。1939 年年初，蒋介石曾直接咨询英方的意见，并试探对日宣战的可能。在中国表露对日宣战的态度后，对于中国此时对日宣战的研判，亦曾进入英美两国的决策讨论之中。1939 年 2 月 27 日，英国驻华大使卡尔（Kerr）将其在长沙与蒋介石之间关于中国对日宣战问题的谈话，上报英国外交部，请外交部给予具体指示。[②] 英国远东司司长克拉克（Ashley Clarke）指示卡尔："英国大体上同意中国所提要求，以避免导致中国对日宣战。"克拉克指出，"蒋介石意欲宣战的目的在于促使英国积极援华"，中国对日宣战会将英国置于为难处境。为了防止蒋介石对日宣战，克拉克指示卡尔打消蒋介石宣战的意图，告以："宣战对中国本身有害，将导致中国更难从友好国家获得帮助，尤其是美国。"[③]

在稍后的一份节略中，英国外交部详细分析了中国不应对日宣战的各种理由。节略认为，"对中国政府而言，正式宣战是不可取的，因为一旦宣战，将给日本以一个诬称中国为侵略者的口实，或者极有可能被日本指为首先挑起战争"。节略还指出：中国总是陷入日本的预设的圈套之中，即中日之间不存在战争，但从法理上讲，在不将自身看作侵略一方的情形下，中国随时可以宣布日本的行为等同于战争或者产生了类似战争的状态 。[④]

结合中国的军事实力，节略认为：以中国现在的军事力量，无论如何

[①] 《关于可否宣战之意见》，1937 年 11 月 8 日，王建朗主编：《中华民国时期外交文献汇编 1911—1949》第七卷（上），第 56—57 页。

[②] From Sir A. Clark Kerr to Foreign Office, February 27, 1939, FO371/23458, p. 235.

[③] Sino-Japanese Dispute: Policy of His Majesty's Government, February 28, 1939, FO371/23458, p. 232.

[④] Sino-Japanese Dispute: Policy of His Majesty's Government, March 1, 1939, FO371/23458, p. 233.

都不应承认战争状态的存在。不存在战争状态事实上对中国而言是相当有利的。由于不存在战争状态，列强才可以向中国提供帮助，而不需要去履行战争状态下的中立义务；同样地，如果日本宣布战争状态的存在，则日本行动将在某种程度上受到限制，因为列强可以以各种理由反对日本的相关活动。节略还举出了美国可能采取的行动：如果双方中有一方宣布战争状态的存在，则美国总统将启用中立法案。"奇怪的是，中国事实上已经默认战争状态的存在"。比如，1938 年 9 月，中国向国联呼吁启动《国联盟约》第十七条和第十六条。上述行为的适用是有条件的：其预设前提是战争状态已经存在。[①]

1939 年 3 月 3 日，英国外交部致电驻华大使卡尔，就中国不应对日宣战一事做出明确指示："基于英国的观点，不宣战对中国更为有利"。一是不宣战可以让其他国家在中立的条件下对华施以援助，美国的中立法正是基于此而做出；二是目前不宣而战的状态可以使其他国家有理由反对日本的侵略，某种程度上也限制了日本的军事行动。在电文最后，克拉克还特别指示卡尔，"基于英国自身的立场而言，中国对日宣战将对英国利益产生不利影响"。这一点，可能是英国外交部的真正考量所在，但其从国际法角度的分析亦不无道理。[②]

为了打消中国对日宣战的想法，1939 年 3 月 10 日，英国外交部再电驻华大使卡尔，强调英方的态度。电文指出，应让中国政府区分清楚正式宣战与仅仅声明战争状态的存在之间的差异。不论从何种角度而言，正式宣战都是不可取的，因为"这将使日本误称中国为侵略者，或者中国为战争的发动者"，而仅仅声明战争状态的存在并不会产生上述结果。[③]

美国也在 1939 年 3 月份关注到了中国可能对日宣战的问题。美国众议院外交委员会主席布鲁姆（Bloom）询问美国国务院，为何至今中日之间均未宣战？为了回答该问题，美国国务院远东司起草了一个非正式的备忘录，向布鲁姆解释此问题。备忘录认为：中日至今尚未宣战，绝非只有一种原因或理由，

① Sino-Japanese Dispute: Policy of His Majesty's Government, March 1, 1939, FO371/23458, p. 233.
② From Foreign Office to China, March 3, 1939, FO371/23458, p. 236.
③ From Foreign Office to China, March 10, 1939, FO371/23458, p. 237.

一定是各种因素的综合体。作为一种宽泛性的解释，或许可以这么理解：从理论上而言，中日均不宣战是因为他们都认为不宣战最符合他们的国家利益。据此而产生的问题是：为何中国要宣战？中国并未发起敌对日本的行动，敌对状态是由日本军队造成的，他们在中国的土地上发起了反对中国的军事行动。如果在中日之间预测谁将最先宣战，大家很自然地认为日本将会这么做。一旦中日之间有一方宣战，作为国际法组成部分的战争法将即刻发挥作用。宣战将改变双方的法律状态，亦将使得与交战双方有关系的国家适用中立法规。中日似乎都不愿发生此种改变。从长远来看，如果中日因宣战而改变双方的国际法状态，对日本的便利之处要大于中国，因为日本是个海军强国。

美国国务院远东司还分析了影响中日宣战的各种因素。远东司在备忘录中指出，在众多的因素中，美国中立法的存在无疑是其中的重要一项。一旦中国或日本中的一方宣战，美国总统就可以实施中立法，一系列的后果将随之产生。当然，究竟美国启动中立法对中日而言谁更有利，仍存在不同的观点。总体而言，不论是中国政府还是民众，都认为美国中立法对中国的影响更大。因此，中国不希望美国启动中立法，这也是众多影响中国不宣战因素中的一项关键因素。对日本而言，如果美国启动中立法，究竟相对而言是弊大于利还是利大于弊，并未达成一致意见。作为众多影响日本考量宣战的因素之一，美国中立法所起到的影响相较于中国而言，重要性要小得多。[①]

在美国国务院政治顾问亨贝克（S. K. Hornbeck）的个人文件中，其所起草的备忘录中还有最后一段文字，总结性解释为何中日均未向对方宣战。亨贝克强调："中日两国在既有的条约体系中具有不同的地位，中国是国联成员，而日本已经退出国联。中国认为九国公约对其有利，而日本则认为九国公约对其有害"，"鉴于上述背景，中国或许认为既有条约体系相较日本而言，更多地抑制了中国宣战；中日双方又都是巴黎《非战公约》的签字国，

①　Memorandum Prepared in the Department of State, Washington, April 1, 1939, FRUS, 1939, Vol. 03, pp. 153-155.

由此言之，如果宣战将违背双方的非战承诺，因此双方都不愿宣战"。①

不论是英国基于中国战场实际的分析，还是美国从当时国际条约体系的分析，都从不同侧面揭示了中日为何没有宣战的原因。中日之间对于是否宣战似乎达成了一种默契的状态，形成了一种双方皆认为不宜宣战的微妙平衡。随着时间的推移，中日是否宣战，取决于新的国际国内形势的变化。

四、 对日宣战布告与中日条约关系的断绝

武汉会战后，中国的抗日战争进入战略相持阶段。日本无力在短期内发动大的战略进攻，中国抵抗住日军初期的进攻后，开辟了广大的敌后战场。这种战略态势的改变，使得中日双方在宣战问题上有了新的思考。

1938 年夏，为迫使中国屈服，日本外务省曾再次提出对华宣战问题。此时中国舆论界亦呼吁应重新思考对日宣战问题。有评论认为，抗战初起，政府之所以没有对日宣战，大概是因为"恐宣战以后，美国实施中立法，各国严守中立，于我国不利"，但是这种情形业已发生改变，美国对日输出飞机与军火占据其出口额的第二位，而中国只占第四位，因此一旦宣战，美国实施中立法的结果，"最蒙不利者当为日本，而非我国"。②

1938 年 9 月 18 日，"九一八"事变七周年之际，蒋介石在思考国际关系时提出"倭对华宣战或战时封锁"的问题。③ 判断日本或将对华宣战。此时，蒋已经不再担心日本对华宣战，而且亦重新思考对日宣战。10 月 28 日，蒋介石在日记中分析：形势已经发生变化，若对日宣战，对中国较为有利。"此时海口全被封锁，吾国已无顾忌，若我宣战，美国应实施中立法，乃可断敌军向美购油、钢之路，实于我为有利"。④ 同日，蒋介石致电行政院院长孔祥熙、外交部部长王宠惠："对于宣战问题，此时应切实研究彼我之利害关系"，并指出"若我宣战，则美国必实行中立法，可断绝敌人钢铁煤油之

---

① From Hornbeck to Savage, April 1, 1939, Hornbeck Papers, Stanford: Hoover Institution Archives, Box 148.

② 《对日宣战问题应重行考虑》，1938 年 6 月 22 日，《东方杂志》1938 年，第 35 卷第 12 期，东方论坛栏目。

③ 《蒋介石日记》，1938 年 9 月 18 日。

④ 《蒋介石日记》，1938 年 10 月 28 日。

来源，实于敌有害也。又如我宣战，对于国联及各国关系，均应精密研究与切实探明。望即令我驻外各大公使，全力进行"。①

为了及时运用这种变化了的国际局势，在中国军队退出武汉之际，蒋介石发表告国民书，其用意在于"示敌以我之决心"。② 10 月 31 日，蒋介石在湖南南岳发表《告全国国民书》，强调中国抗战方针一以贯之："一曰持久抗战，二曰全面战争，三曰争取主动"，并称中国抗战为"革命战争"。③ 蒋介石希望以此宣言达到抵消日本威胁的目的。

中日之间虽然在考虑相互宣战的可能及时机，但双方之间的和谈亦在秘密进行。在中日两国的政府决策层中，各自并未将宣战视为唯一的选择。中国方面的代表提出，中日和解的前提是恢复"七七事变"前的状态，日本则提出了七项谅解，包括："防共军事协作及驻兵"、"中国政府之调整"、"伪组织之收容"、"满洲国之承认"、"中国领土主权之尊重"、"日、满、华经济提携"、"战费互不赔偿"。④ 在指导同时进行的中日之间的秘密接触时，蒋介石指示第一战区总参议和谈代表萧振瀛："敌既在粤登陆，可知其毫无诚意，不可与之多谈，且此后决非直接可了"，"若行政不能独立，无异等于亡国，万不能承认，如其再提此等事，可知其毫无诚意，不必续谈"。⑤

12 月 9 日，蒋介石在思考大本营设立的国内外影响时写道："若大本营成立带宣战性质，则使敌知所戒惧。"⑥ 在向国民政府党政要员谈话时指出："只要我政府不与倭言和，则倭无法亡我，并明告其只要我政府不与言和，则我政府即使失败，国家必可因此复兴，况政府至今决无失败之理，且革命政府只在主义成功，而不怕一时失败也。"⑦

① 《电孔祥熙等研究对日宣战问题》，1938 年 10 月 30 日，吕芳上主编：《蒋中正先生年谱长编》第 5 册，台北"国史馆"、中正纪念堂管理处、财团法人中正文教基金会，2014 年，第 620—621 页。

② 《蒋介石日记》，1938 年 10 月 30 日。

③ 《为国军退出武汉，发表〈告全国国民书〉》，1938 年 10 月 31 日，吕芳上主编：《蒋中正先生年谱长编》第 5 册，第 620—621 页。

④ 《电萧振瀛指示对日和谈办法》，1938 年 10 月 14 日，吕芳上主编：《蒋中正先生年谱长编》第 5 册，第 615 页。

⑤ 《电萧振瀛指示对日和谈办法》，1938 年 10 月 14 日，吕芳上主编：《蒋中正先生年谱长编》第 5 册，第 615 页。

⑥ 《蒋介石日记》，1938 年 12 月 9 日。

⑦ 《蒋介石日记》，1938 年 12 月 9 日。

虽然蒋介石认为此时宣战对中国有利，但在国民政府内部仍存在以汪精卫为首的反对宣战者。已有研究指出，蒋此时对宣战的坚持，其目的之一就是牵制汪精卫等人的和平运动。[1] 应该指出，在德国进攻波兰之前，国民政府在宣战问题上并无定见，虽然蒋介石认为宣战有利于中国，但其并非坚持一定要宣战，相关决策机构对宣战的研究亦不算充分。

欧洲战争爆发后，因国际关系变化，日本对华宣战的可能性大增。也正是在此时期，中国内部开始研究一旦日本对华宣战的对策。军委会参事室对此问题有详细的研究。1940 年 1 月 16 日，参事室参事张忠绂就日本可能对华宣战的影响及对策向国民政府以签呈形式提交报告。张忠绂从三个方面分析了日本对华宣战这一问题：一是日本对华宣战的可能；二是日本对中国宣战的影响；三是中国政府应做的准备。

张忠绂认为，日本自卢沟桥事变后一直未能对华宣战，存在多种原因，"究以顾虑美国之反响为主因"，"敌如对我宣战，美国将不仅禁止军器输往日本，且必禁止其他物品（如汽油、铜铁之类）输往日本；甚或禁止日货之输入也"。[2] 但是这种情形将随着日美通商条约的废止发生变化。1911 年订立的日美通商条约至 1940 年行将届满，美国国务卿赫尔通知日本驻美大使堀内谦介，依据该约第 17 条规定，自 1939 年 7 月 26 日起 6 个月内中止该条约。[3] 张忠绂分析了日美之间废除通商条约的后果，指出"美国如对日本实施上述的经济压迫，则日方前此之顾虑，便已不复存在"，"美国对日施行严厉的经济压迫，敌政府之对华宣战愈益可能"。[4]

张忠绂分析了日本对华宣战对中国的不利之处。张忠绂认为，日本对华宣战后，可以依据国际法行使两项权利：一是封锁中国一切海港，禁止船舶出入；二是海上搜查权，"在公海之上，向一切中立国船舶、执行搜检，遇

---

① 土田哲夫：《中日战争与宣战问题》，杨天石、侯中军编：《战时国际关系》，社会科学文献出版社，2011 年，第 144 页。

② 《张忠绂签呈》，1940 年 1 月 26 日，中国第二历史档案馆编：《中华民国史档案资料汇编》第五辑第二编《外交》，第 76—77 页。

③ 《赫尔致堀内谦介》，1939 年 7 月 26 日，王建朗主编：《中华民国时期外交文献汇编 1911—1949》第七卷（下），第 981 页。

④ 《张忠绂签呈》，1940 年 1 月 26 日，中国第二历史档案馆编：《中华民国史档案资料汇编》第五辑第二编《外交》，第 77 页。

有军需等禁制品，其直接或间接目的地为中国时，则立予扣留"。宣战后，最为不利的情形是日本可能"以若干军舰巡弋于海南岛至印度间之洋面，对中立国船舶执行搜检，则我方自海外购买之一切军需品，均将无法运入缅甸或越南"。为了应对可能于 6 个月后发生的对华宣战，中国所应采取的应对措施是"将国际信用借款内现时余存之款，迅即尽量运用，购买抗战上必需之物品，尽四个月至六个月之时限，分别运存缅甸与越南"，"今后数月内，如能成立新的国际信用借款，亦宜迅速运用，购买此等物品"。①

1 月 25 日，参事室主任王世杰在张忠绂的签呈上批示"照发"，并在当日日记中写道："今日余拟一意见书送蒋委员长，申述美国如对日实施经济制裁，日本大有对华宣战之可能。"② 随着国内外形势的变化，此次对日本宣战的探讨并未继续深入。1941 年 2 月，日本国内再次讨论对华宣战事宜，松冈洋右在下议院的宣战言论传至中国国内，王世杰认为"在美国禁运政策实施之后，敌政府考虑对华宣战，为当然之举"，决定再次敦促国民政府准备对策。③

蒋介石收到王世杰的意见后，2 月 8 日发出手令，要求参事室即刻着手研究对策及预防之处置。3 天后，王世杰将张忠绂起草的详细说帖签呈蒋介石。张忠绂的这份说帖从国际法及国际关系现状出发，列举了日本对华宣战相关的五个问题。该说帖是自"七七"事变以来国民政府最为详细的对策分析。

说帖分析了自"七七"事变以来国际法层面上中日之间冲突的现状。张忠绂指出：日本并未对第三国完全行使交战国的权利，虽然已经开始限制第三国船舶出入中国沿海，已经类似于"战时封锁"，但这种封锁并未及于公海，中国仍可以使用第三国港口取得抗战物资。日本对中立国采取的措施有二：一是在沦陷区内对第三国商业与人民进行限制，二是封锁中国各海口。日本之所以一直未能对华宣战，主要应是担心美国实施中立法及苏

① 《张忠绂签呈》，1940 年 1 月 26 日，中国第二历史档案馆编：《中华民国史档案资料汇编》第五辑第二编《外交》，第 78 页。
② 林美莉编：《王世杰日记》，1940 年 1 月 25 日，第 248 页。
③ 林美莉编：《王世杰日记》，1941 年 2 月 4 日，第 326 页。

联对华援助。日本一旦宣战，美国将对日施行禁运措施，而日本却无力阻止苏联对华援助。至 1941 年，这种状况已经改变：一是英美已经对日本实施了局部禁运；二是日本同苏联的关系已经缓和。蒋介石进攻红军使得日本认为中苏关系将日趋疏冷。日本对华宣战的可能性，已经相较以前明显提高。①

一旦对华正式宣战，日本可依照国际公法，"在一切公海之上，对于一切中立国船舶，行使搜检权"。说帖强调通过缅甸输送物资的海上路线可能大受影响，中国从英美获得军需物资，如经仰光转运，在公海上可能被日本海军没收。英美两国对日本的海上搜检权虽然不会"容认日本之行使"，然而两国"大概不致因是而径与日本决裂或作战"，"大概将采较为缓和之方式，或逐渐加严之方式"。②

张忠绂建议国民政府应寄托于英美政府之强力反应，希望英美能"以前述日本违约及破坏第三国权益等理由"，在日本对华宣战后反对日本执行公海上的搜检权。如果日本不顾英、美反对，实行搜检权，希望英美两国能做到以下三点：对日完全禁运；对英美商船以军舰护航；希望英国政府依照公平价格，将缅甸所产汽油供给中国。为预防日本对华宣战，说帖建议：说服美国以信用购买方式，提供足够中国一年之需的抗战必需物资，并"在最短期间，将此数量输往仰光存积，以便徐徐内运"。至于苏联方面，说帖认为："苏联对我之陆路接济，如能继续，敌人方面或终以正式宣战不十分合算也。"③

此份说帖主要强调了日本宣战后对中国海外补给线的影响，侧重英美两国的反应。至于日本对华宣战后，中国对日本可以采取的国际法手段则未涉及。参事室的落脚点仍是基于被动防守，未能考虑宣战本身对中国积极的方面。说帖拟就后，2 月 11 日王世杰在日记中写道："关于日本对华宣战之

---

① 《日本对华宣战问题说帖》，1941 年 2 月 11 日，中国第二历史档案馆编：《中华民国史档案资料汇编》第五辑第二编《外交》，第 79—80 页。
② 《日本对华宣战问题说帖》，1941 年 2 月 11 日，中国第二历史档案馆编：《中华民国史档案资料汇编》第五辑第二编《外交》，第 79—80 页。
③ 《日本对华宣战问题说帖》，1941 年 2 月 11 日，中国第二历史档案馆编：《中华民国史档案资料汇编》第五辑第二编《外交》，第 81—82 页。

可能及对策，予于今日拟就说帖，提请蒋先生考虑，予力主我政府先向英、美两政府密商应付方案。"① 国民政府吸取了王世杰的建议。

在参事室拟定好应对方针后，王世杰曾与美国方面进行沟通，听取美方建议。2 月 21 日早晨，王世杰偕张忠绂会见罗斯福总统特别代表居里（L. Currie），向居里提出日本对华宣战后中国的应对三策：一是以日本破坏国际《非战公约》及《九国公约》为理由，"英、美拒绝日本行使海上搜检权，"；二是如日本强行搜检，"英美对日完全禁止输入输出，并采行'护航'办法"；三是"美国尽最短期间以大量军需品供给中国，先运仰光，徐徐内运"。② 此三策正是张忠绂草拟的说帖内容。

太平洋战争爆发前，关于日本对华宣战的各种可能情形，国民政府相关决策部门均进行了讨论。一旦时机来临，国民政府即可迅速做出决策。

1941 年 12 月 7 日，日本偷袭美国珍珠港，太平洋战争正式爆发。12 月 8 日，凌晨 3 时半，王世杰接到董显光电话，董称从伦敦电台接收到日本突袭珍珠港之消息。王世杰即通知《中央日报》，"此系日本'切腹'行动之开始"。③ 蒋介石知悉珍珠港事件的时间比王世杰晚半个小时，蒋在日记中记写道："倭寇已于今晨一时轰炸檀香山珍珠港，不一时又接香港、菲律宾被炸之报，余即由黄山祷告后回渝寓，参加中央常会决定方针。"并决定"召集英、美、俄各大使，宣布中国对轴心国宣战之决心"。④ 当天上午 8 时，日本偷袭珍珠港的消息在中国国内传开，国内再次发出宣战呼吁，但仍有不同声音。"蒋雨岩、段书贻、朱骝先均不主张立即对德、义宣战，戴季陶对于对日宣战一事认为应慎重考虑措词"。⑤ 王世杰主张立即对日宣战，且对德意亦宣战。蒋介石大体同意王世杰的意见，但认为宣战行动应待苏联答复中国所提主张后进行。⑥ 当日下午 3 时，蒋介石召见美苏驻华大使，告以"中国政府现决定向日本宣战，并对其同盟国德、意同时宣战"，"建议美

---

① 林美莉编：《王世杰日记》，1941 年 2 月 11 日，第 327 页。
② 林美莉编：《王世杰日记》，1941 年 2 月 21 日，第 329 页。
③ 林美莉编：《王世杰日记》，1941 年 12 月 8 日。
④ 《蒋介石日记》，1941 年 12 月 8 日。
⑤ 林美莉编：《王世杰日记》，1941 年 12 月 8 日。
⑥ 林美莉编：《王世杰日记》，1941 年 12 月 8 日。

国对于德、意两国与苏联对于日本，皆请同时宣战"。① 此时英国驻华大使卡尔正在成都，蒋介石于次日向其提出此建议。12 月 9 日下午 6 时，美国驻华大使高斯（Clarence E. Gauss）将中国政府的提议发回美国。接到高斯来电后，美国国务院政治顾问亨贝克认为中国的建议是合理的，尤其是同时宣战的提议应立即予以认真考虑。② 美国国务卿赫尔遂致电高斯，美国已经决定对日宣战。

12 月 9 日，国民政府发布对日宣战布告，"所有一切条约协定合同，有涉及中日间之关系者，一律废止"。③ 当天，蒋介石在日记中说："放弃其无关紧要与侵略暴行之德意，而获得利害密切之英俄也，且得对俄、对英、对美皆有发言之地位。"强调"此种大事必须在大者远者着想，决不可留有余地后步，或投机取巧纤维之心也"。蒋介石此时坚定认为："此次世界战局，必为一整个之总解决，断不容分别各个之媾和，否则虽成亦败矣"。④ 对日宣战布告的发布，标志着中日条约关系的断绝。

第二节 伪满与日本的条约及其性质

伪满成立后，曾与日本及其他外国政府订有外交文件，这些文件因并未得到中国中央政府的承认，本不属于中国对外条约的范畴。对于研究中外条约关系而言，伪满条约、汪伪条约的存在，从另一方面反映了此时中外条约关系的复杂状况。

---

① 《蒋委员长提交苏英美各国大使建议》，1941 年 12 月 8 日，秦孝仪主编：《中华民国重要史料初编——对日抗战时期》第三编《战时外交》（三），台北"中央"文物供应社，1981 年，第 411 页。（以下又称《战时外交》）

② Memorandum by the Adviser on Political Relations（Hornbeck），December 9，1941，FRUS，1941，Volume Ⅳ，p. 737.

③ 《国民政府发布对日、德、意宣战文告》，1941 年 12 月 9 日，吕芳上主编：《蒋中正先生年谱长编》第 6 册，第 678—679 页。

④ 《蒋介石日记》，1941 年 12 月 9 日。

一、 伪满政权的建立

日本发动"九一八"事变后，国民政府在等待国联裁决的同时，已预料到日本可能组建伪组织。1931 年 10 月 2 日，国民政府外交部分电各使馆，称日本正唆使东北各省建立伪政府，脱离国民政府，"以袁金铠所组织之维持会为中心，协议东北新政权方针"，经特种外交委员会声明，"日军未正式交还其所占领各地方城市以前，当地如有不合法之组织，日政府应负其责，中国政府概不承认"。① 10 月 8 日，国民政府致电东北边防军司令张学良，令其防止东三省建立伪组织。电令指出，各地方颇有利用时机，依恃外力，组织非法机关者，"其叛国害民，非仅国法所不容，尤为国民所共弃"。②

驻日公使蒋作宾于 9 月 28 日向日本外务省递交节略，严正指出：东三省地方企图建立"独立"政府一事，在日军未撤前，日本政府对此应负全责。日本外务省接到节略后，辩称日军对此类独立活动不负责任，日军正逐渐撤回铁道附属地，日本政府自始至终并未实行军政。"对于中国人树立政权之策动，早经严禁帝国文武官予以任何奖励或支持，并尽一切合法手段，取缔本国人参与其中策动"。③

在日本的暗中操纵下，东三省各地纷纷成立伪组织。11 月 7 日，"沈阳地方维持委员会"宣布脱离国民政府。11 月 10 日，"奉天自治指导部"颁布所谓组织条例。1932 年 2 月 18 日，"东北政务委员会"发表所谓独立宣言，张景惠被推举为代表，"通电中外，从此与党国政府脱离关系，东北省区，完全独立"。④ 对于东三省的独立活动，外交部予以严正批驳，"东三省向为中国领土之一部，凡有僭越或干涉该地之行政权者，即为直接侵害中国领土与行政权之完整"。外交部还从法律上阐明伪组织的非法性，根据中华民国

---

① 《外交部分电各使馆电》，1931 年 10 月 2 日，秦孝仪主编：《中华民国重要史料初编——对日抗战时期》第六编《傀儡组织》（一），中国国民党中央党史委员会，1981 年，第 26 页。
② 《国民政府致张学良令》，1931 年 10 月 8 日，《中华民国重要史料初编——对日抗战时期》第六编《傀儡组织》（一），第 27 页。
③ 《照译外务省亚一普通八一号节略》，《中华民国重要史料初编》第六编《傀儡组织》（一），第 28 页。
④ 《伪东北政务委员会独立宣言》，1932 年 2 月 18 日，《中华民国重要史料初编》第六编《傀儡组织》（一），第 31 页。

训政时期约法第一条，"中华民国领土为各省及蒙古、西藏"，第三条规定"中华民国永为统一共和国"。此项根本大法均曾在东三省及其他省正式颁布，从国际法而言，中国领土主权与行政之完整，经《国联盟约》第十条及《九国公约》第一条所保证。①

"一二·八"淞沪抗战之际，日本开始加紧筹划伪满独立。1932 年 2 月中旬，废帝溥仪到达沈阳，准备出任傀儡组织领袖。2 月 24 日，外交部向日本驻华公使重光葵发出抗议照会，抗议日军在东北各地正积极酝酿所谓独立运动，而日本驻国联代表佐藤竟然在国联会议上对此独立运动表示同情，佐藤的发言"违反贵国外交当局之声明，破坏中国领土行政之完整，中国政府绝对不能承认"。中国政府对日本代表随即严重抗议，"所有自日军非法侵占东北各地后，在该处建立所谓独立或自主政府之举动，及令中国人民参加此种傀儡之组织，日本政府应负完全责任"。②

3 月 1 日，张景惠在日本唆使下发表伪满建国宣言。3 月 8 日，溥仪在日军押送下抵达长春。3 月 9 日，伪满举行所谓建国典礼，日本关东军司令官本庄繁、参谋长板垣征四郎等要员出席典礼，溥仪发表出任伪满执政宣言。3 月 11 日，日本内阁决定承认伪满。3 月 13 日，日本政府派驹井德三出任伪满国务院总务长官。

1932 年 3 月 12 日国民政府发表通电：自 1931 年 9 月 18 日以后，日本非法侵占东北各地，威胁中国人民，利用少数叛徒建立非法组织，中国政府及人民概不承认傀儡政府。溥仪等甘为傀儡，当依照国法处以叛逆罪；伪满洲国的实权操纵在日本顾问之手，破坏了中国领土主权完整，违反《国联盟约》《九国公约》及国联行政院迭次议决案。电文最后强调：在日本军队非法占领东北三省期间，"对于其一切非法行为，绝对不能承认，并应由日本政府负其全责。"③

---

① 《外交部对东三省所谓独立运动宣言》，1932 年 2 月 21 日，《中华民国重要史料初编》第六编《傀儡组织》（一），第 32 页。

② 《外交部致日本驻华公使重光葵抗议照会》，1932 年 2 月 24 日，《中华民国重要史料初编》第六编《傀儡组织》（一），第 37 页。

③ 《国民政府文官处为国民政府宣言东北伪组织活动概由日本负责的通电》，1932 年 3 月 12 日，《中华民国史档案资料汇编》第五辑第一编《外交》（一），第 557—558 页。

日本扶持建立伪满后，美国副国务卿凯索（William R. Castle）发表美国对远东政策的谈话，称美国对外政策及外交的行动都是以既有条约为根据，谈话大力称赞《非战公约》，称美国政策"实应以《非战公约》为根据"，"无论何国，以破坏《非战公约》上之条款，而获得领土上之增益者，一律不予承认"。对于中日冲突上，他表示：1932 年 1 月 7 日，美国国务卿曾分别照会中日两国，对于违反《非战公约》的规定与义务，"造成之形势或缔结之条约或协定，均无意予以承认"；同年 2 月 24 日，美国再次对不承认照会予以详细说明："凡一切造成之形势或中日间所缔结之条约，违反各该公约之规定，而损害美政府或其人民在华之权利者，美政府一律不予承认。"并呼吁其他国家采取一致态度，对日本单方改变东北现状的侵略行为不予承认。①

日军侵占东北后，为了与东北保持正常的邮政联络，国民政府与日本签订了《关内外通邮协定》。日军通过武力强行占领了东北，这是研究该协定时不能回避的前提。1934 年 4 月南京外交部、交通部会同呈报行政院："中国停办东北邮务，封锁邮路交通，孤立伪满洲国，要在国际上产生一种制裁或报复的手段，并没有收到预期的效果，还引起许多事实上的困扰。"②

虽然协定本身不是在日本武力胁迫下订立，其目的也是为了解决日本侵占东北后关内外民生交流的实际问题，但从国际法而言，订立条约本身对中国政府不承认伪满的立场仍存在一定的损害作用。王世杰在 1935 年 1 月 13日的日记中记道："日本方面要求与伪满洲国通车通邮，汪、蒋均主迁就。予以此事将影响政府对东四省之原来立场，力争无效。"③ 为了表明立场，王曾向行政院院长汪精卫辞职，由于蒋介石坚决挽留，王世杰遂罢。

二、 日本与伪满订约

1. 日满议定书及日本承认伪满

1932 年 6 月 15 日，国民政府外交部致电各国，请有关国家警告日本不

---

① 《美外次兼代外长凯索对有关美国远东外交政策演词》，1932 年 5 月 4 日，《中华民国重要史料初编》第六编《傀儡组织》（一），第 80 页。
② 吴相湘：《第二次中日战争史》（上），台北综合月刊社，1973 年，第 168 页。
③ 《王世杰日记》，1935 年 1 月 13 日，第 4 页。

要承认伪满，否则则违背《九国公约》，蔑视国联历次议决案。"各国理应有严重表示，能警告日本政府勿贸然承认最好，希即与驻在国政府商洽"。① 6月17日，外交部发表宣言，反对日本议会通过决议承认伪满，表示："东省伪组织完全为日本政府以武力所造成，其实权操于日人之手"，"日本与该伪组织，自始即为一体，已成举世所知"，中国政府"除以最严厉之国法，处置该伪组织外，对于日本在东省之前后非法行为，始终认为武力侵略之一贯"。② 同日，行政院院长汪精卫通电外界："政府于任何条件之下，不论日本如何粉饰，决不承认傀儡组织，决不停止其收复失地之努力。"③ 6月23日，外交部致电《九国公约》除中日之外的七国，要求七国维护《九国公约》，采取有效步骤阻止日本承认伪满。④

国民政府虽然采取了各种外交努力阻止日本承认伪满，但由于缺乏实际有效的手段，日本仍最终予以正式承认。

1932年8月份，日本派遣武藤信义赴东北，与伪满商量缔结条约问题。国民政府外交部即令驻日公使蒋作宾向日本提出质问。⑤ 9月2日，日本政府照会英、美、法、意四国驻日大使，日本将承认伪满，承认的准备工作已经完成。9月8日，贺耀组致电蒋介石，称日本将于9月15日左右正式承认伪满。⑥

1932年9月15日，日本正式宣布承认伪满。当天下午4时，日本外务省对外公布武藤信义与郑孝胥签订的"日满议定书"。议定书称："因日本国确认满洲国根据其住民之意思自由成立而成一独立国家之事实，并因满洲国宣言中华民国所有之国际条约，以其应得适用满洲国者为限，概应尊重之。"议定书对中华民国的既有条约采取选择态度，并未明确宣布废止或不适用，但此种选择事实上已经与既有中华民国条约体系做了切割，如何"适用"、

---

① 《外交部电》，1932年6月15日，《傀儡组织》（一），第92页。
② 《外交部宣言》，1932年6月17日，《傀儡组织》（一），第93页。
③ 《行政院长汪精卫宣言》，1932年6月17日，《傀儡组织》（一），第94页。
④ 《外交部致九国公约国照会》，1932年6月23日，《傀儡组织》（一），第95页。
⑤ 《蒋作宾电》，1932年8月25日，《傀儡组织》（一），第99页。
⑥ 《贺耀组电》，1932年9月8日，《傀儡组织》（一），第102页。

如何"尊重"既有条约，完全取决于日本的解释。[①]

"日满议定书"第一条规定："满洲国于将来日满两国间未另订约款之前，在满洲国领域内，日本国或日本国臣民依据既存之日华两方之条约、协定，其他约款及公私契约所有之一切权利利益，概应确认尊重之。"作为一种过渡，此条明确规定在日满具体条约订立前，居住在东北的日本人将适用所有中华民国与日本间的既有条约规定。第二条约定："日本国及满洲国确认对于缔约国一方之领土及治安之一切威胁，同时亦为对于缔约国他方之安宁即成立之威胁，缔约两国共同（担）当防卫国家之任，为此所要之日本国军驻扎于满洲国内。"该条试图给日军盘踞东北以条约依据，用于拒绝执行国联所通过的中日双方各自恢复到事变前状态的决议。[②] 天津《大公报》9月17日发表社论："日满议定书"第二条是内容之实质，日本取得在东北三省的驻兵权，且包括领土治安等；如果将此议定书与《日韩合并条约》相比，内容高度相仿。"满洲国一切政治及军警机关，今悉握于日人之手，比较保护韩国之时，日本行动尤为便利"。[③]

国民政府在分析"日满议定书"时指出：日本在南满铁路沿线驻兵权，来源于日俄战后的《朴茨茅斯条约》第二条"订约两国，可留置守备兵，保护满洲各自之铁道线路"。华盛顿会议上，中国曾要求各国撤退在华驻军，要求日本撤退满铁沿线日军，但最终不了了之。此次"日满议定书"规定日本取得无限驻兵权，"其作用并非对满对华，实为应付国际责难而起，更以谋将来之通用，盖自此以后，日本国防线完全展拓至中国东三省全境"。[④]

日本宣布承认伪满洲国后，1932年9月16日国民政府外交部将中国政府抗议书及照会致电驻日公使蒋作宾及驻美、英、法、意、荷、比、葡等《九国公约》国使节，详细陈述国联历次决议，表示"对于日本自去年9月

---

① 《国史馆辑有关伪满洲国的资料》，1932年9月，《中华民国史档案资料汇编》第五辑第一编《外交》（一），第613页。

② 《国史馆辑有关伪满洲国的资料》，1932年9月，《中华民国史档案资料汇编》第五辑第一编《外交》（一），第613页。

③ 《国史馆辑有关伪满洲国的资料》，1932年9月，《中华民国史档案资料汇编》第五辑第一编《外交》（一），第622页。

④ 《日满议定书内容检讨》，1932年9月17日，《傀儡组织》（一），第115页。

18 日轰击沈阳城，至本年 9 月 15 日承认伪组织，所有一切侵略行为及其发生之任何结果，中国政府当令日本政府担负完全责任”，“中国政府并保留其在现状下，国际公法与条约上所付与之权利”。照会表示：“日本有驻兵东省之权，其目的欲沦陷东三省于日本保护国之地位，而所谓满洲国者，固系日本在中国东三省领土内所制造、所维持、所支配之傀儡组织也。”① 尤其指出，中日争执提交国联仲裁后，“国联再三告诫不得扩大局势，乃日本仍悍然不顾，一意孤行，制造伪组织而承认之，蔑视国联权威已达极点”。②

外交部在致驻日内瓦代表颜惠庆电文中指出：“日本政府之承认伪组织，实系对历来在东三省侵犯中国领土完整之一切行为自书招供，自承责任”，伪满洲国“纯为日人一手制造，一手操纵，所有实权，尽归日人掌握，由日本承认傀儡，无异自己承认其侵略行为”。外交部令颜惠庆请求国联加紧工作，采取最有效方法应对局势发展。③ 9 月 17 日，驻日公使蒋作宾照会日本外务大臣内田康哉，历数日本承认伪满之七大罪状，要求日本政府须承担全部责任，中国保留国际公法与条约上所赋予的一切权利。

“日满议定书”订立后，伪满逐步采取步骤，擅自改变中国既有的条约规定。于山海关站设立海关征税一事即为其中之一。10 月 7 日，铁道部部长顾孟余呈文行政院：“据报伪国在山海关站设立海关，将于本月（9 月）25日实行征税”，已指示山海关段长妥为应付，勿令涉及本路货运。④ 1935 年11 月 26 日，日满订立“邮政协定”，第二条规定：“缔约国转运发自或寄往与自国有邮务联络之第三国邮件。缔约国居间办理对方国与自国有邮务联络之第三国间之邮政汇兑事务。”第五条规定：“邮政汇兑及邮政拨转账目之余额应用日本国货币圆及钱表示之”，“满洲国邮政对于以自国货币收支邮政汇兑

① 《国史馆辑有关伪满洲国的资料》，1932 年 9 月，《中华民国史档案资料汇编》第五辑第一编《外交》（一），第 619 页。
② 《国史馆辑有关伪满洲国的资料》，1932 年 9 月，《中华民国史档案资料汇编》第五辑第一编《外交》（一），第 621 页。
③ 《外交部致颜惠庆电》，1932 年 9 月 16 日，《傀儡组织》（一），第 114 页。
④ 《顾孟余为伪满在山海关设海关致行政院呈文》，《中华民国史档案资料汇编》第五辑第一编《外交》（一），第 628 页。

及邮政拨转账目之款项，自行规定其应适用之折合两国货币之价率。"①

伪满成立后，虽然国民政府迭次声明请各国勿予承认，但鉴于复杂的远东国际形势，仍有个别国家承认了伪满。1934 年 5 月 19 日，中美洲国家萨尔瓦多共和国宣布承认伪满。"七七"事变后，匈牙利、罗马尼亚、芬兰、泰国等先后宣布承认伪满。

伪满曾与其承认国之间缔结了相关协定与合同，这些也是伪满条约的组成部分。从性质上而言，由于国民政府已经否认伪满政权的合法性，因此这些协定与合同都是非法无效的，不对国民政府产生任何效力。

2. 日本与伪满间关于经营权、居住权及治外法权的协议

随着日本退出国联，1936 年 6 月 10 日，日本驻伪满大使植田谦吉与伪满外交大臣张燕卿订立"课税及日人居住条约"，就日本人在伪满的商贸及治外法权等作出相应规定。条约开头强调：据 1932 年"日满议定书"宗旨，决定将日本人在伪满的所有治外法权逐渐撤废，并向伪满移交南满洲铁道附属地的行政权。条约共七条，外加一个附属协定。第一条规定："日本国臣民得在满洲国领域内自由居住往来，从事农业、商工业及其他公私各种业务及职务，并得享有关于土地之一切权利。"特别强调："日本国臣民在满洲领域内，关于一切权利之享有及利益之享受，不得比较满洲国臣民受不利益之待遇。"此条给予日本人在伪满各种经营及任职特权，事实上属于超国民待遇。对于在伪满从事商贸经营活动的日本人，应服从伪满关于课税产业的行政法令，并不得受"比较满洲国臣民受不利益之待遇"。上述关于居住任职以及经营的规定，同样适用于企业法人。第四条是关于日本人已经享受的治外法权等各项特权，不受日伪条约规定之影响，"依据日满两国间特别约定之特定日本国臣民或法人之权利、特权、特典及豁免，不受本条约规定之影响"。条约以日文本解释为准。②

在条约的附属协定里，要求伪满将"从来日本国臣民所有商租权，按其

---

① 《伪满洲国与日本签订之邮政协定》，1935 年 11 月 26 日，《中华民国史档案资料汇编》第五辑第一编《外交》（一），第 647 页。

② 《伪满洲国与日本签订关于课税及日人居住条约》，1936 年 6 月 10 日，《中华民国史档案资料汇编》第五辑第一编《外交》（一），第 650—651 页。

内容转换为土地所有及其他关于土地之权利"。对于所谓的要遵从伪满法令，亦要求"满洲国政府欲加重要变更时，迄日本国臣民服从满洲国裁判管理权为止，应预先经过驻在满洲国大日本帝国特命全权大使之承认"。在具体适用及执行伪满法令上，在日本人服从伪满审判前，由日本领事执行审判权。即使做了此种规定，仍对一旦日本人不服从伪满管理的情况作了条约上的说明："日本国臣民不服满洲国主管当局之行政处分时，满洲国政府应讲究适当措置，以图救正之。"[1]

国民政府行政院分析时认为，此约的目的在于将在伪满的日本人已得及将得的特殊利益，进一步扩大范围，这实际上是日本侵占东北的必然结果。国民政府认为有四点需要关注：一是，通过条约日本人可以在东北自由居住往来，经营农业及其他公私各种业务，并享有关于土地一切权利；从民四条约以来，限定日本仅在南满部分地域享有的特权，现在扩展到了全东北。二是，将原有日本的商租权，改为了土地所有权，以及其他伪满民法上的各项权利。三是，无论是自然人还是法人，日本人缴纳的营业税、户别捐、房捐等，一律适用优惠税率。四是，日本虽然撤废在伪满的治外法权，但"凡关产业课税或警察之行政法令，满洲国政府必须预先与驻满日本大使协议，或经其承认之后方能适用于日本人"。[2]

三、 伪满对外缔结的协定与合同

1. 伪满与德国贸易协定的订立

德国在东三省存在商业利益，主要是需要购买东北大豆。伪满成立后，国民政府希望德国不要支持伪满独立。1934 年驻德公使刘崇杰致电外交部，称据报纸所载，德国当局及部分人士，"惑于日本利诱大豆换机器，与日接洽经济协定，德外部私人谈话亦模棱，似亦以此为虑"。并表示，德国内部人士认为，希特勒不甚明了远东情形，最好由中国公使出面向其

---

① 《伪满洲国与日本签订关于课税及日人居住条约》，1936 年 6 月 10 日，《中华民国史档案资料汇编》第五辑第一编《外交》（一），第 650—651 页。

② 《伪满洲国与日本签订关于课税及日人居住条约》，1936 年 6 月 10 日，《中华民国史档案资料汇编》第五辑第一编《外交》（一），第 654 页。

进行当面说明。① 1936 年 4 月，德国有意与伪满订立贸易协定，以解决贸易中的具体问题，这引起国民政府关注，希望德国不要签订类似协定。国民政府外交部外交次长徐谟与德国驻华大使馆代办飞师尔（Fischer）会谈时，飞师尔称德日之间已经商定要订立一个德满贸易计划，即将在东京签订，之所以要签订此类协定，因为德国"需要满洲大豆，往时每年购量可达一万万元，近年已减至五六千万元，而德方因无力给付外币，几无法增进贸易"。为解决伪满外汇不足问题，德国拟在本国开设一个账户，分批汇入款项，伪满可以利用此项存款，购买德国机械等货物。外交部政务次长徐谟问德方代办飞师尔此项贸易办法将采取何种缔结形式，是否属于一种协定？德方代办称"似尚次于协定性质，或系一种谅解"，并表示"限于贸易上之技术问题，毫无政治作用"。②

　　4 月 30 日，德国与伪满订立大豆购买贸易协定。协定规定"德国国外汇兑局允许价值一万万元'满洲国'货物（其价值系根据成本、保险费及运费计算），于一年期内输入德国，总货物价款的四分之三（七千五百万元）以外汇付款，其余四分之一（二千五百万元）以德国马克付款。现款部分存在伪满指定银行，开一特别户头"。协定还规定"德满两国间之私人贸易清付行为，须得两国当局之许可"。协定自 1936 年 6 月 1 日起生效，以一年为期，如果缔约双方延续协定，需在失效前两个月进行协商。③

　　德国与伪满订立贸易协定后，德国驻华代办向国民政府外交部进行了通报，称该合同暂不公布。④ 外交部命令驻德大使程天放，⑤ 在未研究协定全文之前，暂行保留意见。程天放称："德晚报载东京电，已将订约经过披露，但曾声明不牵涉承认问题，并有'满洲国'系在日本指导下，曾经国联大会否认等语。"⑥ 在中国外交部未收到协定全文之前，飞师尔会见徐谟时称，此

① 《刘公使致外交部电》，1934 年 2 月 22 日，《傀儡组织》（一），第 142 页。
② 《外交部徐谟电》，1936 年 4 月 29 日，《傀儡组织》（一），第 142—143 页。
③ 《德'满'贸易协定全文》，1936 年 4 月 30 日，《傀儡组织》（一），第 145—147 页。
④ 《外交部致驻德大使馆电》，1936 年 5 月 1 日，《傀儡组织》（一），第 148 页。
⑤ 1935 年 5 月中德两国升级为大使级外交关系。
⑥ 《驻德大使程天放电》，1936 年 5 月 2 日，《傀儡组织》（一），第 148 页。

协定"系属私人而非正式性质"。① 程天放在 5 月 4 日会见德国外交部次长，向德国表达中国对德满协定的不满，德方否认该协定具有商约性质，"谓日、伪政府意欲使德订商约，德为避免误会计，仅欲订购货合同，绝不含政治意义"，并称"非购大豆不可，如无合同，则概须付现，故不得已而订合同"。② 中国外交部 6 月 1 日方收到德满协定的抄本，收到该协定文本后，外交部分析认为"该'协定'实质上为一规定两国间某种关系之协定，又为德国政府机关代表与所谓'满洲国'代表所签订之协定，而德国政府深知所谓'满洲国'为一以非法手段造成且未经世界自尊国家承认之组织"，中国政府不得不询明德国政府于签订上项"协定"之时，是否"已对于目前存在于中华民国东北各省之非法组织予以承认"。③

2. 伪满对德"修好条约"

"七七"事变后，随着中日进入全面战争状态，1938 年 2 月 20 日德国最终承认伪满。希特勒在德国国会发表演讲，"涉及外交政策时，攻击国联为维持不公道状态之机关"，德国外交部称："决不再加入，凡国际组织限制各国正式承认已成之事实者，德决不参加，因此现宣布德国将承认满洲国，以抛弃过去不可解之幻想政策，而尊重现实。"④ 程天放建议外交部召回驻德大使以抗议德国承认伪满。2 月 22 日，德国驻华大使陶德曼会晤外交部部长王宠惠，表示德国承认伪满，并非专门针对中国，而系实行其固定政策，"该项政策专为对付不能维持和平之国联与共产主义"，强调德对中日冲突并不偏袒任何一方面，仍采取中立态度。⑤

1938 年 5 月 12 日，德国与伪满订立"修好条约"。日人加藤日吉代表伪满订约。该约共有四条：一、"'满洲国'政府及德意志国政府，应即开始两国间之外交及领事关系"；二、"在未缔结领事条约以前，两缔约国之一方，关于其他一方领事馆之承认、职权及特权，在相互条件之下，应与最惠国领

---

① 《徐次长谈话记录》，1936 年 5 月 5 日，《傀儡组织》（一），第 149—150 页。
② 《驻德大使馆程天放电》，1936 年 5 月 5 日，《傀儡组织》（一），第 153 页。
③ 《外交部节略》，1936 年 6 月 8 日，《傀儡组织》（一），第 153 页。
④ 《程天放致外交部电》，1938 年 2 月 20 日，《傀儡组织》（一），第 155 页。
⑤ 《陶德曼与王宠惠谈话记录》，1938 年 2 月 22 日，《傀儡组织》（一），第 158 页。

事馆，受同样待遇”；三、“两缔约国，应从速开始关于缔结一般通商航海条约之交涉”。①

3. 伪满与苏联订立中东路协定

中东路在东三省具有重要的经济和社会影响力，其所牵涉的国际条约亦是晚清以来中俄两国间多次交涉的结果，任何单方改动均属违反既有条约的行为。伪满成立后，开始委派所谓的中东路理事、督办等。外交部对于伪满此等违反既有中东路国际协定的行为予以驳斥：“中东路系中俄合办，按照一九二四年五月所定中俄协定，中东路之前途，只能由中俄两国取决，不许第三者干涉”。伪满在日本支配下，擅自派遣理事、督办等管理人员，系非法行为，中国政府绝不能承认，所有责任应由日本负责。②

1935 年 3 月 23 日，苏联与伪满、日本订立关于买卖中东路的非法协定。根据协定，伪满将委托满铁经营中东路。“中东路让渡协定”共有六种文书组成：关于让渡中东路之俄满基本协定；日俄交换公文两种；议定书及最后议定书。主要内容有：“苏俄政府将其关于中东路之一切权利让渡‘满洲国’”，“‘满洲国’政府对俄政府付以日币一亿四千万元”；“苏俄关于中东路一切权利，于本协定实施后即时转让‘满洲国’政府，同时中东路归于‘满洲国’政府之完全占有及单独管理”。除中东路本身的非法买卖外，苏联与伪满之间还涉及其他有关中国主权和利益的事项，比如规定苏联永久占有哈尔滨苏联总领事馆、职员住宅、小学校及图书馆等各项财产，而伪满则放弃在苏联领地内之中东路资产。③

第三节　汪伪与日本的条约关系

全面抗战爆发后，汪精卫出任最高国防会议副主席、国民党副总裁、国民参政会议长。1938 年底，日本首相近卫文麿三度发表声明，诱降汪精

---

① 《德‘满’修好条约全文》，《傀儡组织》（一），第 161 页。
② 《外交部关于中东路声明》，1932 年 6 月 7 日，《傀儡组织》（一），第 84 页。
③ 《东京昨日正式签订中东路非法协定》，《申报》1935 年 3 月 24 日，第 7 版。

卫。汪精卫最终脱离国民政府，在日本人的扶植下，另组伪政权。汪伪政权成立后，日本废除了所谓中日间的条约，重新订立了日汪条约。日汪废约及日汪条约从国际法而言，均是叛乱团体与敌国订立的涉外文件，中国政府从未承认。

一、 汪伪政权的成立

攻占南京后，1938 年 1 月 16 日，日本政府发表声明："尔后不以国民政府为对手，期待足以与日本真正提携之新兴政权成立与发展，与之调整两国国交，协力建设更生之新中国。"与此声明相呼应，日本调回驻华大使川越茂，并通电日本驻外各使，停止与国民政府交涉。① 攻占广州、武汉后，日本首相近卫文麿发表"建设东亚新秩序"的声明，声称"此新秩序是以中日满三国相提携，在政治、经济与文化等各方面树立互助连环关系为其根干"，呼吁国民政府放弃原来的抗日政策，"更换人事实求更生，来参加建设新秩序"。②

在日本政府再三诱降之下，汪精卫离开重庆，经云南飞抵越南河内，准备对日议和。1938 年 12 月 21 日，汪精卫自河内致电张群："弟拟对和平及防共问题以去就争，事前因种种困难，未及争兄同意，故请对弟之行止，绝不必加以考虑。"③ 汪精卫对于与蒋介石之间关于抗日战争的态度之争，主张"反共议和"决定"以去就争"。汪精卫在准备对日和谈前，经云南省主席龙云转电蒋介石："在渝两次谒谈，如对方所提非亡国条件，宜及时谋和以救危亡而杜共祸。"④

1938 年 12 月 28 日，汪精卫致函蒋介石，主张以近卫声明为基础与日本进行和谈。"现在中国之困难，在如何支持战事，日本之困难，在如何结束战事，两者皆有困难"，建议蒋介石发表声明，以日方所提条件为基础进行和谈。⑤ 12 月 29 日，汪精卫发表"艳电"，称日本提出的"善邻友好"、"共

---

① 《驻日大使许世英报告》，1938 年 1 月 16 日，《傀儡组织》（三），第 31 页。
② 《日本首相近卫'建设东亚新秩序'之声明》，1938 年 11 月 3 日，《傀儡组织》（三），第 32 页。
③ 《张群致蒋介石电》，1938 年 12 月 21 日，《傀儡组织》（三），第 46 页。
④ 《龙云转蒋介石电》，1938 年 12 月 24 日，《傀儡组织》（三），第 48 页。
⑤ 《汪精卫致蒋介石函》，1938 年 12 月 28 日，《傀儡组织》（三），第 51 页。

同防共"及"经济提携"三点可以作为国民政府对日谈判的基础，"中国抗战之目的，在求国家之生存独立"，"倘犹能以合于正义之和平而结束战事，则国家之生存独立可保，即抗战之目的已达"。① 汪精卫求和"艳电"发表后，遭到国内外一致反对。"艳电"发表后中国国民党中央常务委员会召开临时会议，以汪精卫危害党国，决议永远开除党籍，撤除其一切职务，并发表决议文，"以正其通敌投降之罪"。② 同时准备发出通缉令。1939年3月21日，汪精卫与随从在河内住所遇刺，汪精卫躲过刺客的刺杀，其秘书曾仲鸣伤重而死。

1939年4月，汪精卫潜往上海，秘密筹划成立伪政权。6月8日，国民政府颁发通缉令，指责汪精卫通敌卖国，违反惩治汉奸条例第二条，号召全国军民对其依法严办。海外华侨指责汪精卫以赞同日寇亡国条件而求和，陈嘉庚发电声讨汪精卫"不仅为总理之叛徒，抑且为中华民族之国贼"，"弃职离都，背党叛国，殆谓南京傀儡已首席高悬，非彼莫属"；并一针见血指出，抗战进行之中"中途妥协，等于灭亡"。③ 旅美华侨统一义捐救国总会、越南中华总商会、霹雳福建公会、新加坡中华商会、新加坡闽侨各会馆等海外华侨华人团体纷纷发电声讨汪精卫叛国。国内各界更是掀起了声讨浪潮，各省长官、各团体、个人纷纷指责汪逆叛国，拥护国民政府的决定。

1939年8月28日，汪精卫在上海召集伪国民党六全大会，篡改国民党党纲。9月18日在南京与梁鸿志、王克敏等商议成立伪政权。9月21日，各地傀儡组织发表宣言，拥护汪精卫统一各地伪组织。1940年1月23日，日本召集三大伪组织在青岛开会，有汪精卫、王克敏、梁鸿志，伪蒙疆联合自治政府副主席李守信亦出席会议。会议决定取消伪临时政府及伪维新政府。3月30日上午，汪精卫等宣布伪新中央政府"还都南京"及各院部长就职典礼，公然僭称"中华民国国民政府"。

当日，国民政府外交部照会各国，称：在中国人民的抗战之下，日本侵略者已经陷入绝境，于是在南京设立汪伪组织，"此项组织纯为日本军阀所

① 《汪精卫艳电》，1938年12月29日，《傀儡组织》（三），第52—54页。
② 《国民党开除汪精卫党籍》，1939年1月1日，《傀儡组织》（三），第124页。
③ 《陈嘉庚通电》，1938年12月31日，《傀儡组织》（三），第55页。

制造与控制之傀儡";"中国政府于此愿以极端郑重之态度,重申屡经发布之声明,即任何非法组织,如现在南京成立者或中国其他处所存在之其他伪组织,其任何行为,当然完全无效";"世界自尊之国家,必能维护国际间之法律与正义,对中国境内之日本傀儡组织,决不予以法律上或事实上之承认";"无论任何行为涉及任何方式之承认,既属违背国际公法与条约,自应视为对中国民族最不友谊之行为,而承认者应负因是所发生结果之全责"。① 德国等轴心国于1941年7月后相继承认汪伪。

二、《日支新关系调整纲要》与汪伪废约

为彻底控制汪伪,为其掠夺中国资源披上合法外衣,日本准备与汪伪签订新的条约。1939年12月30日,汪伪与日本公布《'中'日新关系调整纲要》,将"华北以及内蒙在国防上并经济上设定中日强度之结合地带",将"扬子江下流地域设定经济上中日强度结合地带",将"华南沿海特定之岛屿设定特殊地位"。关于所谓"善邻友好"原则,即"中日满三国撤废一切政治、外交、教育、宣传、交易等足以破坏相互好谊之措置及原因,且将来亦禁绝之"。在对外关系上,"实行以相互提携基调之外交,对于第三国之关系不采取违反此基调之一切措置"。为了控制伪政府,日本将"派遣所要之顾问于新中央政府,以协力于新建设,特别在强度结合地带及其他特定地域内之所要机关,配置顾问职员",提出"日本逐渐考虑租界及治外法权之交还"。关于所谓共同防卫原则,日本以防共为借口,将"所要之军队驻屯于华北及内蒙之要地",日本"对于驻兵地域内所存在之铁道、航空、通信及主要港湾水路,保留其军事上之要求权及监督权"。②

高宗武、陶希圣在致《大公报》函中披露了条约全文,称日本向汪精卫提出的《日支新关系调整纲要》比当年的"二十一条"苛刻数倍,欲变中国为日本附庸,置中国于死地。高、陶于1940年1月22日公开致电汪精卫,希望其悬崖勒马,勿成民族千古罪人。电文称:"希圣、宗武等主持并参加

---

① 《外交部照会》,1940年3月30日,《傀儡组织》(三),第416页。
② 《'中'日新关系调整纲要》,1939年12月30日,《傀儡组织》(三),第297—300页。

先生与日本之外交谈判，在道义上应有保持秘密之责任"，但"日本方面割裂及灭亡中国之企图，非独先生及干部旧友不可得而私为秘密"，"以求取一时之成功，亦终必为日本有识之政治家所抛弃，先生及干部旧友若期待如此之成功，亦即为中华民国之失败。"① 1 月 24 日，蒋介石就"日汪密约"发表告全国军民书及告友邦书，批判汪精卫投敌卖国，指出该约不具备任何价值，不发生任何效力。

自 1940 年 7 月 5 日起，日本与汪伪开始谈判具体事项。第一次会议主要是讨论一些意向性问题。日本驻汪伪大使阿部信行在会议致辞时称：此次准备缔结之条约与平时国家间正常关系条约不同，并与战争终结后缔结之媾和条约亦异，实"为事变继续中所欲缔结条约"，此点实可谓此次条约之最大特色。② 表明日本所强加于汪伪的种种条款，系战时特色，为了消灭中国抗战势力，汪伪应该接受。日伪双方在第二次会议第七条纲要中提出了撤废治外法权及交还租界事项。汪伪提出全文保留该条款的同时，提出了修正意见："关于第一项交还租界撤废治外法权事，希望日方不仅声明意向，更盼有进一步的积极的意思表示，以明日方已有此准备而为各国之首倡。"③

1940 年 11 月 30 日，日汪订立《日本国与中华民国间关于基本关系的条约》《附属议定书》及《日满华共同宣言》。日本侵略者企图以合法的形式，把中国变为它的殖民地，条约的条款揭露了日方的企图。

《基本关系条约》共有 9 条，其中第三条是共同防共，"应在其领域内，铲除共产主义及其组织，并对防共有关的情报、宣传等，紧密配合"；第四条是给予侵华日军以继续驻扎的借口，"派遣于中华民国的日本国军依据另项规定，在撤兵尚未完了之前，对共同的治安维持予以紧密协作"。第五条给予日本舰队以巡弋中国沿海的借口，"依据两国间另行协议决定，得驻泊其舰艇部队于中华民国领域内的特定地区"。第六条给予日本掠夺中国资源的特权，"华北及蒙疆的特定资源，尤其是国防上必要的资源，中华民国政府同意两国紧密合作，加以开发"，其他地区资源的开发"中华民国政府对

---

① 《陶希圣、高宗武致汪精卫电》，1940 年 1 月 22 日，《傀儡组织》（三），第 318 页。
② 《'中'日调整邦交会议第一次正式会议公认议事录》，1940 年 7 月 5 日，《傀儡组织》（三），第 362 页。
③ 《'中'日调整邦交会议第三次正式会议公认议事录》，1940 年 7 月 9 日，《傀儡组织》（三），第 373 页。

日本国及日本国臣民应提供必要的便利"。第七条是答应撤销在敌占区的治外法权,"随本条约所规定的日华新关系的发展,日本国政府应撤销其在中华民国所有的治外法权,并交还其租界",但其条件是"为日本国臣民的居住和营业,应开放其本国领土"。根据附属秘密协议,日本将必要的舰艇部队驻扎于长江沿岸特定地点和华南沿海特定岛屿,日本海军舰艇可以在日伪区域内的港湾水域自由出入停泊;驻扎于日伪区域内的日本军队,对于所驻地区的铁路、航空、通讯,主要港湾和水路等,须满足日本有关军事上的要求;允许蒙疆自治,"中华民国政府依据有关蒙疆自治的法令,规定蒙疆自治的权限,关于以上法令的制定,须事先与日本国政府进行协议"。①

太平洋战争爆发后,英美对华提出废除治外法权,并于 1942 年下半年与国民政府展开废约谈判,预定于 1943 年元旦完成废约。为了先于英美废除治外法权,博人耳目,日本也与汪伪展开了所谓废除在华治外法权的工作。1942 年 3 月 18 日,褚民谊致函汪精卫,称日本政府曾声明,将把天津及广州两地英租界之行政权移交给汪伪政府,但日军同时提出几点要求:一是"租界之地域,考虑从来之经过情形及租界之特质,暂定为特别行政区";二是"关于行政上之机构及行政实施,应与当地兵团长密切联络";三是"特别行政区内,日军所接收之权益,除依日军之意志移交国民政府管理者外,仍由日军管理之";四是"为实施租界行政起见,聘请所要之日籍职员";五是"关于治安警备,由中日两国军警协力为之,至特别行政区内之警察,聘请所要之日籍职员"。②

英美与国民政府的废约谈判以及即将签订新约的消息为日本所知悉,为抵消英美废约鼓舞国民政府抗战的宣传效果,日汪也宣布废约,并于 1943 年 1 月 9 日正式签署协议,早于国民政府两天的时间完成条约签署手续。《日汪关于交还租界及撤废治外法权之协定》共有三个部分:第一章专管租界,第二章公共租界及公使馆区域;第三章治外法权。所谓专管租界,指的

---

① 《日本国与中华民国间关于基本关系条约》,1940 年 11 月 30 日,复旦大学历史系编译:《日本帝国主义对外侵略史料选编 1931—1945》,上海人民出版社,1983 年,第 315—318 页。

② 《汪日关于交还租界及撤废治外法权协定》,1943 年 1 月 9 日,中央档案馆、中国第二历史档案馆、吉林省社会科学院合编:《汪伪政权》,中华书局,2004 年,第 871—872 页。

是日本原有在华租界。该部分租界归还后，"关于日本臣民之居住营业及福祉等，至少应维持向来之程度"。此条规定事实上只是一种表面形式，丝毫未损及日本人在租界的特权。公共租界事实上是英美两国租界，日本对此并无发言权，在条款上也只是标明"承认中华民国政府尽速收回上海公共租界行政权及厦门鼓浪屿公共租界行政权"，"承认中华民国政府迅速收回北京公使馆区域行政权"。关于治外法权，"决定速行撤废"，日伪另设置委员会拟定具体方案。①

1943 年 3 月 29 日，日本将厦门日本专管租界、鼓浪屿租界交给汪伪。在交还的同时，要求"在厦门市之中日间军事协力及经济提携事项，希望讲求必要之措置"，"现在厦门特别市之职员，为适合当地情形而期行政实施之圆滑起见，希望能暂时接用，作为新特别市之职员"。3 月 30 日，汪伪接收鼓浪屿租界，要求"在厦门鼓浪屿公共租界内属工部局之一切公共设施、资产及负债，应由中国方面按照现状继承之"；"尊重并确认日本国政府及臣民在上述租界内所有关于不动产及其他之权利和利益，并应对此采取必要之措置"。②

6 月 30 日，日、汪互换照会，日本决定将上海公众租界于 8 月 1 日交给汪伪，"属于上海公共租界工务（部）局之一切公共设施、资产及财产上之诸权利，应按照现状无价移让"，汪伪"尊重并确认日本国政府及臣民在上海公共租界及其越界筑路等地所有关于不动产及其他之权利利益，并应对此取必要之措置"。③

1943 年 2 月 23 日，法国维希政府宣布放弃在华租界。法国沦陷后，随着战争形势的发展，维希政府与汪伪订立交还租界协定，将法国在天津、汉口及广州租界交给汪伪。事实上，上述租界已经处于日军占领之下。1943 年 5 月 18 日，维希政府与汪伪在南京订立协定，"法国在天津、汉口、广州租

①《日汪关于交还租界及撤废治外法权之协定》，1943 年 1 月 9 日，中国人民解放军国防大学党史党建政工教研室编：《中共党史教学参考资料》第 17 册，国防大学出版社，1985 年，第 148—149 页。

②《伪外交部长褚民谊致行政院呈文》，1943 年 3 月 29 日，中央档案馆、中国第二历史档案馆、吉林省社会科学院合编：《汪伪政权》，第 875—878 页。

③《褚民谊致汪精卫呈文》，1943 年 7 月 3 日，中央档案馆、中国第二历史档案馆、吉林省社会科学院合编：《汪伪政权》，第 880 页。

界区内所行使的行政管理权将于 1943 年 6 月 5 日归还中国"，租界内道路、桥梁、码头、管道系统等公共工程"无偿移交中国当局"。维希政府将上述租界及附属设施交给汪伪后，法国政府和侨民在租界的旧有土地和不动产权利将得到汪伪承认并尊重。归还租界以后，当废除治外法权时，如果必要，"法国驻天津和汉口的领事可以聘用一些法国警察以确保执行领事的命令和法院的判决"，汪伪还需"继续支付某些由法国租界当局补贴的机构"。①

三、 日汪同盟条约

反法西斯同盟成立后，日本也纠集汪伪，成立所谓同盟。伪国民党中央政治委员会于 1943 年 10 月 29 日通过议案，决议与日本"商订中华民国日本国间同盟条约、附属议定书及换文，以前签定之中日基本关系条约及一切附属文件，自新约签字之日起，一律失效"。10 月 30 日，汪精卫与日本驻汪伪大使谷正之订立盟约，共 6 条。第一条"中华民国及日本国为永久维持两国间善邻友好之关系，应互相尊重其主权及领土，并于各方面讲求互助敦睦之方法"；第二条"中华民国及日本国为建设大东亚，并确保其安定起见，应互相紧密协力，尽量援助"；第三条"中华民国及日本国应以互惠为基调，实行两国间紧密之经济提携"；第四条"为实施本条约所必要之细目，应由两国该管官宪间协议决定之"。在附属议定书内，约定"于两国间恢复全面和平，战争状态终了时，撤去其派在中华民国领域内之日本国军队，日本国根据北清事变北京议定条款及其有关之文书，所有之驻兵权概予放弃"。②

11 月 27 日，日本又纠集东亚附从各国，发表所谓《大东亚共同宣言》："英美两国惟己国之繁荣是图，压迫其他国家其他民族，尤以对于大东亚横加侵略，恣意榨取，并肆行其奴化大东亚之野心，致大东亚之安定根本推翻"。声称这是战争爆发的根本原因。宣言的参与国包括日本、汪伪、泰国、伪满、菲律宾、缅甸等。宣言第一条规定"大东亚各国共同确保大东亚之安定，以道义为基础，建设共存共荣之秩序"；第二条"大东亚各国互相尊重

---

① 《维希政府与汪伪政权关于归还天津、汉口、广州法租界的协定》，1943 年 5 月 18 日，王建朗主编：《中华民国时期外交文献汇编 1911—1949》第七卷（下），第 868—869 页。

② 《日汪同盟条约》，中央档案馆、中国第二历史档案馆、吉林省社会科学院合编：《汪伪政权》，第 885 页。

其自主独立,力求互助敦睦,以确立大东亚之亲和";第三条"大东亚各国互相尊重其传统,发展各民族之创造性,以阐扬大东亚文化"。①

需要指出的是,伪满及汪伪政权都是日本扶植下建立的傀儡政权,本身没有自主性。傀儡政权有别于武装叛乱团体或叛乱政权。某一武装叛乱团体如得到外国政府的支持,或者秉承外国政府的旨意,就成了伪政权,即傀儡政权。无论武装叛乱团体是否成为傀儡政权,都与主权国家下辖的地方政府有着本质区别。武装叛乱政权可以缔结条约,这一点在条约法上有明确说明。"交战团体和反政府武装团体(一般称为'反政府武装团体')是部分的国际法主体,因而在一定范围内有缔结条约的能力","如果一个国家的交战团体或反政府武装团体同另一国缔结一个协定,规定在其所控制地区内保护后一国的国民或财产,这个协定无疑是在该交战团体或反政府武装团体的缔约能力范围之内,因而是有效的"。②

相比之下,傀儡政权不再受中央政府节制,在其控制的地域内,可以进行任何活动,当然也包括对外交往活动。在近代中国历史上,搞分裂的傀儡政权同外国签订了很多涉外文件,其中也有一部分是条约。对研究近代中国的不平等条约关系而言,傀儡政权签订的条约不属于研究范围。伪满洲国和汪伪政权的涉外条约就属于这类情况。

---

① 《大东亚共同宣言》,1943 年 11 月 27 日,中央档案馆、中国第二历史档案馆、吉林省社会科学院合编:《汪伪政权》,第889 页。

② 李浩培:《条约法概论》,法律出版社,2003 年,第 10 页。

第二章 "七七"事变与中外条约关系的变化

围绕中国的抗战大局，对中外条约关系而言，在既有条约体系下，如何利用国际规则为中国抗战服务，是国民政府外交上面临的一个新问题。围绕抗战展开的中外交涉，成为中外条约关系变化的关键因素。在中日条约关系逐步变化的同时，中国与其他国家的条约关系也发生了相应的变化。中苏之间订立了《不侵犯条约》，为苏联对华提供武器援助铺平了道路，两国条约关系也因此走向战时合作。中英、中美之间既有条约的执行亦因日本侵华而受到影响，英美在华条约利益受到损害。

第一节 "七七"事变后国民政府的和战抉择

1937 年 7 月 7 日卢沟桥事变爆发，蒋介石在处理事变时的下行电文，即发给宋哲元等人的电文，是其基于卢沟桥事变本身而做出的，并不能以其来分析蒋在对日全局上的战略思考。就卢沟桥事变本身而言，蒋介石希望能局部解决，并趁机派中央军进驻平津地区，防止日本夺取华北，但亦做好了全面开战的心理准备。为了局部解决卢沟桥事变，蒋介石通过应战声明及战略部署，是希望日军暂缓发动全面战争。在应对卢沟桥事变的过程中，蒋所获得的军事情报对其判断全局局势起到了关键性作用，虽然通过外交渠道释放出中国有意和解并希望英美等从中调停的信号，但军事上的准备却在加速进行。

一、"七七"事变后国民政府的外交研判与军事应对

鉴于"九一八"事变以来日本对华侵略的逐步扩大，国民政府为应对日本的全面军事进攻已做了预案。蒋介石本人亦判断，为了恢复"九一八"事变之前的状态，中日之间的决战不可避免。因此当"七七"事变发生后，蒋第一反应除按预案调动军队外，还考虑对日宣战是否适时。其主要的顾虑是，在未能准备妥当，而又不能明确判断日本是否已正式扩大侵略的情形下，如由中国主动发动战争，将会造成被动。正因如此，如果要研究"七七"事变后蒋介石的应对方略，必须先理解"七七"事变后蒋介石对内外形势的判断，尤其是对中日战争发展态势的研判。这其中，主要需依据蒋介石对军事布置的研判，其对外交情报的重视程度是为了配合理解日方的军事部署。

在"七七"事变爆发的前两日，军政部参事严宽曾密电军政部部长何应钦，认为日军连续在卢沟桥附近演习，当有意解决华北各悬案。[①] 1937 年 7 月 7 日，卢沟桥事变爆发。得悉消息的蒋介石首先想到的是事态扩大化。[②]"七七"事变爆发后的次日，在具体的军事策略上，蒋介石做了事态扩大化的准备，他致电时任冀察政务委员会委员长宋哲元，称"宛平城应固守勿退，并须全体动员，以备事态之扩大，此间已准备随时增援矣"。[③] 在发出

---

① 《严宽致何应钦密电》，1937 年 7 月 5 日，中国第二历史档案馆编：《抗日战争正面战场》，江苏古籍出版社，1987 年，第 163 页。

② 王建朗《卢沟桥事件后国民政府的战和抉择》，《近代史研究》1998 年第 5 期，第 150 页。

③ 《电宋哲元固守宛平城，并全体动员，以备事态之扩大》，1937 年 7 月 8 日，吕芳上主编：《蒋中正先生年谱长编》第 5 册，第 335 页。

电文的同时，要求军事委员会办公厅主任徐永昌、参谋总长程潜做好防止事态扩大的准备，并命令豫皖绥靖公署主任刘峙先行派遣 1 个师开赴黄河以北，并做好另外 2 个师出发的准备。① 9 日，蒋令驻防平汉路孙连仲 2 个师向石家庄或保定集中，令庞炳勋部与高桂滋部向石家庄集中。并命令上述部队，皆归宋哲元指挥。② 在军事上，蒋将华北周边的部队向北平附近集结。除以上筹备外，7 月 8 日上午，蒋召集特别会议，与外交部部长王宠惠商讨外交问题。③

　　蒋介石在 7 月 8 日的日记表明，他不能确定日本发动事变的真实意图，"彼将乘我准备未完之时，使我屈服乎"，"与宋哲元为难乎，使华北独立化乎"。由于不能确定日本发动事变针对的是国民政府还是宋哲元，因此在具体的应对策略上，蒋亦在两种选择中犹豫不决，"决心应战，此其时乎"，但其内心并未做好开战的准备，认为此时日本"无与我开战之利"。④ 现有研究认为，此时蒋介石考虑的重点"仍不在和战，而在乘此机会能使中国重新立于更主动的地位"。⑤ 从"七七"事变后国民政府的最初反应而言，蒋的军事部署属于自然应对之策。虽然不确定日本是否要发动全面战争，但要做好相应准备，是政府最高决策者的基本考虑。相应的军事外交行为都是围绕这一核心而展开。日本陆军参谋本部作战课于同日拟定对卢沟桥事变的方案："力求将事变限定在平津地区，并迅速确保该地区"，"应根据事变不扩大方针行事。中国方面若对我军采取挑衅态度，则应向中国驻屯军增派必要之兵力，将与我敌对之中国军队逐出平津一带。外交交涉亦以此方针为准。"陆军省认同参谋本部的方案，将事件局限在华北，并把此次事变命名为"华北事变"。⑥ 9 日，日本内阁召开临时会议，考虑由日本国内派出 3 个师团到华北。到了 10 日，参谋本部依据情势，决定再从日

---

① 见吕芳上主编：《蒋中正先生年谱长编》第 5 册，第 335 页。
② 见吕芳上主编：《蒋中正先生年谱长编》第 5 册，第 337 页。
③ 《蒋介石日记》，1937 年 7 月 8 日。
④ 《蒋介石日记》，1937 年 7 月 8 日。
⑤ 杨奎松：《七七事变后蒋介石的和战抉择》，中国社会科学院近代史研究所编：《纪念七七事变爆发 70 周年学术研讨会论文集》，社会科学文献出版社，2009 年，第 4 页。
⑥ 日本防卫厅战史室编：《日本帝国主义侵华资料长编——大本营陆军部摘译》，第 305—306 页。

本国内向华北派遣 3 个师团。

从外交准备上而言，7 月 9 日，蒋致电军令部部长徐永昌，"倭寇挑衅，无论其用意如何，我军应准备全部动员，各地皆令戒严，并准备宣战手续"。[①] 同日，蒋介石致电军事委员会副委员长阎锡山，将政府所做准备通报与阎，并征询其对卢沟桥事变的意见。此时开始，在从军事上准备全面动员的同时，亦开始准备外交上的宣战问题。是否宣战，将基于国民政府对全局形势的判断而做出。

做出最初的反应动作后，蒋继续增兵华北，抽调炮兵及高射机枪兵开赴前线。同时，电令全国："应切实准备，勿稍松懈，以防万一。"[②] 蒋判断如不积极准备，示以决心，"则不能和平解决也"。[③] 自 7 月 11 日开始，国民政府军政机关主要长官就卢沟桥事变开始举行长官会报会，由军政部部长何应钦主持。为响应蒋介石军事动员，在第一次会报会上，检讨了此时国民政府军事物资储备。会议评估认为此时的武器弹药，如果以 20 个师计算，可供 3 个月之用。[④] 同日，为与宋哲元协调中央对全局的安排，蒋介石手谕与会人员，要求在军政部次长曹浩森与参谋本部次长熊斌中选出一人，亲赴华北。何应钦建议熊斌为宜。此时熊斌北上，目的在于向宋哲元宣达中央意旨，"本委座所示不挑战必抗战之宗旨，如宋主任环境关系，认为需要忍耐以求和时，只可在不丧失领土主权原则之下与彼方谈判，以求缓兵"[⑤]。

7 月 11 日，中国外交部就卢沟桥事变发表声明。一方面陈述日方故意挑衅，并有意扩大侵略之事实，另一方面表明中国愿与日本谈判解决中日间一切悬案，"以外交方式，谋和平之解决"。[⑥]

蒋介石此时清点全国军事力量，要求各部认真准备抗战，是基于此种

---

① 《电程潜、徐永昌令孙连仲部等四师北上，另动员两师候调》，1937 年 7 月 9 日，吕芳上主编：《蒋中正先生年谱长编》第 5 册，第 337 页。

② 《卢沟桥事变，电各方切实准备，以防万一》，1938 年 7 月 10 日，吕芳上主编：《蒋中正先生年谱长编》第 5 册，第 338 页。

③ 《蒋介石日记》，1937 年 7 月 10 日，本周反省录。

④ 《卢沟桥事件第一次会报》，1937 年 7 月 11 日，《民国档案》1987 年第 2 期，第 4 页。

⑤ 《卢沟桥事件第二次会报》，1937 年 7 月 12 日，《民国档案》1987 年第 2 期，第 5 页。

⑥ 《中国外交部声明》，1937 年 7 月 11 日，王建朗主编：《中华民国时期外交文献汇编 1911—1949》第七卷（上），第 6—7 页。

认识：日本必将夺取华北，战争已经难以避免。问题在于，在做好充分的战争准备之前，是将战争限于局部，还是接受一定条件的和谈？中央层级的决策虽然仍在讨论之中，但蒋不愿将中央在政策上的犹豫影响到处于前线的宋哲元，而是致电宋："卢案必不能和平解决，无论我方允其任何条件，而其目的，则在以冀察为不驻兵区域"，并表明他"早已决心运用全力抗战，宁为玉碎，毋为瓦全，以保持我国家与个人之人格"，要求宋哲元"与中央共同一致，无论和战，万勿单独进行"。在电文中，蒋介石还向宋哲元表示："中央决宣战，愿与兄等各将士同共生死，义无反顾。"① 蒋之所以如此勉励宋哲元，诚如王世杰等人所认识的那样，"如中央遥视华北之沦陷而不救，或坐视华北当局接受丧失主权的条件而不预为之地，则对内对外中央均将不保"。②

　　蒋介石于 7 月 13 日向宋哲元表示"决宣战"，显然并非其内心的真实想法。在致电宋哲元的前一日，曾自记："非至万不得已，不宜宣战。"③ 其对宋的勉励，盖因此时传出宋已接受日军条件谈和之消息，并已签字。④ 蒋要求外交部就中日卢沟桥冲突发表一份声明，在讨论此项要求时，何应钦等认为，此项声明"颇难着笔"。一方面，据外界传言，宋哲元已经签署了和谈条件；另一方面"中央并非申明宣战，仍须说明和平愿望，而地方政府已与对方签订和平条件，中央尚不知底蕴"。⑤ 蒋介石虽然表示不宜宣战，但并不代表不开战。正如侍从室第一处主任钱大钧向秦德纯所发绝密电文中所强调："顷电话中所言，恐不明了，特再奉达。此刻如日兵尚在对峙而不肯撤退，则彼必待其关东部队到后积极进攻，决无疑义。望从速切实加紧备战，万勿受欺。"⑥

　　事变发生后，蒋介石一方面在做全面战争的准备，另一方面亦请英美

---

　　① 《电勉宋哲元决心抗战，万勿单独言和，应与中央一致》，1937 年 7 月 13 日，吕芳上主编：《蒋中正先生年谱长编》第 5 册，第 340 页。

　　② 林美莉编：《王世杰日记》，1937 年 7 月 13 日。

　　③ 《考虑对日策略》，1937 年 7 月 12 日，吕芳上主编：《蒋中正先生年谱长编》第 5 册，第 340 页。

　　④ 《卢沟桥事件第四次会报》，1937 年 7 月 14 日，《民国档案》1987 年第 2 期，第 6 页。

　　⑤ 《卢沟桥事件第四次会报》，1937 年 7 月 14 日，《民国档案》1987 年第 2 期，第 6 页。

　　⑥ 《钱大钧致秦德纯密电稿》，1937 年 7 月 12 日，中国第二历史档案馆编：《抗日战争正面战场》（上），江苏古籍出版社，1987 年，第 183 页。

等国予以调停。王世杰曾建议外交部非正式向英美等国试探意向。国民政府驻英大使郭泰祺秉承政府意旨，请英国予以调停。郭泰祺向英国外交部副外交次官贾德干（A. Cadogan）陈述了中国政府对远东最近局势的态度，指出："日本正积极加强其在满洲和朝鲜的军力，日本本土的陆海军亦已做好扩大战争的准备"，"日本有意扩大战争"。宋哲元与日方的暂时停火协议，不过是日本"拖延时间而已"，"7 月 15 日前后必将有大规模的武装冲突"。郭泰祺告诉英方，为了避免即将发生的大规模冲突，唯一可能的途径是由非利益相关国单独或联合进行调解或调停，希望英国立即采取行动，否则一切都将太迟。在接下来的谈话中，贾德干告诉郭泰祺，英国意识到日本政府有意在此时策划一次大规模的对华军事行动，他本人亦于 7 月 12 日晚提请日本驻英大使注意，"日使以极真诚语言向我说明日本无意发动战争"。贾德干认为，令人感到危险的是，当双方发现将面对谁也不想出现的悲剧性结果时，仍将基于各自的国家尊严采取强硬态度。①

英国外交部在 7 月 14 日致驻华大使许阁森（H. Knatchbull-Huggessen）电文中指出，中国方面立场清楚，"无意将日本从其已经占领的东北地区赶走，但同时也不会再做出任何让步"。英国外交部还向许阁森指出，已经向郭泰祺询问中方所希望干涉的形式和目的，英国目前无法弄清中日两方此时在卢沟桥事件上所持态度的细微差别。"中国大使建议英国或许可以以公正的态度调查争端的起因"。② 英国驻北平领事建议"由友好大国向中日两国政府派出代表，以便提出调解"，并认为由于日本驻北平领事馆代办加藤传次郎向报界表示"日本不准备索要人员损失补偿"，这使得和解变得容易多了。③

英国驻美大使林赛（R. Lindsay）向英国外交部汇报了美国的动态。林赛称，美国驻英大使于 7 月 13、14 两日分别与中、日两国驻英大使举行会谈，美国大使极力强调维持和平的重要性，但并未提出可行性建议。④ 美国

---

① From the Foreign Office to Sir H. Knatchbull-Huggessen，July 13，1937，FO 371/20950，F4085/9/10.

② From the Foreign Office to Sir H. Knatchbull-Huggessen，July 13，1937，FO 371/20950，F4085/9/10.

③ From Peking to His Majesty's Ambassador，July 13，1937，FO371/20950，F4097.

④ From Sir R. Lindsay to the Foreign Office，July 4，1937，FO371/20950，F4087.

国务卿赫尔在 7 月 12 日的备忘录中亦表示，"我特别强调并肯定他所述及的日本政府正为友好解决争端不诉诸战争而作的努力"，鼓励日本政府采取和平手段解决争端。①

在对日策略和对卢沟桥事变的策略上，蒋介石其实是将其置于不同的层面加以考虑。从战略上而言，中日必将开战，"九一八"以来的种种事实已经证明，延缓对日全面开战的时间，争取更多的准备时间，或争取国际局势的转变，是战略上的首选。在此战略下，卢沟桥事变是否会影响总体战略部署，蒋并无把握，他只是希望将事变控制在尽可能有利的局面下加以解决，不将其上升为中日全面对决的转折点。如果事变果真演变为中日之间的全面战争，亦应在对华有利的条件下解决。基于此种思考，蒋介石的对日"不挑战不避战"政策，是基于对中日关系长期战略上的判断而得出的。要求宋哲元坚持到底，务必与中央保持一致，则是基于对事变的不确定性而做出的。其在 7 月 14 日考虑对卢沟桥事变的处置之四项条件，正是上述战略与策略的反应：一、英美已经有意调解卢沟桥冲突；二、宋哲元态度不定；三、北进部队之行动应立于进退自如境地，如果宋完全屈服，则中央军决不南调；四、"如能办到卢沟桥仍驻正式陆军而不受限制，则胜矣。"②

当晚 9 时，在军政长官会议上，讨论了对日谋略及外交方针之认识，参会人员的态度与蒋介石的认识是相吻合的。军委会办公厅主任徐永昌不建议对日宣战，提出由中央划定妥协底线给宋哲元，"开战难操胜算，必在此最困苦关头，能忍耐渡过"。参谋总长程潜意见是："希望缓兵，以完成我方之准备"。训练总监唐生智认为，宋哲元已超出中央允许的妥协范围，不应"再给以和平妥协之意图"，"中央宜表示强硬"；任宋妥协，如结果不超出中央期望，可以追认，否则则否认。③ 三人所谈观点均希望将卢沟桥事变限于局部范围内解决，以便为日后的中日全面开战赢得足够的准备时间。

---

① 《赫尔备忘录》，1937 年 7 月 12 日，王建朗主编：《中华民国时期外交文献汇编 1911—1949》第七卷（上），第 61 页。

② 《考虑卢沟桥事变之处置》，1937 年 7 月 14 日，吕芳上主编：《蒋中正先生年谱长编》第 5 册，第 341 页。

③ 《卢沟桥事件第四次会报》，1937 年 7 月 14 日，《民国档案》1987 年第 2 期，第 7 页。

二、 国民政府对战争形势的研判

全面战争虽然不可避免，但为赢得战争准备时间，以一定条件争取和平解决卢沟桥事变并非全无可能。外交上从英美等得来的消息亦表明，日本未必志在借此事变全面扩大战争。在不能判断日方真实意图的情形下，是否可能通过战争手段探出日方真实意图？何应钦主持的军政长官会议曾有过详细讨论。相对于是否宣战而言，试探日方的真实意图更为重要，因为宣战以后中国将再无退路，如能摸清日方意图，则在战略上、策略上将更为主动。

在7月16日的长官会议上，与会人员以"战争全部化或局部化"为题进行了较为细致的讨论。会议大体分为三种意见：一、军事参议院院长陈调元主张全部化，认为不存在全局化战争或局部化战争之区别，"一经开战，则侨民下旗归国，未有所谓局部化"；二、参谋总长程潜建议应局部化，认为依据目前情势，仅能保持战争"局部化"，"但如青岛、海州发生战争，则我在上海方面，似应先有动作"；三、训练总监唐生智既不赞成全部化，亦反对局部化，"绝交则长江腹地到处开炮，我甚不利，但仅局部化，则敌仍可处处自由行动，敌亦有利"，倾向于反对开战。唐认为"现在最宜考虑者，如果被奸人包围，签字撤兵，廿九军内部分化，中央如何办理"。①

何应钦并未给出明确意见，而是归纳了四种可能的情形。一、分析了局部化的应对方案，即如果局部化，则当日军对二十九军发动攻击时，中央军当然参加作战，此时其他地方均不动；二、全部化出现的预设情形是，日军在青岛登陆，中国阻止其登陆，战争因而爆发。"此时是否仍仅限于北平与青岛，其他各处仍如'九一八'官民照常往返，照常通商"，"或此时全部化，实行绝交宣战"；三、"如全部化，则绝交宣战"，如何处置日本在华租界、兵船、商船以及居留民？四、目前需要做好全面战争的准备，需要详细研究"究竟局部化与全部化，何者于我有利，在国际公法上手续如何"。②

蒋介石及国民政府决策层此时对全部战争或局部战争的判断，是基于

---

① 《卢沟桥事件第六次会报》，1937年7月16日，《民国档案》1987年第2期，第8—9页。
② 《卢沟桥事件第六次会报》，1937年7月16日，《民国档案》1987年第2期，第8—9页。

"九一八"以来的实际情形而做出的，日本的确是在步步紧逼。蒋之所以能在事变后迅疾调动中央军北上，是此前已有了作战的预案，其反应和动作，早已有所计划。在 1936 年年底，国民政府参谋本部拟定《民国廿六年度国防作战计划》，并在 1937 年 3 月修订完毕后呈请蒋介石审阅。该计划对日本作战企图的判断与卢沟桥事变后的日军动向较为吻合，"敌军之攻击方向，为对黄河迤北，由古北口—山海关，经北平—天津，沿平汉—津浦两路，向郑州—济南—徐州前进"，同时将"由北平经保定、石家庄，向太原前进，取包围山西之势"。"此外更将利用其绝对制海权，由胶州湾—海州等处登陆，以威胁我在黄河北岸作战军之侧背"。作战计划对日本的惯用军事外交手段有一个基本判断："敌惯以武装恫吓，以达其不战而胜，遂行其外交谈判，以局部军事行动，实行其国策。"①

根据预案，国民政府军队将以主力集中于沧州—河间—保定一线，重点在平汉路，对经由北平、天津的敌军实行决战。如果中国军队不能进出沧州、保定一线，则以主力集中于德州、束鹿、石家庄一线附近，仍将重点集中于平汉线，与日军进行第一次会战。蒋介石对中央军的调动以及对宋哲元部的要求，与此预案是相符合的。② 虽然乙案调整了作战重点，但敌情判断仍以甲案为准。③ 蒋介石对最初的战情研判，与该预案存在密切联系。如果考虑到这一点，则蒋在"七七"事变后的对日方略中不存在真正的和，只有全部战争或局部战争的区别。蒋系军人出身，其以自身军事判断所作出的相应决断，未必完全符合短时期内外交、政治实情，但在大方向上并无多大差池。

7 月 15 日蒋介石指示山东省主席韩复榘、青岛市长沈鸿烈："以日本第五、十两师团已准备待发，其目的必在青岛、济南，务望从速准备"，并认为"倭寇第五师在秦（青）岛集中，则其十二师亦必用于平津而克在青岛进

_____

① 中国第二历史档案馆：《国民党政府 1937 年度国防作战计划（甲案）》，《民国档案》1987 年第 4 期，第 40—42 页。
② 中国第二历史档案馆：《国民党政府 1937 年度国防作战计划（甲案）》，《民国档案》1987 年第 4 期，第 40—42 页。
③ 中国第二历史档案馆：《国民党政府 1937 年度国防作战计划（乙案）》，《民国档案》1988 年第 1 期，第 34 页。

发部队",进而判断日本"仍为局部动作也"。① 在以日军行动蠡测日本态度时,蒋认为:"卢案已经发动十日,而彼徘徊威胁,未取正式开战,是其无意激战,志在不战而屈之一点,此其外强中干之暴露也。"② 日军的具体调动在蒋介石的预料之中;再加以日本外交政策并未采取决绝态度,此点可从英美处得来的消息证明。因此蒋介石判断日本虽有意夺取华北,但并无发动全面战争的准备。为了提升士气民心,并从心理上宣示抗战决心,使日本知难而退,蒋决定发表态度较为强硬的应战谈话。"倭寇既备大战,则其权在倭王,若我宣言能感动彼倭,或可转危为安","如果不能避免战争,则余之宣言发亦无害,故发表为有利也"。③

7月17日,蒋介石在庐山就卢沟桥事变发表谈话。蒋重申国民党五全大会时所提出的外交方针,强调"最后关头"的意义,指出如果"最后关头"来临,"便只有拼全民族的生命,以求国家的生存;那时节再不容许我们中途妥协,须知中途妥协的条件,便是整个投降、整个灭亡的条件","最后关头一到,我们只有牺牲到底,抗战到底,唯有牺牲到底的决心,才能博得最后的胜利"。不准中途妥协,唯有抗战到底。这段谈话既针对了国内的和平论调,也向日本决策层表明了抗战决心。表达决心之后,蒋介石指出,卢沟桥事变能否结束,就是"最后关头的境界"。谈话在解释"最后关头"到来后的决策时称:"我们的态度只是应战,而不是求战。"谈话最后一条提出了解决卢沟桥事变的四点立场,称这是"弱国外交的最低限度"。④

谈话的发表,蒋介石认为其影响"关键非常",他希冀通过发表谈话,由日方主动接受中国的条件而罢兵,"倭寇使用不战而屈之惯技暴露无余,我必须战而不屈之决心待之,或可制彼凶暴,消弭战祸"。⑤ 谈话发表后,国民党内部及民众团体态度激昂,多主张开战,但军政部与外交部等具体工作

---

① 《为卢沟桥事变指示各事》,1937年7月15日,吕芳上主编:《蒋中正先生年谱长编》第5册,第339—340页。

② 《考虑日本政府态度》,1937年7月16日,吕芳上主编:《蒋中正先生年谱长编》第5册,第343页。

③ 《考虑日本政府态度》,1937年7月16日,吕芳上主编:《蒋中正先生年谱长编》第5册,第343页。

④ 《蒋介石为卢沟桥事变发表谈话》,1937年7月17日,王建朗主编:《中华民国时期外交文献汇编1911—1949》第七卷(上),第19—20页。

⑤ 《考虑以战而不屈之心制敌》,1937年7月17日,吕芳上主编:《蒋中正先生年谱长编》第5册,第345页。

部门则主张慎重。①

　　蒋介石亦在等待各方反响，尤其是日本方面。他在日记中自认"对倭寇政略与战略一贯实行，自信甚深"，谈话内容不是对既有对日战略的改变。② 针对外界传言庐山谈话如正式发表将带来更大危险，蒋认为"人之为危，阻不欲发，而我以为转危为安，独在此举"，决然表示"此意既定，无论安危成败，在所不计"，应战宣言发表可促使中国"再不作倭寇回旋之想，一意应战矣"。③ 7 月 19 日，日本驻华大使馆武官喜多诚一往访军政部部长何应钦、参谋总长程潜等，传达日方态度："如中国不将新进入河北之军队撤退，则局势必将急变，恐将引起中日军全面冲突。"④ 对此，王世杰解读为如中央军继续留驻河北，日方将采取断然处置，向蒋介石施压。⑤ 而促使蒋发表庐山谈话的另一个因素是，日本拒绝了英国调停中日冲突的建议。⑥

　　蒋介石得悉喜多的谈话内容后，决定正式发表庐山谈话。正式发表庐山谈话后，蒋介石一直留意日方反应："对余宣布之讲演是否即下哀的美敦书，或进一步强逼，当视其今明两日之态度可以全明矣。"此时，蒋相信其对日本的战略意图判断是准确的。为了强化这种认识，他专门总结了日本在事变后的几个特征，"对何梅协定不敢速提"，"志在华北局部而不敢扩大"，"战争最多限于局部"，并将这些特征视为日本的弱点。⑦

　　7 月 11 日，日本内阁确定了坚持不扩大局面、当地解决的方针。但日方内部矛盾重重，除外务省外，陆军、海军都对执行内阁决定保持弹性。问题是，日本内阁同时决定把关东军和朝鲜军调往华北。日本虽然坚持不扩大方针，但仍决定执行以武力为后盾的政策。学界在分析日本内部的意见时认为，日本不扩大方针，"首先是指望不战而胜"，如未达到目的则"发动一场

---

① 谈话发表前后蒋的内心变化，参见杨奎松：《七七事变后蒋介石的和战抉择》，中国社会科学院近代史研究所编：《纪念七七事变爆发 70 周年学术研讨会论文集》，第 6—7 页。
② 《蒋介石日记》，1937 年 7 月 17 日，本周反省录。
③ 《蒋介石日记》，1937 年 7 月 19 日。
④ 秦孝仪总编纂：《"总统"蒋公大事长编初稿》卷四（上），台北中国国民党"中央委员会"党史委员会，1978 年，第 84 页。
⑤ 《王世杰日记》，1937 年 7 月 17 日，第 22 页。
⑥ 《王世杰日记》，1937 年 7 月 17 日，第 22 页。
⑦ 《蒋介石日记》，1937 年 7 月 20 日。

局部战争",夺取平津,控制华北,这是其内部"扩大派"与"不扩大派妥协的结果"。[①] 日本为处理卢沟桥事变所预留的弹性,正是蒋介石担心之处。问题在于,蒋介石从军事战略上认定华北必不能丢。在"八一三"淞沪会战前蒋介石派熊式辉和陈诚赴上海调研军情,熊式辉认为不能打,陈诚则认为必须打,"敌对南口,在所必攻,同时亦为我所必守,是则华北战事扩大已无可避免。敌如在华北得势,必将利用其快速装备沿平汉路南下武汉,于我不利"。[②] 许阁森在致外交大臣艾登(Anthony Eden)电中强调:"我可以向你确保中国政府绝无挑衅意图,他们的举动仅限于自卫。"[③]

蒋介石应战谈话发表当日,日本华北驻屯军在天津发表通告,称将自7月20日中午起采取自由行动。日本同时通知英国,诬称因中国军队在卢沟桥附近向日军射击,"日军将采取必要之自卫措施直至中国军队不再进行敌对行动"。[④] 7月20日熊斌致电蒋介石、何应钦、程潜等人,汇报日军行动:下午3时,日军在卢沟桥东门向中国军队发动攻击,南苑方面续到日军2000余人,通州日军1000余人经顺义向高丽营移动,日军骑兵1000余人由狼垡渡河。[⑤]

三、 平津沦陷后国民政府的应对

在蒋介石决定发表应战谈话之前,国民政府军政部主持的长官会议曾讨论过对日开战后的若干问题,从程序上为可能要进行的战争做准备。王世杰早在7月16日就建议组织专家讨论中日间问题的法律性质,"中央究竟仍认战事为局部冲突(如"九一八"及"一二·八"时情形);抑认中日已入普通状态,而宣告中日国交断绝?"[⑥] 次日上午,徐祖贻等即进行了相关讨论。下午,徐即向会议报告其与外交部次长徐谟等讨论结果。结果第一条认为,

---

① 熊沛彪:《论七七事变时期日本的"不扩大方针"》,中国社会科学院近代史研究所编:《纪念七七事变爆发70周年学术研讨会论文集》,第85—86页。

② 中国第二历史档案馆:《陈诚私人回忆资料(1935—1944)》(上),《民国档案》,第14页。

③ From Sir H. Knatchbull-Hugessen to Eden, July 16, 1937, FO371/20950, F4157.

④ From Sato to Adams, July 20, 1937, FO371/20951, p. 5.

⑤ 《熊斌致蒋介石等密电》,1937年7月20日,《抗日战争正面战场》(上),第192页。

⑥ 林美莉编:《王世杰日记》,1937年7月16日。

一旦中日正式发生冲突，"外交部即发表一正式宣言，叙明日本对我压迫，我不能不自卫之理由"。长官会讨论的第二条结果是断绝国交，从逻辑上，如果将此归类为宣战讨论，这违背了一般国际法常识。从程序上，应该是先绝交继而宣战，而不会发生宣战继而绝交。第二条认为，中日断交后，双方即具有交战国资格，日本可以利用交战国地位，禁止军事物资输入中国，中国能否自给自足将成为问题；租界的日本侨民可以迁入英、法等国租界，继续从事敌对活动，而中国驻日侨民将被驱逐。"两相比较，绝交后日方可以行使交战国权利，我方则不能享此交战国权利"。① 第二条讨论的结果是不表示绝交。

第三条讨论结果是尝试划定军事区域，避开绝交所带来的不利影响。具体办法如下："由军部将作战地划为一军事区域，所有区内之日本居留民可以驱逐出境，或请各国侨民撤退。且此区域无妨放大区划，如在河北作战，即后方要点如武汉、浦口等处，均可划入军事区内"。②

军政长官会议决定，将上述讨论结果由徐祖贻书面记录，送呈蒋介石参考。

事变发生后的两个星期内，在不能判断日方真正意图的情况下，蒋介石是在按准备全面大战而做的部署。在此过程中，蒋介石将得到日方各种情报与其既有思考相互结合验证，以便得出更为准确的结论。综合各种情况后，于7月20日自庐山返回南京之际，蒋介石决定公开发表应战声明。学界认为，这是从表面上表示强硬，只是一种唬人的手段，目的是试探能否让同样准备不足的日本作出相应让步。③ 7月21日，蒋介石致电宋哲元，如日方所提和谈条件与其发表谈话立场并无冲突，"则应可了即了"，"倭间接要求我对近卫之宣言响应，与间接表示与宋交涉范围不出于我最低立场之四条"。④ 7月22日，蒋介石在考虑卢沟桥事变处置时，得悉第三十八师已经从卢沟桥

---

① 中国第二历史档案馆：《卢沟桥事件第七次报告会》，《民国档案》1987 年第 2 期，第 10 页。

② 中国第二历史档案馆：《卢沟桥事件第七次报告会》，《民国档案》1987 年第 2 期，第 10 页。

③ 杨奎松：《七七事变后蒋介石的和战抉择》，中国社会科学院近代史研究所编：《纪念七七事变爆发 70 周年学术研讨会论文集》，第 8 页。

④ 《电宋哲元详告与日方所谈各项办法》，1937 年 7 月 21 日，吕芳上主编：《蒋中正先生年谱长编》第 5 册，第 347 页。

撤退,感觉"不胜惶虑"。① 7月23日,又致电宋哲元,指示:"所拟三条,倘兄已签字,中央当可同意。"② 宋所提议的三条即:二十九军向日军道歉,中国不驻军于卢沟桥城郭及龙王庙,彻底取缔抗日团体。

蒋介石在谈话发表后等待日本反应的过程中,思想有所波动,但从未改变大战来临之准备,其思想波动的原因在于:战争准备尚未就绪。7月19日,参谋总长程潜会见日本武官喜多后,认为"我意现既决意作战,但应隐蔽我之企图,故我对喜多仍表示极端和平","现最可虑者为我军之质量与训练"。③ 程潜出此建议后,经军委会长官会议研究,决定由程潜与徐永昌一起亲自到庐山向蒋介石汇报。程潜等向蒋建议之时,蒋已经发表应战谈话。为了隐藏真实战略意图,蒋向宋哲元发出了可以签字的电文。在此背景下,对蒋的判断此时不宜以其对日交涉的下行电文为孤立判断标准,而应有一个综合性的判断。对蒋此时虚实结合的内外政策,不宜断下评判。在23日晚日记中,蒋谓:"玩强敌倭寇于股掌之上,使之进退维谷","倭寇已悟中央部队既入河北,对彼华北独立阴谋已受重大打击。"④

此时,蒋介石同意宋哲元与日方商谈的条件,是因该三条虽不尽如人意,但尚可接受。如能延缓日军发动全面进攻的时间,争取更充分的准备,也就达到了目的。事实上,国民政府在军事准备上一刻也未曾停止,各部队正迅速依照既定作战计划向平津周围集结,主持军政部的何应钦认为,即使各方面加紧准备,"我方准备应战,尚须两月时间,否则极难持久。故时间要素,在我方亦极重要"。⑤

依据既定作战方案,蒋介石始终关注山东方向敌军的动向,判断是否将发生全面战争。7月24日,蒋介石致电韩复榘、沈鸿烈:"切勿以卢案签字即可作为解决,此乃敌缓兵作用也","十日内倭寇必向我山东进迫,务望星

① 《蒋介石日记》,1937年7月22日。
② 《蒋介石日记》,1937年7月23日。
③ 《卢沟桥事件第九次会报》,1926年7月19日,《民国档案》1987年第2期,第11页。
④ 《蒋介石日记》,1937年7月23日。
⑤ 林美莉编:《王世杰日记》,1937年7月24日,第25页。

夜赶筑工事，完成防务。"① 对山东防务的高度警惕，说明蒋的示弱只是策略考量。有研究认为："无论是中央政府对宋与日本所商协议表示同意，还是肯定华北当局与日本的交涉行为，都不意味着国民政府愿意接受日方条件，实行妥协。"② 同日，蒋介石致电熊斌、宋哲元："日本内地军队向韩、满输运者甚多，彼方在前线部队，究有撤完否？以中判断，不久彼必有进一步之动作"，建议宋哲元"积极准备，示人以无机可乘，并随时作抗战，则或可消弭战端。"③

蒋介石在不能断定日本最终目的的情形下，军事与外交手段并用，希望能达到预定目的。除继续完成全面战争准备外，以大军云集华北，寄望于日军知难而退。蒋判断日本可能在七天内提出对华最后通牒，于是从外交上希望通过英美两国向日本提出严正劝告。蒋在致电孔祥熙时指出，日本要求中央撤退进入河北的军队，提出不得干涉冀察地方外交，其背后必有突然举动。同日在与英国驻华大使许阁森谈话中，告以日本必将于华北发动更大的军事进攻，希望英美能共同设法防止日本扩大战事。④ 25 日王世杰亦嘱杭立武询问许阁森，《九国公约》国"可否采取较严重之形式，使日政府增加顾虑"，许阁森认为不可。⑤

蒋介石总结分析 7 月 24 日前后的敌我态势后，认为："外交与军事皆瞬息万变，不可执一而终，但不能不有一定目标耳"。此话或可解释其在策略上的变化。由于不能判定日方真正意图，因此仍看重于国际压力，"在和战未决之前，对倭要着须使国际空气笼罩，使彼有所顾忌，不得不从速撤兵耳"。⑥

① 《电韩复榘、沈鸿烈赶筑工事，完成防务，警戒日军进迫》，1937 年 7 月 14 日，吕芳上主编：《蒋中正先生年谱长编》第 5 册，第 350 页。

② 彭敦文：《太平洋战争爆发前国民政府外交战略与对外政策》，武汉大学出版社，2009 年，第 257 页。

③ 《电宋哲元询前线日军是否撤退，并指示积极准备》，吕芳上主编：《蒋中正先生年谱长编》第 5 册，第 350 页。

④ 《电孔祥熙运用外交，使英美向日方提出严正劝告》，1937 年 7 月 24 日，吕芳上主编：《蒋中正先生年谱长编》第 5 册，第 351 页。

⑤ 《王世杰日记》，1937 年 7 月 25 日，第 25 页。

⑥ 《考虑日本进军与中国之应对》，1937 年 7 月 24 日，吕芳上主编：《蒋中正先生年谱长编》第 5 册，第 351 页。

日军部署到位后，自 7 月 25 日晚起，在廊坊、广安门、通县等地向中国守军发起猛烈攻击，逼近北平。日本军事上的突然动作，使蒋介石认定"大战刻已开始，和平绝望，决对日绝交后宣战，请以此意转告英政府"。[①]蒋同时致电宋哲元，要求宋从北平移驻保定，立刻布置北平防务，宛平城立即恢复戒备。27 日，又致电各方指示作战部署，要求即日起疏散南京周边兵工厂及各仓库所存物品，南京、杭州、上海、郑州、广州等开始实施防空。

据情报统计，日军在平津周边已集结 15000 人，但日本国内尚未大规模出动，山东方面并未出现敌军动静。[②]华北战事已不可能避免，但全面战争是否开打，仍存变数。虽然从军事上认定战争必不能免，但蒋仍致力于从外交上说动各国说服日本停止军事行动。27 日，蒋先后接见德国驻华大使陶德曼、意大利驻华大使柯赉及法国驻华大使那齐雅，希望三国能劝解日本停止侵略行为。在军事作战计划上，统帅部军政长官会议拟定两种方案，一是"将沧保线部队推进至永定河岸，以便增援北平，而将主力之集中，推进于沧保线"；二是"中央军仍在沧保及德石线上集中，而指导廿九军退出北平，以保实力，免被各个击破"。与会长官多主张采用第一方案，会议决定由作战组拟定后，限 27 日早 6 时前呈请蒋介石。收到此呈后，蒋决定采纳第二种方案。7 月 28 日，蒋介石电宋哲元速离北平，当日，北平沦陷。29 日凌晨 3 时，蒋介石得悉北平电话已无人接听，"为预料所及，故昨日已预备北平失陷后之处置，不足惊异也"[③]。30 日，天津失陷。

平津失陷后，蒋介石仍按计划，陆续调集部队开往黄河以北，除加强沧保一线防御工事外，并沿平汉、津浦铁路重要城市布置兵力。张治中在天津失陷当日致电蒋介石，如敌在上海方面有所动作，中国军队宜立于主动地位，先发制人。平津失陷后，即使日本希望将战争局部化，迫使中国接受丢掉华北，亦已不能。蒋介石在日记中说："倭寇果强占平津，则其政略与战

① 《电孔祥熙告以对日和平绝望，速与英国交涉》，1937 年 7 月 26 日，吕芳上主编：《蒋中正先生年谱长编》第 5 册，第 353 页。
② 《卢沟桥事件第一六次会报》，1937 年 7 月 26 日，《民国档案》1987 年第 5 期，第 4 页。
③ 《蒋介石日记》，1937 年 7 月 29 日。

略皆已陷入绝境，此诚最后之时机，若其不至于此，则余乃无机可乘也。"[1]
所谓绝境，当指日本已经在对华方针上无法回旋，中日全面战争已经开启。
1937 年 8 月 7 日，在国防会议上，何应钦向国民党中央汇报卢沟桥事变以来
的军事准备，军事作战的主要重心在平津附近。根据新拟定的战斗序列草
案，将全国军队编为第一线 100 个师，预备军约 80 个师，依序列"使用于
河北者，共约 50 师，正源源向沧州、保定、石家庄一带集中"，全国弹药总
量在长江及黄河以北"囤积三分之二"，并已经按计划搬运完毕。[2]

卢沟桥事变后，日本国内虽然存在扩大对华侵略的声音，但在具体执行
步骤上存在差别；因此达成的方针是兼顾了正反两派的意见，而这种兼顾，
本身就为政策的执行留下了足够的回旋余地。即使是明确为不扩大方针，在
具体实施过程中，亦可能演变成一场全面冲突。全面控制中国是日本既定不
移的战略，这也是蒋介石判断中日必将全面开战的原因。从另一个方面而
言，鉴于日本对华政策的内部矛盾，这使得蒋介石在判断日方意图时将日本
驻华军队与日本政府分开考虑。日军前线的军事调动是蒋判断时局的主要参
考，至于日本政府说了什么，很大程度上只是一个注脚。

解读蒋介石卢沟桥事变后的对日政策，必须综合其在军事、内政、外交
上的多个举措全盘加以考虑，尤其应注意其在军事上的准备。蒋介石对华北
地方的下行电文，往往是隐匿真正战略意图的途径，不能孤立以该类电文作
为其具体应对方针的解读。正是因为蒋介石在指导地方交涉时有策略与战略
不同层面的考虑，所以才给人以一种印象：蒋在处理卢沟桥事变的方针上，
总是游移不定，一会强硬，一会软弱。

蒋布置重兵于华北，从战略而言，主要是"示形"，故意将自身的军事
意图公开，以吸引日本的注意，观察日军为此进行的军事部署。蒋介石未必
真心要集军队精锐与敌决战于华北，更可能的只是一种战略预演，从声势上
延缓敌人的总进攻。淞沪战场的开辟，则相对较为突然且隐蔽，更为符合战

---

[1] 《蒋介石日记》，1937 年 7 月 31 日，本月反省录。
[2] 《何应钦关于中央军军事准备报告稿》，1937 年 8 月 7 日，中国第二历史档案馆编：《抗日战争正面战场》（上），第 261 页。

争的一般规律。7 月 31 日，在思考对日外交得失时，蒋介石自认"对倭外交始终强硬，其间不思运用。如当时密允宋哲元准倭筑津石路，则至少可以有一年时间之展缓，准备亦较完密。"①

"九一八"事变以来，蒋介石虽然全力于消除国内的异己势力，提出"攘外必先安内"，但亦开始从各方面准备对日的全面战争。"攘外必先安内"的口号，已将中日间必将发生战争列为必然项。日本在东北及华北的挑衅，以及种种情报显示，蒋介石料定日本正逐步实施全面侵吞中国的计划。卢沟桥事变爆发之初，蒋认为日本已开始实施全面侵华计划，而中国的作战准备亦因此开始按计划实施。但无论蒋介石还是国民政府军政要员，大多认为此时中国尚未做好战争准备。因此，在对战争的态度上，蒋介石表现为"战"与"和"的摇摆不定。此时的政策摇摆，不是其抗战态度的摇摆，而是对形势的判断与何时启动既定决策的犹豫。在战争最终不可避免的情形下，蒋介石需要判定卢沟桥事变是否是全面战争的开始。如日本此刻无意发动全面侵华战争，则能以最有利的条件结束卢沟桥事变，即中央军能进入河北。蒋亦想乘此机会，向内外宣示自己一直以来的抗战决心，希望日本知难而退。

第二节　中苏《不侵犯条约》的订立

"七七"事变爆发后，中外条约关系面临新的变化，既有在华条约格局受到挑战，如何调整和适应这个新的局势是中外共同面临的问题。在抗日救亡的时代主题面前，国民政府的外交转向以抗日救亡为主。如何在既有条约格局下实现抗战胜利，是中国外交的努力方向之一。在英、美、法等尚未对华提供实际援助之前，苏联成为中国的主要援助国，中苏《不侵犯条约》的订立，为苏联对华提供援助铺平了道路。

---

① 《蒋介石日记》，1937 年 7 月 31 日，本月反省录。

一、"七七"事变前的中苏谈判

"九一八"事变后，面对日本的威胁，中苏有意接近，以恢复因中东路事件而断绝的两国外交关系。经过谈判，1932 年 12 月 12 日，中苏双方在日内瓦互换照会，恢复两国外交关系。在恢复建交的同时，中方曾提议订立互不侵犯条约，但苏联坚持先建交，再谈互不侵犯条约。恢复邦交后，苏联首任驻华全权代表为鲍格莫洛夫。1933 年 4 月 26 日，鲍格莫洛夫在南京对记者发表谈话，称中苏互不侵犯条约等问题，"须候递国书后，始能表示意见"。[1]

1933 年 7 月 31 日，苏联政府同意展开中苏互不侵犯条约的谈判，但不同意以中方所提草案为谈判基础，只同意将中方草案作为谈判的备用文件，苏方将另提谈判草案。10 月 13 日，鲍格莫洛夫将苏方条约草案提交国民政府外交部。苏方草案强调：一国受另一国或多国侵略时，"两缔约国之另一方须保持中立"；不得对另一个缔约国进行任何形式的侵略，也不得参加第三国或数国"针对另一方之任何政治性同盟或协定"，包括目的在于"在经济或金融方面抵制另一方，或对禁止另一方买卖商品将造成实际影响之协定"。苏方草案还提出："两缔约国之任何一方不得建立、不得资助，不容许在本国领土上存在目的在于武装反对另一方或蓄意侵犯另一方主权之组织。"[2]

时任行政院副院长的宋子文对鲍格莫洛夫表示："中立条款使苏联有所得，而中国一无所获"，"苏联不存在什么反华集团，可是苏联恪守中立，中国照样还是无力抗战"。对于宋子文的说词，在苏方看来只是表面原因，更为根本的在于中日间正在进行谈判。苏方认为，中国国内军阀混战，南京政府面临财政全面崩溃的危险，只要能保住政权，"政府绝对会答应日本的一

① 《苏联驻华全权代表鲍格莫洛夫抵达南京对记者发表谈话》，1933 年 4 月 26 日，李嘉谷主编：《中苏国家关系资料汇编（1933—1945）》，社会科学文献出版社，1997 年，第 39 页。
② 《苏联驻华全权代表鲍格莫洛夫致苏联外交人民委员部电》，1933 年 10 月 13 日，李嘉谷主编：《中苏国家关系资料汇编（1933—1945）》，第 39—40 页。

切条件"。① 中国政府对苏方所提中立条款反应冷淡，原因在于，中方不希望只是订立一个互不侵犯条约，而是希望订立一个互助同盟条约，草案与中方的期望相差太远。蒋廷黻在与苏联副外交人民委员斯托莫尼亚科夫的私人谈话中表示："在任何时候，任何情况下，中国绝不会站在日本一方与苏联作对，在一定条件下，中国会同苏联肩并肩地抵御来犯的敌人。"② 蒋廷黻被苏方视为蒋介石的私人代表，他的表态仍是向苏方释放善意，希望苏联能支援中国抗战，而非仅仅持中立态度。

华北事变后，中国形势日益恶化。孔祥熙在 1935 年 7 月 4 日与鲍格莫洛夫会谈时，提出缔结中苏互助条约，而非中立条约。鲍格莫洛夫认为，互助条约的签订必须建立在双方良好的关系之上，即"在贸易条约、互不侵犯条约都早已成为定局的情况下才能谈及"，而中国政府一直在拖延回答所有问题。10 月 19 日，蒋介石在孔祥熙处会见了鲍格莫洛夫，鲍格莫洛夫向蒋介石说明了苏方对华外交的三点声明：一是苏联政府具有根本改善中苏关系的愿望；二是苏联在新疆的政策；三是关于签订贸易协定和不侵犯条约的意向。蒋介石向鲍格莫洛夫表示，他本人赞同苏方的意见，一定会致力于改善中苏关系，如果中苏两国都受到威胁，那来源都是一个地方。鲍格莫洛夫理解，这里指的就是日本。蒋还称，他本人毫无疑问赞成缔结贸易协定和互不侵犯条约，并且希望能进一步签订一个"保证远东和平的协定"，并强调"他不是以中国政府代表的身份而是以中国军队总司令的身份提出这个建议的"。鲍格莫洛夫理解，蒋介石指的是希望缔结一个秘密军事协定。③

获悉蒋介石有意订立中苏保证远东和平协议的提议后，苏联方面表示了兴趣，指示鲍格莫洛夫："苏联政府不反对协议，并准备同中国方面具体讨论这个问题。"④ 在随后的外交函件中，斯托莫尼亚科夫解释称，苏联的出

---

① 《苏联驻华全权代表鲍格莫洛夫致苏联外交人民委员部电》，1933 年 11 月 12 日，李嘉谷主编：《中苏国家关系资料汇编（1933—1945）》，第 41 页。

② 《苏联副外交人民委员莫尼亚科夫与蒋介石私人代表蒋廷黻的谈话记录》，1934 年 10 月 16 日，李嘉谷主编：《中苏国家关系资料汇编（1933—1945）》，第 46 页。

③ 《苏联驻华全权代表鲍格莫洛夫致苏联外交人民委员部电》，1935 年 10 月 19 日，李嘉谷主编：《中苏国家关系资料汇编（1933—1945）》，第 50 页。

④ 《苏联副外交人民委员斯托莫尼亚科夫致苏联驻华全权代表鲍格莫洛夫电》，1935 年 12 月 14 日，李嘉谷主编：《中苏国家关系资料汇编（1933—1945）》，第 51 页。

发点是支持中国日益强大的主战派,"如果中国确实要投入抗日解放战争,我们则准备给予力所能及的支援"。但苏联还不能确定中国内部的主战派已取得决定性优势,认为尽管主战派在中国无疑已深入人心,"也许现在时机不到,尚不宜自我束缚,同蒋介石就互助问题签一个协定,以应付一旦发生的日本武装侵略。"无意即刻签订互助协定,只是有意援华。虽然同意支援中国抗日但苏联提出了两个问题,希望能从中方得到答案:一是中国的抗日计划是什么?二是如何对待中国共产党领导的红军?如果蒋介石仍把主要的武装力量用于对付中国红军,很难想象中国的抗日计划会取得成功。① 苏方注意到,蒋介石在面对日本时仍步步退让,不能排除蒋介石仍有可能与日本进行和平谈判,"并试图为此目的也利用同我们的谈判",当务之急是弄清蒋介石的真实意图,苏联副外交人民委员斯托莫尼亚科夫建议鲍格莫洛夫再去向蒋介石探询。如果蒋介石谈起希望苏联担任国共调停的角色,并帮助建立起抗日民族统一战线,请表示苏联不能扮演这种角色,建议国共双方直接谈判。②

苏联有意回避中苏国家交涉中涉及中共因素,而蒋介石则希望苏联可以出面说服红军承认中央政府。当鲍格莫洛夫衔命再次拜会蒋介石时,蒋指出红军的问题是苏方所提条件中最重要的一个问题,如果这个问题解决了,则一切就迎刃而解。他提出:"共产党可以公开存在,但是任何一个国家都不允许一个政党拥有自己的军队。苏联必须利用自己的威望劝说红军承认事实上的政府。"在谈及苏联援华规模时,蒋介石表示具体情形将由苏联确定,中国感激苏联所能给予的任何军事装备和军用物品。对于中苏互助条约的具体内容,鲍格莫洛夫认为中苏双方的义务是不对等的,由于日本正逐步侵占土地,苏联将承担更多义务,"中国政府正是此时希望在签约的情况下得到苏联援助"。对此,蒋介石则表示,中国并不强求苏联帮助中国保卫那些已经被日本占领的地区,但中方可以签订一个条约,指明某些特别的地区,比

---

① 《苏联副外交人民委员斯托莫尼亚科夫致苏联驻华全权代表鲍格莫洛夫函》,1935 年 12 月 28 日,李嘉谷主编:《中苏国家关系资料汇编(1933—1945)》,第 52 页。

② 《苏联副外交人民委员斯托莫尼亚科夫致苏联驻华全权代表鲍格莫洛夫函》,1935 年 12 月 28 日,李嘉谷主编:《中苏国家关系资料汇编(1933—1945)》,第 52 页。

如"一旦日本企图侵占蒙古、绥远或山西,苏中两国政府根据条约承担互助的义务"。[①]

中国在试探与苏联订立特定地区的互助条约,苏联却又背着中国与外蒙古于1936年3月订立互助协定,严重侵犯了中国主权,拟议中的中苏协议再次停顿。在继续中苏谈判之前,苏方要求鲍格莫洛夫必须确认中国政府对"苏蒙协定"的态度。孔祥熙告诉鲍格莫洛夫,日本也对苏蒙突然订立互助协定提出了交涉,日本认为中苏在"苏蒙协定"背后一定有秘密协议,中国抗议"苏蒙协定",某种程度上也是出于日本的压力。至于已经停顿的中苏条约谈判,孔祥熙再次提出:"无论中国,还是苏联,均需要这样的条约,该条约可以阻止日本的侵略。"[②]

张群出任外交部部长后,再次敦促苏联方面签订一个友好互助条约,但被鲍格莫洛夫以缺乏舆论准备为由拒绝了。苏联认为,贸易条约和互不侵犯条约为舆论准备的第一步。此时,苏联对于中日之间的交涉充满戒心,尤其是日本向国民政府提出的所谓"共同防共"。中苏互助条约久拖未决,蒋介石认为与鲍格莫洛夫个人能力有很大关系,曾通过顾维钧向苏联驻日内瓦代表李维诺夫建议苏方撤换鲍格莫洛夫。蒋认为鲍格莫洛夫作为外交代表有下列错误:一是传达不实信息;二是在中国活动常以左派及其民众为对象;三是重要交涉事项通过孔祥熙,而孔"对外交问题无统筹计划,谈话多不负责,有时自以为能代表院座,实则未必";四是怀疑张群为亲日派,平时亦多怀疑中国人为亲日派,工作存在较多失误。[③]但顾维钧并未将蒋介石的意见及时传达给李维诺夫。

1936年12月12日,张学良、杨虎城发动西安事变,囚禁蒋介石,逼蒋抗日。中国共产党及苏联方面积极参与斡旋,最终说服蒋介石放弃围剿红军,停止内战一致对外,实行联共抗日的政策。西安事变结束后,鲍格莫洛

---

① 《苏联驻华全权代表鲍格莫洛夫之苏联副外交人民委员斯托莫尼亚科夫电》,1936年1月22日,李嘉谷主编:《中苏国家关系资料汇编(1933—1945)》,第53—54页。

② 《苏联驻华全权代表鲍格莫洛夫之苏联副外交人民委员斯托莫尼亚科夫电》,1936年5月27日,李嘉谷主编:《中苏国家关系资料汇编(1933—1945)》,第55页。

③ 《蒋廷黻与李维诺夫谈话记录》,1936年11月19日,《民国档案》1989年第4期,第23页。

夫于 1937 年 2 月底返回南京，仍通过孔祥熙与国民政府保持了一条联系渠道。苏联曾提议以集体安全来代替双边安全，提出订立太平洋公约。4 月 1 日晚，孔祥熙向鲍格莫洛夫提出两个问题，一是"中国若建议日本参加太平洋公约，这个建议会被说成是对满洲国的承认"；二是关于苏联向中国供货的问题。4 月 3 日，蒋介石会见鲍格莫洛夫，询问西安事变期间苏联报刊的态度，并称"他极为珍视这种态度"，"他本人一定想尽一切办法改善中苏关系"。① 西安事变的和平解决，解决了苏联原来所担心的蒋介石进攻红军的问题，为中苏互助条约的订立扫清了中国国内政治上的障碍，但国际上的障碍仍然存在。苏联在中、日、苏的三角关系上有自己的考虑，尽管抗日是中苏两国所必须面对的问题，但是通过集体协议抗日，还是各自单独抗日，苏联并未下定决心。

会见蒋介石后，鲍格莫洛夫认为如苏联允诺支持订立太平洋公约，并对未来签订中苏双边条约寄以希望，将会对接下来的双方谈判创造有利的气氛。② 4 月 12 日，鲍格莫洛夫会见外交部部长王宠惠，向王讲述了苏联对太平洋公约的看法，强调立即开始互不侵犯条约的谈判是必要和适当的。鲍格莫洛夫认为，中苏互不侵犯条约"必定为进一步加强苏中关系创造一个有利的气氛，并在很大程度上有助于未来可能就互助条约进行的谈判"。③

苏联希望中国能推动太平洋各国进行太平洋区域性互助公约的谈判，并称如中国政府能倡议谈判，苏方"将全力促成中国政府办理此事"。鲍格莫洛夫称，只有确认太平洋公约不能签署之后，苏方才会重新考虑缔结中苏双边互助条约的可能性问题。太平洋公约的谈判，"不单是中国政府同其他政府间照会的往还，而是认真的持续的，共同致力于实现太平洋的外交工作"。鲍格莫洛夫建议，双方立即开启中苏互不侵犯条约的谈判，"在很大程度上将有利于今后可能进行的双边（互助）条约的谈判"。对于鲍格莫洛夫的提

---

① 《苏联驻华全权代表鲍格莫洛夫致苏联外交人民委员部电》，1937 年 4 月 3 日，李嘉谷主编：《中苏国家关系（1933—1945）》，第 66—67 页。

② 《苏联驻华全权代表鲍格莫洛夫致苏联外交人民委员部电》，1937 年 4 月 3 日，李嘉谷主编：《中苏国家关系（1933—1945）》，第 67 页。

③ 《苏联驻华全权代表鲍格莫洛夫与中国外长王宠惠谈话记录》，1937 年 4 月 12 日，李嘉谷主编：《中苏国家关系（1933—1945）》，第 68 页

议，王宠惠表示是否需要中国政府向《九国公约》的所有成员国发出提议，包括荷兰和葡萄牙。鲍格莫洛夫称不需要将太平洋公约与《九国公约》相联系，只需主要国家的参与，如中国、英国、苏联、日本、美国和法国。王宠惠对此提议表示了兴趣，并称将向蒋介石本人报告此事。①

鲍格莫洛夫认为，中苏谈判之所以拖延，是因为中日正在进行谈判，中国希望利用日本的弱点，以便在可以接受的条件下同日本达成谅解，"中国政府知道日本最担心签订苏中协定，便命令中国各报纸不得对此问题作任何报道"。中国半官方报纸《大陆报》发表社论称："对中国来说，中日协定比任何多边公约更为重要。"② 据苏方掌握的信息，在孔祥熙访英期间，李维诺夫曾与其约谈，孔祥熙谓英国外交大臣艾登"对于太平洋互助公约的提议并非持反对态度。艾登只对美国能否接受公约表示怀疑"。孔祥熙认为，太平洋公约之事需要从长计议，不能操之过急。③

驻苏大使蒋廷黻判断，苏联极欲订立太平洋区域互不侵犯公约。李维诺夫自欧洲回苏后，与蒋廷黻就此问题有过长时间的会谈。李维诺夫表示，苏联原曾设想订立太平洋互助公约，但因英国内部有反对意见，故而提出太平洋互不侵犯条约。经欧洲之行后，李维诺夫了解到，英国方面虽不乐观，但愿意进行尝试，并愿意召集太平洋会议。蒋廷黻从李维诺夫处得悉，苏方认为美国是关键，日本如能参加甚为理想。蒋廷黻对于筹议中的太平洋公约内容投以极大关注，称其与中国关系重大，担心所谓不侵犯条约将承认既成事实，如此则日本对华侵略将有条约依据。蒋廷黻询问"是否先清算'九一八'以后之非法侵略，然后缔结互不侵约"，还是"清算长城以南华北各悬案，而置伪满于不理"？对于蒋廷黻的询问，李维诺夫称对中方面临的困难完全了解，在商定条约内容时会考虑中国的利益。蒋廷黻在向国内汇报时称，"此约固与我有益，惟交涉过程中他国不免图使吾人出其代价之全部，

---

① 《苏联驻华全权代表鲍格莫洛夫与中国外长王宠惠谈话记录》，1937 年 4 月 12 日，李嘉谷主编：《中苏国家关系（1933—1945）》，第 68 页。

② 《苏联驻华全权代表鲍格莫洛夫与中国外长王宠惠谈话记录》，1937 年 4 月 12 日，李嘉谷主编：《中苏国家关系（1933—1945）》，第 68 页。

③ 《苏联外交人民委员致苏联外交人民委员部和苏联驻华全权代表鲍格莫洛夫电》，1937 年 5 月 29 日，李嘉谷主编：《中苏国家关系（1933—1945）》，第 70 页。

此似吾人应早顾虑者也"。①

当中苏双方围绕太平洋公约及中苏互不侵犯条约而往返磋商之际，"七七"事变爆发，日本挑起了全面侵华战争。事变爆发后的第二天，王宠惠将对苏谈判意见上呈蒋介石。王宠惠认为，苏联几年来在远东所处环境与中国相同，希望中国能够统一强盛，以便成为远东和平的保障，中国弱小则会成为远东战争的导火线。据王宠惠报告，鲍格莫洛夫此次返回中国带有苏联政府的训令，对华提议共同预防外患，并提出三步骤：一是以中国政府名义召集太平洋各关系国开一国际会议，商订集体互助协定。苏联允诺一旦接到中国的邀请，"即正式通知愿意参加，如有第三国之一国或数国赞成，即可进行"。如果此步骤无法实行，则可采取第二步，即订立中苏互不侵犯协定，然后再订中苏互助协定。

王宠惠曾向鲍格莫洛夫询问，为何苏联不召集太平洋会议，中苏关系的三步走，是否有先后及连带关系，可否先进行第二、第三两步，然后扩充至第一步？鲍格莫洛夫告王，建议由中国牵头，实出于历史原因，苏联前在欧洲提议与法、德、波、捷四国缔结互助协定，不料发生诸多误会，"谓苏联欲恢复欧战前之秘密军事同盟，以抵制他国"；此次若由中国召集，则可免去许多误会。至于三个步骤，鲍格莫洛夫表示确有先后关系，"中苏两国无论订立互不侵犯或互助协定，在苏联意见，必须经过第一步骤"。②

二、"七七"事变与中苏《不侵犯条约》的订立

"七七"事变爆发后，中日之间转为全面战争状态，筹议中的太平洋公约及中苏互助协定的国际背景已经发生重大改变。在国民政府向国联及《九国公约》签字国呼吁调停时，国民政府内部也加紧了与苏联的谈判。7 月 13日，立法院院长孙科邀见鲍格莫洛夫，请其将中方对时局的建议转达苏联政府。孙科表示，中国政府认为形势极为严峻，"冲突可能发展为中日间的公

---

① 《苏联外交人民委员致苏联外交人民委员部和苏联驻华全权代表鲍格莫洛夫电》，1937 年 5 月 29 日，李嘉谷主编：《中苏国家关系（1933—1945）》，第 71 页。

② 《外交部长王宠惠呈蒋介石之意见书》，1937 年 7 月 8 日，李嘉谷主编：《中苏国家关系资料汇编（1933—1945）》，第 71—72 页。

开战争，中国政府决定不再退让，并已向河北及保定派兵"。鲍格莫洛夫认
为，孙科所提问题本身比较模糊，但大体上有两层意思：一是，一旦中日爆
发战争，苏联是否会帮助中国；二是，日本是否会同时对苏发动战争。①

蒋廷黻则在与李维诺夫的会谈中得悉，苏联不可能单独出面调停中日冲
突，但可以考虑与其他国家联合调停，"苏联将支持中国根据第十七款向国
联呼吁，但成功与否主要取决于英国"。据苏联所得消息，"日本并非有意发
动战争，但目的在于进行军事准备，以威胁中国，使之屈服"。苏联认为如
果中苏紧密团结，日本不会采取大的行动。蒋廷黻向孔祥熙建议，"有苏联
参与并作为仲裁者之一的联合调停，比没有苏联参与的，其成功的机会要
少"，"解决形势的关键在于英美的合作"。②

7 月 16 日，鲍格莫洛夫应孙科之邀，再次举行会谈。孙科表示中国不能
承担作为太平洋公约的发起国的责任，催促中苏尽快开启双边互助条约的会
谈。在鲍格莫洛夫看来，此时的南京国民政府已经"焦头烂额，忽东忽西，
不知所措"，此次会谈也只是重复既有的观点，毫无推进。③ 7 月 19 日，陈
立夫应蒋介石之命拜访鲍格莫洛夫，仍是继续催促苏方开启中苏互助条约谈
判，继续向其解释中方不能担任太平洋公约会议召集人的原因。鲍格莫洛夫
则称，现在的局势对于中国政府而言，在太平洋公约问题上表示主动是有利
的，既然如果中国政府有可能向其他国家诉诸《九国公约》，那么提出比
《九国公约》更加激进的新建议就应该是合适的。陈立夫表示，太平洋公约
的意义在于回击日本侵略，在这方面中苏利益是一致的，"中国是日本首当
其冲的目标，而苏联是第二个目标"，其他国家与该公约的关系不大，因此
中苏之间应该开启互助条约的谈判。④

鲍格莫洛夫在向苏联政府汇报时称，他向陈立夫解释了苏联政策的主旨

---

① 《苏联驻华全权代表鲍格莫洛夫与中国立法院院长孙科谈话记录》，1937 年 7 月 13 日，李嘉谷主编：《中
苏国家关系资料汇编（1933—1945）》，第 73—74 页。
② 《中国驻苏大使蒋廷黻致行政院副院长孔祥熙电》，1937 年 7 月 15 日，李嘉谷主编：《中苏国家关系资料
汇编（1933—1945）》，第 74—75 页。
③ 《苏联驻华全权代表鲍格莫洛夫致苏联外交人民委员部电》，1937 年 7 月 16 日，李嘉谷主编：《中苏国家
关系资料汇编（1933—1945）》，第 75—76 页。
④ 《苏联驻华全权代表鲍格莫洛夫致苏联外交人民委员部电》，1937 年 7 月 19 日，李嘉谷主编：《中苏国家
关系资料汇编（1933—1945）》，第 76—77 页。

与中方不同，苏联只能根据自己的力量制定自身的对外政策，"日本不可能对苏单独开战，因为现今苏联在军事方面已经比日本强大，日本人现在也明白这一点"，如果苏联没有遭到来自欧洲战线的进攻，日本是不会对苏发动战争的。虽然如此，陈立夫仍被告以，苏联将毫无条件地支持中国反对日本侵略，因为日本威胁着远东和平，而远东和平与苏联有极为密切的关系，"希望提出太平洋公约的建议也因此而来"。陈立夫虽然对鲍格莫洛夫的解释表示认可，仍强调如中苏双方从互助条约开始谈判，那就更加符合中国的利益。陈表示受蒋介石委托，正式向鲍格莫洛夫说明，"中国政府愿随时签署互助条约"，并请鲍格莫洛夫向苏联政府报告。①

陈立夫此次约谈鲍格莫洛夫，更为重要的事项是希望苏联能够向中方供应军火，主要包括：飞机、坦克、反坦克炮、高射炮，中方希望购买总额为"一亿五千至二亿中国元，军火交货期限应缩短"，"还债（以货相抵）期应从 5 年后算起，10 年还清"。对于中方的购买提议，鲍格莫洛夫表示认可，把购买总款增加至 1.5 亿或至少 1 亿墨西哥元，也同意把供货期限缩短为 1 年，而付款期限定为 3 至 8 年。同时，鲍格莫洛夫也提出：苏联提供的武器不能被用于对付苏联，这就需要中苏双方签订一项互不侵犯条约。②

7 月 23 日，王宠惠邀谈鲍格莫洛夫，询问可否立即开始谈判双边互助条约。鲍格莫洛夫再次给以否定答复。虽然苏联对于中方所提互助条约一事拒绝回应，但中方仍希望苏联抛开政治问题，优先向中国供应军火。7 月 26 日，张群受蒋介石委派拜访鲍格莫洛夫，称"中日之战势不可免，所以中国不可能再指望从德国得到订货，因德国是日本的盟国"，中国的本国储备只够六七个月用，苏联已成为中国唯一的供货来源，希望苏联"把这个问题看作纯商务性的，苏联方面不承担任何政治义务"。鲍格莫洛夫再次向苏联外交人民委员会汇报时提出，鉴于华北形势严峻，较为妥善的办法就是"不把

---

① 《苏联驻华全权代表鲍格莫洛夫致苏联外交人民委员部电》，1937 年 7 月 19 日，李嘉谷主编：《中苏国家关系资料汇编（1933—1945）》，第 76—77 页。

② 《苏联驻华全权代表鲍格莫洛夫致苏联外交人民委员部电》，1937 年 7 月 19 日，李嘉谷主编：《中苏国家关系资料汇编（1933—1945）》，第 78 页。

军事供货同互不侵犯条约搅在一起，从商务方面入手解决这个问题"。①

经过对国际形势判断，苏方得出的结论是："目前时机更加不宜签署互助条约，因为这样的条约会意味着我们立即对日宣战。"为了牵制日本，苏方同意将中国的武器订单增至1亿中国元，一年内交货，且在预定的供货清单上提供200架飞机和200辆坦克。李维诺夫仍强调，"提供军事物资务必以先签署互不侵犯条约为先决条件"。②

中国在向美、英等发出调停呼吁的同时，也尝试另一种方式延缓日本的大规模军事侵略，即希望苏联在东北边境调动军队，以牵制日本的军力。孙科首先与鲍格莫洛夫提出此议，8月2日，王宠惠再次向鲍格莫洛夫提出。鲍格莫洛夫答复二人，其本人无法对此事给予任何答复。

蒋介石亦于当日约谈鲍格莫洛夫。鲍格莫洛夫转达了苏联政府的意见，"不可能在目前就互助条约进行任何谈判"。蒋介石首先提出了军火购买的细节，希望购买的总额再大一些，飞机要500架，并愿让俄国军事专家来华实地考察，以便了解中国的实际军事需求。之后，蒋把话题转到了条约问题上来，他声明"不能同意把军事供货和互不侵犯条约用任何形式联系起来"。在蒋介石看来，如果中苏互不侵犯条约没有侵犯中国主权的内容，原则上是可以订立的，但如果把互不侵犯条约视为军事援助而付的报酬，则让人难以接受。鲍格莫洛夫也把中苏面临的国际环境说得很清楚，如果双方不能保证中国不会用采购的武器进攻苏联，苏联无法向中国提供武器；这种保证就需要通过互不侵犯条约来体现。至于蒋介石担心的所谓报酬，鲍格莫洛夫并不认可，他表示互不侵犯条约的实质在于双方承担不进攻的义务，这种义务不能被理解为军火采购而付出的报酬。虽然蒋介石表明中国绝不会进攻苏联，但鲍格莫洛夫表示苏联坚持签订互不侵犯条约，这是苏联向中国提供军火前的必须条件。③

---

① 《苏联驻华全权代表鲍格莫洛夫致苏联外交人民委员部电》，1937年7月26日，李嘉谷主编：《中苏国家关系资料汇编（1933—1945）》，第79—80页。

② 《苏联外交人民委员李维诺夫致苏联驻华全权代表鲍格莫洛夫电》，1937年7月31日，李嘉谷主编：《中苏国家关系资料汇编（1933—1945）》，第80页。

③ 《苏联驻华全权代表鲍格莫洛夫致苏联外交人民委员部电》，1937年8月2日，李嘉谷主编：《中苏国家关系资料汇编（1933—1945）》，第83页。

蒋介石提出一个折衷办法，"在签订互不侵犯条约之前先签署军事供货协定，尽管履行供货是在签约之后"。对此，鲍格莫洛夫表示"至少两个条约应该同时签署"。蒋认为，苏方的坚持让中方感到为难，宋美龄在居间翻译时表示，鲍格莫洛夫的思维是西方式的，而蒋介石是东方式的。谈论至此，蒋介石原则上同意签署条约，而不要求苏联对军事供货承担任何义务。[①]

蒋介石在表示可以签约后，又称中国不想请求任何国家的援助，一旦需要，中国会以自己的力量反击日本侵略。对此表态，鲍格莫洛夫称，"由此可见，互不侵犯条约的签署越早越好"。至于苏联对华军事供应，需要得到保证，即不能使用苏联的武器攻击苏联，这是苏方坚持签订互不侵犯条约的原因。鲍格莫洛夫询问蒋介石，其本人是否可以向苏联政府报告："中国政府同意立即就互不侵犯条约开始谈判？"蒋介石回答："是的，务必使条约中没有侵犯中国主权的内容。"[②]

8月21日，中苏两国在南京最终签订了《不侵犯条约》。王宠惠与鲍格莫洛夫作为双方代表分别签字。在条约签字前，鲍格莫洛夫会见了蒋介石，约定在8月29日同时向外界发布条约，以便在8月30日早上见诸报端。在条约签署的最后时刻，鲍格莫洛夫意识到中国政府内部意见并不一致，外交次长徐谟告知鲍格莫洛夫："中国政府坚持同时签订互不侵犯条约和军事供货协定"。对此鲍格莫洛夫感到非常诧异，因为蒋介石已明确表示，不把两个条约联系在一起。鲍格莫洛夫通过孙科向中国政府施压，并告徐谟，中国此种态度会给莫斯科造成极不愉快的印象，并把整个事情拖延下去。蒋介石得知后，吩咐王宠惠立即签约。[③]

中苏《不侵犯条约》前言载明，签约的目的在于："将1928年8月27日巴黎《非战公约》中双方担任之责任重行切实证明起见"，缔约双方"不得单独或联合一国或多数国家，对于彼此为任何侵略"；当缔约一方受到侵

---

① 《苏联驻华全权代表鲍格莫洛夫致苏联外交人民委员部电》，1937年8月2日，李嘉谷主编：《中苏国家关系资料汇编（1933—1945）》，第83页。

② 《苏联驻华全权代表鲍格莫洛夫致苏联外交人民委员部电》，1937年8月2日，李嘉谷主编：《中苏国家关系资料汇编（1933—1945）》，第83页。

③ 《苏联驻华全权代表鲍格莫洛夫致苏联外交人民委员部电》，1937年8月22日，李嘉谷主编：《中苏国家关系资料汇编（1933—1945）》，第87页。

略时，缔约国不得给与侵略国直接或间接任何协助。条约有效期五年，期满前 6 个月彼此通知废止意愿，如不通知，则第一次期满后自动延长两年，以后以此类推。[①] 条约签订后，国民政府外交部对外界发表谈话："此举不独对于中苏两国间之和平多加一重保障，且为太平洋各国以不侵犯之保证共谋安全之嚆矢。"并称该条约与各国所缔结类似，在太平洋各国间尚属首例，与世界和平的宗旨相符合。谈话公开宣称："今日以武力侵凌我者，苟能幡然悔悟，变更其国策，则我人亦深愿与之签订不侵犯条约，共维东亚安全。"[②]

第三节 "广源轮案"与国民政府对既有条约体系的认识及利用

"广源轮案"是中国在全面抗战爆发后取得的一个重大的外交胜利，该案对于研究战时外交的意义在于：即使在旧有不平等条约体系内，中国并非完全不可为，在国际规则允许的范围内，仍可争取到自身的合法权利。

一、 不平等条约视野下的"广源轮案"

1937 年 8 月，中国驻美国旧金山总领馆接到一份船舶登记申请，大致情形为：烟台永源轮船公司购买美国籍船舶"爱娜克里相森"（EDNA CHRIS-TENSO）号，已通过美国航政局批准，完成了购买手续。该轮更名为"广源轮"，已装载废铁，准备启程运往日本，需要中国出具国籍证明书以便出港。按照中国商事关系法令之《船舶法》第四章第二十七条规定：如在国外港口取得船舶，应先向当地中国领事馆登记，申请临时国籍证书，回国后再依法登记，换发正式国籍证书。[③] 接到申请后，旧金山总领馆初步查明该船载有废铁约 2000 吨，准备运往日本大阪。船长、轮机长及大副均为日本人，已经登轮。二副以下船员有 20 人，全为中国人，正在旧金山美国移民局看

---

① 《中苏互不侵犯条约》，1937 年 8 月 21 日，秦孝仪主编：《中华民国重要史料初编——对日抗战时期》，《战时外交》（二），第 328—329 页。

② 《中央日报》1937 年 8 月 30 日，第 2 版。

③ 张研、孙燕京主编：《民国史料丛刊》（6），大象出版社，2009 年，第 310 页。

守所候保，等待上岸接船。①

此时距"七七"事变爆发已近两个月，中日间虽未宣战，但事实上已进入全面战争状态。为了慎重起见，国民政府驻旧金山总领事黄朝琴于 9 月 1 日致电外交部，请示处置办法，"应否给予国籍证明书，或设法饬其暂留金山，将华员遣送回国，以免为日方利用，请速电示"。② 9 月 5 日，南京外交部回电黄朝琴，表示"值此非常时期不应发给"，"至华人船员行止问题，仰斟酌办理"。③ 此时，无论旧金山总领馆抑或是外交部，均未能预料到此事日后的发展，更未预见到一艘货轮将导致中日两国诉诸美国法院，并引起一场外交折冲。

为了尽快将船只开离美国，永源轮船公司美国代理人亲自到旧金山总领馆，要求给与证明，并称："该轮现系中国人所有，今贵领事拒绝发给国籍证书"，将"损失甚大"。④ 在未得到肯定答复后，该代理人声称"原船将改换他国国籍率华籍船员离此"。此话使黄朝琴认为"广源"轮运铁赴日有通敌嫌疑，"永源公司显系日人走狗，欲藉中国船籍为日人代运军火材料无疑"。⑤

永源轮船公司是否日人所创，或系操纵于日人之手的中日合资企业，在未能查证以前，无法定论；但各种迹象表明，此船连同货物在内，来源并不清楚，存在较多疑点。外交部一直到 1938 年 3 月 24 日方收到交通部咨文："永源轮船公司究系何种组织，因鲁省战局变化，电讯阻塞，一时无法调查。"⑥

依据国民政府当时的行政建制，该公司隶属交通部航政司管辖。"广源"轮在美国发生的外交纠纷，航政司难以置身事外。为配合外交部工作，交通部开始设法查询"广源"轮及永源轮船公司的背景及真实身份。在当时的情形下，怀疑公司为日人控制，当属情理之中。实际情形是，永源轮船公司曾于1937 年 5 月呈请实业部批准设立，并登记在案。但当时实业部以"该公司所营

① 黄朝琴：《我的回忆》，台北龙文出版社，1989 年，第 74 页。

② 《金山总领馆黄朝琴致外交部电》，1937 年 9 月 1 日，台北"中研院"近代史所藏"外交部档案"，档号443.4/0026。

③ 《南京外交部致金山总领馆黄朝琴电》，1937 年 9 月 5 日，台北"中研院"近代史所藏"外交部档案"，档号 443.4/0026。

④ 《金山总领馆致外交部电》，1937 年 11 月 13 日，台北"中研院"近代史所藏"外交部档案"，档号 443.4/0026。

⑤ 《驻金山总领事馆呈外交部》，1937 年 10 月 4 日，台北"中研院"近代史所藏"外交部档案"，档号443.4/0026。

⑥ 《交通部咨外交部函》，1938 年 3 月 24 日，台北"中研院"近代史所藏"外交部档案"，档号 443.4/0026。

事业系经营船舶运输，应先呈经交通部核准后，检呈证件再行核办"。① 由于实业部一直在等待交通部的批文，因此，该公司实际上并未有明确的成立手续。在等待颁发船籍证书期间，"广源"轮代理人声称将变更船籍，此举才引起旧金山总领事馆的重视。总领馆认为，"广源"轮美方代理人因总领事馆拒绝发放中国船籍证书，无法开航出港，于是秘密运动美国航政局，拟将船只转售于英国商人，变更船籍，脱离旧金山总领馆的管辖，以便载铁赴日。② 变更船籍一事，其实是准备采取瞒天过海的手段，无意中为黄朝琴所识破。

黄朝琴留日多年，能说一口非常地道的日本语。在调查该轮情况过程中，黄朝琴决定进行一次实地考察。黄朝琴与副总领事孙碧奇亲自登上"广源"轮，黄用日语与船上日籍负责人进行谈话。当日籍船长问他的身份时，黄朝琴说我是总领事，船长竟以为他是日本使馆的总领事。黄将错就错，询问为何拿不到船籍证书出港，日籍船长说："就是中国驻金山总领事黄朝琴那个家伙捣鬼。"并向黄透露，为了将这些船上的钢铁运回日本，只有变更船籍证书；因此做了一张假的英国船籍证书，准备骗过海关。③ 预先了解对方的计谋后，黄朝琴致电外交部，请求阻止该轮转籍。1937 年 10 月，烟台永源轮船公司总经理李兴生致电交通部航政司，称"广源"轮滞留美国港口，公司损失颇大，故考虑转手卖出，而船上所载废铁系买船时便已确定运送的货物。永源轮船公司恳请外交部："迅电驻金山总领事馆，证明该轮确已为商所购，俾将华籍确定，并准发给船舶临时国籍证书，以便接收。"并建议船舶国籍证书"仍请总领事馆代为保管，就近制止开船"。至于载运废铁赴日，自应取消。④

1937 年 11 月，黄朝琴据掌握的各方面情况，向外交部汇报处理"广源"轮事件的建议。在 11 月 13 日的电报中，黄朝琴总结了三点意见：一、"广源"轮雇佣日籍船长载运废铁赴日，真实有据，应该阻止该轮离港；二、在不能确认烟台永源轮船公司属于"华资"或"日资"的情形向下，"际此日

---

① 《交通部快邮代电》，1938 年 9 月 11 日，台北"中研院"近代史所藏"外交部档案"，档号 443.4/0028。
② 黄朝琴：《广源轮案》，耿素丽、张军选编：《民国华侨史料汇编》，国家图书馆出版社，2011 年，第 18 页。
③ 黄朝琴：《我的回忆》，第 75 页。
④ 《烟台永源轮船公司请求发给船舶临时国籍证书之巧电》，1937 年 10 月，台北"中研院"近代史所藏"外交部档案"，档号 443.4/0028。

人封锁中国海岸之时，亦应暂时予以羁留，免致为日人所扣押及供日人军火"。三、日本法律禁止日商向外国购买驶运十年以上之旧船，以保护本国船厂，永源公司或系日人所设，或利用汉奸名义代办，该公司既假借名义希图取得中国国籍，总领事馆正可以保护华轮为名予以扣押。以上三点意见的主要思路在于扣船，并将其控制在使馆管辖之下。①

结合黄朝琴的建议及对相关情况的了解，外交部对旧金山总领馆作出指示："永源公司电恳转令驻金山总领事馆签发船籍证书，证明该轮确为该公司所购，以便确定中国船籍。该项船籍证书仍着该馆代为保管，就近制止开行。"② 总领事馆于 11 月 24 日发给船籍证书，同时由总领馆代为保管，并与美国旧金山海关商妥，如果没有该证书，不得向该船发放出港凭证。至此，轮船基本在中国的掌控之下。

此时，尚有 20 多名华人船员被美国移民局扣押。1937 年 10 月 27 日，美国旧金山移民局致函领事馆："广源轮海员二批共计二十人，分乘日轮秩父丸及龙田丸，于八月二十六日及九月三日先后到达金山，当经本局谕令每人交保美金五百元，方准上岸接船，因永源公司代理人不能照办，业经判令仍乘原船出境。"③ 这些船员人身自由受到限制，如何将其遣返成为一个大问题。一方面是船员对于遣返一事心存顾虑，领事馆已意识到这种处境，"离国时曾与公司立约来美接船，徒手回国恐公司追保，因此不敢具呈要求回国"。另一方面是美国代理人方面无权遣返船员，除非得到公司的授权。④

中国籍船员遣返问题成为"广源"轮事件派生出的第一个外交问题。出于保护本国公民的良好愿望，领事馆希望船员能够较快回国。若要美国移民局遣送中国船员，需要由美国银行的担保证明，永源轮船公司原希望能通过美国在大连的银行具保，但未能获得美劳工部认可。随时间流逝，甚至 20 多名船员的生活费用都成了问题。1938 年 1 月 27 日，总领事馆在电报中称，"海员保释二月六日到期，代理人似难继续供给伙食，恐须遣送回国"。但此

---

① 《金山总领馆致外交部》，1937 年 11 月 13 日，台北"中研院"近代史所藏"外交部档案"，档号 443.4/0026。
② 黄朝琴：《我的回忆》，第 76 页。
③ 黄朝琴：《我的回忆》，第 76 页。
④ 《金山总领馆致外交部》，1937 年 11 月 13 日，台北"中研院"近代史所藏"外交部档案"，档号 443.4/0026。

时对于回国的路径及目的地,均无明确办法。①

外交部并不希望立刻遣送海员回国,要求旧金山总领馆与美国方面交涉。经交涉,美国不再坚持遣返船员,只要代理人能缴足保证金,尚有回旋余地。但永源轮船公司先以无款可保为托词,继又要求通过美国在中国大连的银行作保,未获准。不得已,总领事馆在取得船员具结保证的情形下,出面作保。几经交涉,至 1937 年 12 月 7 日,美国移民局终于发放了释放中国海员的通知。12 月 8 日,领事馆派人送船员登上了"广源"轮。

中国船员登上"广源"轮,对中国而言无疑是一件有益的事情。这 20 个船员的存在,使得领事馆可以随时掌握船只的动向。黄朝琴后来总结认为:"渠等均能遵从总领事馆指示,除船上例行工作外,一概不听船长指挥,故后来船长命将船名改为'德行丸'并改悬日本国旗,均因华员坚决反对而奸计未逞。"② 此外,总领事馆还委托当地华人工会——虾寮工会秘密监视"广源"轮的动向。该工会约有 60 名成员,并备有海上汽艇,可以快速出动。

处理中国籍船员遣返问题的同时,外交部与交通部着手调查烟台永源轮船公司,以查明其究竟是否属于日资或具有亲日倾向。而这一点,也正是旧金山总领事馆最初注意到该轮的主要原因。由于在处理船货及中国籍船员问题上,永源轮船公司与旧金山总领馆间分歧太大,以致各自陈请外交部处置。鉴于永源公司种种行径,总领事馆坚称公司行为存在黑幕,无疑是希冀运废铁与日本,是卖国行径。③ 在船舶被扣押期间,美国代理人通过种种方式,希图尽快将船开走,其背后自然与日本买主有关。据黄朝琴报告:"该代理人事事听从神户日新海运商会及大连永源分公司之指挥",轮船已"由永源公司卖与日商",并由驻美领证明,带同日本驻旧金山总领事馆所发之国籍证明书,请给出口证明。④

---

① 《金山总领事馆致汉口外交部》,1938 年 1 月 27 日,台北"中研院"近代史所藏"外交部档案",档号 443.4/0026。

② 黄朝琴:《我的回忆》,第 77 页。

③ 《金山总领事馆致汉口外交部》,1938 年 2 月 19 日,台北"中研院"近代史所藏"外交部档案",档号 443.4/0026。

④ 《呈报办理广源轮海员及发给船籍证书经过》,1938 年 2 月 23 日,台北"中研院"近代史所藏"外交部档案",档号 443.4/0026。

既然是日方出资，为何要申请加入中国国籍，然后运载废铁前往日本？何如直接由日本购买来得简单？这与当时的日本相关法令有关。日本为保护本国造船业的发展，不允许购买10年以上船龄的老旧船舶。因而，不得已而与中国公司合作购买。随着中国海员登上"广源"轮，中日两国围绕"广源"轮的外交交涉开始升级，日方为取得轮船和船货向美国方面发起诉讼，中、日、美之间因此展开了一场基于条约和国际法的外交交涉。

二、 征用"广源"轮及国民政府《军事征用法》的出台

1938年2月3日，中日船员在"广源"轮上发生互殴，日方向美国联邦法院提出控诉，一是要求美方法院勒令所有中国船员离开"广源"轮；二是要求美方将船交由日方管理。随着事件的复杂化，"广源"轮纠纷成为中日间的一场外交折冲。在法律顾问、伊利诺大学国际法教授加纳（James W. Garner）建议下，经详细征询律师及各方意见，旧金山总领馆于3月1日拟具没收"广源"轮之建议，呈请驻美大使王正廷核转政府。总领馆建议由国民政府征用"广源"轮，"该轮即为我国公船，任我方支配，日美双方均无权干涉"，一举解决轮船归属问题，杜绝日本方面的索船要求。① 外交部收到建议后，发函交通部，称"永源公司通敌有凭，拟请政府明令将广源轮作为逆产收归国有，或征为公用。明令一到，该轮即为我国公船。"② 同时，日方向美国法院提起另一桩诉讼，废铁买方横滨正金银行要求归还"广源"轮所载2000余吨废铁。至此，日方已相继发起三件诉讼案，围绕"广源"轮的外交争夺进入关键阶段。随着形势的发展，国民政府征用令下达宜早不宜迟，但此时的国民政府尚未进入战时体制，虽然各种法律规章正为配合全面抗战做准备，但正式实施尚有距离。

卢沟桥事变后，国民政府加快了从平时体制向战时体制的过渡。1937年7月12日，国民政府公布《军事征用法》，共7章65条，第一章第一条规定："陆海空军于战事产生或将产生时，为军事上紧急需要，得依本法征用

① 《金山总领馆致汉口外交部电》，1938年4月5日，台北"中研院"近代史所藏"外交部档案"，档号443.4/0026。
② 《外交部致交通部电》，1938年4月6日，台北"中研院"近代史所藏"外交部档案"，档号443.4/0026。

军需物及劳力。"第二章详细列举征用标的类别，第七条第六目规定："乘驮挽用之牲畜、车辆、船舶、铁道、火车、电车、航空器暨各种搬用及交通设备。"关于征用程序，规定"轮船、铁道、火车、电车、航空器与其他类似之交通运输物及设备，不归省或直隶行政院之市管辖，或归二以上之省、直隶行政院之市管辖者，征用书应交付与中央主管行政机关，由该机关斟酌管辖，自行或委托所属机关实施征用"。①

当时该法只是向社会公布，并未注明正式实施日期。最后一条注解如下：本法施行日期以命令定之。② 随着战事的扩大，蒋介石逐步开始将中国引入战时体制。7 月底蒋指示军事委员会成立各部动员处及临时动员科，"派现有部员兼任，专筹备动员事宜，并令其每日规定时间到军委会会报"。③ 其中《非常时期船舶管理条例》第二条规定："非常时期政府为便利军运及调节民运计，得征用民有船舶及其仓库码头并加以编制管理。"当国民政府内部征询意见的同时，旧金山总领馆面对日益紧张的局势再次致电外交部，希望外交部将政府征用令"电驻美使馆照会美外部"，要求即刻实施，并特别强调"万急"二字。④ 在旧金山总领事馆一再催促之下，国民政府相关部门加快了签发征用令的工作程序。黄朝琴于 4 月 15 日电咨军事委员会后方勤务部，强调"广源案情形渐趋复杂，时机以至迫切，若不迅行征用，恐不免有利器资敌"，如能即刻下令征用，则"各种问题迎刃而解"。⑤ 交通部在后来回复外交部的咨询中指出：依据《海商法》，购买船舶无须事前得到交通部的批准，但永源公司购买"广源"轮之前已持有交通部天津船政局烟台办事处之证明，而且又经交通部转请外交部经旧金山总领馆发给船舶临时国籍证明书，因此，该轮显然属于中国国籍。依照《海商法》第三条，无论"广源"轮是中国人民所有之船舶、抑或中国公司之船舶，都是中国船舶，均须依法担负

---

① 《国民政府公报》第 2404 号，朱汇森主编：《中华民国史事纪要（初稿）：中华民国二十六年（一九三七）七至十二月份》，台北"国史馆"，1987 年，第 90—93 页。

② 朱汇森主编：《中华民国史事纪要（初稿）：中华民国二十六年（一九三七）七至十二月份》，第 100 页。

③ 《电钱大钧指示军事委员会成立各部动员处及临时动员科》，1937 年 7 月 31 日，《蒋中正先生年谱长编》第 5 册，第 359—360 页。

④ 《金山总领馆致外交部电》，1938 年 4 月 12 日，台北"中研院"近代史所藏"外交部档案"，档号 443.4/0026。

⑤ 《为征用广源轮一事电请查照理解由》，1938 年 4 月 15 日，台北"中研院"近代史所藏"外交部档案"，档号 443.4/0028。

政府征用之义务。据此，可以消除因"广源"轮籍所属问题产生的纠纷。①

1938 年 4 月 25 日，旧金山总领馆再电外交部，催促快下征用令。电文指出，"广源"轮债主横滨正金银行已经向联邦法庭控请扣押废铁，"如我方征用令日内不下，恐该轮被扣"。② 军事委员会在收到后方勤务部的报告后，于 27 日致电外交、交通及后方勤务部，称"查所拟办法尚属可行，准即依法征用"。要求速电驻旧金山总领事馆迅予执行。

征用令全文如下：

> 令外交部长王宠惠：兹将现在美国之烟台永源轮船公司之轮船广源轮号，依照二十六年七月十二日公布之军事征用法第一条：陆海空军于战事产生或将产生时，为军事上紧急需要，得依本法征用军需物及劳力；第四条：军事征用权限军事委员会行使之；第七条第六款：船舶得征用之及第十三条第一款征用轮船得并征用其操业者，之九项规定予以征用，仰速转电驻金山总领事馆迅予执行征用。征用后如何处置着该馆负责。
>
> 中华民国 27 年 4 月 26 日 委员长蒋中正③

得到国民政府征用令后，旧金山总领事馆即着手对"广源"轮的征用及接管事宜。由于船长原为日本人，征用后需将其开除，另简华人担任，黄朝琴即任命华人二副赵子明为船长，事实上完成接管"广源"轮的工作。完成征用手续后，"广源"轮原日人船长向美司法部控告海员。④ 日方亦试图通过外交手段，让国民政府驻东京使馆出面，协助取得"广源"轮，但未能如愿。1938 年 5 月 10 日，国民政府驻东京大使馆将所调查情形致电重庆外交部，大意为中国烟台轮船公司李兴生要求释放"广源"轮。5 月 12 日外交部回电东京大使馆，拒绝了释放"广源"轮的要求。"广源轮初拟为日方私运废铁，继则非法转籍，纠纷已久，现已奉军事委员会令予以征用，交由驻金

---

① 《交通部快邮代电》，1938 年 9 月 11 日，台北"中研院"近代史所藏"外交部档案"，档号 443.4/0028。

② 《金山总领馆黄朝琴致汉口外交部电》，1938 年 4 月 25 日，台北"中研院"近代史所藏"外交部档案"，档号 443.4/0028。

③ 《国民政府军事委员会代电》，1938 年 4 月 27 日，台北"中研院"近代史所藏"外交部档案"，档号 443.4/0028。

④ 《金山总领馆黄朝琴致汉口外交部电》，1938 年 5 月 7 日，台北"中研院"近代史所藏"外交部档案"，档号 443.4/0028。

山总领事馆执行"。①

国民政府亦在运用外交途径，希望帮助"广源"轮案朝有利于中方的方向发展。5月19日，驻美大使王正廷与美国外交部接洽，要求美方设法阻止"广源"轮载铁离开美国。虽然"广源"轮征用令已下达，但船上的钢铁所有权仍属日方，横滨正金银行要求"广源"轮退回船上的2000吨废铁。黄朝琴认为，尽管美国法院宣判中方交出废铁，但因轮船系中国主权之延长，废铁交货"不能下船执行，更不能拖船至码头搬运"。此举用意在于"根据国际礼让，使日方徒有判词无法执行"。美方律师认为黄朝琴建议完全合理。于是，黄朝琴代表中国政府就日方提出废铁建议如下：日方应另雇小船到海中提货。如此一来，日方所须费用必定大大超过废铁价值。②

国民政府虽然下达征用令，但军事征用法只是纸上条文，当时并未"明令施行"。③"广源轮案"的出现，加快了颁布该法的步伐。1938年6月12日，汉口《大公报》发布消息："国府十一日令，军事征用法自二十七年七月一日起执行。"该法颁布后，"广源轮案"结局已定，日方败诉不可避免，"广源"轮在事实上和法律上均为中国所有。横滨正金银行提取船上废铁一案，因中国主张轮船系中国主权所在，不得另船交货，事实上亦在中方掌控之中。④

三、"广源轮案"所折射之国际法问题

中日两国代表在美国地方法院进行的"广源轮案"诉讼，牵引出晚清以来近80年的中美条约关系史。可谓中美领事裁判权之争的一个特殊案例，亦为近百年中美治外法权之争提供了一个美方的注解。

中美建立条约关系始自1844年中美《五口贸易章程：海关税则》即《望厦条约》，该约确立了美国在华片面领事裁判权。第二次鸦片战争后，清

---

① 《外交部回复东京大使馆电》，1938年5月12日，台北"中研院"近代史所藏"外交部档案"，档号443.4/0028。

② 《驻金山总领馆黄朝琴航邮代电》，1938年5月29日，台北"中研院"近代史所藏"外交部档案"，档号443.4/0028。

③ 《重庆外交部袁子健致汉口外交部电》，1938年5月19日，台北"中研院"近代史所藏"外交部档案"，档号443.4/0028。

④ 《驻金山总领馆黄朝琴致汉口外交部电》，1938年6月20日，台北"中研院"近代史所藏"外交部档案"，档号443.4/0028。

政府派遣美国人蒲安臣（Anson Burlingame）为出使大臣，出访欧美诸国。1868 年，在出访途中，蒲安臣代表清政府与美国订立《续增条约》（亦称《蒲安臣条约》），条约第三条载明："大清国大皇帝可与大美国通商各口岸任便派领事官前往驻扎，美国接待与英国、俄国所派之领事官，按照公法条约所载之规，一体优待。"[①] 该条字面意义在于，中国驻美领事与英俄驻美领事在美国境内享有同等待遇，而文字背后则有一系列的国际法规定。

美俄两国曾在 1832 年于圣彼得堡订立通商条约，美俄商约第八条规定："缔约双方应有权在它们彼此的港口设立它们自己任命的领事、副领事、代理人和代表，他们应享有最惠国的此类人员所享有的同样的特权和权力"；"领事、副领事和商务代理人应有权在其利益归他们照管的国家的船只上的船长和船员之间可能发生的争端中充当法官和仲裁人，而不需地方当局干预，除非船员或船长的行为扰乱了该国安宁的秩序。"[②] 通过分析美俄条约，中方认为：美、俄两国可互派领事驻扎于对方通商口岸，领事待遇办法与最惠国待遇之领事相平等。领事有权审判或调解其本国船上船长与船员之纠纷，此项纠纷事件，除危及地方治安者外，地方法庭不得干涉。[③]

日方原告在第一次辩论书中，坚持此案应该由旧金山法院受理，其观点如下：此案系"中国籍轮船主要职员日人三名，投请钧庭签发传单，拘捕凶犯之刑事案件"，中国籍船员伤害原告身体，其行为等同于叛变，日方原告不反对中国领事为华籍船员申辩，但中国领事主张旧金山法院不应签发传票一节，"原告方面认其无判例或法律为根据"，提出异议。此案既然发生在旧金山境内，原告身体受到伤害，前来投诉，旧金山法院自应受理，"加省刑律规定，凡在舟车发生事件，应由舟车所在地之法院受理之"，请法院即刻发出传票。日方原告同时提出，中国领事并无审判此案的权利：查中美条约，只是在文字上载明可以比照英俄条约赋予的"优例"及"豁免权利"，而在英俄条约原文中，"除优遇外，并赋有'权力'。各国与中国所订条约均

---

① 王铁崖编：《中外旧约章汇编》第 1 册，生活·读书·新知三联书店，1957 年，第 262 页。
② 世界知识出版社编：《国际条约集（1648—1871）》，世界知识出版社，1984 年，第 375 页。
③ 黄朝琴编：《广源轮案》，耿素丽、张军选编：《民国华侨史料汇编》，第 33 页。

系不平等性质，可知中国领事之地位，不能与他国相比拟"。①

围绕"优例"、"豁免权利"及"权力"，日方特加辩论，意图在于说明中国领事无权管辖此案。在国际法专家穆尔的著作中，将领事的"优例"及"豁免权利"与"权力"分别安排在不同的章节加以讨论，因为上述"优例"与"权力"是完全不同的，不能混为一谈。"裁判法律案件，乃系一种'权力'，不能谓之'优例'"；"今日之美国乃系法律昌明之国家，司法权必须有宪法法规或条约为根据"。日方辩诉书指出："关于领事之优例，士棣华所著美国外交领事制度一书论之甚详，但其中所有'优例'及各人豁免利益，均限于领事个人本身，绝未谓领事有任何权力也"。日方还认为，中国所列举的1868年条约中的领事裁判权系依据俄美条约，而俄美条约中是明确赋予俄国领事裁判权的，但中国领事并未有类似的裁判权。此案件已经扰乱地方治安，应归地方法院管辖。坚持认为"本案事关刑律，应请钧院签发传票，缉犯归案"。②

针对日方的辩词，中方律师团队在第二次辩论书中指出："一八五八年中美条约所载'优例'一语，并非指中国领事赋有'权力'，此种议论，不值一驳"。依据1903年中美《通商行船续订条约》第二款："中国可派领事官员驻扎美国各地方，其所享分位职权并优例及豁免利益，均与别国驻美领事官员一律"，"美国可按本国利益情形之所宜，酌派领事官员前往驻扎中国已开或日后开为外国人民居住及通商各地方。此等领事官遇有事故，应以平行之礼、互敬之道随事酌情，或会晤，或行文，可直与领事官员职守所及之地方官相商办理。凡华官遇此等官员均须以合宜之礼相待，至所享分位职权及优例豁免之事并裁判管辖本国人之权，应与现在或日后中国施诸最优待之国相等官员无异。"③依据该款，日方所指责的中国领事并无"权力"裁判本国人民之词并不成立。总之，1858年《续增条约》及1903年的中美《通商行船续订条约》都给予中国在美领事以"权力"，"该项权力是根据国际公法通例及文明国家间礼让原则所由来也"。④

① 黄朝琴编：《广源轮案》，耿素丽、张军选编：《民国华侨史料汇编》，第38—39页。
② 黄朝琴编：《广源轮案》，耿素丽、张军选编：《民国华侨史料汇编》，第40页。
③ 王铁崖：《中外旧约章汇编》第2册，生活·读书·新知三联书店，1959年，第182—183页。
④ 黄朝琴编：《广源轮案》，耿素丽、张军选编：《民国华侨史料汇编》，第42页。

在第二次辩论书中，日方再次就中国领事是否有权管辖一事提出质疑。日方认为，中美条约只是给予中国领事"分位职权"、"优例"及"豁免利益"，并未给予"权力"。美国驻华领事的裁判"权力"是依照最惠国待遇而来，依据列强在华的片面最惠国待遇，美国领事享有领事裁判权。"美国当局与中国缔结条约，其主旨有二：一、为赋予美国驻华领事以领事裁判权；二、同时不以同等权利赋予中国驻美领事，中国领事不能根据任何条约以主张其权力"。①中国船员殴打日籍船员属于刑事犯罪，应该由旧金山地方法院管辖。

旧金山地方法院在判词中明确了美国国内法与条约的关系，并援引国际通例，论证案件所适用之国际法规。判词提出：美国宪法规定，美国与其他各国所订条约为美国最高法典之一部分，"加省刑法，如与中美条约冲突时，则应根据中美条约办理"。原告、被告所争执的焦点可归结为对中美条约中"权力"、"分位职权"、"优例"和"豁免利益"等名词意义的解释。根据国际法学者穆尔的观点，"美国各级法庭，即有海事管辖者，多不受理外籍船舶上船主船员之诉讼事件，其所以拒绝之理由，多系根据各国之惯例，与世界公认国际公法之原则"。穆尔所提出的原则为通商各国所公认，"无论何国，均不敢将此惯例打破，盖国际往还，藉此为礼让及修好之南针也"。判词还强调"船只本身应视为该国国土之一部分，船上所发生事件，如不涉及船外之人或与地方治安无关者，均不在地方法庭管辖之内"。判词据日方原告所供，中日船员发生格斗，并未使用枪炮及其他武器，属于平常事件，与地方治安毫无关系。

针对日方所纠缠中美条约中并无"权力"一词的明文规定，判词认为"此项在外国船上发生之纠纷，条约既无明文规定，显与本庭无涉"。至于"权力"一词究竟何解，其意盖指"驻美领事在其本国国土以外行使职权，此种职权，包括取录口供，签证文件，设立领事法庭，管理侨民遗产之类是也"。至于中美间的两个条约，1868 年中美条约的宗旨是承认清政府有统治权，并有权办理中国人与欧美各国人民的正常往来的种种国际关系；1903 年的条约，是规定中国可以派驻领事与美国各地，其所享"'分位职权'、'优例'及'豁免权利'均与各最惠国领事官相同"。判词认为所谓的"分位职

① 黄朝琴编：《广源轮案》，耿素丽、张军选编：《民国华侨史料汇编》，第 43 页。

权"是指属于个人本分以内的固有的特质的意义，据此意义，则管辖中国船上的中国船员，应是中国驻旧金山总领事的分内之事。①

此份判词的背景，实际上是基于近代中国的不平等条约体系而提出。由于中国与各国所订不平等条约的限制，列强在华享有片面的领事裁判权。从条约条文上而言，中国并无此项对等权利。从 1868 年中美《续增条约》到 1903 年中美《通商行船续订条约》，条约中所规定的与他国领事相同待遇的条款，为"广源"轮船员互殴案的胜诉提供了基础性的文件。由于案件发生在中国籍船舶上，因此结案并未对中美之间的条约规定构成任何形式的挑战。其所挑战的是中日之间的条约规定。

黄朝琴咨询美国著名国际法学者加纳：依据《续增条约》第三款，日方如提出中国领事享有的是公法上的外交"特权和豁免"，但并无"管辖权"，中方应如何应对？中国执行征用令应采取什么程序？美国政府对于中国征用令是否会反对？② 加纳认为，最近所有的国际判例都表明，美国地方法院无权审讯发生在旧金山港口内中国商船上的案件，除非案件危及旧金山的地方治安。③

中方在最后的辩护书中，结合本案实际情形，引用国际法著作中关于国际惯例的说明，陈述如下：为便利管理及保障各方权利义务起见，各国对其在外船只，多视为中国领土之延长。船只进港之后，当地政府可以上船检验，如欲拘捕凶犯，则须将其管辖权确定之后，方可执行，故船上所发生之事件，如无碍于当地的安宁，或不涉及于船外的人，或发生于公海航行之时，地方政府均不得干涉。以上三种情形下的案件，须由船籍国法庭处理，此种理论已成为国际之惯例。④ 辩护书特以有名的外登赫司案（Wildenhus Case）为例，说明关于引用国际惯例的适用情形。⑤

---

① 黄朝琴：《广源轮案》，耿素丽、张军选编：《民国华侨史料汇编》，第 46 页。

② 《黄朝琴总领事致加纳教授函》，台北"中研院"近代史所藏"外交部档案"，档号 443.4/0028。

③ 《伊利诺大学国际法教授对于广源轮案之见解书》，台北"中研院"近代史所藏"外交部档案"，档号 443.4/0028。

④ 黄朝琴：《我的回忆》，第 83 页。

⑤ 在外登赫司案中，有一艘比利时船停泊于美国新泽西港，一名船员被另一名船员谋杀，新泽西法院受理了此案。比利时领事引用美国与比利时条约中的相关条文，认为缔约国船只的内部纠纷，统归各自国家的领事官管理，美国地方法院不具备受理此案的权限。案件上诉至美国最高法院后，最后判决：各国为促进贸易，敦睦邦交计，对于他国在港内船只多予优遇，船上纠纷任凭船长处置，此为一般之通例。如船上发生重大事件，其结果足资扰乱地方治安，或影响岸上人之权利者，则当地政府自应受理其事，此种原则乃国际公法所规定，亦为国际条约所明订。见黄朝琴：《我的回忆》，第 83—84 页。

美国旧金山地方法院依据 1868 年中美《续增条约》之第三条,对日方指责中国总领事无权管辖此案予以驳斥,认为该院无权受理该案。旧金山地方法院还引用美国最高法院及巡回法院的案例,指出"海员国籍随船舶本身国籍而转移,中国船上的日本人,在法律上亦应视为中国人"。[①] 最后的结果是,旧金山地方法院拒绝发出传票,认为中国驻旧金山总领馆领事有权调解或审判中国船舶上所发生的纠纷。

"广源轮案"事实上由三个案件组成,一为"广源"轮上海员互殴案,二为船的主权与国籍案,三为船上的废铁扣押案,三案诉讼结果皆以中方的胜利而告终。胡适认为该案是"中国外交史上一件很有意义的大胜利"。[②] 案件获胜后,蒋介石亲自为此题写了"公理战胜"四字,以示此案对中国外交及战时民心的鼓舞作用。长久以来,史学界在触及近代中国的国际法研究时,基本上局限于引用与注解,似乎中国是一个被动的接受者,由于不平等条约特权的存在,中国的国际法主体地位是受到限制的。从法理而言,在实现抗战废约之前,中国的主权的确受到限制,在租界和租借地内,无法实施有效和全面的管辖权。广源轮案的事实说明,在国际规则允许的范围内,即使是在旧有不平等条约体系之内,中国仍可争取到自身的合法权利。

日本之所以坚持中国无权管辖美国港口的中国船舶,是基于长久以来不平等条约体系对中国主权的限制,认为美国在此方面应与日本持相同立场,如果能获得美方的外交支持,日方的要求有可能实现。"九一八"以来,中国的对日外交只争取到了国联等的同情,"七七"事变后最初的几个月,虽经中国种种外交努力,美国对华援助似乎仅限于道义上的声援。但透过"广源轮案",事实上,美国已开始从外交方面给予尽可能的帮助。正是由于"广源轮案",才促使国民政府加快了军事征用法的实施步伐,并进而将整个国家转入战时体制,为抗日战争相持阶段的到来做好了准备。

国际法是国际关系的行为准则,中国自 19 世纪 60 年代引入国际法以来,引用成功的案例似乎并不多见。对于不平等条约与国际法关系的认识,则主要

---

① 黄朝琴:《我的回忆》,第 84 页。
② 黄朝琴编:《广源轮案》,耿素丽、张军选编:《民国华侨史料汇编》,第 13 页。

是如何借助国际法来废除不平等条约的问题。不平等条约固然属于应当废除之列，如果能透过当时的外交案例进行仔细分析，或许能为我们认识近代中国的不平等条约提供不同的视角。"广源轮案"的胜诉，正是这样一个案例。

第四节 英美在华条约特权体系的动摇

鸦片战争以来，西方列强在中国建立起了一个严密的不平等条约体系，甚至可以称之为条约制度。列强在华的不平等条约体系，主要包括领事裁判权制度、片面的协定关税制度、片面的最惠国条款、租界和租借地制度、势力范围、外国军队驻扎权、内河航行权、引水权等等涉及中外交往的各个方面。抗战爆发后，日军侵略所到之处，英美等列强的在华条约特权开始逐步被日本侵夺，英美在华条约特权体系开始动摇。

一、 日本控制中国海关

"九一八"事变，日本侵占东北，英美在东北的条约权益事实上已受到影响。在是否承认伪满洲国问题上，因牵涉英国自身的商业利益，英国内部曾进行过讨论，认为东北是中国的一部分，不应予以承认。英国进出口商理查德公司（Reichardt & Co.，Ltd.）一直从中国东北进口山羊绒，但此时该公司进口的山羊绒被海关发现并非中国东北当地所产，被英国海关扣留。此事甚至惊动了张伯伦首相。张伯伦要求英国外交部查明事情原因出在何处。英国认为，西方国家一直未承认伪满洲国，东北地区仍是中国管辖区的一部分。如果英国公司以日本所产山羊绒充当中国东北所产，将意味着对伪满洲国的承认，这损害了英国的商业利益。[①] 英国贸易委员会为说明从东北进口商品并非产自日本，特致函英国外交部，进行解释。英国 1936 年牛津新版地图集中，将中国东北的颜色与日本本土印为同一色，引起中国驻英大使馆的抗议，要求英国政府予以更正。张伯伦通知外交部，英国在满洲问题上的

---

① From N. B. Ronald to Foreign Office，January 11，1938，FO371/22050，p. 183.

立场未变，即满洲是中国的一部分，希望出版公司采取后续措施更正地图上的错误。① 在中国的抗议下，出版社再版地图集时予以了更正。

"七七"事变后，国民政府发布自卫抗战声明书，指出日本种种行为已经违反了既有条约规定，"中国领土主权，已横受日本之侵略；《国联盟约》《九国公约》《非战公约》，已为日本破坏无余"；上述条约的目的在于维持正义与和平，中国"自应尽其能力，以维护其领土主权及维护上述各种条约之尊严"；"凡我友邦既与吾人以同情，又必能在其郑重签订之国际条约下各尽其所负之义务也"。② 该声明揭示了日本对既有条约体系的侵犯，英美等在华有条约利益各国不可能置身事外。

首先受到影响的是海关。日本侵占平津后，天津海关的税收被日本夺取，美、英等国向日本政府提出抗议，但亦设想通过一定限度的让步，保持海关税收为偿还列强对华借款服务。8 月 11 日，津海关税务司梅维亮致电总税务司梅乐和，表示日本接管海关问题终将发生，如日本对海关施加压力，英法等应予以完全拒绝，"日方管理海关行政及施行低率税则等情事，其结果将不堪设想"。梅乐和的建议是："允许津秦两关专为以关税为担保之内外债办理征税，并担保两关税收全部扣留，作为此项用途。"③ 但日本天津总领事对津海关提出三项要求：一是海关税收除应摊付外债部分可照常汇解外，其余税款应存在日本认可的银行，暂为保管；二是所有中国政府进口的军火，即使领有护照，不准放行；三是海关余款应存横滨正金银行。并威胁称，如不能照日方所提要求，则日本将接管海关。④

1937 年 9 月 24 日，美国驻日大使馆参赞杜曼（Dooman）与日本外务省美洲局局长芳泽谈话，询问"是否了解外务省与英国驻日大使馆就中国海关及盐务管理问题进行的磋商"，"我们（美国）希望与英国大使馆联合起来，共同强

---

① From N. B. Ronald to Foreign Office, January 13, 1938, FO371/22050, p. 195.

② 《国民政府自卫抗战声明书》，1937 年 8 月 14 日，中国第二历史档案馆编：《中华民国史档案资料汇编》第五辑第二编《外交》，第 27 页。

③ 《梅乐和致国民党政府财政部关务署》，1937 年 8 月 11 日，中国近代经济史资料丛刊编辑委员会主编：《一九三八年英日关于中国海关的非法协定》，中华书局，1964 年，第 2 页。

④ 《梅乐和致关务署》，1937 年 8 月 30 日，《一九三八年英日关于中国海关的非法协定》，第 2—3 页。

调使中国上述两个管理项目保持完整的重要性"。① 日本侵占上海之后，因利益所在，英美维护中国海关完整的重要性进一步凸显。美国驻日大使格鲁（Grew）12月5日致电日本外相广田，称："美国对中国海关保持完整一事颇为关心"，"任何拟议的安排应适当地保护海关管理和美国在这一业务中的利益"，要求日本政府做出保证，在未与美国驻沪总领事磋商前，不做任何有关海关问题的安排。② 12月23日，格鲁再次致函日本外相广田，重申美国政府对维护上海海关行政完整和保护海关税收予以极大关注。如果日本政府保证立即发放给外国的赔款、贷款及海关支出，美国政府将十分欢迎，并要求日本政府保证"不管现在和将来的事态如何演变，对外国赔款的支付都不作任何改变"，"继续保持现有税率及收税程序，将港口船只归还中国海关当局管理和使用"。③

美国为维护自身利益，积极向日本交涉，要求日本保证中国海关的行政完整。日本不只是破坏中国海关的行政完整，截留税款，而且对日本船只及货物免于征税。格鲁与广田的交涉中，广田也承认日本货物进口破坏了海关制度，并称问题在于"如何把日本军队的战争物资与其他货物分开"。格鲁强调，破坏中国的海关职能，使海关不能偿付外国贷款及赔款，将给有关各方造成不幸后果。事实上，如果中国因失去海关而影响到履行各种协定、合同，实质上严重影响了既有的条约体系。④ 格鲁称，据可靠消息，1937年12月份，有11万加仑的煤油从日本免税进口，并已经在天津销售，"这种进口方式带有歧视外国的性质并会对海关行政管理造成破坏性影响"，此种行为与日本反复做出的保证不相符，要求日本政府立即采取适当措施，保证履行承诺。⑤ 在上海，日本一直未让中国海关恢复正常工作，日本船只进入上海港未付吨位费，且船上载运的货物进入中国境内后没有交税。⑥

---

① 《美国驻日大使馆参赞（杜曼）与日本外务省美洲局局长（芳泽）谈话的备忘录》，1937年9月24日，张玮瑛等译：《美国外交文件选译：日本，1931—1941年》，中国社会科学出版社，1998年，第335页。

② 《美国驻日大使（格鲁）致日本外相（广田）》，1937年12月5日，《美国外交文件选译：日本，1931—1941年》，第336页。

③ 《美国驻日大使（格鲁）致日本外相（广田）》，1937年12月23日，《美国外交文件选译：日本，1931—1941年》，第337页。

④ 《驻日大使（格鲁）备忘录》，1938年1月10日，《美国外交文件选译：日本，1931—1941年》，第340页。

⑤ 《驻日大使（格鲁）备忘录》，1938年1月10日，《美国外交文件选译：日本，1931—1941年》，第341页。

⑥ 《美驻日大使馆致日本外务省》，1938年2月7日，《美国外交文件选译：日本，1931—1941年》，第342—343页。

在北平扶植傀儡政权后，日本修改了华北地区进口货物的海关税率。格鲁向日本政府提出严正交涉，格鲁指出"美国政府承认中国政府为惟一有合法权利修改中国海关税率的机构，故不得不要求日本政府注意北平临时政权不合法的越权行为"，对于既有条约体系而言"修改税率违犯了在全中国各港口保持统一税制的原则"。格鲁认为，日本政府对于成立这个临时政权有不可推卸的责任；而当一些行为的性质，如修改税率，会影响外国政府的利益时，这些政府只能向日本政府提出抗议，"临时政府擅自掌权没有法律根据，是非法的"，要求日本政府承担因修改税率而造成的相应责任。[①]

"七七"事变后，随着日军在军事上的扩张，日本占领区内列强的权益必将受到影响。首先受到影响的是商业利益。日军占据上海后，英国政府未正面向日本提出交涉。驻上海领事曾屡次向英国外交部提出报告，但英国外交部认为不正式提出抗议并不意味着对自身的相关利益漠不关心。英国外交部指出，政府已授权外交部向日本提出交涉，"或者提出支持，或者提出调停，或者做出基于平等及政策规定内的要求"，事实上"英国可以采取类似的行动，而并非一定要正式抗议或声明"。[②]

广州沦陷后，广州海关被日本军方于 11 月接收，海关存银及税款也被禁止移交给中国海关总税务司。美国对日本接收广州海关及扣留存银提出抗议，认为日本的行为"违反中国海关的国际地位"，美国政府重视"维持中国的海关完整及保护海关税收"。[③]与以往解释不同，此次日本拒绝了美国的抗议，认为日本军队侵占广州海关是合适的。[④]

中国的盐税是多项国际贷款的抵押，一般聘有外籍盐政员，一旦出问题，亦将直接影响到相应的合同及协定。在日占区，截止到 1938 年 3 月，与盐税抵押相关的未偿付的欠款已经到 209 万元。在美国驻日大使馆致日本

---

① 《美国驻日大使（格鲁）致日本外相（广田）》，1938 年 1 月 31 日，《美国外交文件选译：日本，1931—1941 年》，第 341—342 页。

② From Foreign Office to Shanghai，July 29，1938，FO262/2025，p. 37.

③ 《美国驻日大使（格鲁）致日本外相（广田）》，1938 年 11 月 24 日，《美国外交文件选译：日本，1931—1941 年》，第 347 页。

④ 《日本外相（有田）致美驻日大使（格鲁）》，1938 年 12 月 16 日，《美国外交文件选译：日本，1931—1941 年》，第 348 页。

外务省的备忘录中，美方指出由于日本发动的侵华战争，张家口、太原、杭州、济南、扬州及蚌埠的中国和外籍盐政官员已经被迫离职，天津和芜湖的中国官员也已被迫撤离，"天津的一位日籍副监督被迫参与了攫夺档案的行动，并在其后非法把长芦地区的盐款转移到北平临时政府下属的一个机构"；"美国给中国的贷款中，约有 1500 万美元是用中国盐务局的收入作保的"，美国提醒日本注意，"中国盐务局与美国有极大的利益关系，希望充分保留美国的权益"。①

二、 对于外国军舰长江航行权的破坏

南京、武汉沦陷后，日军已经深入长江中上游，长江等内河航道原本允许外国船只通航的内水面临日本的军事威胁，将影响到列强在华内河航行权。英国军舰开普敦号及意大利轮船桑德罗·桑德利号沿长江自南京航行到上海，希望日军能放行。1937 年 12 月 21 日，日本驻华海军司令长谷川清致函美国亚洲舰队司令亚内尔（H. E. Yarnell）、法国远东舰队副司令勒比戈（Le Bigot）、意大利远东海军司令阿尔贝托·瓦谢洛（Alberto Vascello），以及英国战舰福克斯通号舰长邓达斯（J. G. L. Dundas），对于英意两国的通航要求表示可以应允，但只是针对上述两舰的临时措施，不应视为长江已开放自由通航。希望达成以下谅解：一是通航船只由八艘轮船组成一个船队，由日本海军护航，每隔两至三天开航一次；二是通行船只各自承担所冒风险。致函还指出，"由于扫雷行动及扫荡流散的中国军队的行动正沿长江两岸进行，日本海军希望外国船只，包括战船，暂停在长江上航行，除非已经跟我们达成明确谅解。"②

对于日本海军提出的限行措施，美、法、英、意四国驻华海军将领回复称："极希望在危险解除之后即能尽快恢复条约赋予我们的航行自由。"关于军舰通航，特别是将通过江阴关卡时，四国尽可能将通航计划通知日本负责

---

① 《美国大使馆致日本外务省》，1938 年 3 月 19 日，《美国外交文件选译：日本，1931—1941 年》，第 344 页。

② 《美国亚洲舰队司令（亚内尔）致美海军作战部长》，1937 年 12 月 24 日，《美国外交文件选译：日本，1931—1941 年》，第 353 页。

长江的官员，但四国海军不能接受日军提出的一项限制性措施，即"如果事先未与日方接洽，战舰不得自由航行"；四国海军必须保留"必要时不事先通知即开船航行的权利"。①

日本为封闭长江，亦通过外交渠道向美、英等国提出限航要求。日本驻上海总领事致函美国驻上海总领事高斯，通报日本对长江航道的通航管制：任何船只，不论是否是政府的或私人的（日本人除外），若有必要经由这一航道时，希望与日本海军联系，预先得到通过这一航道的批准手续。美国国务卿赫尔在给高斯的指示中明确"所谓美国轮船在长江上航行将受日本陆海军规定限制的说法，无论从礼仪还是实际需要来看，都是我们不能接受的"，美国重申"（美国）船只在长江上有航行和贸易的绝对自由"。②

三、 限制美英等国公民在日占区的行动自由

日军占据南京三个月后，仍阻止美国传教士及商人回城处理日常事务。美驻日大使格鲁向日本副外相堀内谦介递交备忘录，要求日本尊重条约规定，允许美国人回到南京城内工作生活。格鲁称，现在南京已经恢复正常，日本禁止美国人回南京的理由已不存在。格鲁在备忘录中举例如下：日本人在南京城内至少有13家商店向中国人和外国人出售商品，这13家商店不是军用品商店。此外，日本船只每五日一次从上海到南京，这些船只所运载的并非全系军用物资，相当部分是供应日本人开设的商店。"日本当局禁止美国公民回南京的理由是站不住脚的"，要求日本政府"立即下令取消这些违背日本政府多次作出的尊重美国在华权益的承诺的禁令"。③

1938年5月31日，格鲁约谈日本外相宇垣一成，就日军限制美国传教士、商人及其他人士返回南京一事提出抗议。格鲁特别声明美国政府对以下问题非常关心：让美国公民返回中国，重新拥有因日军军事行动被日军占据

---

① 《美国亚洲舰队司令（亚内尔）致美海军作战部长》，1937年12月24日，《美国外交文件选译：日本，1931—1941年》，第354页。

② 《美国国务卿致美驻上海总领事（高斯）》，1938年1月15日，《美国外交文件选译：日本，1931—1941年》，第355—356页。

③ 《美驻日大使馆致日本外务省》，1938年4月4日，《美国外交文件选译：日本，1931—1941年》，第356页。

的各种财产。在会谈中，格鲁还特别列举了"七七"事变以来的一些典型案例。上海沪江大学校园开展教学工作已经多年，由美国南北方浸礼会共同拥有，然自淞沪抗战后，日陆海军一直占据该校园已达 9 个月；虽该地的战事已结束，但日军一直未将校园退还给原主人。浸礼会差会代表 600 万美国浸礼会徒向政府提出抗议，要求日本退还这一重要的基督教差会的教育机构。格鲁要求日本政府归还沪江大学校园及其他美国资产，取消日军阻止美国公民返回日军占领区的限制性措施。①

在美国政府持续交涉及抗议之下，日军退还了上海地区的部分美国教会产业，主要是南方浸礼会的两所中学，并允许 10 位美国传教士回到南京。但日本对美国在华条约权益的侵害并未消除。1938 年 6 月 3 日，美国国务院发布新闻简报，一面感谢日本已采取的恢复美国公民在华权益的措施，一面强调仍有很多问题需要解决，比如归还"长江三角洲其他美国人的产业问题，解除南京以外地区美国传教士回原地的禁令问题，退还美国商人在南京及在长江下游其他地方的财产问题"。② 经过交涉，日本外相宇垣一成回复格鲁：沪江大学由于军事需要一直由日军占领，日军将退出该校，但暂时不得复学，直到不妨碍日军军事行动为止；由于中国军队仍然出没于长江下游各地，出于安全需要美国公民仍不能回到原地；留在南京的 800 日本平民是为了军事理由必须留下的。因治安状况很差，日本很难允许第三国公民回到上述地区。③

四、 美英等国在日本占领区的治外法权

治外法权及协定关税是不平等条约体系中的两项主要特权。通过控制中国海关，日本事实上已经动摇了美、英等国的协定关税权，日本还试图控制在华外国人的审判权，从而废除条约中的治外法权条款。

---

① 《美驻日大使（格鲁）致日本外相（宇垣）》，1938 年 5 月 31 日，《美国外交文件选译：日本，1931—1941 年》，第 357—359 页。

② 《美国国务院发布的新闻简报》，1938 年 6 月 3 日，《美国外交文件：日本，1941—1941》，第 360 页。

③ 《日本外相（宇垣）致美驻日大使（格鲁）》，1938 年 7 月 6 日，《美国外交文件选译：日本，1931—1941 年》，第 363—364 页。

1937 年 12 月，日本上海侵略军宣布，所有在中国的外籍人士一律遵守日本军事法律。美国驻日大使格鲁随即照会日外相广田弘毅，美国政府不会承认日本占领军对美国公民的任何审判权，不会承认日本上海占领当局的声明。随后，日本上海占领当局又发表了一个否认外籍人士治外法权的声明。声明发表后，1938 年 6 月，美日之间围绕日占区在华美国人的治外法权问题开始进行交涉。6 月 27 日，美国驻日大使馆参赞杜曼与日本外务省美洲局局长芳泽曾有过一次谈话。杜曼称，上海日本使馆 6 月 25 日发表了一个声明，所有外籍人士在中国的日军占领区内不能享有治外法权，该声明刊登在美国报纸的显著位置，引起美国公众的震动。芳泽告诉杜曼，日本外务省并未从上海领事馆收到过类似报告，外务省是从驻美大使斋藤博处得悉这一消息。外务省已去电上海，要求把该声明的文本传达东京。在谈话中，杜曼指出，如果日本政府采纳传言中的上海声明，那么日政府将会面临严重的复杂情况。杜曼特别举例 1910 年的日韩合并事件，杜曼表示，此次日本侵占中国部分地区，"实质上在要求拥有占领区的主权，这一切当然完全与九国公约及日本政府多次宣布的尊重中国领土完整的承诺是完全不符的"。[①] 经过与上海领事馆查询后，日本外务省否认了曾发表类似取消外籍人士在华治外法权的声明。日本驻上海领事日高信解释为："享有治外法权的外籍人士，在日军占领区内不能利用此项特权来拒绝日军进行搜查"。[②]

1939 年 5 月，日本侵占上海公共租界。5 月 12 日，美国国务院急电格鲁，要求向日本方面口头抗议对公共租界的侵占行为，"凡涉及上海公共租界的任何问题均应由有关各方有计划地协商解决，任何一国篡夺公共租界合法当局的权力和责任，美国政府均认为是非法及蛮横的，是蓄意侵犯美国的权益"。事实上，日本此时要做的，是擅自修改上海公共租界土地规定及单方改变公共租界行政管理机构，使其向有利于日本控制的方向转变，而这是对既有公共租界章程的违犯。

---

① 《美国驻日大使馆参赞（杜曼）与日本外务省美洲局局长（芳泽）谈话的备忘录》，1938 年 6 月 27 日，《美国外交文件选译：日本，1931—1941 年》，第 361—362 页。

② 《美国驻日大使馆参赞（杜曼）与日本外务省美洲局局长（芳泽）谈话的备忘录》，1938 年 6 月 30 日，《美国外交文件选译：日本，1931—1941 年》，第 361—362 页。

五、 关于门户开放政策的讨论

因日本控制海关，截留关税，限制了美国等外国公民回到日占区从事商业及传教活动，美国所倡导的门户开放政策面临危机。1938 年 10 月 3 日，美国驻日大使格鲁向日本首相兼外相近卫文麿提出："美国政府不得不认为，美国的权益受到了侵犯，门户开放原则受到了破坏。"格鲁向近卫指出，在 4 月 12 日，他曾要求外相保证日本不会采取歧视美国在华北贸易的措施，但日本只是声明继续支持美国的门户开放。格鲁列举了日本破坏门户开放政策的几个事例：在青岛，日本设立了一个兑换中心，执行进口之权，在横滨正金银行以大大低于天津、上海公开市场价格收购出口票的情形下，强迫卖给该银行。同样的例子在烟台也存在。日本控制华北区域的兑换，不论是直接的或是间接的控制，其行为都是在妨碍美国和日本在该地区的公平和自由竞争，直接导致美国的进口和出口以及在华北的销售商都完全受到日本当局的控制。除强制设立兑换中心，日本还在占领区更改了中国的海关税率，此举竟得到了日本政府的支持，格鲁强调：只要管制、税捐或禁止贸易的最终权限是直接或间接由日本占领当局掌握执行，并使日本的权益得到扩展，在中国就不可能有门户开放原则。

格鲁认为，美国一直遵守条约规定平等对待日本在美商务，而日本则没有采取对等态度。为了维持门户开放政策及保护美国在华权益，美国要求日本政府立即采取以下三项措施：一、立即停止歧视性兑换管制及日方在华占领区执行的直接或间接歧视美国贸易及企业的各种措施；二、放弃任何剥夺美国公民在中国进行合法贸易及工业活动权利的垄断措施，放弃使日本有特权发展在中国境内的商务及经济的任何安排；三、在华的日本当局停止侵扰美国人的产业及其他权利，包括检查美国邮件和电报、限制美国公民的居留和旅行，以及美国的贸易和航运。①

10 月 6 日，格鲁再次约见近卫，督促日本维持在华门户开放政策。格

---

① 《美驻日大使（格鲁）致日本首相兼外相（近卫）的口头声明》，1938 年 10 月 3 日，《美国外交文件选译：日本，1931—1941 年》，第 367—369 页。

鲁指出，日本在"九一八"后侵占中国东三省，现在东北地区的主要经济活动是由日本设立的公司所控制，这些公司有特许执照，享有优越条件。大部分美国公司已经被迫撤出东三省。日本还通过与伪满洲国达成协议，确保日满之间货物和资金得以自由流通，而对除日本以外的其他国家与满洲之间的货物及资金流动则加以严格限制，"机会均等和门户开放在满洲实际上已不复存在"。日本已经在青岛、烟台建立了兑换管制制度，将很快在华北建立全面的兑换管控。美国的进出口商及在华北的销售商被日本当局控制。格鲁还举例说明，日本扶植的傀儡政府成立的中华电话电报公司管制并专营华北的电话电报业务；上海成立了华中电讯公司及上海内陆航运汽轮公司；华北的羊毛贸易已经被日本人垄断；烟草业的垄断也在进行当中等等。格鲁向近卫抗议，"日本当局正在日军占领区建立有利于日本利益的优惠制度，这将不可避免地妨碍门户开放原则的实际运用，并使美国公民失去平等的机会"。并再次提出上次已经提出的三点，敦促日方执行。①

同时，美国特别关注长江航道的通行自由。11 月 7 日，格鲁照会日本外相有田八郎，要求日本政府立即停止限制美国在上海与汉口间的航运及贸易，切实履行日本多次作出的尊重美国长江航行权的承诺。② 一个星期后，有田八郎回复格鲁，否认长江汉口、上海间已无重大战事，认为江面布满水雷，目前尚非开放自由航行的时机。③ 在稍后的几天内，有田八郎对于格鲁所控诉日本违反门户开放原则的案例，一一反驳，拒绝承认。对于美国的抗议，日本于 11 月 8 日照会格鲁，暗指美国有意在中国设置势力范围。格鲁称美国从来没有尝试剥削中国或在中国攫取势力范围，门户开放原则不是日本所称的要获取优先特权，美国签署的与远东有关的条约，凡涉及门户开放原则的条款，目的在于减少及避免出现摩擦。"在任何国家确立优势地位的

---

① 《美国驻日大使（格鲁）致日本首相兼外相（近卫）》，1938 年 10 月 6 日，《美国外交文件选译：日本，1931—1941 年》，第 370—372 页。
② 《美驻日大使（格鲁）致日本外相（有田）》，1938 年 11 月 7 日，《美国外交文件选译：日本，1931—1941 年》，第 375—376 页。
③ 《日本外相（有田）致美驻日大使（格鲁）》，1938 年 11 月 14 日，《美国外交文件选译：日本，1931—1941 年》，第 376—377 页。

做法与建立和维护美国及世界繁荣的目标是相违背的"。①

1938 年 12 月 19 日，日本外相有田八郎发表声明，为所谓的"东亚新秩序"及"日满华经济合作"辩解，称日本的行为不是破坏现有条约体系，不是对门户开放政策的抵制，而是"完全符合国际公义，并能对东亚的和平安定做出贡献"；竟然声称，日本的行动不仅对中国人民本身有好处，而且对整个东亚有益，对提高中国目前所处的半殖民地地位并使之成为现代化国家有益。有田列出了两个理由：从政治上而言，日军行动是对共产党威胁的自卫措施，是为了保卫东方的文明和文化；从经济方面看，面对世界性的高关税壁垒及利用经济手段到达政治目的的趋势，日军行动是一项自保生存的措施。有田八郎解释称，日本在东亚成立的这个组织并不是封闭的贸易体系，不是要把外国人的企业、资本、投资、贸易及其他经济活动排挤出东亚区域之外，日本"一直坚决支持商务机会均等原则"。②

日本侵占海南岛后，对英、法、美在远东的利益构成进一步威胁，尤其是威胁到海运及贸易通道。格鲁于 1940 年 2 月 17 日约见日本外相有田八郎，口头声明：由于日本宣布占领海南岛，"美国不得不促请日本注意，该岛上有许多美国公民（主要是传教士），有许多美国差会及教育事业"，"包括美国在内的各国在该岛以及在太平洋地区有重要权益，美国政府认为这些关系是多项国际协定的基础"。③

日本控制华北后，扶植傀儡政权执行严厉的贸易管制，包括出口许可证及外汇控制等。美国认为日本在华北占领区的做法，尤其是出口限制，属于全面歧视美国及其他国家而对日本有利的措施，实际上使进出口方面机会均等的原则成了一纸空文。格鲁表示美国政府十分关注日本人在中国占领区干扰美国正常贸易的行为，"希望日本当局不要鼓励这种行为，反之，要解除

---

① 《美驻日大使（格鲁）致日本外相（有田）的口头声明》，1938 年 11 月 21 日，《美国外交文件选译：日本，1931—1941 年》，第 381—383 页。

② 《日本外相（有田）的声明》，1938 年 12 月 19 日，《美国外交文件选译：日本，1931—1941 年》，第 383—384 页。

③ 《美国驻日大使（格鲁）与日本外相（有田）谈话的备忘录》，1939 年 2 月 17 日，《美国外交文件选译：日本，1931—1941 年》，第 385 页。

已有的种种限制，这些限制妨碍了美国与华北的正常贸易"。[①]

六、 撤退日占区的外交领事机构

随着日军在战争初期的军事胜利，日占区内的英美等国领事机构亦面临撤退。撤退日战区的在华领事，从某种程度而言，是对英美等在华的条约体系的动摇。日军占领区域越大，对条约体系的冲击越严重。

日军对武汉发起进攻后，英国政府驻汉口领事麦基洛普（MacKillop）曾请示英国驻华大使卡尔，是否将驻汉口外交使团撤往云南。麦基洛普认为，如果在武汉尚未沦陷前提前撤退外交机构主要负责人，将使英国公民面临财产和人身安全，其中包括为数众多的妇女和儿童。麦基洛普提议"如果英国驻华大使同意，他可以去说服法国、意大利、比利时驻华大使去给其驻汉口领事下达不要撤退的指示"。[②] 英国外交部采纳了此建议，放弃将外交使团迁往云南，选择随国民政府一起留驻武汉。[③] 否定将外交使团迁往云南后，接着又面临是否将外交使团随国民政府迁往重庆的问题。6 月 8 日，国民政府与外交团交流搬迁事宜。外交部部长王宠惠通知德国驻华大使，不论国民政府是否搬迁，其本人仍将留驻汉口，如有外国外交使团希望前往重庆，中国政府将安排搬迁及选址事宜。麦基洛普称，只要行政院院长和外交部部长仍留驻汉口，他本人不会搬到重庆。麦基洛普曾要求德国驻华大使向中国外交部提出，在重庆选择馆舍，以备不时之需。德国大使表示，驻华德侨希望他能搬到上海，一旦中国政府决定离开汉口，他可能也随之行动前往上海。意大利代表没有出席外交团会议，但会与德国一致行动。美国、苏联、法国、比利时外交代表仍将留驻汉口，并最终随国民政府前往重庆。[④]

麦基洛普于 1938 年 6 月 10 日致电英国外交部，希望明确，中国政府能为英国使团迁往重庆提供何种待遇。[⑤] 国民政府外交部一再催促英驻华大使

---

① 《美国驻日大使（格鲁）致日本外相（有田）》，1939 年 3 月 11 日，《美国外交文件选译：日本，1931—1941 年》，第 386 页。

② From Mackillop to Kerr，June 3，1938，FO371/22050，F6131/6/10，p. 2.

③ From Foreign Office to Mackillop，June 8，1938，FO371/22050，F6228/6/10，p. 2.

④ From Mackillop to Foreign Office，June 10，1938，FO371/22050，F6437/6/10，p. 9.

⑤ From Mackillop to Foreign Office：June 10，1938，FO371/22050，F6437/6/10，p. 7.

卡尔到汉口访问，但卡尔一直犹豫不决。卡尔在致英国外交部电中询问，如果他安排汉口之行，英国外交部能否在他抵达汉口之时给出最终决策。[①]

随着战争形势的变化，中国军队坚守武汉已不可能。9月24日，英国驻汉口领事格林威（Greenway）致电英国驻华大使馆，称国民政府所有官员正为政府迁往衡阳做准备。格林威表示不再坚持之前的观点，即一定要将汉口外交团坚持到日军攻占武汉之日。其实，对于英国外交团而言，坚持到城破之日并无实际意义，除了能给予中国政府以精神鼓励之外，外交团发挥不了作用。格林威认为重庆将是最后目的地，他建议外交团随国民政府先行搬迁到衡阳。[②]

---

① From Kerr to Foreign Office, June 15, 1938, FO371/22050, p. 11.
② From Greenway to Foreign Office, September 24, 1938, FO371/22050, F10131/6/10, p. 77.

第三章　中美、中英新约的订立与不平等条约
关系的基本终结

　　抗战爆发后，因日本侵华引起中外条约关系发生变化，列强在华条约利益受到影响。在中国独自抗日时，英美开始酝酿废除在华治外法权，以提高中国军民的抗战士气。太平洋战争爆发后，中国成为反法西斯盟国，中国战场成为抗击日本法西斯的主要战场。英美开始讨论是否战时提前废约，而非再等待战争结束之后。中国舆论界也开始要求废除不平等条约，谴责列强在华的条约特权。经过谈判，中英、中美新约终于订立，废除了两国在华治外法权等不平等条约特权。中美、中英新约虽开启了废除列强在华不平等条约特权的潮流，但该两条约仍有其自身的局限性。

第一节　英美调整对华条约关系

一、　英美主动提出战时废约

抗战爆发后，美国声称一直在考虑放弃在华各种特权。然而，最早公开提出废约的是英国。1940 年 7 月 18 日，英国首相丘吉尔在下议院演讲时称："英国准备于战争结束后，根据互惠及平等原则，与中国政府谈判废除'治外法权'、交还租界及修改条约。"① 在此之前，英国曾于 1939 年 1 月 14 日表示愿于战后与中国谈判废约。1940 年 7 月 19 日，美国国务院代理国务卿威尔斯（Summner Welles）在声明中称：美国在和中国讨论放弃在华特别权利时，因"1931 年的满洲事件及随后 1932、1935 年中日关系的恶化而告中断"；1937 年美国政府又重新考虑此问题，但又发生中日战争，美国政府的正常工作被迫中断。美国政府放弃在华特权的政策一直未曾改变，在条件允许时，美国与其他国家放弃根据条约在华享有的治外法权及其他一切所谓"特殊权利"问题，"迅速与中国进行有秩序的协商，并达成协定"。②

1941 年 4 月，郭泰祺从驻英大使任上回国就任外交部部长，途经美国回国，计划与美国总统及国务卿见面，商谈废约问题。4 月 20 日，郭泰祺将国民政府准备向美提出废约一事探询胡适，"中央常务委员会决议，由弟经美时，向美政府提请缔结中美平等条约，废除现有条约束缚"，平等新约实行之期，"不妨俟诸中日战事结束之后"。目的在"壮吾人今日之声势，而增高他日之国际地位"，请胡适"预向美政府非正式密洽，并着手准备为荷"。③ 4 月 29 日，郭泰祺与胡适一同前去拜会罗斯福总统及赫尔国务卿。在与美国国务卿赫尔会谈时，郭泰祺向美方提出废除中美间的不平等条约，改订平等

---

① 《丘吉尔在英国下院的报告》，《中央日报》1940 年 7 月 20 日。

② 《威尔斯声明》，1940 年 7 月 19 日，王建朗主编：《中华民国时期外交文献汇编 1911—1949》第八卷（上），第 193—194 页。

③ 《郭泰祺致胡适电》，1941 年 4 月 20 日，《胡适任驻美大使期间往来电稿》，第 102 页。

互惠新约。赫尔欣然表示赞同，允转陈总统。① 离美辞行时，郭泰祺再向美
方提出废除不平等条约事，赫尔国务卿表示"对平等相互原则甚赞同，谓极
愿中国完全恢复主权"。美国国务院顾问亨贝克建议此事以换文方式为最适
当，一面由中国政府赞成美政府对国际贸易平等待遇之主张；一面由美方自
动声明于远东战事结束后，即谈判放弃在华之特殊权力。亨贝克称换文稿已
草就，正在修改，不日将发表。② 此次会议意味着，中美确定将于战后修改
不平等条约。

中美达成战后废约的意向后，以换文方式加以确定。5 月 26 日，郭泰祺
致函美国国务卿赫尔，表示中国政府主张以和平谈判方式调整国际关系，并
信仰机会均等与不歧视原则。郭泰祺声明："和平恢复时，在本国经济上及
对各国政治与经济关系上，充分适用上述原则。"赫尔在复函中，称美国及
其他国家因规定治外法权及有关惯例之协定，在华久享若干特殊性质之权
利，美国政府将于和平状况恢复之后，迅速着手与中国政府谈判，以期废除
特殊性质之权利。复函还对中国保证的经济关系待遇平等，以及不做任何歧
视原则表示赞赏。③

美国对华做出战后废约的声明后，英国驻华大使卡尔奉命照会郭泰祺，
表示："候远东之和平恢复时，英国政府愿与中国政府商讨取消治外法权，
交还租界，并根据平等互惠原则，修改条约。"④

二、 英美内部对于是否战时提前废约的讨论

中美通过换文确定将于战后缔结平等新约，随着战事的发展，尤其是太
平洋战争爆发后，美国内部开始讨论是否应该提前采取行动。美国国务院远
东司在组织各方面人士参加的讨论中，其重点在于明确美国是否于战时放弃
治外法权及其他特殊权利。美国内部有赞成和反对两种意见。远东司司长汉

① 《郭泰祺致王宠惠电》，1941 年 4 月 29 日，《战时外交》（三），第 707 页。
② 《郭泰祺致外交部电》，1941 年 5 月 6 日，《战时外交》（三），第 708 页。
③ 《国民政府公布中美关于战后修改不平等条约换文来往函》，1941 年 5 月 26 日，《中华民国史档案资料汇
编》第五辑第二编《外交》，第 428—429 页。
④ 《卡尔致郭泰祺照会》，1941 年 7 月 4 日，《中华民国史档案资料汇编》第五辑第二编《外交》，第 532 页。

密尔顿（Maxwell M. Hamilton）汇总了各方意见，主要的反对意见如下：一、美国政府已向中国政府声明，待和平恢复，即放弃在华治外法权及其他特殊权利。既已达成协议，不建议提前废约。二、同意放弃美国公民在日占区无法行使的权利，将被敌人作为根据，指责美国政府软弱。三、据美国所掌握消息及情报，中国政府及人民比较关心的是军事行动及成就，而非外交辞令。四、战争结束后，中国将有一段不安定时期，在此期间，美国公民可能特别需要治外法权及其他有关权利的保护。五、保留治外法权至战争结束时，有利于美国对中国掌控主导权。六、为了帮助美国人在新的对华条约中拥有不动产的权利。七、战争还将持续，此时缔结新约对于战后可能出现的局面，可能是过时的或不适宜的。在总结上述七项因素时，美国国务院远东司官员亚当斯（Walter A. Adams）认为："现时放弃治外法权得不偿失，修改美国与中国现行条约，在战争结束后按当时情况进行较为明智。"

　　主要赞成意见如下：一、反法西斯战争是一场全人类的战争，美国和盟国不仅为保存自身而战，而且为人类权利与尊严而战，为超越旧的政治、经济与社会制度的不平等而战。治外法权等条约特权已经不符合时代，这些特权与美国正为自由、民主、平等而战的理念形成强烈反差。放弃治外法权及其他特权，符合反法西斯同盟的宗旨，是联合国家战争目的一种体现。二、保持治外法权至战争结束以后，不会成为美国政府对华谈判新约的有利因素。三、治外法权制度是必然要取消的。尽管战后中国可能会出现不稳定时期，但建立更为稳定条件下的美国人在华权利的制度，比保持治外法权更为可靠。

　　基于上述分析，汉密尔顿建议美国政府采取主动，与中国缔结新约，放弃在华治外法权及其他特权。远东司总结认为"赞同意见比反对意见更具分量和持久性影响"，建议"组建一个小型委员会，在严格保密的情况下着手进行拟定一份条约草案，以便可在不久的将来将其提交给中国政府"。[①] 美国国务院远东政策顾问、前任远东司司长亨贝克，对远东司的报告提出了不同

---

①　《汉密尔顿备忘录》，1942年3月27日，王建朗主编：《中华民国时期外交文献汇编1911—1949》第八卷（上），第198页。

意见。亨贝克同意亚当斯的观点，美国没有必要为鼓励中国士气而采取废除治外法权的外交行动；如果将废除治外法权视为一张牌，美国现在需要持有这张牌，等待适当的时机再出手，而不是现在就打出去。[1]

1942 年 3 月，英国外交大臣艾登致电英驻华使馆，征询战时废约的意见。艾登称为了鼓励中国在战后与英国合作，他一直在考虑与中国缔结新约的可能。艾登表示，考虑到缔结新约所面临之复杂性，目前最可行的办法是废除在华治外法权。如果英国此刻废除在华治外法权，是否会被视为软弱？如果进行谈判，英国应该提出哪些保证条款，以及这些条款是适用于整个中国还是适用于未来中国的实际控制地区。[2] 英驻华大使薛穆（Horace J. Seymour）赞成提前废约。认为在共同反击法西斯的情况下，如提出过多的废约附加条件，不但会损害英国的形象，而且会使谈判复杂化。新的条约应该是平等国家之间的正常条约，目的是为了鼓励战时中国的士气，并为中英战后的合作铺平道路，新约是平等国家间也是盟国之间的条约。[3] 虽然驻华使馆的意见比较积极，但英国政府决策层仍认为废约时机尚未成熟。

1942 年 4 月 25 日，英国驻美大使馆向美国国务院提交了一份备忘录，英国政府认为只有等到战争形势对日本不利时方适合提出废约，如果中国此时提出提前废约，英国政府将予以同情考虑。备忘录还回顾了英美两国在废除治外法权方面的合作，建议两国在废除在华治外法权方面应保持协同一致。早在 1937 年 3 月 30 日，英美曾形成过备忘录，认为在华治外法权是两国共同利益，两国政府应在此问题上继续合作。[4]

英国建议美国不要主动提出提前废约后，1942 年 5 月 6 日，美国国务卿赫尔致电英国驻美大使哈利法克斯，表示美国政府内部达成初步意见："目前或许并非两国主动开启废约问题的合适时机，但如果中国政府自身主动提出，美国政府将予以善意考虑。"赫尔强调，废除治外法权问题的所有进展，期望英国与以往一样与美国保持密切联系，"一旦对华启动废约谈判或者与

[1] Memorandum by the Adviser on Political Relations, April 9, 1942, FRUS, China, 1942, pp. 274-275.
[2] Eden to Clark Kerr, Mar. 28, 1942, BDFA, Part3, Series E, Vol. 5, p. 37.
[3] Seymour to Eden, Apr. 4, 1942, BDFA, Part3, Series E, Vol. 5, p. 109.
[4] The British Embassy to the Department of State, April 25, 1942, FRUS, China, pp. 276-277.

中国政府达成任何解决方法，美英两国政府应采取平行行动"。① 同日，赫尔致电驻华大使馆参事范宣德（Vincent），附上英国建议暂不废约的备忘录。赫尔建议，等驻华大使高斯返回重庆由国务院评估其报告后，再决定是否提出废除治外法权，或持观望以待时机。②

为与美方协商是否战时废约问题，英国外交部远东司司长克拉克亲自飞到美国，与美国国务院人员面商。5 月 8 日，克拉克与国务院远东司主管助理艾奇森（George Atcheson）等人举行座谈。克拉克询问艾奇森是否收到中国将于近期提出废除治外法权的消息。艾奇森表示并未得到官方消息，但已注意到宋美龄近期在杂志上的文章，相当多的美国作者及读者开始关注废除治外法权，如果国务院迫于压力采取行动也并不令人意外。③

5 月 22 日，克拉克与国务院远东司司长汉密尔顿举行会谈。汉密尔顿表示，关于何时废除在华治外法权，美国国内有不同意见。当然，也有其他选择项，即直接缔结一份新的条约，在新约中自然包含废除治外法权的条款。汉密尔顿希望了解英国外交部是否对此问题有预先的研究。克拉克回复称，英国没有考虑过战时废除治外法权的问题；他本人认为，提前进行战时废约，属于"临时办法"，并不可取。一个临时性的废约办法很难取得积极影响。汉密尔顿称其本人亦持此见解。④

6 月 29 日，英国外交大臣艾登告诉美国驻英大使怀南特（Winant），"鉴于盟国在远东的军事形势，任何提议废约的行为，都有可能被误认为软弱"。艾登认为，英美两国政府间的联合协商将会发挥作用，一旦中国政府主动提出废约，或者因形势发展需要英美主动提出该问题时，此种协商机制具有真正的重要性；"当时机来临时，英美两国在废除治外法权上的平行行动，将会为远东合作政策树立一个典范，英美此举对两国自身及

---

① The Secretary of State to the British Ambassador，May 6，1942，FRUS，China 1942，pp. 277-278.

② The Secretary of State to the Charge in China，May 6，1942，FRUS，China 1942，pp. 278-279.

③ Memorandum of Conversation，by the Assistant Chief of the Division of Far Eastern Affairs，May 8，1942，FRUS，China 1942，pp. 279-280.

④ Memorandum of Conversation，by the Chief of the Division of Far Eastern Affairs，May 22，1942，FRUS，China 1942，p. 280.

中国而言都是极为有利的。"① 英国如此重视平行行动，"既是想以英美两国的共同力量来谋求谈判中的利益，又是防止美国率先采取某些行动，削弱英国在谈判中的地位"。②

三、 英美开始考虑提前废约

随着战场形势的变化，美国国内在是否提前废约问题上的气氛开始发生变化。1942 年 7 月 11 日，美国国务卿赫尔致电驻英大使怀南特，通报美英之间在废除治外法权问题上的进展，美国政府允诺废除在华治外法权，并已经准备好尽早废除。③

1942 年夏，美国海军与日本联合舰队在中途岛进行了一场海空大决战，日军在此役中损失惨重，开始丧失太平洋上的战略主动权，由进攻转向防御，美军则开始转向进攻。盟国在太平洋战场上的有利军事形势，给酝酿中的战时废约带来了新的转机。美国社会各界要求废除在华特权的呼声越来越高。美国参议院外交委员会参议员托马斯（Elbert D. Thomas）指出，中国完全有资格获得与其他盟国一样的平等法律地位，没有必要等到战争结束后才与中国谈判废除治外法权问题。他向参议院提议，美英应该向中国声明放弃在华治外法权。国务卿赫尔也认为，废约的时机已到，现在英美不用担心所谓示弱问题，中国也正需要来自盟国的鼓舞。④

8 月 27 日，赫尔将美国有意提前废约的消息告知驻英国大使。赫尔在当日给驻英大使怀南特的电报中认为：通过美国报纸的评论，废除治外法权显然已经广为传播。一旦中国政府提出废除治外法权，"一定会得到强有力的支持"，美国现在仍掌握废除治外法权的主动权，但随着中国及其他国家政治思想的发展，美国或许发现自身将处于比目前更为不利的地位。⑤ 赫尔指

① The Ambassador in the United Kingdom (Winant) to the Secretary of State, June 29, FRUS, 1942 China, pp. 280—281.
② 王建朗：《英美战时废约政策异同与协调》，《抗日战争研究》2003 年第 3 期，第 6 页。
③ The Secretary of State to the Ambassador in the United Kingdom, July 11, 1942, FRUS, 1942 China, pp. 281-282.
④ 王建朗：《英美战时废约政策异同与协调》，《抗日战争研究》2003 年第 3 期，第 6 页。
⑤ The Secretary of State to the Ambassador in the United Kingdom, August 27, 1942, FRUS, 1942, China, p. 282.

出："美方研究治外法权问题，不仅应考虑到采取行动的有利与不利之处，同样应虑及一旦决定废约，采取何种方式会最为有效并顾及各方的利益。"赫尔还起草了一份致中国政府的信函，说明废除治外法权之因由，信函附上了一个简明协议。[①]

简明协议主要包括以下内容：一、立即废除美国在华治外法权及相关权利。二、中美两国代表就涉及美国公民在北平使馆区、上海、厦门租界内的任何实际权利与义务展开谈判。三、中国政府承认美国人在华财产权等既有不可剥夺的权利，美国公民持有的产权证替换为中国政府颁发的土地所有证，美国公民取得新的所有产权证无须缴纳额外的土地税费。四、美国公民可以到中国任何地区进行旅游、居住及进行贸易，但不包括因安全原因暂时封闭的区域。五、领事官员在提供领事证书的情形下互相享有外交领事权。六、中美两国政府经任何一方提出要求，均须在战争结束6个月内谈判缔结一个综合性的现代条约，确立两国之间的领事权、商业和航海贸易权，该约将基于现代国际法的原则和实践订立。七、两国缔结该项综合性条约前，因废除治外法权而产生的任何影响到美国公民在华权益的问题，如不能根据既有条约解决，则将基于普遍接受的国际法原则来判决。[②]

9月1日，怀南特将赫尔准备提前废约的函电转呈英国外交部。英国外交部远东司司长克拉克的第一反应是不赞成，外交大臣艾登表示将仔细研究美方的提议。克拉克对怀南特表示，不久前英美两国政府均认为废约时机尚未到来，有何新的形势变化需要英美改变态度而提前废约？怀南特告诉克拉克，应该是军事形势发生了有利的变化，比如最近在所罗门群岛登陆作战的胜利。[③]

面对英方的疑问，赫尔很快予以答复，并列举了美方决定战时废约的三个方面的考虑。赫尔称启动废约的一个重要因素在于美国公共舆论呼吁废除

---

① The Secretary of State to the Ambassador in the United Kingdom, August 27, 1942, FRUS, 1942, China. p. 28

② The Secretary of State to the Ambassador in the United Kingdom, August 27, 1942, FRUS, 1942, China. p. 285.

③ The Ambassador in the United Kingdom to the Secretary of State, September 1, 1942, FRUS, 1942, China, p. 286.

在华治外法权，美国民众不仅从感情上同情废约，且从实际态度上支持废约；此外，官方与非官方的群体中呼吁废约的力量正逐渐增强。第二个方面的考虑是中国人的意见，情报表明蒋介石及国民政府在对外政策上采取了更为积极的态度。第三个方面的因素是军事上的，太平洋战场及中国战场军事形势的改善，也是促使美国考虑废约的因素。综合上述三个方面的因素，赫尔指出，通过废约美方希望实现三个目的：一、从心理和政治上有利于反法西斯国家，废约行动对中国是一个具体的帮助，并将会促使中国加强抵抗的决心；二、一劳永逸地消除中美关系中的不正常现象；三、达成一项协议，从原则上规定英美人民可以在中国享有其他友好国家中所享有的正常权利。①

驻华大使高斯对赫尔 8 月 27 日的废约提议持不同意见。高斯不同意以缔结一个简明协议的方式废除治外法权。高斯之所以不同意以简明条约的方式结束在华治外法权，主要是对中国国内政治形势的发展及国民政府的对外政策表示担忧，认为中国国内状况可能会对美国利益产生损害。②

高斯在回复赫尔电文中指出，国民政府正朝着民族主义及独裁统治方向发展。中国正在考虑接管列强在华的各项条约权利，废除在华治外法权及其他特权。中国国内希望战后美国资助中国重建和恢复，帮助执行宏大的工业计划，所需资金不是通过提供私人贷款的方式，而是以国家信用贷款的方式进行。贷款以中国政府信用做抵押，仅需支付很少的利息。目前没有证据表明中国在准备废除列强在华条约时会尊重和保护贸易互惠原则以及其他贸易规则。高斯认为，对于未来的中美关系而言，中国国内不存在一个健康的或者说是令人满意的环境，如首先废除治外法权及其他特权，很难期待以后会在华获得公正公平的待遇和贸易关系。③

高斯建议，美国提出废除治外法权时，应该使中国认识到须承担相应的责任和义务，对美国的利益做出保证。除非在战争结束时有一个规定各方面

---

① The Secretary of State to the Ambassador in the United Kingdom, September 5, 1942, FRUS, 1942, China, p. 287.

② The Ambassador in China (Gauss) to the Secretary of State, September 8, 1942, FRUS, 1942, China, p. 288.

③ The Ambassador in China (Gauss) to the Secretary of State, September 8, 1942, FRUS, 1942, China, p. 289.

关系的综合性条约，否则在实现令人满意的贸易关系及其他关系之前，中美之间将有相当长时期的充满巨大不确定性的阶段。如果现在能够完成缔约，从中国获得合理的保证将相互关系置于互惠互利的基础之上，美国或许可以快速有效地参与中国的重建。①

高斯虽然支持中美间缔结一项综合性条约，但仍认为现在并非开启谈判的合适时机。甚至认为，即使在结束敌对状态后，可能仍需继续观察一段时间。高斯认为，在敌占区或傀儡政府统治地区，当越来越多的证据表明，美国的敌人试图利用中美推迟缔约进行敌对宣传时，恰是启动缔约谈判的时机。高斯进一步解释道，他不是期望获得 1931 年中美条约草案中所列举的所有保证，但至少美国应该获得保护其本国公民和利益的最低限度的声明。高斯对中国的司法系统看法负面，认为过去的十多年间，中国的警察、司法和监狱系统并未有所改善，事实上还有所退化。尤为让人担忧的是，一套存在于政府和国民党内的秘密系统已经遍布全国，该秘密系统获得了广泛的特权，严重威胁到中国人民和外国在华居民的自由和安全。针对赫尔所草拟的简明条约要点，高斯表示因驻重庆美国大使馆没有任何关于条约的资料可供研究，因此无法提供更为详细的建议，但不建议交还北京使馆区财产。②

经过短暂的考虑，英国外交部基于战争形势的变化很快改变了怀疑和否定的态度，并就赫尔所提议简明条约提出一些建议。英国外交大臣艾登于 9 月 8 日正式予以回复：英国政府同意，虽然眼下并非提议废除治外法权的最好时机，但极为怀疑将来是否会出现比目前更好的时机，目前主动提出废除的主动权仍在英美手中。鉴于上述认识，英国政府真诚欢迎美国政府的提议，即两国目前应该合作采取行动解决在华治外法权问题。为了能够协调一致行动，英国已经听取了各自治领的建议，他们准备与美国政府一道起草一个提供给中国政府的简明条约。艾登同时表示，英国政府亦认识到，以一个

---

① The Ambassador in China（Gauss）to the Secretary of State，September 8，1942，FRUS，1942，China，p. 289.

② The Ambassador in China（Gauss）to the Secretary of State，September 8，1942，FRUS，1942，China，p. 290.

简明条约的方式来结束治外法权及相关特权将会有很多限制，但由于战争的存在，现在提出谈判一个综合性条约来解决商业贸易等问题存在诸多不利之处。英国政府建议，如果中国政府提出缔结一项综合性条约的要求，英美两国应该坚持等到战后再来解决这种宏大的问题。英国提出了应在新订条约中给予上海以特殊地位。①

对于英国态度的转变，美国很快予以回应。9 月 12 日，赫尔指示怀南特立刻与克拉克和艾登就废约问题进行具体协商。赫尔表示美国正在制定一份条约草案，对 8 月 27 日所附文件进行细化，一旦完成草案将及时递交英国政府一份副本。赫尔还特别感谢英国所提出的给予上海以特殊地位的建议，指示怀南特告诉英方，中国政府很可能不会同意继续给予上海以任何特殊地位，美国会与英国就此问题进行详细研究。赫尔建议废约谈判最好要顾及各方的利益，以避免在未来的对华关系中埋下新的矛盾冲突的来源。赫尔在最后再次强调务必保密的重要性。②

9 月 15 日，怀南特将其与英国讨论上海特殊地位问题的情况汇报给国务院。克拉克认为，鉴于上海租界的复杂性，中国准备给予其特殊地位。英国外交部认为，尽管中国不会考虑国际共管上海或仍维持一个国际警察系统，但中国会接受一定数量的外国顾问参与上海未来的市政管理。如果中国能够接受外国人参加上海的市政管理，将是一个有利的安排，在将公共租界（包括法租界）移交给中国后，有助于解决很多问题。怀南特称，英方希望将一些类似的问题与中方订立一个多方协议，担心美方提议的简明条约将会包含某些特殊条款，从而将上海紧紧抓在美国手中。③

赫尔在三天后通知怀南特，请其告诉英国外交部远东司司长克拉克，美国正考虑英方关于上海的建议。整体上，英国政府与美方意见一致，即在目

---

① The Ambassador in the United Kingdom (Winant) to the Secretary of State, September 8, 1942, FRUS, 1942, China, pp. 291-292.

② The Secretary of State to the Ambassador in the United Kingdom (Winant), September 12, 1942, FRUS, 1942, China, pp. 292-293.

③ The Ambassador in the United Kingdom (Winant) to the Secretary of State, September 15, 1942, FRUS, 1942 China, pp. 293-294.

前的形势下倾向于签订一个有限度的简要条约。①

10 月 3 日，美国代理国务卿威尔斯向英方通报美方在废除治外法权及相关特权方面的最新进展，提议随着新任中国驻美大使魏道明到任，是时机向中国提议废约了。威尔斯表示，美方预计随着魏道明大使的到任，中国政府可以随时向美方提议废除在华治外法权。威尔斯称，经过不断的深思熟虑，美方相信，是时候以绝密的方式通知中国驻美大使、中国驻英大使，告以英美两国政府经过长时间的深入考虑，决定废除在华领事裁判权，两国希望不久向中国政府提交一份废约的草稿。威尔斯要求怀南特尽早将计划通知英国外交大臣艾登，并说明他本人建议两国政府以口头形式各自通知驻华盛顿和伦敦中国大使，时间定在 10 月 9 日星期五，考虑到地区时间差，美国在上午通知中方，英国在当日下午通知中方。威尔斯通知艾登，美方已经计划好了简要条约的草稿，该草稿吸收了英国外交部、美国驻华大使高斯、英国驻华大使薛穆等的建议。②

10 月 9 日上午 10 点，魏道明应邀拜访代理国务卿威尔斯及远东司司长汉密尔顿。威尔斯说，美国政府已经多次明确表示，一旦形势合适，即放弃美国在华治外法权。数周以来，美国政府一直在考虑两国政府之间是否要谈判一项简明条约以便实施该政策。美国政府准备缔结一项简约，废除美国在华治外法权及相关特权。不久以后，将向中国政府提出一份上述性质的简约草稿，供中国政府参考。"明日适逢中国国庆日，我方拟在今晚 9 时发表声明，以便使有关此事的新闻在 10 月 10 日晨报上刊登出来"，威尔斯要求中国政府在宣布前严格保密。③

1942 年 10 月 10 日，美国正式发表宣言："美政府准备立时与中国政府谈判，缔结一规定美国政府立时放弃在华治外法权及解决有关问题之条约，美国政府希望在最近期内，以完成上述目的之草约，提交中国政府考虑。过

---

① The Secretary of State to the Ambassador in the United Kingdom, September 18, 1942, FRUS, 1942, China, p. 295.

② The Acting Secretary of State to the Ambassador in the United Kingdom, October 3, 1942, FRUS, 1942, China, pp. 296-297.

③ Memorandum of Comersation, by the chief of the Dirision of Far Eastern Affairs, October 9, 1942, China, pp. 307-308.

去数周内，美政府业与英政府就是项一般问题交换意见，美政府欣悉英政府具有同样之意见，并正采取相似之行动。"①

同日，英国政府发表宣言："愿于最近与中国政府进行谈判，并将以规定立时放弃在华治外法权及解决有关问题之草约，提交中国政府考虑。"②

四、 在国民政府敦促下美国决定提前废约

1942 年 3 月，熊式辉带领国民政府军事代表团赴美访问。经过三个多月的走访观察，熊式辉于 7 月 5 日致电侍从室，"前美与我约在战后取消不平等条约，此为美日未宣战以前之事，今日情形不同，宜先向美方交涉，由美自动提出无条件的立即取消"。熊式辉判断，如果运动美国提前废约，"据职观察，其可能性甚大"，原因在于"盖美国号召世界对侵略国抗战，且欲以民族解放为口号，此时对我国无大量物资接济，更无理由推卸此种精神上同情"。③ 国防最高委员会秘书长王宠惠致函军委会参事室主任王世杰，称奉蒋介石转来熊式辉电文，请讨论熊的建议是否可行。

参事室参事张忠绂奉命就熊式辉的建议拟具了一份签呈，认为熊式辉的建议"其观察与理由至为正确，但其结论尚有改进余地"。张忠绂认为，既然美国此时全力以赴于欧洲战场，难以在军事上大规模支援中国，则中国可以向美方提出政治要求，所提要求不应仅限于由美方自动取消不平等条约。中国应乘此机会向美方提出两点：一、与美国（或加入英国）缔结一同盟条约，规定于战后若干年中，有相互以军力援助之义务；二、与美国达成谅解，保证中国得于战后自由发展中国之工商业，并给予中国以经济与技术上之援助。签呈认为，达成上述两项任何一项，都对中国有重大利益。张忠绂认为，"为集中目的与努力起见，美方自动取消不平等条约之要求，似可暂时不提"。因为正如熊式辉所指出的"取消不平等条约之要求，颇易办到，然而不平等条约在战后决无存在余地，我方若仅以提前取消不平等条约为满

① 《美国国务院发表准备放弃治外法权声明》，1942 年 10 月 10 日，《战时外交》（三）第 712 页。
② 《英国发表愿废除治外法权声明》，1942 年 10 月 10 日，《战时外交》（三），第 751 页。
③ 《侍从室第二处致参事室代电》，1942 年 7 月 5 日，王建朗主编：《中华民国时期外交文献汇编 1911—1949》第八卷（上），第 219 页。

足，则我反失去今日对美交涉之良好机会"。①

王世杰修改后的内容基本上保留了张忠绂的要点。"经会同研究，窃以为不平等条约之废除，美国在原则上已正式承认，至于付诸实施，无论如何不能不另有具体协定，以规定领事裁判权、租界、内河航行权等等特权废除后之善后措施，此时似不宜再行提出"。②

王世杰与王宠惠及其所在部门事实上承担了研究是否敦促美方提前废约的任务。虽然7月份的研究不建议再向美方主动提出此项要求，而是希望提出中美同盟等更高的要求。但蒋介石此时并不认可对美国提出如此高的政治要价，"中美同盟案切勿再提，以可以求可以，无求则求受辱也"。③蒋介石的态度决定了国民政府此时对美交涉仍以废约为目的。9月24日，王世杰与王宠惠再议敦促美英立即废除不平等条约一事，王世杰认为可以先试着与美国进行协商。④到1942年10月，国民政府开始通过各种渠道释放信息，希望美方可以主动率先废约。蒋介石在10月4日的日记中写道："令民间可以发动要求美国取消不平等条约之呼吁"。⑤第二日，陈布雷受命撰写了《希望美国率先自动表示放弃对华不平等条约》的新闻稿，呼吁英美放弃在华不平等条约。"中国受不平等条约之束缚者已一百年，偏颇的限制，既阻碍了国家建设的发展；而屈辱的情感，尤使四万万五千万人伤心饮恨"，首先表达中国人对不平等条约的厌恶和反感，然后表示对英美许诺战后废约的赞赏，"去年英美两国与我郭大使（泰祺）交还放弃特权文书，对中国自不失为一种安慰"。文稿转而对战后废约表达一般国人的意见，"在一般人看来，似乎还是实现有待，感受到遥远而不可即"。文稿对中国抗战与条约的关系进行了说明，"中国的抗战是为保卫生存，也是求取自由与正义，然而中国向言信义，尊重既存条约，对于蹂躏条约之日寇视为人类公敌。我们并不主张由

---

① 《张忠绂签呈》，1942年7月，王建朗主编：《中华民国时期外交文献汇编1911—1949》第八卷（上），第220—222页。

② 《参事室致王宠惠》，1942年7月18日，王建朗主编：《中华民国时期外交文献汇编1911—1949》第八卷（上），第222页。

③ 《蒋介石日记》，1942年7月17日。

④ 《王世杰日记》，1942年9月24日，第458页。

⑤ 《蒋介石日记》，1942年10月4日。

中国单方面废弃这个不平等条约",“美国何妨单独自动的将对华条约中所包含的不平等的条约,就在这时候率先声明放弃,不必待至战后,再出以双方谈判的形式,这样在美国是实行其作战理想,在中国仍不失为尊重条约信义的立场,可说是相得益彰"。文稿对于美国如能率先废约将取得的意义和影响亦有简要说明,“这样一来可以根本打击敌寇汉奸们在中国沦陷区和在东亚占领地造谣欺骗的宣传;可以更加鼓舞中国军民艰苦作战的勇气",“这一举动于美国绝对无害,而可以使正义发扬,中美交情格外增进"。①

陈布雷新闻稿发布的同一日,王世杰约《大公报》主笔王芸生详谈,希望该报发表一篇文章,请美国率先放弃不平等条约特权。王芸生表示愿即日开始写作,以促成美国总统特使威尔基(Wendell L. Willkie)及美国政府的注意。②10 月 6 日,《大公报》(重庆)第二版发表了《希望美国首先放弃对华不平等条约》的社评文章,文章在赞颂威尔基来华增进中美友谊的同时,呼吁美国放弃在华不平等条约特权。文章指出,自孙中山先生以来,国民政府一直致力于废除不平等条约,但经十余年努力,成果有限,原因在于“我们总希望由外交途径,商得友邦自动放弃,而不愿自行宣布取消,致冒毁约之嫌",中国的不平等条约“本是帝国主义的产物,旧时代的渣滓。同盟国家的作战目的,原在于消除帝国主义式的优越感,而实现民族自由,国际平等",文章希望乘威尔基在重庆访问之机,感受到全中国人民的心声,“希望美国首先宣布放弃对华不平等条约!这是正义,这是公道,我们想美国必能毫不吝惜的将旧时代的不平等条约自动宣布放弃"。文章在呼吁美国首先放弃不平等条约特权时,特别分析了日伪对美英宣战而导致的废约环境的变化。1941 年 6 月英美曾表示愿在战后废约,去年发布废约时“当时美英两国与日寇尚立于中立状态,若立即放弃一切特权,还有若干不便之处,因为日寇汉奸尚可利用特权消失的状态,而加重对英美各国在华人士或其商业的压迫与损害",当下要求提前废约,是因为形势已经发生改变“英美诸友邦已与日寇立于交战状态,这种顾虑已不复存在,所以这种特权的放弃已经无留

---

① 《陈布雷受命撰拟‘希望美国率先自动表示放弃对华不平等条约’新闻稿》,1942 年 10 月 5 日,《蒋中正先生年谱长编》第 7 册,第 220—221 页。

② 《王世杰日记》,1942 年 10 月 5 日,第 460 页。

待战后的理由"。另外一个原因在于，汪伪政权在 8 月 29 日发表消息称，其已将英美驱逐，收回了租界，取消了领事裁判权，废弃了不平等条约，而重庆政府却拥护不平等条约，替帝国主义的特权作战。日本人也做了同样的宣传。此种宣传，恶毒之至，但不平等条约的存在是一种事实，中国军民听了敌伪此类宣传都感到无比愤怒，希望友邦美国帮助为正义而战的中国人解除这种羞辱。"我们愿把这残酷的事实坦率告诉威尔基先生，请你转达罗斯福总统与美国人民，我们希望美国发挥其一贯对华友好精神，宣布一件转移世界视听彰明盟国道义的大事，自动的将对华条约中所包含的一切与国际平等原则不相符的条款及特权就在这时候首先声明放弃"。①

社论发表后第二天，威尔基即准备离开重庆。在离开重庆前，威尔基对中外记者发表书面谈话，"郑重主张盟国在战后完全废弃帝国主义，在现时即急切声明并开始采取步骤"。王世杰判断威尔基的声明，"实际上系抵中国以前所预定，并非基于我政府领袖之任何表示"。②

美国国务院此时事实上已经决定提前废约，并完成了各方面的准备工作。对于中国从舆论发出的公开呼吁，美方很快给予回应。外交部部长宋子文 10 月 7 日致电蒋介石，称"关于从速取消不平等条约，原则上美方当无问题，最好俟文回国面陈后再进行"。③ 得此消息后，蒋介石当即批复"如美政府能提前讨论取消不平等条约，则我方应即与之开始交涉。不必待兄回国也"。④

10 月 8 日，王世杰建议外交部应从速准备废约的方式，以准备当英美两国提议废约时立即提出。⑤ 10 月 9 日上午 10 时，驻美大使魏道明应邀拜会美国副国务卿威尔斯，威尔斯正式告知，美国已经决定立即放弃在华治外法权及其他有关权益，并拟于最近期内提出草约，与中国正式谈判。驻英代办陈维城亦应邀与英国外交大臣艾登会谈，得悉英国决定迅即放弃在华治外法

---

① 《希望美国首先放弃的对华不平等条约》，《大公报》（重庆）1942 年 10 月 6 日，第 2 版。
② 《王世杰日记》，1942 年 10 月 7 日，第 460 页。
③ 《外交部长宋子文电》，1942 年 10 月 7 日，《战时外交》（三），第 711 页。
④ 《电复宋子文》，1942 年 10 月 7 日，《蒋中正先生年谱长编》第 7 册，第 222 页。
⑤ 《王世杰日记》，1942 年 10 月 8 日，第 460 页。

权及其他有关权益。美英两国定于双十节日在华盛顿与伦敦同时发表。[①] 蒋介石 10 月 10 日在重庆夫子池精神堡垒广场对市民宣布了此消息，"我国百年来所受各国不平等条约的束缚，至此已可根本解除，国父'废除不平等条约'的遗嘱，亦完全实现"。[②]

10 月 11 日，宋美龄起草了给罗斯福和丘吉尔的感谢电文。致罗斯福电中称"值兹中华民国三十一周年之纪念日，欣悉美国自动放弃在华之治外法权，举国莫不欢忭。又闻贵国为我国国庆，特在独立厅鸣自由之钟，此项自由钟声，已在我国每一国民之心中激成对美亲密之回响，此其有裨于敝国继续民气之提高，实胜于其他任何之力量"；致丘吉尔电文称"中国对于贵国决定废除在华治外法权之友善举动，深为感动，此种阐示我中英友谊基于平等互信之明证，必可于远东以及世界开创一崭新而有意义之时代。英国自动放弃此种之特权，业已博得一道德上重大之胜利，此实阁下本于大政治家之远见卓识之一永久贡献也"。[③]

第二节　中英、中美新约的缔结

一、　国民政府筹备废约

美国宣布废约的第二天，蒋介石召集外交部次长傅秉常及王宠惠、王世杰等，商议取消不平等条约事宜。王世杰认为，此次英美宣布放弃在华特权，中国不应以领事裁判权为限，应将租界、租借地、航行权及在华驻兵权等，一并解决。王世杰还提出，对方可能在租界被收回后要求一定的保障，中国应该提前准备对策。[④]

---

① 《美英两国宣布放弃在华一切特权》，1942 年 10 月 9 日，《蒋中正先生年谱长编》第 7 册，第 223 页。

② 《为国庆纪念发表'告全国军民同胞书'》，1942 年 10 月 10 日，《蒋中正先生年谱长编》第 7 册，第 224 页。

③ 《蒋介石电罗斯福与丘吉尔》，1942 年 10 月 11 日，《蒋中正先生年谱长编》第 7 册，第 226 页。

④ 《王世杰日记》，1942 年 10 月 11 日，第 461 页。

10 月 12 日，蒋介石致电外交部部长宋子文，要求宋子文待美方提出其所称的简约之后再表达意见，蒋介石希望"将过去所有各种不平等条约，一律作废，整个撤销，重订平等合作之新约"。[①] 对于蒋介石暂不发表意见的指示，宋子文回电称"美所拟先订之简约要点，为废除以领事裁判权为中心之各种特权，如租界、驻兵等权""但草约须一星期或十日后始可脱稿，双方再进行磋商此事"，并表示已经做了相应外交布置，拟先由魏道明大使与美方交涉，如交涉过程中有问题，再由他本人向蒋请示办理。[②]

蒋介石对废约之举寄予了厚望，希望借此使整个国家建设上一个层次。蒋在日记中写道，乘不平等条约取消，外交胜利之时，"应不失机宜，鼓励民心，激发社会，改造心理，转移风气""健全新县制各级组织与各省县各级参议会，推动政治与经济，使人民为国家服务与负责，务期不失为现代国民，得与联合各国之国民并驾齐驱，对世界战事共同负责，方不愧为独立自由国家之国民也"。[③]

英美提议废除在华特权后，如何应对英美在华治外法权废除后的中外法律空白，这是一个亟须解决的问题。司法院于 1942 年 11 月致函外交部，提出了司法方面应解决的事项三点：一是管辖在华外国人实施条例废止问题；二是审理外国人为被告之民刑诉讼问题；三是建设充实法院及监狱问题。

1931 年 5 月 6 日，国民政府曾经颁布过一个管理外国人条例，原定 1932 年 1 月 1 日施行。由于日本发动"九一八"事变，被迫于 1931 年 12 月 29 日明令暂缓施行。司法院认为当初所定条例"为应付当时环境，多所迁就，现在形势变更，已无施行之必要"，建议废止，"以免妨碍交涉之进行"。但司法院亦向国防最高委员会提出：既然中国收回治外法权属于无条件收回，新约一经签字，上述条例当然废止，不再需要以明令废止。

司法院认为，治外法权废除之后，外国人在华为被告的民刑案件"在原则上自应适用我国一切现行法令"，但现实情况是"各地法院尚未普设，刑

---

① 《蒋介石致宋子文电》，1942 年 10 月 12 日，《战时外交》（三），第 714 页。
② 《宋子文电陈美方拟定简约之要点》，1942 年 10 月 13 日，吕芳上主编：《蒋中正先生年谱长编》第 7 册，第 228 页。
③ 《蒋介石日记》，1942 年 10 月 17 日。

事特别法令甚多，管辖纷歧"，而且外国人在华"领有我国律师证书者，不乏其人"，以上事实均与法权有关，在审判涉及外人案件时都应考虑到。司法院建议，对于外国人为被告的民刑诉讼，如果受理机构不是地方法院，"被告在言词辩论前，得用书面申请移送与附近之地方法院审理"。地方法院接到外人被告的申请后，"由各省高等法院斟酌变通情形，预定规定，并呈报司法行政部转呈司法院备案"。对于没有设立地方法院的县，由于仅设有县司法处，"仍由县长兼理司法"，此种尚未健全组织机构的县，应该对涉外诉讼程序另有规定。出于慎重起见，司法院建议，对于外国人的诉讼，"声请须在言词辩论前，并须以书面为之"。①

至于外国人在华触犯军法及其他特别刑事法令等类案件，司法院建议"均由司法机关审判，仍适用通常诉讼程序"。外国人在华取得律师资格，"应经司法行政部许可"，"但以中国人得在该外国取得律师资格者为限"，强调对等原则。取得在华律师资格者在中国法院执行律师职务，"均应遵守关于律师之一切法令"。司法部还规定"以前在中国已领有律师资格证者，非经司法行政部依第一项规定许可后，不得继续执行律师职务"。

司法院所提第三点建议是监狱改造问题。司法院在呈文中指出，各地监狱及羁押所因抗战爆发，或被破坏，或迁移乡间，大多因陋就简，为了收回法权后能够监押外籍人犯，"拟每省指定新监一处，加以修建，收容外籍已决犯"。至于看守所，则"拟就外侨较多或交通冲要之处，酌加修建，以备收容未决犯"。② 司法院为了完成上项监狱的修建，特别向国防最高委员会请款 2000 万元，并要求紧急支付。

二、 美方条约草案与中方的提议

1942 年 10 月 24 日，美国国务卿赫尔面交驻美大使魏道明关于取消治外法权等问题草案八条，要点包括：

---

① 《不平等条约废除后外人犯陆海空军刑法》，1942 年 11 月，台北"中研院"近代史所档案馆藏"外交部档案"，档号 609.11/0002。

② 《不平等条约废除后外人犯陆海空军刑法》，1942 年 11 月，台北"中研院"近代史所档案馆藏"外交部档案"，档号 609.11/0002。

取消领事裁判权。现行中美两国间的条约与协定内，"凡规定美国政府或其代表，得管辖裁判在中国境内美国人民之一切条款"撤销作废，美国人民在中国境内，"应依照国际公法之原则及国际惯例，服从中华民国政府之管辖裁判"。

废止《辛丑和约》。"美国政府认为一九零一年九月七日中国政府与各国政府（包括美国政府）在北京签订之议定书，应予废止"，美国通过该约所享受的权利即予废止，并与中国合作向他国政府洽商解决北平使馆区的移交问题。"中华民国政府于接收使馆界行政与管理权之时，应准备担任并履行使馆界内之一切公共义务及债务，并承认及保护该界，以及承认及保护该界内之一切合法权利"。

上海及厦门公共租界归还中国。美国在上述两租界所享受权利即予废止，并与中国合作向他国商洽解决该两租界移交问题，美国政府愿与中华民国政府合作，以期与其他有关政府成立必要之协定，"将上海及厦门公共租界之行政与管理权，连同上述租界之一切公共资产与公共债务，移交于中华民国政府"。

规定互相内地杂居及通商。依照国际公法重订友好通商航海条约。"美国政府与中华民国政府相互同意，经一方之请求，或无论如何于抵抗敌国之战事停止后六个月内，进行谈判，签订一近代广泛性之一'友好通商航海设领条约'，此项条约将以近代国际程序与中美两国近年来与他国政府所缔结之近代条约中所表现之国际公法原则与国际惯例为根据"，并特别强调："前项广泛性之条约未经订立以前，倘日后遇有涉及中华民国境内美国人民（包括公司与社团），或美国政府权利之任何问题发生而不在本条约范围内，或不在中美两国间现行而未经本约废止或与本约不相抵触之条约、专约及协定之范围内者，应由两国政府代表会商，依照普遍承认之国际公法原则及近代国际惯例解决之。"[①]

国民政府外交部对美方所提草案进行了审议：

对于美方草案的第一条，外交部审议认为规定无条件废除中美现行条约

---

① 《中美条约草案》，1942 年 10 月 24 日，《战时外交》（三），第 716—718 页；《魏道明为美方交草拟取消治外法权等问题草案致蒋介石电》，1942 年 10 月 24 日，《中华民国史档案资料汇编》第五辑第二编《外交》，第 430 页。

协定及有关治外法权的一切条款，以及美国人民在中国境内依照国际公法原则及国际惯例服从中国政府的管辖，认为"甚妥"。

关于第二条，外交部提出了三项需要修改之处。建议把"即予停止"拟改为"立即停止"。取消"并承认及保护该界"，修改为"关于美国保留使用旧使馆界土地之权，拟提议取消"。如美方不允，拟用折衷办法限制，即"关于美国旧使馆及其附属房屋许其继续使用，但所有营房、操场一律归还中国"。在"承认及保护该界内之一切合法权利"后加上"但以不违背中国法令为限"一句话。

对于第三条，提出两项修改之处，一是将"即予停止"改为"立即停止"，二是在"关于公共租界内一切合法权利"下，加入"但以不违背中国之法令者为限"。

对于美约草案第四条，审议后建议修改两处。在"所有权以欺诈取得者"的"欺诈"后加上"但以不违背中国之法令者为限"。在"不在此限"下加此句："惟此项权利之行使，不得违背中国关于征税、土地征用及有关国防之法律条例"，以及"非经中国政府之许可，不得移转于第三国人民"。

外交部审议认为美约草案第五条的前半段不需要修改。后半段的"不得低于本国人民之待遇"改为"不得低于第三国人民之待遇"。

审议建议美约草案第六条修改两处。一是将彼此所派领事"得在对方国现在或将来允许任何外国设领之口岸与城市居住"，改为"得在对方国所同意之口岸与城市居住"。"其本国人民遇有在该领事区内被拘、被捕、被监禁或听候审判时，应立即通知该领事官"与"该领事官经通知地方主管官厅后，得探视此等人民"句，如果美方坚持原议，可以改为换文的形式，并定有效期为 5 年或 10 年为限，同时将"立即"两字删除。二是将"得探视此等人民"，拟改为"得由所在国官员陪同探视此等人民"。

对美约草案第七条，原文中"由两国政府代表会商"，改为"由中国政府依照普遍承认国际公法原则及近代国际惯例解决之"。

在对美约修改的基础上，外交部同时提出了三条附加修改建议。一是在新约中增加一条，其内容为"中美两国之关系嗣后应一本平等互惠之原则"，并将其列为新约第一条。二是美国同意放弃使馆界及公共租界内的权益，但取消使馆界及公共租界须经所有有关关系国批准。为了防止在完成取消前有关国家故意刁难，拟与美国订一换文，规定在战争结束后 6 个月内，无论中国与其他关系国谈判情形如何，中国政府都将接收使馆界及公共租界行政管理权。三是美方所提草案中没有提及：一、口岸制度；二、内河航行、沿岸贸易、外人引水；三、外舰游弋；四、上海租界法院协定及厦门公共租界特区法院制度。上述四个方面的特权应另订换文，声明取消。①

10 月 30 日，蒋介石在研究各方所提条约草案的建议后，决定"营商权利与本国人同等待遇一条，不得在此永久条约之内，惟准予订在商约之内"，其理由是"以商约有年限，可以随时改正也"。②

三、　关于草约增删条款的商讨

11 月 16 日，驻美大使魏道明开始与美方商讨中国的增删各点。对于中国所提议增加的第一条，即"中美两国关系嗣后应一本平等互惠之原则"，美方认为似无必要，希望中国不要再坚持。其理由有三点，一是"本约主要目的在撤销治外法权，美政府甚盼国会能迅予通过批准"；二是"倘增加第一条，易使美国一般人士误会，以为除治外法权外，尚牵涉其他问题，致生异议"；三是"平等互惠原则已在各条款内表现，美国与其他国订约均无特别申明此项原则之方式"。魏道明答以"此为当然之原则，乃本约精神之所系，应无误会之可能，如删去反生误会"。

美方提出，中方对美方原草案第三条、第四条增加了"但以不违背中国之法令者为限"一句，希望能得到中方解释。美方表示原文中已有"合法字样"。中方在第四条增加了诈欺及非法手段所得"不以违背中国之法令为限"，美方希望中方能够进行定义或举例说明。第四条增加的"非经中国政府之许可，不得转移于第三国人民"部分，美方表示比较了解，但担心实施起来对美方人员不利，"或因地方官厅不许其转移他国人民，美人产业难免

① 《外交部对于中美关系条约草案意见》，《战时外交》（三），第 719—722 页。
② 《蒋介石日记》，1942 年 10 月 31 日。

有被逼以低价出售之情事，盼有相当保障"。①

1942 年 11 月 27 日，美国国务院向魏道明大使提交了修改后的约稿及换文修改稿的节略。关于中国提案第一段，美国政府诚心接受中国政府的愿望，"以为此问题尽可载诸条约序文内"，序文文字修改如下："中华民国、美利坚合众国于两国人民间悠久友好之关系，并以平等主权国家之地位，共同希望两国所尊重为处理人类事务之高尚原则，得日益发扬，为此决定订立条约，以谋调整关于在中国之管辖法权及其有关之问题……"关于中国所提修改稿第二段，美国原稿用的是"合法"一词，该词"本用为描述所讨论中之各项权利"，因此中国政府所建议之附加文字实无必要。美方又提出，如果中国政府坚持原议，美方可做些调整，将美国草约原稿第二条及第三条之第二段最后句"承认及保护该界内之一切合法权利"删掉。如果删掉该句，则中国政府所提附加条文就没有根据了。

对于中国所提意见第三段（针对第四条）第一项，即关于美国条约原稿中所用"诈欺"一词，如中国方面认为在"技术及法律之意义上过于狭义"，美国政府同意加以修改，改为"双方同意上述现有之权利，不得取消作废，并不得以任何理由加以追究，但依照法律手续提出证据，证明此项权利，系以诈欺，或类似诈欺，或其他不正当之手段所取得者，不在此限，惟双方同意此种权利取得时，所根据之法律手续，如将来有任何变化之处，该项权利，不得因之作废"。美国同意在美国原草约第四条第一项末尾加上"惟双方同意此项权利应遵守中华民国关于征收捐税、征用土地及有关国防之法令"。对于中国所附加的文字"非经中华民国政府之许可，不得移转于第三国政府或人民"，如中国政府再三考虑，仍决定坚持加上此段，应采取公平的方式处理，"如遇中国政府对于所提出之移转拒绝同意，而美方之权利所有人表示希望时，中国政府应以适当之代价收购该项权利"。

对于中国政府提出的删除美方第五条中"经营商业"字词，美方同意，并同意将此类问题留待日后订立范围更广的商约时再予以规定。对于中国政

---

① 《驻美大使魏道明致外交部电》，1942 年 11 月 16 日，《战时外交》（三），第 729 页。

府所提出的第六条修正案，即废除治外法权后设立领事的规定，予以同意。

美方向中方表示，不要纠缠于细节，尽快订约。美国以为"为两国目前利益着想，现在可就重要纲目订一简明条约，不必包括非必要之细节"。对于换文，美方认为"换文提案中所提及之若干事件（例如上海、厦门公共租界内之特区法院等）似已包括于约稿大体规定之内"，其他如内河航行、外舰来华等实际上与治外法权没有关系。虽然中方所增加各点与约稿主旨没有关系，但美国政府并不反对"作一包含两国利益攸关之各项事件之换文"。美方还附上了所拟议的一个照会的草案，包含了中国政府所提的各项问题，如沿岸贸易、内河航行、海军军舰诸问题，也包含了美国政府希望包括在内的各个问题。[①] 魏道明在向外交部汇报时表示，美方已经尽力采纳了中方的意见，并在一周内完成了修改，美国国务院"希望本约能在十天左右签字，如能与中英条约之签字同时更佳"。

军委会参事室在研究中英、中美修正后的约款后，呈报其研究结果。参事室认为，中美换约及换文"外交部所提出之主张殊为慎密，与美磋商之结果亦甚良好"，"现在对美约稿及换文稿，除内河航权及沿海贸易问题外，彼此已无意见上之差异"。关于内河航权及沿海贸易，外交部提议了两点：一"双方互相谅解：美国政府放弃美方船只所享受在中国领水内关于沿海贸易及内河航行之特权，中国政府准备以适当之代价收购美方既在经营此项事业之一切产业"；二"双方并谅解：倘日后中国在任何情形下给予任何第三国之船舶以内河航行或航海贸易权，应给予美国船舶以同样之权利"。参事室认为，第一点没有问题，第二点可以调整为互相给予权利的条款。关于中英订约及换文，参事室提议，九龙租借地必须收回，原约第六款中的"经营商业"一词必须删除。[②]

四、 沿海贸易及内河航行权问题的交涉

10 月 27 日，美国向英方通报中美关于沿海贸易及内河航行权的交涉进

---

① 《驻美大使魏道明致外交部电》，1942 年 11 月 27 日，《战时外交》（三），第 730—732 页。
② 《参事室签呈》，1942 年 12 月 9 日，王建朗主编：《中华民国时期外交文献汇编 1911—1949》第八卷（上），第 306 页。

展。中国驻美大使馆参赞刘锴向美方咨询，约文中是否会涉及内河航行及沿海贸易问题，如果没有涉及，是否会在以后进行单独谈判。美方告诉刘锴，条约草案没有明确提及内河航行和沿海贸易问题，因为对美方而言"条约有意解决造成美中关系不正常的核心问题——领事裁判权。至于内行航行及沿海贸易，美方认为属于以后需要解决的商业事例，并非特为以后的谈判保留任何主题，美方"无意寻求保留、维持或从中国获取任何有违于现代国际关系惯例和常规的特权"。[①]

美方向中方解释了为何草约没有涉及内河航行及沿海贸易问题后，即通过怀南特向英方通报，希望了解英方的态度。至于沿海贸易和公私船只在内河航行问题，美国有意消除美中两国之间不正常的条约关系，美方担心，纠缠于沿海贸易内河航行问题"可能会令人不快地耽搁向中国政府提出的简明条约的签订"，因此在此问题上持灵活态度，如果中国人坚持写入条约，美方则"倾向于在条约中，写进某些适当的条款"。[②]

10 月 29 日，英国向中方提交条约草案，比美方草案的提交日期已经晚了五天时间。英方在提交时，外交部远东司司长克拉克告诉中国驻英大使馆参事陈维城，希望中国能对英方的立场给予更多的同情和理解。克拉克希望中国新闻界能认识到英国对此次战争所做的贡献，理解英国已经具有的慷慨态度。陈维城对此表示赞同，但表示"即使他十分准确地把上述意思汇报给中国政府，也不大可能对中国政府产生太大的影响"。[③]

英方向中国驻英大使馆提交草案后，中国驻荷兰使馆公使金问泗就第三次修正稿提出五点建议。一、"第三条废止辛丑和约其对于退还赔款之各项协定想必继续有效"。二、中国最近所订条约是 1930 年前后的条约，如对德国、对俄国等，这些条约鉴于时代环境都具有临时性质，不宜作为修约的根据。三、第八条第二款规定不是相互规定，只单方提到了英国公司或人民。

---

① 《国务院来电》，1942 年 10 月 27 日，王建朗主编：《中华民国时期外交文献汇编 1911—1949》第八卷（上），第 259 页。

② 《国务院来电》，1942 年 10 月 27 日，王建朗主编：《中华民国时期外交文献汇编 1911—1949》第八卷（上），第 259 页。

③ 《克拉克备忘录》，1942 年 11 月 3 日，王建朗主编：《中华民国时期外交文献汇编 1911—1949》第八卷（上），第 260 页。

四、在商约订立之前，如双方发生贸易上的纠纷，可以提议依国际惯例解决。五、英国下议院开会时，英国外交部称此次条约专指"交还治外法权并不包括交还香港在内，又谓香港是另一问题"；草约没有提及香港九龙，应是此意。①

英方不建议在简明条约中写进有关沿海贸易与内河航行的条款，英国外交大臣艾登于 11 月 12 日将此建议通报给美国驻英大使怀南特，大意谓：在沿海与内河航行这个问题上，英国希望推迟到"谈判广泛条约时再对此问题作出明确安排"。艾登希望美方能够理解在此问题上的坚持，这是因为，"在正常时期我们在对中国的这种贸易中的利益是巨大的，可能大于除日本外的任何大国。因此，这对我们是最为重要的事情之一"。②

艾登特别就美方所提议的各点解释了英方的认识。英方具体的观点是：在向中国提交的条约草案中，不明确涉及内河航行和沿海贸易问题，草约第二款（美方草约第一款）也不废止英国船只在内河航行和沿海贸易的条约权利。英方告诉美方，英国政府不愿把有关航行问题的严格规定列入条约之内。英国希望以后再商讨这些问题，目的是在谈判综合条约中，达成对双方都有利的安排。英国政府还准备告诉中方，无意保留拥有的单方面的权利，但希望在谈判前中国政府不要禁止英国船只在中国内河航行；如能同意此点，也不要禁止在沿海的贸易活动。艾登向美方解释，按上述方针与中国政府交涉"要比立即提出条约约束好一些"。如果新条款非得列入，英国政府也可以接受，但"该条款须符合怀南特先生 11 月 1 日来函内所附国务院电报中提出的总方针"。③

美国国务院在收到中方意见和英方后，认为有三个问题需要做出决定。第一，中国政府提出将平等互惠原则列入条约第一款，美国国务院坚持认为不可；第二，关于沿海贸易和内河航行权有效日期一事截止到 11

---

① 《金问泗致外交部电》，1943 年 11 月 6 日，《顾维钧档案》，档号 koo/0056/023a/0004。
② 《怀南特致赫尔》，1942 年 11 月 13 日，王建朗主编：《中华民国时期外交文献汇编 1911—1949》第八卷（上），第 261 页。
③ 《怀南特致赫尔》，1942 年 11 月 13 日，王建朗主编：《中华民国时期外交文献汇编 1911—1949》第八卷（上），第 261 页。

月17日，美方已经作了仔细考虑，"大体上倾向于在条约中列入关于这些问题的适当条款"。赫尔对美方建议列入的原因强调：一是沿海贸易和内河航行属于单方面的特权；二是这些权利虽然事实上与治外法权无关，但在中国官员和公众心目中已经将其与治外法权联系在一起。赫尔希望英方理解，新条约的主要目的是废除治外法权和其他特权，解决因废除特权而产生的新问题，如果条约的签订因这些难题而被推迟，将是十分不幸的，舆论必将抨击任何希望保留的单方特权。第三，在英国政府的要求之下，美方已同意把此条包括进条约。①

英国对于美方所称的单方特权并不认可，认为英方的沿海贸易和内河航行权并非单方面享有，"在英国各殖民地以及印度，都允许中国船只从事这些贸易"。依据1894年中英缅甸条约第十二款，中国船只在伊洛瓦底江拥有航行权。如果中国政府坚持把这个问题列入条约，英国可予同意，但应作出以下安排：英方声明不保留沿海贸易和内河航行方面的任何单方的权利；中国政府则应声明，虽然中国只把从事这种贸易活动的权利保留给中国国旗下的船只，但允许现有的贸易活动在综合性条约缔结前继续按原来的方式进行。②

11月29日，外交大臣艾登向英国内阁提交了关于废除在华治外法权的备忘录，称英美因涉及共同利益，在许多方面英国与美国意见一致，但英美之间有一个问题未能达成一致意见，即是否在条约中写入享受国民待遇的条款。备忘录称，英国在草案第六款第二句提到了国民待遇，但中国表示反对。美国本来已经写上了类似的规定，但因中国反对，美方决定让步，理由是美国的联邦和各州法律不支持此款。艾登认为，美国政府放弃努力使英国在这个问题的谈判中获得成功的前景变得暗淡了，但仍相信英国可以继续保留此条款，因为英国"能够在条约涉及的英国领土内给予中国人互惠待遇"。艾登向内阁建议，训令驻华大使薛穆，坚持向中方提出商业方面的国民待

---

① 《赫尔致怀南特》，1942年11月17日，王建朗主编：《中华民国时期外交文献汇编1911—1949》第八卷（上），第262—263页。

② 《英国外交部致驻华使馆》，1942年11月27日，王建朗主编：《中华民国时期外交文献汇编1911—1949》第八卷（上），第264页。

遇，即使延迟条约的签订也在所不惜。① 英国战时内阁批准了艾登的建议。

美方对内河航行及沿海贸易等修正各点进行审查后，于 1942 年 12 月 4 日照会国民政府外交部。修正后的条文如下："双方并谅解倘日后中国在任何情形下，给予任何第三国之船舶以内河航行或沿海贸易权，应给予美国船舶以同样之权利"。外交部认为，美方所修改的条款，与以前所拟条文大相径庭，此次所提条款"虽承认中国对于航行之管理权，但外人之内河航行及沿海贸易权均已无形保留"。②

由于美方隐性保留了沿海贸易及内河航行权，魏道明致电国民政府外交部，询问政府态度。外交部回电称"美国国务院对于内河航行及沿海贸易之最后提议，显与本部第六十二号电相左，美国国务院对该电中我方建议之草案反应如何，深盼获悉电复。"③ 美国国务院给魏道明的解释是，美国并非有意保留任何特权，"惟仅欲在现时情形下置美国之利益与其他各国之利益相同之地位，俾得克服任何技术之障碍而确保国会之早日通过而已"。魏道明认为，美国政府非常期望取消"日后"两字，目的在于使该项文字包括将来及现在之事件。④

蒋介石认为，美方坚持内河航行及沿海贸易权的条件保留，系受到英国影响。"美国对过渡条约受英国操纵，故对内河航权，尚待将来再谈，并认此为非在不平等条约之内，可笑孰甚"。⑤

国防最高会议秘书厅及军委会参事室提出了一些建议，认为美方所提建议虽然不理想，但尚可接受。对中美新约中的一段文字，尤其"倘日后任何一方以内河航行及沿海贸易权给予第三国船舶时，则应给予彼方船舶以同样之待遇"一段，美国要求将"日后"二字删去。参事室认为，按照外交部所提条款，美国对于在华之内河航行及沿海贸易权，将立予放弃，而不论其他国家是否采取同一步骤。"至于将来中国政府再以此种权利给予第三国时，

---

① 《在华治外法权——外交大臣备忘录》，1942 年 11 月 29 日，王建朗主编：《中华民国时期外交文献汇编 1911—1949》第八卷（上），第 277 页。
② 《宋子文呈蒋介石报告》，1942 年 12 月 7 日，《战时外交》（三），第 735 页。
③ 《外交部致驻美大使魏道明电》，1942 年 12 月 11 日，《战时外交》（三），第 736 页。
④ 《驻美大使魏道明致外交部电》，1942 年 12 月 12 日，《战时外交》（三），第 737 页。
⑤ 《蒋介石日记》本月反省录，1942 年 12 月。

则美国自可要求平等待遇",若将"日后"二字删去,"非但将来中国政府以内河航行及沿海贸易权给予第三国时,美国得要求同样之待遇,即在今日若有任何国家拒绝放弃此种权利,美国亦可要求继续享受其原有之权利"。从美国立场而言,有其一定道理,因为"一旦放弃此种权利,而其他国家仍继续享受,对于美国利益实不啻为一种不平等待遇,故美方仍坚持删去'日后'二字,我方似亦不便拒绝"。参事室认为,"在华享受内河航行及沿海贸易权之主要国家为英国,现亦表示放弃此种权利,故事实上当不致有重大流弊"。中英新约中的内河航行及沿海贸易权问题,应照中美新约办理,但有一点,不应放弃中国船只经伊洛瓦底江入海之权,因为该江系国际河流,与外国在华享受的内河航行权并不相同。[①]

五、 关于国民待遇及不动产问题的交涉

1942 年 11 月 5 日,艾登致函美国驻英大使怀南特,指出英美所提条约草案未提及英国国民将来在华购置不动产权利的问题,希望得知美方的态度。美约草案第四款及英方草案第五款,只保证了已有的权利,而且"旧条约规定的在通商口岸获得永久性租借地的权利,与目前条约中的规定并不矛盾",但这两款均未给予英美国民在华购置不动产的权利。艾登认为,中方曾在 1928 年的中意条约中声明:"意国人民在中国停止享受领事裁判权及其他特权,并两国关系达于完全平等地位之后,中国政府鉴于中国人民于意国法律、章程范围之内,在意国领土之任何区域内,享有居住、营商及土地权,故允许意国人民在中国享有同样权利,但仍得以法律及章程限制之。"在同年中国与比利时、丹麦、葡萄牙的条约中亦有同样的附加声明。艾登希望在与中方的条约中也以声明的方式解决此问题。[②]

赫尔在收到英方关于不动产的建议后回复称,美方在向中方提交条约草案之前曾考虑过英方所提出的问题,但并未体现在条约约文中,建议搁置此

---

① 《国防最高会议秘书厅参事室关于中英中美新约中涉及沿海贸易及内河航行问题研究意见致蒋介石签覆》,1942 年 12 月 17 日,《中华民国史档案资料汇编》第五辑第二编《外交》,第 430—431 页。
② 《怀南特致赫尔》,1942 年 11 月 5 日,王建朗主编:《中华民国时期外交文献汇编 1911—1949》第八卷(上),第 266 页。

问题。美国对于新约的基本思路是，"新条约总体上应限于治外法权问题和与此密切相关的问题"，新约应解决两国关系中的主要问题，能够使中美两国立即获得国内的支持，美方也在草案中列入了美国公民在华享有的新权利，但仅限于不与该原则冲突的少数事项。赫尔判断，如果艾登坚持不动产权利的问题，将延误条约的签订。赫尔指出"在本国政府签订的各项现代条约中，与不动产有关的问题都以非常详细和准确的条款作了规定。在大多数情况下，不动产的所有权问题均未曾涉及"。①

由于美国决定不在新约中提出不动产问题，英国外交部致电驻华大使薛穆，询问驻华使馆的意见。英国外交部解释了美方不提此款的原因，"由于各州和联邦司法方面的原因，美国政府在给予互惠待遇方面可能有困难"。对于美方的顾虑，英国外交部认为英方同样存在，"印度可能会和美国政府一样，遇到联邦司法方面的困难"，英方正考虑通过互换照会解决这个问题，印度给予保留。外交部询问薛穆，如无美国的支持，英国是否能够照上述办法实现以下两点：第一，在中国境内购置不动产的权利；第二，确认旧条约赋予英方的各项权利。外交部认为，可能的解决办法是"在第六款第二句所提到的事项之外增加购置不动产权利的内容"。②

12月1日，美方通知英国，为了节省时间，国务院已经训令驻华大使高斯向中国外交部递交美方关于内河航行的条款，美方准备放弃在华的沿海贸易和内河航行权。英国对于美国在新约问题上不予配合极为不满，"在商业方面的国民待遇、沿海贸易和内河航行以及购置不动产权这三个我们认为至关重要的问题上，美国人都拆我们的台"，而且由于他们的速战速决谈判战术，英国被剥夺了与中国人进行实际谈判的任何机会。英方认为，"中国人从美国得到了他们想要的一切，现在就看他们是否会拿九龙问题来使我们的条约停顿不前了"。

参事室在研究中英新约谈判记录后认为，依台克满（Eric Trichman）致

① 《赫尔致怀南特》，1942年11月7日，王建朗主编：《中华民国时期外交文献汇编1911—1949》第八卷（上），第267页。
② 《英国外交部致驻华使馆》，1942年12月24日，王建朗主编：《中华民国时期外交文献汇编1911—1949》第八卷（上），第270页。

吴国桢次长函，"我方在谈判时似曾表示可以接受'国民待遇'之原则"，只是须在商约中规定。依吴国桢次长致台克满函，"仅谓此一问题宜在商约规定，并未对'国民待遇'之原则作何表示"，吴国桢复函用词恰当，倘无法拒绝，中方似亦可承认将来订立商约时，"当尽可能之范围考虑'国民待遇'的原则之适用"。①

12 月下旬，中美之间已经就所有问题达成一致，并预定 1943 年元旦签订新约。英国仍在两个问题上坚持不让：一是九龙租借地；二是内河航行条款。在商业方面的国民待遇上，英国指示薛穆可以做出让步，"应在单方面的照会中提请中国政府注意，他们的声明实际上已经表明他们接受了在商业方面给予国民待遇的原则"。在不动产问题上，希望薛穆可以说服中国接受英国所提诸种方案的一种，但亦非一定要取得结果，不可因此项影响到条约的如期签订。②

六、 中美、中英新约的订立

英国拒绝谈判九龙租借地，这推迟了美方预期的签约时间。1943 年新年元旦，预订中的元旦废约并未能按期签字。当日，蒋介石正召集宣传与外交人员，指示宣传要旨，忽然接到美国改日签约的电报。蒋认为这一定是英国的影响，"凡英国有关之事，如于其无利，而于美有利者，则彼设法使美国变更原议，或使之延宕，必致英国有利达成目的而后可"，"实英恐余对九龙问题不肯让步，不愿如期在元旦与英国签字，故彼于事前卅日临时运动美国改期签字。不料，余不争执九龙问题，允其元旦如期签约，而届时彼乃又为美国卖面子，亦改期签约，可恶"。③此次延迟签约，除英国方面的原因外，美国方面对两个词语持有不同意见，也属延误的原因之一。美国人不同意中文文本中的"管辖"一词，认为这个词与英文文本的"Jurisdiction"并不对

① 《参事室签呈》，1942 年 12 月 22 日，王建朗主编：《中华民国时期外交文献汇编 1911—1949》第八卷（上），第 307 页。
② 《英国外交部致驻华使馆》，1942 年 12 月 24 日，王建朗主编：《中华民国时期外交文献汇编 1911—1949》第八卷（上），第 270 页。
③ 《蒋介石日记》，1943 年 1 月 1 日。

应，要求中英条约的中文译本应和中美条约的中文译本一致。①

1943 年 1 月 9 日，汪精卫傀儡政权与日本发表宣言，宣布废除日本在华不平等条约。蒋介石对此极为不满，"美国外交之愚拙无能，本为订立新约，中美最好宣传之材料与机会，而其一再延误，反为倭寇占先着矣"。蒋认为日汪先行废约，损害了国民政府废约的形象，"美国对新约一再延搁，以致敌伪先行发表废除不平等条约，宣传计划大受影响，殊为遗憾。一般人士虽明知其伪约为儿戏，然而新约继其后而发表，未免因之减色"。②

1943 年 1 月 11 日，中英、中美新约同日签字。《中美新约》定于 11 日上午 11 时在华盛顿签字，《中英新约》则于同日下午 4 时在重庆签字。由于时差关系确定签字时间采取了折中办法，美国驻华大使高斯要求在夜间 11 时于重庆举行签字仪式。新约签订后，蒋介石致电罗斯福总统"值此中美新约签订之日，余谨以愉快之心情，向阁下表达中国政府及人民对此事深切喜悦之忱，余觉此举实为联合国家间休戚相关之明证，不唯有裨于作战，且亦为达成和平之信号也"。③

《中美新约》主要内容如下：一、"美国人民在中国领土内，应依照国际公法之原则及国际惯例，受中华民国政府之管辖"。二、"光绪二十七年（1901）中国政府与美国政府在北京签订之议定书应行取消，凡该议定书及其附件给予美国之一切权利，应予终止。美国同意将北平使馆界之行政与管理，连同馆界之一切官有资产与官有义务，移交与中国政府"。三、"美国将上海及厦门公共租界之行政与管理归还中国政府"。四、"美国人民（包括公司及社团）或政府，在中国领土内之不动产，应受中国征收捐税、征用土地及有关国防各项法令之约束，非经中国政府之明白许可，不得转移于第三国政府或人民（包括公司及社团）"。五、"双方同意两国人民在本国境内有旅行、居住及经商之权利，关于各项法律手续司法事件之处理，及各种租税之征收，与其有关事项，不低于所给本国人民之待遇"。六、"双方同意得在对

---

① 中国社会科学院近代史研究所译：《顾维钧回忆录》第 5 分册，中华书局，1987 年，第 181 页。
② 《蒋介石日记》，1943 年 1 月 9 日。
③ 《电罗斯福对签订中美新约表达喜悦之情》，1943 年 1 月 11 日，吕芳上主编：《蒋中正先生年谱长编》第 7 册，第 279 页。

方口岸及城市驻扎领事，应有与其本国人民会晤通讯以及指示之权。两国之领事官应享有现代国际惯例所给予之权利特权与豁免"。七、"双方同意对敌战争结束后，至迟于六个月内进行谈判，签订一现代广泛之友好通商航海设领条约"。八、"本约自交还批准书之日起发生效力"。①

第二日，蒋介石发表《中美、中英平等新约告成告全国军民书》。蒋介石在布告中表示，中国自晚清与列强订立不平等条约以来，已经 100 年，中华民族历经革命流血与抗战牺牲，终于迎来废约时刻，"这不仅是中华民族在历史上为起死回生最重要的一页，而亦是英美各友邦对世界、对人类的平等自由建立了一座光明的灯塔"。蒋介石当日自记："百年桎梏，一旦解除，一则以喜，一则以惧矣。"②

第三节　中英新约交涉中的九龙问题

一、　中方提出归还九龙租借地

1942 年 10 月 10 日，英国与美国同时宣布放弃在华治外法权，即将与中国另订新约。中英之间的交涉相较中美交涉涉及更多历史问题，除美英共有问题之外，英国独有的是九龙租借地及香港问题。

美国对华提交条约草案后，向英国驻华大使馆提交了条约草案的摘要，英国驻华大使薛穆建议可以向中方提交英方草案，但同时提出了可能引起中英交涉的租借地问题。薛穆认为，中国国内对英国的废约声明十分欢迎，"中国政府和民众被告知，英国政府向中国政府提出条约草案的意图是立即取消治外法权，并解决与此密切相关的其他问题"，关于其他问题的范围，"一定会产生热烈的讨论，因为它未像中国人期望的那样把近期取消 1901 年

---

① 《电罗斯福对签订中美新约表达喜悦之情》，1943 年 1 月 11 日，吕芳上主编：《蒋中正先生年谱长编》第 7 册，第 278—279 页。
② 《发表 '中美、中英平等新约告成告全国军民书'》，1943 年 1 月 12 日，吕芳上主编：《蒋中正先生年谱长编》第 7 册，第 279—280 页。

《辛丑条约》和放弃租借地及租界等内容包括进来"，中国人很可能认为"废除所有不平等条约当然包括放弃租借地（如九龙），还可能包括归还香港"。英国议会在咨询中英废约时亦曾提及香港，英国外交部的措辞在薛穆看来"似在暗示各项建议只与放弃治外法权有关"。薛穆希望向外交部确认英国的建议中"包括放弃租借地和租界"，"如果我能被告知我们对于上面第三段中提及的放弃九龙租借地一事的态度，我将非常高兴"。①

英国外交部告诉薛穆，"条约与香港殖民地和包括新界在内的香港任何部分均无关系，不过，条约的确包含废除 1901 年《辛丑条约》和放弃租借地及租界等内容"，要求薛穆避免就条约的详细内容发表任何声明。为消除中国疑虑，英国将尽快向中方提交条约草案。如果美国提出草案时，英国的条约草案仍未完成，"应向中国驻伦敦代办通报一下，说我们与美国政府的草案总体上是一致的"。②

1942 年 11 月 1 日，国民政府外交部将中英关系条约草案及意见呈递蒋介石。外交部认为，除多出数条外，中英新约草案与中美新约草案内容一致。英约多出的部分可分为两类：一类可以同意，另一类应再加以考虑。英国在新约中就其适用范围提出，"不包括自治领在内"，因为自治领作为国际法主体具有缔约权，"自治领与联合王国间无论就内政或外交而言，彼此平等不相隶属，故英国不能擅自签订束缚其自治领之条约"。外交部亦认为，如果中国分别与各自治领缔约，应该有利无害，"无论如何各自治领之缔约条件，似不致较英方为苛"。外交部认为，此点可予赞同。相比于美国草约，英国在交还租界行政管理权问题上，增加了天津、广州英租界的交还，外交部对此完全同意。英约在草案中还增加了"其于日本占领期间以没收方法而取得者，应照公平条件归还原主"。③ 对以上各点，外交部均无异议。

国民政府外交部认为，虽然英方认为新约适用领土不包括自治领在内，

---

① 《薛穆致英国外交部》，1942 年 10 月 16 日，王建朗主编：《中华民国时期外交文献汇编 1911—1949》第八卷（上），第 247 页。

② 《英国外交部致薛穆》，1942 年 10 月 22 日，王建朗主编：《中华民国时期外交文献汇编 1911—1949》第八卷（上），第 248 页。

③ 《中英新约草案初步审查意见书》，1942 年 11 月 1 日，《战时外交》（三），第 756—757 页。

但仍有不同的情况需要考虑，不能一概而论。加拿大、澳大利亚已经准备与中国另订新约，但"南非联邦、爱尔兰自由邦、纽西兰尚未有表示"。此外，"纽芬兰在 1933 年前早经认为自治领，但以内部之纷乱，复于该年受英国政府之统治，实际上无缔约权"，英方所称领土是否包含纽芬兰，应该给予明确说明。英国各自治领在华均以中英间的不平等条约为根据享有特权，既然中英间的不平等条约已经废除，则自治领所享有的特权相应地自应废除。外交部建议在废除中英旧约的同时，应声明："中英两国业经根据平等互惠原则签订新约，废除英国在华所享有之一切片面特权，凡援用过去中英条约而在华享有特权之自治领，其在华享有之特权自应随本约生效而消灭，中国深愿与各自治领签订条约建立友好关系。"关于设领地点，"英方口头表示，须于换文声明印度首都新德里及深拉（Simla）为例外"，然后再与美方草案一样，取彼此互相一致之意，如此则"换文或默契均无必要"。国民政府外交部特别指出，英方在草案第一条第一项对于条约所适用英方的领土范围采用了列举的方式，"依其文义，香港亦包括在内"，"九龙为租借地，应于订约时交涉收回"[①]。

11 月 7 日，国民政府外交部将修正后的中英新约草案及相关审查意见呈报蒋介石。外交部建议，同意第一条英方所新添加的条约适用范围，因为"各自治领之缔约条件，不致较英方为苛"，此条中的"即一切中国人民"应改为"即指一切中华民国人民"；建议同意第二条废除治外法权条款的规定。第三条与中美草约第二条相同，比照美约，建议添加"但以不违背中国法令者为限"。第四条是租界及租借地归还，相比美约，英方增加了天津及广州租界，外交部在英方的基础上增列了涉及九龙租借地的两项规定。中方所增加如下：第五项"英王陛下认为一八九八年六月九日在北京签订之《中英展拓香港界址专条》应予废止，并同意该专条所给予英王陛下联合王国政府之一切权利，即予停止"；第六项"英方在九龙租借地之行政与管理权，连同其官有资产与官有债务，应移交中华民国政府，并相互谅解，中华民国政府于接收该租借地行政与管理之时，应拟定办

---

① 《中英新约草案初步审查意见书》，1942 年 11 月 1 日，《战时外交》（三），第 757 页。

法，担任并履行一切官有义务及债务，并承认及保护该地内之一切合法权利，但以不违背中国法令者为限"。①

第五条改动比照中美条约，在"诈欺"下添加"或其他非法手段"，并增加"惟双方同意此项权利之行使，不得违背中国关于征收捐税、征用土地及有关国防之法令，并非经中国政府之许可，不得移转于第三国政府或人民（包括公司）"之规定。删去英方草约所增加"其于日本占领期间以没收方法而取得者，应照公平条件归还原主"一句。之所以删去，一是为了与美方条约修正案取得一致；二是因为"在日军占领期间英人财产落入华人手中者多，而华人财产落入英人手中者少，归还原主于英特别有利"。第六条删去"关于各项法律手续、司法行政、各种租税之征收及有关事项，以及经营商业不低于各该本国人民与公司之待遇"内之"以及经营商业"字句，与美约一致。第七条设领，比照美约修改为"得在对方国所同意之口岸与城市驻扎"，"与公司"三字删去。②

修正意见稿附加了三条规定，一是增加"中华民国与大不列颠、北爱尔兰联合王国及印度之关系，应以平等互惠之原则为基础"，并将其列为第一条，取与美方一致方式。二是以换文方式声明作废下列特权：口岸制度；沿岸贸易、内河航行、外人引水；外国军舰游弋、驻泊；总税务司雇佣外人权。三是刘公岛租借地因 1940 年已经议定展期十年，故未在新约中提及。③

二、　英国拒绝谈判九龙租借地

中方向英国提出修正草案后，薛穆和英国驻华使馆顾问台克满发现中方草案有重大变化，尤其是香港问题。薛穆向宋子文提出"该草案远远超出了英国政府最初提出的废除治外法权并解决相关问题的建议范围"，他认为要求终止租借新界引出了与香港有关的一些重大问题，英国政府的确不希望现在商议此事。宋子文则表示，中国政府没有在修正案中提出香港问题，但中方认为 1898 年的条约确实应该在目前的条约中有所交待。薛

---

①《外交部对于中英新约草案意见书》，《战时外交》（三），第 764—766 页。
②《外交部对于中英新约草案意见书》，《战时外交》（三），第 766 页。
③《外交部对于中英新约草案意见书》，《战时外交》（三），第 767 页。

穆在会谈快结束时，告诉宋子文，他本人对中方将九龙问题列入草约表示遗憾，这个问题很可能给伦敦造成不好印象。宋子文告以"中国政府决心废除来自不平等条约的所有特权，公众舆论在这个问题上完全一致"，"国民参政会坚持此议，刚刚开始的中央执行委员会会议无疑也强烈支持这一主张"。薛穆认为宋子文的语气类似威胁，其原因在于中国人知道他们处在极有利的地位。①

薛穆认为，中国政府此时提出收回九龙租借地，是因为他们认为租借地和英国的租界及上海公共租界一样，"都属于有损于中国主权的不平等条约的范畴"，中国朝野支持国民政府要求英国实现废约的声明，在平等互利的基础上建立两国关系。薛穆也认为，从理论上讲"允许租借地保留至租借期满为止确实与这些原则不相冲突，但这种说法不会对中国人产生吸引力"。在薛穆看来，中英双方都有自己的坚持的理由。中国人认为任何外国都不应继续占据中国领土，但"避免提出与九龙或香港有关的问题"，"如果中国军队在战争结束时控制了新界而新界的处置问题仍在争论中，那将会出现非常困难的局面"。②

英国外交部远东司不建议放弃九龙租借地。远东司认为新界对香港至关重要，既有民事方面的考虑，也有军事方面的考虑。香港总督在 1931 年 6 月 21 日曾得出结论："新界的大部分地区（如果不是全部的话）对香港在经济上和战略上都是必不可少的"。从历史而言：九龙租借地是与威海卫在同一年获得的，威海卫已于 1930 年归还中国。最初中英双方达成的协议是，九龙城仍置于中国司法管辖之下，但这一条在 1899 年时已经被英国单方面取消了。③

薛穆认为英国外交部也许已经考虑了针对香港的计划，如果还没有，那么也许可以为接受中国的这一要求说出许多理由，这一要求不包括使用九

---

① 《薛穆致英国外交部》，1942 年 11 月 13 日，王建朗主编：《中华民国时期外交文献汇编 1911—1949》第八卷（上），第 271 页。
② 《薛穆致英国外交部》，1942 年 11 月 17 日，王建朗主编：《中华民国时期外交文献汇编 1911—1949》第八卷（上），第 272 页。
③ 《克拉克备忘录》，1942 年 11 月 20 日，王建朗主编：《中华民国时期外交文献汇编 1911—1949》第八卷（上），第 276 页。

龙，"中国人默认香港（包括九龙）是英国领土，不在目前的谈判范围之内，这对我们是有价值的，虽然我不想把这价值估计得太高"。①

远东司司长克拉克认为，关于新界英国政府面临三种选择：一、接受中国修正后的条约意见；二、完全予以拒绝；三、尽力拖延谈判。克拉克建议，应坚决抵制中国的要求并重申九龙租借地的重要性，"九龙租借地与在中国领土上的其他租界和租借地不同，因为它与英国的领土是互为依存的"，此外"它是中国人按明确的期限租借给我们的领土，与完全割让给大英帝国的香港和九龙半岛也不一样"。克拉克认为，中国人正计划把英国一步步挤出香港，让英国陷入进退两难的境地；因为他们知道，如果英国拒绝其要求，就得不到美国的支持，他们就可以拒绝签订条约。因此，上述第一和第二种办法都有极大的困难。克拉克认为，即使英国最终要完全拒绝，也要着眼于第三种办法，立即开始尝试第三种办法。②

克拉克建议英方将中方所提议的九龙租借地问题拖下去，并同时发表一个留待与香港问题一起讨论的声明。虽然英国可以不讲任何理由而推迟讨论九龙租借地的归还，但英国迟早要面对这个问题，因为九龙租借地与香港的未来联系在一起。从战略上考虑，如果美国等准备在太平洋地区建立联合防御体系，"可能会把香港作为整个防御体系的战略要点之一"。英国殖民部认为，"我们应准备与中国政府共同考虑香港未来的地位，不应把保持英国对殖民地的主权之事置于谈判的范围之外"，这个建议没有让英国放弃香港，而是将其置于这样一种大环境下：在盟国胜利以后，将谋求远东的重建、确保秩序和平，希望所有盟国届时为了共同利益，能够以其自身的贡献团结合作。

基于上述思考，克拉克建议发表声明，即英国政府正考虑将九龙问题作为与香港的未来休戚相关的一个问题而留待以后再加讨论。发表类似的声明可以使英国摆脱眼前的困境，一旦中美两国的新闻界对英国施加压力时，英

---

① 《薛穆致英国外交部》，1942年11月17日，王建朗主编：《中华民国时期外交文献汇编1911—1949》第八卷（上），第272页。

② 《克拉克备忘录》，1942年11月20日，王建朗主编：《中华民国时期外交文献汇编1911—1949》第八卷（上），第273页。

国就有了可以开脱的文字凭据。①

英国外交部顾问布雷南（John Brenan）赞成克拉克的提议，从史实方面做了一些补充，强调九龙租借地与在华的租界和其他租借地不同。《展拓香港界址专条》明确宣布，"该租借地是英国领土的拓展，英国在该租借地被授予独立的司法权"，但布雷南也承认："九龙城除外，中国官员在该城继续行使司法权。"② 英国议会外务次官理查德（Richard K. Law）也赞成发表一个声明，并提出了进一步改进的思路：对中国人的声明仅限于新界，并在措辞上参考殖民部的备忘录以及重建远东秩序、盟国合作等。如此做法，"将使我们在拒绝把新界问题写入目前的条约时更容易站得住脚，而且还能使我们从美国人那里得到某些好处"。克拉克在英国内部讨论的基础上，建议"必须做好坚持我们的方针的准备，尽管它也许会使谈判破裂"，并要求薛穆尽量拖延答复中国。克拉克做出决定后，寻求殖民部的意见。克拉克致函殖民部官员蒙森（W. B. L. Monson），称在废约草案中中国人未提出香港问题，这可能是中国人的一个计谋，"我们放弃新界是迫使我们放弃香港主权的一个有力步骤"；如果英国拒绝中方的建议，则英国将失去美国的支持。无论英国是否认为在收复香港后将其归还中国，目前都应该抵制这个建议。克拉克指出，目前的建议吸取了殖民部的方案，这有助于应对可能来自美国的批评，如果蒙森同意，他将向美国政府通报此建议。③

艾登于 11 月 29 日向英国战时内阁报告，称因中国政府要求英国放弃九龙租借地，废弃 1898 年的《展拓香港界址专条》，他建议"坚决抵制"，并正同殖民部讨论具体应对办法。30 日，战时内阁批准了艾登的提议。外交部的意见正式为英国政府所采纳。

12 月 1 日，克拉克所提议的声明得到了海军部和殖民部的回应，同意发

---

① 《克拉克备忘录》，1942 年 11 月 20 日，王建朗主编：《中华民国时期外交文献汇编 1911—1949》，第八卷（上），第 273—274 页。

② 《布雷南备忘录》，1942 年 11 月 21 日，王建朗主编：《中华民国时期外交文献汇编 1911—1949》第八卷（上），第 275 页。

③ 《克拉克致蒙森》，1942 年 11 月 25 日，王建朗主编：《中华民国时期外交文献汇编 1911—1949》第八卷（上），第 276 页。

出。12 月 5 日，英国外交部训令薛穆，"通报中国政府，英国政府认为新界问题不包括在目前的条约范围之内"。外交部解释"不准备把新界问题与目前的谈判联系起来考虑，因为它不仅与治外法权毫无关系，而且英国的领土拓展与在华的租界完全不同"，英国"正在废除我们在租界的特权"。向中国通报的尺度的把握，艾登称是否有必要解释胜利以后关于九龙租借地的安排，取决于薛穆。"如果你认为我们必须走得更远一些，我们或可通报中国政府，盟国胜利后，我们将谋求重建远东、在陆地上和海上确保和平与秩序"。[①]

接到艾登的训令后，薛穆表示如果能够拒绝在条约中写入新界问题，就应坚持，但应声明"不会无限期搁置这个问题"。薛穆认为现阶段无法确定中国人把这个问题引入目前的条约谈判仅仅是一种手段还是为了彻底解决，薛穆认为后一种情况更有可能，即是为了彻底解决，"我敢肯定，中国人不会同意战后继续保留租借地"。基于上述分析，薛穆还建议，考虑到这些地区的任何领土调整都涉及到几个国家的利益，而这些地区又具有重大的战略意义，因此须留待实现和平以后解决。[②]

12 月 15 日，薛穆向外交部部长宋子文通报了英方的声明，声称"英国政府认为九龙问题不在目前谈判事项的范围之内，不准备讨论它"，并称"为满足中国在相关问题和废除不平等条约权利方面的愿望英国已经做出了很大的努力"。顾维钧等陪同宋子文参加了此次会谈。宋子文等认为，中国公众把租借地和租界视为同一性质，国民参政会上已经提出了这一问题，中国民众希望扫除造成中英两国人民互相产生误解的一切因素，中国政府认为如果签订的条约不能保证解决九龙租借地问题，那就不可能实现这个目标。宋子文还强调，中方一直在克制不提出香港问题。[③]

白天会谈结束后，杭立武晚间造访英国驻华使馆顾问台克满，转告宋子文在九龙问题上的个人观点，并向台克满提出中国的解决办法。杭立武

---

① 《英国外交部致薛穆》，1942 年 12 月 5 日，王建朗主编：《中华民国时期外交文献汇编 1911—1949》第八卷（上），第 279 页。

② 《薛穆致外交部》，1942 年 12 月 7 日，王建朗主编：《中华民国时期外交文献汇编 1911—1949》第八卷（上），第 280 页。

③ 《薛穆致英国外交部》，1942 年 12 月 15 日，王建朗主编：《中华民国时期外交文献汇编 1911—1949》第八卷（上），第 281 页。

表示，如果条约内不写入取消九龙租借地，宋子文不能确定是否可以说服蒋介石签约。如果因此拖延了条约的谈判，那将是令人十分遗憾的。台克满告诉杭立武："英国政府的决心已下，不可能同意考虑该问题，因为二者完全无关。"杭立武以个人身份建议：由中国政府向英国政府转交一份公函，声明"中国政府在承认该问题与目前谈判的事项无关的同时，希望在将来某一适当的时候重新提出"，并询问英国政府如何看待此建议。薛穆建议英国外交部按照杭立武的建议寻求解决办法。① 英国外交部认为杭立武的提议可以考虑。

艾登认为，虽然新界的未来问题不包括在中英新约之内，现在可以不讨论它，但我们准备在战争胜利后讨论。并指示薛穆在得到内阁授权前，薛穆可以以个人名义表达英国政府倾向于同意。②

中方内部亦担心因围绕九龙租借地双方坚持不下而耽误了条约的签订，并因此影响盟国关系。王宠惠敦促顾维钧寻求办法解决九龙问题的僵局。王宠惠担心，如果中英条约谈判破裂，真正的危机可能会接踵而来。宋子文告诉顾维钧，他认为九龙问题应纳入条约之内，又希望可以如期签订条约，他寄望薛穆能够说服伦敦改变立场。顾维钧提议，如果想及早结束谈判，"就必须制定一项把两个问题分开的方案，以便先签署条约，以后再讨论终止租借权问题"③。宋子文建议顾维钧亲自去见薛穆，说服英方改变立场。

12 月 21 日，英国战时内阁讨论艾登所转来的关于九龙租借地的备忘录。备忘录将双方交涉的进展进行了简要汇总：中国政府坚持认为，"作为拟议中的关于治外法权条约的一部分，英国应该同意放弃九龙"；英国"主张租借地不包括在条约范围之内，条约只涉及在中国领土上的治外法权问题"。为了如期签订条约，艾登建议发表一个声明，"表示准备在大战胜利后讨论

---

① 《薛穆致英国外交部》，1942 年 12 月 15 日，王建朗主编：《中华民国时期外交文献汇编 1911—1949》第八卷（上），第 281 页。

② 《英国外交部致薛穆》，1942 年 12 月 19 日，王建朗主编：《中华民国时期外交文献汇编 1911—1949》第八卷（上），第 282 页。

③ 中国社会科学院近代史研究所译：《顾维钧回忆录》第 5 分册，第 170 页。

租借地的未来"。英国战时内阁在讨论时认为:"鉴于我们给美国人租借了基地,中国人也不应反对把九龙租借给我们,因为它对香港的防务是至关重要的"。丘吉尔认为应该坚持既定方针,"不可能考虑领土调整问题,必须把它留到战后的和平会议上加以讨论";"如有必要,可以补充说,我们认为这个原则可以被用于解决九龙问题,尽管从严格意义上讲,九龙问题不是一个领土问题"。[①]

中方认识到不可能在废约条款中让英国放弃九龙租借地,退而求其次,希望英国在条约外声明将于战后谈判归还。12月22日,顾维钧向薛穆提出,行得通的解决办法是"英国政府在条约外发表一项与在华盛顿会议上关于威海卫的声明相似的声明,表示英国政府打算把租借地归还中国,并将在晚些时候就将来的各项安排进行谈判"。薛穆认为顾维钧的建议不可行,因为英国政府不准备在目前的谈判中解决这个问题。薛穆询问顾维钧,中国政府在九龙租借地问题的上的真实想法是什么,他认为该问题与条约谈判没有丝毫关系。薛穆还根据艾登此前的训令告诉顾:"我认为其内容不外乎是表示我们愿意在战争胜利之后讨论这个问题"。顾维钧表示,英国政府如不放弃租借地,中国政府是不会满意的。[②]

驻华大使薛穆指出,顾维钧所传达的中方态度,令人不满,但仍建议按照英国外交大臣艾登所提议的声明向中方进行通报。不过,艾登认为鉴于英国政府在条约谈判中对中国人的慷慨举措,他们也许会接受这项解决办法"作为权宜之计"。[③] 顾维钧在事后回忆称,薛穆对中国提出的问题表示担心,并认为如果双方各执己见,僵局便不能打开,条约也就缔结不成。顾维钧敦促薛穆竭力避免这种僵局。[④]

英国外交部顾问布雷南分析了中方在九龙租借地上的态度。他认为:

---

① 《内阁会议记录》,1942年12月21日,王建朗主编:《中华民国时期外交文献汇编1911—1949》第八卷(上),第282页。

② 《薛穆致英国外交部》,1942年12月22日,王建朗主编:《中华民国时期外交文献汇编1911—1949》第八卷(上),第283页。

③ 《薛穆致英国外交部》,1942年12月22日,王建朗主编:《中华民国时期外交文献汇编1911—1949》第八卷(上),第283页。

④ 《顾维钧回忆录》第5分册,第170页。

"可以肯定，中国不但要恢复租借地而且要恢复被外国占领的所有领土，这是中国的一项基本政策。"为了收回九龙租借地，布雷南认为中国使用了劝说和施压等正常外交手段，所谓施压手段是指"不签署条约"。布雷南担心正如中英贷款协议时那样，孔祥熙可能会迫使蒋介石拒签条约，顾维钧大使未能最后签署贷款协议，也是因为孔的压力。此次顾维钧"正在努力挽回自己的声誉"。这也是布雷南分析顾维钧态度较为强硬的原因之一。布雷南建议，应扛住中国在九龙租借地问题上所施加的压力，因为九龙对英国非常重要。他认为，如果英国能把一个令人信服的个案呈现在世人面前，英国将因强硬而非让步而获得更多的尊重。考虑拒签条约的后果时布雷南认为，美国放弃在华治外法权后，英国很难在华继续行使治外法权，中英关系将变得非常紧张。克拉克在布雷南分析的基础上指示薛穆，关于九龙租借地，可以与中方按照下述方针达成妥协："中英双方互换照会，声明这是和平会议所要解决的问题，我们必须等待这一指示的结果。"[1]

三、 蒋介石决定暂时放弃归还九龙条款

12 月 25 日上午，宋子文与薛穆会谈时，坚持英国要把放弃九龙租借地写进条约。薛穆予以拒绝，并根据艾登的指示提议在战争胜利之后再谈判九龙租借地。薛穆判断宋子文个人赞成提议，但他无权做出决定。[2] 下午 4 时，宋子文与薛穆会谈结束后，在王宠惠寓所召集会议，讨论中英谈判的情况，特别是关于九龙问题的进展。根据当天的会谈记录，英方提出互换照会，由中方说明"九龙问题不属于当前条约的范围，如需讨论租借权的终止期，可在战争胜利后进行"。国民政府外交部次长吴国桢、条约司司长王化成、国防最高委员会秘书长王宠惠都认为如果问题得不到解决，谈判很可能破裂，因为蒋介石宁愿不签约。顾维钧提议要在条约和九龙两者之间有所取舍。

---

① 《布雷南备忘录》，1942 年 12 月 23 日，王建朗主编：《中华民国时期外交文献汇编 1911—1949》第八卷（上），第 284 页。

② 《薛穆致英国外交部》，1942 年 12 月 25 日，王建朗主编：《中华民国时期外交文献汇编 1911—1949》第八卷（上），第 285 页。

如果非要收回九龙，任何方案也无法打破僵局；如果想要签署条约，则不难找到处理九龙问题的办法，"一个能使我们体面地退让而又不放弃原则的办法"。顾维钧提议的办法，关键在于英国需要声明两件事情："一是有将九龙归还中国的意愿，二是随时准备为实现这一意愿而进行谈判"。① 顾维钧提出解决方法后，拿出了已经准备好的计划草案。与会者认为顾维钧的计划可行，但认为这应该是中国的最低限度的方案，如果该方案仍不能获得同意，则中国宁可拒绝签署条约。顾维钧建议先向蒋介石汇报总的情况，并解释中方准备所提的方案。顾维钧认为，即使是在中方看来是最低限度的方案，英方也不一定接受，并担心"一旦委员长批准这一方案，定为不可再让的最低谈判条件，则和英国的谈判反会陷入僵局"。吴国桢认为，即使谈判破裂，英国也终将让步，但顾维钧不认同此种观点。顾维钧指出了两点：一、九龙租借权在英国看来是香港问题的一部分，而香港是事关原则的领土调整问题。英国认为，所有领土问题都应在战后通过盟国协商机制来解决，如果现在提出这些问题，"盟国之间会产生意见分歧，从而损害盟国的团结"；二、"所谈领土仍在敌人手中，因此这种争论只是空谈"。②

顾维钧在分析英国方面的舆论和政府决策时指出，英美舆论均认为九龙租借地的归还并非当务之急，首先要做的是盟国之间的协同作战，因此舆论不会同情中国。如谈判失败，英国会发表一项声明，将谈判失败的责任归咎于中国，英国还会进一步解释称，"并非不愿讨论该问题，但目前九龙不在英国手中，因此建议战争胜利后再行讨论"。一旦英国发表这样的声明，世界舆论的评论肯定对华不利。与会人员一致同意将此问题呈报蒋介石，并主张为避免谈判破裂，推举王宠惠起草一个方案给英方，大意是：中国要求英国声明归还九龙租借地的意愿，并随时准备同中国进行谈判。③

当晚 10 时，顾维钧再次来到王宠惠寓所，讨论九龙问题。吴国桢和王化成草拟了给蒋介石的备忘录，其中最后一句写道："如英方拒绝所提

① 《顾维钧日记》，该日记收入《顾维钧档案》，档号 koo/0215/012/0001/039；1942 年 12 月 25 日，《顾维钧回忆录》第 5 分册，第 171 页。

② 《顾维钧日记》，《顾维钧档案》，档号 koo/0215/012/0001/040；《顾维钧回忆录》第 5 分册，第 171 页。

③ 《顾维钧日记》，《顾维钧档案》，档号 koo/0215/012/0001/044；《顾维钧回忆录》第 5 分册，第 172 页。

方案，则应由其负条约谈判失败之责。"王宠惠等三人认为，蒋介石批准方案的可能性只有百分之五十。顾维钧认为，英方接受这一方案的可能性连百分之五十都没有。讨论的结果是，大家认为不能再退让了，"这一方案应呈交委员长。一俟委员长批准，并遭到预料之中的英方拒绝后，我们便可进一步劝说委员长重新考虑他的意见"。① 事后，宋子文把经讨论后的意见报告给了蒋介石。

12 月 27 日上午，宋子文向顾维钧出示了蒋介石同意讨论意见的批示，大意是：英方要宣布愿意归还九龙租借地。得到蒋的同意后，宋子文让顾维钧上午 10 时 30 分与薛穆会谈，试探英方的态度。顾维钧在会谈中告诉薛穆，除非英国政府声明打算把租借地归还中国，否则中方不会接受通过互换照会的方式解决该问题。"英国政府如不作上述声明，他们就不签订条约"。薛穆指出，英国政府已经努力满足中国政府的要求，表示愿意在战后准备讨论九龙问题，英国政府不会同意立刻解决该问题，"条约对中国人相当有利，拒绝签订是不负责任的决定"。顾维钧告诉薛穆，如果英国政府不明确说明在归还九龙租借地问题上的态度，中方不会签约。②

此次会谈后，顾维钧建议宋子文向蒋介石完整通报整个过程，以便让蒋知道薛穆大使的答复和意见。顾维钧告诉宋子文："英国在九龙问题上不会过多迁就我们，这是英国政策上的重大问题"，特别建议"即使暂时牺牲九龙，也要签署条约"。顾维钧认为英方并没有拒绝就归还九龙问题进行谈判，他们只是不愿在战争结束前讨论这一问题，建议宋子文再次约见薛穆，了解目前谈判的僵局。宋子文提议顾维钧和他一起去向蒋介石汇报，劝说蒋不要在九龙问题上坚持。③

去见蒋介石之前，顾维钧拜访了王宠惠。王向顾建议："第一，谈判的破裂将意味着盟国团结的破裂；第二，在我国对苏关系中需要英国的影响。"在会谈时蒋介石询问顾维钧威海卫的情况，顾维钧表示威海卫与九龙两个租

---

① 《顾维钧日记》，《顾维钧档案》，档号 koo/0215/012/0001/045；《顾维钧回忆录》第 5 分册，第 173 页。

② 《薛穆致英国外交部》，1942 年 12 月 27 日，王建朗主编：《中华民国时期外交文献汇编 1911—1949》第八卷（上），第 286 页。

③ 《顾维钧回忆录》第 5 分册，第 174 页。

借地的条款不同，尤其是租借期限不同。蒋介石问，"如中国提出的方案只说要就九龙问题继续进行磋商，这对中国是否合适"。顾维钧表示"采取这个立场是稳妥的"。蒋介石终于表示"条约对中国是有利的；因此，如坚持归还九龙会导致条约谈判的失败"，他就不再坚持。①

12 月 27 日，蒋介石再三考虑，认为如《中英新约》不能与《中美新约》同时发表，此固对英国一时之打击，然大体着想此约于中国利益最大，不宜为九龙局部问题而致破坏全局，且于同盟国之形势亦多不利，决定"只要其换文中对九龙交还问题愿继续讨论"，即可同意签约。② 从蒋介石日记的记载可以看出顾维钧对蒋介石最终决定是有影响的。谈判方案经蒋介石确定后，顾维钧、宋子文等决定暂不告诉英方中方的底线，旨在使英方进一步做出有利于中方的决定。蒋介石态度之所以能够快速转变，一个重要原因是"美国一直在敦促中国尽力改善与英国的关系，如中英谈判破裂，会影响美国"。③

当中方做出可以放弃九龙缔约的同时，英方的决定不再妥协。远东司司长克拉克与贾德干和彼得森（Maurice Peterson）在讨论了薛穆与顾维钧最新的谈话记录后，认为在中国人的压力之下，妥协是不明智和不安全的，"英国应该坚持下去，不惜以牺牲整个条约为代价"，同时向美国通报了英方的立场和态度。④ 在 12 月 28 日英国的内阁会议上，艾登汇报了与中方的谈判情形。汇报称，中方向英国驻华大使薛穆表示，除非英方明确表示把租借地归还中国，否则，中国政府不会在 1943 年元旦签署废除外法权的条约。艾登坚持此前英方已经做出的答复，租借地和治外法权是毫不相干的两个问题，不建议向中方让步。艾登提出，应要求美国去敦促中国政府不要再坚持。这样做的理由是，在磋商关于治外法权的过程中，为遵从美国的意见，

---

① 《顾维钧回忆录》第 5 分册，第 174 页。

② 《蒋介石日记》，1942 年 12 月 27 日。

③ 《顾维钧回忆录》第 5 分册，第 175 页。

④ 《克拉克备忘录》，1942 年 12 月 28 日，王建朗主编：《中华民国时期外交文献汇编 1911—1949》第八卷（上），第 286 页。

英国已经做了让步。内阁授权艾登将英方决定通知中美两国。[①] 艾登随即向薛穆发电，表示如果中方坚持，英方则不签订条约。

战时内阁通过了艾登的提议后，英方已无可能再退让一步。宋子文于28日下午约见薛穆，表达了中方内部反对继续保留租借地的强烈情绪，不能接受互换照会的建议，希望英国政府重新考虑九龙问题。宋子文提议，英国政府可以同意先宣布愿意把租借地归还中国，具体细节以后再进行磋商，把归还九龙和条约分开。薛穆宣读了英方的决定。薛穆注意到，宋子文并未明确，如果英国不归还租借地，中国将不签订条约，但又明显地试图转达这个意思，"在解决九龙问题的前提下，才会同意伦敦的条约和照会"。薛穆判断"无法确定他们是否会拒绝签约。他们或许还未作出决定"。[②]

在薛穆看来，对于英方来讲唯一的担心在于，一旦英国拒签条约，而中美又如期签约，中方可能会单方面宣布废除治外法权。即使中方不宣布单方废除，英国也将面临很困难的境地。

四、 中国决定声明保留九龙

12月30日，薛穆将英方起草的互换照会的文稿交给宋子文。照会文稿如下："我荣幸地禀告阁下，中国政府承认，1898年6月9日的条约规定的香港新界的租借问题与目前进行的条约谈判的诸项事务无关，但中国政府同时希望在更适当的时候提出这个问题"；"英国政府也认为，新界的未来问题不在今日签订的条约的范围之内，现在不可能来讨论它，但是，如果中国政府想让英国重新考虑租借地问题，英国政府将在战争胜利后讨论之。"薛穆注意到宋子文再次避免直接声明：如英国不承诺归还租借地，中国将不签订条约。[③] 宋子文对英方提交的照会文稿感到不满意，认为空话连篇，比原先的解决方案更糟。顾维钧认为"英国的反应并非出乎意料，现在的问题是要

①《内阁会议记录》，1942年12月28日，王建朗主编：《中华民国时期外交文献汇编1911—1949》第八卷（上），第287页。
②《薛穆致英国外交部》，1942年12月28日，王建朗主编：《中华民国时期外交文献汇编1911—1949》第八卷（上），第288页。
③《薛穆致英国外交部》，1942年12月30日，王建朗主编：《中华民国时期外交文献汇编1911—1949》第八卷（上），第290页。

不要签署条约",对中国而言,"取现在之可取,其余则留在以后再争","国策中的所有目标不是一蹴而就的,一次不行,我们再来第二次、第三次"。顾维钧向宋子文表示,即使缔结条约,中国也应在九龙问题上争取最好的解决方案,如果不能争取到满意方案,就必须提出保留意见,阐明中方的观点和立场。①

宋子文与顾维钧、王宠惠等当天傍晚去找蒋介石,汇报签约的利弊。蒋介石在讨论中提出两个选项,一是拒绝签署条约;二是不提九龙问题,用自己的军队收复九龙。宋子文分析利弊,认为目前这个条约还是不错的,不妨把现在能得到的先得到。由于最惠国条款的关系,拒绝签署《中英新约》将会在某种程度上使《中美新约》失效。九龙租借地并不是一个迫在眉睫的实际问题,如果因此不能达成一致,这在美国看来是不可理解的。顾维钧补充说,如果在签署《中美新约》后未能签署《中英新约》,将给人以盟国内部存在分歧的印象,误认为盟国阵线的团结有缺口。顾维钧又说,目前可以遵循的最佳途径就是先签署条约,然后由中方声明保留随时提出九龙问题的权利,确保中方的法律地位。蒋介石担心如果中方提出保留意见,英方是否还会签署条约,顾维钧解释称:"提出保留意见是单方面的行动,完全在我们的权限之内,也就是说,英方不能反对。"②

经顾维钧等人建议,蒋介石决定以口头声明的形式保留九龙。在 1942 年 12 月 30 日日记内,蒋记道:"六时后,子文等来报告英国对九龙问题复意,不仅不允交还之换文,而且将其前次所提文稿,重新改正,要求我方先书面声明,九龙在不平等条约以外问题,不在新约谈判之列","余既决定签订新约为主要方针,故亦不愿因此争执,乃以不提九龙问题,只以将来再谈一语,作口头声明"。对于顾维钧提议的签约前声明保留九龙,以便以后继续谈判,蒋介石认为:"此保留之声明不必先提,只要此正约签订后,则九龙香港必为我军先行进占,造成事实,虽无文字之保留,亦何妨耶。"③ 在宋子文的要求下,顾维钧起草了中方保留意见的草稿,并听取了王宠惠的意

---

① 《顾维钧回忆录》第 5 分册,第 176 页。
② 《顾维钧回忆录》第 5 分册,第 177 页。
③ 《蒋介石日记》,1942 年 12 月 30 日。

见，删除了"中国民众联想到中国对外关系中令人不快的一个时期"这一历史背景的表述。[①]

第二天一早，蒋介石仍在思考《中英新约》中的九龙问题，"晨五时醒，深虑英国对新约，我虽不要求其对九龙问题作有何保留之约言，而彼或反要我作九龙不在不平等条约内之'声明'或'换文'，否则，彼竟拒绝签订新约"，一旦英国拒绝签订新约，蒋介石认为则"我政府惟有作自动废除不平等条约之声明，不承认英国在华固有之权利"。蒋介石的想法是，一旦宣布自动废除，则可以从日军手中取回，并强调"此乃最后手段"。[②] 上午，宋子文带着经顾、王审议的意见稿见蒋，向蒋陈述了三点：一、如不签署中英条约，将使中美条约毫无价值；二、为了防苏，须与英国保持良好关系；三、九龙问题目前并无重大的实际意义。[③] 蒋介石最终同意待签字以后，"另用书面对彼作'交还九龙问题'暂作保留，以待将来继续之谈判，以为日后交涉九龙问题之根据"。[④]

顾维钧在事后分析英方决策时认为，《中央日报》事先爆出将于1943年1月1日签约的乌龙报道，将中方的谈判置于极为不利的地位，等于事先向英方交了中方谈判的底牌。英方判断："中国政府只是为更有利的条款而讨价还价，但实际上已经决定签署条约。"薛穆在分析宋子文的三次通报时，特别注意到了宋子文不提拒签条约的事情，这也从一个侧面说明《中央日报》的乌龙对中国造成的不利影响。[⑤]

第四节　中英、中美新约的局限[⑥]

新调整后的中英、中美条约关系中尽管废除了治外法权，仍保留了不平

---

① 《顾维钧回忆录》第5分册，第178页。
② 《蒋介石日记》，1942年12月31日。
③ 《顾维钧回忆录》第5分册，第178页。
④ 《蒋介石日记》，1942年12月31日。
⑤ 《顾维钧回忆录》第5分册，第180页。
⑥ 本节由李育民撰写。

等的内容，未能实现国民政府预定的目标。中英、中美新约仍存在诸多局限，没有给予中国真正完全的平等，主要体现在：

一是租借地未能收回。美国在华没有租借地，主要是英国拒绝废止《展拓香港界址专条》，拒绝将九龙租借地归还中国。

二是列强在华领事裁判权并未完全消失。1943 年 5 月 21 日，即中美新约生效的第二天，中美两国就处理在华美军人员刑事案件问题互换照会，规定："此次对共同敌人作战存续期间，凡美国海陆军人员，如或在中国触犯刑事罪款，应由该军军事法庭及军事当局单独裁判。"只在偶有特别原因时，"美国政府军事当局或认为此项裁判，以不受理为宜，则建议每次均应以书面经由外交途径通知中国政府，俾可由中国当局从事裁判"。美国军人"如对平民有犯罪行为，美国军事当局于不妨害军事安全范围内，当于离被控犯罪地点相当距离之中国地方，迅速公开审理，庶案内人证，毋须跋涉长途，即可到案受审"。这样，在华美国军队便脱离了中国的司法管辖。虽然美方提出实行互惠原则，"如中国在美国辖境内驻军，亦以同样办法，担保该中国军队有与在华美军相同之地位"。① 但实际上中国并无军队驻扎美国，此种互惠又是一个空中楼阁。1946 年 4 月 29 日，中美又订立关于美国驻华军事顾问团的协定，作了更为明确的规定："美国政府之军事法庭与当局对于顾问团人员在中华民国可能犯之一切罪行有权行使专属管辖权。遇有任何案件发生而美国政府军事当局宁不行使此种管辖权时，须通过外交途径向中华民国政府提出该项书面声明之后，中国当局即可自由行使管辖权"。"顾问团人员任何行为或过失，经顾问团团长确定系在执行公务时发生者，皆不受中国民事或行政法庭管辖。"② 由于这些条约规定，领事裁判权又在一定范围内复活，美国军人在中国屡屡犯案，肆无忌惮，却不受中国法律制裁。据统计，仅从 1945 年 8 月至 1946 年 11 月，在南京、上海、北平、天津、青岛五市，美军犯案至少有 3800 起，中国人被害致死、致残者达 3300 人。③ 1946 年发

---

① 《关于处理在华美军人员刑事案件换文》，1943 年 5 月 21 日，《中外旧约章汇编》第 3 册，第 1273—1274 页。
② 《关于美国驻华军事顾问团之协定》，1946 年 4 月 29 日，《中外旧约章汇编》第 3 册，第 1388 页。
③ 吴孟雪：《美国在华领事裁判权百年史》，社会科学文献出版社，1992 年，第 258—274 页。

生的沈崇案件，典型地反映了领事裁判权的复活及其恶果。毛泽东曾愤慨地揭露说："治外法权是'废除'了，强奸沈崇的人回到美国，却被美国海军部宣布无罪释放。"①

三是其他经济、文化等等方面的各种特权并未涉及。如外交部所拟"取消其他特权及特种制度办法"提出"外侨在中国设立之行栈、工厂、学校、教会、病院，应受中国法律之限制与管理"；"外人在华经营及收发一切有线（陆上加海底）无线电信之特权，一律取消"；英国在西藏之特权，"一律取消"，等等，均未涉及。关于经济方面，在《新约》签订前夕，有人撰文指出，不平等条约中的经济条款，"论其范围，几垄断我国全部经济命脉，"破坏我国经济发展，实与不平等政治特权"相辅而行"。1942 年 10 月 9 日英美政府对华通知中，"均以放弃领事裁判权及其有关权益为言。此所谓有关权益，系仅指政治的特权言乎，抑包括一切经济的特权言乎？"为了"保障我国家民族在国际新关系中实跻于平等独立之地位"，"废除不平等特权之范围，不只限于领事裁判权等项，而当包括其他一切经济特权在内"。旧约中之经济特权，如不予以废止，则"我国国防建设及经济建设基础""无从树立"，"亦即我民族之独立平等无由实现"。因此，"故旧约中凡破坏我国经济主权及行政之完整，或阻碍我国防建设经济建议之发展者，均应本抗战之精神，并根据独立国家之立场，绝对予以废止，在此原则下，凡旧约所有沿海内河内港航行权，铁路、矿山、邮电等项事业之经营权或管理权，暨片面的及一般的最惠国待遇条款及国民待遇条款等项，均应全部废止"。"过去外人在华之投资，应分别性质，将有关我国主权部分，要求按最低代价由我国接收"。②《新约》签订之后，经济方面沿海贸易及内河航行特权之外，其他方面均未提到；而文化教育方面如传教特权等，则根本没有涉及。有人指出："现在不平等条约，已宣告废止，其中大纲，已经宣布，但许多细目，尤其关于经济之条款，尚有亟待研究者"。如果"只顾到大纲及原则，而不注意条款上之细目，则

---

① 《"友谊"，还是侵略？》，1949 年 8 月 30 日，中共中央毛泽东选集出版委员会编：《毛泽东选集》合订本，人民出版社，1969 年，第 1395 页。

② 陈炳章：《论不平等条约中之经济条款》，《经济汇报》第 7 卷，第 1、2 期。

将蹈已往条约上之各种覆辙，而贻国家人民以无穷之戚。"因为，即使是平等条约，"亦有可以制人死命者"。"故不平等条约之废除，在今日自应热烈的庆祝，而今后平等条约之细目，尤其关于经济方面之条款，更宜加以缜密的研究，深刻的探讨。"①

四是因某些特权的放弃而给予其他条约权利，或转换为另一种形式。由于领事裁判权、通商口岸和租界特权制度的废弃，产生了其他相关问题，该两国也提出了新的要求，新约也因此赋以新的条约权利。如《中美新约》第四条、《中英新约》第五条规定，为免除彼方在中国领土内"现有关于不动产之权利发生任何问题，尤为免除各条约及协定之各条款因本约第一条规定废止而可能发生之问题起见，上述现有之权利不得取消作废，并不得以任何理由加以追究"；"持有之不动产永租契或其他证据，如欲另行换发新所有权状时，中国官厅当不征收任何费用"。② 也就是说，"旧有之财产权仍然有效，旧有之永租权换为所有权而继续享有"。③其中教会的财产，尤其是在内地的大量房地产，"将因不平等条约之废除而更进而取得中国法律上之保护"。④再者，《中美新约》第五条、《中英新约》第六条规定，美英政府对中国人民在其全境内，"早已予以旅行、居住及经常之权利"，中国政府同意，对于美英人民在中国领土内，"予以相同之权利"；并"尽力给予对方国人民关于各项法律手续、司法事件之处理及各种租税之征收与其有关事项，不低于所给本国人民之待遇"。⑤ 这一规定，准许美英人在中国内地旅行居住及经商，即内地杂居，并给予租税征收等方面的国民待遇，"是归还租界、取消领事裁判权及取消通商口岸制度以后的联带措施，也是我们对于平等新约的一种颇为沉重的负担"。⑥

---

① 刘秉麟：《废除不平等条约与中国经济上新纪元》，《东方杂志》第 39 卷第 3 号。
② 《关于取消美国在华治外法权及处理有关问题之条约》《关于取消英国在华治外法权及其有关特权条约》，1943 年 1 月 11 日，王铁崖编：《中外旧约章汇编》第 3 册，第 1257 页。
③ 龚宗儒：《不平等条约废除后外人土地权问题之检讨》，《新中华》第 4 卷第 4 期。
④ 荆磐石：《废除不平等条约与教会在华财产》，《经济汇报》第 7 卷第 1、2 期。
⑤ 《关于取消美国在华治外法权及处理有关问题之条约》《关于取消英国在华治外法权及其有关特权条约》，1943 年 1 月 11 日，王铁崖编：《中外旧约章汇编》第 3 册，第 1258 页。
⑥ 倪渭卿：《论中美中英新约》，《军事与政治》第 4 卷第 2 期。

　　这些新的条约权利，或以与他国同等地位为辞，① 如土地权；或以相互对等为由，如内地杂居，虽理由堂皇，但均对中国非常不利，实际上是不对等的。中国经济衰敝、产业落后，允许西方国家进入内地，并享有土地权，将对中国的经济发展造成极大的制约。尤其是外人享有土地权问题，在中国极为严重，"大量的外人违约租地，如陕西之定边、靖边、安边三县一百七十余亩土地为比利时国教会所永租"。经新约给予保护之后，"此种土地权之清理，遂大成问题"。有人甚至提出，"若不妥为运用，最易造成十九世纪末叶东欧各小国之情形，民族问题混杂，因土地问题而陷国家于极度危险之境地，是今后外人土地权之取得及管理，已大成问题。"②

　　此外，中美、中英之间还有种种不平等关系的事项，均未提出讨论。一百多年以来中国遭受列强侵略，蒙受种种不平等待遇，关系繁复，需要调整之点甚多，而新约未能全面讨论。当时便有人指出，"英国与中国间尚有若干悬案，为此次所未议及者"，③ 如西藏、苛待华侨等。对于种种未涉及的问题，《中美新约》第七条、《中英新约》第八条规定，在新的通商航海未订立前，如遇有涉及中国领土内各该两国人民或政府权利之任何问题发生，"而不在本约范围内，或不在中华民国政府与美利坚合众国政府间现行而未经本约废止，或与本约不相抵触之条约、专约及协定之范围内，应由两国政府代表会商，依照普通承认之国际公法原则及近代国际惯例解决之"。④ 根据这一规定，其他没有废止的各种条约权利，包括平等和不平等的，只要不与本约相抵触，均继续有效。

　　诸如此类，说明新约没有给予中国真正完全的平等。其原因，除了因为处于战争时期之外，还有其他种种因素。从国民政府方面而言，主要关注的

---

　　① 英驻华公使薛穆在交涉中提出，1928 年中国与意大利、比利时、丹麦、葡萄牙订立条约时，均规定，在废止领事裁判权之后，彼此在对方国家享有"居住、营商及土地权"。如果英国公民在中国没有获得此项权利，那末与意、比、丹、葡等国公民相比，就处于一种不利的地位。见 The U. S. Department of State, Ed. : *Foreign Relations of United States*, *Diplomatic Papers*, 1942, China, Washington, Government Printing Office, 1956, pp. 342-343, 388.

　　② 龚宗儒：《不平等条约废除后外人土地权问题之检讨》，《新中华》第 4 卷第 4 期。

　　③ 张忠绂：《废除不平等条约声中之西藏问题》，《军事与政治》1943 年第 4 卷第 2 期。

　　④ 《关于取消美国在华外法权及处理有关问题之条约》《关于取消英国在华治外法权及其有关特权条约》，1943 年 1 月 11 日，王铁崖编：《中外旧约章汇编》第 3 册，第 1258、1266 页。

是严重损害中国主权的条约特权，对经济文化及其他事项不够重视。早在
1929 年时，国民政府外交总长王正廷便认为，80 年以来中国和外国所订的
条约中不平等的内容，只有关税协定、领事裁判权、租界及租借地、外兵之
驻扎、内河航权五点，"所谓取消不平等条约，乃是取消这些不平等的部分
之意"。① 而在中美、中英《新约》签订之际，顾维钧也说，"说到不平等条
约，其中最重要的大概有五种：一是关税权，二是领事裁判权，三是外国驻
兵权，四租界，五是租借地"；"这几种都是与中国主权有损"，"为我们所日
夜盼望取消的"。②《新约》订立之后，蒋介石也认为，唯一的遗憾，"就是九
龙租借地本为我国领土，而英国未能将此问题在新约内同时解决，实为中英
两国美中不足之缺点"。③

从美英等国来看，没有以真正平等的精神对待中国，全面放弃条约特
权。例如，美国提出的草案没有提出"以平等互惠之原则为基础"，中国主
张在《新约》内增加这一内容，作为第一条。④ 美方认为没有必要，其理由：
一是"因本条约主要目的在撤销治外法权，美政府甚盼国会能迅予通过批
准"，如增加这一条，"易使美国一般人士误会，以为除治外法权外，尚牵涉
其他问题，致生异议"。二是"平等互惠原则已在各条款内表现，美与其他
国订约均无特别申明此项原则之方式"，因此，美方"甚愿我方不予坚持"。⑤
而且，美方主张订一与治外法权有关的"简明条约，不必包括非必要之细
节"。⑥ 尽管在中方的坚持下，美方最后同意放在序文里，也同意了中方的其
他要求，但无疑反映它缺少中方所希望获得的平等意识。作为殖民帝国的英
国，对华不平等的意识则更为明显。《新约》序言未如中美条约一样，采纳
中国之意见，而是基本上保持英方的原案，谓："愿以友好精神使两国间之

---

　　① 王正廷：《外交胜利全靠国民的实力》，秦孝仪主编：《革命文献》第 72 辑，台北"中央"文物供应社，
1977 年，第 175 页。

　　② 顾维钧：《废除不平等条约运动的经过》，《经济汇报》第 7 卷，第 1、2 期。

　　③ "国立"编译馆主编，陈志奇辑编：《中华民国外交史料汇编》(12)，第 5604—5606 页。

　　④《外交部长宋子文呈蒋委员长》，1942 年 10 月 30 日，秦孝仪主编：《中华民国重要史料初编——对日抗战
时期》，《战时外交》(三)，第 722—728 页。

　　⑤《驻美大使魏道明致外交部电》，1942 年 11 月 16 日，秦孝仪主编：《中华民国重要史料初编——对日抗战
时期》，《战时外交》(三)，第 729 页。

　　⑥ 国立编译馆主编，陈志奇辑编：《中华民国外交史料汇编》(11)，第 5521—5526 页。

一般关系更为明显，并借以解决若干与在中国之管辖权有关事件起见，订立本约。"该序言为《新约》定下了基调，为英方面保留各种特权，尤其是九龙租借地预留了空间。在交涉中，英方极力坚持沿海贸易与内河航行权、"经营商业"的国民待遇、购置不动产，以及九龙租借地等特权[①]。只是因未得到美国支持而放弃前两项，后两项则如愿以偿。至于其他种种未涉及的条约内容，国人曾期待，"英美既欲以平等待我，则凡此种种，皆应一律取消。唯现在战事尚未结束，其中或有若干项一时不能得具体之解决，然不妨先在原则上征得盟友之同意"。[②] 但美英两国并未作出具体的承诺，如英国只是承诺在战后讨论九龙问题，而未表示将九龙归还中国的意愿。上述种种，在相当程度上降低了"平等"的价值。

---

① The U. S. Department of State, ed., : *Foreign Relations of United States*, *Diplomatic Papers*, 1942, China, Washington, Government Printing Office, 1956, pp. 342-343, 388.

② 刘大钧：《取消不平等条约问题》，《经济汇报》第7卷，第1、2期。

第四章　抗战期间及战后平等条约关系的普遍建立

从全面抗战爆发，一直到战后初期，可以视为中外平等条约关系的普遍建立时期。太平洋战争爆发后，中国与英美等成为反法西斯盟国，英美放弃在华治外法权的行为起到了示范作用，原有条约关系国相继与中国订立平等新约，放弃旧约。《中荷新约》的订立是中小国家放弃在华治外法权的一个典型，反映了平等条约关系建立过程中的一个面相。中法条约关系因法国的沦陷而分为两个部分，一是与维希政权的废约交涉及断交，二是与法国民族解放阵线的新约交涉。中国与无约国在战后迎来一波订约高潮。

第一节　中法平等条约关系的建立

一、　与维希政权关于废约的交涉

1939 年 9 月 1 日，德国突袭波兰，第二次世界大战正式爆发。英法对德意宣战，东西方战局面临新的形势。英法在远东受到的日本的压力突然增大，为了集中注意力对付欧洲战场，英法在中国过境运输通道问题上有意设阻，这引起国民政府的不满。法国与中方的过境运输交涉是以其欧洲的战事为背景的，虽然英法有意将德国引向苏联，保持住西部战线，但德国计划先击败英法荷比，然后再掉头东进。法国希望减少来自远东的压力，专注于欧洲战场。战局的变化并未朝着法国预料的方向发展。德国于 1940 年 5 月 10 日进攻法国，虽经全力抵抗，法国仍然于 6 月 22 日沦陷。戴高乐领导的法国解放阵线流亡伦敦，法国元帅贝当等在维希建立起了傀儡政权。

中英、中美在酝酿废约谈判的同时，国民政府亦希望法国维希政权能够与中国另立新约，废除法国在华条约特权。1942 年 10 月，驻维希代办郭则范奉命向法方提出废约问题，并委托顾问宝道及中法工商银行总经理劝告维希政权与中方谈判废约。郭则范认为，法国社会及外交部高中级职员"对我均极同情"。维希政权外交部已经电令驻华法国代办彭古约见国民政府外交部部长宋子文，解释法国政府地位困难，并表示"一俟时机许可，法方愿本平等原则与中国商洽领事裁判权等问题，并盼双方严守秘密"。郭则范认为，法国租界均在日军占领之下，"此时似不宜有何动变"。郭则范建议，此时应要求法方做出一个书面声明，表示愿意放弃在华旧有条约特权。[①]

同时，法国解放阵线则希望能早日获得中方承认，并愿意申明放弃法国在华特权。法国解放阵线成立之初，同盟国内部对于是否承认法国解放阵线的国际法地位存在分歧，美国不建议即刻予以承认，原因有二：一是因为现在盟军在法殖民地的地位与占领军相似，"如予承认，则成为客军，无现时之便利"。二是"将来处理法殖民地，可避免受任何之束缚"，此理由不便明确说明。因此虽然舆论界认为政府不承认解放阵线做法失当，但美国政府态度坚定，自由法国方面所接触的美方代表也仅限于军方，并未明确提出承认问题。"据闻在英则有所接洽，此间法齐诺将军代表认为，有关于军事上相

① 《郭则范致外交部电》，1942 年 10 月 29 日，台北"中研院"近代史研究所藏"外交部档案"，档号 600.13/0008。

当交换条件，或有被承认之望"，而英国首相丘吉尔在答复议院咨询时则表示，与盟国采取一致行动。①

1943 年 7 月 11 日，法国解放阵线外交负责人约见中国驻英大使顾维钧，希望中方能够承认法国解放阵线，并称维希驻华代办彭古已经表示愿意加入自由法国，可以随时离华，彭古的存在不应成为承认自由法国的障碍。自由法国在华代表"仅系与我单方来往，不能直接保护法国在华利益"。顾维钧告以，接到自由法国成立的照会后，已经致电政府，现正予以考虑。顾维钧提出"闻英美现与该会（指自由法国）尚在磋商承认条件"，如果决定予以承认，"届时我方并要求该会放弃在华大部分租借地治外法权及其他各种特权，应有正式声明"。②

英美有意邀请法国解放阵线参加 1942 年元旦的华盛顿宣言，接纳其为反法西斯盟国成员。顾维钧将英美动议汇报给国民政府外交部，并将邀请函附上。参事室认为，邀请的措辞不妥，"职室以为此项邀请之措辞，我方宜主张采取宽大态度，免使法解放委员会感觉不快"。还认为既然苏联对法国解放委员会极力表示好感，"我方及英美政府对于此类邀请文件之措辞，尽可设法使法方满意"，参事室希望蒋介石将邀请书拟写原则饬令外交部修改。③

法国维希政权建立后，各国外交团体仍有一部分驻巴黎，德国外交部为此致电相关国家，要求搬到维希。郭则范收到德国外交部照会："揆诸国际公法，本应随法政府迁到新都，德政府对此现状不容继续，且此地域应划为扩大战区，未可再任外国之外交代表存在"。要求中国驻法大使馆至迟于 1941 年 6 月 10 日之前离开巴黎，封闭大使馆。④ 5 月 23 日，国民政府外交部致电顾维钧，通报德国外交部要求限期迁址的消息，"德既否认其占领区内之外交机关，我驻巴黎之使馆人员及重要文卷只得撤至维希"，以后关于

---

① 《侍从室第二处为驻美魏大使报告美国对于承认法解放委员会态度致参事室代电》，1943 年 8 月 1 日，中国第二历史档案馆藏"外交部档案"，档号：761/155。

② 《顾维钧致外交部电》，1943 年 7 月 11 日，台北"中研院"近代史研究所藏"外交部档案"，档号 600.13/0008。

③ 《参事室致蒋介石电》，1943 年 9 月 16 日，中国第二历史档案馆藏"外交部档案"，档号 761/155。

④ 《维希郭参事来电》，1941 年 5 月 21 日，《顾维钧档案》，档号 Koo/0020/002/0154/001。

巴黎的交涉事项"原则上避免与德外部接洽而由总领事馆向当地官厅商办"。[①] 顾维钧于 5 月 25 日回电外交部，表示遵照外交部命令，关闭驻法使馆。1941 年 6 月 10 日，中国驻巴黎大使馆被迫关闭，重要档案及留守馆员由施肇夔于当晚搬迁到维希。[②]

1943 年 1 月，德国占领当局命维希政府将中国使馆撤离法国，土耳其驻维希大使馆经由土耳其外交部向中国外交部转达了占领当局的要求。土耳其驻华代办面交的备忘录中称："由法国外交部得来消息，德国在法占领区之当局，向维希政府坚持要求中国外交代表团，须离开法国。"1943 年 5 月 19 日，外交部照会法国驻华代办，宣布因维希政府的"非法行为"，废除法国在华不平等条约特权，包括"租界、北平使馆界、上海公共租界，厦门公共租界行政权、领事裁判权及其他特权"，中国政府不再受旧有不平等条约的约束。[③]

1943 年 8 月 1 日，外交部发布对维希政权绝交宣言。宣言称："自法国政府迁都维希以后，中国政府为保持中法两国传统友谊及维护两国间彼此利益起见，对之始终予以尊重，并继续维持正常关系。法国在华一切利益，亦无一不继续获得保护"，但维希政府对中国"非友谊行动，层出不穷，有加无已"，如"与日寇订立越南军事及经济协定，资其利用，使为袭我之根据地"；1943 年 2 月允许日寇侵占广州湾，并订立协定。在废除治外法权及交还租界问题上，"不依照合法手续与中国政府订立条约"，而是"与南京傀儡组织一再签订协定，对于中国政府迭次声明该傀儡组织与任何国家签订任何协定均为无效一节，加以漠视"。鉴于上述事实，中国政府不能再予以容忍，郑重宣告，"自即日起，中国与法国维希政府之外交关系即行断绝"，所有"法国根据不平等条约在华取得之各项特权及租界及租借地，已因法国自身之非法行动归于消灭"。[④]

---

① 《重庆外交部来电》，1941 年 5 月 24 日，《顾维钧档案》，档号 Koo/0020/002/0155/001。
② 《维希郭参事来电》，1941 年 6 月 12 日，《顾维钧档案》，档号 Koo/0020/002/0163/001。
③ 《外交部致法国驻华代办照会》，1943 年 5 月 19 日，《中华民国史档案资料汇编》第五辑第二编《外交》，第 644 页。
④ 《对维琪政府绝交》，《中央日报》1943 年 8 月 1 日，第 2 版。

二、 中法新约的订立

中国与维希政权断绝外交关系后，法国民族解放委员会于 8 月 20 日发表声明，称"自中国政府与维希政府断绝邦交后，该会驻华代表为法方唯一代表"，解放阵线外交部长已经得到政府允准，一旦中国正式承认法国解放阵线，"立将法国在华特权问题提出"，并借谈判新约之机会通盘筹划中法关系，将两国关系建立在平等基础之上。法国解放阵线虽然同意废除在华治外法权，但对于滇越铁路提出要特别保留。对于国民政府以军事理由征用滇越铁路，解放阵线将其仅视为"暂时性质"，"该路为法在华企业之一，不能为修改不平等条约之举损害"，愿意与中国恢复 1940 年 6 月之前中法关系，并圆满解决滇越铁路问题。[①]

1944 年 12 月 11 日，法国代表贝志高返华，称"携有取消治外法权方案，愿与我政府进行谈判"。[②] 在中法新约谈判酝酿之际，1945 年 3 月，国民党中央驻越南办事处邢森就中法新约中涉及的问题，提出一份意见书，给外交部欧洲司参考。邢森在意见书中指出，前法越政府所制定的虐待华侨的条例，应一并取消；在中国驻越侨民中设立三民主义学校及有组织中国国民党之自由；在越侨民应有"入口、居住、置产、营业、制造、旅行、信教等习惯之自由权"；法越境内"有反对三民主义，妨害中法邦交各种行为之人民及学校、报纸、刊物等得由中法两国政府随时制裁禁绝"。[③]

7 月初驻法大使钱泰在宴请法国外长时，法方表示愿与中国合作，"至于不平等条约问题，彼不惜单独声明放弃"，但关于上海法租界"原有讨论并维持震旦大学"。[④] 在中法新约订立前，钱泰从法方得到的信息，称关于租界及领事裁判权问题仿英美新约办理；广州湾仿威海卫办法办理；滇越铁路改

---

① 《顾维钧致外交部电》，1943 年 8 月 21 日，台北"中研院"近代史研究所藏"外交部档案"，档号 600.13/0008。

② 《钱泰致外交部电》，1944 年 12 月 11 日，台北"中研院"近代史研究所藏"外交部档案"，档号 600.13/0008。

③ 《我国对法越应订新约意见书》，1945 年 3 月 12 日，台北"中研院"近代史研究所藏"外交部档案"，档号 600.13/0008。

④ 《钱泰致外交部电》，1945 年 4 月 1 日，台北"中研院"近代史研究所藏"外交部档案"，档号 600.13/0008。

变方式，但维持法方权利；关于越南交通予中国以便利。① 1945 年 8 月 18 日，中法订立《交收广州湾租借地专约》，外交部政务次长吴国桢代表中国政府、法国驻华大使馆代办戴立堂代表法国临时政府签字。法国政府同意将 1899 年中法《广州湾租界条约》所划定地界内之行政与管理，归还中国政府；将该地上所属之一切土地、房屋、公产、设备及建置，无偿让与中国政府。

1946 年 2 月 11 日，在国防最高会议第 183 次会议上，外交部部长王世杰向会议报告称，《中法新约》大体已经拟定，关于华侨待遇，"如出境、入境、纳费、开办小学、内河航行等，仍予维持"；"须享有最惠国人民之待遇"；"华侨纳费不得高于越南人民"；"华侨司法上之地位，须与法国人民同等"。关于海防港口的使用问题，双方商定："在海防划一地区，中国货物在此地区内起卸可纳费，并由中国海关派员前往主持。"此外，中国货物经过越南，免征通过税。由中国开往越南的车辆加封后，不得检查。越南铁路的中国境内部分交还中国，作为日本占领海防时中国货物损失的补偿，如果仍然不足，则以日本的海防财产作补充。②

1946 年 2 月 28 日，中法订立《关于法国放弃在华治外法权及其有关特权条约》。同年 6 月 8 日，中法双方在南京交换批准该条约。《条约》第一条载明，法国适用领土为法国本土、阿尔及利亚，法国海外殖民地及保护国，以及置于法国委任统治下之一切领土。缔约双方商定，为了建立广泛的通商航海条约，经一方之请求，将开展此项谈判。在广泛通商条约未建立前，如有在中国领土内涉及法国之任何权利问题发生，而未经本约废止或现行条约与本约不抵触者，由双方代表会商，依照国际法及近代国际惯例解决。③ 至此，中法间不平等条约得以废除。

越南问题一直是中法条约关系中的一个重要方面。抗战胜利后，中法关

---

① 《钱泰致外交部电》，1945 年 7 月 10 日，台北"中研院"近代史研究所藏"外交部档案"，档号 600.13/0008。

② 中国国民党"中央委员会"党史委员会影印：《国防最高委员会常务会议记录》第 8 册，台北近代中国出版社，1996 年，第 52—53 页。

③ 中法《关于法国放弃在华治外法权及其有关特权条约》，1946 年 2 月 28 日，重庆，王铁崖编：《中外旧约章汇编》第 3 册，第 1362—1363 页。

于越南的条约关系有两个大的问题：一是关于中越间通商居住事宜的规定，二是法国军队接防事宜。中法废除在华治外法权后，订立了关于中越关系的协定。根据协定，中国人民在越南继续享有"历来在越南享有之各种权利、特权及豁免"，包括出入境、纳税制度，取得与置有城乡不动产、设立中小学，从事农业及渔业，内河与沿海航行及其他自由职业。在越南的中国人，在司法上享有与法国人民同样待遇。关于国际货运，"来自或输入中国领土之货物，通过越南铁路者，应免除一切过境税捐"。[①] 2 月 28 日，中法订立《关于中国驻越北军队由法国军队接防之换文》，以换文的形式确定北纬 16 度线以北由法国军队接管。

废除法国在华治外法权及其他特权后，战后中法条约关系主要是开辟以及完善中越间的航空路线，并陆续签订了五个有关的航空协定。

第二节　拓展与无约国的条约关系

抗战爆发后，虽然面临日本侵略的威胁，但中国仍在继续拓展对外交往渠道，与一批无约国建立起了外交关系。抗战胜利后，中国迎来了一波建交的高潮，二战后摆脱了殖民统治的国家纷纷独立，他们先后与中国建立了外交关系。

一、　与亚洲国家的建交

中国与阿富汗订立通好条约。1937 年 7 月 16 日，阿富汗驻法公使拜访顾维钧，称他已经获得订约全权证书，奉政府训令愿与中国订约通使，"以民族同在亚洲，同一文化，应协力同谋共利"。阿富汗驻法公使表示，阿富汗与除中国外的亚洲各国均已经订立条约，即使日本距离阿富汗较远，也已经互派使节。顾维钧向外交部报告称，阿富汗毗连新疆，与苏

---

① 中法《关于中越关系之协定》，1946 年 2 月 28 日，铁崖编：《中外旧约章汇编》第 3 册，第 1362—1363 页。

联、伊朗、伊拉克、土耳其订立有互不侵犯条约或互助公约，现值"中日多故，西北方面关系綦重，自宜即时修好"。希望外交部能够赞同中阿建交，并草拟条约草稿。①

收到顾维钧转达的阿富汗建交意愿后，外交部回电简述了中国与阿富汗的历次建交谈判。外交部指出，1924 年中国与阿富汗曾经有过一次建交谈判，当时双方提出约稿"以相去过远未能顺利进行"；1934 年阿富汗驻英公使向中国驻英公使表示"愿赓续议约"，当时曾令郭泰祺与阿方接洽，双方谈判通好条约，一直未有结果。外交部表示，这是阿方第三次向中方提出建交，"本部极表赞同，并仍以先订通好条约"，要求顾维钧先向阿方探询此意。②

1937 年 9 月 1 日，顾维钧致电外交部，就与阿订立条约一事汇报与阿驻法大使的商谈结果："阿使避暑方归，约事特往商谈，先订通好条约，渠极表赞同，并出示约稿五条，均属普通条款，尤与大部所寄中利（利比里亚）约稿要致相同，惟设领一层以钧言，可俟另订商约时规定，故已删去"，"至外交代表应享受其他各国按照国际公法所享受之一切权利等语，驻华代表待遇不同，拟要求将其他各国字样删去。此外，钧拟参照中利约稿与之商订草约，言明议竣须呈部核示。"③ 收到顾维钧电文后，外交部回电指示："拟删及已删各节均甚扼要，希即参证中利约稿与阿使磋议草约呈部核办。"④

12 月 3 日，顾维钧致电外交部，汇报与阿富汗驻法大使会谈情形，阿富汗大使称："彼政府对我方所提通好草约完全同意，惟新疆喀什噶尔有阿民 5000 余人。在 1923 年时，阿国曾有领事，希望仍在该地设领，至华方可在阿任何一地方设领，以示相互之意。"顾维钧当时表示"设领于原则上本无反对，惟系属通商范围，故曾提议俟订商约时讨论，既承见商，提早办理，当电政府请示"。顾维钧认为"我国与阿商业不繁，原无急行设领之必要，惟值此抗日之际与苏联关系重要，在阿设领诸多便利，似可于签订商约时从

---

① 《顾维钧致外交部电》，1937 年 7 月 16 日，《顾维钧档案》，档号 Koo/0023/002/0057/001。
② 《外交部致顾维钧电》，1937 年 7 月 21 日，《顾维钧档案》，档号 Koo/0023/002/0061/001。
③ 《顾维钧致外交部电》，1937 年 9 月 1 日，《顾维钧档案》，档号 Koo/0023/002/0070。
④ 《外交部致顾维钧电》，1937 年 9 月 5 日，《顾维钧档案》，档号 Koo/0023/002/0072。

长规定"。① 12 月 12 日，外交部回复顾维钧"仍本我方通好草约进行，阿使所提设领一节，应从缓议，希设法勿先换文同意"。②

1943 年 11 月中阿订约事宜仍搁置在设领问题上。阿富汗同意与中方订约，但希望条约中列入在新疆喀什噶尔设领的规定。外交部建议在条约中作一原则规定"彼此得在双方同意地点设领"，阿方所提要求，可以另用照会予以同意。11 月 14 日，蒋介石将侍从室建议转至参事室，令研究具报。③

经过长时间的谈判，中国与阿富汗建交条约于 1944 年 3 月 2 日签订。中国驻土耳其全权公使邹尚友、阿富汗驻土耳其全权大使穆哈麦德汉分别代表各自政府签字。长期争执不下的设领地点问题规定于第三款"彼此得在双方所同意之地点设立领事官"，第四款规定另订条约规定双方人民在彼此领土内的旅行居住和经商问题。④

中国与伊拉克订立友好条约。1942 年 3 月 16 日，中国与伊拉克建交，订立友好条约。国民政府代表张彭春、伊拉克政府代表阿尔达玛卢杰在巴格达各自代表本国政府签字。"两缔约国同意，按照国际公法原则，建立两国间外交关系"，"两缔约国并同意此缔约国代表，在彼缔约国领土内，应本相互原则，享受国际公法通常承认之一切权利优例及豁免"，双方将另订专约，规定两国间的领事及商务关系。⑤

相较于其他友好建交条约而言，中国与伊拉克的建交条约只是限于建交，不涉及领事条款。条约第三条规定："关于两国间之领事及商务关系，以及此缔约国国民在彼缔约国领土内之居留条件，随后另订专约规定之。"中国与伊拉克建交条约还附有双方的往来函，声明"应与 1930 年 6 月 1 日在巴格达签订之伊拉克与英国同盟条约及其所附换文之规定相符"。⑥

1946 年 1 月 23 日，中国与暹罗建立近代意义上的国家间关系。11 月 15

① 《顾维钧致外交部电》，1937 年 12 月 3 日，《顾维钧档案》，档号 Koo/0023/002/0088。

② 《外交部致顾维钧电》，1937 年 12 月 12 日，《顾维钧档案》，档号 Koo/0023/002/0091。

③ 《侍从室关于请核议外交部宋部长呈报中国与阿富汗订约及换使事具报致参事室代电》，1943 年 11 月 14 日，王建朗主编：《中华民国时期外交文献汇编 1911—1949》第八卷（上），第 337 页。

④ 《友好条约》，1944 年 3 月 2 日，王铁崖编：《中外旧约章汇编》第 3 册，第 1288—1289 页。

⑤ 《国民政府公布与伊拉克王国签订'友好条约'》，1942 年 3 月 16 日，中国第二历史档案馆编：《中华民国史档案资料汇编》第五辑第二编《外交》，第 705 页。

⑥ 《友好条约》，1942 年 3 月 16 日，王铁崖编：《中外旧约章汇编》第 3 册，第 1240—1241 页。

日，中国与沙特阿拉伯订立《友好条约》，正式建立外交关系。中国与沙特条约不仅仅是确立两国的外交关系，而且还包含了领事条款和特定的居留条款。第三条规定"彼此得在双方所同意之地点设立领事馆"，彼此所派领事在相互条件下，享受国际公法一般原则所承认之待遇。条约规定彼此国民在对方享受最惠国待遇的同时，提出"此缔约国国民在彼缔约国领土内身故时，其遗产在履行有关司法程序以后，如无合法保管人，应交由其最近之本国领事馆，以便转交死者之合法继承人。"此条规定，为通商友好条约中所无。条约还附有双方的换文，规定设领地点在吉达。① 1947 年 4 月 18 日，中国与菲律宾缔结两国间友好条约。

二、 与北非国家建交

中国与利比亚友好条约的订立。1937 年 8 月 12 日，顾维钧致电外交部，汇报称中利友好条约草案已经送达驻法利使，双方商议后对该约草案完全同意。驻法利使已经被委任为谈判全权代表，并出示了全权文凭，利方希望能在 9 月初签字。顾维钧询问外交部，可否授予全权签字。②

9 月 9 日，外交部致电顾维钧"令派顾维钧为议订中利友好条约全权代表"。③ 1937 年 12 月 11 日，中利友好条约在法国签字，驻法大使顾维钧代表中国政府在条约上签字。"中利友好条约经钧遵照大部寄稿议定合缮中英文各一份，于今午与利全权在本馆正式签字，约文俟觅妥员带上"。④ 条约共有六条，第二条规定"两缔约国有互相派遣正式外交代表之权，此项代表在所驻国应享有国际公法通常承认之一切权利、优例及豁免"。第三条规定，双方互派领事"此项领事官应行使国际通例通常承认之职务，并享受国际通例通常承认之待遇"。条约并未涉及具体的通商及国民待遇问题，而是在第四条规定"两缔约国约定关于通商航行事宜，以及两国人民在彼此领土内居留及暂住条件，以专约规定之"。条约原规定双方在巴黎互换批准文件，自

---

① 《友好条约》，1946 年 11 月 15 日，王铁崖编：《中外旧约章汇编》第 3 册，第 1457—1458 页。
② 《顾维钧致外交部电》，1937 年 8 月 12 日，《顾维钧档案》，档号 Koo/0023/002/0064/001。
③ 《外交部致顾维钧电》，1937 年 9 月 9 日，《顾维钧档案》，档号 Koo/0023/002/0076。
④ 《顾维钧致外交部电》，1937 年 12 月 11 日，《顾维钧档案》，档号 Koo/0023/002/0089。

互换批准之日起，条约发生效力。①

中利条约签字后，因规定需要经各自缔约国依照本国法定手续批准，行政院在第 357 次院务会议决议通过后，国民政府遂命令立法院审议中利条约。立法院委员楼桐孙等审查后认为："中利两国间关于通商航行以及两国人民在彼此领土内居留及暂住之条件等问题之解决，虽尚有待于另订条约，但本约系为两国创立友好邦交，查核内容，亦尚妥善，拟可予以批准。"② 中国与利比亚建交条约最终于 1941 年 10 月 16 日在葡萄牙首都里斯本交换批准。

三、　与欧洲小国建交

中国与爱沙尼亚订约。1937 年 12 月 21 日，中国驻英大使郭泰祺代表国民政府与爱沙尼亚代表在伦敦签订友好建交条约。中爱友好条约共有八条。第二条规定，双方互派外交代表，"此项代表，在所驻国应享受国际公法通常承认之一切权利、优例及豁免"。第三条规定，双方互派领事，"此项领事官应行使国际通例通常承认之职务，并享受国际通例通常承认之待遇"。中爱条约第五条给予彼此国民待遇，但在地点上有所限制。爱沙尼亚人在中国不再享受治外法权，"其身体财产应依照所在国法律章程享有游历、居住、作工及经营工商业之权"，但其活动地点"以允许第三国人民游历、居住、作工及经营工商业之处所为限"。双方将在最短期内另订通商航海条约。③ 立法委员楼桐孙等审议时认为，"本条约为建立两国亲睦邦交，并以平等及互尊主权之原则为基础而议订"，可予以批准。④

中国与罗马尼亚订约时，罗马尼亚坚持先订商约。1939 年 1 月 20 日，外交部致电顾维钧，表示可以以利约为蓝本与罗马尼亚谈判。"利比里亚条

---

① 《中国利比里亚国友好条约》，1937 年 12 月 11 日，中国第二历史档案馆编：《中华民国档案资料汇编》第五辑第二编《外交》，第 46 页。

② 《立法院委员楼桐孙等审查中国利比里亚国友好条约报告呈》，1938 年 5 月 2 日，中国第二历史档案馆编：《中华民国档案资料汇编》第五辑第二编《外交》，第 46 页。

③ 《中国爱司托尼亚国友好条约》，1937 年 12 月 21 日，中国第二历史档案馆编：《中华民国档案资料汇编》第五辑第二编《外交》，第 43 页。

④ 《立法院委员楼桐孙等审查中国爱沙尼亚国友好条约报告呈》，1938 年 5 月 2 日，中国第二历史档案馆编：《中华民国档案资料汇编》第五辑第二编《外交》，第 42 页。

约底本可抄示罗使阅看。根据原电大意继续洽商，如彼坚持先订商约，则请其将约款提示再行核办"。① 1939 年 4 月 1 日，外交部致电顾维钧，"与罗马尼亚订约事磋商费时，我方希望先议通使，彼此早日设馆"。② 4 月 11 日驻捷克使馆梁龙致电顾维钧，询问与罗马尼亚缔约一事，请顾给予工作指示。③ 1938 年 6 月 7 日，顾维钧致电外交部，"昨晤罗使告以政府训令可与订约，如罗政府愿即进行商订，将约稿提出，彼称即电罗政府请示"。④

1938 年 6 月 15 日，罗马尼亚驻法大使与该国外交部商业顾问往访顾维钧，商谈订约问题。罗方提出"商订通使条约需时，最好同时先将两国通商问题先期交换意见，如罗国出产麦油、枕木甚富，中国采购拟如何运输付价等"，顾维钧建议先通使，"通使之后，通商问题可从长商谈"，但罗马尼亚方面担心迁延过久，仍主张先由双方非正式交换意见，"察其语气，似以通商为重，通使与否将视贸易之希望如何为定"。在罗方坚持下，顾维钧电外交部"拟介绍我国贸易局郭（秉文）局长与该司长交换两国贸易统计材料，以资研究，不作为谈判"。⑤

6 月 17 日，顾维钧致函郭秉文，介绍罗马尼亚有意开启中罗商贸关系的意愿。顾维钧称，罗马尼亚生产小麦、石油和枕木，而这些物品正是中国每年大量进口的种类。顾维钧称，中罗双方首先是在日内瓦进行了初步会晤，接着是在巴黎进行了再次交流，最近双方围绕建立外交关系及通使问题正进行商谈。顾维钧告诉郭秉文"我国希望先与罗马尼亚谈判缔结通使条约，然后再谈贸易问题，但罗方认为贸易问题更为重要"；在最新一次商谈中，罗方明显将贸易置于其他问题之上，为了便利筹议中的通使条约及筹备中的未来贸易关系谈判，只有设法满足对方谈判代表的要求，基于此，顾认为郭秉文本人是最适合此任务的人选，希望他返回巴黎后即安排一次与罗方代表的会谈。⑥

---

① 《外交部致顾维钧电》，1939 年 1 月 20 日，《顾维钧档案》，档号 Koo-0023-002-0162。
② 《外交部致顾维钧电》，1939 年 4 月 1 日，《顾维钧档案》，档号 Koo-0037-011-0133。
③ 《驻捷克使馆致顾维钧电》，1939 年 4 月 11 日，《顾维钧档案》，档号 Koo-0037-011-0148。
④ 《顾维钧致汉口外交部电》，1938 年 6 月 7 日，《顾维钧档案》，档号 Koo-0023-002-0124。
⑤ 《顾维钧致汉口外交部电》，1938 年 6 月 15 日，《顾维钧档案》，档号 Koo-0023-002-0126。
⑥ 《顾维钧致郭秉文函》，1938 年 6 月 17 日，《顾维钧档案》，档号 Koo-0023-002-0128。

此时，驻捷克公使梁龙因德国侵占捷克，希望中罗能早日订约，通过互换使节，驻节罗马尼亚。梁致电顾维钧："现中罗邦交将成，晚得承乏，皆我公之赐，不胜感激，现此间环境日劣，急需早离，倘蒙大使向罗使征求同意，时促其早办，尤为感谢。"① 6 月 28 日，梁龙再次致电顾维钧，称已得罗前驻捷克代办答复，由其出任驻罗使节并不反对。该前代办指出，该答复系奉罗马尼亚外长训令而做出，即"罗政府决定与中国通使之意"，"现由中国提出使节人选征求同意当然无问题"。②

7 月 3 日，顾维钧将中罗建交及使节选派问题致电外交部。"经再向罗使接洽，日昨乘罗使在馆午宴之便，告以政府拟先调梁使驻罗"，罗马尼亚驻法大使提出"中罗成立外交关系事已报告政府请示，不日可得训令，请俟决定后再提梁使衔名征求同意"。③ 中国与罗马尼亚建立起公使级外交关系，但罗马尼亚并未向国民政府派遣公使。汪精卫傀儡政权成立后，罗马尼亚追随德国与汪伪建交。

四、 与拉美各国建交

中国与哥伦比亚建交。1943 年 10 月，中国与哥伦比亚订约谈判已经接近完成，侍从室在核议外交部的签呈时，提出了一些建议。尤其是对于条约草案第五条出入境条款，认为有修改必要，要求向对方提出下列增加条文："两缔约国人民得在与其他国人民同样条件之下，依照彼此现行移民法令自由出入彼此领土，双方了解本条之规定，不适用于哥伦比亚共和国为美洲人民所设之特殊便利，但此项特殊便利如为任何非美洲国家人民所享有时，则应立即同样给予中华民国之人民。"中方向哥伦比亚提出后，哥伦比亚以西班牙为特例，拒绝接受该条。哥伦比亚认为，"西班牙文化国家在特殊情形下，或须以特优条件招致西班牙工人或技术人员前往，不愿中国人民援例要求享受同样条件"，坚持要求删除最后一句，即"但此项特殊便利如为任何非美洲国家人民所享有时，则应立即同样给予中华民国之人民"。中方虽然

---

① 《梁龙致顾维钧电》，1939 年 6 月 15 日，《顾维钧档案》，档号 Koo-0023-002-0154。
② 《梁龙致顾维钧电》，1939 年 6 月 28 日，《顾维钧档案》，档号 Koo-0023-002-0156。
③ 《顾维钧致外交部电》，1939 年 7 月 3 日，《顾维钧档案》，档号 Koo-0023-002-0157。

力争保留，但未取得效果。

外交部认为，中国与哥伦比亚尚无条约关系，为保护哥伦比亚华侨，中方需要与哥缔结新约，即使删掉上文所提条款，亦"较我国与一般中南美国家所订条约为佳"。"我与中南美国家，以往所订条约除古巴外均无入境条款"，可以接受哥伦比亚所提的条款。外交部建议在向哥方让步之前，再提出一个修正条款："两缔约国人民得在与其他国人民同样条件之下，依照彼此现行移民法令自由出入彼此领土。本条之规定，不得解释作为适用于哥伦比亚共和国为美洲国家人民所设之特殊便利。但了解此种解释系为一切非美洲国家所接受者。"宋子文建议，如果哥伦比亚仍不能接受修正条款，则"拟接受哥方之要求，删去前案末一句，俾新约得以签订"。[①]

参事室不建议以此条件缔结中哥新约，认为有违平等缔约原则。"不平等条约既经废止，我国与他国订约宜特别谨慎，力避接受对于华侨之任何差别待遇"，如果哥伦比亚政府坚持中国移民不能与美洲人民或西班牙人民享受同等待遇，而中方接受这种条款，"即系接受差别待遇"。参事室指出，中方在哥伦比亚侨民不过 400 余人，在战事结束之前，不易增加。如果此时就接受对方建议与哥订约，对中国未必有重大的实际利益。王世杰建议中方应坚持外交部所提之修正案，如该国对此不表同意，则可以搁置缔约谈判。蒋介石收到王世杰建议后，要求外交部遵照办理。[②]

中国与阿根廷建交。阿根廷为南美大国，中国与阿根廷曾商谈通使建交，但一直没有进展。驻智利使馆秘书汤武致函王世杰，认为阿根廷战后必将回归美洲国际社会，建议中国与阿根廷建交。汤武认为，阿根廷在感情上比较接近欧洲各国，在商业上与英国互通有无，关系密切。阿根廷自认南美第一强国，应居领导地位，"对于美国之泛美政策历年来即抱不满"，"珍珠港事件后，美国为团结防御西半球，并维持本身尊严计，对阿抑制益甚"，阿根廷慑于美国强大，接受了墨西哥会议所提议的各项安排，保证采取集团

---

① 《侍从室送交核议外交部签呈中哥新约谈判情形致参事室电》，1943 年 10 月 31 日，王建朗主编：《中华民国时期外交文献汇编 1911—1949》第八卷（上），第 335 页。

② 《参事室奉交核议外交部签呈中哥新约谈判情形拟具意见呈》，1943 年 11 月 3 日，王建朗主编：《中华民国时期外交文献汇编 1911—1949》第八卷（上），第 336 页。

行动，抵抗侵略，进而与德日绝交，美阿关系一时出现好转迹象。[①]

中阿友好条约草稿拟就后，参事室认为，总体上条约尚属妥善，"第五、六两条规定之入境自由及工作自由等虽未必能为对方所完全接受，但作为初步交涉草案"，在作准文本问题上，草约规定"以英文为准"，此条似与尊重订约国本国文字宗旨不符，建议改为"本条约分缮中文及西班牙文本，在解释上具有同等效力"。[②] 终于 1947 年 2 月 10 日，中国与阿根廷在布宜诺斯艾利斯订立了《友好条约》。条约第五、第六条规定，两国互相给予彼此国民在对方领土内以最惠国待遇，即"此缔约国国民在彼缔约国领土内，得于任何第三国国民享有相同权利之地方，享有作工与经营工商业之权利"。[③] 条约第八条规定，遇有不同解释时，以英文本为准。

外交部对中国与拉美各国所订条约认为总体上有助于改善侨民在该地的待遇，至少不应再受歧视。中国与南美各国关系的特点是：中国有多数侨民居住在南美，而南美各国并无对应数量的侨民居住在中国。截止到 1942 年 4 月，尚未与中国订约但已经派使设领的国家有 9 个，分别是巴拿马、古巴、危地马拉、尼加拉瓜、萨尔瓦多、洪都拉斯、哥斯达黎加、哥伦比亚、委内瑞拉，其中后面四国为新派兼使国家。驻古巴公使李迪俊已经受命与该四国进行订约谈判。[④]

中国与古巴建交。1942 年 11 月 12 日，中国与古巴订立友好建交条约，李迪俊代表国民政府与古巴外交部部长马定内（Martiney）代表各自政府缔结条约。中古条约第二条声明"两缔约国声明彼此具有坚强决心，亲密协作，以树立并维持基于正义之世界和平及促进两国人民之经济繁荣"；第五条声明"两缔约国人民，得在与其他国人民同样条件下，自由出入彼此领土"；并商定在最短期内，另订通商航海条约。在同日的建交照会中，双方声明"古巴政府将于最短期内制定必要法律，实施第五条之规定"；在法律

---

① 《阿根廷之国力内政与外交》，1945 年 3 月 24 日，王建朗主编：《中华民国时期外交文献汇编 1911—1949》第八卷（上），第 344—350 页。

② 《参事室关于外交部所拟中国阿根廷友好条约约稿之意见签复》，1945 年 7 月 28 日，王建朗主编：《中华民国时期外交文献汇编 1911—1949》第八卷（上），第 344—350 页。

③ 《友好条约》，1947 年 2 月 10 日，王铁崖编：《中外旧约章汇编》第 3 册，第 1472—1473 页。

④ 《1940 年外交部工作报告》，台北"国史馆"藏"外交部档案"，档号 020000013397A。

制定之前，现行法律仍然有效，但"此种法规中之规定，如有足以解释为歧视中华民国人民者，对中国人民不得施行"。[1]

中国与多米尼加建交。1940 年 5 月 11 日，中国与多米尼加共和国签订《友好条约》。中方全权代表、驻古巴特命全权公使李迪俊代表中国，多米尼加共和国外交部部长戴斯普拉德代表多米尼加签字。条约双方本着平等互惠原则订立，共有八个条款。《条约》第二条规定："两缔约国有相互派遣正式外交代表之权，此项代表在所驻国，应享受国际公法通常承认之一切权利，优例及豁免。"第三条规定"两缔约国在彼此领土内共同商定之地方，有派驻总领事、领事、副领事、代理领事之权。此项领事官应行使国际通例通常承认之职务，并享受国际通例通常承认之待遇。"第四条是彼此给予对方国家国民在本国内以最惠国待遇，并强调遵照所在国的法律和章程。[2]

1944 年 5 月 5 日，中国与哥斯达黎加共和国建立外交关系。驻哥斯达黎加全权公使涂允檀代表中方，哥斯达黎加共和国内政部部长所托代表哥方，分别在《友好条约》上签字。第四条规定："两缔约国在彼此领土内共同商定之地方，有派驻总领事、领事、副领事、代理领事之权""不得任命经营工商业人民为领事官员。"条约第五款规定给与彼此人民在本国领土内以最惠国待遇。[3] 1946 年 1 月 6 日，中国与厄瓜多尔订立友好条约。

第三节　战时中荷关系与中荷新约的订立

"七七"事变后，荷兰对华虽持同情态度，但其外交步调与国联保持一致，对日仍保持贸易关系。为了荷属东印殖民地的安全，荷兰政府甚至不愿跟随英美一起对日发起抗议照会，在对日外交上小心谨慎。布鲁塞尔会议后，在对华贷款以及对日石油禁运方面，荷兰并不积极。荷兰沦陷之后，女王及政府机构

---

[1] 《中华民国、古巴共和国友好条约》，王建朗主编：《中华民国时期外交文献汇编 1911—1949》第八卷（上），第 351—354 页。

[2] 《友好条约》，1940 年 5 月 11 日，王铁崖编：《中外旧约章汇编》第 3 册，第 1160—1161 页。

[3] 《友好条约》，1944 年 5 月 5 日，王铁崖编：《中外旧约章汇编》第 3 册，第 1300—1301 页。

迁往伦敦，中荷外交关系经历了一段特殊的时期。太平洋战争爆发后，英美等盟国决定废除在华领事裁判权，荷兰亦响应此潮流，同意废除在华旧有不平等条约，但由于双方谈判时对出入境条款以及领事权利的分歧，《中荷新约》一直延宕到 1945 年 5 月方得以订立。荷兰是国联国际法院所在地，在全面抗战前期中国争取国际舆论方面，荷兰具有独特的地位。战时中荷关系具有一定的普遍性，因为荷兰代表了一大批中小国家战时对华外交的特征。

一、 全面抗战爆发后的中荷关系

在"七七"事变前，为庆祝英国威廉国王加冕仪式，国民政府派出孔祥熙访英团游历欧洲，名义上是庆祝威廉国王加冕，实际上还担负了向欧洲各国求援的重任。访英团到欧后，为争取欧洲各国的军事援助四处活动。孔祥熙曾向法、德两国寻求军事帮助。副团长海军部部长陈绍宽于 1937 年 7 月 4 日至 8 日访问荷兰，目的在于探讨与荷兰进行军事合作的可能性，以便增强与荷兰的军事联系。访问期间恰逢卢沟桥事变爆发，中日爆发全面战争，远东国际格局随之发生改变，这直接影响到了中国与荷兰的外交关系。

7 月 13 日上午 11 时，金问泗拜访荷兰外交部代理外长斯努克（A. M. Snouck Hurgronje），一是感谢荷兰对陈绍宽的招待，二是向荷方通报卢沟桥事变的进展。由于未得到上级明确指示，金问泗并未向荷兰寻求外交上的调停。金问泗表示，日军演习部队在距离北平市中心仅 15 公里的地方进行夜间演习，这是导致事变爆发的原因。日本发动事变后，试图从 1901 年《辛丑和约》中为其非法行动寻找依据，但日本的辩护"无论是从事实上还是法律上都是站不住脚的"。金问泗指出，《辛丑和约》订立于 30 多年之前，订约之时所设定的环境与当下完全不同。斯努克表示当下的环境与 30 年前条约签订时大为不同，尽管荷兰是《辛丑和约》签字国之一，但早已放弃了使馆区的驻军权。此外，"从《辛丑和约》具体条文而言，亦未允许签约国在北平周围驻扎大量军队，如日本所做那样"。[①]

[①]　Conversation with Mr. Snouck, July 13, 1937,《纯孺历年会晤录》（一），斯坦福大学胡佛研究院档案馆藏，金问泗文件 Box 1。

金问泗称，华北形势日见紧张，日本加紧准备更大规模的军事行动。"正如阁下所了解，中国人民是最爱好和平的民族，中国政府将尽力维护和局"，但日本却谎称是中国加剧了紧张局势，"日军的行动是出于自卫"。中国政府面对如此严重的挑衅，除了做相应的自卫准备，别无选择。斯努克表示："没有人会相信日本的谎言"，"相信中国一定会坚定自身立场，中国是个大国，绝不会屈服。"[1]

陈绍宽在访荷期间对荷兰海军留下了深刻印象，尤其是认为荷兰潜水艇部队高效而富有战斗力。由于陈绍宽此刻将要回国，他希望留下一名或两名助手留荷，具体接洽培训事宜。7月13日下午4时，金问泗约访荷兰海军副司令、国防部海军主管福斯特纳（J. T. Furstner），希望荷兰能够为中国培训海军军官。福斯特纳表示，决定权在于荷兰内阁。他认为，如果中国派人到荷属印度的泗水参加培训，更为便利。[2]

自7月12日起，国民政府尝试联系美英法等国，请其调停中日冲突，但三国并未给出积极的回应。虽然英法均认为美国的参与非常重要，但美国不愿卷入中日之间的纠纷。[3] 此时，在各国不愿积极出面的情形下，中国所能够利用的外交渠道，形式上和法理上存在国联和《九国公约》签字国两种途径。鉴于英法等均不愿中国诉诸国联，因此可能发挥作用的途径亦只有九国公约国。7月16日，国民政府外交部向除日本之外的《九国公约》签字国，以及苏联和德国递交了一份中国寻求和平解决事变的备忘录。备忘录指出，日本在卢沟桥附近的军事演习并无条约根据，日本的行为"实属破坏《九国公约》所规定之中国领土主权完整"，中国政府仍准备进行谈判。[4]

战争爆发后，国民政府曾有意继续向国联求助，但英法均不建议中国诉诸国联，认为中国应求助于《九国公约》签字国，召开包括美国在内的签字

---

① Conversation with Mr. Snouck，July 13，1937，《纯孺历年会晤录》（一），金问泗文件 Box 1。
② Conversation with Vice-Admiral J. T. Furstner，July 13，1937，《纯孺历年会晤录》（一），金问泗文件，Box 1。
③ 关于美国的态度，参见王建朗：《抗战初期的远东国际关系》，台湾东大图书公司，1996年，第38—39页。
④ 《致〈九国公约〉签字国备忘录》，1937年7月16日，王建朗主编：《中华民国时期外交文献汇编1911—1949》第七卷（上），第78页。

国会议。① 荷兰是《九国公约》签字国之一。7 月 16 日，金问泗奉命约见荷兰外交部代理部长斯努克，递交关于中日冲突的节略，请其转交外交部部长科林（Hendrikus Colijn）。金问泗在和斯努克谈话时称，华北情形十分危急，"战争似乎不可避免"，中国政府希望了解"荷兰政府对中日冲突的看法和态度"。斯努克谓"荷兰对被侵略者表示同情，并始终支持维护和平的一方"。金问泗表示，日本诬称中国是挑起冲突的一方，此种舆论随处可见，"中国希望维护和平，但不能接受带来屈辱的条款，如果被迫进行战争，其责任不在中国"。斯努克评论称，"我们都不会忘记，北平是中国领土的一部分"，"维护和平是光荣的，但并非不计代价的维护和平"，荷方此种表态完全站在中国立场上，认为日本是侵略者。②

在 7 月 16 日的会谈中，荷方表示已经收到了中方递交的关于呼吁国联调停中日冲突的备忘录，此次会谈面交的节略更为简单扼要。金问泗指出，如果爱好和平的国家一起致力于维护远东和局，必能营造出一个强大的维护和平的力量。斯努克表示，荷兰虽然是《九国公约》签字国，但并非一个强国，荷兰没有一个强大的军队和海军，荷兰对中国的支持"将是精神上的支持，不是物质上的支援"。与英法反应类似，荷兰亦询问美国在中日冲突中的态度，认为美国应该采取一定的外交步骤。③

淞沪抗战爆发后，中国与荷兰交涉中的一个重要方面是优先够买美国战斗机问题。中国驻美使馆向美方公司订购了 13 架美制战斗机，当签订购买合同时发现荷兰政府已经先于中方在该公司订购了 26 架战机，并要求 1938 年 1 月交货。由于该美国公司生产能力有限，中方订购的飞机要到 1938 年 10 月方能交货。得知此情况后，中国驻美大使馆希望驻荷兰公使金问泗能够向荷方沟通，优尽让中国购买，因"中国政府急需战斗机"。金问泗接到指示，要求探询荷方"是否可能让中国政府先行取得荷兰合同中 26 架战机中

---

①　中国战争爆发之初求助国联和《九国公约》签字国的讨论，参见侯中军：《七七事变与英国的最初因应》（《近代史研究》2018 年第 2 期）一文。

②　Conversation with Mr. Snouck, July 16, 1937,《纯孺历年会晤录》（一），金问泗文件 Box 1。

③　Conversation with Mr. Snouck, July 16, 1937,《纯孺历年会晤录》（一），金问泗文件 Box 1。

的 13 架"。荷兰驻美大使已经答应将征询荷兰政府的意见。①

斯努克称，他尚未从荷兰驻美大使处收到类似信息，亦不清楚是从哪家美国公司订购的战机，甚至不知道究竟是海牙还是巴达维亚发出的订单，并询问金问泗是否已经问询过荷兰国防部和殖民部。斯努克表示，荷兰和中国类似，国防落后，除非需要，不会购买武器，荷兰只能生产小型飞机，斯努克强调"每个国家制造大型机械都为自己使用，荷兰很幸运能够从美国完成订单"；"现在购买到战斗机是极端困难的任务"，暗示荷兰政府可能难以满足中方的要求。虽然拒绝了金问泗的要求，但斯努克仍表示将把此消息转给国防部和殖民部，并称如果是荷印总督的订单，则一切事务须取决于总督。金问泗表示"如果荷兰政府能够帮助中国，中国政府将极为感激"。②

斯努克很快确认是荷兰东印度公司向美方订购了 26 架战斗机。得悉此消息后，金问泗于 8 月 11 日约见荷兰殖民部部长维尔特（Ch. J. I. M. Welter）。会见时，维尔特开门见山称转让 13 架战斗机一事困难很大，因为这将打乱荷属东印的防御计划。维尔特指出，"推迟 10 个月提供格林马丁战斗机，意味着要重新调整整个飞行训练计划"，而且就目前太平洋上的形势而言，"没有人能预测接下来的 3 个月内将发生什么"；如果在荷印的防御上有所疏忽，他本人将承担巨大的责任。金问泗说，他当然非常清楚荷属东印度防御的重要性，但中国正进行殊死战斗，"希望荷兰政府能够伸出援手"，相较而言荷印处于一个比中国更为安全的地域，远离危险地带，"就获得战斗机的紧迫性而言，中国要远超荷属东印度"。金问泗希望维尔特作为中国的朋友能够伸出援手。③

维尔特表示理解金问泗所说的状况，如果有可能，他本人定会帮助中国，但就战斗机一事而言，实难有两全解决之道。金问泗希望荷兰经过重新评估找到解决办法，比如发现荷印不需要为数 26 架的战斗机，或者从时间上不需要那么着急。金问泗表示，中方并非要完成不可能的事情，而是希望

---

① Conversation with Mr. Snouck，August 5，1937，《纯孺历年会晤录》（一），金问泗文件 Box 1。
② Conversation with Mr. Snouck，August 5，1937，《纯孺历年会晤录》（一），金问泗文件 Box 1。
③ Conversation with Mr. Welter，August 11，1937，《纯孺历年会晤录》（一），金问泗文件 Box 1。

了解荷印能否就购买战斗机一事进行调整，比如能否减少购买战机的数量，中方可以支付相应的价格差。金问泗还进而询问，荷方为何不能等到1938年10月取得这批战机，希望殖民部能够咨询荷印总督的意见。维尔特称，可以确信荷印总督不会同意匀出战斗机给中国，但他会尽力说服总督。①

8月25日，首相兼外交部部长科林度完暑假后返回荷兰。8月30日，金问泗拜访科林，向科林通报中日战争的情形。金问泗称中国面临严重局势，中国除了应战别无选择。尽管中国中央政府已经同意华北地方政府与日军达成的解决协议，但日本刻意挑起战争，中方已经尽了一切可能维护和平的努力。科林问中日是否仍有可能达成和平协议，金问泗称可能性不大，因为日军的目的是征服全中国，其目标不仅仅是中国，而是整个太平洋。金问泗向科林表示，"尽管已经预料到可能不会有什么结果，但中国还是在考虑向国联提起诉讼"，尚不确定中国会否申请运用《国联盟约》第十七条或第十一条，或者仅仅是通知国联远东正在发生的侵略。经过"九一八"事变后中国上诉国联的痛苦经历，中国非常清楚不会对国联抱有什么期望，但中国相信国联盟约决非仅仅是静止不动的文字。此外，"如果中国不求助国联，可能会被解释为对国联的轻视"。会谈中，金问泗表达了希望能够在国联得到荷方帮助的愿望，但科林表示"国联能做的无非是成立一个调查委员会，并称时间太短，需要仔细研究"；荷兰作为一个小国，"无力帮助中国，也不要期望荷兰可以领头干涉中日冲突"。②

科林明确表达了对中日冲突的立场，并认为国联不足恃。金问泗随即向科林提出更为具体的事项，即希望荷兰帮助中国训练潜水艇战斗人员。金问泗告诉科林，中国海军部部长陈绍宽访荷期间对荷兰潜水艇训练印象深刻，希望派中国军人到荷兰或荷印接受训练。金问泗表示荷兰后勤司令和国防部部长均不反对，但最终决定权在科林，希望科林首相能够同意此事。科林婉转表示，他本人不反对帮助中国训练潜水艇战斗员，但需首先咨询国防部部长方迪科（Van Dijk）意见。③ 9月7日，金问泗约访国防部长方迪科。方迪

---

① Conversation with Mr. Welter, August 11, 1937，《纯孺历年会晤录》（一），金问泗文件 Box 1。
② Conversation with Dr. Colijn, August 30, 1937，《纯孺历年会晤录》（一），金问泗文件 Box 1。
③ Conversation with Dr. Colijn, August 30, 1937，《纯孺历年会晤录》（一），金问泗文件 Box 1。

科表示，他不反对中国的要求，但首先应咨询荷印总督的意见，事情方能顺利进展。范迪科还建议"不妨试探从小规模开始，先派遣三至五人至巴达维亚荷兰潜艇接受长期的培训"，但真正大规模的派遣人员"须到战争结束之后"。① 这种象征意义的训练，事实上等于拒绝了中方的要求。

此时荷兰对中国的抗日战争持中立立场，虽然给予中国以同情，但明确表示只能限于精神上的支持，无法给予具体的物资支援。与英法类似，荷兰不鼓励中国求助国联，即使是在向《九国公约》国求助上，荷兰亦表示自己是小国，无法发挥领头作用。虽然英法皆不鼓励中国上诉国联，但中国政府仍决定一试。8 月 30 日，中国驻日内瓦代表团公使胡世泽向国联秘书长递交了中方照会，阐明中国对中日冲突的所持的态度。9 月 4 日，蒋介石在接见美联社记者时，申明"中国抗战非仅为中国本身之存亡而战，亦为维持世界之和平而战"，"制止日本之侵略，乃为九国公约与凯洛格公约签字国及国联各会员国之共同责任"。② 顾维钧曾向法方表明，"中国并非不知国联软弱无力，但是我国政府认为，它至少可以宣布日本是个侵略者，而将制裁问题作日后第二步处理"。③ 中国政府决定在 1937 年 9 月 13 日召开的国联大会上正式向国联申诉。

二、 敦促荷兰制裁日本的努力

虽然国联自抗战爆发以来并未发挥应有的作用，但中国政府并未停止向国联的申诉。在此期间，金问泗一直在国联内寻求荷兰的外交支持。1938 年 9 月 7 日，金问泗在与荷兰外交部部长帕金（Patyn）谈话时，帕金称"荷兰始终同情中国，但怀疑国联是否能对中国有所帮助"，金问泗坚称"中国始终相信国联"。帕金感慨，这可能是对国联最好的赞誉之词了。面对即将召开的国联第 19 次代表大会，帕金并不讳言国联所面临的复杂形势，指出国联已经有了分裂的趋势，每个洲都有自己的"国联"，有欧洲国联、美洲国

---

① Conversation with van Dijk, August 30，1937，《纯孺历年会晤录》（一），金问泗文件 Box 1。
② 《接见美联社记者，申言中国抗战为维护世界和平而战》，1937 年 9 月 4 日，吕芳上主编：《蒋中正先生年谱长编》第 5 册，第 399 页。
③ 中国社会科学院近代史研究所译：《顾维钧回忆录》第 2 分册，中华书局，1985 年，第 463 页。

联、亚洲国联等。国联的分裂之势并未有停止的趋势。《国联盟约》第十六款系制裁违反盟约的条款，但各国均有自身立场，很难达成一致发表一个共同宣言。①

如启用《国联盟约》第十六款对日实行制裁，荷兰面临的一个现实的问题是荷属东印的石油禁运。当金问泗向荷方提出石油禁运问题时，帕金表示"已经咨询过殖民部长"，禁运存在很大困难。帕金称荷兰亦已经向美国政府咨询了石油禁运问题，美国对日石油购买运输并未采取任何措施，对于包括飞机、石油在内日本所购商品，唯一的措施是必须用现金购买。帕金称，荷兰与日本处于和平时期，采取任何行动都必须十分谨慎。金问泗对荷兰采取的限制措施表达了中方的感谢，但指出美国与荷兰不同，"美国虽然在远东有重大利益，也处于帮助中国的最有利的位置，不能将美国与国联的成员国同等看待"。金问泗表示，不能以美国的行为作为国联会员国的行动标准，美国不具有遵循《国联盟约》的义务。对于金问泗的质问，帕金称"从理论上而言确实如此"，并告以将把石油禁运问题记下，"试图在现行贸易规则内是否可能寻找到对日禁售的借口"。帕金解释道，荷兰提出以白糖配额限制日本购买荷属东印石油。荷兰将要求日本从爪哇购买一定数量的白糖，如果日本购买不到指定的数量，则荷兰可以相应地减少石油销售。金问泗对此办法提出疑问，称日本会否拒绝购买白糖，而以购买更多的石油作为补偿。帕金谓，关于对日石油禁售问题，他所能对中方的许诺仅限于此地步，如果日本拒绝购买配额制的荷兰白糖，荷属东印可以此为理由减少石油出售，"就荷属东印的利益而言，白糖是必须鼓励出口的商品之一"。②

中国曾敦促荷兰与英美法一致行动，对日本所提所谓东亚新秩序发出抗议照会。1938 年 11 月 3 日，攻占广州、武汉后，日本近卫内阁发表了第二次对华声明，声称其发动侵略的目的在于"建设确保东亚永久和平的新秩序"，"此种新秩序的建设，应以日、满、华三国合作，在政治、经济、文化

---

① Conversation with Mr. Patijn，September 7，1938，《纯孺历年会晤录》（一），金问泗文件 Box 1。
② Conversation with Mr. Patijn，October 19，1938，《纯孺历年会晤录》（一），金问泗文件 Box 1。

等各方面建立连环互助的关系为根本"。① 王宠惠对日本违反《九国公约》发表讲话,称绝不能允许日本单方废止该约,"该约之用意,在促成太平洋区域之永久秩序与和平,决不能由任何一国加以合法之废止"。② 12 月 22 日,日本近卫内阁发表第三次对华声明,将所谓"经济合作"具体化,要求中国放弃抗日举动,承认日本人在中国内地有居住、营业的自由,"特别在华北和内蒙地区在资源的开发利用上积极地向日本提供便利"。③

12 月 30 日,美国通过驻日大使格鲁向日本发出措辞强硬的照会,"美国人民同政府不能同意设立一个由第三国所指使,其为着该第三国的目的而设立起来的政权","这个政权使得美国及其人民同他国人民向来共同享有的合法而公正的机会均等平允待遇之权利,受到武断的剥夺",美国不能赞同一个缔约国不顾条约的诺言及其他有关国家的既得权利,而武断地以自己的方法创立一个远东新秩序。④ 英国驻日大使克莱琪(R. L. Craigie)亦于 1939 年 1 月 5 日奉命对日发出抗议照会。对于日本提出的"新秩序",英国政府希望明确表示"不准备接受或承认上述用武力实现的变化","坚持《九国公约》的原则,不能同意单方面地修改其条款"。⑤

英美对日违反《九国公约》提出抗议照会后,中国希望荷兰能够效法英美,对日提出抗议。1939 年 1 月 26 日,金问泗往访帕金,称"作为九国公约签字国之一,如果荷兰政府能够向东京递交一个类似英美的抗议照会,中国政府将深表赞赏"。帕金回复金问泗,他也曾经设想过对日集体抗议,即以《九国公约》中除中日以外的七个签字国的名义共同对日发出照会,集体抗议照会的力量当然要大于各国分别发出的照会。之所以放弃了集体抗议照

① 《日本近卫内阁第二次对华声明》,1938 年 11 月 3 日,王建朗主编:《中华民国时期外交文献汇编 1911—1949》第七卷(中),第 918—919 页。
② 《王宠惠就"东亚新秩序"发表谈话》,1938 年 12 月 11 日,王建朗主编:《中华民国时期外交文献汇编 1911—1949》第七卷(中),第 927 页。
③ 《日本近卫内阁第三次对华声明》,1938 年 12 月 22 日,王建朗主编:《中华民国时期外交文献汇编 1911—1949》第七卷(中),第 922—923 页。
④ 《格鲁致有田八郎照会》,1938 年 12 月 30 日,王建朗主编:《中华民国时期外交文献汇编 1911—1949》第七卷(中),第 927—930 页。
⑤ 《克莱琪致有田八郎》,1939 年 1 月 5 日,王建朗主编:《中华民国时期外交文献汇编 1911—1949》第七卷(中),第 726—728 页。

会的形式，是因为"意大利表示永远不会加入类似的示威抗议"。帕金表示，放弃集体抗议照会之后，英法美单独对日发出了抗议，只留下了三个国家尚未对日单独发出照会，即荷兰、比利时、葡萄牙三国。"经过仔细考虑后，荷兰认为采取类似的抗议照会是危险的"，"不宜去冒犯一个已经很愤怒的人"。针对帕金的担心，金问泗表示，英法美三强对日发出抗议照会后，其余国家跟随抗议的危险性已经大大降低，鼓励荷兰对日抗议，"荷兰在远东拥有重大利益，支持九国公约的原则符合荷兰的利益"。帕金亦承认，从法律而言，支持《九国公约》会议的决定是正确，但对日发出抗议照会作用甚微，仅仅凭一个照会不能让日本从中国撤军。在传达荷兰的决定时，帕金表示"正因为荷兰在远东有重大利益，所以才不得不小心从事"。①

1939 年 9 月 1 日，德国突袭波兰，欧洲战争爆发。9 月 3 日，英法对德宣战。1940 年 5 月 15 日，荷兰沦陷，政府和皇室成员流亡英国伦敦。7 月 13 日帕金在与金问泗谈话时，称起初亦对荷兰军队只能抵抗五天深感失望，但当法国崩溃后，他改变了自己的看法，认为荷兰军队做了顽强的战斗。②荷兰沦陷后，荷兰内阁随着女王前往伦敦，中国驻荷使馆被迫迁移。在搬迁到瑞士之前，金问泗与荷兰外部进行了告别谈话。当金问泗询问斯努克美国此时会采取何种政策时，斯努克认为美国在接下来的一年里不会有任何行动，金问泗表示"这就是民主制度的缺点之一"。③7 月 16 日，金问泗与其他中立国家的外交官一起离开荷兰海牙，先去了瑞士，后于 1941 年 6 月迁到伦敦。

面对急剧恶化的国际形势，至 1941 年 7 月，荷兰政府对日采取经济制裁已经有所行动。7 月 29 日外交部部长柯赉芬（Eelco van Kleffens）与金问泗于荷兰外交部会谈，金问泗表示是否可以将此时荷属东印的对日经济制裁归结为两个措施：一是取消荷属东印与日本之间的外币交易；二是延长既有对日出口限制的有效期。柯赉芬向金问泗表示，荷兰已经对日采取了一系列的经济管制措施。为详细向金问泗解释荷方的措施，特别找来荷兰外交部负

---

① 《Conversation with Mr. Patijn, January 26, 1938，《纯孺历年会晤录》（一），金问泗文件 Box 1。
② Conversation with Dr. H. Colijn, July 13, 1940，《纯孺历年会晤录》（二），金问泗文件 Box 2。
③ Conversation with Mr. Snouck, July 12, 1940，《纯孺历年会晤录》（二），金问泗文件 Box 2。

责官员弗雷登（Vredenburch），索要了一份荷属东印经济事务主管穆克（Mook）的一份声明递给金问泗。通过该声明，金问泗表示荷兰所采取的经济措施应该是三项，一 "是取消荷日之间的外汇交易"；二是 "对日本本土、满洲、中国以及越南的出口需要经过特别许可"；三是 "在未获特别许可的情形下银行禁止涉日账户的汇款或结付业务，爪哇银行与横滨银行间的金融协定已经取消"。但是，柯赉芬表示，另一方面，荷属东印仍然允许当地日本企业继续经营，但 "严格限制在荷属东印地域之内，不允许进行与日本本土的交易"。[①]

金问泗进而询问，是否已经对日实行石油禁运，外界所报道的 180 万吨原油交易取消一事是否属实？柯赉芬表示，这要取决于对日经济制裁措施的施行结果，特别是美国的态度。柯赉芬称，如果美国能够对日石油禁运，荷兰将不计后果采取禁运措施。金问泗对柯赉芬此种表态表示赞赏。[②]柯赉芬认为，美国已经宣布了对日的经济制裁措施，但效果如何将取决于如何执行，并指出美国事实上对日贸易仍留有途径，比如允许日本对美国出售白银。

在 7 月 8 日与荷兰外长柯赉芬面谈时，金问泗指出，荷属东印仍持续向日本提供各种物资，这是不利于中国抗战的。中国坚信抗战必胜，"但必须首先重开对华援助路线，其次是友好国家停止对日贸易"。柯赉芬不愿中止对日贸易，表示日本视停止贸易为挑衅行为，"不要让疯狗变疯"，并举例称即使在德国入侵荷兰前，荷兰也与德国维持了贸易关系。[③]

1941 年 7 月，中国曾向荷兰提出以赊账的方式购买荷兰石油物资的问题，荷兰殖民部部长维尔特（Welter）拒绝了中方的提议。"荷兰从未以赊账的方式向别国提供过物资"，尽管日本驻海牙公使一再向荷方提出赊账的方式，荷兰一直都是拒绝。维尔特建议中方可以通过美国转售的方式，向美国赊账购买来自荷属东印度的石油，这样可以改变直接向荷兰赊账的方式。

---

① Conversation with Dr. Kleffens, July 29, 1941，《纯孺历年会晤录》（二），金问泗文件 Box 2。
② Conversation with Dr. Kleffens, July 29, 1941，《纯孺历年会晤录》（二），金问泗文件 Box 2。
③ Conversation with Dr. Kleffens, July 8, 1941，《纯孺历年会晤录》（二），金问泗文件 Box 2。

此时荷兰殖民部仍认为美国不会对日开战，"置身事外是个明智的选择"。[①]

三、 中荷新约的订立

1942年10月10日中华民国国庆节，英美同时发表宣言，将放弃在华治外法权及其他不平等条约特权，与中国订立新约。英美发出废约声明后，荷兰也在讨论是否适时发表放弃在华治外法权的宣言。10月下旬，荷兰决定要放弃在华治外法权，在决定由荷兰驻华公使通知中方同时，荷兰外长柯赉芬将此决定告诉了中国驻荷公使金问泗。10与26日，柯赉芬约谈金问泗，称"荷兰愿取消在华领事裁判权，另订新约"。[②] 柯赉芬还表示，治外法权在华已经存在了100年之久，相信中国政府会赞赏英美废除在华治外法权的宣言，"废除为时100年的在华治外法权条款的同时也开辟了中国对外关系的一个新时代"，为了庆祝这一新时代的开端，"荷兰政府提议中荷两国互换大使"，将中荷外交关系升格为大使级。[③]

11月9日，金问泗奉命约见荷兰外交部秘书长范拜兰特（Van Bylandt），为荷方声明放弃在华治外法权一事表示感谢，认为荷兰紧随英美之后放弃在华特权"显示了民主国家内部的团结一致"。在会谈中，金问泗询问荷方，中荷新约谈判地点是选择伦敦还是重庆。[④] 荷方表示，需于研究后回复。

1942年12月31日，荷兰向中国提交了中荷新约草约，并表示希望在伦敦进行中荷新约谈判。依据谈判阶段，中荷谈判大致可以分为三个时期：1942年10月至1943年8月为第一个时期，主要是围绕"领事职权及设领条款之争执"；1943年9月至1944年10月为第二个时期，主要围绕"进出境及旅游经商各问题之争执"；1945年1月至5月签约为止，属于第三个时期，"为声明保留之争执"。[⑤]

[①] Conversation with Mr. Welter，July 23，1941，《纯孺历年会晤录》（二），金问泗文件 Box 2。

[②] 《金问泗致外交部电》，1942年10月27日，《荷兰取消特权订立新约案》，台北"国史馆"藏"国民政府外交部档案"，档号 020-041602-0012。

[③] Convesation with Dr. Van Kleffens，October 26，1942，《纯孺历年会晤录》（二），金问泗文件 Box 2。

[④] Convesation with Count Van Bylandt，November 9，1942，《纯孺历年会晤录》（二），金问泗文件 Box 2。

[⑤] 《中荷新约谈判报告》，1945年6月22日，《纯孺历年会晤录》（一），金问泗文件 Box 1。

中荷新约谈判第一阶段的争执主要是关于领事条款。1942 年 12 月 28 日，荷兰提交了中荷新约最初草稿，其中"领事官探视被逮捕人民暨代为转递通讯"要求中方给荷兰领事以相应权利，而中方驻荷领事则未有对等规定。中方向荷兰表示，"此种片面规定万难接受"。① 1943 年 2 月 10 日，中方已经准备第一次对案，一俟翻译即可向荷方提出。在翻译过程中，金问泗等就中方对案提出了三点建议：一是是否此时提出"在荷印设领问题"，二是"关于两国商船之进出，应否有类似规定"，三是中国海关内亦有荷兰籍职员，该项职员问题在现行草案对案中未曾涉及，似"因无条约根据，故无须提及"。草案最后粗定，如无问题，即可向荷兰提出。② 2 月 22 日下午，金问泗会晤荷兰外长柯赉芬，向荷方提出中方对案及换文。在提交中方对案时，金问泗表示"该对案系以荷方原案及英美新约为根据，虽比较原案字句不同之处甚多，若论内容大体相当"，"至于保护合法利益，对案规定尤比原案为详，其换文各点系将领判权以外之各种特权同归放弃"。③

荷兰所要求的单方领事特权问题尚未解决，荷方又于 1943 年第二次草案中提出了双方设领的范围问题，"就在华之荷领论，系适用于我国全国"，"但就在荷之华领论，仅适用于欧洲部分"，荷方用意在于排除"荷属东西印度"。荷方的解释是"东西荷印华领已有 1911 年领约规定，此约当可视为现代领约，今新约内若不用'在欧洲之荷兰王国'字样是不啻放弃该领约"。中方认为，新约内的领事条款既然是适用于中方全部国土范围，对荷兰亦应同样适用于全部领土。中方还专门以中英领事条约为例，指出英国同样有海外领地，但并未专门规定领事条约不适用于海外部分，荷兰完全可以仿照中英领事条约。④

1943 年 7 月，外交部长宋子文出访英国。8 月 5 日，在金问泗陪同下拜访荷兰外交部部长柯赉芬，谈及中荷新约问题时，柯赉芬表示可以按《中美

---

① 《中荷新约谈判报告》，1945 年 6 月 22 日，《纯孺历年会晤录》（一），金问泗文件 Box 1。
② 《金问泗致外交部电》，1943 年 2 月 13 日，《荷兰取消特权订立新约案》，台北"国史馆"藏"国民政府外交部档案"，档号 020-041602-0012。
③ 《金问泗致外交部电》，1943 年 2 月 22 日，《荷兰取消特权订立新约案》，台北"国史馆"藏"国民政府外交部档案"，档号 020-041602-0012。
④ 《中荷新约谈判报告》，1945 年 6 月 22 日，《纯孺历年会晤录》（一），金问泗文件 Box 1。

新约》的条款签订中荷新约，"拟藉贵部长在英之便，请贵部长会同贵国大使签订新约"。宋子文表示赞赏荷兰意欲签约的态度，但其本人不久即将离开英国，来不及签订中荷新约。[①]

1943 年 8 月 31 日，荷方又提出了新的对案，中荷新约谈判进入第二个阶段。此阶段的主要争执点在于彼此国民出入境及旅行、居住、经商问题，而这些问题的产生与荷属印度的法律歧视华侨有关。依据荷属东印度当时法律规定，当地人分为三类：欧洲人、土著人和"东方外国人"；甲午战争后，因为日本跻身列强行列，日本人被视为欧洲人，"所谓东方外国人，乃专指我国人与阿拉伯人"。[②]

1944 年 2 月 11 日，金问泗与荷兰外交部会谈，表示对于荷印华侨问题极为重视，金问泗希望荷方重新考虑有关两国人民旅行经商互给第三国待遇的问题，接受中方所提条款。荷方称，现在荷属印度仍然在日军控制下，"彼处华侨问题此时尚谈不到"，"亦不便预为将来荷印作主"。[③] 金问泗希望荷方能够同意双方人民无限制自由出入境。中方的理由在于，自 1934 年以后，荷属印度限制移民入境，每年的入境移民数额各民族一律分配，但华侨入境向来超过其他民族甚多，而且有历史地理经济的沿革关系，荷兰设此限制对中国侨民诸多不利。金问泗提出依据中英、中美《新约》规定，"一则曰依照该国法律，再则曰在第三国人民同样条件下"。而荷兰提案未有关于两国人民出入境之规定，中方拟"议定两缔约国人民在彼此领土内得无限制自由进出境"，请荷兰恢复荷印 1934 年之前自由移民的状态。荷方认为此条规定将涉及荷印移民政策，事关重大，"更须详慎考量"，建议在议定商约时再谈。[④]

至 1944 年 4 月，对于中方所提出的自由出入境以及入境后享受最惠国

---

① 《金问泗致外交部电》，1943 年 8 月 5 日，《荷兰取消特权订立新约案》，台北"国史馆"藏"国民政府外交部档案"，档号 020-041602-0012。

② 《中荷新约谈判报告》，1945 年 6 月 22 日，《纯孺历年会晤录》（一），金问泗文件 Box 1。

③ 《金问泗致外交部电》，1944 年 2 月 11 日，《荷兰取消特权订立新约案》，台北"国史馆"藏"国民政府外交部档案"，档号 020-041602-0012。

④ 《金问泗致外交部电》，1944 年 2 月 11 日，《荷兰取消特权订立新约案》，台北"国史馆"藏"国民政府外交部档案"，档号 020-041602-0012。

待遇两条，荷兰外交部均予以拒绝。在向金问泗递交荷兰的书面意见时，荷方表示："关于入境后待遇一层，以目前荷兰政府暂与其欧亚本国人民隔离，故迭次公开声明，对于荷前本国及国际事件，除绝对必要外，不欲此时作主。"荷方进而解释称，荷方准备对华放弃领事裁判权，并依照中国与英美新订两约为样本签订中荷新约，但中方所提方案超出了英美两约的范围，"且该条牵涉有关华人之之司法制度"，荷兰不便接受。荷方认为，荷印司法制度属于荷印立法范围，"不便由国际条约规定"。而出入境条款"完全超出英美两国新约范围，且该提议不但取消荷印现行移民律而且使荷印以后不复有自主的移民政策"，故荷兰政府不能接受。①

　　1944 年 6 月，荷兰外交部仍拒不接受中国所提的入境自由及最惠国待遇条款。为能及早签订中荷新约，中方做出了相应的调整，决定提出保留。②中方在起草保留照会的过程中，金问泗曾向荷兰殖民部部长探询消息，殖民部部长表示自由入境一条难以松动，但入境后的待遇可以再谈，"荷兰愿于战后取消种族歧视，则荷印之中国人所得待遇自必与他国人相同，当无问题"。③ 在正式提交照会之前，金问泗奉外交部电令，约见荷兰外交部秘书长，"奉新训令，关于入境后之待遇，务请接受我方提议"，请荷方"重加考量"。荷兰外交部秘书长"极有难色"。金问泗表示，荷兰已经表示将战后取消荷印的种族歧视，则当不难接受中方的最惠国待遇的规定；以被日军侵占作为理由拒绝接受该条款也不成立，因为荷方已经表示"将来必以第三国人待遇给予华人，并谓华人向来即已得第三国人待遇"。"既然如是，则我方此项提议不啻一种证实而已，何故不能接受？"对于金问泗的质疑，荷兰外交部秘书长仅答："贵方提议不能同意，歉难再予考量"，并表示该答复代表了荷兰外交部长的意见。荷方建议暂停中荷新约交涉，金问泗表示可以接受，但"他国先后皆与我订新约而荷独否，恐不免引起他国舆论误会"。双方会

　　①《金问泗致外交部电》，1944 年 4 月 8 日，《荷兰取消特权订立新约案》，台北"国史馆"藏"国民政府外交部档案"，档号 020-041602-0012。
　　②《金问泗致外交部电》，1944 年 6 月 20 日，《荷兰取消特权订立新约案》，台北"国史馆"藏"国民政府外交部档案"，档号 020-041602-0012。
　　③《金问泗致外交部电》，1944 年 6 月 22 日，《荷兰取消特权订立新约案》，台北"国史馆"藏"国民政府外交部档案"，档号 020-041602-0012。

谈至此，事实上已经没有继续交涉的余地。荷方希望能发表一个宣言，解释中荷两国停止新约谈判的原因及经过。①

当荷方已经表达了中止谈判的倾向后，金问泗私下询问荷方不能同意的原因究竟何在？荷兰外交部秘书长表示，中荷新约"牵涉荷印法权问题"，该问题一是"关荷印内政"；二是"改组法庭必须经过相当合理期间，断难一蹴而就"，这两个都是荷兰方面的实际困难。该秘书长又称，荷兰既然已经宣布将取消对荷印华人的歧视，"自当践其诺言"。金问泗以个人身份对该秘书长表示，荷方既然有此态度，"何不一面于约中接受我方提案，一面另想一种办法，如互换照会之类重申贵方愿于战后取消歧视待遇之意，并说明短时期内实际上的困难"。荷方表示再加考量。② 荷方于1944年6月30日回绝了金问泗以个人身份所提的此项建议。

中荷新约交涉停止，对中方而言事实上是一种损失。中国在荷属东印度侨民有120万人，而荷人在中国者则寥寥可数。金问泗在总结荷方停止交涉的原因时认为，一是因为荷兰曾表示愿订立与中英、中美新约同样的条约，而不愿采取中巴（西）新约中的旅行、经商规定；二是"不欲牵涉荷印内部管辖权问题"。金问泗认为，中国希望从条约中争取到华人在荷印的平等待遇，然事实上华人历来所受不平等待遇恐原非条约规定所能纠正，"实皆滥觞于荷印法律上之种族歧视"。荷兰政府对于歧视华侨一事已经"自悟前非，一再声明愿于战后取消"，这表明荷方原则已经确定。金问泗建议，如果中国复照荷兰，重申荷方放弃歧视原则一事，则"不啻已对于双方发生国际上之拘束力"。③ 金问泗希望外交部能够做出一定让步，以便签约。

对于中方所提入境及入境后最惠国待遇条款，荷方已经表示决无接受可

---

① 《金问泗致外交部电》，1944年6月29日，《荷兰取消特权订立新约案》，台北"国史馆"藏"国民政府外交部档案"，档号020-041602-0012。

② 《金问泗致外交部电》，1944年6月29日，《荷兰取消特权订立新约案》，台北"国史馆"藏"国民政府外交部档案"，档号020-041602-0012。

③ 《金问泗致外交部电》，1944年7月28日，《荷兰取消特权订立新约案》，台北"国史馆"藏"国民政府外交部档案"，档号020-041602-0012。

能，国民政府外交部经过详细考虑，决定"作一保留声明，同时亦作签约之准备"。① 此后，中荷新约谈判进入第三阶段。

1945 年 1 月 9 日，金问泗向荷兰外交部提交了中方修改后的文案。荷兰外长向金问泗表示，他本人将于 4 月中旬之前赴旧金山参加联合国制宪大会，希望双方能在此之前签约。此时中荷两方争执的主要点在于：中方要求华侨入境完全自由不受限制，或以在荷华侨人数为准确定每年入境的人数；中方要求华侨在荷的旅行、居住、经商各方面应享受最惠国待遇。荷兰方面不同意中方所提上述两点。中荷谈判近两年，一直未能达成一致。参事室认为，中荷条约不宜再拖，"现欧战结束，荷印收复之期不远，荷兰政府态度可能转为倔强，将来再议，未必较现在之约稿有利"，建议蒋介石批准外交部所提最后建议稿。② 5 月 16 日，蒋介石批准了外交部的最后修正稿。

世界反法西斯战争胜利前夕，1945 年 5 月 29 日，《中荷新约》即《关于荷兰国放弃在华治外法权及解决有关事件条约》在伦敦签字。中国驻荷兰全权大使金问泗、荷兰国代理外交部部长魏尔杜南代表双方签字。条约对于适用范围确认"在中华民国方面，为中华民国之一切领土，在荷兰王国方面，为荷兰王国之一切领土"；关于人民字样，"在中华民国方面，系指依照中国国籍法为中国人民者，在荷兰王国方面，系指依照荷兰国籍法为荷兰臣民者"。③ 荷兰放弃在华旧有条约权利，除与英美等约类似放弃一般原则特权外，还通过换文放弃了包括在上海及厦门公共租界特别法院之一切现行权利、外籍引水人权利，放弃军舰自由航行权利。

战时中荷关系是中国与欧洲中小国家间关系的一个典型，反映了中国对外条约关系的一个方面。荷兰既是国联成员，亦属《九国公约》签字国，对于中国求援的呼吁虽予以同情，但并无采取实际行动的决心。鉴于荷属东印处于日军威胁之下，荷兰跟随美英对日政策方面是有自己的考虑，希望尽可

---

① 《中荷新约谈判报告》，1945 年 6 月 22 日，《纯孺历年会晤录》（一），金问泗文件 Box 1。
② 《参事室关于侍从室转发外交部修正中荷约稿签复意见签呈》，1945 年 5 月 10 日，王建朗主编：《中华民国时期外交文献汇编 1911—1949》第八卷（上），第 326 页。
③ 王铁崖编：《中外旧约章汇编》第 3 册，第 1314—1318 页。

能推迟日本的军事进攻。当美国开始改变对日政策时，荷兰仍更多地采取观望态度。布鲁塞尔会议之后，中荷关系开始围绕一些具体事务交涉，比如寻求荷方贷款、便利华侨捐款等更为实际的帮助。与此同时，中方也希望荷方能够从石油禁运、贸易限制等方面制裁日本。荷兰沦陷后，中荷之间的外交交涉以《中荷新约》最为紧要。美英宣布放弃在华治外法权后，《中荷新约》并未紧随美英新约而订立，因对荷属东印华人出入境等存在不同理解，导致双方谈判旷日持久。

第四节　中国与有约国平等新约的普遍订立

中美、中英新约订立后，中国开启了与有约国陆续订立平等新约的外交交涉。抗战胜利前，与北欧诸国如瑞典、挪威、比利时、卢森堡等先后订立平等新约。

中国与挪威订立新约。1943 年 11 月 10 日，国民政府与挪威订立新约，废除挪威在华治外法权及相关特权。条约第一条与其他国家稍有不同，规定了公司法人的性质界定，"缔约此方（或彼方）公司字样，在本约适用上，应解释为依照各该方之法律而组成之有限公司及其他公司"。第二条宣布中国与挪威间现行条约及协定，挪威管辖下在华人民或公司一切条约，撤销作废。挪威国人民或公司在中国领土内的任何不动产权利，继续有效。中国与挪威还通过互换照会的方式，确认挪威放弃沿海贸易及内河航行权，放弃雇佣外籍引水权。①

中国与瑞典订立平等新约。当外交部将与瑞典新约草稿提交国内各部审议时，参事室认为，中瑞约稿与中美、中英、中挪新约大致相同，内容尚属妥当，但第八条批准手续有所差别。瑞典提出条约批准须经国会同意，参事室则认为，"虽云表示郑重，然前句'依照宪法程序'似已足包括国会同意，

---

① 《国民政府公布中挪为废除在华治外法权及处理有关事件条约》，1943 年 11 月 10 日，中国第二历史档案馆编《中华民国时期档案资料汇编》第五辑第二编《外交》，第 713—718 页

再加此句究嫌蛇足"。参事室举出已经缔结的中外新约，均未有此一句，如单独允许中瑞条约出现，反有中方不重视此约之嫌，"于新通例及体制亦觉乖违"。参事室建议将该句删除。①

侍从室对中瑞新约的内容研究后认为，"该约对于沿海贸易及内河航行问题尚未完全解决"，建议外交部向瑞方提出修正条款，待其政府同意再行签订。②瑞典所提换文第三段规定，瑞典放弃在华沿海贸易及内河航行权，但在第四段又规定"缔约任何一方在他方之沿海贸易及内河航行依照他方有关法律之规定办理，不得要求最惠国待遇及他方之本国待遇。如任何一方于日后签订之协定中，沿海贸易或河航优惠给予第三国船舶时应给予彼方船舶以同样之优惠，但中华民国不得要求瑞典给予'北方国家'中任何一国或数国之特殊优惠"，提出了斯堪的纳维亚国家的特殊对待问题。条约中提及的"北方国家"，系指地理上的斯堪的纳维亚国家，包括挪威、丹麦、荷兰及冰岛。在历史上，瑞典与"北方国家"有特殊关系，故瑞典提出北方数国在瑞所享受之特殊优惠应该算作例外。③

中瑞新约与已经订立的中美、中英及中挪《新约》相比，三国《新约》"均只规定沿海贸易及内河航行，依照本国有关法律办理，缔约一方不得要求他方之本国待遇"，但瑞典在此基础上，增加了"不得要求最惠国待遇"。瑞典给中方的理由是，荷兰久已享有在瑞之沿海贸易及内河航行权，如果给予他国最惠国待遇，则他国可"援荷兰例享受同样权利"。瑞典还表示，瑞典与他国订约时此规定是通例，德国在同瑞典订约时也曾提出同样要求，但遭到瑞典拒绝。外交部认为，瑞典所提理由确系实在情形，而且对中方利益亦无损害，但条款措辞"片面"，建议瑞典将该段换文取消，增加"沿海贸易与内河航行依照缔约双方各该国有关法律规定办理"。但瑞典方面表示不便删除，因为瑞典与各国所订条约均有将"北方国家"除外等类似的规定，

<hr/>

① 《参事室关于签复外交部修正中瑞约稿中沿海贸易之意见签呈》，1945 年 1 月 22 日，王建朗主编：《中华民国时期外交文献汇编 1911—1949》第八卷（上），第 322—323 页。
② 《侍从室转外交部遵办中瑞新约修正案致参事室电》，1945 年 2 月 26 日，王建朗主编：《中华民国时期外交文献汇编 1911—1949》第八卷（上），第 324 页。
③ 《附缴还宋部长原签呈一件》，1945 年 2 月 24 日，王建朗主编：《中华民国时期外交文献汇编 1911—1949》第八卷（上），第 325 页。

若取消中瑞条约中的规定，恐将来其他国家援例。① 外交部认为瑞典所持理由有其依据，"北方国家"过于宽泛，可以改为斯堪的纳维亚国家。瑞典、荷兰关系特殊，可以予以承认。但中方亦可要求最惠国待遇，当瑞典给予他国沿海贸易及内河、沿海航行权时，中方可以援例，准备仿照中英条约修改为"如任何一方于日后签订之协定中以沿海贸易或内河航行优惠给予第三国船舶，则应给予彼方船舶以同样之优惠，但以彼方以同样优惠经予此方之船舶为条件，中华民国不得要求瑞典给予斯堪的纳维亚国家中任何一国或数国之特殊优惠，沿海贸易与内河航运则依照缔约双方各该国有关法律规定办理，不得要求彼方之本国待遇"。② 参事室提出，如果斯堪的纳维亚国家不包括荷兰在内，则中方应用何种方式承认瑞典与荷兰之特殊关系，需要外交部提出方案。

中国与比利时、卢森堡订立新约。1943 年 10 月 20 日，中国与比利时、卢森堡订立《新约》，废除两国在华享有之治外法权及相应条约特权。条约开头载明，为补充 1928 年 11 月 22 日所订条约，"决定根据平等互惠原则，缔结本约"。中方代表为外交部部长宋子文，比利时、卢森堡代表为驻华大使纪佑穆（Baron Jules Guillaume）男爵。条款第一条规定，缔约双方间所有现行条约协定或换文，以及关于比利时、卢森堡人民或公司在华之一切规定，撤销作废。比利时、卢森堡之人民及公司在中华民国领土内，应依照国际公法之原则及国际惯例，受中华民国国民政府管辖。1901 年 9 月 7 日比利时所参与签订之《辛丑和约》及议定书，"应行取消，并同意该议定书及其附件所给予比利时政府之一切权利应予终止"，原北平使馆界内之行政与管理连同使馆界内一切官有资产与官有义务，移交于中华民国国民政府。上海及厦门公共租界之行政及管理权归还中华民国政府，上述公共租界内比利时政府及卢森堡政府的权利予以终止。关于不动产永租地契的处理，换发中国所有权证书，不征收任何费用，并充分保障原来权利，包括转让权。比利时

---

① 《附缴还宋部长原签呈一件》，1945 年 2 月 24 日，王建朗主编：《中华民国时期外交文献汇编 1911—1949》第八卷（上），第 325 页。

② 《附缴还宋部长原签呈一件》，1945 年 2 月 24 日，王建朗主编：《中华民国时期外交文献汇编 1911—1949》第八卷（上），第 325 页。

放弃沿海贸易及内河航行特权，中国政府以公平价格收购比利时经营的此类性质的产业，强调"沿海贸易及内河航行不适用本国待遇，应与任何第三国船舶之待遇同样优厚"。①

抗战胜利后，中国又与尚未订立新约的欧洲国家订立了平等新约。1946年 2 月 28 日，中国与瑞士订立平等新约，瑞士宣放弃在华治外法权。5 月 20 日，中国与丹麦订立平等新约，丹麦放弃在华治外法权。1947 年 4 月 1 日，葡萄牙放弃在华治外法权。中国与意大利友好条约是国民党政府在大陆时期订立的最后一个友好条约，1949 年 4 月 22 日，双方订约于南京。

除欧洲诸国外，中国与其他国家的平等新约也陆续订立。

1943 年 8 月 20 日中国与巴西订立新约，取代旧约。国民政府驻巴西公使谭绍华为全权代表。《中巴新约》在开头载明，两国根据国际法普遍原则，订立友好条约，以代替两国于 1881 年所订中巴《和好通商条约》。巴西在华治外法权自此废除，"此缔约国人民及其财产，在彼缔约国领土内，应受所在国法令之支配及所在国法院之管辖"，片面最惠国待遇亦相应废除，"司法事件之处理，各项租税之征收，与其有关之程式，不低于给予本国人民之待遇"，并规定在将来签订两国间的广泛通商航海条约。②

1944 年 4 月 14 日，中加订立新约，废除加拿大在华治外法权及相关特权。条约第一款对公司性质进行界定，公司"应解释为分别依照中华民国或加拿大国法律，所组成之有限公司及其他公司合伙暨社团"。作为英国自治领，中国与加拿大间之现行条约或协定，凡授权英国或加拿大官员在中国实行管辖加拿大人民或公司之一切条款，撤销作废。加拿大人民及公司在中国，应依照国际公法之原则及国际惯例受中国政府之管辖。第三条规定，加拿大政府愿在涉及任何加拿大利益范围内协助中国，设法使各国政府放弃其在北平、上海、厦门、天津及广州所享特权，并对任何废除此项特权之措施不予反对。第四条是关于不动产的条款，中加条约的废除不影响加拿大人民

---

① 《国民政府公布中比卢为废除在中国治外法权及处理有关事件条约》，1943 年 10 月 20 日，中国第二历史档案馆编：《中华民国时期档案资料汇编》第五辑第二编《外交》，第 709—713 页。

② 《国民政府公布中国与巴西合众和国友好条约》，1943 年 8 月 20 日，中国第二历史档案馆编：《中华民国时期档案资料汇编》第五辑第二编《外交》，第 707—708 页。

或公司在中国之现有不动产权利，"上述现有之权利不得取消作废，但依照法律手续提出证据证明此项权利系以诈欺或类似诈欺或不正当手段取得者不在此限"。换发永租地契，应保证加拿大国人民或公司及其合法继承人、承受人或承让人之原来权益。①

1944 年 8 月 1 日，中国与墨西哥重订《友好条约》。中国驻墨西哥全权公使程天固、墨西哥外交部部长巴迪雅代表各自政府签字。《条约》第五条给予彼此人民出入境以最惠国待遇，"两缔约国人民得在于第三国人民同样条件之下，依照所在国现行移民法律、章程及其他规则，自由出入彼此领土"。第六条给予彼此领土内享有最惠国待遇"两缔约国人民得于任何他国人民享有相同权利之地方，享有游历、居住、作工及经营工商业之权利，但须依照所在国之法律、章程"。②

第五节 "准条约"的尾声

抗战废约的实现对于业已存在的"准条约"产生了重要影响，但由于"准条约"的性质和内容与不平等条约不同，废除了相应的不平等条约，并不意味着准条约一体废除。废约的宗旨是废除外人在华的特权或不合理的特许，就准条约而言，此种废除不是要废除合同本身，即并非对已有铁路合同或借债合同的根本解除，而只是对合同的附加条件或不合理的部分予以废除。在处理对象上，亦区别盟国与敌国的不同。

一、 旧有"准条约"的废除

外交部在拟定取消的其他特权及特种制度办法中，涉及"准条约"的部分主要是关于势力范围的条款、交通及财政方面的规定。在处理旧有各国势力范围时，办法要求"外国在某地享有之筑路开矿等特权或优先权"一律取

---

① 《国民政府公布中加关于废除在中国治外法权及处理有关事件条约》，1944 年 4 月 14 日，中国第二历史档案馆编：《中华民国时期档案资料汇编》第五辑第二编《外交》，第 722—725 页。

② 《友好条约》，1944 年 8 月 1 日，王铁崖编：《中外旧约章汇编》第 3 册，第 1305—1307 页。

消，"中国在某地不设某平行铁路之声明或类似之限制"一律作废。诸如筑路优先特权，不许设平行路线特权等，大多是通过铁路类"准条约"或借款类条约规定的，特权的废除并非取消原合同中的其他内容。关于铁路方面，强调区分是否属于敌产，"凡由敌方投资或经营者，准用清理敌产之规定"，"凡系友邦政府或人民投资经营者，由我方备价收回"。外人享有的铁路管理权，"完全改由中国政府管理，其原来任用之外籍人员，得由中国政府酌量分别去留"。电信类合同所授予的外人经营及收发权，包括陆上电信及海底电信，一律取消。①

此时期遗留的"准条约"主要是涉及外债问题。虽然国民政府外交部提出一个一揽子的解决方案，但在中美订立协定时，并未能充分体现。在中美《关于取消美国在华治外法权及处理有关问题之条约》中，第四条概括性提出"为免除美利坚合众国人民（包括公司及社团）或政府在中华民国领土内现有关于不动产之权利发生任何问题，尤为免除各条约及协定之条款因本约第一条规定废止而可能发生之问题起见，双方同意上述现有之权利不得取消作废"。维护美国公司及个人获得的不动产，这其中就有涉及"准条约"。其他未经明确说明的"准条约"特权有待中美订立一个广泛的友好通商条约加以解决，在此之前，如果发生问题，"应由两国政府代表会商，依照普通承认之国际公法原则及近代国际惯例解决之"。②

抗战时期的借款大多并未呈现为"准条约"的形式，主要是以国家间条约的面目出现。在这些抗战借款中，由于中国同属反法西斯盟国，所借外债较为优惠。主要特点有五个：一、多系易货性质，不需现款偿付；二、不需提供担保，仅指定由中国运售某些货物以售价抵付；三、借额按全额提供，无折扣；四、利率低，以实际动用额计算利息；五、随时可以偿还债本，并可提前全部偿清。③

在抗战初期的借款条约中，苏联给予中国的贷款最多。此时，英美等国

---

① 中国第二历史档案馆：《中华民国史档案资料汇编》第五辑第二编《外交》，第 147—148 页。
② 王铁崖编：《中外旧约章汇编》第 3 册，第 1257—1258 页。
③ 财政科学研究所、中国第二历史档案馆编：《民国外债档案史料》第 11 卷，档案出版社，1991 年，第 6 页。

尚在观望战局，苏联的贷款极大缓解了抗战初期中国的财政和物资困难。
1938 年 3 月 1 日，中苏订立第一个贷款条约《关于使用五千万美元贷款之协
定》，规定贷款目的是"向苏维埃社会主义共和国联盟购买工业品及设备之
用"，"中华民国政府将以苏维埃社会主义共和国联盟所需要之商品及原料偿
还本协定第二条中所规定之贷款及其利息"。[①] 1938 年 7 月 1 日，苏联再次
向中国提供 5000 万美元贷款，并允许中国以货易货。

外交部在拟议废约原则的同时，提出了对外债借款相应的处理办法。外
交部建议，为取得最优条件，战后第一次实业大借款，应向美政府直接商
借。先从美国借款目的是"避免必须先整旧债之束缚，并取得从容整理旧债
之机会"。从美国取得第一次实业借款后，大体上依照该次借款条件，"再向
美国及其他工业国商订，其余各次实业借款，为求力防止财系之联合行动起
见，于可能范围内，应尽量采取分别商订办法"。国内建设所需用款，包括
工款及国内料款，应由国内自筹，目的是"避免以整个个别事业借款为对
象"，并减轻新债借款额度。外交部认为，拟定的兵工、工矿、交通各建设
项目间应密切配合，分期举办，第一次实业大借款，其数额应是"第一期所
需国外用款之全部"，其用途为"采购设备机器材料及取得技术援助"。为配
置本国钢铁实业，"钢轨须尽量自制，国外采购，应以机车车辆为主"，避免
出现曾经的以个别事业为对象之借款，如单以某一铁路借款。借款合同应避
免出现妨碍自主经济发展的附带条件，发行统一整理公债，取消以往借款的
附带条件，更换此前各类借款债票。为了换掉持票人手中的旧有债票，"以
最好担保品提供统一整理公债之担保"，为加强此次统一整理公债的信用，
"其逐年应偿债额担保之收入（如关税）不足清付时，由金融借款项下拨
补"。为了稳定外汇，恢复国际贸易，保证偿债能力，"向英美商借金融借
款，继续平衡外汇之合作工作"。[②]

在上述原则的基础上，外交部列举了一些具体建议。对战后的第一次实
业大借款，"以出口资源逐年偿付之易货方式，向美政府商借"，具体方式是

---

① 王铁崖编：《中外旧约章汇编》第 3 册，第 1115—1116 页。
② 《外交部拟定战后借款及整理外债之基本原则及具体建议》，1942 年，中国第二历史档案馆编：《中华民国史档案资料汇编》第五辑第二编《外交》，第 153 页

"由美政府垫借全部","由其担保逐年应付本息,于纽约市场发行债票";其余实业借款,依照上述原则进行。统一整理公债,在具体操作方式上"以关税全部作第一担保,以金融借款拨补应偿差额,作第二担保"。原有旧债,如历届政府财政借款、铁路借款,确定其调换比价,并欢迎持票人自愿的调换原则。对金融借款应遵循的要点主要有,"为平衡国际收支、稳定国外汇兑起见,续向英美政府商借金融借款",金融借款总额应以"中国战后五年内国际收支总差额为标准",英美两国分摊数额应以国家所需英美汇兑之比例决定。金融借款的方式为信用借款,"除应付利息外,不得有其他条件";金融借款的用途"专为稳定外汇及弥补国际收支差额之用,不得移作他用";在管理上由中英美三方共同组织委员会,"由中国政府任命之,负运用及保管借款之责"。①

二、 新订立的"准条约" 电报合同

自抗战爆发至国民党败退台湾,国民政府订立的"准条约"集中于无线电报务合同。这些报务合同,已经不同于北京政府时期的借款条款,而是具体的业务规定。抗战胜利后,交通部曾拟具一份签呈,针对美国国际电话电报公司的"战后中国及在中国境内之电信"备忘录提出建议。国民政府外交部于 1945 年 6 月 2 日把该项备忘录转交通部,除说明该公司战前成就及战时蒙受之影响外,还提出了五点希望。第一点,希望中国政府准予维持该公司下属四公司(上海电话公司、马凯无线电公司、太平洋水线公司、中国电气公司)在华的战前设施,并继续经营。余下四点是,"第二点希望各方平等优惠,第三点希望准许外人企业经营电信,第四点希望公平征税,第五点希望保障发明"。

针对第一点,交通部认为,美国对中国抗战主持正义,并予以物力、人力上之帮助,因此对于国际电话电报公司经由外交途径提出的要求,自应予以充分考虑。美国公司有意借助政府力量而达到目的的意图明显,该备忘录

---

① 《外交部拟定战后借款及整理外债之基本原则及具体建议》,1942 年,中国第二历史档案馆编:《中华民国史档案资料汇编》第五辑第二编《外交》,第 154 页。

本身已经属于要约的要求。交通部建议：美国国际电话电报公司在华战前的设施应该加以合理调整，但不能如战前那样继续维持，否则"其他各国或将纷纷援例要求，不但我国感觉应付困难，抑且失去平等新约之精神"。具体到四个公司的业务，分别不同的情形，区别对待。上海电话公司原在公共租界、法租界及越界筑路区域内经营市内电话，情形复杂。一方面，上海公共租界内的公共事业不仅仅包括电话，还有其他；另一方面，日本投降后现正办理接收，应该根据实际情况再行确定。

马凯无线电公司与中国的电报合同将于 1945 年 6 月 26 日满期。交通部曾于 1944 年通知该公司，酌加调整报费摊分办法，以使更加合理，但一直未能谈妥。6 月 26 日原合同期满后，失去效力，交通部"通知暂时维持通报，一面仍继续商洽报费摊分"。如果谈判顺利，马凯公司可与中国各地国际电台继续通报。

交通部将太平洋水线公司的业务仅视作辅助性质。对于既有的水线业务，"凡水线两端均在国境内者，拟由我国政府自办。凡一端在他国者，我国政府拟至少保有该水线在国境登陆处至海中若干长度之所有权"。太平洋水线公司所持执照于 1944 年 12 月 31 日期满，在上述原则下，交通部于 1944 年 6 月通过外交部通知公司，不再续发执照。

至于中国电气公司，交通部认为原订合同条文，确有可取之处。执行结果未如人意，主要是中国方面未加重视。与中国电气公司的原合同已经取消，如果国际电话电报公司有合作诚意，交通部愿意另商合办方式，在遵照中国法令的前提下，重订合同。①

据《中外旧约章汇编》，南京国民政府的最后一个"准条约"是交通部电信局与美国马凯无线电报公司于 1947 年 12 月 23 日订立的《报务合同》，规定中国与菲律宾之间的无线电通信细则。②

---

① 《交通部拟具关于美国国际电话电报公司"战后与中国及在中国境内之电信"备忘录意见呈》，1945 年 8 月 12 日，中国第二历史档案馆编：《中华民国史档案资料汇编》第五辑第二编《外交》，第 418—420 页。

② 合同见王铁崖编：《中外旧约章汇编》第 3 册，第 1566—1570 页。

三、"准条约"的发展脉络及对中国近代化的启示

　　"准条约"是在洋务运动的过程中出现的，伴随着中国近代化而寓含于近代中国的条约体系之中。如果抛除其侵犯中国主权的政治性质，其主要特征是具有近代特质的路、矿、电信等实业。其最初的形式，是通过有线电报合同展现出来的。虽然清政府最初同意创办电信并非为民生，而是出于国防需要，但客观上的效果绝非当时执政者所能预料。近代中国电讯事业的兴起，对于促进中国社会经济的近代化是一项基础性工程，影响深远。从 19 世纪 70 年代起，直至 20 世纪 40 年代，都可以在中国的条约体系中找到电信类条约的身影，在某些历史阶段，甚至是最主要的"准条约"类别。中国电讯事业，从有线电报到无线电报，从有线电话到无线电话，大部分重要文件，多以"准条约"的形式出现，国外公司的身影总是伴随左右。就此而言，近代化虽然主要是一个本土化过程，但外来的影响是至关重要的因素。官督商办形式作为洋务企业的主要经营形式，亦体现于中国电报局的组织形式上，虽然该形式遭受诟病，中国电报局却经营颇善，属于盈利企业之一。

　　即使有中国电报局这样较为成功的企业，洋务运动并未带来理想中的近代化。甲午战争的失败，打乱了中国近代化的历程，亦以残酷的现实证明洋务之路走不通。虽然电信类"准条约"并未因洋务运动的结束而终止，但此时"准条约"的发展趋势出现了不同的内容。为了赔偿日本通过《马关条约》勒索的 2 亿两白银，政治性质的国家贷款出现了。在此之前虽然有贷款合同的出现，并不具备"准条约"性质。甲午战争后，清政府先后向俄法、英德银团举行了三次大规模的借款。各国借借款而展开的在华争夺，深刻影响了此后中国政治经济的走向。对中国近代化而言，政治性贷款并无促进作用，是一种反动。当然，清政府并非把借款全部用于赔款，但难以改变其整体性质。政治借款对中国的近代化产生了负面影响，但却刺激了其后路矿"准条约"类别的出现。

　　中国最早的铁路与"准条约"并无关联，除外商在华违法修建铁路

外，中国自身也有修建。规模虽小，但肇端已开。如果照此趋势，晚清中国的铁路建设走上一条独立发展的道路，亦未可知。或许清政府在修建铁路上的局限在于过于看重其国防功能，而未能充分意识到铁路给社会经济发展将带来的巨大变化与影响，这妨碍了晚清中国修建铁路的进程。甲午战败，清政府被迫订立《马关条约》，巨额赔款迫使清政府举借外债，各国视争夺在华铁路修筑权为利益所在，借此而展开的关于势力范围的争夺与铁路权争夺交织在一起。清政府终于改变思路，设立铁路总公司，开始吸收商业资本修建铁路，并将铁路与社会经济发展相联系。国内股本的筹集，极不理想，贷款修路，在内外交困中走上前台。准条约类别的贷款修路合同，成为此时期铁路修建的主流，并一直延续到清末。虽然后来出现了商办铁路的苗头，但未成气候。清政府最终在铁路问题上的处理不善，导致了反清革命的爆发。随着各国在华投资开矿，清政府应时成立铁路矿务总局，将铁路、开矿统筹办理，意在保利权。铁路矿务总局，从逻辑上而言应是一个主管实业的对内部门，事实上却承担了对外交涉功能。晚清铁路并非仅凭清政府成立一个主管部门就能解决，游离于路矿总局之外的铁路一直存在。

《辛丑和约》之后，近代中国的"准条约"继《马关条约》以来的发展趋势，向多样化进一步发展。铁路类、矿务类、电信类、财政类等主要类别的准条约都在此时期得以继续发展。但甲午战争之后出现的"准条约"类政治贷款并未出现于《辛丑和约》之后，庚子赔款还款方式的变化，固然避免了政治贷款的弊端，但抵押方式的增加，亦对洋务运动以来的近代化进程产生了复杂影响。随着晚清中国近代化程度的加深，即制度化和专业化程度的提高，准条约的发展放缓，弱化趋势明显。清政府尝试极力避免将实业类的交涉上升到国家层面，避免由政府来承担各种投资和贷款的直接责任人，而是希望作为一个监管者，在保护主权的同时收获经济利益。为了挽救岌岌可危的统治，晚清政府在清末十年曾推出新政。新政的效果在经济领域的影响体现于准条约订立数量的减少，这属于一种进步。自甲午战后，清政府有意将"准条约"剥离中外正式的条约关系之外，为此曾做了多方面的努力，这是"准条约"数量变少的主要原因。

民国成立后，全面继承了晚清政府遗留下来的条约和外债，并宣布对所有外人既得利权一体保护，"准条约"当然在此范围之内。在民国政府寻求列强承认的过程中，列强所提承认条件，"准条约"特权的继续维持是主要内容之一。民国政府为了获得承认，基本上全盘接受了列强所开具的承认条件。民国初年的"准条约"在原有基础上出现了军事类、民政类等新的内容，而借款问题则和铁路问题仍为主要内容。财政窘迫的民国政府为取得列强借款，曾做出过积极努力，几经周折的《善后借款合同》最终得以订立。该合同所借款项并未用于近代化的实业建设，而主要是行政费用。从民国成立到一战爆发，短短的三年之中，民国政府订立的"准条约"并未有明显改变，在订立新的"准条约"的同时，原有的类别并未因政府的更迭而有变化。日本藉一战之际，力图称霸东亚，独占中国。相比于此后的武力侵占，日本曾推出西原借款等经济侵华的方式，这些借款有些具有"准条约"的性质，而有些则属于商业性质的借贷。从一战后期，"准条约"的弱化趋势突然加剧，除无线电类"准条约"一枝独秀外，其他类别的"准条约"逐渐消失。这种状况一直维持到南京国民政府的最后时刻。

19世纪70年代是近代中国的准条约开始期，几乎全为有线电报类，此时期中外的"准条约"关系体现于电报事业的开办；20世纪40年代是近代中国"准条约"的结束期，几乎全为无线电报类。近代中国的"准条约"关系，始于有线电报，终于无线电报，历史似乎划了一个圆。然而这个过程给我们的启发，却很有意义。无论是电信、还是铁路，其最初的设想均属为国防而设立，因此在开办之初，难以独立兴办，政府背景浓厚，这些近代性质的事物引进中国主要是通过"准条约"而实现的。晚清政府本着趋利避害的本能，试图将具体业务与对外交涉分开办理，其具体表现就是设立专门的电信、铁路、矿务等专管部门，但局势的变化总是超出清政府的应对，在取得近代化成就的同时，晚清政府的统治隐藏着严重的危机。以寻求器物的近代化而开始的洋务运动，其最终结果是导致了清政府

的垮台。如果将列强的侵权单独剥离，则至少在表面上，路、矿、电信等
"准条约"对近代化是起到了积极的促进作用的。然而，政治赔款、财经
借款等准条约仍然存在，而且具有相当大的比重，这些"准条约"与近代
化并无直接关联，有些甚至起到了反面的作用。

第五章 强权政治影响下的中苏《友好同盟条约》

为了促成苏联参加对日作战，美苏英三国在中国缺席的雅尔塔会议上达成了牺牲中国主权的《雅尔塔密约》。《雅尔塔密约》为中苏谈判设置了不利于中方的条件，成为强权政治的标志。中苏《友好同盟条约》是强权政治的产物，外蒙古自治以及租借旅大等条款损害了中国的主权。中国经过抗战而树立起的大国地位，在中苏《友好同盟条约》的阴影下，显露出虚弱的一面。在中外普遍订立平等新约的潮流下，中苏《友好同盟条约》成为一个特例，中国不得不接受这一损害中国主权的协议。中苏《友好同盟条约》与《中美商约》一起成为新形势下中外条约关系的两个典型。

第一节 《雅尔塔密约》与强权政治

1945 年 2 月的雅尔塔会议是二战后期盟国举行的一次重要会议。该次会议是在世界反法西斯战争胜利前夜，美苏英三国围绕对战败德国的处置、联合国的建立、对日作战等重大事情的一次集体会商。除在正式会议上的讨论外，三国之间还有大量的双边专门性会谈。其中美苏两国关于苏联参加对日作战条件的讨论，与中国东北直接相关，牵涉中国主权。会议所签订的苏联参加对日作战协议，因一直对外界及中国高度保密，也被称为《雅尔塔密约》。

一、雅尔塔会议前后的军事形势

到 1944 年 9 月初，日本败局已定，但如何使日本彻底投降，美军内部有分歧，尤其是在是否进攻日本本土这一重大问题上，美军高层意见并不一致。陆军部认为，应该通过九州岛对日本主要岛屿进行两栖登陆作战，以此迫使日本投降。李海上将领导的参谋长联席会议曾对是否须对日本本土实施大规模登陆作战，进行过详细的研究，"但登陆计划从未得到批准"。李海本人不赞同大规模的两栖登陆作战，他深信"在严密的海、空封锁下，日本将会不战自灭"。陆军部不仅计划对日本本土实施大规模登陆作战，而且深信战胜日本需要苏联的参与。李海认为，以美军当时的形势，面对日本兵力在数量上的优势，不惜付出巨大的人员伤亡的代价，对日本本土发动一次大规模登陆作战毫无必要。[①]

1944 年 9 月 12 日，英美联合参谋长会议在魁北克举行，旨在制定切实可行的最佳行动计划，以便彻底动摇日本的战争决心，迫使其无条件投降。美英参谋长会议一直围绕三种方案进行讨论：加强对日本的海、空封锁；加紧对工业中心的空中轰炸；摧毁敌人残存的空军和海军力量。美英参谋长会议也探讨了登陆日本本土作战的可行性。美国提出的计划之一是"1945 年 3 月占领福摩萨—厦门一带地区"；计划之二是"1945 年 2 月占领菲律宾的吕宋省"。麦克阿瑟尤其赞成后者。[②]但一直到 1944 年底，日本虽然面临不可避免的彻底失败的命运，但仍在做各种抵抗，李海认为，"要想迫使日本在新的一年里无条件投降，其前景似乎是渺茫的"。[③]在此形势之下，美国有意

① ［美］威廉·李海著，马登阁等译：《我在现场》，华夏出版社，1988 年，第 276 页。
② ［美］威廉·李海著，马登阁等译：《我在现场》，第 277 页。
③ ［美］威廉·李海著，马登阁等译：《我在现场》，第 306 页。

促使苏联尽快参加对日作战。

在促使苏联参加对日作战的同时，美方也在试探苏联的参战条件。此时，李海对中国战场的军事形势颇为担心，在与顾维钧的谈话中，李海对国民政府抗战能力的下降殊为焦虑，表示只有设法在中国沿海获得一至两处港口，方能解决对华的军事运输问题。也是在此次会谈中，李海试探顾维钧对于苏联参加对日作战所提条件的态度，即苏联可能提出获得旅顺作为不冻港，英美不拟反对苏联的要求。顾维钧称，此非上策，与"将来东方和平有关，使我国人民怀疑"。① 蒋介石对此极为敏感，要求顾维钧探明美方突然提出旅顺的意图。顾维钧认为，美方曾希望苏联早日参加对日作战，加速日本的投降，并试探苏联的态度。苏联虽然有意参加对日作战，但欲乘机取得旅顺，以之作为参战条件之一。②

1944 年 12 月 15 日，美国驻苏大使哈里曼（Harriman）就苏联参加对日作战的条件问题探询斯大林的态度。斯大林拿出一副地图，提出千岛群岛和库页岛南部应归还俄国。此外，日本人控制着海参崴的入海口，通往太平洋的出海口目前或在日本人手中，或被卡断，苏联需要再次租借旅顺、大连在内的辽东半岛南部地区。哈里曼认为，罗斯福曾主动在德黑兰与斯大林讨论过这个问题，提出苏联需要一个通向太平洋的不冻港，但当时罗斯福所设想的是一个国际自由港，而不是由苏联人租借，这也符合当时妥善处理这类问题的想法。斯大林表示可以讨论。斯大林还提出要租借中东铁路，该路是指从大连到哈尔滨，再折向满洲里，向东到海参崴的铁路。斯大林表示，苏联无意干涉中国对东北的主权。斯大林还提出，需要承认外蒙古的现状，将其保持为一个独立的国家。③

雅尔塔会议前，宋子文正准备应邀访苏，苏方向中国提出的会谈内容与斯大林在雅尔塔会议上所提出的要求是密切相关的。1 月 12 日在与苏联驻华代办斯克沃尔佐夫会谈时，赫尔利说他非常关注宋子文的莫斯科之行，因为

① 《顾维钧致蒋介石电》，1944 年 10 月 14 日，《战时外交》（二），第 539 页。
② 《顾维钧致蒋介石电》，1944 年 11 月 9 日，《战时外交》（二），第 540 页。
③ 《哈里曼致罗斯福电》，1944 年 12 月 15 日，王建朗主编：《中华民国时期外交文献汇编 1911—1949》第八卷（下），第 1285—1286 页。

宋子文将与苏联领导人解决中苏关系有关的问题。斯克沃尔佐夫认为，赫尔利主动告诉他此事，是因为中国要求美国在中苏谈判时支持中方。[①] 为了获得美方支持，赫尔利被告知了中苏会谈的议程，其第三条就是讨论战后朝鲜的地位以及苏联利用东北港口的问题，以及讨论维持中苏双方边界和平的方案。此外，第二条还明确提出，在欧洲取得胜利后，苏联立即加入对日作战。[②] 上述两条与苏联的对日参战条件有关。其余三条，第一条是中苏间建立更密切更协调的关系；第四条是中苏战后经济关系；第五条是讨论保证维持中苏双方边界和平的方案。

中方有意让美国参与中苏谈判，但美国明确提出，不希望在中苏关系中承担中方的"顾问"。代理国务卿格鲁在回复赫尔利时提出，美国虽然热心于援助中国政府，但不应使中国政府误认美国将承担某种角色。华莱士（H. A. Wallace）副总统曾在与蒋介石会谈时明确指出，"不要指望美国在中国与苏联之间扮演'调停者'"。格鲁指示赫尔利，对于中苏会谈应该由中国人自己做出决定和苏联人讨论什么问题，或不讨论什么问题，美国"不能对任何个别问题加以阻止或支持"。对于中国希望在谈判中提出苏联参加对日作战的问题，格鲁建议必须谨慎，否则可能不利于谈判的成功。[③]

在雅尔塔会议前，中国国内形势是罗斯福总统重点考虑的问题之一，"反对蒋介石的国民党政府的形势日趋严重"，"据说这些持不同政见者的反对活动是受共产党的煽动而造成的"。罗斯福曾指示赫尔利，要其向蒋介石提出，就目前形势而言，美国政府需要考虑采取何种行动来支持蒋的建议和方案，需要把各种不同的政治势力统一起来。赫尔利向罗斯福建议，在即将举行的雅尔塔会议上，美英苏应达成一致意见，"制定出一项计划，立即统一中国各军事力量并建立一个民主政府"，并认为，如果三方能取得一致意

---

① 《斯克沃尔佐夫与赫尔利会谈纪要：宋子文访苏及美国的参与》，1945 年 1 月 12 日，沈志华主编：《俄罗斯解密档案选编：中苏关系》第一卷，东方出版中心，2015 年，第 20 页。

② 《赫尔利致斯退丁纽斯电》，1945 年 2 月 4 日，王建朗主编：《中华民国时期外交文献汇编 1911—1949》第八卷（下），第 1286 页。

③ 《格鲁致赫尔利电》，1945 年 2 月 6 日，王建朗主编：《中华民国时期外交文献汇编 1911—1949》第八卷（下），第 1277—1288 页。

见，那么罗斯福总统所望战后一个强大中国的愿望就能实现。①

在雅尔塔 2 月 8 日的会议上，罗斯福曾向英国、苏联表示，在已经攻占马尼拉的情形下，太平洋战争进入一个新的阶段，美方希望"在小笠原及靠近福摩萨的岛屿上建立军事基地"，并认为"时机已到"，"应迅速作出计划，加强对日本本土进行轰炸"。② 在 2 月 9 日的英美联合参谋会议上，决定加强对日本的攻势，提出"进一步发挥中国盟国的作用的必要及可行的措施"及"利用中国领土作为对日作战的主要战场"，以便尽可能早日攻占日本。李海认为，虽然海军已经取得节节胜利，为 B29 空中堡垒轰炸机提供了更多基地，但仍不足用，"加紧对日的空中轰炸所需足够多的基地问题仍未最终得到解决"。③ 雅尔塔会议上的这些讨论表明，中国战场被英美视为对日作战的主战场，虽然可以通过海岛对日实施轰炸，但中国基地的作用仍然不可替代。

二、 斯大林提出对日参战的条件

在讨论了涉及远东的军事问题之后，斯大林向罗斯福提出了参加对日作战的条件，并称已经与哈里曼大使讨论过这些条件。罗斯福说，他收到了此前哈里曼的有关报告。他认为，库页岛南部和千岛群岛在战后回到苏联，不存在困难。罗斯福说，他还没有与蒋介石讨论过苏联在辽东半岛获得不冻港的问题，因此他不能代表中国人发表意见，他记得曾建议给苏联使用南满铁路终点的不冻港——应该是大连。罗斯福建议苏联有两个办法获得大连港，一是向中国租借；二是使大连成为某种形式的国际委员会管理下的自由港，并说他本人赞成后一种办法，因为这与香港问题相关。罗斯福说估计丘吉尔会强烈反对此事，但他仍希望英国能把香港的主权归还中国，然后使它成为一个自由港。斯大林随后提出了东北铁路的问题，罗斯福同样建议通过两个方式来解决，一是通过租借，由苏联直接经营管理；二是将铁路置于由一个

① ［美］威廉·李海著，马登阁等译：《我在现场》，第 310 页。
② ［美］威廉·李海著，马登阁等译：《我在现场》，第 331 页。
③ ［美］威廉·李海著，马登阁等译：《我在现场》，第 336 页。

中国人和俄国人组成的委员会管理下。[①]

斯大林告诉罗斯福，如果不能满足上述条件，"他和莫洛托夫就难于向苏联人民解释，为什么俄国要参加对日作战"，"对德作战是由于德国威胁到苏联本身的生存，但他们不理解为什么俄国要同一个同它没有重大纠纷的国家作战"。罗斯福表示，他还没有机会与蒋介石会谈，出于保密的原因，"同他们讲的任何事情二十四小时内全世界就都会知道"。斯大林承诺会保密这些谈话，并表示在使大连成为自由港问题上不会使罗斯福为难。[②]

当罗斯福与斯大林在雅尔塔当面讨论苏联参战的条件时，美国国务院远东司范宣德已经详细研究了赫尔利所汇报的宋子文访苏议程的细节问题。范宣德提议，如同格鲁所提及的，关于建议苏联参加对日作战，"即使完全不考虑直接提出这个问题是否明智，这样的建议也要求采取非常微妙的手腕去处理"。至于议程中涉及的朝鲜的未来地位和东北不冻港问题，范宣德建议尽量避免谈及朝鲜未来的地位，即使谈也应该是试探性质，"美国和英国都对朝鲜的未来有明确的兴趣，因此应参加任何有关该地区的讨论"。关于影响朝鲜未来的各种问题，中美英三国已经就技术层面达成初步意见。关于大连自由港，蒋介石曾在开罗对罗斯福总统表示，"倘若中国主权充分得到尊重，他愿把大连辟为自由港口"。[③]

对中苏会谈其他三项议程，范宣德亦有相应的分析。范宣德提出，第一项议程是建立中苏间更加密切和谐的关系。事实上美方曾向中方提出过类似建议，华莱士副总统向蒋介石强调过改进中苏关系的重要性，并建议在中苏会谈前国民党与共产党达成可行协议。蒋介石曾建议由中苏美各派代表组成三方会谈，在讨论中苏问题时，美方担任类似调停者或中间人的角色，华莱士当时婉拒了蒋的提议，建议由中苏双方直接对话。第四项议程是讨论战后中苏经济关系。国务院认为这个问题非常有益，因为中国战后重建急需物

---

① 《罗斯福——斯大林会晤（节录）》，1945 年 2 月 8 日，王建朗主编：《中华民国时期外交文献汇编 1911—1949》第八卷（下），第 1288—1289 页。

② 《罗斯福——斯大林会晤（节录）》，1945 年 2 月 8 日，王建朗主编：《中华民国时期外交文献汇编 1911—1949》第八卷（下），第 1289 页。

③ 《范宣德致斯退丁纽斯的备忘录》，1945 年 2 月 8 日，王建朗主编：《中华民国时期外交文献汇编 1911—1949》第八卷（下），第 1290—1291 页。

资。第五项议程是双方边界问题。国务院建议，中方应讨论保证中苏双方边境和平的方案，"这就要引起涉及外蒙古、东北北部和新疆省的问题"。范宣德认为，虽然承认中国对外蒙古有宗主权，但苏联将以"独立"国家的名义来对待外蒙古。①

范宣德认为"俄国人不顾中国的利益，在远东有领土野心是经常提及的问题"，但中苏关系的症结，政治方面的原因多于"疆土"方面。苏联虽然有不干涉中国内政的承诺，但未来形势的发展可能使苏联放弃这个承诺。宋子文的苏联之行能取得多少实际成果，取决于各种因素。一是，宋子文能否得到广泛的授权，能否有实际的决定权；二是在宋子文出访前，国共两党能否达成某种形式的和解。② 2 月 8 日下午，国务院从赫尔利处得悉了中苏谈判的最新消息，此时苏联将宋子文访苏的日期推迟到了 3 月下旬。苏联的理由是，基于目前欧洲的状况，希望能在战争结束之后再举行两国的会谈。

2 月 10 日，美苏举行苏联参战条件的第三次谈话。下午 2 时，哈里曼先与莫洛托夫首先会谈，确定美苏已经达成的共同点。美方向苏方提出了三点修改意见，一是苏方应接受将旅顺大连辟为自由港的建议；二是苏方所要求的铁路应由中苏委员会共管；三是，罗斯福总统希望在做出上述决定前能得到蒋介石的同意，因为这关涉中国的利益。莫洛托夫表示，斯大林已经同意了前两条，但对于事先征得中国同意一点持保留态度。哈里曼、莫洛托夫各自向本国报告会谈进展。在雅尔塔会议的正式会议中间休息时，斯大林向罗斯福解释，他希望对参战协定作进一步修改。他愿意让大连成为国际控制下的自由港，但旅顺港不一样，苏联希望把它变成苏联的海军基地，因此需要一份租约。罗斯福同意了斯大林要求变旅顺为苏联军港的建议。关于铁路共管，他同意中国东北地区的铁路由中苏委员会管理，也同意在这些事上需要取得蒋介石的同意，认为蒋介石也应该同意维持外蒙古现状。③

---

① 《范宣德致斯退丁纽斯的备忘录》，1945 年 2 月 8 日，王建朗主编：《中华民国时期外交文献汇编 1911—1949》第八卷（下），第 1291 页。

② 《范宣德致斯退丁纽斯的备忘录》，1945 年 2 月 8 日，王建朗主编：《中华民国时期外交文献汇编 1911—1949》第八卷（下），第 1291—1292 页。

③ 《关于苏联参加对日战争的谈话》，1945 年 2 月 10 日，王建朗主编：《中华民国时期外交文献汇编 1911—1949》第八卷（下），第 1293—1294 页。

罗斯福问斯大林，是否愿意在宋子文到达莫斯科时与他谈论这些问题，斯大林则表示他宁可罗斯福代为与蒋介石讨论这些问题，因为苏联本身是利害关系的一方。事实上，罗斯福已经答应斯大林所提的这些建议，只是有一点未能确定，就是何时通报给中方。罗斯福认为，考虑到保密问题，建议斯大林能够做出适当安排。斯大林表示，一旦准备与中方谈判，他将即时通知罗斯福，罗斯福告以"为了保密，他将派一位陆军军官带着向赫尔利大使的指示，从华盛顿经过莫斯科去重庆"。[①] 根据李海的回忆，当双方正谈这些最后的细节时，丘吉尔回到了会场，谈判中止。丘吉尔没有参与这些讨论，丘吉尔在其战争回忆录中说"这是一项美国的事情，这不是我们要去考虑的"，对于英国而言"这个问题是遥远的、次要的"。[②]

2月11日，英美苏三国在雅尔塔达成了关于远东问题的秘密《协定》。《协定》开头明确：苏联、美国及英国三大国领导人同意，在德国投降及欧洲战争结束二至三个月内，苏联将参加盟国方面对日作战，条件如下：一、"维持外蒙古（蒙古人民共和国）现状"；二、"恢复1904年日本背信弃义进攻所破坏的俄国以前权益"，即：甲"库页岛南部及其邻近所有岛屿须归还苏联"；乙"大连商港国际化，并保证苏联在这个港口的优惠权益，恢复租借旅顺港为苏联海军基地"；丙"设立中苏合营公司，共同经营通往大连的中东铁路及南满铁路，并保证苏联的优惠权益，而中国保持在满洲的全部主权"。三、"千岛群岛须交予苏联"。在上述正式条件之下，三方取得以下谅解"有关外蒙古及上述港口与铁路的协议尚需征得蒋介石委员长的同意。根据斯大林元帅的建议，总统将采取步骤以取得该项同意"。[③]

哈里曼在回忆录中写道，李海把签过字的苏联参战政治协定带回了华盛顿，锁在总统专用的保险柜里。由于雅尔塔会议的议定书对这个秘密协定只字未提，甚至国务卿斯退丁纽斯（Stettinius, Jr.）也丝毫未得消息，他私下

---

①　《关于苏联参加对日战争的谈话》，1945年2月10日，王建朗主编：《中华民国时期外交文献汇编1911—1949》第八卷（下），第1294页。

②　罗伯特·达莱克：《罗斯福与美国对外政策》下，商务印书馆，1984年，第735页。

③　《三国关于远东问题的协定》，1945年2月11日，王建朗主编：《中华民国时期外交文献汇编1911—1949》第八卷（下），第1294—1295页。

问罗斯福"关于远东问题的谈判，是否某一方面应让国务院有所了解"，罗斯福以"主要是军事问题，这是由哈里曼单独处理"为由，婉拒了斯退丁纽斯。哈里曼也强调，主要是因为保密问题，罗斯福严格限制了知情者的范围。需要保密的最重要理由是，苏联与日本仍然处于和平状态，要保守中立。如果在斯大林调动部队达到预定地点前，日本抢先发动进攻，对整体战局当然是极为不利的。哈里曼认为"在保密问题上，看来罗斯福对国务院并不比对重庆蒋介石身边的人员有更多的信任"。[①]

雅尔塔会议上，苏美英三国所达成的这份协定，事关中国主权和利益，但却对中国封闭了消息。虽然罗斯福强调，要征得中方的同意，但这无非是一种说辞。在三国的压力之下，蒋介石别无选择。自宋子文准备访苏起，中方一直希望能由美国出面主持中苏间的谈判，但美方公开拒绝了此种居间调停的角色，中方对于宋子文访苏所准备的议程，美国是清楚的。宋子文很快将在苏联面临强权政治的压力，《雅尔塔密约》为即将签订的中苏《友好同盟条约》已经定下了基调，中国能够谈判的空间是非常有限的。

三、　中国获悉《雅尔塔密约》

在雅尔塔会议召开前，顾维钧专访英国外交部常务次官贾德干，询问丘吉尔首相和艾登外交大臣前去雅尔塔开会有何目的。顾维均问，斯大林前曾通过广播，指日本为侵略国之一，苏联是否将参加对日作战？贾德干说，"此点值得注意，但与丘相未曾谈及"，表示苏联加入太平洋战争必在战败德国之后，"因苏联对日本及太平洋方面有所希冀，欲谋解决"。顾维钧询问，苏联所希望的目的是否与中国有关，贾德干表示不得而知。顾维钧还从接近苏联的英方要人处探听得知，苏联担心中国成为英美经济势力范围，有意"乘机建树自然安全疆界"，如欲改变苏联对华态度，需要中国改变外交政策，不应为英美政策所左右。至于参加太平洋战争，苏联"不得重大代价，不肯轻易参加对日战事"。顾维钧将英方所得的此消息与从李海处探听的苏

---

① ［美］W·艾夫里尔·哈里曼、伊利·艾贝尔著，吴世民等译：《哈里曼回忆录》，东方出版社，2007 年，第 478 页。

联有意获得旅顺的消息相比较，认为不得不防备。①

雅尔塔会议召开当日，宋子文致电顾维钧，"此次三巨头会议兄获悉内容后请即回国，与委座及弟商谈一切"，希望顾能从英方探听一些消息。② 雅尔塔会议期间，蒋介石一直在思虑会议内容，"罗丘史会议宣言尚未发表，未知其结果究竟如何，惟此会对我国之影响必大，罗或不致与英、俄协以谋我乎"，并料定苏联对华交涉迁延系受三国会议的影响，但又自认"余毫不动心，无论其态度如何，必待罗之来报，详悉内容而后再定方针"。③

驻苏大使傅秉常最先探询了雅尔塔会议的消息。2月14日下午4时，傅秉常拜访从雅尔塔回到莫斯科的美国驻苏大使哈里曼，探询雅尔塔公告的内容。当哈里曼介绍完公告内容后，傅秉常询问"对远东事件有讨论否"时，哈里曼予以否认。傅秉常认为，"盖史太林以为对德战事未解决前，苏方绝不能讨论对日问题"。询以"对策有商谈否"时，哈里曼称并未在会中讨论。哈里曼告诉傅秉常，斯大林希望中国强大起来，充分发展工业，并希望中国政府加以改组，实现真正统一，苏联对于援华消极，"完全系因我中央不能容纳中共"。④ 此次会谈哈里曼显然并未透露任何密约内容。

2月18日，蒋介石为赫尔利与魏德迈举行欢送宴会，二人将回华盛顿述职。二人此次回国述职，事实上是回国接受《雅尔塔协定》后新的任务安排，并向美方高层汇报中国国内政治情况。

艾登、丘吉尔自克里米亚返回英国后，顾维钧于2月20日前去拜访，祝贺其从雅尔塔会议凯旋，并探询相关信息。在讨论了雅尔塔公告上的一般性问题后，顾维钧问艾登，是否了解到苏联对日以及对太平洋战争新动向。艾登称："没有讨论苏联参战问题，但其个人感觉，苏联人非常清楚，日本是其敌人，在适当时机，苏联终将为了自身利益参加对日作战，以便彻底解决与日本之间的恩怨。"顾维钧评论说，1941年订立的《苏日中立条约》将自动续期5年，除非能在1945年4月12日前宣布不再续期，否则他不清楚

---

① 《顾维钧致外交部电》，1944年11月8日，《顾维钧档案》，Koo/0054/006/0074/001.
② 《宋子文致顾维钧电》，1945年2月5日，《顾维钧档案》，Koo/0054/006/0077/001.
③ 《蒋介石日记》，1945年2月10日，上星期反省录。
④ 张力校订：《傅秉常日记》，1945年2月14日，社会科学文献出版社，2017年，第423—424页。

苏联人将怎么处理苏日关系。艾登对于顾维钧所提出的《苏日中立条约》自动延期问题似乎事前并不清楚，称雅尔塔会议前没有考虑到该问题，否则将在会上直接询问苏联人。① 顾维钧评价此次与艾登的谈话称，"艾登吞吞吐吐，不愿透露详情"。尽管尝试了各种渠道，顾维钧并未能探听到《雅尔塔密约》的任何有效信息。

雅尔塔会议后，最早向蒋介石通报会议内容的是驻苏大使傅秉常。2 月 21 日，傅秉常致电蒋介石，将哈里曼所通报之罗斯福、斯大林会谈内容大意通报蒋介石，蒋介石认为"俄史对华方针始得明了，其中必有难言之内容，未能尽以告我者"，在与顾维钧 11 月 9 日所探听的消息相互验证后，认为"俄对东北与旅大特权之要求，当非子虚"。②

在雅尔塔会议之前，中苏已经就宋子文访苏一事进行过初步商谈。雅尔塔会议期间，苏联将宋子文访苏的时间定为 3 月下旬或 4 月 1 日之前。斯大林在雅尔塔会议上与美国总统罗斯福就苏联参战的政治条件进行了协商，其中涉及中国利益和主权的条款事实上已经得到了美英的确认。罗斯福在谅解备忘录中注明，将采取步骤取得蒋介石的同意。雅尔塔会议上究竟讨论了什么，是否会涉及中国，这都是国民政府高层此刻急于了解的内容。

1945 年 2 月 25 日，参加雅尔塔会议的罗斯福、李海等美国高层回到了华盛顿。3 月 1 日，罗斯福总统向国会报告了雅尔塔会议的相关决议，报告当然并不包括苏联参战的秘密协议。中国从两条正式渠道向美方打探《雅尔塔密约》的消息，一是军方，另一个是外交系统。

李海等刚回到华盛顿的第二天，中国驻美军事代表团团长商震即前往李海处，询问雅尔塔会议的情况。李海认为，"尽管采取了严密的保密措施，但中国人无疑已听到了雅尔塔会议所作出的涉及中国问题的消息"。李海并没有告诉商震任何内容，以不能透露任何尚未公布的协定为由婉拒了商震。③

3 月 12 日，驻美大使魏道明拜谒罗斯福总统，目的在于探询《雅尔塔密

---

① Notes of a Conversation with Mr. Eden, British Secretary, 3 p. m. , February 20, 1945, Wellington Koo Papers, Koo/0077/012b/0003/004.

② 《蒋介石日记》，1945 年 2 月 21 日。

③ ［美］威廉·李海著，马登阁等译：《我在现场》，第 363 页。

约》内容。当魏道明询问罗斯福在雅尔塔与斯大林所谈远东局势有何内容时，罗斯福总统将斯大林所提要求以口头形式向魏道明进行了简要说明。罗斯福说，为了避免引起敌人的注意，他刻意避免正式提及此事，但斯大林对于远东战场态度较德黑兰会议时积极。罗斯福并未向魏道明明确说明，苏联将正式参战。随后，罗斯福提出了斯大林所提的三点要求：维持外蒙古现状；南满铁路所有权属中国，但业务管理通过一定的委托制度；苏联希望获得旅顺或其附近港口为军港。对于斯大林所提这三项要求，罗斯福认为，维持外蒙古现状，但其主权仍属中国似无问题。关于南满铁路，罗斯福告诉魏道明，委托制度将由三方代表组成，中美苏各派代表参加管理委员会。罗斯福表示，租借旅顺军港问题是德黑兰会议上未提及的事情，他告诉斯大林，"此为将来问题，无须太急，伊可与钧座商之，中国态度向极合理想，当不难获得适当解决"。会见后，魏道明对罗斯福在旅顺军港问题上的态度解读为"或以旅顺长期借与苏联，主权仍属中国"。①

　　3 月 15 日上午，蒋介石看到了魏道明的来电，料定经过雅尔塔会议，"俄国对日作战已有成议"。魏道明所汇报内容：一是满洲铁路，斯大林提国际代管，而主权属华。蒋介石认为斯大林不提北满铁路，是其已经视北满为其所有；二是欲租借旅顺、大连为苏出口之不冻港，"罗对史嘱其不必急急于此，而对我则主张旅顺为俄长期租借，其主权属于我"。蒋介石认为，上述条件使得中国抗战的理想，"又成幻梦矣"。②据赫尔利所了解，魏道明向蒋介石汇报罗斯福所传达的《雅尔塔密约》内容时，特别提到了"美国作为第三者参加中苏协议"，但这一条并非《雅尔塔协定》所规定。③

　　到 3 月中旬，通过蒋经国得到的苏联方面的信息，结合魏道明所汇报的罗斯福谈话内容，蒋介石已经了解到《雅尔塔密约》的大概，"外蒙古不能归还我国"，"东北铁路共管"，"旅顺无条件长期租借与俄"。对于如此条件，蒋介石认为尚能接受，"如为现时计，因顺应美国之政策以求得二十年建设

---

① 《魏道明致蒋介石电》，1945 年 3 月 12 日，《战时外交》（二），第 542—543 页。
② 《蒋介石日记》，1945 年 3 月 15 日。
③ 《赫尔利致杜鲁门电》，1945 年 5 月 10 日，王建朗主编：《中华民国时期外交文献汇编 1911—1949》第八卷（下），第 1300 页。

之时间，然亦未必其如此之易易耳"。① 由于旅顺问题是此前未曾提及的，因此蒋介石不明白美方提议的用意所在。②

顾维钧回忆，电报内容是斯大林在雅尔塔会议上对中国问题的非正式表态。苏联有意参加对日作战，但须满足三点："外蒙主权属于中国"；"中东铁路归属中国主权，但为增进技术上之效率，拟由中苏美三国组织技术委员会管理"；"苏联欲得一不冻港，在远东拟租旅顺。"电报给顾的印象是，罗斯福表示此事须与中国商量，但语气似乎赞成苏之欲望。③ 蒋介石问顾维钧的意见，顾维钧提出了三点建议：一、"按罗口气，所提三点尚未正式赞成，告魏之意欲试探我意旨"；二、"欲借此逼我解决国共问题"；三、"美攻硫磺岛之死亡太众，欲藉苏联力量加入后促成早日对日胜利，以省美人生命之牺牲"。蒋介石谓，"何以美不觉悟苏在远东保持发达海军于美不利"，顾维钧表示，"苏在远东发展海军，只为对美，无可讳言，不过美欲速败日本，促成苏联加入，可达此目的"。④ 蒋介石表示希望再与顾维钧商讨此问题。

宴会结束后，顾维钧从熊式辉处了解到，蒋介石不认为罗斯福是在试探中方的态度，"恐美似已同意"。顾维钧还首次了解到，蒋介石曾在开罗会议上告诉罗斯福，"旅顺海港可由中美共用"。⑤ 3 月 21 日，王宠惠拜访顾维钧时，由于王宠惠曾陪同蒋出席开罗会议，顾当面向王询问蒋介石在开罗会议上是否答应共用旅顺港。王答"委座口头说过，并无正式文件交换"。顾维钧表示，"此事关系重大，须郑重考虑，否则将使东亚回到庚子以前状况，使我国对内对外均感困难"。⑥

经过几天的考虑后，当顾维钧再见到外交部部长宋子文时，告之以旅顺问题的重要性，"旅顺租予苏联之要求，应郑重考量，否则对内对外将发生困难，引起各方反对，激起他国于别处要求租借他港"，建议不如另寻其他

① 《蒋介石日记》，1945 年 3 月 17 日，上星期反省录。
② 《蒋介石日记》，1945 年 3 月 18 日。
③ 《顾维钧日记》，1945 年 3 月 18 日，《顾维钧档案》，档号 Koo/0216/007/0001/175.
④ 《顾维钧日记》，1945 年 3 月 18 日，《顾维钧档案》，档号 Koo/0216/007/0001/175.
⑤ 《顾维钧日记》，1945 年 3 月 19 日，《顾维钧档案》，档号 Koo/0216/007/0001/179.
⑥ 《顾维钧日记》，1945 年 3 月 21 日，《顾维钧档案》，档号 Koo/0216/007/0001/183.

一个港口，"予苏联与国际之用"。对于宋子文的苏联之行，建议"须先商定方案，不至发生重大困难"。① 再次见到蒋介石后，顾维钧重复了对王宠惠、宋子文的提议，建议蒋"慎重考虑此事可能引起的对内对外影响"，回到魏道明电报本身，指出电报的中文词语有些地方含义不明确，"苏联政府确切地说了些什么，罗斯福向魏道明又确切说了些什么，都不清楚"，基于这种状况，顾建议不必急于复电，等宋子文到美后搞清楚情况再来决定。②

中国另一个消息渠道是顾维钧通过私人友谊从李海身上打听的。为参加旧金山会议，3月23日，顾维钧与王宠惠、胡世泽、王化成等六人先期赴美。4月7日，顾维钧等先行到达美国华盛顿，为即将召开的旧金山会议做准备。4月11日，顾维钧前去拜访李海。李海在其回忆录中视顾维钧为"私人好友"。顾维钧询问李海"听说苏联人企图租用旅顺港和大连港"，不知是否属实。李海透露称，"这一说法是不无根据的"。③ 在顾维钧谈话记录中，此次与李海的谈话记录比较详细。谈话到中途时，顾维钧称，苏联参加对日作战，必然产生重大影响。据闻"雅尔塔会议讨论了苏联参加对日作战问题"，"不知俄国是否提出了参加对日作战的交换条件？"面对顾维钧的询问，此次李海没有回避和推脱，称"确实讨论了苏联参战的条件，这是一个保密协议"。李海告诉顾维钧，他本人没有亲自参与具体细节的讨论，但知道苏联所提的条件，这些条件包括获得一个海军不冻港和一个商业不冻港，亦即旅顺和大连，"苏联不想要旅顺大连的行政权，而是希望租借"。顾维钧说，在重庆时曾对苏联有可能要求获得旅顺和大连有过一些讨论，中方认为很难满足苏方提出的类似要求。顾强调，李海将军应该清楚，五十年来远东的复杂国际局势和危机的产生根源就在于，列强都试图控制东北。恢复租借旅顺、大连，很容易让人想起当年沙俄在华的势力范围。这种趋势发展下去，将对中国其他地区产生不良影响。④

① 《顾维钧日记》，1945年3月22日，《顾维钧回忆录》，档号 Koo/0216/007/0001/187.
② 中国社会科学院近代史研究所译：《顾维钧回忆录》第5分册，第491页。
③ ［美］威廉·李海著，马登阁等译：《我在现场》，第363页。
④ Notes of a Conversation with Admiral Leahy, April 11, 1945, Wellington Koo Papers, Koo/0077/012b/0008/0005.

李海询问顾维钧,如果苏联进军东北并占领旅大,中国有何应对措施?顾维钧表示,如果苏联真想要一个不冻港,就应该沿着大陆东北海岸线寻找,日本人在这条线上建立了三个港口,均有铁路与东北相连。对苏联而言,比较理想的方式是获得一个大陆东北海岸的不冻港,并通过一条走廊连接苏联海参崴所在滨海省。对此建议,李海表示他不熟悉远东地理,但苏联只想得到自己想要的港口。李海补充说,旅大问题可能在战后和会上解决,希望中国届时能够得到更多友邦的支持。顾维钧顺势问,在东北问题上有无可能获得英国的支持,他个人感觉英国似乎视东北为苏联的自然势力范围之内。李海称,如果英国在东北问题上不支持中国并不奇怪,因为英国的利益在印度、缅甸和新加坡。①

在雅尔塔会议期间,罗斯福曾表示将通过适当步骤争取蒋介石同意,驻华大使赫尔利被罗斯福选中完成其步骤。赫尔利在回华盛顿述职时,罗斯福特别向其交待了其在华的两项特殊任务,其一是说服英苏同意美国的对华政策,第二项特别任务,即争取蒋介石同意《雅尔塔密约》。虽然罗斯福尽力保密《雅尔塔密约》,但其目的并非要刻意隐瞒苏联的对华要求,而是要保守苏联将对日参战这一军事秘密,以免日本提前做出相应的准备。但事实上,在罗斯福告诉赫尔利雅尔塔会议关于中国的决定之前,"特别是最重要的序言之前",蒋介石已经和赫尔利讨论了中国对《雅尔塔密约》的立场,除了对日宣战这一问题外,蒋介石还曾经交给赫尔利一份备忘录,总结了中方在这些问题上的立场。虽然雅尔塔会议前美国国务院已经讨论过宋子文访苏及相关的问题,但赫尔利并未将美国讨论的结果告诉蒋介石。②

4月17日蒋介石提出中苏互助协定应注意的事项。在蒋看来,不能让苏联离间中美关系与情感,是排在第一位的事情。尤其是不能让美国断绝对国民政府的接济,"此皆为我致命伤,不可忽忘而特加注意者"。此外,要求苏联承认开罗宣言,互不干涉内政。在具体的条件上,中国可"自动承认外蒙

---

① Notes of a Conversation with Admiral Leahy, April 11, 1945, 《顾维钧档案》,档号 Koo/0077/012b/0008/0006-0008.

② 《赫尔利致杜鲁门电》,1945年5月10日,王建朗主编:《中华民国时期外交文献汇编1911—1949》第八卷(下),第1299页。

自治"，并通知英美，希望得到他们的谅解，此为中国确定不移之方针。① 事实上，通过从各处收集到的信息，蒋介石已经大体知晓《雅尔塔密约》的内容，只差美方的正式通知了。面对苏方所提条件，在美苏合力所定的框架之下，蒋介石没有选择余地。蒋介石在思考应对办法时，每有"不禁忧患不置，有不知如何结果之疑惧"。②

接到罗斯福密授的任务后，赫尔利途经苏联回华，与斯大林商谈了如何通知中方的问题。罗斯福和斯大林都通知赫尔利，他们已经商定，在未得到斯大林的信号前，不要向蒋介石提起《雅尔塔密约》。在与斯大林会谈时，斯大林告诉赫尔利，将由赫尔利决定"在什么时候，用什么方法提出这个问题"。驻苏大使哈里曼参与了与斯大林的会谈，哈里曼与赫尔利都向斯大林建议"最好推迟提出此事，因为有可能泄密，那就会带来不良后果"。最后的商谈结果是，除非赫尔利通知斯大林，他认为已经到了合适的时刻，而且要等收到斯大林确认的消息后，他才会向蒋介石提出《雅尔塔密约》。③

虽然美苏刻意保守《雅尔塔密约》，以免中国泄露苏联将参战的消息，但事实上，国民政府已经从多个渠道预测到苏方将参战。赫尔利在 5 月 10 日致杜鲁门电中已经明确指出，中国政府已经推测出了《雅尔塔密约》的序言部分。"中国政府从其它他渠道也得到军事调动及计划的消息"，中国从这些消息得出的结论是"雅尔塔协定的序言中所提到的目的预料肯定会出现"。赫尔利认为，美国应该向中方坦率讲出《雅尔塔密约》，是时机告诉中方雅尔塔会议的内容了。赫尔利希望杜鲁门与参谋长联席会议及国务院讨论这个问题，以便赫尔利去请斯大林同意通知蒋介石。"将此事告诉蒋介石并请他严格保密，他一定会尽力而为的，我相信，这要比让中国人继续从其他途径得到的消息公开猜测更能保密得长远一些"。④

在赫尔利回美述职之前，除了苏联出兵参战这一问题之外，赫尔利已经和

---

①　《蒋介石日记》，1945 年 4 月 17 日。

②　《蒋介石日记》，1945 年 4 月 20 日。

③　《赫尔利致杜鲁门电》，1945 年 5 月 10 日，王建朗主编：《中华民国时期外交文献汇编 1911—1949》第八卷（下），第 1299 页。

④　《赫尔利致杜鲁门电》，1945 年 5 月 10 日，王建朗主编：《中华民国时期外交文献汇编 1911—1949》第八卷（下），第 1300 页。

蒋介石讨论了中苏关系的各个方面。在华盛顿和莫斯科，赫尔利接受了如何向蒋介石透露《雅尔塔密约》的任务。赫尔利认为，他已经做好向蒋介石传达《雅尔塔密约》的准备，只等美苏两国的授权。一切都在等杜鲁门的决定。4月24日，回到重庆的赫尔利拜见蒋介石，通报与罗斯福所商谈之对华政策。赫尔利告蒋，美国政府不会以武器支援中共，他所发表的谈话，是经过与总统及国务院商定后才作出的。赫尔利要求丘吉尔赞同中国成为一个统一国家，丘吉尔同意此举，但反对归还香港；要求斯大林赞同中国统一，斯大林也表示支持。此次与蒋介石谈话，赫尔利严守了雅尔塔秘密协定的内容。[①]

　　赫尔利回到重庆后，蒋一再与其密切商谈筹议中的中苏谈判，这让赫尔利觉得，在蒋已经有所警觉的情形下，再对蒋保密协定已无实际意义。4月29日，赫尔利决定以私人身份向蒋介石通报雅尔塔秘密协定的内容。出于保密起见，参加座谈的除蒋介石外，只有王世杰一人。赫尔利称，斯大林曾表示当苏联对日参战时，再由他向蒋介石通报此事，以避免日本先发制人。赫尔利告诉蒋介石，他曾先后与罗斯福及斯大林面谈此事，并曾亲自阅读了雅尔塔会议的秘密记录，因此对苏联的态度非常了解。斯大林向罗斯福提出如下要求：库页岛南部及千岛群岛划归苏联；朝鲜独立；旅顺港租与苏联；大连港开辟为自由港；中东路及南满铁路之股权，中苏各占一半，苏联对该铁路享有特殊利益；维持外蒙古的现状。赫尔利说："斯大林曾与罗总统商定，苏联当于参加远东战事之前夕，就以上诸事，与中国订一协定，届时苏联当密请罗总统代向委员长提出以上诸款。"赫尔利还向蒋介石解释之所以一直未向中方通报的原因，是因为"斯大林坚持须俟彼认为时机已到时，始可如此提出"，"以此之故，罗总统当时未向委员长报告，美政府迄今亦尚未向委员长正式报告"。赫尔利指出，他向蒋介石汇报纯系私人性质，"意在请委员长速为准备，但非受斯大林或美政府之嘱托而向委员长报告，故其盼委员长不向苏联方面或美政府方面说出"。并特别嘱咐，如"非经苏联密请美政府转告委员长以前，则即宋部长赴莫斯科，彼亦不拟向宋部长提出云云"。[②] 王

---

① 《王世杰日记》，1945 年 4 月 24 日。

② 《王世杰致宋子文电》，1945 年 5 月 22 日，《战时外交》（二），第 546—547 页。

世杰还在日记中记载了赫尔利通报完毕后蒋介石的反应，蒋认为"租借地的方法甚不好，但云容详细考虑后再谈"，事实上未当场对赫尔利所谈内容进行表态。① 蒋介石则自记"晚只与哈雷（赫尔利）谈共党问题，而未与之再谈东北问题，约其全会以后再详加研究也"。② 第二日，蒋介石仍在思考斯大林提案，认为既然东北问题苏美直接进行了谈判，则可以不必再担心中美关系因苏联离间而变坏。③

5 月 12 日，杜鲁门致电赫尔利，仍不建议将苏联准备参战的消息通知蒋介石。杜鲁门认为"关于雅尔塔协定的'序言'在太平洋战争方面未来的行动，目前尚不宜由你向中国政府透露任何消息"。杜鲁门特别指出，在适当的时机，当对共同作战目标有利的时候，将会通知赫尔利把那时可能进行安排的细节照会中国政府，"尽快在切实可行的时刻，把关于这个问题能透露出来而又无损于全局的一切消息告诉蒋介石"。④ 事实上，赫尔利已经通过私人身份将秘密协定全盘托出。

四、 国民政府研判《雅尔塔密约》

宋子文拟先出席旧金山会议，然后再赴苏联参加中苏谈判。行前，王世杰在与宋子文话别时提出："对满洲之领土与主权问题，不可让步。"⑤ 然对国民政府而言，几乎是没有选择余地的。为了让宋子文能有所准备，5 月 22 日王世杰授命将赫尔利所传达《雅尔塔密约》的内容致电宋子文。此时距离蒋介石得知协定已经过去了三个星期。王世杰同时建议蒋介石致电杜鲁门总统，取得杜鲁门的支持，反对任何损害中国领土主权及行政完整的要求。⑥

蒋介石先让蒋经国出面与彼得洛夫（Petrov）商谈中苏协议一些原则性问题。蒋经国与彼得洛夫达成了一些倾向性的共识：一是希望在宋子文访苏

① 《王世杰日记》，1945 年 4 月 30 日。
② 《蒋介石日记》，1945 年 4 月 29 日。
③ 《蒋介石日记》，1945 年 4 月 30 日。
④ 《杜鲁门致赫尔利电》，1945 年 5 月 12 日，王建朗主编：《中华民国时期外交文献汇编 1911—1949》第八卷（下），第 1300—1301 页。
⑤ 《王世杰日记》，1945 年 4 月 6 日。
⑥ 《王世杰日记》，1945 年 5 月 24 日。

之前，"中俄合作条件要先有具体之洽商与谅解"；二是"对日战事（在东北）由中俄两国解决"，不要其他国家参与；三是"企图我访俄与斯大林会晤，否则由经代晤"。① 国民党六全大会后，蒋介石致电已经是行政院代理院长的宋子文，要求宋详细研究赫尔利所告的密约内容，与王宠惠、顾维钧研讨应付方案，并要求宋子文改变原定计划，不直接从美赴俄，而是先回重庆。蒋介石还希望宋子文能在面见杜鲁门时，告以"必坚持其对远东一贯政策，使中国之领土、主权与行政完整不受损害，凡在华领土之内，不能再有任何特权之设置也"。蒋介石要求宋子文至迟 6 月上旬回到重庆。②

5 月 24 日，宋子文从华盛顿回到旧金山，继续参加联合国制宪会议。收到了 5 月 22 日由王世杰发来的赫尔利所谈《雅尔塔密约》内容的详电。在拜访新任总统杜鲁门时，宋子文向其提出了旅大问题，陈述中国一直在奋战，并遭受苦难和牺牲，目的就是为了保持领土完整和政治独立，但中国不能允许列强恢复昔日的租借地和势力范围。杜鲁门给宋子文的印象是，他对中国深表同情，但始终没有明确说是或否。顾维钧说，苏联还没有下定决心，还在等待亚洲战局的发展和中国政局发展的结果，应该对苏联的参战条件"装作一无所知"，建议"美国在斯大林再度提出此事之前，同莫斯科不要再谈这件事"。顾维钧指出，"拖延会对我们有利，特别是如果美国和中国能最后抓紧，迅速打败日本"。③

至于美国为何邀请苏联参加对日作战，顾维钧认为，罗斯福原希望中国陆军能担负起击败日本的主要任务，但去年中国军队军事失利，让罗斯福感觉中国不足以击败日本，而美国舆论又不愿牺牲更多美国士兵的生命，故罗斯福希望苏联能参加远东战争。苏联非常了解罗斯福的愿望，故提出对中国东北的利益要求。顾维钧认为，现在正值民族解放潮流高涨，苏联此时未必敢直接提出有关中国主权的要求。王宠惠表示，苏联实现在欧洲的野心后，目光正转向远东，"其欲望超过日俄战事前俄在东三省之地位"。此时，霍普金斯（H. L. Hopkins）已经答应宋子文，将向苏方传达"美国坚持东三省土

---

① 《蒋介石日记》，1945 年 5 月 12 日。
② 《蒋介石致宋子文电》，1945 年 5 月 23 日，《战时外交》（二），第 547 页。
③ 《顾维钧回忆录》第 5 分册，第 537 页。

地完整的态度"。但霍普金斯强调他的使命是询问苏方是否真正与美国合作击败日本，宋子文建议，东三省问题可以试探苏联是否真心与美国合作。[①]也是在此次会谈中，宋子文当面要求顾维钧与其一起赴莫斯科参加谈判，顾维钧答应了同去莫斯科。顾维钧没有预料到，等霍普金斯自苏联返回后，宋子文已经改变了邀请他一起去莫斯科的既有决定。

6月1日国民政府驻苏大使傅秉常从哈里曼处探询霍普金斯与斯大林会谈的结果。哈里曼告诉傅秉常，斯大林对霍普金斯所谈论内容，与以前对赫尔利所谈者大致相同，并未谈到军事问题。哈里曼表示，最好在英美苏三领袖会晤之前宋子文能够到莫斯科，以6月内为宜。[②]

蒋介石在国民党六全大会结束后，开始与苏联驻华大使彼得洛夫商谈中苏关系问题，尤其是苏联所提参战条件问题。6月3日，蒋介石约见彼得洛夫，告以中国希望苏联早日参加对日作战，以便缩短战争时间，为了达到该目的，需要中苏共同商议解决日本问题、朝鲜问题及中国东三省问题。蒋介石表示，苏联自革命以后，已经于1924年宣布正式取消帝俄在华所有不平等条约及放弃一切特权，此乃中苏友谊合作之历史基础，希望苏联能够帮助中国实现东三省领土主权完整与行政独立。蒋介石向彼得洛夫介绍了中国人对不平等条约的认识，"全国人民咸认不平等条约、领事裁判权及租界等事为国家的耻辱，一致痛恨"，冀望增加彼得洛夫对中国国内舆情的认识，铺垫中国不能再签有损主权条约的氛围。蒋介石向彼得洛夫表示，"若苏联能首先帮助我国恢复东三省主权完整、行政独立，则中苏两国人民的感情，必大增加"。[③]

蒋介石向彼得洛夫提出了共用海空军基地共同使用军港的意向，并表示可以给与苏联以东三省铁路和商用港口的便利。蒋介石作出上述许诺的其前提是，"凡帮助我国收复失土之友邦，将来中国领土内，如为远东和平有建筑海、空军基地之必要时，中国愿与各友邦共同使用"，以及"苏联能帮助

---

① 《宋子文致蒋介石电》，1945年5月26日，《战时外交》（二），第548—549页。
② 《傅秉常致蒋介石电》，1945年6月1日，《战时外交》（二），第1313页。
③ 《蒋介石在重庆接见彼得洛夫谈话纪录》，1945年6月3日，王建朗主编：《中华民国时期外交文献汇编1911—1949》第八卷（下），第1313—1314页。

我国恢复东三省领土、主权完整及行政独立"。蒋表示，东三省问题是中苏合作的第二个机会，如果苏联可以帮助中国恢复东三省领土完整及行政独立，中国人民必同情于苏联，中国所有物资资源亦将为苏联与中国合作互助关系所利用。蒋介石表示"吾人若为东三省或其他一块小地方，使两国感情有所损失，那是最不值得的"，并建议中苏协定以上述所谈内容为基础。[1]

此次会谈，蒋介石所谈内容显然系围绕《雅尔塔密约》进行了针对性思考，租用军港及铁路共管都是罗斯福与斯大林所签协议的内容。依据美苏两国所达成的默契，《雅尔塔密约》此时仍属于对华保密的内容。彼得洛夫表示，立即将蒋介石的建议报告给苏联政府，他本人则有两条意见向中方传达：一是相信苏联政府能本着一贯友好的政策帮助中国政府，正如苏联在1924年《中俄解决悬案大纲协定》中所做的那样；二是苏联政府欢迎中国政府所提的任何加强中苏友谊及合作的建议。[2]

当彼得洛夫询问宋子文究竟是在旧金山会议前离美还是会议后离美时，蒋介石泄露了中方的预先安排。5月28日，霍普金斯亲赴苏联与斯大林会谈，两人要求宋子文直接从美国赴莫斯科，而蒋介石告诉彼得洛夫的是宋子文将于会议闭幕后先回重庆，然后再赴莫斯科。听闻宋子文的行程安排后，彼得洛夫还询问了宋子文的随行人员名单，但未得具体消息。[3]

与彼得洛夫谈话后，蒋介石致电宋子文，告以最迟须于六月内归国，因为苏方要求其能于六月底或最迟于七月初到莫斯科。蒋介石称，根据所掌握的消息"傅大使来电与吾兄电相同，惟其另有语霍与史大林此次谈话关于远东问题之大意"，促宋子文全面掌握消息。[4] 宋子文特别向蒋介石提出了旅顺港问题，认为既然罗斯福已经告诉中方"苏联欲以旅顺为海军根据地"，推测罗斯福"或已默许苏联租让"。魏道明告诉宋子文，罗斯福在通报此事时，

① 《蒋介石在重庆接见彼得洛夫谈话纪录》，1945年6月3日，王建朗主编：《中华民国时期外交文献汇编1911—1949》第八卷（下），第1314—1315页。

② 《蒋介石在重庆接见彼得洛夫谈话纪录》，1945年6月3日，王建朗主编：《中华民国时期外交文献汇编1911—1949》第八卷（下），第1315页。

③ 《蒋介石在重庆接见彼得洛夫谈话纪录》，1945年6月3日，王建朗主编：《中华民国时期外交文献汇编1911—1949》第八卷（下），第1315—1316页。

④ 《蒋介石就中苏关系问题致行政院院长宋子文电》，1945年6月4日，《战时外交》（二），第552—553页。

表示"或可用租借方式，似与主权无损"，而且在形式上"并非提议，不过随意谈及而已"，但宋子文认为事情比想象中的要复杂。①

6 月 6 日，斯退丁纽斯正式通知宋子文，斯大林希望他能在 7 月 1 日之前抵达莫斯科。为了安排宋子文的行程，斯退丁纽斯表示，美方将安排一架有卧铺的陆军飞机，先送宋回重庆，然后去莫斯科，再回华盛顿。斯退丁纽斯还表示，在送他回重庆前，杜鲁门总统希望与他做一次私下会谈。除感谢美方的安排外，宋子文向斯退丁纽斯提出了两个问题，一是能否在回重庆前与刚从莫斯科返回的霍普金斯见面一谈；二是他是否可以询问总统有关苏联对日作战以及旅顺军港的问题。斯退丁纽斯表示，需要宋子文见过总统后再讨论这两点。②

对于宋子文将与杜鲁门的会谈，蒋介石希望谈及旅顺港的安排，强调不论何种方式"其主权与行政必须完全归我国自主"。蒋介石提出，可以将旅顺交国际安全机构作为海空军基地，由中美俄三国共同使用。如果苏联反对美国加入，则至少应由中俄共同使用。"若俄提归其独占或租让，则我必反对到底，决不许可也"。③ 蒋介石对于此次宋子文与杜鲁门的会谈极为重视，又追发一电，告以"对杜总统商谈旅顺等问题，应注重技术，以语气之轻重与前后极有关系也"，甚至建议了宋子文谈话的顺序和内容。"最好先问其当时罗总统与史大林谈旅顺问题之方式，以及其内容之经过与最后结论"，"如果罗允史之要求旅顺归其占有，则此为中国主权所在，我国自可加以拒绝，不能承认也"，蒋还希望能将罗斯福斯大林在雅尔塔会议上的谈话备忘录抄录一份，以便用于研究。④ 对于为何主动提出旅顺港由中俄共同使用，蒋介石自记"如我不先表示，可与俄共同使用一点，则俄不仅对我绝望，而且对美更不谅解，益增其疑虑"，故而"一面严拒其租借之谬说，而一面不得不自动允其共同使用以慰之"。⑤

---

① 《宋子文就苏租借旅顺问题致蒋介石电》，1954 年 6 月 6 日，《战时外交》（二），第 553—554 页。

② 《斯退丁纽斯致格鲁电》，1945 年 6 月 6 日，王建朗主编：《中华民国时期外交文献汇编 1911—1949》第八卷（下），第 1318 页。

③ 《蒋介石致宋子文电》，1945 年 6 月 8 日，《战时外交》（二），第 554 页。

④ 《蒋介石致宋子文电》，1945 年 6 月 8 日，《战时外交》（二），第 555 页。

⑤ 《蒋介石日记》，1945 年 6 月 9 日，上星期反省录。

6 月 9 日早晨，宋子文抵达华盛顿，即去谒见杜鲁门总统，陪同杜鲁门座谈的有参谋长联席会议主席李海上将及代理国务卿格鲁。杜鲁门直接将有关备忘录交给宋子文，并告以该备忘录已经发给赫尔利并令其在 6 月 15 日递交给蒋介石。在递交备忘录时，杜鲁门称罗斯福总统曾作支持该项协定之诺言，"余将拥护罗斯福总统所同意之协定"，因为盟国亟需苏联参加对日作战，并嘱咐宋子文勿将协定内容发诸报端。宋子文表示，在与斯大林会谈前，不会公开此协议。对于蒋介石所要求探明的内容，宋子文所得到的结果是：外蒙古问题暂时搁置讨论，杜鲁门同意大连港国际化。宋子文认为"倘主权属于中国，即不能称为租借"，杜鲁门则表示"渠对罗斯福总统所签订之协定，决予支持"。① 在与格鲁会谈时，宋子文表示希望澄清几点，一是外蒙古的现状，希望不要用现状这个词，因为可以有不同的解释；二是关于在大连建立自由港，中国的主权应予承认，港口的行政管理应归中国；三是关于旅顺租借期限，日本也仅仅是以 25 年为租借期限，意在表明中国不希望苏联租用期限超过 25 年。宋子文希望格鲁能够明确，美国同意支持雅尔塔秘密协定的准确内涵。②

6 月 11 日，蒋介石听取了赫尔利递交的斯大林所提方案及说明，"但其未将全文交阅，以杜总统嘱其至十五日方得告中也"。在致宋子文电中，蒋介石称"今后只要俄国尊重我主权与行政之完整，则中国可允其对军港共同使用，但不能用租借名义"，要求宋子文务必坚持此点，而此前所提议的港口国际共管等不必再提。③ 蒋介石当日又追发一电，建议宋子文以个人名义对美表示，租借地为一历史名词，被中国看为耻辱的标志，非设法去除不可，至于其他铁路、军港问题，只要无损于中国主权，都可以商谈。蒋介石将俄国大使彼得洛夫愿意中俄两国直接商谈的意愿转告宋子文，"推彼之意，东北有关问题最好不牵涉第三国，或国际关系愈少愈好"。④

---

① 《宋子文致蒋介石电》，1945 年 6 月 9 日，《战时外交》（二），第 555—557 页。
② 《格鲁记录的会谈备忘录》，1945 年 6 月 11 日，王建朗主编：《中华民国时期外交文献汇编 1911—1949》第八卷（下），第 1324 页。
③ 《蒋介石致宋子文电》，1945 年 6 月 11 日，《战时外交》（二），第 557—558 页。
④ 《蒋介石致宋子文电》，1945 年 6 月 11 日，《战时外交》（二），第 558 页。

五、 美国内部对中苏条约谈判条款的讨论

在霍普金斯赴苏联之前，美国国务院对于苏联对日参战的政治条件进行了研究，提出了四点要求，并以之征询海军部、陆军部的建议。5 月 21 日，代理国务卿格鲁同时致函陆军部和海军部，称"关于苏联在远东未来的地位和行动，我们应采取什么样的态度的问题，兹附上非正式的简短阐明我们观点的研究报告"，希望能在霍普金斯及同事波伦（C. E. Bohlen）赴苏前得到回应，至迟应在霍普金斯与斯大林会谈前得到答复。[①]

美国国务院所起草的这份文件，共两大部分：一是提出希望中国做到的目标和措施；二是希望苏联能够与美方达成的协议。第一部分在中国问题上共提出了涉及政治、经济、军事三个大项需要美苏达成共识的要点。国务院提出，中国统一起来，建立一个能代表中国民意，强大、稳定的政府，有效履行对内及国际责任，对于建立和保持远东和平与稳定至关重要。对美苏两国而言"当前较为重要的目标是动员中国的人力与资源，有力、有效地进行抗日战争"。为了达到上述目标，美苏应继续努力"影响蒋介石委员长和国民政府的领导们来执行下列政治、军事与经济措施"。国务院所提的目标：政治上解决国共长久以来的争端，组成联合政府；军事上统一中国所有军队；颁布新的商业法规和条例，包括公正的商业与经济方针和政策，并保证向各国实行"门户开放"和同等的商业机会。[②]

美国国务院在草案的第二部分提出，希望苏联积极合作和支持，不仅使中国实现政治上和军事上的统一，还要保证它的发展，承认中国是太平洋的主要大国之一，也是远东的和平与稳定的堡垒。为了努力实现中国的政治与军事统一，希望苏联政府同意：承诺说服中国共产党，为了建立一个真正有代表性和统一的中国政府接受国民党提出的"合理"建议，完成组建联合政府的谈判；承诺说服中国共产党将其军队并入统一的中国军队，由一位美国

---

① 《格鲁致福莱斯特函》，1945 年 5 月 21 日，王建朗主编：《中华民国时期外交文献汇编 1911—1949》第八卷（下），第 1304 页。

② 《格鲁致福莱斯特函》，1945 年 5 月 21 日，王建朗主编：《中华民国时期外交文献汇编 1911—1949》第八卷（下），第 1305—1306 页。

军官指挥，配备中、苏、英三国的参谋人员；承诺"在东北、华北和朝鲜对日采取军事行动时只使用统一的中国军队的部队"；承诺"在中国、日本和朝鲜的战事停止后三个月内，从东北地区、华北撤出所有武装力量，包括空军与海军，撤销战争期间在被解放地区所成立的各种临时行政机构"，以及"在那时把所解放地区的管理权完全归还中华民国政府"。上述四项承诺为主要内容，除此外还有其他规定，如派遣苏联军官加入参谋处，派遣苏联经济技术顾问参与中国重建，苏联向统一后的中国军队提供军事装备和军需品。① 以上可以总结为四项承诺。

除上述承诺事项外，美国国务院还提出了为了保证中国的发展及维持其大国地位，需要苏联同意的事项，可以归纳为：一、"完全并继续尊重中国的领土完整，其中包括东北地区、新疆与西藏等地区"，但不反对"中国与苏联通过友好交涉，或通过公正的边界委员会的中间作用达成确切的中苏边界划分"；二、"完全承认开罗宣言关于应将台湾和澎湖列岛归还中国的规定，而且应该在对日战争结束后正式确立中国对这些岛屿的统治权"；三、"应继续维持中华民国政府目前在国际事务中享有的威望和影响"。② 实质性的内容是前两项保证，可以归纳为两保证。

对于苏联参战所提政治条件，以及加入太平洋战争后将产生的政治影响，美国陆军部提出了不同的认识。总体上，陆军部认为，苏联是否参加对日战争将以其本身的军事与政治利益为依据，"与美国采取的任何政治行动没有多少关系"。陆军部的观点是：苏联提出对日作战的条件，当然会寻找并接受美国提出的任何政治诱饵，但实际上，"如果苏联参战的话，这些政治诱饵不会影响它决定何时参战"。从军事上而言，苏联参战将发挥重要作用，"几乎可以肯定将大大缩短战争，从而减少美国的伤亡人数"。陆军部部长史汀生建议代理国务卿格鲁，"在苏联参加太平洋战争之前，军事方面的

---

① 《格鲁致福莱斯特函》，1945 年 5 月 21 日，王建朗主编：《中华民国时期外交文献汇编 1911—1949》第八卷（下），第 1306—1307 页。

② 《格鲁致福莱斯特函》，1945 年 5 月 21 日，王建朗主编：《中华民国时期外交文献汇编 1911—1949》第八卷（下），第 1306—1307 页。

考虑不妨碍美国政府试图在远东从苏联获得有利的政治目的"。①

陆军部认为,《雅尔塔密约》内美国作出的让步事项是自然而然的事情,"这些都是苏联军力所及的事,即使在战争中没有美国的军事行动配合,它也能达到目的"。陆军部相信,在美军能够占领库页岛、中国东北地区、朝鲜和华北之前,苏军在军事上可以打败日本先于美军占领这些地区。美国可能只有在千岛群岛方面略占上风。如果美国试图改变这种结果,只有抢先一步占领这些岛屿以阻止苏联的野心,但其代价是美国将付出更多士兵的伤亡。即使退一步讲,苏联还可以等到美国几乎已经摧毁日本军事力量的时候再攫取它渴望的东西,而且所付代价更小。基于上述理由,陆军部认为,在不使用武力的情形下,美国在远东对苏联能施加的压力很小。从军事观点而言,"与苏联在远东问题上达到完全谅解和协议是有利的"。②

是否允许苏联参与军事占领日本本土,也是美国内部在考虑的问题。陆军部认为,应从政治上考虑苏联占领日本本土的事情。从军事上看,苏联参与占领是可取的,因为这将减少美国占领的费用,但通过与苏联共同占领德国所得到的经验而言,"考虑由我们单独军事占领是明智的"。③ 海军部部长福莱斯特(James Forrestal)的回复较为简略,表示认可陆军部部长所表达的观点,认为国务院试图从苏联政府获得保证和说明的做法是可取的。④

六、 美国向苏联提出中苏条约谈判的美方态度

苏联也在试探美国对中苏会谈的态度。赫尔利在与苏联驻华大使彼得洛夫商讨东北问题时,彼得洛夫认为如英国保有香港,则苏联亦可以保有旅顺,赫尔利则告以美国政策素以维护中国领土主权之完整为主张,"中国恐

① 《史汀生致格鲁函》,1945 年 5 月 21 日,王建朗主编:《中华民国时期外交文献汇编 1911—1949》第八卷(下),第 1302 页。
② 《史汀生致格鲁函》,1945 年 5 月 21 日,王建朗主编:《中华民国时期外交文献汇编 1911—1949》第八卷(下),第 1303 页。
③ 《史汀生致格鲁函》,1945 年 5 月 21 日,王建朗主编:《中华民国时期外交文献汇编 1911—1949》第八卷(下),第 1303 页。
④ 《福莱斯特致格鲁函》,1945 年 5 月 21 日,王建朗主编:《中华民国时期外交文献汇编 1911—1949》第八卷(下),第 1304 页。

不能再放弃任何东北领土"。①

美国国务院在征集了美军陆军和海军的意见后，让霍普金斯等带着这些草案飞往莫斯科。1945 年 5 月 25 日，哈里曼、霍普金斯和波伦到达莫斯科。5 月 26 日晚上 8 时，霍普金斯等在克里姆林宫会见斯大林，开启苏美会谈，一直到 6 月 6 日，双方共会谈六次。此次会谈，中国问题是一个方面，并非全部。蒋介石密切关注霍普金斯访俄，认为霍普金斯与斯大林的会谈"不仅为欧洲安危关系，而对我东北、旅顺、大连之关系亦甚大也"。②

在 5 月 28 日的会谈中，霍普金斯开始向斯大林提出对日作战问题，这一问题必然将牵涉到中苏关系。斯大林表示，苏军大体上到 1945 年 8 月 8 日将做好充分准备进入阵地，但具体的作战日期，要取决于《雅尔塔密约》内苏联所提的要求是否已经实现，"如果中国同意这些要求，苏联可以在 8 月开始行动"。霍普金斯表示，根据雅尔塔会议上的讨论，美国将在得到斯大林确认的信息后再与中国进行商讨。斯大林予以认同，因为苏方希望推迟与中国人的讨论，或许"当宋子文到莫斯科进行预期中的访问时，他们可以直接向他提出这个问题"。霍普金斯认可斯大林的提议，认为"在莫斯科直接向中国人提出这个问题比较好"，并强调"中国人是不够谨慎的"，意在担心会泄露苏军动向。斯大林进一步明确提出，7 月上旬是最佳时机，届时苏军的大规模调动不可能瞒得住日本人，也就不再担心泄密。③

在会谈中，哈里曼询问斯大林对于远东的要求，并指出杜鲁门总统已经在华盛顿告诉过莫洛托夫，美国仍然会执行罗斯福总统在雅尔塔会议上所允诺的条件。斯大林对杜鲁门总统仍然执行《雅尔塔密约》表示感谢，不过也承认能否执行协定"也取决于中国人"。哈里曼表示，希望美苏在远东的政治与经济方面保持意见一致，比如保持中国的传统门户开放政策。斯大林提出，美苏都无意在中国称霸，但战后只有美国有能力帮助中国恢复和重建，苏联将致力于内部重建。哈里曼进一步询问，"如果苏联军队进入东北地区

---

① 《王世杰日记》，1945 年 5 月 25 日。
② 《蒋介石日记》，1945 年 5 月 27 日。
③ 《会谈备忘录查尔斯·E. 波伦先生记录（摘要）》，1945 年 5 月 28 日，王建朗主编：《中华民国时期外交文献汇编 1911—1949》第八卷（下），第 1309 页。

时赫尔利大使帮助中国统一的努力未获成功，苏联将采取怎样的态度"，苏联是否会考虑"可能与委员长达成必要的协议"。①

斯大林向哈里曼等表示，不论是在新疆还是在其他地区，苏联没有打算改变中国东北地区或中国任何地方的主权，对中国没有领土野心。至于外蒙古，在雅尔塔会议上他已向美方表示，维持外蒙古的现状，不准备纳入苏联领土，特别强调"苏联人民不会以任何方式成为阻止中国统一的因素，反而要帮助中国取得统一"。至于国共关系，斯大林认为蒋介石将是完成中国统一的领导人，至于中共的领导人，"不相信他们有那么好的本事，或有能力统一中国"。斯大林还承诺，当苏军进入东北后，将在占领地区由蒋介石派人设立市政机构，蒋介石可以派他的代表到苏军占领地区去建立国民党政权。②

霍普金斯每次会谈后都将与斯大林所谈结果通过电报向杜鲁门和国务院汇报。国务院又随时把会谈的进展情形通知英国外交部。第三次会谈后，霍普金斯致电杜鲁门，汇报关于远东及中国问题的会谈结果：一、"苏联军队将不迟于 8 月 8 日部署在满洲阵地上"；二、"元帅重复他在雅尔塔所作的声明：俄国人民须有参加对日作战的充分理由，而且这取决于中国方面愿意接受雅尔塔会议所作的建议"；三、斯大林希望在 7 月 1 日前见到宋子文；四为苏方将在 8 月发动进攻；五、苏联支持蒋介石领导下的统一的中国；六、苏联允诺在雅尔塔的所有说明，希望有一个统一和稳定的中国，对中国没有领土要求；七、苏联欢迎蒋介石与苏军一起进入东北，以便利蒋介石组织起中国人的政府；八、赞成美国所提门户开放政策。③ 杜鲁门认为霍普金斯的会谈结果既重要又让人感兴趣，即向霍普金斯表示将通知宋子文，"斯大林希望于 7 月 1 日之前在莫斯科接见他，我们将提供所需的空中交通工具"。

---

① 《会谈备忘录查尔斯·E. 波伦先生记录（摘要）》，1945 年 5 月 28 日，王建朗主编：《中华民国时期外交文献汇编 1911—1949》第八卷（下），第 1310—1311 页。

② 《会谈备忘录查尔斯·E. 波伦先生记录（摘要）》，1945 年 5 月 28 日，王建朗主编：《中华民国时期外交文献汇编 1911—1949》第八卷（下），第 1311 页。

③ 舍伍德著，福建师范大学外语系译：《罗斯福与霍普金斯》，商务印书馆，1980 年，第 570—572 页。

直到此时，美国才决定通知蒋介石《雅尔塔密约》的内容。①

国务卿斯退丁纽斯此时正在旧金山参加联合国制宪会议，得悉斯大林邀请宋子文访苏的日期安排后，感到有必要在宋子文离开美国之前将《雅尔塔密约》的内容正式告知中方，"如果我们让他到莫斯科之后才知道这份协定，他肯定会觉得我们对他不坦率"。斯退丁纽斯请代理国务卿格鲁询问杜鲁门，对此问题持何种看法，如果赞同，需要决定究竟由谁来告诉宋子文。② 显然，杜鲁门认为是时机通知中方《雅尔塔密约》的内容了，等到苏联方面的通知后，就可以通知中方。

6 月 8 日，哈里曼向杜鲁门汇报霍普金斯与斯大林的会谈结果，认为关于远东的会谈具有实际价值，比预计的更为成功，斯大林同意向宋子文提出"处理雅尔塔协议中影响到中国的政治问题"，同意"蒋介石的代表去满洲和俄国军队共同建立中国国民政府的行政机构"。③ 6 月 9 日，格鲁根据杜鲁门总统第 285 号指示，通知驻华大使赫尔利，在 6 月 15 日正式通知中方雅尔塔密约，并同时将霍普金斯莫斯科之行的会谈结果一并通告中方。④ 与此同时，杜鲁门在会见宋子文时，正式通知了上述内容。

七、 中国赴苏谈判代表团的选定及会前的中苏协商

6 月 12 日下午 5 时，蒋介石在曾家岩官邸会见苏联驻华大使彼得洛夫。彼得洛夫开头即提出，苏联准备开启关于缔结中苏友谊互助条约之谈判，但须先讨论几个条件。接着彼得洛夫向蒋介石宣读了五项条件：⑤

一、恢复旅顺港之租借，建立苏联海军根据地；

二、大连商港国际化，并保证苏联在该港有优势的权利；

---

① 《杜鲁门致霍普金斯电》，1945 年 5 月 31 日，王建朗主编：《中华民国时期外交文献汇编 1911—1949》第八卷（下），第 1312 页。

② 《斯退丁纽斯致格鲁函》，1945 年 6 月 4 日，王建朗主编：《中华民国时期外交文献汇编 1911—1949》第八卷（下），第 1317 页。

③ 《哈里曼致杜鲁门电》，1945 年 6 月 8 日，王建朗主编：《中华民国时期外交文献汇编 1911—1949》第八卷（下），第 1319 页。

④ 《格鲁致赫尔利电》，1945 年 6 月 9 日，王建朗主编：《中华民国时期外交文献汇编 1911—1949》第八卷（下），第 1322 页。

⑤ 《缔结中苏友谊互助条约的先决条件》，《战时外交》（二），第 562 页。

三、为保证苏联与租借港之联系起见，在保持中国东三省主权完整条件下，组织中苏合办公司，共同使用中东铁路和南满铁路；

四、关于蒙古人民共和国问题，应保持现状，即蒙古人民共和国为一独立国家；

五、库页岛南部及其接壤诸岛，以及千岛群岛，应归苏联。

读完五项条件后彼得洛夫表示，如果蒋介石同意上述五条，则苏联将即刻开始准备中苏缔约谈判。蒋介石令人记录下条件后表示，等考虑后再谈这五项条件。蒋随后说，上次已经提及，中国人民认为租借一类名义，是一种国家的耻辱，不建议再用这种名义。彼得洛夫称，租借地与租界不同，租界的意思包含着领事裁判权等特权，租借地则不包含这些特权。但蒋介石不认可此种说法，认为"既有租借地，便是对领土主权的不完整，因为中国的军港，自己不能管理，不能使用"，"所以租借这种名义，切不可再用"。蒋介石还从历史上追溯旅顺租借的历史，认为自 1898 年俄国租借旅顺开始，德国租借青岛，英国租借威海卫，法国租借广州湾，造成中国不平等的地位。蒋强调"条约无论在名义和内容上，都不好用租借地一类的意思，以免在中国和外国引起不良的印象，希望将本人这点意思郑重的报告贵国政府"。①

赫尔利第二天即把蒋介石与彼得洛夫的会谈情况报告给了国务卿斯退丁纽斯。同日，霍普金斯告诉宋子文，斯大林准备支持蒋介石及国民政府，支持中国收回满洲，并将邀请中国政府随同苏军进驻满洲，组织政府管理民政。霍普金斯还指出，斯大林明确表示对外蒙古及新疆无领土野心，苏联不需要新疆。关于大连港，霍普金斯表示，斯大林不愿国际共管大连或大连港国际化，可能会同意中苏共同管理或中国单独管理。②

在此次会谈中，霍普金斯告诉宋子文，在中国赴苏谈判人选上，斯大林不赞成偕同顾维钧前往，必须自带译员，认为顾维钧只是一职业外交家，其所代表委员长之权力远不如宋，故期望与宋子文相晤。霍普金斯亦认为"若干重大问题均须详加考量，此行任务实属艰难，但政治家不得不处理者，莫

---

① 《蒋介石在重庆接见彼得洛夫谈话记录》，1945 年 6 月 12 日，《战时外交》(二)，第 558—562 页。
② 《宋子文会见霍普金斯谈话纪录》，1945 年 6 月 13 日，《战时外交》(二)，第 565—567 页。

非艰巨问题"①。宋子文能否担当起政治家的责任，能否作为一名合格的外交部部长，霍普金斯此番寄语可谓语重心长。

宋子文在最初坚持顾维钧去莫斯科，但此时却忽然改变了想法，以蒋介石的名义致电顾维钧，要求其留在旧金山，参与联合国会议的后续工作。至于自己为何没有被选中赴莫斯科，顾维钧思考背后的原因认为可能有三点。一是，可能考虑到旧金山会议的重要性，当时美国不同意顾维钧离开；二是，可能是顾虑顾维钧在外交圈的影响力，如果其赴莫斯科，将引起广泛注意；三是，顾维钧对中苏谈判的看法与蒋不同，而这可能给宋子文的谈判增加麻烦。②

6 月 14 日，宋子文再见杜鲁门。杜鲁门向宋子文概要讲述了霍普金斯莫斯科会谈的要点，杜鲁门讲完后，宋子文表示他有几个问题需要和总统澄清。宋子文指出，苏联要重新建立由于 1904 年日俄战争而失去的俄国在东北地区的权利，而这些权利的范围极广。在 1924 年的中苏条约及奉张协定中，苏联已经主动表示放弃所有条约特权，包括治外法权。宋子文表示，他需要在莫斯科向斯大林澄清这几点。此外，宋子文告诉杜鲁门，中国人民在战争中经受这么多苦难之后，强烈反对再在中国重新建立特别租借港口的制度。③

1945 年 6 月 15 日，雅尔塔会议两个月后，赫尔利依据国务院所定日期，正式向蒋介石提交了《雅尔塔密约》的文本。虽然已经事前知道了密约的内容，但见到文本后，蒋介石仍然非常震惊，"阅之悲愤，不知所止"，"万不料罗之昏庸老朽，一至如此"。④蒋介石当场向赫尔利提出了三个问题，一是美国政府会不会为维持太平洋的和平而共同使用作为海军基地的旅顺港；二是希望美国参加中国与苏联的协定；三是关于转让库页岛或千岛群岛一事，似乎应由联合国或至少由中英美苏四国进行，而不由苏联与中国单独进行。

① 《宋子文会见霍普金斯谈话纪录》，1945 年 6 月 13 日，《战时外交》（二），第 565—567 页。
② 中国社会科学院近代史研究所译：《顾维钧回忆录》第 5 分册，第 549 页。
③ 《格鲁记录的会谈备忘录》，1945 年 6 月 14 日，王建朗主编：《中华民国时期外交文献汇编 1911—1949》第八卷（下），第 1332—1333 页。
④ 《蒋介石日记》，1945 年 6 月 15 日。

蒋介石明确告知赫尔利，希望美国参加中苏条约，如果美国同意，也让英国参加。① 格鲁向赫尔利强调，如他所知，总统完全支持实现在雅尔塔签订的《协定》。这份《协定》规定旅顺港租借给苏联作为海军基地，并指出"你会理解本政府难以参加共同使用旅顺港为海军基地或加入中苏协议中来"，无论怎样，"苏联不见得会同意一项三方或多方的条约，因为这项条约的目的是为调整中苏关系"。② 美方态度明确，同意旅顺为苏联军港是已经承诺的内容，美方不会提出反对意见，美方不会参加中苏间的谈判。

美苏全盘托出斯大林所提谈判草案后，中苏会前争执的焦点集中于旅顺军港的租借上。事实上，从领土而言，外蒙古问题亦极其重要，但对于维持现状的解释，蒋介石及宋子文并未通盘提出预案。蒋介石态度坚决，决不允许租借旅顺，"如其果必欲用租借，而不许我共同使用，则余必坚决拒绝，宁使其无理强占我东北，决不订此丧权辱国之条件也"。③ 孙科对于苏联所提条件有不同见解，认为"租借旅顺为无关得失"，并以英国将大西洋各岛租与美国为例进行说明，但认为外蒙古问题不可不提，为了让苏联满意，"乃以中国为联邦国，而以蒙古为一邦，除与中央政府形式上会议联系之外，其他一切政治皆归其自主"。从谈判策略上而言，孙科的建议不失为一种办法，但蒋介石却斥之为"危险异甚，彼以为丧权辱国不足为意"。④

宋子文回重庆后，6 月 20 日晚向蒋介石汇报美国之行的外交经过。对于彼得洛夫所建议先在重庆达成初步意见之提议，蒋认为不妥。宋子文建议，待其到莫斯科后再讨论。⑤ 6 月 22 日下午 5 时，蒋介石与宋子文、赫尔利共谈对苏联交涉问题，再次确认苏联对此次会谈，决不愿第三国参加，美国决不会参加，意即"不能为中俄协定作保证之意"。⑥

6 月 26 日，彼得洛夫在动身回莫斯科前再次与蒋介石会谈。彼得洛夫询

---

① 《赫尔利致斯退丁纽斯电》，1945 年 6 月 15 日，王建朗主编：《中华民国时期外交文献汇编 1911—1949》第八卷（下），第 1334—1335 页。

② 《格鲁致赫尔利电》，1945 年 6 月 18 日，王建朗主编：《中华民国时期外交文献汇编 1911—1949》第八卷（下），第 1335 页。

③ 《蒋介石日记》，1945 年 6 月 16 日，上星期反省录。

④ 《蒋介石日记》，1945 年 6 月 21 日。

⑤ 《蒋介石日记》，1945 年 6 月 21 日。

⑥ 《蒋介石日记》，1945 年 6 月 22 日。

问蒋介石,对于上次谈话所提几点有何意见。蒋介石告以,大致已经告诉宋子文,待其到莫斯科后详谈。关于南库页岛、千岛群岛及朝鲜问题,中苏双方意见大体一致;关于旅顺问题,"本人应将个人的意思,再郑重告诉大使,即'租借'一类的名称切不可再用,因为用这种名义,对中苏两国于事实都是有害的"。对于外蒙古问题,蒋介石表示,"本人解决外蒙问题的方针,是赋予外蒙的高度自治领,即其外交、军事均可独立,而宗主权则应属于中国",但建议最好不提外蒙古问题。会谈中,彼得洛夫询问访苏人员的组成,是否大部分未曾到过苏联,其意在于询问是否有顾维钧参与,蒋介石告以大多没有到过苏联,而且"大都不是外交官"。①

宋子文一行动身之前,蒋介石致函斯大林,称"余对宋院长完全信任,凡彼所陈述之意见,均能代表本人"。② 6 月 27 日,宋子文率团与彼得洛夫同机飞往莫斯科。中国代表团成员有外交部次长胡世泽,以及沈鸿烈、钱昌照、蒋经国、张福运、卜道明、刘泽荣等。这个代表团的组成中,蒋经国的身份比较特殊,既有留苏经历,又是蒋介石的儿子,关键时刻可以起到沟通双方最高决策人的作用。③ 顾维钧没有出现在最终名单之内,这符合了斯大林所提人选的要求。

赫尔利在总结中苏会谈前的争执焦点时,认为关键在于大连港的"优越"地位及旅顺港的"租借"二字,中国同意苏联的条件,但避免使用与边界完整、主权独立有矛盾的词,"中国会努力使条件合乎苏联的意愿,但是按照明确的定义而不是按一般的措辞"。宋子文动身后,美国驻苏大使哈里曼致电杜鲁门总统,希望了解蒋介石对《雅尔塔密约》的态度,以及三方面的情报:一是"国民政府与共产党之间交涉的现状";二是"苏中打算签订的军事条约中,我们可能特别感兴趣的任何方面";三是"我们是否希望俄国人对委员长和国民政府作出特别承诺",比如,允诺国民政府随苏军一起

---

① 《蒋介石在重庆接见彼得洛夫谈话记录》,1945 年 6 月 26 日,《战时外交》(二),第 569—571 页。
② 《蒋介石致斯大林函》,1945 年 6 月 26 日,《战时外交》(二),第 571 页。
③ 蒋经国在谈判中的作用,参见肖如平:《蒋经国与 1945 年中苏条约谈判》(《抗日战争研究》2012 年第 1 期)。

进入东北建立行政机构。[①]

第二节　苏联坚持外蒙古独立与租借旅大

1945 年 6 月 30 日，按照斯大林的预定日期，宋子文率中国代表团如期抵达莫斯科。当日下午 6 时 30 分，斯大林与宋子文举行了首次会谈，双方都是礼节性问候，并未进入主题，预定下次会谈时开始讨论细节。第二日早晨，宋子文即约见了美国驻苏大使哈里曼，表示将通报中苏会谈的全过程。在向蒋介石报告抵达消息的同时，宋子文称，有人密告"美总统嘱赫尔利提及之第一条过于肯定，史太林与霍布金斯谈话虽确有此言，但仍应参考苏联历来对中共之态度"，斯大林所称战时及战后绝对无条件拥护蒋委员长一点，不能简单理解。[②] 第一阶段谈判共有六次会谈，除第一次属于礼节性问候外，余下五次会谈为双方的正式谈判。

一、　中苏第二次会谈后蒋介石认可外蒙有条件独立

7 月 2 日，宋子文与斯大林开始正式会谈。在第二次会谈中，外蒙古问题谈成僵局。斯大林称，"外蒙人民不愿受中国政府统治，希望独立，故盼中国承认外蒙现状"，并强调"苏联不欲并吞外蒙，亦盼中国准许外蒙脱离"。斯大林表示，苏联出于国防关系，将在外蒙古驻兵，以防敌人从外蒙古进攻西伯利亚，如果外蒙古独立，则可与苏缔结同盟，以保障苏联领土。至于苏联为何提出外蒙古独立，主要有两点考虑：一、加强苏联对日之战略地位。苏联建议与中国结盟，以两国军力，再加英美力量，将足可以战胜日本，苏联对旅顺、中东铁路、库页岛南部及外蒙古之要求，均为加强对日作战的战略地位；二、苏联已经作战四年，伤亡很大。日本对苏表现极为友

---

① 《哈里曼致杜鲁门电》，1945 年 6 月 28 日，王建朗主编：《中华民国时期外交文献汇编 1911—1949》第八卷（下），第 1339 页。

② 《宋子文致蒋介石电》，1945 年 7 月 1 日，《战时外交》（二），第 575 页。

好，苏联人民不能理解为何要主动攻击日本，唯一的解释就是有助于加强苏联的力量。在稍后的谈话中，斯大林提出，外蒙古地理位置重要，苏联必须派驻军队，只有外蒙古独立了，苏联才可以驻军。①

面对斯大林如此强势的要求，宋子文表示，外蒙古问题是一个难题，"中国任何政府如丧失土地完整，必为国人不谅"，中国目前可以不向苏提商外蒙古，希望苏联也不要提出外蒙古问题。斯大林不予以任何商谈余地，称如果宋子文不允外蒙古独立，则苏联不会签订任何协定。在斯大林不签任何协定的威胁之下，宋子文的回答较为软弱，"倘如此办法，中国人民对政府将无信仰，且恐影响西藏问题"。② 宋子文表示，外蒙古问题超越了训令的范围，必须请示蒋介石。

在大连港国际化问题上，斯大林提出，"作为一国际性之商业港口而言，各国船只均可进入，而苏联优越之地位可以获得保障"，"中苏两国应为该港之主人，亦为该港之管理者"。关于旅顺口租借，斯大林同意"为迁就蒋委员长之愿望起见，吾人于此可能觅得一共同语词，余不愿开一于中国有害之先例"。关于中东铁路，斯大林提出，共同经营，"苏联将先为所有者，将来由中国接过所有权"、两国"商定期限、经营之原则及其目的"。③

在国共关系上，宋子文已经预先被告知苏联与共产党的关系并非如赫尔利所认为的那样。当斯大林问宋子文"中国是否将容纳若干自由分子参加政府"时，宋子文表示"吾人曾试与中共妥协，三月间吾人拟成立一战时内阁，即为容纳共党参加"。斯大林再次强调"彼等诚为爱国者，但是否系属共产党，则颇有疑问"。斯大林表示，中国只能有一个政府，由国民党领导，但需要吸收自由分子参加，不限于共产党，又强调"此为中国自身问题，余不过顺便提及，余提出此问题，因对中国前途关切之故"。斯大林此番言论，

---

① 《宋子文致蒋介石电》，1945 年 7 月 2 日，王建朗主编：《中华民国时期外交文献汇编 1911—1949》第八卷（下），第 1346、1348 页。

② 《宋子文致蒋介石电》，1945 年 7 月 2 日，王建朗主编：《中华民国时期外交文献汇编 1911—1949》第八卷（下），第 1346 页。

③ 《宋子文致蒋介石电》，1945 年 7 月 2 日，王建朗主编：《中华民国时期外交文献汇编 1911—1949》第八卷（下），第 1349—1352 页。

对于宋子文而言是个让其放心的表态。[①]

为了打破外蒙古问题上的僵局，在向蒋介石汇报外蒙古问题时，宋子文提出三个政策选择：一是与苏联订立军事同盟条约，同盟期间，准其在外蒙古驻兵；二是予外蒙古以高度自治，并准苏联驻兵；三是"授权外蒙军事、内政、外交自主，但与苏联各苏维埃共和国及英自治领性质不同"。[②] 在等候蒋介石回复时，宋子文又发电询问，如果斯大林坚持中国承认外蒙古独立，否则将中断交涉，则将如何应对？[③]

蒋介石认为，"外蒙独立在主义与道义上论，皆无问题"，但苏联所提要求，并非是真正为了所谓外蒙古独立。在斯大林以外蒙独立为缔结协定的前提下，蒋介石不再坚持，"外蒙事实上已为彼俄占有，如为虚名而受实祸，决非谋国之道"。当晚蒋介石考虑此问题到午夜时分，决定"准外蒙战后投票解决其独立问题，而与俄协商东北、新疆与中共问题为交换条件也"。[④] 第二日晨4时，蒋醒来后继续考虑外蒙古与对苏外交，决定按照既定方针执行"约其待中国完全统一以后，即可由我政府自动提出外蒙独立方案，期待正式国会通过后，乃得批准之意示之"。[⑤] 7月6日午后，蒋介石召集孙科、邹鲁、戴季陶、于右任、吴稚晖、陈诚等商议所拟方案，决定外蒙古独立一事可以对苏让步。[⑥]

经过思考和征询国民党内意见后，7月6日，蒋介石指示宋子文，虽然外蒙古独立问题关系中国前途成败，与东三省无异，但若中国国内包括东北、新疆真能确实统一，所有领土、主权及行政能完整无缺，则外蒙古独立或可考虑。蒋将国内统一巩固的条件总结为：一、东三省之领土、主权及行政完整必须完整；其中，旅顺军港行政管理权须归中国，与苏联共同使用而非管理；大连为自由港，照各国自由港管理，行政管理权皆归中国；铁路干

---

① 《宋子文致蒋介石电》，1945年7月2日，王建朗主编：《中华民国时期外交文献汇编1911—1949》第八卷（下），第1356页。

② 《宋子文致蒋介石电》，1945年7月3日，《战时外交》（二），第591—592页。

③ 《宋子文致蒋介石电》，1945年7月4日，《战时外交》（二），第592—593页。

④ 《蒋介石日记》，1945年7月5日。

⑤ 《蒋介石日记》，1945年7月6日。

⑥ 《王世杰日记》，1945年7月6日。

线可与苏联共同经营，而非双方共管；租借与使用期限与苏英、苏法同盟条约相同。二、新疆之伊犁以及全疆各地应完全恢复，阿尔泰地区仍属新疆范围。除东北、新疆外，还要求"中共对军令、政令必须完全归中央统一，即照各国政党对国家法令切实遵守，则政府将一视同仁"，"决不能称为联合政府"。在达成上述条件的基础上，中国"愿自动提出外蒙问题，拟由外蒙人民用投票方式解决"，此可作为我对苏之诺言，不能订立任何秘密协定。① 如果苏方不能同意中方所提之条件，尤其"不支持中共与新疆匪乱，必须剀切明白，毫无隐饰与之谈判，而得有具体结果"，否则断然中止谈判。当出现以下情形时，可以中止谈判：一、"苏对我之要求不肯为具体之谈判时"；二、"苏肯具体谈判而不能达到我要求之目的时"。

　　宋子文等认为，旅顺军港如全由我管理，苏必不允，"故事实上只能由苏联管理，而由中苏共同使用，至民事行政权则全归我国"。大连能够成为自由港，由中国管理即为良好结果，如果苏联不允，则考虑将码头仓库及运输经营，组织中苏合办。中东、南满铁路不必提出立场，可以与苏均分权利，董事长、总经理可以争取由华人出任，苏联人副之，如苏联不允，则中东路可以由苏联人出任董事长、总经理。②

二、 第三至第六次会谈

　　7 月 7 日晚，中苏开始第三次会谈。得悉蒋介石谈判底线后，中国代表团仍盼有一线转机。宋子文在外蒙古问题上按其预定计划向斯大林提出，中方给予外蒙古以高度自治，军事、外交均可自主，避免以独立形式出现。斯大林称，外蒙古不独立将埋下中苏两国冲突的根源，因为如外蒙古不独立，则苏联一旦进兵外蒙古，即系进兵中国领土。当宋子文提出《雅尔塔密约》是维持外蒙古现状时，斯大林认为即使从《雅尔塔密约》出发，亦系让其独立，苏联可与美英对质。在此次会谈中，斯大林向宋子文提交了苏方起草的四份草案，即《友好同盟条约》，关于《中东及南满铁路之协定》，关于《旅

---

① 《蒋介石致宋子文电》，1945 年 7 月 6 日，《战时外交》（二），第 593—594 页。
② 《宋子文致蒋介石电》，1945 年 7 月 6 日，《战时外交》（二），第 595 页。

顺、大连之协定》，关于《外蒙古独立之宣言》。① 苏联起草的外蒙古独立宣言译文如下："两缔约国因顾及蒙古人民共和国独立之一九二四宪法及一九四零年新宪法，并因注意其人民迭次表示，欲求国家独立，及与中苏两邻邦树立关系之愿望，兹承认蒙古人民共和国为独立国家。本宣言于签字之日，由两缔约国通知蒙古人民共和国总理崔巴尔山元帅，本宣言之公布日期由两缔约国另定。"②

蒋经国在 7 月 7 日的会谈后拜访彼得洛夫，以私人身份向苏方解释中方在外蒙古问题上面临的困难。彼得洛夫表示，苏方坚持外蒙古独立，目的在于寻求中苏间问题的彻底解决，以达到战时及战后的彻底合作。如果中方对于即刻承认外蒙古独立存在困难，则可于抗战胜利后宣布其独立。彼得洛夫还就旅顺军港一事告诉蒋经国，苏联已经在海参崴以北开始筹建军港，估计在 40 年内完成，在此期间愿与中国"共同使用旅顺大连及经营中东南满铁路"，"将来可全部退出东三省"。蒋经国还从彼得洛夫那里确认，"协定成立后，苏方决定帮助国民政府统一中国，并巩固其政权"。③

因波茨坦会议召开在即，苏美英三国将商讨战后德国管制及敦促日本投降等问题，斯大林必须赴德参会，中苏谈判不得不暂时中止。宋子文预定将于 7 月 8 日与斯大林进行第四次会谈，预判"倘史对我方要求可以同意，而我方仅允口头允诺外蒙战后独立，彼必不满意"，恐须有书面保证。④ 宋向蒋介石请示，如斯大林对新疆及中共问题均答应中方所提条件，则关于东北港口及铁路问题是否按原案提出？⑤ 蒋介石提出，旅顺军港在名义上必须由中国主管，但关于海军部分及技术人员，可由中方委派苏联人员负责管理，其民事行政应归中方。大连港应划为纯粹自由港，不能有特殊办理字样，码头及其管理权须归中国。南满铁路管理权务须归中方。⑥

---

① 《宋子文致蒋介石电》，1945 年 7 月 7 日，《战时外交》（二），第 58—604 页。
② 《宋子文致蒋介石电》，1945 年 7 月 8 日，《战时外交》（二），第 604 页。
③ 《蒋经国致蒋介石电》，1945 年 7 月 8 日，台北"国史馆"藏蒋中正"总统"档案，档号 002/080200/00625/083。
④ 《宋子文致蒋介石电》，1945 年 7 月 8 日，《战时外交》（二），第 604—605 页。
⑤ 《宋子文致蒋介石电》，1945 年 7 月 8 日，《战时外交》（二），第 605 页。
⑥ 《蒋介石致宋子文电》，1945 年 7 月 8 日，《战时外交》（二），第 605 页。

在 7 月 9 日第四次会谈的当天，蒋介石指示宋子文，关于允许外蒙古战后独立问题，如果苏联可以满足东北、新疆等各项条件，可以签署书面谅解，惟在形式上，"不可由中苏共同发表宣言"。如果苏联以中止谈判威胁，则可以"自行发表宣言"，然后"苏联政府于中国政府发表上项宣言后，应即照会中国政府，声明外蒙独立被承认后，苏联将永远尊重其独立也"。① 宋子文则将当日哈里曼所建议的条件致电蒋，提议在旅顺港、大连港及铁路问题上对苏联做出让步。

1945 年 7 月 9 日晚，宋子文与蒋介石举行第四次会谈。宋子文提出了中国可以允许外蒙古独立的条件，并首先解释了《雅尔塔密约》的"维持现状"，指出："现状者即对外蒙之法律主权仍归中国"，对中国而言，外蒙古独立，即系让中国割让领土主权。中国愿在击败日本及苏联满足以下三项条件时，同意外蒙古独立：一、"满洲领土主权及行政完整"；二、新疆，"苏联能依照以前约定，协同消灭此种叛乱，俾贸易交通可以恢复。至阿尔泰山脉原属新疆，应仍为新疆之一部"；三、国共关系，"中国共产党有其单独之军事及行政组织，因之军令、政令未能全归中央统一，深盼苏联只对中央政府予以所有精神上与物质上之援助，苏联政府对中国之一切援助应以中央政府为限"。在满足上述三项条件，中国"准许外蒙之独立"，外蒙古的区域范围"应以原疆界中国旧地图为准"，为避免将来纠纷起见，拟采取公民投票方式。②

斯大林愿意承认中国在东北之完全主权；不支持中国共产党，援助给予中国中央政府。不同意旅大两港口及铁路 20 年的期限，要求至少 30 年；铁路所有权中苏共有。斯大林预定 7 月 12 日晚离开莫斯科赴德国参会，希望在此之前商妥各项。

7 月 11 日，宋子文、斯大林举行第五次会谈。在外蒙古独立问题上，达成了一致，删除关于疆界的说明。"因外蒙古人民迭次表示其独立之愿望，中国政府声明，在日本战败后，如外蒙人民以公民投票方式，证实此项愿望，中国政府当承认外蒙之独立"。

---

① 《蒋介石致宋子文电》，1945 年 7 月 9 日，《战时外交》（二），第 606—607 页。
② 《宋子文致蒋介石电》，1945 年 7 月 9 日，《战时外交》（二），第 609—620 页。

第五次会谈商议了苏军在击败日本后从中国东北撤退的问题。宋子文提出，苏军应在战后三星期内撤完，斯大林表示"停战后二三星期可开始，除非中美两国要求多留些时日，二个半月可撤完"。斯大林向宋子文表示，在波茨坦会议上，英美两方必将询问苏联何时开始对日作战，但在中苏未签订条约前，他无法确实答复，他必须在动身前商妥一切。并表示，他宁可再等一天，迟到一天，等到 15 日。①

7 月 12 日，宋子文与斯大林举行第六次会谈，这也是波茨坦会议前的中苏最后一次会谈。斯大林对于蒋介石所提议的 30 年同盟条约期限表示接受，但拒绝了其他问题上的提议。在后续安排问题上，宋子文回国后留下外交次长胡世泽在莫斯科继续谈判。②

三、　美国在中苏第一阶段会谈时的态度及反应

7 月 3 日晨，宋子文告诉哈里曼斯大林坚持要用"维持外蒙古现状"这个词句，这意味着中国政府要承认外蒙古独立。保持领土完整"是一个深藏于中国人心理上的原则"，虽然目前中国无力对外蒙古行使宗主权，中国人民不会愿意支持一个永远放弃这片土地的政府。宋子文问哈里曼，罗斯福总统是如何解释这一条款的。哈里曼表示，据他所知没有讨论过如何理解的问题，美国接受了字面意义，宋子文催促美方给予一个确定的解释。③

美国国务卿贝尔纳斯（J. F. Byrnes）回复哈里曼时特别强调，杜鲁门总统和他均认为，在目前的中苏双边谈判中，美国尝试去担任任何有关《雅尔塔密约》条款的解释责任都是不明智的，不论是关于维持外蒙古现状的解释，还是其他各点的解释。贝尔纳斯建议哈里曼以非正式的方式告诉宋子文，美国政府对于外蒙古现状的文字没有讨论过，既然没有讨论过何谓维持现状，就应按照字面所理解的意义去解释，即维持外蒙古现有的状况和法律地位。美国政府不能为《雅尔塔密约》提供法律阐释。还要向宋指出："你

---

① 《宋子文致蒋介石电》，1945 年 7 月 11 日，《战时外交》（二），第 622—631 页。
② 《宋子文致蒋介石电》，1945 年 7 月 12 日，《战时外交》（二），第 631—633 页。
③ 《哈里曼致杜鲁门和贝尔纳斯电》，1945 年 7 月 3 日，王建朗主编：《中华民国时期外交文献汇编 1911—1949》第八卷（下），第 1359 页。

所提供的解释仅为帮助宋理解条款，不可用以作为他与苏联人谈判的依据。"贝尔纳斯称，美方理解的维持现状是：虽然外蒙古在法律上的主权属于中国，但这个主权实际上并未实行。为与 1922 年 2 月 6 日的《九国公约》精神相一致，美国政府将会谨慎地避免任何可能涉及中国边远地区独立状态的暗示，比如，认为外蒙古的地位与中国其他地方不同。①

宋子文告诉哈里曼，他之所以需要美方的解释，是为了指导自己的行动，他无意在与斯大林讨论时提及美国对于《雅尔塔密约》的各个条件的理解和认识。宋子文对哈里曼讲，他准备告诉斯大林接受雅尔塔的条件，并告以"没有一个承认外蒙古独立的中国政府能够生存下去"。宋子文还非正式地试探哈里曼，如果中方拒绝在外蒙问题上达成协议而造成谈判中断，美方将持何种态度。哈里曼劝宋，"在双边的基础上达成协议是符合理想的，并指出，在这个时候不能达成谅解有诸多不利之处"。②

在蒋介石决定有条件同意外蒙古独立时，美方最为关心的是大连港及中东铁路及其连带的商业利益问题。贝尔纳斯建议哈里曼适当的时候向中苏双方表明，大连港应遵守国际通商机会均等原则，这项原则适合所有爱好和平国家的人民。贝尔纳斯还提醒哈里曼，斯大林所提东北地区主要铁路的所有权应属于苏联的提法并不准确，《雅尔塔密约》上规定，应由苏联与中国共同经营。③

哈里曼在离苏参加波茨坦会议前，希望美国能够提出一份报告，以便在波茨坦会议上说明美国对《雅尔塔密约》的解释，尤其是关于港口与铁路的规定以及外蒙古的'维持现状'。④哈里曼在中苏第四次会谈前的上午，再次与宋子文见面，讲了他个人对于中苏两方所提要求存在差距的看法。哈里曼认为，如果不给苏联更多权益和利益是不切实际的，如果中方真心愿意为苏

---

① The Secretary of State to the Ambassador in the Soviet Union (Harriman), July 4, 1945. FRUS, 1945, Vol. 07, pp. 914-915.

② 《哈里曼致杜鲁门和贝尔纳斯电》，1945 年 7 月 5 日，王建朗主编：《中华民国时期外交文献汇编 1911—1949》第八卷（下），第 1360—1361 页。

③ 《贝尔纳斯致哈里曼电》，1945 年 7 月 6 日，王建朗主编：《中华民国时期外交文献汇编 1911—1949》第八卷（下），第 1364—1365 页。

④ 《哈里曼致杜鲁门与贝尔纳斯电》，1945 年 7 月 8 日，王建朗主编：《中华民国时期外交文献汇编 1911—1949》第八卷（下），第 1375 页。

联提供旅顺作为海军基地，则苏联就必须在行政和保卫港口方面拥有全部的特权，而且还需要足够的临近区域来建立机场和其他防卫措施。关于大连港，哈里曼也建议中方不妨放宽对苏联的限制。哈里曼警告宋子文"在苏联军队进军东北之前与苏联政府达成协议，对国民政府极为有利，否则将会引起严重后果"。哈里曼认为，通过此次谈话，宋子文将会作出实际让步。①

哈里曼曾回忆称，他发现宋子文一点也不关心那些令美方担忧的事情，而满足于能使斯大林承认蒋介石的国民政府对满洲的主权，并抱怨宋不像美国人那样地关心是中国还是俄国军队护卫铁路或者谁是大连港港务局长一类细节问题。②

7月14日中苏发表第一阶段谈判公报，称"由于斯大林委员长及莫洛托夫外长之须赴柏林，参与三位领袖会议，谈判暂告中止，宋院长亦将暂返重庆，不久将再继续商谈"。③

第三节　波茨坦会议期间的中苏协定问题

一、　美国内部对《雅尔塔密约》的解释

1945年7月16日至8月2日，苏美英三国在波茨坦举行会议，丘吉尔将该次会议称为"终点"，这是三国政府首脑举行的最后一次战时会议。在哈里曼离开莫斯科前，宋子文将中苏第六次会谈的情形向美方进行了通报。宋子文告诉哈里曼，他没有在任何议题上逼迫斯大林，而是让这些议题留有余地。宋子文希望哈里曼能让杜鲁门和贝尔纳斯在波茨坦会议上说动斯大

---

① 《哈里曼致杜鲁门与贝尔纳斯电》，1945年7月9日，王建朗主编：《中华民国时期外交文献汇编 1911—1949》第八卷（下），第1375—1376页。

② 吴世民等译：《哈里曼回忆录》，第577页。

③ 《中苏谈判公报》，1945年7月14日，王建朗主编：《中华民国时期外交文献汇编 1911—1949》第八卷（下），第1409页。

林，接受中国的立场，或者杜鲁门能提议一个蒋介石可以接受的折中方案。①

根据哈里曼的建议，格鲁起草了《美国关于雅尔塔协定和关于外蒙古和东北地区方面中国可能适当地接受的条款的解释》的备忘录。在向国务卿贝尔纳斯提交备忘录时，格鲁表示"国务院里没有雅尔塔协定的副本或与之有关的谈话记录"，因此，备忘录是根据相关参与人的回忆准备的。②

关于外蒙古的"维持现状"，美方认为与一些基本历史事实有关。虽然中国在1911年失去对外蒙古的控制，但中国政府一直声称外蒙古是中国领土不可分割的一部分。在与俄国签订关于外蒙古的条约以及中国与外蒙古自身签订的条约内，各方都应承认这一点。当苏联与外蒙古订立1936年互助条约时，中国政府向苏联提出了抗议，苏联外交部在答复时再次确认承认中国在外蒙古的主权。1941年4月13日，苏日缔结中立条约，双方的声明书中有"苏联保证尊重满洲国的领土完整不可侵犯，日本保证尊重外蒙古人民共和国的领土完整不可侵犯"字句。1941年4月14日，国民政府外交部发表一项抗议声明，"东北四省与外蒙古是中国不可分割的部分，将永远是中国的疆土。中国政府和人民不会承认任何第三方订立的有损中国领土和行政完整的协议"。抗议声明交给苏联外交部，苏联答复"苏日条约仅为保证苏联的安全，不影响苏联与中国的关系"。外蒙古派驻莫斯科的代表不具有一般外交头衔，而称为"全权特派员和商务代表"，"这表明蒙古人民共和国未被视为一个完全独立的国家"。③

基于上述事实，格鲁在备忘录中提出"苏联没有要求蒙古人民共和国的领土，它曾一再告知中国，它尊重中国在那里的主权"，苏联政府所持的观点是"蒙古人民共和国政府是自治的，可以进入独立的条约关系"。1925年3月6日，苏联《消息报》曾引用外交部部长契切林的话，"（苏联）承认蒙古是整个中华民国的一部分，但是，它享有的自治权，是如此的广泛，以致

---

① 《哈里曼致杜鲁门和贝尔纳斯电》，1945年7月13日，王建朗主编：《中华民国时期外交文献汇编1911—1949》第八卷（下），第1402页。

② 《格鲁致贝尔纳斯的备忘录》，1945年7月13日，王建朗主编：《中华民国时期外交文献汇编1911—1949》第八卷（下），第1403页。

③ 《格鲁致贝尔纳斯的备忘录》，1945年7月13日，王建朗主编：《中华民国时期外交文献汇编1911—1949》第八卷（下），第1403—1405页。

可以排除中国干涉它的内政，并允许蒙古建立自己的独立关系"。格鲁还列举了英国方面的文件记录。苏日中立条约缔结后，英国首相在回答议会的质问时称，"陛下政府继续认为外蒙古的主权属于中国"。美国没有发表过声明。美国是 1922 年《九国公约》签字国之一，"根据条款，美国承认中国的领土与行政完整（第一条）"。①

备忘录总结认为，"中国对外蒙古有合法的主权，而事实上自 1911 年后就未行使过主权"。中国正式承认外蒙古独立，实质上不会影响到美国任何真正的利益。如果将来外蒙古的地位在人民自决的基础上决定，"那么无疑这个地区将自行从中国分离出去"，其结果是"作为一个独立国家或以另一种方式纳入苏联势力范围"。备忘录认为，"蒙古人在传统上就反对中国人，他们愿意追随苏联的意识形态和影响"。如果中国政府正式承认外蒙古独立，"可以认为中国政府正式承认一项事实上早已存在的情况是明智的，同时力求由此取得苏联的友好"。②

关于旅大租借及中东铁路，格鲁在备忘录中认为，拟议中的协议条款"对于中国比在正常情况下制订的条款较差些"。比如，对于大连港"国际化"这个词，苏联没有理由在草案中把它解释为苏联居于行政上的主导地位。格鲁认为，苏联本身的言行是存在矛盾之处的。一方面，"苏联承诺尊重中国主权"，但是"又提苏联实际控制东北地区的主要铁路，享有大连的主要的行政权和独占旅顺的行政权"。美国的希望是，除掉苏联在东北的特权，否则从"美国的利益、政策和理想的观点来看"，是一个挫折。并建议，在可能的情形下"美国政府应单独地或与英国联合起来，对苏联政府施加影响"。"美国在东北地区的贸易和交流方面当然有重要的实际利益，应加以保护"，"有关大连和铁路的提议是可以招致美国和联合国的其他国家的合法反对的"。③

---

① 《格鲁致贝尔纳斯的备忘录》，1945 年 7 月 13 日，王建朗主编：《中华民国时期外交文献汇编 1911—1949》第八卷（下），第 1404—1405 页。

② 《格鲁致贝尔纳斯的备忘录》，1945 年 7 月 13 日，王建朗主编：《中华民国时期外交文献汇编 1911—1949》第八卷（下），第 1405 页。

③ 《格鲁致贝尔纳斯的备忘录》，1945 年 7 月 13 日，王建朗主编：《中华民国时期外交文献汇编 1911—1949》第八卷（下），第 1407—1409 页。

陆军部部长史汀生认为，从军事上的安全观点考虑，不必担心"苏联的参战和所谓的雅尔塔协定"，因为美国只要能保持住太平洋中的岛屿就不会出现安全问题。但应注意的是，美国对华的传统政策是门户开放和承认中国对东北地区的主权，不能让苏联控制大连或"禁止其他国家通过大连或任何其他东北地区的港口进行贸易"。至于铁路运输，"必须以通常的公共运输为基础，不得侵犯任何国家在东北地区的贸易"。①

驻苏大使哈里曼总结了第一阶段的中苏谈判，并结合《雅尔塔密约》分析了可能产生的相关影响。哈里曼指出，中国接受将库页岛南部和千岛群岛归还苏联。蒋介石同意"保持外蒙古现状"，在对日战争结束后，"如果外蒙古经过民主投票决定独立，中国将承认蒙古人民共和国独立"。哈里曼认为"严格地说后者已超越雅尔塔协定的解释"。另一方面，对于苏联政府的要求作出这种让步，并不影响美国的利益。斯大林向中方表示"苏联政府希望有一个强大统一的中国，同意支持蒋介石的政府统一中国。不再在精神与物质上支持中国共产党和新疆的叛乱者"，并同意"在对日战争结束后三个月之内，将从中国境内撤走红军"。② 关于旅大港口及铁路方面，中苏在此阶段未能完全达成协议。

哈里曼曾参与了雅尔塔会议美苏关于苏联参战条件的讨论，他表示"斯大林先请求总统支持苏联政府租借铁路和港口。罗斯福总统拒绝了这个要求，并建议铁路与港口应由国际托管"，并肯定"罗斯福总统脑子里想的苏联的'优惠权益'指的是过境运输，而不是苏联在东北地区有任何广泛的利益"。哈里曼相信，在苏联控制下的军事区内不可能有任何真正的自由港。应该注意到，当斯大林要求租借大连港时，罗斯福总统曾加以拒绝，这表明这是违反美国对华政策的。哈里曼深信"罗斯福总统从未打算或永远不会同意给与苏联会从反面影响我们长期以来对华政策的特殊权利"。哈里曼提出，如果大连港和铁路都置于苏联控制之下，"美国与其他国家在东北地区发展

---

① 《史汀生致杜鲁门的备忘录》，1945 年 7 月 16 日，王建朗主编：《中华民国时期外交文献汇编 1911—1949》第八卷（下），第 1410 页。

② 《哈里曼备忘录》，1945 年 7 月 18 日，王建朗主编：《中华民国时期外交文献汇编 1911—1949》第八卷（下），第 1411 页。

商业与贸易，会遇到阻碍"，如果允许苏联政府取得了类似控制权，"将破坏美国长期以来执行的既定的政策和原则"。[①] 哈里曼建议，美方应按上述观点"坚定地"来解释《雅尔塔密约》。

二、 宋子文坚辞外交部部长及国民政府的内部讨论

第一阶段谈判结束后，宋子文、蒋经国等乘美军所提供的专机回国，留下胡世泽继续在莫斯科。7月16日，蒋介石听取了宋子文的汇报。在审阅第一阶段的中苏五次会议的记录时，蒋介石认为用投票的方式解决外蒙古独立问题不妥。[②] 7月19日宋子文则向蒋表示，下阶段对苏交涉，"如不能依照我方要求办到，则彼不愿再赴俄"。[③] 蒋介石对于宋子文之逼迫，极为不满，"其性其气，并无一些改变也"。[④] 对于宋子文的请辞，蒋一时不能断定是基于何种考虑，"其不愿负责签约，是否有意为难，故不能断定"，"但其重身轻国之行动，昭然若揭，对于独占财政经济之心思，更不可自制矣"。[⑤]

经蒋介石的挽留，宋子文虽同意赴苏，但坚辞外交部部长一职。7月24日，宋子文找王世杰面谈，希望由其接任外交部部长，一同赴苏参加下一阶段谈判。并将第一阶段会谈记录交给王世杰，请其仔细阅读。[⑥] 第二日，王世杰见蒋介石，显然蒋已经知道宋子文有意推荐王世杰出任外交部部长，蒋也希望王世杰能够接任。蒋介石称，"子文因中、苏谈判涉及承认外蒙战后独立之事，颇畏负责，其所以先行返渝，亦正为此"。[⑦]

宋子文不愿返苏参加下一阶段谈判之事为赫尔利所反对。当宋子文将其有意辞去外交部部长一职告诉赫尔利时，赫尔利认为"他的计划行不通，他应该亲自缔结这些协定"。赫尔利指出，宋子文是行政院院长，是除蒋介石之外唯一适合与斯大林谈判的人，如果宋子文不去，另派新的外交部部长，对于协议

---

①　《哈里曼备忘录》，1945年7月18日，王建朗主编：《中华民国时期外交文献汇编1911—1949》第八卷（下），第1413—1414页。

②　《蒋介石日记》，1945年7月18日。

③　《蒋介石日记》，1945年7月19日。

④　《蒋介石日记》，1945年7月20日。

⑤　《蒋介石日记》，1945年7月21日。

⑥　《王世杰日记》，1945年7月24日。

⑦　《王世杰日记》，1945年7月28日。

可能发生损害，甚至产生毁灭性影响。"最后宋同意返回莫斯科，不过还是建议委派王博士为外交部长，陪他一起去"。① 在赫尔利的建议下，宋子文又希望暂时不辞外交部部长，并与王世杰商议，在不调整外交部部长人选的情形下，由王陪同前往莫斯科。王世杰对于宋的此等反复，显然不满意，"外长问题明晨即须提国防最高委员会，亦来不及再商"。② 7 月 30 日，国防最高委员会开会，准予宋子文辞去外交部部长，由王世杰接任。动身赴莫斯科之前，王世杰建议中苏协定签订时，不应保留秘密协定，"外蒙问题亦宜于批准前向立法院及参政会驻会委员报告"。③ 蒋介石同意了王的建议。

在王世杰接任外交部部长后，开始考虑中苏谈判的具体问题。关于由谁代表中国签字的问题，宋、王之间曾有过讨论，宋子文告以希望中苏条约由王签字，并称如果斯大林签字，则他亦可签字。④ 宋子文已经应允斯大林，暂时不谈边界划分问题，按现时疆界办理。8 月 2 日，王世杰建议应划定内外蒙疆界，以免引起后续无尽纠纷，亦得到蒋介石的认可。⑤

王世杰动身之前请示蒋，"予等此去莫斯科必须确定态度，究竟是否必须的结论，抑对若干未决问题必须坚持我方主张到底"。蒋表示，必要时来电商讨，但一切均得批准方能生效。⑥ 蒋介石在最后决定权上仍未能完全交予王世杰。8 月 5 日，宋子文、王世杰等一行 17 人，从重庆白石驿机场起飞，经印度加尔各答、伊朗首都德黑兰，于 8 月 6 日抵达莫斯科。开启了中苏第二阶段谈判。

王世杰在赴莫斯科的旅程中，反复思考此次谈判的责任。自记"予一生以来从未感觉责任之重有如此者，此行结果无论如何，在国人舆论及历史家评断，总不免有若干非议"。但如果在苏联进入东北之前未能签署协议，则"苏联军进入东三省后，领土主权以及经济利益必更难收回"，而且"中共与

---

① 《赫尔利致贝尔纳斯电》，1945 年 7 月 29 日，王建朗主编：《中华民国时期外交文献汇编 1911—1949》第八卷（下），第 1419 页。
② 《王世杰日记》，1945 年 7 月 29 日。
③ 《王世杰日记》，1945 年 7 月 31 日。
④ 《王世杰日记》，1945 年 8 月 1 日。
⑤ 《王世杰日记》，1945 年 8 月 2 日。
⑥ 《王世杰日记》，1945 年 8 月 4 日。

苏联或竟发生正式关系"，如此内外情势，更难获得国家统一。[①] 此等理由，无非聊以自慰。随着宋子文、王世杰出发登机的那一刻，外蒙古之失及旅大租借已成定局。

三、 国民政府向美国求援

第一阶段会谈结束后，蒋介石致电斯大林，并同时将电文转发杜鲁门总统，提出中方对谈判的看法和希望。电文指出，苏联曾经在 1924 年及 1936 年作出承诺，认为外蒙古是中国领土不可分割的一部分，在外蒙古问题上，中方曾经期望斯大林会因为中方没有坚持苏联须信守曾经的承诺而感到满意。蒋在电文中强调，只要苏联能满足中方一定的条件，尽管遭到政府中大多数人员反对，尽管违反中国人民传统的信念，他将不惜作出这种牺牲，"以求取消你认为的横亘在中苏之间的恒久的障碍"。这些条件包括：一、苏联不能给予中国共产党任何精神或物质的支援；二、尽力支持中国平定新疆的叛乱；三、完全尊重中国在东北的领土和行政完整。[②] 杜鲁门在读到赫尔利所转发的蒋介石的函电后，回复称："我请阁下执行雅尔塔协定，不过我没有请阁下做超越协定的让步。"[③] 杜鲁门的复蒋函电，一定是其在深入了解到美国内部对《雅尔塔密约》所做的解释后所作的回复，显然对于蒋拱手让出过多东北权益感到不满。

跟随杜鲁门一同到波茨坦参会的美军参谋长联席会议主席李海曾指出，杜鲁门和贝尔纳斯已经商定，不论蒋介石是否做出让步，斯大林都将参加对日作战，并商定"如果中国不愿作出让步，他们将不顾中国的反对满足斯大林的要求"。[④] 哈里曼清楚，没有苏联的帮助也可打败日本，但"无法阻止斯大林在最后时刻宣战并派遣军队至满洲，从而（至少）重新取得俄罗斯帝国在 1904—1905 年日俄战争中丧失于日本的港口与铁路"。[⑤] 7

---

① 《王世杰日记》，1945 年 8 月 5 日。

② The Ambassador in China（Hurley）to the Secretary of State, Chunking, July20, 1945, FRUS, 1945 Vol. 07, pp. 948-949.

③ President Truman to the Ambassador in China（Hurley），July 23, 1945, FRUS, 1945, Vol. 07, p. 950.

④ ［美］威廉·李海著，马登阁等译：《我在现场》，第 425 页。

⑤ ［美］哈里曼著，吴世民译：《哈里曼回忆录》，第 583 页。

月 16 日，美国成功试验了第一颗原子弹，这种新式武器的出现，已经使得对日作战变得毫无悬念。可以认为，"在军事上再没有新的理由需要敦促斯大林参加远东战争了"。①

哈里曼认为，宋子文已经在与斯大林的会谈中尽力了，做到了"中国政府所能做到的一切"，但"中国所处的地位不强，不能孤立无援地抗拒目前苏联扩大了的要求"。如果宋子文最终让步，将不符合美国对华的基本政策，也不利于美国的利益。对于中苏下一步的谈判，其主要问题在于"仍存争议的几点在雅尔塔协定中应如何解释"。杜鲁门总统对《雅尔塔密约》的解释，尤其是关于大连港和铁路管理权的解释是符合美国利益的，既然美国期待中苏谈判以《雅尔塔密约》为准，应该由总统将美国对协定的解释通知斯大林。②

哈里曼还建议，为了美国政府在东北的利益，应该从苏联获得一份书面协定，获得其支持美国"门户开放"政策的许诺。哈里曼还起草了一份美苏议定书的草案。草案提出，中苏两国正就东北地区某些特定铁路的管理和大连港国际化达成协议，协议的目的在于给予苏联商品通过东北地区出海的便利，在既不受歧视也不享有特惠的基础上畅通无阻。美苏政府"一致同意按照机会均等的原则，以历史性的'门户开放'政策为基础，进行协商"，特定铁路及大连港的管理权应该给予各国公民及商业以同等机会，并尊重有约国公民享有的各种权利。③

根据赫尔利的消息，宋子文将在斯大林返回莫斯科后再次到苏联开展谈判。哈里曼对于即将开始的中苏第二阶段谈判并不乐观，认为如果中国坚不退让，如果美国对《雅尔塔密约》解释立场坚定，中苏谈判都有可能会破裂，中苏关系将因而严重紧张。对宋子文而言，如果超越他以前的提议，那将违反美国的利益；如果坚持原议，则将导致谈判分歧，他不能再留在莫斯科。如果一旦出现这种情况，哈里曼建议国务院，可以通过他来通知斯大

---

① ［美］哈里曼著，吴世民译：《哈里曼回忆录》，第 587 页。
② 《哈里曼致贝尔纳斯的备忘录》，1945 年 7 月 28 日，王建朗主编：《中华民国时期外交文献汇编 1911—1949》第八卷（下），第 1417 页。
③ 《哈里曼致贝尔纳斯的备忘录》，1945 年 7 月 28 日，王建朗主编：《中华民国时期外交文献汇编 1911—1949》第八卷（下），第 1418 页。

林：一、在雅尔塔，罗斯福总统没有同意租借大连的提议，并坚持使该港成为国际自由港；二、美国不同意将大连港包括在苏联军事区域内；三、如果苏联拒绝中方提议的自由港，可以设立一个国际委员会，由中苏美组成，也有可能让英国政府代表参加。①

在哈里曼等人的催促下，为了美国的利益，国务院最终决定采取行动。8月5日，贝尔纳斯通知哈里曼告知斯大林，"虽则我们无意撤回我们对于雅尔塔提案的支持，我们相信宋已满足雅尔塔的要求，我们非常希望大元帅不再要求中国让步"。同意将哈里曼所提议的草案提交给斯大林。②

第四节　中国被迫接受苏方谈判条款

1945年8月7日下午3时，宋子文等抵达莫斯科。在与斯大林会谈前，哈里曼与宋子文先行碰面。宋子文表示，蒋介石已经批准了第一阶段最后一次会谈所提出的建议，也同意，"如果斯大林坚持的话，苏联军事区可以向北延伸到关东半岛旧的帝俄租借线，不过大连港和与它衔接的铁路必须在军事区外"。哈里曼及美国驻莫斯科军事代表团团长迪恩将军（John R. Deane）对于此种让步表示可以接受，前提是只要协议写明：大连的自由港区和与它衔接的铁路不包括在苏联军事区内，而且该港是在中国行政管辖之下。③ 蒋介石在其会谈前发电追加了一项条款：要求必须将东北原有各种工业机器设备归属中国，以其作为日本对华偿还债务的一部分。④

一、　美国为自身权益向苏联施压

在中苏开启会谈后，美国也正式与苏联就《雅尔塔密约》一事进行了协

① 《哈里曼致贝尔纳斯的备忘录》，1945年7月31日，王建朗主编：《中华民国时期外交文献汇编1911—1949》第八卷（下），第1419—1420页。
② 《贝尔纳斯致哈里曼电》，1945年8月5日，王建朗主编：《中华民国时期外交文献汇编1911—1949》第八卷（下），第1421—1422页。
③ 《哈里曼致贝尔纳斯电》，1945年8月7日，王建朗主编：《中华民国时期外交文献汇编1911—1949》第八卷（下），第1424—1425页。
④ 《蒋介石致宋子文电》，1945年8月7日，《战时外交》（二），第642页。

商，提出美国的建议。1945 年 8 月 8 日，哈里曼与斯大林举行会谈，哈里曼表示受杜鲁门总统之命，希望能确认中苏正在进行的有关港口和铁路的谈判没有背离门户开放政策。"总统希望大元帅同意将这点写成文字，与中苏协议同时公布"。通读了美国的通报文本后，斯大林说在《雅尔塔密约》中提到了苏联的优越地位，这意味着苏方在港口的行政管辖方面有优先位置，但并非贸易上的优越，这并不违反门户开放政策。哈里曼称，当罗斯福总统谈到苏联的优越地位时，其目的是保证苏联通过东北地区抵达不冻港的过境运输，仅限这些，并强调"总统觉得宋的建议符合雅尔塔协定，希望大元帅不要逼宋再作进一步的让步"。①

斯大林则认为苏方并未超越《雅尔塔密约》的内容，他们已经放弃了原来的铁路护卫队，并同意与中国共用铁路和港口，但苏联不反对中国人对港口和铁路有主权和控制权。哈里曼转借杜鲁门之言，表示大连应该是军事区以外的自由港，但斯大林予以反对，"大连不能在军事区之外，可以在那里设立一个与旅顺港不同的制度"。哈里曼于是又举出罗斯福的会谈，"大元帅会记得，罗斯福总统没有同意把大连港租借给苏联人，他认为它应该是自由港，而不是军事区域的一部分"。哈里曼进一步指出，"苏联人最初建议是两个港口订立一个联合租约，但未得同意，我们对此有不同解释"，苏联可以按照苏联和中国人喜欢的任何形式在城市的周围布置海岸防卫，但是港口不能是军事区域。②

波茨坦会议期间，中英美于 7 月 26 日向日本发出最后通牒，敦促日本无条件投降。发出对日最后通牒时，没有同斯大林商量。公告没有警告日本盟国已经拥有了原子弹，只是暗示说"现在盟国拥有一种比摧毁了德国本土的那种能力'还大得无可比拟的'摧毁力量"。③ 日本首相铃木贯太郎的回应，被认为是拒绝盟国的最后通牒。杜鲁门命令战略航空队在 8 月 3 日以

---

① 《会谈备忘录》，1945 年 8 月 8 日，王建朗主编：《中华民国时期外交文献汇编 1911—1949》第八卷（下），第 1427 页。

② 《会谈备忘录》，1945 年 8 月 8 日，王建朗主编：《中华民国时期外交文献汇编 1911—1949》第八卷（下），第 1427—1429 页。

③ ［美］哈里曼著，吴世民译：《哈里曼回忆录》，第 588 页。

后，只要天气允许，可以随时扔下原子弹。华盛顿时间 1945 年 8 月 5 日下午 7 时 15 分，美国在日本广岛投下了第一颗原子弹，"初步报告指明轰炸完全成功，这次成功甚至比先前试验更加显著"。① 第一颗原子弹投下后，日本随时都有可能宣布无条件投降，为了在日本投降前能够进军中国东北，斯大林已经等不及中苏协议的签署。一旦日本投降，苏军将没有理由进入东北，所有谈判的条款都将彻底发生改变。

8 月 8 日的美苏会谈后，哈里曼向杜鲁门汇报称，尽管斯大林作了保证，但很难相信"由苏联秘密警察进行安全控制的苏联管理之下还会有一个真正的自由港"，"雅尔塔协议中也看不出有任何东西使我们负有支持上述那种安排的义务"，建议美国抵制苏联对中方的要求。在美苏会谈的当天，苏联外长莫洛托夫通知哈里曼，称苏联将自 8 月 9 日起自动认为与日本处于交战状态。哈里曼的解读是："斯大林已决定不再等待中国人接受他的条件，以免日本人在他的部队越过边界进入满洲前就向美国人投降。"8 月 9 日，哈里曼再次会晤斯大林时，美军在长崎扔下了第二颗原子弹。斯大林告诉哈里曼，苏联红军从东西两侧越过边界，向日军发动了进攻，"显然，原子弹迫使斯大林采取了行动"。②

对于苏联有意夺取东北地区的工矿业设备作为战利品，美国国务院立场坚定，这一点与哈里曼的认识一致。"东北地区是中国不可分割的一部分，在从日本人手中解放后，应恢复中国人的主权"，美国从未承认伪满洲国。中国是美国的盟国，与日本作战了 8 年，"在日本赔偿时有权享受特别照顾"。贝尔纳斯建议宋子文告诉苏方，美国反对苏联对于战利品的解释，以及任何单方或双方关于日本以东北地区的实物进行赔偿的决定。从东北地区或其他日本人手中解放出来的中国地方，在实际赔偿方面应特别照顾中国人。美国支持中国，反对迁走这些设备。③

哈里曼告诉宋子文，如果中方准备在大连问题上让步，将影响到了美国

---

① ［美］哈里曼著，吴世民译：《哈里曼回忆录》，第 589 页。

② ［美］哈里曼著，吴世民译：《哈里曼回忆录》，第 591 页。

③ 《贝尔纳斯致哈里曼电》，1945 年 8 月 9 日，王建朗主编：《中华民国时期外交文献汇编 1911—1949》第八卷（下），第 1433 页。

的政策和利益，希望能在缔结协议前和美国协商。哈里曼还表示，中国目前的条件已经实现了《雅尔塔密约》，美国政府认为，"中国政府任何进一步的退让，美国将理解为是为了获得苏联在其他方面支持的代价"。① 在波茨坦时，"马歇尔将军和金海军上将告诉我，如果日本在苏联人占领朝鲜和大连之前投降，我们拟在上述两个地区登陆"，为了应付苏联逐步加码的谈判要求，又担心宋子文等无法单独拒绝苏方的要求，哈里曼建议美军在这些地方登陆接受日本投降。②

二、 苏联出兵中国东北与中苏谈判的继续

1945 年 8 月 7 日晚 10 时，中苏开启会谈。此次会谈，完全省去了寒暄或应酬话语，一开始就直接进入主题。整个谈判过程，几乎全由宋子文与斯大林对谈，双方的外交部部长王世杰与莫洛托夫只是偶尔插话，"所谈为旅顺、大连、中东南满两路、外蒙疆界、中苏盟约草案等问题"。③ 当晚会谈结束后，王世杰即致电蒋介石汇报结果。关于旅顺军港的区域，以苏方所划红线为界，界内主要民政人员由中国任用，苏联可以考虑设立一个军事委员会管理军港。苏联不再坚持旅顺港外 100 公里不准设防，对于更近距离内的岛屿再行商谈。大连市政管理，"苏方主张由华人任市董事会主席，俄人任港口管理局长"，双方未能达成协议。外蒙古疆界问题、军事问题及在华日本产业问题，斯大林都表示可以继续协商。④

中国代表团于 8 日午后 2 时，将中苏同盟条约草案及若干附属协定草稿送交苏方。8 月 8 日下午 7 时 30 分，苏联外长莫洛托夫邀见王世杰及傅秉常，声明"自明日起，与日本进入战争状态"。王世杰称，苏联对日宣战为预定步骤，不致影响中苏谈判。⑤ 在大连行政管理上，苏联坚持必须参加，

---

① 《哈里曼致杜鲁门与贝尔纳斯电》，1945 年 8 月 10 日，王建朗主编：《中华民国时期外交文献汇编 1911—1949》第八卷（下），第 1434 页。
② 《哈里曼致杜鲁门与贝尔纳斯电》，1945 年 8 月 10 日，王建朗主编：《中华民国时期外交文献汇编 1911—1949》第八卷（下），第 1434 页。
③ 《王世杰日记》，1945 年 8 月 7 日，第 720—721 页。
④ 《宋子文王世杰致蒋介石电》，1945 年 8 月 7 日，《战时外交》（二），第 1426 页。
⑤ 《宋子文王世杰致蒋介石电》，1945 年 8 月 8 日，《战时外交》（二），第 644 页。

"职等拟于必要时为权宜之拒纳，因苏已对日宣战，形势趋紧，不容过事迁延也"。① 8 月 9 日晚，宋子文未能与斯大林会谈，双方改在 10 日晚。

随着美国在长崎投下第二颗原子弹及苏联出兵，日本于 8 月 10 日声明愿意接受波茨坦公告，在承认天皇的前提下，日本无条件投降。闻听日本乞降消息后，王世杰与宋子文、蒋经国等商讨对苏条约问题，商定两点：一是对苏联表示仍愿缔约；二是不做任何重要让步。② 当晚 9 时，宋子文等与斯大林举行会谈，斯大林提出，大连市政管理权归中国，不再设立中苏混合董事会，惟须任用苏联人一名，管理港口船务。苏联的理由是，一旦对日有战争时，大连港可以受到旅顺军港的约束。苏方放弃旅顺口外岛不准中方建立防卫的要求。至于外蒙古边疆问题，苏方不肯接受中国所提出的地图，也不愿作任何关于疆界的声明。③ 会谈是在斯大林威胁之下结束的，他劝告宋子文最好快些同意，否则"共产党就要进入东北了"。④

对于形势变化后的谈判条款，蒋介石亦意识到："对俄交涉，以日本投降关系突生变动，俄之外交最不可思议，应下最后之决心。"⑤ 蒋介石指示，"大连问题名义上须为自由港，其与海军有关之码头与港务，则准雇用苏员办理，是于苏联目的并无损害，惟此事准由兄等权宜决定"。⑥ 随后，蒋又指示，如南满铁路局长任华人，则管理大连港口船务人员可用苏籍人员；如其同意设立军委会，则大连如在对日战争时，受旅顺军港约束之要求，我方亦可接受。蒋介石强调，唯一不可妥协的是外蒙古边界，双方必须有明确的图底，并在承认其独立前完成勘界，"否则外蒙问题之纠纷，仍不能解决，则承认其独立不惟无益，而且有害，虽停止交涉，亦所不恤"。⑦

蒋介石关于确定外蒙古边界的指示达到后，宋子文等认为外蒙疆界问题，确实无法办到，其原因有多种，并非是苏方故意为将来留一纠纷。对于

---

① 《宋子文王世杰致蒋介石电》，1945 年 8 月 9 日，《战时外交》（二），第 644 页。
② 《王世杰日记》，1945 年 8 月 10 日，第 723 页。
③ 《宋子文王世杰致蒋介石电》，1945 年 8 月 10 日，《战时外交》（二），第 645 页。
④ 《哈里曼致杜鲁门与贝尔纳斯电》，1945 年 8 月 11 日，王建朗主编：《中华民国时期外交文献汇编 1911—1949》第八卷（下），第 1435—1436 页。
⑤ 《蒋介石日记》，1945 年 8 月 11 日。
⑥ 《蒋介石致宋子文电》，1945 年 8 月 11 日，《战时外交》（二），第 646—647 页。
⑦ 《蒋介石致宋子文王世杰电》，1945 年 8 月 12 日，《战时外交》（二），第 647 页。

斯大林会谈结束时的威胁言语，宋子文等极为重视，"中苏条约必须缔立，倘再迁延，极易立即引起意外变化"。要求授予其等权宜办理之权。① 蒋介石13 日回电宋子文，对于外蒙古及其他未决事项，授予宋子文、王世杰等权宜办理。② 在外蒙古疆界问题上，斯大林对于中方所提议的划界，仍不认可。王世杰等认为"默察苏方态度，似非蓄意与我为难，其欲借此次缔约，改进中苏关系之心，似属相当诚挚"；对于国民党而言，可以借此"保证苏军之撤退，限定苏方在东北之权益"。王世杰等不建议因外蒙古划界而中止谈判，提出再向斯大林做最后一次谈判，"要求将外蒙疆界以现时疆界为限之字句，列入换文中"。③

随着日本声明投降，中苏谈判的形势突然发生改变。蒋介石以及在莫斯科的宋子文等均认为，不应延宕签字，更不应该中止谈判。蒋介石的这种急于签订条约的想法，是有考虑的。日本投降后，对蒋介石及国民政府而言，其主要目的在于消灭国内的异己势力，建立起一党专政。现有的谈判条件中，从苏联已经获得了不支持中国共产党的声明，这对国民政府是一种利好。如果能争取到外蒙古疆界的划定，当然属于理想，如果不能，亦可以就此签字，以免发生预料不到的改变。

8 月 13 日晚 12 时至 8 月 14 日凌晨 2 时，宋子文与王世杰等持续谈判，斯大林最终同意"将'外蒙独立应以现有疆界为界'之语列入换文"。斯大林要求中国不将港口码头及其他设备租与他国，中方以口头形式向苏方作了应允。④ 至于苏军出兵中国东北的费用，斯大林提出，如果苏军将在东三省征取民间物资，只发收据则有违中苏同盟性质，王世杰等表示将回重庆后再行协商具体办法。至此，双方完成了所有条件的谈判。

三、 中苏《友好同盟条约》及其附属协定的签订及评价

1945 年 8 月 14 日，王世杰代表国民政府、莫洛托夫代表苏联，各自在

---

① 《宋子文王世杰致蒋介石电》，1945 年 8 月 12 日，《战时外交》（二），第 649 页。
② 《蒋介石致宋子文王世杰电》，1945 年 8 月 13 日，《战时外交》（二），第 649 页。
③ 《王世杰致蒋介石电》，1945 年 8 月 13 日，《战时外交》（二），第 650 页。
④ 《王世杰日记》，1945 年 8 月 14 日，第 724—725 页。

条约上签字。宋子文在向蒋介石汇报时称，因苏方签字人为外长莫洛托夫，故中方由王世杰部长签字。"签字手续直至今晨六时始在克林姆宫举行，但苏联已于数小时前广播，谓已签字"。[①] 中苏《友好同盟条约》在开头部分载明，"根据一九四二年一月一日联合国共同宣言、一九四三年十月三十日在莫斯科签字之四国宣言及联合国国际组织宪章所宣布之原则"签订本条约。条约首先强调联合对日作战，彼此给予一切必要之军事及其他援助及支持，不单独对日谈判。在照会一中，声明"苏联政府同意予中国以道义上与军需品及其他物质之援助，此项援助当完全供给中国中央政府，即国民政府"，"苏联政府以东三省为中国之一部分，对中国在东三省之充分主权，重申尊重，并对其领土与行政之完整，重申承认"。在照会二中，承认外蒙古战后进行独立投票及边界划分，"因外蒙古人民一再表示其独立之愿望，中国政府声明，于日本战败后，如外蒙古之公民投票证实此项愿望，中国政府当承认外蒙古之独立，即以其现在之边界为边界"。[②]

同日，还签订了《中苏关于中国长春铁路之协定》，将中东铁路及南满铁路合并为中国长春铁路，归中苏共有，并共同经营。中长铁路应在中国主权之下公共经营，成立一个单独机构，其性质属于一纯粹商业性质之运输事业。协定期限为30年，期满后，中国长春铁路连同该路一切财产，均无偿移转归中国所有。《中苏关于大连之协定》，将大连开辟为自由港，对各国贸易及航运一律开放，大连行政权属于中国，苏联可在自由港租用指定码头及仓库。"港口主任由中国长春铁路局局长在苏籍人员中遴选，于征得大连市长同意后充派之，港口副主任应照上开手续在华籍人员中遴选派充之"。平时，大连不包括在旅顺海军协定所规定的范围之内，对日作战时，受该区域所设定之军事统治。《中苏关于旅顺口之协定》，将旅顺作为中苏共同使用的海军根据地，"该区域内之民事行政属于中国，中国政府对于主要民政人员之委派，将顾及苏联在该区域内之利益"，"旅顺市主要民事行政人员之任免，由中国政府征得苏联军事指挥当局之同意为之"。[③]

---

① 《王世杰日记》，1945 年 8 月 15 日，第 725 页。
② 王铁崖编：《中外旧约章汇编》第 3 册，第 1327—1330 页。
③ 王铁崖编：《中外旧约章汇编》第 3 册，第 1331—1337 页。

条约签字后，哈里曼认为中苏协定并未明确保证东三省的门户开放，这对美国是不利的。当哈里曼向莫洛托夫询问，苏方是否准备发表一个关于门户开放政策的声明时，莫洛托夫回答称，斯大林认为已经不需要再发表这样的声明，因为苏联已经保证了维持门户开放政策。哈里曼的解释是，美方虽然满足于斯大林的口头保证，但仍希望能有一个可以公布的文字声明，因为杜鲁门总统觉得"将来肯定会有需要公开讨论和加以思考的时候"，届时这样一个声明"将减少臆测和反面评论"。[①] 莫洛托夫并不认可此种解释。哈里曼意识到，除非施加外交压力，否则苏联不会提供一份文字声明。

从学术上而言，对中苏《友好同盟条约》谈判过程的评价有两点仍值得学术界加以探讨，一是顾维钧所建议的谈判方针是否有用；二是美国在谈判中是否置身事外。

关于第一个问题。如果中国在谈判中事实上采取拖延战术，是否有可能取得更坏的结果。若在日本投降时，中苏仍未订立条约，从结果而言，究竟是对中方更为不利？抑或对苏联更为不利？对这个问题的回答，可能有不同的答案。如果此时中苏并未签字，则从法律上而言，苏军并无理由进入东北作战。虽然8月9日苏联已经对日宣战，苏日已经处于战争状态，但关东军所在位置为中国领土，并非日本本土。苏联进攻在中国领土上的日军，从程序上而言必须获得中国的同意。即使考虑到伪满存在，由于中国已经在国际场合屡次声明不承认伪满，苏联很难从国际法上自圆立场。考虑到1904年日俄战争时，中国宣布局外中立，此时国民政府无非可以旧事重提，再宣布一次中立。从理论上，中国最终获得充足坚实的国际法理，但在实际操作层面，可能面临苏军长久盘踞东北的困局。在不能获得美国支持的情形下，中国最终结局可能更为不利。

如何认识美国在中苏谈判中的角色，是学界已经定论的议题。以往研究认为，美国在中苏会谈中置身事外，不愿充当调停者或主持人，只是作壁上观，这导致中国失去了比《雅尔塔密约》所规定还要多的权益。美国在最初

---

① 《哈里曼致杜鲁门与贝尔纳斯电》，1945年8月14日，王建朗主编：《中华民国时期外交文献汇编1911—1949》第八卷（下），第1456—1457页。

释放出的信号中，的确给中方以这种表示：美国不愿参与中苏谈判。如果说在第一阶段美国还只是一个静默的观察者，那么从第二阶段起，美国已经改变了态度，积极从美国利益出发解释《雅尔塔密约》，并一再向苏方要求不要逼迫中国过甚。波茨坦会议是美方改变态度的关键时期，美方内部基于《雅尔塔密约》详细研讨了对案。当中方无力抵抗苏方所提具体条件时，哈里曼亲自出面，向苏方施压，并已经做好了抢先登陆朝鲜和大连的准备。美国改变置身事外立场的另一个表现是对中方的不满，提出美国所认可的对苏谈判的底线要求。当谈判中止后，蒋介石亲自向美国总统杜鲁门寻求支持时，杜回答"没有请你做超越协定的让步"一句，显然是对中方的不满，更被蒋视为奇耻大辱。在中苏协定的最后阶段，美方以类似警告的方式告诉宋子文，中国所做的让步已经完全达到了《雅尔塔密约》的要求；而在此基础上的进一步让步，美方将视之为是中方有求于苏方而达成的利益交换。从形式上，美方没有参与中苏谈判，而是单独开启了美苏会谈，哈里曼必欲从苏方获得一纸声明，让苏联保证维护中国东北的门户开放。

王世杰回到重庆后，当日即向蒋介石和孙科先后汇报订约过程。立法院院长孙科对于条约力表赞成，并对王世杰表示，"将从速于一日内召集国防最高委员会及立法院，使之迅速通过"。[①] 8月22日，立法院开会前，蒋介石召集各院院长及政府重要人士，由王世杰报告签约经过及约文内容。王世杰向与会者讲，他三年以来所担忧的是虽然抗战胜利，但东三省不能收回，中苏条约订立后，东三省得以保全。[②] 王世杰此番事前通气，基本上只宣讲条约的有利之处，目的在于获得支持。虽然条约尚未宣布，但在重庆街头，已经有人散发反对中苏条约的传单。

8月24日，国民政府国防最高委员会及国民党中常会召开联席会议，立法院委员列席会议，由蒋介石亲自主持，讨论中苏条约。王世杰报告中苏条约订约经过及订约背景，并讲"此约之订立，虽使吾人对于实际上业已脱离中国统治二十余年之外蒙，不能不承认其独立"，"对于旅顺及中

① 《王世杰日记》，1945年8月20日，第726页。
② 《王世杰日记》，1945年8月22日，第727页。

东、南满铁路，予虽有所让步，但范围有限"，但可以收回东三省主权，如果能迅速批准，当可以见到条约的成效。蒋介石要求与会者起立表决，"结果全体一致起立"。①

联席会议后，立法院开会。立法院院长孙科主持会议，吕复、卫挺生等立法委员反对批准中苏条约。经过 3 个小时的讨论，在最后表决阶段最终获得通过。当日下午 5 时，国民参政会驻会委员会开会，亦有委员提出反对意见，但多数委员主张批准条约。②

8 月 26 日晚 12 时，中苏条约及附件对外公布，并约定 26 日为批准日期。

中苏《友好同盟条约》及其附件从性质上而言，属于一个政治结盟性条约，是在抗战废约潮流中缔结的一个具有不平等性质的条约。中国以外蒙古独立、旅大租借、中长铁路共同经营为代价换得苏联对日作战及对国民政府的支持。条约签字后一个月，当时已有学者研讨条约各款的利弊及对中国的影响。燕京大学法学院院长吴其玉的《中苏同盟条约刍议》（以下简称《刍议》）曾密呈蒋介石审阅，当属各种分析文章的代表。吴其玉从历史和现实出发，详细分析了各条款对中苏关系的影响，并从实际出发提出了预防性方案。

《刍议》首先分析了中苏条约的性质并作整体评价。"一共条约五种，其他文件七件，举凡中俄间所能想象之问题可谓大致解决"，属于中苏外交上一划时代的举动，具有重要意义。平等条约的基础是对等原则，"一切平等条约皆基于约略平均取与之原则"，以此原则而论，"苏联所得之利益实远较中国所得之利益为多"。③"盖中国权利清单中若干项目原应为中国固有之权利，无待条约之规定"，比如，中国东三省领土与行政的完整、中长铁路的经营权、不干涉中国内政等，这些都是国家主权之内的事情。本来无须条约规定的主权事项，之所以用条约来规定，可从两个方面加以阐释，一是法律方面言之，"则为中国授权苏联以后所保留之特别规定"；二是在实际方面言，"则此各种权利，因种种情形，事实或久已损失，或大有问题，所以不

---

① 《王世杰日记》，1945 年 8 月 24 日，第 727 页。
② 《王世杰日记》，1945 年 8 月 24 日，第 727 页。
③ 吴其玉：《中苏友好同盟条约刍议》，1945 年 9 月，台北"外交部"编：《外交部档案丛书——界务类》第二册（中苏关系卷），台北"外交部"，2001 年，第 230 页。

得不重行加以规定"。以通常法理角度而言,中国在中苏条约中,"所付之条件实相当巨大",中国大部分是处于"授权地位",而苏联则处于"受权或享权之地位"。①

外蒙古独立、旅大地位及长春铁路是中苏《友好同盟条约》需要注意的三点,从历史角度分析,可以得出条约与以往条约的不同之处。外蒙古独立是"清代不良政策及民国以来毫无政策之结果",历来国际条约皆认外蒙古为中国领土之一部分,此次独立,"一方虽缘外蒙种族与汉族不同,可称为民族自决,然另一方面无宁谓为主义之不同"。《刍议》分析认为,外蒙古自民初独立后,一切社会、政治、经济、文化诸项无不奉苏联之制度为圭臬,与当时中国的制度不同,即使留在中国之内,也会产生相应的问题。旅大地位问题,可以1898年晚清与俄国所订租借旅大条约相对比。长春铁路协定的内容,与1924年中俄所订暂行管理中东铁路章程及奉俄协定相比,有所改善。比如,承认铁路为完全商业性质,铁路以外之支线,附属事业及土地应归中国完全所有。②

《刍议》详细分析了条约订立后可能对中国产生的影响。苏联通过此约,已经在外蒙方面获得绝对安全;在中国东北方面的安全"亦可绝对不成问题",不但在东三省获得了经济及交通上的优越权利,而且在辽东半岛获得绝对的军事优先权。时人认为,此等特权"自皇俄迄苏联以来,俄国政府人民数百年之所期望者,而今方克达到者也"。③ 如果纯粹就条约文本而言,中国所付代价极大,对中国国防安全影响极大。如果从中苏邦交全局而言,很难设想中苏两国将来发生冲突。如果设想苏联为中国永久盟国、永久朋友,则"给予上列之权利,或不至有流弊"。但是,如果要假设苏联为敌国,"则无论给与或不给与上述之权利,苏联势亦非要不可",中国的安全无论如何都得不到保障。从苏联自身而言,如果要以中国为敌国,则仅取上述权利,事实上不能保证其安全。

---

① 吴其玉:《中苏友好同盟条约刍议》,1945年9月,台北"外交部"编:《外交部档案丛书——界务类》第二册(中苏关系卷),台北"外交部",2001年,第231页。

② 吴其玉:《中苏友好同盟条约刍议》,1945年9月,台北"外交部"编:《外交部档案丛书——界务类》第二册(中苏关系卷),台北"外交部",2001年,第231—233页。

③ 吴其玉:《中苏友好同盟条约刍议》,1945年9月,台北"外交部"编:《外交部档案丛书——界务类》第二册(中苏关系卷),台北"外交部",2001年,第233页。

"吾国可谓完全以君子之心待人，即在中苏为永久朋友的假设下，给与苏联若干权利，造成其黄海、渤海之优势"。整体上，由于美国海空军已经在远东取得优越地位，在美国的牵制下，条约的弊端亦可减轻。[1]

为了尽可能杜绝条约产生的流弊，《刍议》建议对外蒙古人民独立投票应设法加以保障。外蒙古在独立之前，从法律上而言，仍属于中国领土，为公平起见，"投票时应有中国政府人员或国际团体加以监视，同时并许中国政府派人到彼自由宣传劝说"。如果投票后，外蒙古决定独立，则应将外蒙古永久中立化。大连辟为自由港，不至有巨大流弊，但旅顺军港如果仅有苏联负责防卫，不许外国参加，应重新考虑。长春铁路的管理办法，事实上已经从历史的经验中证明存在困难，需要加以改进。约文并未提及朝鲜，为"求中俄完全谅解并友谊持久起见，似应订约承认其独立"。出于对中国国家安全的考虑，《刍议》建议国民政府应该迁都北平。"中国历来边患及国防皆在北方，为巩固及安全计，此次抗战后，管见以为吾人实应迁都北平，俾便防御及控制"；虽然因外蒙古独立、旅顺共管导致北方门户洞开，但迁都北平，可以"将国际力量带至北方，其对于稳定北方局面定有裨益"。甚至预想联合国开会亦可轮流在北平开会，若干组织亦可常设北京，国际力量增加，中国安全亦必增加。[2]

自实现抗战废约后，中外条约关系在基本平等的趋向中仍有不和谐的音符，这给战后中外条约关系的走向蒙上了一层阴影。即使是在反法西斯战争尚在进行期间，强权政治对于中外条约关系的影响仍是存在的，只是鉴于世界反法西斯战争这一国际背景，新的不平等条约关系与此前相比有了不同的表现形式。事实证明，中国能否实现对于战后平等条约关系的愿景是不确定的，新形势下的不平等仍然存在。

---

[1] 吴其玉：《中苏友好同盟条约刍议》，1945 年 9 月，台北"外交部"编：《外交部档案丛书——界务类》第二册（中苏关系卷），第 234—235 页。

[2] 吴其玉：《中苏友好同盟条约刍议》，1945 年 9 月，台北"外交部"编：《外交部档案丛书——界务类》第二册（中苏关系卷），第 237 页。

第六章　形式上平等的中美《友好通商航海条约》

在战后订立新约的潮流中，平等条约关系已经是主流，但在此潮流下，仍有违反平等原则的条款出现。1946 年 11 月 4 日的中美《友好通商航海条约》就是一个备受争议的条约，虽然从条约字面上看皆属对等的规定，但在实际的执行过程中，中方无法享受到相应的权利。美国则因其自身具备的经济优势而事实上获得了条约的单方特权。中美《友好通商航海条约》是形式上对等而实际上不平等的条约。

第一节　《中美新约》订立后英美对于商约谈判的讨论

一、　中国对战后商约的研议

在英美宣布废除治外法权的同时，中国内部已经启动了对于商约修订意见的征询。贸易委员会认为"中外商约问题关系方面甚多",从贸易立场而言,有以下数点需要考虑:一是"修订最惠国待遇条款之规定",原因在于中外以往商约对于此项条款之规定往往文字笼统,含义不明,且多系片面的解释,新订立商约只可接受"相互的有限制有条件的方式",只有这样方能"避免普遍援引而向通商国家个别取得互惠的条件"。二是取消国民待遇条款。贸易委员会提出,在 1880 年中美《续增条约》第三条,中国给予外人以国民待遇权利,1902 年中英商约附件第四条亦有此项规定,"民国十七年以来之中外新约更有类似之条文"。分析认为"此项规定虽属相互性质,且附有遵守中国法令之文句,但中国经济基础薄弱,今后不能实行绝对之自由贸易政策",并建议为了扶助或保障本国人民的产业及利益,"在外侨及国民之间,自不能全无差别",应取消国民待遇条款。贸易委员会预见,将来中国如果实施保护本国工商业的政策,"外人必多所借口",今后中外商约应避免"此类明文规定之拘束",对于外侨"只能在中国法令范围内给以国际公法及习惯上应享之权利"。[1]

贸易委员会提出的第三点是"保留中国贸易及经济上之统制及管理权"。贸易委员会提出,依据国际公法,一国领土之内的开矿及工商一切经济事业都属于所在国的内政,外人无权过问,"惟中外过去条约之中有保障外侨在华自由营业之明文规定",如中英《南京条约》第五条、中美《望厦条约》第十五条,均有任何交易均不得加以限制的规定,这些规定使得中国政府无法实行统制贸易。在即将订立的商约中,应取消类似无限制贸易的规定,"保留此项主权国家应有之权力,至国家贸易政策不至稍受拘束"。贸易委员会所提第四条是"外侨内地杂居应以法律规定其地位"。此条建议系针对外人在华取消治外法权而提出,以往外侨因有治外法权,"政府得利用通商口岸制度以实行隔离政策,除教士外,外侨不能在内地自由居住旅行","其营业活动应受事实上之限制"。治外法权废除后,外人必提出内地杂居要求。如果外侨内地杂居,"对我国民经济必生

---

[1] 《关于修订中外商约之意见》,1942 年 10 月 21 日,台北"国史馆"藏"财政部档案",档号 018000032043A。

不利之影响"，今后商约签订"不应承认外侨任何特权，并须一面以法律确定外侨地位"。贸易委员会还提及"采用国际资源互惠主义"、"国际贸易应具备商约原则"，认为"1929 年以后，世界潮流倾向统制经济，国际间本已无自由贸易可言"，而战后中国为了恢复建设"尤非实行相当之统制贸易政策不足以巩固国家经济基础"，建议新订商约"虽不能不承认平等互惠之原则，惟事实上应保留施行统制中伸缩余地"。① 这些早期的讨论对于国民政府中美商约的谈判做了理论上的准备。

1943 年 1 月 11 日，《中美新约》订立，美国在华治外法权等在华特权宣布废除。2 月 26 日，美国国务院远东司司长汉密尔顿（M. M. Hamilton）与外交部部长宋子文晤谈，宋子文谈及了订立广泛综合性条约的建议。在美方记录中，当两人交换关于废除美国在华治外法权的意见时，宋子文主动向汉密尔顿提出中美需要商谈一项综合性条约，因"条约之磋商，需时极久"，又建议"将美国最近所签订的，所有标准的综合条约抄本，送交中国政府"。在当天的会谈备忘录中，汉密尔顿指出"宋博士之见解系随口说出性质，本人并未就此一问题与其进行讨论"，他认为，宋子文并不是正式向国务院提出，只是如《中美新约》第七条所规定，建议在何时启动此项谈判。汉密尔顿判断，中国政府可能在短时期内提出商约谈判一事，建议美国国务院立即对此一问题加以考虑，如中国政府向国务院提出要求，"对于此类条约之实质，以及签订程序问题，美国究应采取何种态度比较适当"。②

1943 年 3 月 10 日，美国国务院远东问题顾问亨贝克将一套美国所签订的商约文件送交宋子文。依据目前材料判断，虽然商约问题已经在废约时提出并有意向性规定，但美方认为是宋子文首先提出了该问题。大约同时，国民政府外交部也启动了新商约订立的准备工作。外交部向行政院汇报时称订立新商约一事着手搜集材料、研究原则，并已分函有关机关，请其提供意

---

① 《关于修订中外商约之意见》，1942 年 10 月 21 日，台北"国史馆"藏"财政部档案"，档号 018000032043A。

② 《远东司司长（汉密尔顿）谈话记录》，1943 年 2 月 26 日，台北联合报社译：《一九四三年中美关系文件》，台北联合报社，1962 年，第 363 页。

见，"一俟准备就绪即行召集有关机关开会商讨，然后再酌量情形，随时提供与各国谈判"。①

英国亦密切关注中美关于商约问题的接洽，对于中美商约何时开启谈判，英方多次探询美方意见。1943 年 4 月 22 日、5 月 3 日，英国驻美大使馆商务秘书乔浦森（Keith Jopson）两次电话美国国务院经济事务司商业政策科副科长霍金斯（Harry Hawkins），询问美国是否正与中国商谈新的通商条约，并表示英国目前并不赞成展开商约谈判。美国国务院在回复英方的咨询时，表示宋子文曾在 2 月份口头提出了此问题，并认为最好中美即刻启动此项谈判，并索要美国所定商约的历史文件。国务院提出，由于《中美新约》第四款规定"两国政府如有一国政府提出请求时"，中美两国政府即"进行订立一友好、通商、内河航行及领事权，内容广泛而现代化条约之谈判"，因此美国内部"一般意见皆愿对新的商务条约进行谈判"，而且"在所有可能方面，中美双方皆需长久时间俾做研究及准备"，甚至毫无疑问在正式谈判开始之前需有一段时间从事准备会谈。美国表示愿意就此问题随时与英方交换资料及意见。②

二、 英美两国间的商讨

5 月 7 日，美国国务院邀请英国驻美大使馆乔浦森及一等秘书海特（W. G. Hayter）到国务院，面商英方所关心的对华商约问题。乔浦森表示，宋子文在 2 月份曾向英国驻华大使馆询问中英之间进行商约谈判的可能性。当时英国大使表示，宋此种提出方式并非正式建议，仅是试探。乔浦森及海特希望了解，美方是否认为启动对华商约谈判时机相宜？并希望了解，未来短期内谈判通商条约在将来是否会与联合国建立的某些国际机构业务相冲突。汉密尔顿称，"在大战结束前进行谈判新的通商条约可能获益甚大"，并表示美国所签订"任何此种通商性质之条款皆系一般性质"，与其他国家签

---

① 《不平等条约废除后宜即进行工作案》，1943 年 5 月 4 日，台北"中研院"近代史藏"外交部档案"，档号 818.12/0093。

② 《美国务院致英国大使馆之口头报告》，1943 年 5 月 6 日，台北联合报社译：《一九四三年中美关系文件》，第 363 页。

订同类条约，其通商条款必须相同，不会与未来联合国的相关机构或政策相冲突。美方还表示已经向宋子文转达了乐意进行新约谈判之意，不希望对新约谈判做不必要的耽搁或延宕。①

英国外交部不希望美国预先启动谈判，尤其不愿被美国甩开单独谈判。英国外交部认为，英国签订条约系从自身经验和需要出发，并非要怀疑美国政府。假如英美两国"因一方预先行动"而使谈判受到损坏时，则英美均将陷于难堪，希望能与美国随时交换资料及进展。1943 年 6 月 23 日，乔浦森致函美国国务院顾问亨贝克，转达了英国外交部的上述观点。② 亨贝克同意英方所提建议，并表示美国并未开启任何会谈。

1943 年下半年，亨贝克访英。访英期间与英方非正式交流了对华商约谈判问题。英国外交部询问，美方是否启动对华谈判以及何时启动对华谈判，并再次将英对商约问题的态度详细解释，"意见仍与数月来在此通知我方者相同"。亨贝克在解释美方立场时，仍然遵循了国务院上次答复英方的宗旨，但更为明确。亨贝克向英方指出：美国从未考虑避开英国；美国准备与中国讨论新条约之可能性及潜力；美国需要分清"会谈"与"谈判"，因为此两者程序或其中之一都将需要长期的研讨。亨贝克还劝解英方，不需要担心"在战争结束及和平恢复以前此问题会产生可能之不利"，虽然目前中国并未向美国提出商约问题，但相信宋子文一定在与其政府研究该问题，如果中国在提出草案时"吾人毫无准备，无法立刻将代表吾人对此问题意见之草案交给中国"，将会对美国不利。亨贝克还表示"如英国亦朝此相同路线走，对英国必定有利"。③

1943 年底，美国驻华大使高斯判断中国经济在战后趋向于封闭和保守。高斯建议，在中国封闭之前，美国应开启商约谈判，及时向中方通告美国的期望所在，包括提出美国在华商业、金融及工业方面的利益诉求；强调互惠

①《商务政策计协定司魏洛贝先生会谈备忘录》，1943 年 5 月 7 日，台北联合报社译：《一九四三年中美关系文件》，第 364—365 页。
②《英国大使馆商务秘书乔浦森致政治关系顾问亨贝克》，1943 年 6 月 23 日，台北联合报社译：《一九四三年中美关系文件》，第 365 页。
③《政治关系顾问亨贝克之备忘录》，1943 年 11 月 2 日，台北联合报社译：《一九四三年中美关系文件》，第 365 页。

合作的必要性以及坚持美国人民及美国在华利益与在美华人权利及利益相同。① 1944 年 1 月 13 日，驻华大使高斯就启动商约谈判问题催促美国国务院尽早下定决心，强调机会已经出现。高斯认为，中国政府正采取措施颁布系列有关外国投资及商业的政策，开启商约谈判不容再拖，否则美方将面临"中国的排外限制政策"。高斯还认为，联合国善后救济总署成立的消息迅速传播开来，中国希望能在战后重建和工业建设中获得美方大规模援助。有鉴于此种，"目前对美而言正处于极佳的谈判地位，即使以后还会有时机出现，也未必比现在更为有利"。②

至此时，美国并未把先于中国提出条约草案作为谈判的策略之一。国务卿赫尔称，无论中方或美方都可以主动提出商约谈判。国务院一直在关注商约谈判问题，"无论中国何时提出谈判，美国都愿意并已经准备好与中方开启缔结商约的谈判"；如果驻华使馆与国务院协商后认为时机适当，"并不排除由美国首先提出谈判"。高斯被告知，国务院相关人员及机构正密集研议条约草稿，希望不久将送驻华大使馆一份草稿副本。赫尔还通报了与英方商谈的情形，由于英国曾向美方探询商约问题，并希望在战争结束后开始谈判，但美方并未受此束缚，而是向英方表示如果时机有利，美方将随时启动商约谈判。③ 赫尔此时还建议领事协定应该单独签订，不能包含在商约之内。高斯对此表示赞同，认为单独签订领事条约可以预防紧急状态下的特殊情况，当商约废除时保证领事权不受影响。④

1944 年 3 月，美国国务院已经在起草中美商约的初稿。在起草过程中，美方起草小组遇到了一些需要与驻华大使高斯商议的所谓"难题"，如购买土地及不动产，希望高斯认真研究稍后的条约草案。国务院希望高斯仔细研究中国与英国、挪威及比利时已经签订的条约，搞清楚在这些条约中中国是

① The Ambassador in China (Gauss) to the Secretary of State, Chungking, December 9, 1943, FRUS, 1943 China, pp. 474-476.

② The Ambassador in China (Gauss) to the Secretary of State, Chungking, January 13, 1944, FRUS, 1943 China, p. 1008.

③ The Secretary of State to the Ambassador in China (Gauss), Washington, February 8, 1944, FRUS, 1943 China, pp. 1008-1009.

④ The Ambassador in China (Gauss) to the Secretary of State, Chungking, February 13, 1944, FRUS, 1943 China, p. 1009.

否已经给予外人在华购买土地及不动产的权利。按照美国国务院的理解，中美商约签订后，将成为民主国家对华订立商约的模板。①

高斯已经事先研究过这三个条约，当日即回复国务院：关于购买不动产的规定出现在中英、中挪条约的附件部分，中比条约则是出现在条约第十一款中，"没有任何字句显示英国人、比利时人及挪威人能够获得与中国人一样的购置不动产的权利"，这些条款只是说明，三国国民"在遵守法律和相应规定的条件下，享有购买或持有不动产的权利"。高斯认为，中国显然有意设置门槛，限制外人在华持有或处置地产，尤其要注意的是，中国与美、英、比、挪的条约都规定"既有在华不动产"应该受中华民国法律法规的管辖。虽然这些条约仅仅适用于既有在华外人持有的不动产，但相信中国政府有意在未来将此限制措施推广到新订条约之中。②

在酝酿商约过程中，国民政府相关政府部门消息外泄，这给中国正在进行的商约准备造成了被动。高斯称，中国政府部门所提出的建议中，包括限制外人在华购置土地。4月13日，外交部部长宋子文将中国有关外人在华购置不动产法规中的条约规定给了高斯一份副本。高斯认为，虽然副本本身没有特别之处，但宋子文的谈话中有几点需要注意。宋子文讲："中国将给予美国人与其他外国公民同等的权利，有意给予美国公民购置和持有房地产的权利。"③ 到1944年4月中旬，中国已经拟好了中美商约草案。高斯称他已经通过秘密渠道获悉中国关于商约及领事条约的进展，中方正将条约草案送交国民政府相关部门讨论，并要求"加快工作进度"，"很可能魏道明大使在回华盛顿时将带上中方约稿"。高斯敦促美国国国务院尽早完成美方草案。④

4月17日，美国驻华大使馆三等秘书弗里曼（Fulton Freeman）向国务院提交了一份关于中国商约草案的秘密报告。高斯认为，根据内线所获得的

---

① The Secretary of State to the Ambassador in China (Gauss), Washington, March 8, 1944, FRUS, 1943 China, pp. 1009-1010.

② The Ambassador in China (Gauss) to the Secretary of State, Chungking, March 8, 1944, FRUS, 1943 China, pp. 1012-1013.

③ The Ambassador in China (Gauss) to the Secretary of State, Chungking, April 13, 1944, FRUS, 1943 China, pp. 1014-1015.

④ The Ambassador in China (Gauss) to the Secretary of State, Chungking, April 15, 1944, FRUS, 1943 China, p. 1015.

信息，"中方草案将为在华美国公民提供在专利、商标权及版权方面的国民待遇"，这对美国是极为有利的。中方草案的其他重要信息也逐渐为美国使馆掌握，如对教会组织活动的规定、对沿海贸易的规定。"没有提及或指出外人在华的贸易权，对商约而言，贸易权是美国利益最重要的组成部分"。①

由于魏道明即将从重庆赴美，高斯判断中方内部正加紧研讨，认为中国外交部希望能在魏道明离开时带上完整的中方条约草案。弗里曼的报告也称，中国高层指示立法院加紧研究外交部的草稿。高斯也不时从财政部探听有关草案的消息，但并未获得有价值的消息。②

1944 年 4 月 27 日，美国决定向中方提出谈判意向，并商订谈判地点。国务卿赫尔通知高斯，"以口头形式通知中国外交部部长宋子文，正如在中美新约第七款所规定的那样，美国希望在不久后完成中美商约草案"，建议明确提出"在重庆进行商约谈判较为合适"。赫尔认为，宋子文应该同意选择重庆作为谈判地点，如果他另有选择，请当场向其表明，"美国的选择是重庆"。③ 收到国务卿赫尔指示后，高斯于 5 月 4 日将与宋子文的会谈情况上报国务院，宋子文称"如果进行中美商约谈判，重庆是合适的地点"。国民政府外交部负责政治事务的一位次长主动告诉高斯，中方条约草案至迟将在 5 月底完成，美国肯定将第一个收到约稿。

1944 年 11 月，国民政府外交部条约司司长王化成告诉美国驻华使馆代办艾奇森，中方已经接近完成约稿，可以向美方提交草案。艾奇森认为"如果中方先于美国提出条约草案，美方将失去向中国政府提出美国期望和想法的有利时机，同样也会失去要价的有利地位"。④ 1944 年底，高斯回国述职。11 月 28 日，美国国务院召集包括驻华大使高斯在内的商约起草小组开会，研讨美方对策，听取与会人员的建议。与会者就美方草约进行了简短讨论，

① The Ambassador in China (Gauss) to the Secretary of State, Chungking, April 17, 1944, FRUS, 1944 China, pp. 1015-1016.

② The Ambassador in China (Gauss) to the Secretary of State, Chungking, April 17, 1944, FRUS, 1944 China, p. 1016.

③ The Secretary of State to the Ambassador in China (Gauss), Washington, April 27, 1944, FRUS, 1944 China, p. 1018.

④ The Charge in China (Atcheson) to the Secretary of State, Chungking, November 26, 1944, FRUS, 1944 China, p. 1020.

并重点讨论了草约中的下列内容：文学作品版权及工业产权的保护；沿海贸易；房地产等。会议中特别提及了重庆大使馆 8 月 15 日的来电，讨论了是否应该在草案中声明免除美国人在华的强制性贷款以及捐款。对于在华购置房地产一项，高斯提出争取得到最惠国待遇。高斯建议，鉴于中国外交部条约司司长已经表示将很快准备好对美提交商约草稿，美国应在尽可能短的时间内向中国提交商约草稿。① 1945 年 2 月，美国国务院完成了长达 58 页篇幅，总计 30 个条款的商约草案。

在美国对华提出商约草案之前，美方对中方的准备工作了然于胸，并相应的调整自己的工作进程。对美方而言，中国的商约准备工作不存在秘密。

高斯结束驻华大使职务之后，赫尔利出任驻华大使。赫尔利在调停国共冲突的同时，亦接手了中美商约的谈判工作。2 月 16 日，国务院助理国务卿克雷顿（William L. Clayton）将修改后的条约草案发给驻华大使赫尔利，要求仔细检查条款，如果有任何修改建议，尽快通知国务院，以便在送交中国政府之前进行调整。随草约一起送交赫尔利的还有商约条款的具体说明，与早期约稿条款相比，提交的讨论稿某些条款已经改变了内容。克雷顿表示，某些条款仍在征求各方意见之中，最终定稿可能需要电传给驻华使馆加以更正。②

为了尽快向中国提交条约草案，避免再一步延迟提交日期，艾奇森表示驻华大使馆将不再提出具体细节的修正，但有一点需要国务院给出明确指示，即草案第二条第二段，该款给予中国人在美国从事各种职业之权，"商业、制造、加工、金融、职业、教育、科学、宗教及慈善事业"，因为美国各州法规将影响外国人在美从事上述活动的权利，需要明确是否通知中国该条款是凌驾于各州立法之上的条款。③

草案经过最后修正，3 月 27 日，代理国务卿格鲁指示驻华大使馆正式向

① Memorandum of Conversation, Prepared in the Department of State, Washington, November 28, 1944, FRUS, 1944 China, pp. 1020-1022.

② The Secretary of State to the Ambassador in China (Hurley), Washington, February 16, 1945. FRUS, 1945, Vol. 07 China, p. 1309.

③ The Charge in China (Atcheson) to the Secretary of State, Chungking, March 5, 1945, FRUS, 1945, Vol. 07 China, p. 1309.

中国政府提交商约草案，并以此作为双方谈判的基础。4 月 2 日下午，美国驻华大使馆代办艾奇森向外交部次长吴国桢递交商约草案，实现了先于中国提交草案的设想。吴国桢在接受美方草案时表示，中国约稿已经接近完成，正在翻译成英文，他虽然希望中美能够很快开始商约谈判，但宋子文希望在旧金山制宪会议后再着手进行。① 依据美英之间的谅解备忘录，美方将商约草案已经提交中国政府之事通报给英国。

5 月 22 日，助理国务卿克雷顿致函已经在美的中国外交部部长宋子文，希望能够尽快开启中美商约谈判，建议在宋子文及其随员离美之前"安排进行双方之间的友好通商及商航海条约谈判"。双方可以从美国国务院及中国参加旧金山会议的代表团内各自指定谈判代表。为了便于谈判，克雷顿表示可以向宋子文提交一份草约复制件。② 5 月 25 日，宋子文复函克雷顿，表示高度关注美方建议，他将在回国经过华盛顿时指定代表与美方开启谈判。

三、 中美双方在美国的初步谈判

宋子文正式表示同意谈判后，美国国务院远东司副司长斯坦顿（Stanton）与王宠惠等代表团人员交谈了关于中美商约的一些大的方向性的问题，开启了中美商约谈判的序幕。作为国防最高委员会秘书长，王宠惠此时随中国代表团参加了旧金山联合国制宪会议。

此次会谈是非正式的，讨论商约谈判的总体性问题。斯坦顿表示，美国公司和商人有意战后尽快恢复对华贸易，他们渴望准确了解其商业行为将基于何种法律法规基础之上。王宠惠称，他理解美国商业人士希望准确知道用来规范他们商业行为的法律。中国已经在修改既有商业法规，并正将中国法律译成英文。③

斯坦顿还与代表团顾问法学家吴经熊（John C. H. Wu）博士交流了中美

① The Charge in China (Atcheson) to the Secretary of State, Chungking, April 3, 1945, FRUS, 1945, Vol. 07 China, p. 1314.
② The Assistant Secretary of State (Clayton) to the Chinese Minister for Foreign Affairs (Soong), Washington, May 22, 1945, FRUS, 1945, Vol. 07, p. 1315.
③ Memorandum of Conversation, by the Deputy Director of the Office of Far Eastern Affairs (Stanton), San Francisco, May 29, 1945, FRUS, 1945, Vol. 07, p. 1316.

商约谈判，尤其是关于中美人民互相在对方国家购置房地产一事。吴经熊表示，中美商约谈判不宜再行拖延，并暗示立法院院长孙科亦持此观点。吴经熊称受孙科之命曾深入考察外人在美的房地产问题，他注意到美国各州的立法存在差异。其与孙科都希望能届时回答立法院委员们关于中国人如何在美购置房地产的询问。双方还深入讨论了草约中房地产的条款，吴经熊以个人名义表示，国民政府会接受该条款。国民政府立法院倾向于中美之间能够在购置房地产问题上做到完全互惠。①

1945 年 6 月 13 日，宋子文通知美方中国驻美大使馆商务参事李干已经被任命为驻美谈判代表，负责与美方开始进行谈判。宋子文表示，在华盛顿与美方会谈后，李干将返回重庆向国民政府汇报美方所提各条。②

7 月 9 日，商务参事李干、秘书刘大中等与美国国务院商务司司长怀特（C. Thayer White）等开始第一次会谈。李干据《中美新约》第七款，指出双方都有意愿根据《新约》规定在结束战争后的 6 个月内启动友好通商航海条约谈判。尽管没有收到政府的具体指示信息，但李干仍表示将尽力加快谈判进程。远东司中国事务官员庄莱德（Everett F. Drumright）询问李干，国民政府中将有哪些部门可能对商约谈判有兴趣？李干称，外交部、经济部、财政部、司法部、交通部、内政部、国防最高委员会、战时生产局、中央计划委员会等都有可能接受某一方面问题的咨询，不清楚国民党中常委是否会批准条约，但最终批准须经行政院和立法院。③

李干向美方谈判人员总结了中国国内对商约谈判普遍的情绪和观感，一是坚持必须平等；二是警惕承担对未来的国家经济发展造成束缚的义务。李干表示，中国人对平等思想的敏感自有其历史原因，源于历史上的列强在华治外法权；第二种情绪则反映了不希望因条约而限制未来中国经济发展的担忧。中方告诉美方，通商友好航海条约"必须持平等互惠原则，必须考虑到

---

① Memorandum of Conversation, by the Deputy Director of the Office of Far Eastern Affairs (Stanton), San Francisco, May 30, 1945, FRUS, 1945, Vol. 07, pp. 1317-1318.

② The Acting Secretary of State to the Ambassador in China (Hurley), Washington, June 18, 1945, FRUS, 1945, Vol. 07, p. 1318.

③ Memorandum of Conversation, by Mr. C. Thayer White of the Division of Commercial Policy, Washington, July 9, 1945, FRUS, 1945, Vol. 07, p. 1319.

未来中国经济的发展"。进入具体的谈判条款时，李干首先提出了条约草案中并非是完全基于互惠的条款，比如第三条和第六条，不应重复先前已有条约规定的内容。此外，基于美国各州和其他国家的银行法规，应该把第二条中的"金融"一项删除。[①] 威尔森（Robert R. Wilson）指出，美方在条约中已经尽可能将此原则考虑周全，尽管如此，"国务院在起草过程中必须考虑到美国自身的联邦体制"。李干表示认可美国在互惠条款上已经做出的努力，但仍认为美方需要认清所面临的"严峻事实"：美方现行的联邦法制系统需要做出调整，因为该系统使得互惠条款并非真正做到互惠。李干告诉美方，为了战后重建及发展经济，中方需要美国的资金，"不论是否将保证条款写入条约，中方都会给予美国企业以优惠待遇"。而"美方草案在实际施行时并非真正互惠，中国政府很难接受"。[②]

针对李干所提的解释，美方谈判代表魏洛贝指出，美方渴望能够获得条约保证，以便确保美方企业在华拥有一个公平合理的经商环境，这也是第三条、第六条出现的原因，目的在于给予美国企业以保证。李干对此提出疑问，美国企业并未因此前的商约而未能去国外发展。魏洛贝的解释是，此前的条约规定远非完美。美方代表怀特补充称，长期以来中国国内由于经历了战争和各种破坏，充满压力和苦难，这也是美国商业进入中国要较进入其他多数国家更为谨慎的原因。[③] 李干询问"如果中国政府不能接受目前的第三条和第六条，是否就没有折中的办法"，并举出了1944年签订的中挪条约及中加条约关于国民待遇的规定。魏洛贝称，正是由于对此前的中挪条约规定不满意，美国在华企业才希望能有新的条款。威尔森称尽管可以与中方讨论先前条约中的企业条款，但美方谈判代表无权建议条约草案的替代方案。事实上婉拒了李干的提议。

关于第八条，李干提出"只把其中的房地产和不动产条款修改为互享最

---

① Memorandum of Conversation，by Mr. C. Thayer White of the Division of Commercial Policy，Washington，July 9，1945，FRUS，1945，Vol. 07，p. 1320.

② Memorandum of Conversation，by Mr. C. Thayer White of the Division of Commercial Policy，Washington，July 9，1945，FRUS，1945，Vol. 07，p. 1321.

③ Memorandum of Conversation，by Mr. C. Thayer White of the Division of Commercial Policy，Washington，July 9，1945，FRUS，1945，Vol. 07，p. 1322.

惠国待遇"。第十五条关于垄断经营修改为"只限于国际贸易，不适用于国内贸易"。针对第十五条的疑问，美方指出，事实上现有的规定已经特别陈明了国际贸易的垄断限制。当美方伍亚德（Granville O. Woodard）询问中国现行商业政策法规与商约条款的关系时，李干指出，商约谈判本身就是决定中国商业政策的重要一步，一系列存在的问题都会体现在最后的约款之内。他认为，私人企业将会在战后中国经济中发挥更为重要的作用。[①]

关于有条件最惠国待遇与无条件最惠国待遇之范围，李干陈述中方的立场时表示，"关于有条件最惠国待遇及无条件最惠国待遇条款的决定权必须由中国政府作出"。美方代表团魏洛贝询问，中方是否此前并未真正实行无条件最惠国待遇，李干表示，中方尽管并未公开宣扬此种政策，但事实上是在实行无条件最惠国待遇。[②]

中美双方代表在华盛顿最初的几次会谈是宽松的，"并非要指定特别的任务，目的在于解释及澄清条约的意图及某些复杂条款的准确含义"。[③] 7月9日，中美结束初步谈判。7月20日，中方代表李干等启程回国。格鲁通知驻华大使赫尔利李干启程离美的消息，并称李干回到重庆后，将向国民政府解释美方草案，以便加快谈判进程。

四、 美方敦促中国重启谈判

回到重庆后，自8月9日开始，李干等与国民政府各部就中美商约相关问题开始接洽、协商。随着战争的结束，美国为了在华商业利益，美方急需尽快缔结商约。代理国务卿艾奇逊（Dean Acheson）在向赫尔利通报中美商约谈判情形时，担心国民政府迁都一事会影响到中美商约的谈判进程，"初期非正式谈判造成的不适当的压力影响到了美方的谈判地位"，要求赫尔利

---

① Memorandum of Conversation, by Mr. C. Thayer White of the Division of Commercial Policy, Washington, July 9, 1945, FRUS, 1945, Vol. 07, p. 1321.

② Memorandum of Conversation. by Mr. C. Thayer White of the Division of Commercial Policy. Washington. July 9, 1945, FRUS, 1945, Vol. 07, p. 1321.

③ The Acting Secretary of State to the Ambassador in China (Hurley), Washington, July 20, 1945, FRUS, 1945, Vol. 07, p. 1323.

探询国民政府是否能在近期重启谈判。① 11 月 5 日，新任国务卿贝尔纳斯再次催促驻华大使馆代办罗伯森（Robertson），称对华缔结商约时间紧迫，必须尽快确定对华谈判日期，以便尽早签订条约。

为了催促国民政府开启谈判，美国国务院特别委托前往中国调停国共冲突的马歇尔上将（George C. Marshall），请其亲自向蒋介石交涉，提出开启两国商约谈判议程。国务院将自《中美新约》订立以来商约准备及协商过程简要告知马歇尔，强调，"远东局势的发展使得尽早订立中美商约对双方而言都至关重要"，"美国企业极其渴望有一个稳定令人满意的法制基础，以便进行对华投资和贸易"。对中国而言，早日订立商约将增强它的声望，特别是可以向世界展示治外法权废除的效果和意义。国务院希望马歇尔特使可以向蒋介石陈明"商约的意义，特别是尽早订约的重要性"。②

此时国民政府一直对美宣称正在协调内部各部门之间的意见，一直在完善相应法规，尤其是公布公司法。外交部部长王世杰注意到，在华美国商人对于立法院所通过的新《公司法》表示不满，"予于今日研究，殊觉彼等之反对，无充分理由"。③ 1946 年 2 月 5 日，中美商约谈判在重庆重新启动。此时距离日本宣布投降近 6 个月时间，正好不超过半年，与《中美新约》第七款相符合。中方首席谈判代表外交部条约司司长王化成，美方首席代表驻华领事施麦斯（Robert lacy Smyth）。

第二节　中方提出初步谈判报告书

1945 年 4 月，美国向中国提出了一个为数达 30 项条款的条约草案。谈判开始，中方向美方声明，"已对贵方所有建议均加以最优惠的考虑，并尽

---

① The Acting Secretary of State to the Ambassador in China（Hurley），Washington，September 11，1945，FRUS，1945，Vol. 07，p. 1324.

② Memorandum to General of the Army George C. Marshall，Special Representative of President Truman to China，Washington，November 30，1945，FRUS，1945，Vol. 07，pp. 1325-1326.

③《王世杰日记》，1945 年 12 月 14 日，第 754 页。

可能立即按原有形式接受美方条款"，但中国与美国经济发展水平不同，并非所有条款在实际实施过程中能做到对双方均有益。美方施麦斯强调，美方草案是谈判基础，该草案"是作为一项统一的计划而设计的，因此它的有关内容须放在与这一整个计划的关系中考虑"。①

中美双方谈判的重点出现在第三条和第十五条，主要涉及三个方面的问题：外国公司的法律地位；国民待遇的去留；最惠国条款的解释。②

经过在华盛顿、重庆和南京三阶段的谈判后，外交部条约司提出了一份初步谈判报告书。针对美方提案，中方提议将美约第五条取消，将美约第十二条第二款单独另立条款，实际上仍为 30 条。报告书就双方未能达成一致意见的条款提出了中方的建议。

关于外人在内地游历居住经商，即美方草案第二条第一款，中方认为不便全盘拒绝，建议原则上同意草案要求。1943 年的《中美新约》已有规定，当时美国"曾以内地游历居住经商等为放弃在华特权之条件，并经我方同意"，此次美国在条约中提出了更为详细的规定，"主张外人在内地游历，不必预先请求签证，除护照及其本国所发之身份证外，无须携带其他证件"，中方在认为这种规定过于宽泛。外交部提出，中国内地若干地点"基于特殊原因不宜外人前往"，不建议在约文中规定内地游历。美国认为，中国以往签证办法限制太严，不便于外人前往内地旅游；另一方面，《中美新约》中已经有了内地游历的规定，且属于国际通例。外交部与内政部、立法院协商后，认为中国以往签证办法已经不合时宜，理应取消，"今后对于外人行动之注意，惟有从加强外事警察及身份证制度入手"。③

第二条第二款是彼此给予国民待遇问题，外交部最终接受了美方提案。报告书认为草案规定"此方人民在彼方领土内从事各种事业应享受国民待遇"与一般商约大体相同，不同之处在于，在事业类别中增加了金融类别。中方认为，此种规定容易被认为"含有组织银行之权利"，故建议删去金融

---

① 见任东来《试论一九四六年〈中美友好通商航海条约〉》，《中共党史研究》1989 年第 4 期，第 18 页。
② 见任东来《试论一九四六年〈中美友好通商航海条约〉》，《中共党史研究》1989 年第 4 期，第 18 页。
③ 《中美友好通商航海条约初步谈判报告书》，台北"中研院"近代史研究所藏"外交部档案"，档号 606.42/0004。

一项。美方表示，草案提到金融事业，并非要给予美国人在华组建银行的权利，除独资经营与经纪人而外，一般银行属于第三条公司范围，与人民权利无关。外交部与财政部商讨后，认为美方解释尚属合理，最终表示接受美方条款，但亦提出"本款所列各项事业规定以不为法令规章所禁止者为限，但此项法令规章对于中外人民应一律待遇不得歧视"。①

第二条第三款是移民问题，中方拟撤回所提要求。报告书提出，美国对于移民问题向来极为重视，美国议会曾于 1923 年通过法案，"规定一切商约不得影响美国现行移民法律及将来制定移民法律之权，凡商约中无此项保留条款者一律拒绝批准"，因此自 1923 年起，所有美国商约都有此项保留。美方草案同样提出了此项保留。外交部认为，中方无法拒绝美国所提此项保留，但提出"彼此移民律不得歧视对方人民之要求"，美方谈判人员及国务院方面经与美国议会沟通，未能说服议会，议会坚持其制定移民律之权力不受任何拘束。②

第三条第二款要求承认外国公司法律地位，双方决定互相吸取对方提议，重新起草条款。美国草案提出，此方公司及社团凡依该方法律所组成者，无论在彼方是否设有营业机构，均应由彼方承认其法律地位。根据国民政府颁布的公司法，凡外国公司在华设立相关机构，必须先经中国认可。双方难以达成一致意见。第三条第三款是对于外国公司社团在华待遇。报告书认为，此款是商约中最为重要的条款。美方要求，"从事于商务制造、加工、金融、科学、教育、宗教及慈善各项事业之公司社团，一律给予国民待遇"，如果按照原款规定，由于美国联邦各州均有单独的公司法，中方事实上不能享受国民待遇，只能享受到他州待遇，"此种他州待遇与本州待遇显有差别，尤以银行为甚"。中方基于事实出发，主张"为顾全事实起见，对于他州待遇之原则虽不得不勉予接受，但对于金融一项，则力主删去"，关于国民待遇"依照公司法规定，除法律另有规定外，中外公司一律平等待遇"。美国

---

① 《中美友好通商航海条约初步谈判报告书》，台北"中研院"近代史研究所藏"外交部档案"，档号 606.42/0004。

② 《中美友好通商航海条约初步谈判报告书》，台北"中研院"近代史研究所藏"外交部档案"，档号 606.42/0004。

起初提出，"在例外情形之下，我方可对外国公司予以差别待遇"，但中方拒绝接受此种修改，美方于是另提修正案，"规定双方对于彼此公司社团通常给予国民待遇，但法律另有规定时，不在此限"，此处修改已经和中国新公司法比较符合。美方仍希望能保留"金融"字样，其解释"依照美方新修正稿中之上述但书，我方对于外国银行并无给予国民待遇之必要"，而且其他事业均已体现在约款当中，如果单独缺少金融一项，无法对待已经在华的美商银行。中方认为，美方的修正稿"较旧稿稍有进步"，提出关于银行一项，除须适合公司法外，尚有银行法规，由于中国尚未公布银行法，不知修正约稿是否与将来银行法相合，仍须再考虑美方修正稿。①

第四条第一款是关于外人组织与参加公司待遇问题。草案规定"此方人民公司社团组织及参加彼方公司社团享受最惠国待遇"，报告书提出，鉴于中国新公司法对外人来华组织公司并不禁止，而且还有奖励，因此此款在原则上并无问题。美方提出了例外建议，"美国开矿法原有互惠之规定，本条第二款即将开矿字样取消"；再增加一句，"就矿务公司之股票持有权略加限制"。报告书认为，美方的建议属于合理范围，可予同意。②

第四条第二款是关于外人管理与经理公司之待遇问题。美方草案规定"此方人民公司社团管理与经理彼方公司社团，享受国民待遇"，中方提出，"依照当地法律办理"。经过中美双方数次交涉，最终重新起草约稿，规定"此方人民公司社团有权组织参加管理与经理彼方公司社团，但彼方无须给予国民待遇"。报告认为，中国新公司法对于外人管理与经理中国公司并无明文规定，该修正条款与新公司法不存在冲突。③

第四条第三款是关于外人所组织参加管理经理之公司成立后所享待遇问题。美方在谈判时，增加规定"此方人民公司社团在彼方所组织参加管理经理之公司社团，于组织成立后，应与彼方人民公司社团所组织参加管

---

① 《中美友好通商航海条约初步谈判报告书》，台北"中研院"近代史研究所藏"外交部档案"，档号606.42/0004。
② 《中美友好通商航海条约初步谈判报告书》，台北"中研院"近代史研究所藏"外交部档案"，档号606.42/0004。
③ 《中美友好通商航海条约初步谈判报告书》，台北"中研院"近代史研究所藏"外交部档案"，档号606.42/0004。

理经理之公司社团享受同等待遇"。报告书认为与中国新公司法并不冲突，可予同意。①

美方草案第五条系采矿权，提出中美互给最惠国待遇，中国坚持应予以删除。针对美方提案，中方提出矿产属于国家重要资源，一般国家多保留给本国人民，而且在中国尚未公布矿业法前，并不确定将来是否会给予外人采矿权。基于上述考虑，中国建议删去原第五条。美方的解释是，美国无意要求在华采矿权，但如中国将此种权利给与第三国人民或公司时，则美国要求获得同样待遇。中方提出新修正稿，"缔约一方如以采矿权给予第三国时，亦必以同样权利给予对方"，美国同意中方所提修正。同时，双方还一致谅解，"任何一方以往所给予第三国之采矿权利，对方不得援引本条要求享受此点"，并通过所附议定书声明此点。②

中方提案第五条第二款，美方草稿第六条第二款，涉及征收财产的补偿问题。本条款后半段规定，"补偿被征收之财产时，应许业主以最优厚之条件取得外汇"。报告书认为，"中国外汇稀少，如果同意此点，不但负担过重，且恐外人乘机谋利"，因此建议删去。美方的解释是，"此种办法只是限于被征收之财产，与一般自愿出售者不同"，并声明非经允许，业主不许将所得价款换取外汇，但双方同意如换取外汇之权完全操诸业主之手。考虑到当换汇数量过大时，不免影响当地汇率，又规定"分期折付"。中美双方原则上同意了修正后的条款。关于外汇价格，美方主张以征收财产时价格为准，中方要求以核准申请兑汇时为准。经过谈判，最终双方同意以"提送申请时为准"。③ 中方向美方表示，将向中央银行查询，再回复。

诉讼权利的行使问题出现于美方约稿第六条第四款、中方对案第五条第四款。根据中国新公司法规定，外国公司如果并不经常营业而未经公开声明者，如果准备行使诉讼权利无须任何注册或入籍手续。中美双方意见虽然不

---

① 《中美友好通商航海条约初步谈判报告书》，台北"中研院"近代史研究所藏"外交部档案"，档号606.42/0004。

② 《中美友好通商航海条约初步谈判报告书》，台北"中研院"近代史研究所藏"外交部档案"，档号606.42/0004。

③ 《中美友好通商航海条约初步谈判报告书》，台北"中研院"近代史研究所藏"外交部档案"，档号606.42/0004。

同，但并非根本对立，经过吸收双方主张，修改条款为"外国公司须于出庭前办理备案手续"。①

关于地产及其他不动产规定，出现在美方约稿第八条第一款，报告书建议拒绝。美方草案规定"关于地产及其他不动产之取得保有及处分互给国民待遇"，而中国土地法规定"对于外人取得土地，订有若干限制"，此外，美国各州法律单独规定地产及其他不动产问题。报告书提出，如果应允美方此款，"难期绝对互惠"，提议按照《中英新约》购置不动产条款修改。美国接受了中方的提议。②

遗产继承出现在美方约稿第八条第四款。美方草案规定"继承应依死者死亡时住所地法律办理"，而中国法律规定"继承应依被继承人之本国法"，报告书提出此属于双方法律上的冲突，无法调和。中方提议，将"住所地"改为"所属国家"。双方最终协议删除此点。中方还提出，中国现行法令对于外人购置股票向有限制，提出增加一句声明"双方有关法令不受本款规定之影响"。美方表示同意。③

发明物商标及版权保护问题，出现在美方约稿第九条。美国草案主张给予商标商号名称及商品标记同一保护，中方提出将商号名称及商品标记删去。双方谈判结果，认为商号名称在执行上尚无困难，而商品表记则因中国尚无此种法律无法办理，故于新修正稿中"仅列商标及商号名称"，第二句关于版权之保护，中方提出删除"不许翻译"字样，因为"中文译本对原著推销有益无损且为文化交流起见亦为必要"。美方最终同意了中方的要求。④

新闻自由体现在美方约稿第十二条第二款。美方草案指出新闻自由是一项原则，中方认为这项规定过于空洞，执行上存在困难，建议删去此原则规定。美方在谈判中坚持此项原则，视该原则为美国国策，希望中方接受。中

---

① 《中美友好通商航海条约初步谈判报告书》，台北"中研院"近代史研究所藏"外交部档案"，档号606.42/0004。
② 《中美友好通商航海条约初步谈判报告书》，台北"中研院"近代史研究所藏"外交部档案"，档号606.42/0004。
③ 《中美友好通商航海条约初步谈判报告书》，台北"中研院"近代史研究所藏"外交部档案"，档号606.42/0004。
④ 《中美友好通商航海条约初步谈判报告书》，台北"中研院"近代史研究所藏"外交部档案"，档号606.42/0004。

方提出，如果新闻自由原则将来列入国际公约，中方一定加入，但不便在中美商约中列入此项原则。经中方一再解释，美方同意删去新闻自由一句。中方还提出，新闻报道自由"增加依照当地法律规章与国民待遇两点"，美方声明，此项报道自由专指国外发表，不应受当地法律及国民待遇之束缚。双方谈判多次，并未达成协议；报告书认为，"鉴于美方态度之坚决及世界潮流之趋势"，中方或须让步。①

信仰自由及侨民教育规定出现在第十二条第一款，中方建议增加"得设立学校以教育其子女"一句。报告书提出，中国海外华侨众多，中国对于华侨教育一向比较重视，以往与各国所订条约一般皆有"彼此人民得设学校以教育其子女之规定"。另一方面，从实际情形出发，中国在美华侨事实上早有华侨学校，在华美侨亦然。基于上述情形，美国同意中方提议。②

美方在草案中提出了国际自由贸易无条件最惠国待遇条款，列在第十五条，这也是最受批评的条款。报告书提出，本条中美双方的争执焦点在于"无条件最惠国待遇问题"。按照美方的解释，最惠国待遇起初采取有条件解释，以后由于经济发达，国势日盛，于是开始采取无条件解释，并"以此为对外贸易基本方针"。报告书提出，现今一般国际趋势对于最惠国待遇亦已经采取无条件解释，对于此等国际趋势，中方在理论上无法反对，但鉴于历史上"无条件最惠国待遇对我国贻害至深"，在中国人心理上"强烈反感"，而且中国经济落后，对于国内工商业需要给予一定保护，建议予以删除。美方反对删除该条款，其理由是"无条件最惠国待遇为其固定政策，势难变更"。中方在谈判中提出，中国事实上已经在国际贸易中采取了无条件最惠国待遇，但为避免舆论反对及第三国援例，不希望列入条约。考虑到中方谈判人员立场坚定，美方在请示国务院后，稍作让步，同意删去"无条件最惠国待遇"一句，但要求"应于谈判记录中声明删去此句之经过，并声明本约对于最惠国条款采无条件解释"；中方谈判人员应向法院说明"最惠国待遇

---

① 《中美友好通商航海条约初步谈判报告书》，台北"中研院"近代史研究所藏"外交部档案"，档号606.42/0004。

② 《中美友好通商航海条约初步谈判报告书》，台北"中研院"近代史研究所藏"外交部档案"，档号606.42/0004。

系指无条件最惠国待遇"。报告书提出，不知政府能否最后接受这两点解释，需要外交部给出明确结论。①

　　第十六条系关于进出口关税及船货条款。争论的焦点在于，"为最惠国待遇保留销售分配与使用"字样。中方认为货物进口之后，其销售分配与使用乃国内问题，不应由条约加以规定。报告书提出中国之所以主张删去此规定，因中国今后为保护农工等业及管制特种物资，对于外来货品，不免将有一定限制。美方的意见是，进口货物在其销售分配与使用上，"待遇如何，甚属重要，如在此方面予以差别待遇，则其所受影响，殆不下于差别征税"，坚持原议。报告认为，此条款列在约文中并不妨碍将来对本国农工业保护，中方谈判人员已经同意美方的提案。②

　　关于物品分类及税率与关税行政裁决，美方草案列在第十七条。中方认为，美国本土与其属地岛屿间，订有关于关税事项特殊规定，故"美方约稿规定税率适用范围，将其岛屿地除外"，至于中国与其所属岛屿间关税，"今后亦有特殊规定之可能"，因此建议"将美利坚合众国改为缔约任何一方"。美方已经同意中方的提议。③

　　进口货物内地税及产品待遇条款列在第十八条，中方同意有条件保留。美国草案在此条上写入了"销售分配使用"字样，中方提出删除此款。报告书认为，此条的销售分配使用与第十六条不同，本条规定属于国民待遇，第十六条规定的是最惠国待遇，"在最惠国待遇下，虽可保留上述字样，但在国民待遇下应予删除"。美国最终同意了中方所提此项要求。在本条款内还有"种植"一词，"我方恐其误解为经营农业之权利，而依照我国法律，农业一项并不在外人工作范围以内"，主张删去；美国解释称"此乃商约中通用名词，不会有上述歧义"，"美国在华教产之农业产品应不受差别待遇"，

　　① 《中美友好通商航海条约初步谈判报告书》，台北"中研院"近代史研究所藏"外交部档案"，档号606.42/0004。

　　② 《中美友好通商航海条约初步谈判报告书》，台北"中研院"近代史研究所藏"外交部档案"，档号606.42/0004。

　　③ 《中美友好通商航海条约初步谈判报告书》，台北"中研院"近代史研究所藏"外交部档案"，档号606.42/0004。

并愿与本约所附之议定书中加以声明。①

第二十条第一款，系对独占事业或机关对于人民公司社团与商务方面的规定，建议对于此款予以同意。美方在谈判中提出，在本条内加一段规定，"关于服务之出售双方之独占制度或机关，应予彼此人民公司社团与商务以公允之待遇"，中国谈判代表提出在原则上并不反对，只是对文中所列的"服务"与"商务"所含意义表示疑问，希望美方能予以详细解释。美国国务院训令美方谈判代表，"服务"乃一普通名词，"除邮政外，凡一切政府独占事业或代理机关所出售之'服务'均包括在内"。至于"商务"则是指货运，有必要列入约文。②

沿海贸易与内河航行出现在美约第二十四条第二款。中方在谈判中提出，台湾、澎湖列岛及海南岛与中国本部之间往来密切，这些岛屿与中国本部的贸易应该视为沿海贸易，需要列入条款之中。美国接受了中方意见，同意写入条约，但提出写入"代之以双方与其岛屿间"字样。双方最终同意此种办法。③

第二十五条系关于双方自由过境的规定。报告书认为，自由过境原则在一般商约中均有规定，但若漫无限制，恐与中方不利，中方对案中提出增加"除为法律所禁止入境之人或禁止输入之货品外"字样，以资限制。美方在谈判中认为，过境人员可依照第二条第四款移民条例加以限制，至于过境货品可根据第二十六条第二款中的"（丁）"项加以适当限制，因此中方所提增加字句已无必要。中方同意予以撤销增加字句。④

第二十六条第一款系禁止或限制进出口物品的规定。按照中国现有进出口管理办法，"硬币、古籍、古物皆系绝对禁止出口之物品，纸币为限制进口之物品"，"证券一项虽无规定，但有实施禁止或限制可能"，因此中国在

---

① 《中美友好通商航海条约初步谈判报告书》，台北"中研院"近代史研究所藏"外交部档案"，档号606.42/0004。
② 《中美友好通商航海条约初步谈判报告书》，台北"中研院"近代史研究所藏"外交部档案"，档号606.42/0004。
③ 《中美友好通商航海条约初步谈判报告书》，台北"中研院"近代史研究所藏"外交部档案"，档号606.42/0004。
④ 《中美友好通商航海条约初步谈判报告书》，台北"中研院"近代史研究所藏"外交部档案"，档号606.42/0004。

所提对案中列入了上项物品。美国同意将古物一项列入禁止进出口名单，但认为硬币已经包含在金银之内，不需要再列入。至于纸币、证券，美方认为"应属于第十九条第三款之范围，只要不违反该条规定，尽可加以管制"。双方讨论结果，同意硬币、纸币、证券列入禁止或限制进出口名单，但不列入条约正文中，而是通过附在条约后的议定书加以规定。①

第二十六条第三款规定了不适用最惠国待遇的事项。美方在草案中规定"本约之最惠国待遇不适用于边境贸易及关税同盟"，然后又新增加一项"即一方根据国际公约所给予第三国之利益，如对方可以参加该公约而不参加时，不得要求同样待遇"。中方谈判认为，美方所提理由正当，予以同意。第二十六条第四款提出了条约所给特惠不适用的国家和地区。"本款第一句规定，本约条款不适用于美国与其领地属地间互给之优惠或给予古巴之优惠"，中美双方对此项规定原无异议，但美方在谈判中提出，"鉴于菲律宾行将独立，而本约又未能于菲岛独立前签订"，故提议写入"古巴共和国之后加入菲律宾共和国"字样。报告书认为，自古巴独立后，美国与各国所订商约均规定"关于最惠国待遇不适用于美国给予古巴之特惠"，此点已为世界各国所通认。菲律宾原为美国属地，现虽独立，但与美国仍保持特殊关系，"故美方拟照对古巴之先例办理"。对中国而言，"最好美国不作此项保留"，"万一美方坚持，则拟于本约议定书中声明"，如果将来美国以给予菲律宾之特惠给予第三国，则中国亦可提出同样要求。②

第二十八条规定了中美双方遇到争议时的解决方式。美方在谈判中，重新提交了本条的修正稿，"旨在积极利用国际法庭以谋双方争议之解决"，报告书认为，此修正与中国政策相吻合，已表同意。③

在报告书提交外交部后，王化成又于 6 月 28 日提交了一份补充报告。6 月 27 日，中美双方就未能达成一致意见的各点进行沟通。在此次会谈中，

---

① 《中美友好通商航海条约初步谈判报告书》，台北"中研院"近代史研究所藏"外交部档案"，档号 606.42/0004。

② 《中美友好通商航海条约初步谈判报告书》，台北"中研院"近代史研究所藏"外交部档案"，档号 606.42/0004。

③ 《中美友好通商航海条约初步谈判报告书》，台北"中研院"近代史研究所藏"外交部档案"，档号 606.42/0004。

美方谈判人员特将国务院最近训令及修正稿件提交讨论。关于第三条第三款外国公司社团之待遇，双方争议点有二：一是关于"金融"的规定，美方主张引入外国公司经营业务，中方主张删去此项。二是关于国民待遇的规定，"中方主张依照公司法规定除法律另有规定外，中外公司一律平等待遇"；美方主张在例外情形下，"我方可对外国公司予以差别待遇"。美国国务院的最新修正意见是"对于彼此公司社团大体上给予国民待遇，但法律另有规定时，不在此限"。王化成认为，美国国务院所做规定与中国新公司法规定"尚相符合"，至于金融一项，仍予保留。此外，"依照美方所新提修正稿中之但书，我方益无给予国民待遇之必要"，而且其他业务均已于约中规定。美方认为，如"对于金融一项独付阙如"，"将无以对现时在华之美商银行"。王化成认为"美方此项修正稿较旧稿稍有进步"，但仍须向美方指出，"银行一项除须适合公司法外，尚有银行法"，"因我国银行法尚未公布，美方修正稿是否与未来银行法相合，尚不可知"。关于国民待遇一项，"在银行方面中美差别太大，仍须考虑请示后再作决定"。①

关于征收财产之补偿问题出现在第五条第二款，"本款后段关于被征收财产之补偿换取外汇价格一点，美方原主张以征收时之价格为准"，中方主张"以核准申请外汇时为准"。美方在新修正稿中主张以"提送申请时为准"。美方解释，此次修正目的在于保障美侨权利，以免银行故意留难。美方还提出，"三年期限，应自申请之日起始"。对于美方所提修正，中方表示"将向中央银行查询后，再作答复"。总体上，王化成认为，美方所提尚属合理，似可予以接受。第七条第二款是关于以地产及其他不动产的补偿换取外汇，此款与第五条第二款性质相同，中方向美方提出同样办理，美方已经同意。第十五条系关于国际自由贸易的无条件最惠国待遇，中方主张删去，美方坚持保留。此次会谈美方人员正式表示，"国务院可同意删去"，但要求中方在会谈记录中声明删除此句之经过。"本约中对最惠国待遇之解释，如未明白固定为有条件或无条件者，均认为系指无条件最惠国待遇"。王化成建

----

① 王化成：《中美商约初步谈判补充报告》，1946 年 6 月 28 日，台北"中研院"近代史研究所藏"外交部档案"，档号 606.42/0004。

议，国民政府谈判人员"应向立法院说明最惠国待遇系指无条件最惠国待遇"。此次美方事实上已经做了些让步，不再坚持列入条约。①

第三节　《中美商约》的签订及评价②

1946 年 11 月 2 日，外交部部长王世杰、外交部条约司司长王化成代表中方，美国驻华大使司徒雷登（J. Leighton Stuart）、驻天津总领事施麦斯代表美方，于南京签订了《中美友好通商航海条约》。双方约定，将于 11 月 4 日，中国时间下午 4 时，美国时间 11 月 4 日凌晨 3 时，同时向外发布，以条约公布日期作为签字日期。③ 虽然在商约谈判启动时期，美英之间保持了紧密的联系，但英国最终并未能与美方一起签订商约。

《中美商约》第二条第二款规定，缔约双方之国民"在缔约彼方领土全境内，应许其不受干涉，从事并经营依法组成之官厅所不禁止之商务、制造、加工、科学、教育、宗教及慈善事业"；第三款规定"缔约双方之国民、于享受本条第一及第二两款所规定之权利及优例时，其所享受之待遇，无论如何，不得低于现在或将来所给予任何第三国国民之待遇"。限制了美方所提的完全国民待遇条件，增加了"须与该缔约彼方之法律规章相合"。讨论中中方所提出的他州待遇问题，约文在第三条第三款规定，"本约其他一切条款"，"概应解释为在美利坚合众国任何州、领地或属地内所给予之该项权利及优例"，正如各州、领地或属地给予美国"其他州、领地或属地所创设或组织之法人及团体现在或将来在同样条件之下所给予之该项权利及优例"。第五条关于矿产资源的条款保留了下来。第八条关于房地产的取得及保有，特别增加了一句规定，"倘美利坚合众国任何州、领地或属地，现在或将来不许中华民国之国民、法人及团体"与美国人在同样条件下，取得及保有房

① 王化成：《中美商约初步谈判补充报告》，1946 年 6 月 28 日，台北"中研院"近代史研究所藏"外交部档案"，档号 606.42/0004。

② 本节由李育民撰写。

③ Confidential Future Release Note Date，November 2，1946，FO371/53660，F16431/235/10.

地产及不动产时，取消条约规定，中国也将取消给予该州的优惠。第十五条的国际贸易无条件最惠国待遇规定，予以模糊处理，"缔约双方，对于得由志愿相同之所有其他国家参加之方案，而其宗旨及政策，系求在广大基础上扩充国际贸易，并求消减国际商务上一切歧视待遇及独占性之限制者，重申其赞同之意"。①

条约最终条款基本上贯彻了美国草案在国民待遇和最惠国待遇方面的最初规定。正如学界所认识到的那样，"如果以一句话来概括中美商约的核心，那就是门户大开"，"商约所赋予对方的巨大的权益和便利，美国可以在中国享受，而中国实际上没有可能去美国享受"，这一政治性质上平等的条约，在具体的经济实践中是绝对不平等的。② 如果以不平等条约的评判标准来衡量此约，则此约从形式上并无不妥之处，但其一旦实施，其对中国经济的危害程度是显而易见的。在批判此约对中国经济危害的同时，需要思考的是，为何国民政府没有提出对自身经济的保护条款，而采取所谓的"对等原则"。条约签字者王世杰在日记中承认，《中美商约》"内中许多相互束缚之条文甚多，于我暂时诸多不便，但在理论上却难于拒绝，此为当前之难题"。③ 这里的理论上难以拒绝，指的就是表面上的对等条款。在签约双方实力并不对等的情形下，美国草案所设定的条件事实上是不平等的，中国不具备条约中针对彼方所预设的对等环境。不平等条约固然从其属性上而言是政治性质的，而非法学性质，但法学原则对弱者的救济和特别保留是存在的。即使能够设置一个过渡期，也远比完全取字面平等之意义要好得多。

从谈判过程来看，双方处于不平等的地位。谈判一开始，美国即处于支配和主导地位，其谈判代表强调，谈判须以美国方案为基础，该方案"是作为一项统一的计划而设计的，因此它的有关内容须放在与这一整个计划的关系中考虑"。在谈判中，美国又向中方施压，迫使中方作出种种让步。当时争执较大的问题主要有三，一是外国公司的法律地位，二是国民待遇问题，三是最惠国条款问题。前两个问题完全是中方作出让步，迁就美方的要求。

---

① 王铁崖编：《中外旧约章汇编》第 3 册，第 1429—1439 页。
② 王建朗：《中国废除不平等条约历程》，江西人民出版社，2000 年，第 358—359 页。
③ 《王世杰日记》，1945 年 7 月 5 日，第 799 页。

最惠国条款问题，美方坚持无条件无限制，中方始终态度坚决，表示反对，但又表示可以在实践中贯彻无条件最惠国待遇，美方才最后同意中方的意见。① 在正式谈判之前，经济部知道，美国草案虽形式平等，但因中美"两国经济实力悬殊过甚，商约施行后，两方所获取之利益，势难均等"。然而，经济部仍认为，"我有求于美，甚美有求于我"，故必须全盘考虑，"不致因小失大"。② 尤其是蒋介石为进行反共的内战，需要获得美国的援助，更是不想因此得罪它。当时舆论即指出，该约不能使中国达到经济安定和经济建设的目的，其订立"不一定出自经济的原因"，而"经济以外的原因也许正是中国之所以愿意订约的缘故"。③ 马寅初更是一针见血地指出，"表面上是纯粹的经济问题，内容确是一个百分之百的政治问题"。这个政治问题，便是蒋介石的反共大局，为了达到这一目的，他可以无视民族和国家利益。该约秘密谈判一年多，突然签约，又在一星期之内，迅速完成行政和立法程序，"如此神秘而急促，实为一般条约所少见"，④ 其缘故即在于这种政治性质。马寅初当时即斥责说，《中美商约》的谈判经过，"除了外交部之外，其他机关很少知道，这种秘密谈判，是不应该的，这条约与人民生活有极大关系，为什么秘密谈？美国与我们谈判，一定先征求本国工商界的意见作为根据，但是我们的商人如何？政府问也不问"。⑤ 杨培新揭露说，国民党政府签订中美商约，"是深具用心的"，即："企求赶快工业化，以建立自己的兵工事业，以巩固统治，剿除异己，同时藉外资以肥买办官僚，巩固其社会基础，维持表面的繁荣。这个商约如获美国国会的通过生效时，中国政府必将在军事政治上受到更多的鼓励与支持。"⑥

　　从条约内容来看，该约貌似平等互惠，但实际上仍是一个片面条约，仅美国一方能享有条约所规定的各种权利。如条约第二条规定，双方相互允许

　　① 任东来：《试论一九四六年〈中美友好通商航海条约〉》，《中共党史研究》1989年第4期。
　　② 转自任东来：《试论一九四六年〈中美友好通商航海条约〉》，《中共党史研究》1989年第4期，第17页。
　　③ 陈志让：《关于商约的一点感想》，燕京大学学生自治会研讨股编：《评中美商约》，第15页。
　　④ 郑森禹：《商约的国际意义与政治意义》，《评中美商约》，第6页。
　　⑤ 马寅初：《中美商约条文内容空泛利权丧失无可避免》，1946年11月，《经济周报》第3卷，第20期。
　　⑥ 杨培新：《中美商约对中国经济的影响》，燕京大学学生自治会研讨股编：《评中美商约》，第29页。

两国国民在对方领土全境内，居住、旅行及经商；"应许其不受干涉"，从事
并经营商务、制造、加工、科学、教育、宗教及慈善事业；从事于非专为所
在国国民所保留之各种职业；为此而取得、保有、建造或租赁及占用适当之
房屋，并租赁适当之土地，选用代理人或员工，而不问其国籍；从事为享受
任何此项权利及优例所偶需或必须之任何事项；并享受国民待遇和最惠国待
遇。[①] 从这一规定来看，双方的权利是平等的，均可在对方领土上从事或经
营各种事业，并享有最惠国待遇和国民待遇。实际上，中国当时贫穷落后，
根本不可能去美国领土享受这一权利，而工业发达的美国，却因此取得进入
中国任何领域的法律依据。这种"平等"、"互惠"，千家驹在当时即说：狼
对羊说，你可以咬我一口，我也只要咬你一口，这不是'平等''互惠'之
至吗？"[②] 马寅初也撰文说："这次的条约只是表面上平等，实际是不平等条
约，两国情形不同，不能互惠。"例如美国人可自由来华，"但美人限制华人
入境之法令是否会取消"？[③]

对中国这样的不发达国家，平等应该是事实上的，而不是文字上的"互
惠"规定。在新约谈判前，即有舆论指出："我们对于新约，无论如何，必
定要抱定一个坚决的原则，这个原则就是'绝对的平等互惠'。"这里所谓
"平等"，"不但是在条文上要平等，而且在事实上要的确是平等"。所谓"互
惠"，"亦必须在实际上双方都得到同样的实惠"。"我们的经济比人落后，为
着保护我们的工商业，我们对于最惠条款不妨分别作差等的缔订，不可笼统
的毫无限制"。[④] 而《中美商约》只是用"平等"的字眼确认了不平等的事实
而已。即在发达国家之间也非常注重事实上的平等，"在它们产业没有发达
可以到和别人对抗的时候，在对外关系上，多尽量采用保护政策，从不肯使
别人与自己国民、产业、货物受相同的待遇"。[⑤] 英国即因此未与美国订立类

① 《友好通商航海条约》，1946 年 11 月 4 日，《中外旧约章汇编》第 3 册，第 1430—1431 页。
② 千家驹：《评中美新商约》，燕京大学学生自治会研讨股编：《评中美商约》，燕京大学学生自治会，1947
年，第 10 页。
③ 马寅初：《中美商约条文内容空泛利权丧失无可避免》，1946 年 11 月，《经济周报》第 3 卷第 20 期。
④ 何适：《废除不平等条约问题之检讨》，《三民主义半月刊》，第 2 卷第 3 期。
⑤ 饶毓苏：《论中美新商约》，燕京大学学生自治会研讨股编：《评中美商约》，燕京大学学生自治会，1947
年，第 5 页。

似《中美商约》的互惠条约。而发达国家与落后国家之间存在巨大的差距，在经贸关系中，如果实行所谓"平等"的规则，将更进一步扩大这事实上不平等的差距。因此，在这两类国家之间，更需要采用保护政策，才能实现事实上的平等。这是一个世界性的问题，而不仅仅是中美之间的关系。联合国首任贸易和发展会议秘书长、阿根廷的经济学家普利华什即说："在水平不同的国家之间讲平等待遇，其道理与不同性别、不同体重的运动员使用同一标准进行比赛是不公平的一样。"① 在中美条约订立的同时，国际上已出现了改变旧的平等观念的趋向，不同经济水平的国家，不能按同一标准参加国际贸易体系，逐渐为各国所接受。1947 年日内瓦和哈瓦那会议期间，发展中国家就坚决要求多边贸易规则加进某些对发展中成员"例外"或"格外便利"的规定。1957 年，关贸总协定组织专家小组，对发达国家与发展中国家贸易关系进行了研究。其研究报告使 GATT（关贸总协定）认识到，"让发展中国家和地区与发达国家按同样条件参与国际贸易体系是不公正的"。② 其后，经过发展中国家的长期斗争，发达国家也做出让步，同意采取"普惠制"，即对发展中国家实行单方面的"优惠"。但由于发达国家的阻难，直至 1971 年 6 月，关贸总协定缔约方才作出决定，允许发达国家背离总协定第一条有关最惠国待遇的条款，给予发展中国家原产品以关税优惠。

商约本身的一些不平等的规定，更体现了这一事实。在相互开放领土全境的第二条，其第四款对移民问题规定："本约中任何规定，不得解释为影响缔约任何一方有关入境移民之现行法规，或缔约任何一方制订有关入境移民法规之权利"。当时美国已有移民法，严格限制华人进入美国，而中国却没有同样的法规，此后制订此种法规的可能性也极小。通过这一条款，美国限制中国人入境的移民法不受任何影响，美国人可以毫无限制地进入中国，而中国人仍继续受其不对等的国内法的制约，却无相应对等的制裁手段。虽然该款还规定，"但本款之规定，不得阻止缔约此方之国民进入、旅行与居住于缔约彼方之领土，以经营中华民国与美利坚合众国

① 见黄昱：《普惠制回望》，《中国海关》，1999 年第 12 期，第 44 页。
② 见薛淑云：《普惠制探析》，《天津大学学报》，2000 年第 1 期，第 8 页。

之贸易，或从事于任何有关之商务事业"；"且一千九百一十七年二月五日为限制入境移民而划分若干地带之美国入境移民律第三节之各项规定，亦不得解释为阻止中国人及中国人之后裔进入美国"。① 但美国现行的移民法规，对中国人进入美境的种种特别苛刻的限制，并未因此而变更。按照美国现行的移民法规，除极少数特种情形而外（例如政府官员、游历者以及专为求学而赴美之学生等），美国每年仅准许 105 名中国人进入美境，这是 1943 年废止排华律以后中国人才获得的一种"优待"。而有些欧洲小国，如匈牙利每年却可得 869 名的"配额"，捷克每年却可得 2874 名的"配额"。美国对于第三国之移民，除予以一定之"配额"外，且规定有所谓"非配额移民"，而中国人则享受不到这种优待办法。此外，中国人还有其他"更受歧视的地方"。显然，中美商约关于移民问题的规定，"并未能将美国对中国人入境的种种不合理的限制，彻底取消或作重大的修正，令人颇为失望。"由于这一规定，"不特商约中第三条前三款所规定的那些进入、居住、经商等等权利以及所谓最惠国待遇，多将成为一边倒的片面享受，就是整个商约的价值，恐怕也将因此被冲淡了不少。"②

其他方面也有着不平等的规定。如关于双方的"法人和团体"在对方领土的待遇问题，第三条规定"遵守国民待遇之原则"，但同时又规定中国只能享有美国"任何州、领地或属地内所给予之该项权利及优例"。③ 也就是说，美国公司可以在中国享受国民待遇，而中国公司在美国只能享受他州的待遇。又如不动产问题，第八条第一款规定双方国民、法人及团体在对方领土购置不动产的权利，但同时又规定，如美国任何州、领地或属地不许中方享有这一权利时，则此规定"概不适用"。④ 虽然后面亦规定在这种情况下，中国可以无须给予该州的美国国民优于该州给予中国国民待遇的权利，但这种以适应美国各州法律的限定，本身便缺乏平等精神。而且，在实际操作中，如何判定限定对象，还存在某种技术上的不便之处，如国民是否在该州

---

①　《友好通商航海条约》，1946 年 11 月 4 日，《中外旧约章汇编》第 3 册，第 1431 页。
②　韩德培：《评中美商约中的移民规定》，《观察》，1946 年第 1 卷第 24 期。
③　《友好通商航海条约》，1946 年 11 月 4 日，《中外旧约章汇编》第 3 册，第 1431—1432 页。
④　《友好通商航海条约》，1946 年 11 月 4 日，《中外旧约章汇编》第 3 册，第 1435 页。

有住所，其法人或团体是否依该州法律所创设等。这样，在事实上，美国方可以无限制地享有这种权利，而中国方却难以在美国普遍享有这种权利。还如，在适用范围问题上，第二十六条第四款明确规定，美国给古巴和菲律宾之优惠，"概不适用"，也就是说，中国不能援例享有这种优惠。第二十七条亦规定，本约规定所适用之缔约双方领土，应为双方主权或权力下之一切水陆区域，但"巴拿马运河区不在其内"。[①] 也就是说，商约是根据美国的需要来确定适用范围。另外，有些条款用词含混，将造成对中国主权的限制和利权的损失。如第二条第一款规定"不应受不合理之干涉"，第六条第一款规定"应受合理及人道之待遇"，以及其他诸如"必须合理"、"给予公允之待遇"，等等。[②] 所谓"合理"、"公允"等词，意义含混，中国可以有自己的解释，但美方或可任意扩大"合理"、"公允"之含义而要求种种优惠和权利，"则纠纷因之以起，权益因之以失"。[③]

商约对美国资本全方位的开放，还使得中国已收回的关税自主权，成为一纸具文。中国虽然收回了关税自主权，可对美国的对华贸易予以控制，但从整体来看，这种控制是微不足道的，而且这种控制在相当程度上失去了意义。由于商约允许美国资本进入中国各个领域，中国的关税壁垒不能发挥应有的作用。此后，美国可以根据该约在华任何地方开办工厂，美国产品将不再是"美国制造"，而是"中国制造"；而且，美国公司还可在中国直接经营商业，有可能凭借其优厚的资本，垄断中国的进出口贸易。商约又给予美国法人以国民待遇，其在中国从事各种事业，将无任何阻碍和限制。外交部曾自诩，"关税的决定，贸易的管制，中国还握有自决之权"。但实际上如时人所评论的，这只是"开放了美国资本输入的大门，毫无遮拦，却维持一点关税残垣颓垒，点缀四周"，而"贸易方面的遮拦，显然不甚重要了"。[④] 尤其是，第十六条第二款规定，对输入品或输

---

① 《友好通商航海条约》，1946 年 11 月 4 日，《中外旧约章汇编》第 3 册，第 1447—1448 页。

② 《友好通商航海条约》，1946 年 11 月 4 日，《中外旧约章汇编》第 3 册，第 1430、1433、1440、1442、1443 页。

③ 何国梁：《中美商约中值得注意之几项条款》，《评中美商约》，第 20 页。

④ 杨培新：《中美商约对中国经济的影响》，《评中美商约》，第 28 页。

出品所征关税等；第十八条第二款规定，美国货品在华的"内地税"等，除最惠国待遇外，还给予国民待遇。依据这些规定，中国对美国货物不能采取保护关税，关税自主变得毫无意义。

该约公布后，遭到社会各界的猛烈抨击，"各方面竟大部分表示不满与责难"。[①] 各报纸，各杂志，各作家，各工商领袖的反响，"几乎是一致的"。大家认为，"中美商约在文字上是平等的，而实质上是不平等的，是一个新的不平等条约"。如《大公报》发表社评说：通读一过，"我们觉得它几乎是一个新的不平等条约。"[②]

知识界普遍认为，这个商约并非是平等互惠的，而是"独惠的商约"。[③] 也就是说，该约是一个不平等条约。燕京大学学生自治会召开了一次中美商约讨论会，邀请校内外的经济、政治、社会、新闻及其他对条约有研究的专家、学者参加讨论。在会上，大家得到一个共识，即："新约的平等互惠，是文字上条文的平等，是事实上的不平等，是表面上的'互惠'，是骨子里美国对华全面经济侵略的开始和我们的政府出卖民族生机的一张卖身契。"[④] 郑森禹认为，《中美商约》，"的的确确已把中国经济活动的'性质'和'方向'握住了——就是殖民地'性质'和美国'方向'！"甚至是中方对美方的"卖身契"了，"这是一个历史性的条约。对过去说，其所及事物之广泛，权益之优厚，地域之深远，是打破任何条约的纪录的。即使拿民国四年卖国的二十一条来比吧，日本侵略者所要求的，主要也多着重于所谓'南满洲'及'东北内蒙古'的，并不会如此广泛。中美商约竟比日本二十一条还广。又民国十二年张作霖时代日本所要求的'商租权'，也没有那末厉害，中美商约却色色俱全。所以，中美商约是前无先例！"[⑤] 千家驹认为，"这个商约奠定了中国走向殖民地经济的基础，也使美国对华的经济侵略获得了合法化的根据。它是出卖中国主权最露骨最具体的表现。除了买办资本家与官家方宣

---

① 邓生明：《中美商约平议》，《东南评论》，1947 年第 1 卷第 2 期。
② 大公报社评：《评中美商约》，燕京大学学生自治会研讨股编：《评中美商约》，第 16 页。
③ 杨培新：《中美商约对中国经济的影响》，燕京大学学生自治会研讨股编：《评中美商约》，第 26 页。
④ 《编后记》，燕京大学学生自治会研讨股编：《评中美商约》，第 60 页。
⑤ 郑森禹：《商约的国际意义与政治意义》，燕京大学学生自治会研讨股编：《评中美商约》，第 7、8 页。

传员对这个商约表示欣慰，认为这是'平等互惠的商约'外，任何有一个有良知的经济学者与具有民族意识的工商业家无不认为本约是不平等条约的新版，是新的二十一条约"，"即民国四年的二十一条约，如与这个商约比较起来，在好多方面，也不如本约断送主权之甚。（二十一条中有"内地杂居"一项当时为国民所誓死反对，现在的条约岂仅"内地杂居"而已。）假如我们说这种片面的'互惠'，也是国际间平等的条约，什么汪逆精卫与日本所缔订的《中日基本关系条约》也算是最平等的条约了……抗战抗了八年，结果抗出了一个美国殖民地，付出了千百万将士的血的代价，中国真正从战前之'半殖民地'夷而为'次殖民地'的地位了"。①

由于该约的这种不平等性质，它将对中国社会经济的发展产生严重的后果。饶毓苏认为，该约不能达到繁荣经济的目的，而"势必在一切的职业与企业方面，都让他人占了上风不可"，"在美国的高超技术，雄厚资力凌压之下，中国自己的幼稚工业只能继续作存亡的挣扎，而无法作任何的发展"，"这与以前不平等条约下所生的结果，又有何两样？"② 抗战结束后，中国经济均未上轨道，"只见美货充斥了市场，本国工厂各地相继倒闭"。而"日本工业，已经恢复"，"五年后即使条约修改了，他人的工业，已经恢复或更加强盛，我们工业振兴的机会，已经失掉了"。③ 工商界人士为此忧心忡忡，1947 年 1 月 9 日，《商务日报》举行座谈会，与会的实业家和银行家均表示反对。聚兴诚银行协理黄墨涵指出，"如果美国人可以来华办银行，不受限制，则我们自己的银行全体都要完了"。出口业实丰公司总经理康心远说：中国出口业多是亦商亦工（加工）的实业，"如美国人以三厘利息的美国资本，来华开厂并经营出口，将造成买办阶级，美商资金大，利息低，信用好，华商一定赶不上。战前出口多为买办所包，抗战期间才被民族企业收回，中美商约的签订以后，出口将回复到战前状态去"，重新为买办所包办。④ 中国的工业、矿业、贸易、航业等，在美国强大的优势面前，均将遇

---

① 千家驹：《评中美新商约》，燕京大学学生自治会研讨股编：《评中美商约》，第 10、13 页。
② 饶毓苏：《论中美新商约》，燕京大学学生自治会研讨股编：《评中美商约》，第 3、4 页。
③ 饶毓苏：《再论中美新商约》，燕京大学学生自治会研讨股编：《评中美商约》。
④ 杨培新：《中美商约对中国经济的影响》，燕京大学学生自治会研讨股编：《评中美商约》，第 27 页。

到严重的危机。如纺织业代表张朴便感到，"中美商约比过去一切不平等条约更为恶毒，我国纺织业又面临一个新的严重危机，我们一定要努力击碎这一新枷锁"。[①]

总体来看，该约主要迎合了美国的需要，而较少考虑中国的利益。诚然，《中美商约》中也有利于中国的各种条款，如第十六条有关贸易"管制"、第十九条关于金融汇兑"管制"、第二十条关于"独占""公营"[②] 等，与自由贸易不符，均系美方迁就而有利于中方的规定。然而，有害规定多于有利的规定。如内河航行权及沿海贸易权，"各国例不给与外国船只"，商约虽未明确给予美国，却给予最惠国待遇。这种画蛇添足的条款，"令人不能不感到中国将来仍将如过去一样把这种权利拱手让人"，"是于我有害于我有失的"。再如矿山的开采权，也"决不可轻轻授与外人"，也给予最惠国待遇，"竟预想将来还有把采矿权给与外人的可能，似已忘却满清卖国的痛史"。再如，奖励金及退税等办法原是为促进出口贸易而设，却将这种优例也给予外国货物，"其结果是等于没有这种办法"，"简直抹杀了商业政策的作用了"。[③] 条约中的最惠国条款，"对于中国等于具文"。由于中国是一个落后国家，如此情况下万不得已而许予他国最惠国待遇时，"应对适用之事项细密规定而附有若干条件"。《中美商约》中所订最惠国条款，"大都空泛而且是无条件的，其结果徒与美国以特惠"。[④] 从美国人在华享受的国民待遇来看，即使该约的辩护者认为"不是完全的，不是无条件的"，但也承认"还嫌过于'开放'"。[⑤] 美国为了维护自己的利益，还在该约作了种种片面的保留，如关于移民律的制定权，以及美国给予其领地或属地的优惠，"概不适用"最惠国待遇，而中国"却未作类此之特殊片面的保留"，"这充分表示条约的内容处处是符合美国的政策和特殊情形"。[⑥]

该约实际远远超出了通商范围，"不惟对于中美两国人民入境居留通商

---

① 张朴：《贻患无穷的中美商约》，《纺织周刊》，1946 年第 7 卷，第 27 期。
② 《友好通商航海条约》，1946 年 11 月 4 日，《中外旧约章汇编》第 3 册，第 1440、1442、1443 页。
③ 郑允恭：《中美商约的全面检讨》，《改造杂志》1946 年第 4 期。
④ 本社：《中美商约观感》，《财政评论》，1946 年第 15 卷，第 5 期。
⑤ 《中美商约中的"国民待遇"和制裁独占的法规》，《经济评论》第 2 卷，第 9 期。
⑥ 本社：《中美商约观感》，《财政评论》第 15 卷。第 5 期。

航海诸项均有详细广泛之规定，即对新闻自由，信仰自由及侨民教育等项之为一般商约所不常见者，亦均有详密之规定，内容可谓至为完备而广泛。"[1] 条约所列举的事业如此广泛，"差不多等于一般国民所有经营或所能经营的事业"，而所给予的国民待遇，"更远超过了任何普通商约的规定之上"，这些"只是完全为了美国单方面的利益"。[2] 因此，该约"成问题值得讨论的地方，也异常之多，如果和过去历次的不平等条约比较起来，不仅同样广泛，而且更为毒辣"。[3] 由于 1943 年《中美新约》并未彻底清除所有条约特权，以致该约"一经生效，即可代替中美间尚未废止之各项不平等旧约"。[4] 或者说，这些规定，"等于将以往不平等条约中片面允许外人在中国自由经商开厂的已被宣布废止的条约，在中美新商约中又改头换面地复现出来"。[5]

在《中美商约》签订后，当国民政府面临如潮的舆论批评时，作为缔约的一方，美国当然会感受到这种舆论批评和压力。美国方面是如何应对这种压力的，这是否是条约缔结者签订时所能预料到的中方舆论的反应？在反法西斯国家内部，美国一向标榜反对英国执意坚持过去的殖民主义者的眼光和政策，希望能给中国以平等身份，并希望给战后中国以自由发展的空间和环境。1946 年 11 月 25 日，美国驻华大使司徒雷登通过国民党中央通信社向外界解释《中美新约》的签订，希望平息来自中国各界汹涌的舆论压力。司徒雷登表示"中美商约的缔结，填补了中美两国之间自 1943 年中美废除以治外法权为标志的不平等条约之后所产生的法律上的空白状态"。[6]

司徒雷登在声明的开始写道，中国舆论界围绕新近签订的中美友好通商航海条约有很多的讨论，"对于中美双方互相给予彼此的权益和特许存在若干错误的概念和理解"，事实上《中美商约》远非一些中方报纸所断言的那样，即"属于美国强加给中国的不平等条约"。中美两个主权国家的人民为便利在彼此领土内生活工作，这种类型的商约事实上是必须之物，"在主权

---

① 赵在田：《中美商约评议》，《中央银行月报》第 1 卷第 12 期"附刊"。
② 陈人白：《评中美商约》，《求真杂志》第 1 卷第 8 期。
③ 张朴：《贻患无穷的中美商约》，《纺织周刊》第 7 卷，第 27—34 期。
④ 陈耀堂：《中美商约之签订与吾国今后应有之努力》，《经建季刊》1947 年第 2 期。
⑤ 陈人白：《评中美商约》，《求真杂志》第 1 卷第 8 期。
⑥ Dr. Stuart Explains New Sino-American Treaty, November 25，1946，FO371/53660，F17727/235/10.

国家之间，存在大量类似性质的商约"。这些商约的存在"为国家之间正常的友好交往及商业活动构建了一个法律框架"。司徒雷登首先否定《中美商约》属于不平等条约，并进而指出这种商约为主权国家间所普遍订立，并非仅为中美间所独有。[①] 声明接着写道，1943 年的《中美新约》已经确定两国之间需要订立一广泛的通商航海条约，美国在华治外法权废除后，需要一个综合性条约规范两国间已经变化了的关系，规范在彼此国家从事正常工作生活的人们的活动。"如果没有类似的条约，任何国家的人民都无法在其他国家从事各种正常的工作和生活"，"商约就是一个基础性的文件规定，它对中国和中国人民的重要性与对美国和美国人民的重要性是一样的"。这段言语，事实上是讲中国也需要一个综合性商约，并非美国所强加。[②] 在陈述商约的必要性和普遍性后，司徒雷登解释了舆论批评最力的"最惠国待遇条款"。条约中被误会的关键词中尤以最惠国待遇为甚，"这种误会已经误导了中国舆论，将中美商约视为一系列不平等新约的第一个"。"这当然并非事实真相"，"包含在主权国家所订商约内的最惠国条款正体现了平等的重要性"。声明宣称"美国并非要中国牺牲或损害他的主权，条约绝对无意于此"，条约的目的仅仅在于让在美的中国人及在华的美国人都能够"不受歧视待遇"，"均可享受彼此国家给予的合理而必须的权利和便利"。司徒雷登在最后申明"美国现在无意也从未试图在华获得任何特权或优例"。[③]

司徒雷登的辩解并不能改变这一对等形式的不平等条约的实质，由积极支持抗战所树立起来的美国形象几乎一夜之间倾覆在地，而摧毁这个形象的正是《中美商约》。虽然，该约对中国也不无有利之处，如"旧有之中美诸种商业协定，须俟新约始能废除"，其中包含"保障中国关税自主及我国民经济发展"的必要条件。但是，该约给予了美国人在华经商之"保障"，并借以刺激鼓励其对华投资，使得这一商约具有了新特点的不平等性质。[④] 人们看到，由于国力衰弱，中国虽然似乎在法律上获得了平等地位，且被美国

---

① Dr. Stuart Explains New Sino-American Treaty, November 25, 1946, FO371/53660, F17727/235/10.
② Dr. Stuart Explains New Sino-American Treaty, November 25, 1946, FO371/53660, F17727/235/10.
③ Dr. Stuart Explains New Sino-American Treaty, November 25, 1946, FO371/53660, F17727/235/10.
④ 《王世杰日记》，1946 年 11 月 18 日，第 831—832 页。

"抬举"为四强之一，但实际上却远没有达到真正的平等，更谈不上与美、英、苏等国平起平坐。中国仍被强权政治所摆布，并被套上新形式的不平等条约锁链，列强以前在华享有的某些条约特权则由此得以巩固和发展。在这一形式上平等的中外条约关系中，中国的地位名不符实，这是中国在新形势下维护国家主权所面临的严峻问题。

作为不平等条约基本废弃之后的第一个通商条约，《中美商约》不同寻常，正如时人所言，是"重新确定其对外关系与国际地位之一个里程碑"。它"不但将确定今后中美间的相互关系，且将成为中国与其他资本主义国家（如英法等）间签订商约的先例"。这与鸦片战争后的中英《南京条约》，"曾决定中国百年来对外的商业关系和国际地位，将具有类似的作用"。①

①　陈人白：《评中美商约》，《求真杂志》第 1 卷第 8 期。

第七章 中英商约议而未定 （1943—1948）

在美国启动商约准备工作的同时，英国亦同步开启了商约筹议，但英国的准备工作整体上比较消极，曾寄望于先由中方提出草案，然后在中方的基础上加以修改。随着美方草案的加速进行，英方改变了策略，开始准备商约草案。英方所准备的商约草案不包含经商条款，只涉及居留及航海事项。与《中美商约》相比，英方希望获得国民待遇而非最惠国待遇，简单而言，英国人希望能得到远超《中美商约》的特殊优惠。至1946年底，在英方草案的基础上，中方提出了对案。随着中国内战的全面爆发，英方认为中国的国内环境不利于商约的执行，国民政府的节节败退，使得英方不拟再提谈判之事。中英双方在订立商约问题上，均非积极态度。

第一节 英国提出中英商约最初的草案

1943年1月11日《中英新约》订立，其中第八条第一款规定："缔约双方经一方之请求，或于现在抵抗共同敌国之战事停止后，至迟六个月内，进行谈判，签订现代广泛友好通商航海设领条约。"该约将以"缔约双方近年来与他国政府所缔结之近代条约中所表现之国际公法原则与国际惯例为根据"。① 这一要约的要求已经为战后中英商约谈判的时间和原则定下了基调。

《中英新约》签订后，宋子文在向新闻界发表谈话时称，将在不久后的访英之旅中启动两国间的商约谈判。英国外交部中国事务顾问壁约翰在分析宋子文所释放的消息时称，根据《中英新约》第八条，"如果美国有意愿在战争结束前开启商约谈判，独英国表示不愿开启商约谈判是不明智的"。壁约翰还建议，"不应与美国采取平行行动"，因为美国可能会以互惠条款来实现其商业利益，而采取互惠原则对英国是一种束缚，是不利的。②

1943 年下半年，宋子文访英。在访英期间，他曾与怡和洋行及太古洋行代表讨论过内河及沿海航线等商约中可能涉及的条款。宋子文"以此问题关系我国复兴建设计划至巨"，虚与委蛇，并认为"战后远东航线必为英美竞争之点，我国暂时似不必有所明显表示"。为了充分利用此次商约订立机会，宋子文建议蒋介石令交通部部长曾养甫速派员赴英，帮助其随时策划，望蒋介石"关于英美内容等情，请勿告任何人"。③ 此时英国公司对内河及沿海贸易已经有所筹划，国民政府也是在此时开始酝酿商约的具体事宜。

1943 年年底，在华英国企业对战后与中国的商贸关系极为关心，希望能抢得先机。在商约酝酿阶段，伦敦商会主席马歇尔（Arthur G. Marshall）及中国区代理主席尼克尔森（J. W. Nicolson）等建议英国外交部等部门能尽早筹划。④ 在商会等的催动下，英国贸易委员会建议政府相关各部应一起讨论商约草案。在致外交部远东司司长克拉克的函件中，贸易委员会主席弗雷泽（Fraser）表示，只有到战后才可以了解更多国际贸易规则，那时再提出对华商约可能更为合适，战争结束前没有必要提出，但提前做些准备是必要的。弗雷泽建议中英商约的适用范围须将自治领包括在内，印度应视为英国的自

---

① 王铁崖编：《中外旧约章汇编》第 3 册，第 1266 页。
② Commercial Treaty With China，January 25，1943，FO371/35809，F525/525/10.
③ 吴景平、郭岱君编：《宋子文驻美时期电报选（1940—1943）》，复旦大学出版社，2008 年，第 213 页。
④ From Foreign Office to Horace Seymour，January 25，1944，FO371/41601，F302/96/10.

治领，而且还须顾及英属殖民地。弗雷泽提议英国外交部召开一个各部共同
参加的会议，共同讨论对华商约。[①]

对于弗雷泽所提议的商约适用范围问题，外交部认为，对华商约将自治
领列入范围当无问题，但仍要区分不同的自治领和英国殖民地。一种情况
是，正如当时治外法权一样，一开始就规定适用于英国、缅甸、纽芬兰、南
罗德西亚以及所有殖民地，所有在上述地区的英国人适用该条款；另一种情
况是，单独列出一个关于适用殖民地范围的条款。[②]

1944 年 1 月底，贸易委员会拟具了商约草案最初稿，共 36 条 77 款。从
条款数量上而言，已远超美方的 30 条。弗雷泽认为，关于经商条款部分，
需要充分吸收战后新的国际协定及经济政策后再作更改；关于航海部分，请
战争运输部依据可能的战后条款作为具体的修正，特别是针对中国的部分。
"中国对于外人参加航运业的态度并不比参加中国工业建设的态度明确，据
从中国方面传来的信息判断，似乎要完全将英国排挤出沿海和内河贸易"，
但无论如何就近期伦敦商会与中国驻英使馆的交谈而言，此种完全排挤英国
的政策可能要发生改变。弗雷泽还特别分析了战后中国造船业与英国的关
系，认为尽管中国需要来自英国的技术和专门人才，但国民政府却提出了反
对意见，"因此无法邀请英国技术专家访问中国"，相应的技术援助中国战后
建设也被暂时搁置一边。[③]

对于贸易委员会所做的中国可能改变对英国船运贸易政策的分析，英国
外交部认为即使通过一定让步，中国能够例外允许英国公司经营内河和沿海
贸易，也会拒绝将此规定加入商约。外交部提出"最好的办法是接受没有明
确规定内河及沿海贸易权的条约，然后通过外交帮助让有资格的公司从中国
手中得到允许"。"从容接受中方所提的原则条款，更容易取得成功"。[④]

4 月份，远东司司长克拉克得悉美方已经完成草案的消息后，询问贸易
委员会主席弗雷泽，英方草案已经准备到何种程度，指出"形势加剧了英方

① From Fraser to Ashley Clarke, January 31, 1944, FO371/41601, F302/96/10.
② From Ashley Clarke to Fraser, February 18, 1944, FO371/41601, F624/96/10.
③ From Fraser to Keenlyside, January 31, 1944, FO371/41601, F655/96/10.
④ From Blackbourn to Fraser, February 21, 1944, FO371/41601, F655/96/10.

草案的紧迫性"。① 英国驻华大使薛穆在 6 月中旬报告称，中方已经接近完成对英商约草案，可能很快将提交讨论。② 来自中美两国的消息无形中促使英方起草部门加快进度。英方决定先提供一个框架，应对中方公司法的颁布。面对外交部的催促，弗雷泽称，起草小组一个主要的难点在于"条约适用的范围难以确定"，"迄未收到自治领办公室和殖民地办公室的反馈意见"。起草小组将在一个星期左右之后向外交部报告工作进展。③

1944 年 6 月下旬，英国中英商约草案工作小组正式向英国政府汇报工作情况。英国贸易委员会的韦尔奇（Welch）认为，虽然仍非讨论经商条款的理想时机，但考虑到最终目标是缔结一个全面的通商航海条约，因此小组亦准备将经商条款纳入讨论范围。考虑到英国商约草案的实际准备状况，以及薛穆大使 6 月 16 日第 466 号电报内容，小组认为"现阶段宁可暂时先不对华提出英方草案，直到确认中方草案准备完毕"，届时英国可以对已经确定的条款进行审议，"了解了中国人的想法后，再来确定条约的适用范围就会容易许多"。韦尔奇建议外交部，应训令驻华大使随时向外交部通报中方可能提出商约条款的详细内容。④

韦尔奇表示，如果外交部坚持认为"英国应该先对华提出英方已经拟具的条约草案"，起草小组可在两周内准备完毕，第一份商约草案需要征求相关英国政府各部的同意。韦尔奇表示，已经有一段时间没有收到美方的消息，"由于英国的问题与美国相比有很多不同，不应该逼迫自己去紧跟美国的步伐"，比如关于商约的程序以及条约的谈判等方面，英国应该根据自身的情况安排进展。"最理想的做法是什么都不做，等待中方草约的出现"。⑤

远东司司长此时不在伦敦，外交部由远东司官员杨格（G. P. Young）回复了韦尔奇的报告："我完全同意您的提议，即在未能充分完成的情形下，仅仅是为了向中方提出一个草案是毫无意义的"，但是英国需要向中方的立

---

① From Ashley Clarke to Fraser，May 17，1944，FO371/41601，F2225/96/10.

② Telegram From Sir. H. Seymour，Chungking，June 16，1944，FO371/41601，F2889/96/10.

③ From Mr. Welch to Ashley Clarke，May 25，1944，FO371/41601，F2584/96/10.

④ From Mr. Welch to Ashley Clarke，June 28，1944，FO371/41601，F2225/96/10.

⑤ From Mr. Welch to Ashley Clarke，June 28，1944，FO371/41601，F2225/96/10.

法施加影响，以确保英国的银行、运输等行业不会受到歧视。杨格建议立刻拿出一个条约框架草稿，以防止中方类似针对英方的立法。英方可以处在有利的位置，将意图表达出来，至于条约的适用范围此时并不紧要。作为应付目前紧急状况的手段，杨格希望韦尔奇先拿出一个与中方公司法相关的方案提供给中国。①

1944 年 6 月 28 日，英国驻华大使馆汇报称，中美官员均在非正式谈话中提到，"商约谈判将在敌对状态结束后 6 个月内启动"。国民政府外交次长吴国桢及条约司司长王化成都表示，中方商约草案已经接近完成，外交部欧洲司梁龙也进一步验证了此消息。梁龙还私下告诉薛穆，中美达成一致后的条约方案将作为中英条约及其他国家商约的样本。"不论背景如何，很多人都认为中方即将完成条约草案并很快开始谈判"。薛穆表示，中国惟有外交部部长宋子文发出了反对的声音，认为不必急于进行商约谈判，但宋的声音可以忽略，因为事实上中国外交部可能已经在不久前完成了草案。②

从重庆得到的最新消息进一步促使英国外交部加快了步骤。尽管贸易委员会提出应等待中方先提出草案，但外交部认为应先准备好一个可供探讨的草约，在此情形下，贸易委员会于 8 月 11 日提出了一个不包含经商事项的草案。在向战争运输部提供的解释中，贸易委员会表示，所提条约草案将原拟议的第十三至十九条省略，部分原因在于进出口贸易"已经在 1928 年的中英商约及其附件中得到了较好地解决"，更为重要的原因是"由于战后贸易政策的不确定性，英国不应将自己的政策束缚在商约条款之上"。③

第二节　英国内部对商约中是否列入经商条款的讨论

1944 年 8 月，英国贸易委员会提出了最初的草案，征求各部门的意见。自治领办公室提出适用范围应与废除治外法权条款的规定相一致。印度事务

---

① From G. P. Young to Mr. Welch, July 8, 1944, FO371/41601, F3079/96/10.
② From Chungking Chancery to Far Eastern Department, June 28, 1944, FO371/41601, F3313/96/10.
③ From Board of Trade to Mr. Weston, August 11, 1944, FO371/41601, F3809/96/10.

办公室对第二十六款提出不同意见，认为印度迟早会单独与中国缔结商约。缅甸事务办公室没有对商约提出任何修改建议。战争运输部的韦斯顿（W. G. Weston）提出了两条建议：一是需要由外交部牵头对条约适用的英国领土范围进行内部协商。二是草案中经商、运输等条款的具体内容付之阙如。虽然英国希望对于不同的国家采取不同的措施，但不论是否对华提出商约草案，英国如果不能提出自己的原则，"就可能大概率地要屈从于美国首先倡议的方案"。第二个问题也需要召集专门会议来讨论。①

对于战争运输部所提出的疑问，贸易委员会威利斯（J. R. Willis）进行了解释。威利斯表示，条约适用于英国殖民地或自治领的范围，出于平衡考虑，英方或许在一开始就需要制定出针对自治领、印度、缅甸及殖民地的不同条款。当然，"高度怀疑中国人能否接受这些条款"。关于贸易运输，威利斯认为，注册在殖民地的船只很难获得与中国船只同样的贸易权利，不如提出注册在香港和马来亚的船只应该享受条约中的特权。关于此点，威利斯建议听取殖民部办公室的意见，即在何种情况下可以使条款覆盖香港和马来亚。②

1945 年 1 月，战争运输部的克林赛德（F. H. Keenlynside）致函贸易委员会弗雷泽，强调英国最大程度参与中国航运企业经营的重要性。克林赛德称，我们正在考虑战后英国航运企业的在华地位问题，这些企业已经习惯了远东贸易运输，尤其是在中国海域的贸易运输，"但随着治外法权的废除以及中国决心排挤外国企业的沿海及内河贸易，这些企业的状况将发生急剧的变化"；很显然，中国正充满野心地筹备一系列战后运输及造船计划，英国应尽可能争取自身的利益；特别强调"美国企业已经在该领域占有一席之地"。克林赛德指出，他了解弗雷泽正准备对华商约的草案，希望能在相关方面咨询战争运输部，"运输贸易不可能脱离整体战后对华贸易而单独取得发展，希望能了解贸易委员会是否已经有了战后对华贸易的整体规划"。③ 战争运输部对航运贸易的基本考虑是，"防止因对华门户大开而导致英国商船

① From Mr. Weston to Mr. Willis, December 27, 1944, FO371/41601, F6083/96/10.
② From Willis to Weston, January 8, 1945, FO371/46220, F235/235/10.
③ Post War Shipping Trade With China, January 11, 1945, FO371/41601, F624/96/10.

须通过中国公司悬挂中国国旗，避免此种挫伤英国运输业积极性的可能"。①

在外交部的协调下，英国政府各部于 1945 年 1 月 29 日召开了部际协调会，就对华商约问题进行集体磋商。此时英国内部讨论的焦点在于：是否要在商约中加入自治领和英属殖民地。会议由外交部牵头，包括印度事务部、缅甸事务部、贸易委员会、自治领办公室、殖民部办公室、战争运输部等均派人参加了讨论。会议主席由外交部法律顾问贝克特（W. E. Beckett）担任。此次内部会议讨论了三个方面的问题：一是增加自治领以及殖民地条款；二是英国人的定义；三是公司及船只的国民待遇。

经会议讨论后，同意将自治领列入条款。会议提出，除致电加拿大、澳大利亚、新西兰和南非政府外，还需要致电印度政府，征求他们的意见。会议进一步决定，如果自治领政府拒绝参与中英商约，英国应该尝试让中国接受英属殖民地列入商约，因为"殖民地不同于自治领，无法独自对华谈判"。② 关于英国人的定义亦与自治领有关，会议认为，应该提醒自治领政府是否同意英国政府将居住在其辖区内的英国人列入条约，并让各自治领明确：一、"如果没有得到同意，英国政府不会将自治领的英国人包括在内"；二、"即使英国政府希望将自治领英国人纳入条约，也不能保证一定能成功"。③ 协调会会议后，自治领办公室回复第一个会议决议时，建议不再去征求各自治领政府的意见，也不建议再为此举行各部门间的协商会议。自 1930 年以来，各自治领从未就商约问题与英国保持一致，将来亦不会改变做法。④

1944 年 8 月份的草案并不包含最惠国贸易条款，1945 年 1 月 29 日的部际会议后，贸易委员会及财政部讨论了此条款的草案。英国贸易委员会斯克（R. G. Shackle）致函财政部首席助理威利（D. Waley）：如果写入最惠国待遇条款可能会给予对方通常由本国人享受的国民待遇及本国商品的最惠待遇，"不应排除签订关税方面最惠国待遇条款的可能性"。斯克表示，与中方谈判时也可以提出保留最惠国待遇条款，除非有事项必须涉

---

① From Mr. Weston to Mr. Willis, January 26, 1945, FO371/46220, F648/235/10.
② Minutes, January 30, 1945, FO371/46220, F758/235/10.
③ Minutes, January 30, 1945, FO371/46220, F758/235/10.
④ From Mr. Kimber to Mr. Scott, March 20, 1945, FO371/46220, F1755/235/10.

及，谈判中不会出现该条款。如此做的理由在于，一旦英国选择关税最惠
国待遇条款，如果中国所采取的方针在英方看来存在歧视事项，比如国家
贸易管制或者进出口管制及换汇管制，英国就可以不受限制地提出申请取
消此种歧视。此种反制权是普惠性的，并不仅仅限于反制关税歧视。斯克
称，上述考虑都具有可操作性。①

缅甸事务办公室的安南（W. T. Annan）促使外交部提出了如何结合既
有中英间的商务协定准备新商约的问题。安南曾提议，缅甸希望废除 1894
年中英商约的第十四条，以防止中国移民不受限制地进入缅甸。安南的提议
使外交部意识到，在头绪复杂的商约准备工作面前，可以从新约与旧约的关
系入手，以此来确定中英商约的总框架。外交部特别提醒缅甸事务办公室及
殖民部，"必须记住，条约的任何条款都必须是对等互惠性质"，"远东司首
先要考虑的是基于英国在华利益，应该提出什么样的条款"，在思考清楚的
基础上，再来决定"我们可以给予对方什么样的互惠条款"。②

1945 年 3 月 12 日，英国贸易委员会威利斯起草了给华盛顿和重庆的商
约纲要，并称具体约文将在一至二个月内起草完毕。③ 此份征求驻美大使馆
及驻华大使馆意见的纲要共分为九大部分 35 个条款。第一部分是前言介绍，
涉及三个方面问题，有适用的区域范围、英国人的定义及贸易互惠自由原
则。第二部分是关于个人的国民待遇条款。第三部分是关于公司法人的条
款。第四部分是关于英国人及公司的国民待遇条款。第五部分是无条件最惠
国待遇条款。第六部分是船只运输的规定。第七部分是其他杂项规定，包括
转运自由、条款错误的救济措施等。第八部分是经商条款。第九部分是结束
部分，包括对最惠国待遇的解释、争端的解决及殖民地条款、条约的批准
等。贸易委员会认为，英国商约在征询各部意见的时候，其反馈和修改并非
是基于原约的增删，而是对一些基础性条款做较大修改。

内政部向贸易委员会索要了草案以及外交部会议的谈话记录，并询问商
约谈判的目的及范围。贸易委员会斯克在回复内政部的咨询时称，准备的商

① From Shackle to Waley, February 1, 1945, FO371/46220, F695/235/10.
② Minutes, April 25, 1945, FO371/46220, F420/235/10.
③ From Mr. Willis to Mr. Sterndale Bennett, March 12, 1945, FO371/46220, F1517/235/10.

约草案主要是为了与中国和埃及两国签订商约，处理与两国订约时可能出现的一些大的问题。英国需要与中国订立一个全面的通商航海条约，"我们确认中国急于尽早与英方开启谈判，我们也有充足的理由相信中国已经准备好了向英方提交的条约草案"，英方最为关心的是"英国人可以在该国以不低于其他外国人的条款居住和经商"。"最为核心的是，如果英国继续保持外贸兴盛，如果英国准备恢复并扩大出口贸易，必须保证英国人能够出国居住，当机会出现时，英国在海外的公司能够采取最新管理方式，能够雇佣关键的职员"。斯克表示，在此前的商约中，英国政府为了给本国人和公司获得这些权益，为了使英国人和公司免受不公平的待遇，遇到了一大堆的麻烦事，但实践证明，这些争取来的权利，很容易失去效力。在对华商约中，"为了使英国商人得以顺利进出中国，并能不受打扰的居住经营，我们需要通过条约获得这样的权利，这对于成功维持并扩大英国贸易是极为关键的"。①

1945年6月12日，英国贸易委员会内部对是否列入经商条款进行了讨论，并专门召开了会议，最终确定不列入经商条款。在第一次部际会议后，英国贸易委员会就此问题有过讨论，但未能在最初的商约草案中列出商品贸易的条款。在此次会议上，与会人员提出了一个关于经商条款的方向性问题，并提供了三项选择：一是对华商约采取委员会所提出的全套贸易规则；二是仅仅列出最惠国待遇条款及国民待遇条款；三是对华商约不涉及经商条款。从原则上而言，选项一和选项二之间的区别在于"选项一包含了最惠国待遇中的互惠条款以及进口中的无差别待遇"，而选项二"省略了这些规定"。②

讨论结果指出，有三点理由支持采取选项一：一是"英国需要在对华贸易中取得对方的保证"，如果采取该选项，"中国将几乎提供所有的保证"；而另一方面，"中国事实上几乎不能从中得到真正的互惠"。贸易委员会认为，如果中国明白无法从中得到互惠，会否放弃该条款，"或者仅仅采纳关于进出口关税的最惠国待遇"。二是中国战后很可能实施大规模的国家垄断

---

① From Shackle to Carew Robinson, May 10, 1945, FO371/46220, F2789/235/10.

② Goods Clauses in Future Commercial Treaties, June 6, 1945, FO371/46220, F3473/235/10.

贸易，这是一个基础性的事实。在此情形下，中国会否以此规则作为保护来抵制英国的商业利益，或者完全不顾此贸易规则？中国会否在实际贸易中以国家垄断排挤英国？第三点，如果中美先于中英开启谈判，而且美国说服了中国采取严格的进口最惠国待遇条款及国家垄断经营，不留任何例外条款，英方获得例外优惠的难度将大大增加。如果选取第一选项，则可以避免此种状况的发生。①

有四点理由支持选择第二选项。一、英美两国已经就未来贸易政策的一般性问题进行过讨论，这些讨论都是围绕避免进口限制及国家贸易的歧视性条款，确立此种严格的非歧视条款是英国及其他国家都需要的保障。二、不久后，英国将不得不与美国谈判修改 1938 年的贸易法案，在战时该法案给予进口限制以豁免，战后如何修改该条款尚未确定。美国在布雷顿森林协议中提出了一个换文，克服了此项困难。但对英国而言，如果条款继续有效，粮食部门欲从国外购买粮食，就需要一个类似的豁免换文。三、上述两点都提出了未来对美关系中的重要问题。如果英国提前与美方达成协议，解释英方解决贸易限制的办法，并将该办法列入从经济上而言并不重要的对华条款之中，是否明智？四、即使可以把留有例外条款的进口限制及国家垄断经营的互惠条款写入对华条约，中国是否有可能将采取比英国更为宽泛的解释？至于第三个选项，即不提经商条款的最惠国待遇。会议认为，最惠国关税待遇只是为英国的对华出口提供一个并不真实的预警保护，该条款"当用于反对外国的歧视待遇时，同样会束缚住英国自己的手脚"。贸易委员会提出，如果英国决定采用第二选项，向中方提交商约草案时应声明，当战后形势明朗，新的国际贸易政策确立后，英国将考虑稍后提供一份更为详细的关于进出口限制及国家垄断经营的草案。②

6 月 15 日，贸易委员会再次召集会议。讨论对华商约中的经商条款。财政部、战时内阁办公室、自治领办公室及外交部均派人参加了会议。会议讨

---

① Goods Clauses in Future Commercial Treaties，June 6，1945，FO371/46220，F3473/235/10.
② Goods Clauses in Future Commercial Treaties，June 6，1945，FO371/46220，F3473/235/10.

论的结果是"反对将经商条款列入对华商约草案内",并希望得到美方的合作。斯克应邀向与会者介绍了关于"商品贸易"的条款纲要,指出贸易委员会已经决定从中删除外汇管制条款,因为此点主要是针对非英镑区国家。斯克向与会人员表示,条款已经最大程度地为英国商品出口争取到了保障,并考虑到了英国自身的收支平衡状况。由于中国可能会采取国家垄断经营,对华贷款可能会遭遇歧视性条规,上述保障是有必要的。会议主席利欣(P. Liesching)建议,应与美国讨论此问题,告诉美方英国在此条款上的意见。此次会议上,外交部官员斯科特(A. L. Scott)转达外交部意见时亦称,如欲从中国获得想要的特许,与美方的合作是必不可少的。战时内阁办公室的罗宾(L. C. Robbins)教授建议可以向中方解释称英方在起草经商条款上遇到了巨大困难,正如美方和中方所遇到的情况类似,对美中而言,这都是一个有力的借口。[1]

外交部不建议提出经商条款,列出了两个理由:一是基于英国利益,"在可以预见的相当长的时期内,英国向中国提供的任何商品,中方均没有能力支付价款";二是基于互助协定第七款,英方不应提出将经商条款列入对华商约内。外交部建议对华商约应涉及的内容主要包括:一类是出入境、居住、就业、税收等个人事项;另一类是船运业及相关事项。[2] 在条约适用范围上,外交部建议限于英国本土,并附上一个延及缅甸及其他英国海外领地的殖民地延伸条款,但不包括印度。至于英国人及英国船只,仅限于属于条约本身适用的帝国领土范围之内的英国人和注册在该范围内的英国船只。

在向英国内政部外国人管理办公室鲁滨逊(Carew Robinson)说明英国对商约的基本立场时,远东司司长贝内特(Sterndale Bennett)称完全赞同贸易委员会斯克的观点,事实上"在对华商约问题上与美方保持密切联系一直是英方的目标,因为中国对外人持包容性、提供合理性待遇符合两国的利益",但"美方不愿提供其对华商约的副本"。对英国而言,"在向中方提交商约草案之

---

[1] Goods Clauses in Future Commercial Treaties,June 15,1945,FO371/46221,F3879/235/10.

[2] From G. V. Kitson to G. A. Wallinger,July 3,1945,FO371/46220,F3703/235/10.

前，首先需要避免中国将不利于英国利益的观点进一步固定化"。①

第三节　英方与美方的沟通

英美两国驻华大使馆在对华商约问题上保持着信息交流。早在 1944 年的 2 月份，高斯告诉前来探询消息的英国驻华使馆商务顾问哈奇森（J. C. Hutchison），他已经强烈建议美国国务院先于中国提出商约草案，以防止中国提前宣布商约政策或细节，一旦让中国先行公布，而美国只能在事后修改，这将是很丢颜面的事情。高斯还告诉哈奇森，国民政府各部门已经致力于起草草案很长一段时间了，一些新的法规正影响外国在华的商业利益，美国政府不能接受这种改变。高斯承诺，将随时欢迎英国驻华使馆来人交流关于商约的事宜。②

美国国务院此时亦按照约定及时向英方通报美方商约准备进展。2 月 11 日，国务院顾问亨贝克邀谈英国驻美大使馆桑瑟姆（G. B. Sansom），通报美方的最新进展。亨贝克传达了美方对于尽早提出商约草案的认识，担心一旦中方提前提出，可能会对美国造成不利。"中美之间正按部就班讨论此事，但美方已经安排可以胜任的人员做了比商约草案提前一步的准备，以便一旦中国突然提出条约或咨询时，美方可以从容应对"；"美国国务院经济商务官员已经在起草商约任务上工作了数月，但进展缓慢"。桑瑟姆告诉亨贝克，英国方面的情形与美方类似，"由于不清楚战后商业政策的变化，起草一份处理中英贸易关系的商约草案十分困难"。③ 桑瑟姆告诉亨贝克，英国正讨论对华商约的原则问题，尤其不会受战后国际协定影响的部分，但"无意启动对华商约谈判"。④

英国关心美方商约的进展，是希望能在对华具体条款上取得与美一样的

① From Sterndale t Bennett to Robinson，July 3，1945，FO371/46220，F3797/235/10.
② From Embassy Chungking to Foreign Office，February 11，1944，FO371/41601，F792/96/10.
③ From Sansom to Ashley Clarke，February 12，1944，FO371/41601，F996/96/10.
④ From Ashley Clarke to Sansom，March 4，1944，FO371/41601，F996/96/10.

待遇。贸易委员会认为，英国有为本国船只保留本国沿海贸易的自由。贸易委员会指出，或许战争运输部亦乐于接受战后保留此项特权，果真如此，英国应该从对华商约草案中删除沿海贸易的国民待遇条款，因为此种国民待遇条款当然属于互惠性质。贸易委员会还认为，通常情形下"中国会为本国船只保留沿海贸易，还会允许特定的美国船只从事此项贸易"，英国无论如何应该为英国船只争取同样的特权，英方不应承认此种差别待遇。①

3 月 28 日，美国国务院商业政策司司长富勒（Fowler），向英国驻美大使馆商务秘书电话通报了美方的进展。富勒称美方起草工作取得一定成效，完成了草案，"目前的草案纯为讨论性质，尚未获得美国其他政府部门的同意"，并称"相信中国已经完成草案，不久双方可能开启谈判"。②

3 月底美方向英方通报完成草案之后，英美之间围绕商约问题的交流一直未再深入。美方提出草案后，英方事实上一直没有得到美方的草案副本。英国财政部从 9 月 15 日纽约版《大美晚报》（Shanghai Evening Post）得悉中美商约草案的条款内容，并了解到中方对美方所提条约草案反应良好，驻华大使高斯甚至催促于战争结束前缔结中美商约。贸易委员会表示"英方迄今为止并未收到美方任何确认或否认该消息的声明"，这增加了英国不能与美国保持一致步调的焦虑，英美显然已经无法同时对华提出理想的条约草案。贸易委员会还强调，更让英国沮丧的是，"美国在一些英美具有共同利益的条款上作了让步，而并未事先与英国协商"。贸易委员会建议外交部去询问美方，目的不是仅仅了解即将开启的中美谈判以及美方的草案，而是希望了解美方草案所体现的贸易原则，尽管有时候通过条约文字并无法判断背后的原则，"因为这是英美两国已经达成的协议"。③

对于美方撇开英方而单独推动中美商约的行为，英国外交部极为不满。在贸易委员会的建议下，1945 年 1 月，外交部起草了针对美方的质问电文，"英方希望与美方就商约问题的进展保持密切沟通，但迄今为止英方只是收

① From Mr. Gould to Sir A. Blackbourn, March 16, 1944, FO371/41601, F1387/96/10.

② From Commercial Secretariat, Washington, to Far Eastern Department, April 29, 1944, FO371/41601, F2225/96/10.

③ From Board of Trade to Sterndale Bennett, December 21, 1944, FO371/41601, F6051/96/10.

到了美方一般意义上的消息通报，并不具备任何正式的参考意义"，"英方希望了解的最低限度是美方草案的贸易原则"。外交部表示，如果驻美大使馆不反对，请向美方探明缘由。[①] 1 月 13 日，英国外交部将此意通知驻美大使馆商务秘书。

1945 年 1 月 18 日，英国驻美大使哈利法克斯伯爵致电外交部，"美方愿意将其商约草案的原则条款相告，但仍希望能最终完成草稿后再提交英方。"[②] 英国驻美大使馆商务秘书向美国国务院商务政策司司长富勒表示，希望能与国务院保持密切联系，随时了解美国草案的进展。然而事实上，一直到美方对华提交草案，英方都没有收到美方的草案副本。

1945 年 4 月 17 日，英国驻华大使薛穆致电外交部，美方已经将中美商约草案送交中国，中方亦正将中文草案翻译成英文。得到薛穆报告后，贸易委员会威利斯询问外交部远东司贝内特，是否收到了美国国务院的通报，如果仍未收到，需要由驻美使馆向美方提出咨询，尤其是关于两方面的问题：一是，美方草案是否是包含了经商、外汇兑换、不动产事项及贸易运输；二是，美方草案是否与美国近期签订的商约相一致。威利斯还表示，贸易委员会希望了解中方草案的准备情况，尤其是有无特别条款，但英方或许需要等到中方向英方提交草案后才能知悉具体情况。[③]

在英方的催问下，美国国务院向英国驻美大使馆确认了薛穆从重庆得到的消息，即美方已经向中方提交了条约草案，并补充称该草案与最近订立的商约原则一致。国务院告诉英方，"条约草案并未涉及银行业条款，也没有提及收回上海的美方财产问题"。美方与英方在分别订立领事条约及商约问题上态度一致，美方的草案亦未提及领事条款。国务院没有评论中方草案的内容，但据信其中含有领事条款。美国国务院并未向英方展示条约草案，也无意讨论更多细节问题。哈利法克斯认为："如果外交部需要了解更多美方草案的细节，需要首先向美方传达他们感兴趣的英方商约的纲要。"[④]

① From Foreign Office to Washington, January 13，1945，FO371/41601，F624/96/10.
② Negotiations for a Commercial Treaty with China, January 18，1945，FO371/46220，F512/235/10.
③ From Willis to Sterndale Bennett，April 23，1945，FO371/46220，F2352/235/10.
④ From Washington to Foreign Office，April 26，1945，FO371/46220，F2571/235/10.

此次美方所传达的信息令英方内部颇为重视，为了进一步从美方获得更为有用的信息，威利斯等郑重起草了回复哈利法克斯的草稿，并征询外交部的建议。5 月 16 日，经过仔细修改的回电正式发出。

在指示驻美大使哈利法克斯的电文中，外交部希望其向美国国务院表示"与美方在商约问题上保持密切联系是英方始终一贯的目的，与中国缔结宽松合理的条约规定显然符合英美双方的利益"，但英方目前所收到的消息让人失望。英方希望美方能提供一份完整的草约副本，并表示英国商约草案仍在起草过程之中，一旦准备完毕将向美方提供一份副本。同时，"英方希望了解美国是否在最惠国待遇条款中有例外，以便平衡换汇或支付贸易中的难点"，因为英方注意到美国与利比亚的条约并未有类似条款。外交部希望驻美使馆能够向国务院探听消息。外交部建议哈利法克斯向国务院提出："英国希望与美方合作以影响中国的涉外立法"，相信美方会重视英国态度，因为此类立法将塑造外国人的在华行为，不应将其建立在一个狭隘的国家主义基础之上。英方相信，经英美双方磋商合作，会更有利于达到上述督促中国修改立法的目的。外交部还向驻美使馆提出："英方收到了赫尔米克（Helmick）法官建议修正中国立法中关于管理外国公司注册的条款，但并非全部，希望美方能提供一个完整的副本。"①

出乎英方意料的是，美方婉拒了英方的要求，其理由是中国可能会怨恨美方。美方告诉英方，当英美两国提交草案后，如果中国发现两国曾合谋对华商约草案，将愈益憎恨美方。虽然美国拒绝提供条约草案，但强调对华商约与已经订立的美国与利比亚商约原则相同，可以供英方参考。美方还告诉哈利法克斯，美方商约草案是基于通行国际贸易标准制定的，对华商约草案符合这些通行的贸易规则。至于换汇和贸易支付问题，"美方草案不含例外条款，可以参考布雷顿森林体系协议的第七款规定"。哈利法克斯认为，"如果英国外交部以交流方式向美方提供英方草案，仍能说服美方交换草案"。②

美方与哈利法克斯还面谈了商约的其他细节。比如，关于条约的适用范

---

① From Foreign Office to Washington, May 16, 1945, FO371/46220, F2571/235/10.
② From Washington to Foreign Office, May 30, 1945, FO371/46220, F3267/235/10.

围，"受限于美国的联邦体制，中美商约适用范围受到了限制，相信英方不会有此限制"；"美国不允许外国人在美从事沿海贸易，因此不会与中国谈判此问题"。国务院向哈利法克斯提出，希望英方能提供中英商约草案中四个方面的情况：一、英方条约如何处置在华房地产？是基于永久地契还是接受中国法律管辖？美方希望两国能够分别提出各自的条款；二、英国公司在华注册是否遵守 6 月 15 日这一最后时间节点；三、英方关于强制贷款和征用的政策；四、英方准备何时向中方提供商约草案？[①]

在准备对美答复的过程中，远东司司长贝内特在比对美国与利比亚商约后发现，美方草案远比英方要温和，"在许多条款上，英方比美方走得更远"，进而判断英国从中国取得让步的可能性将会大为减少。贝内特建议应立刻与美方进行沟通，"希望英美不要互相卡住对方的脖子"。贸易委员会威利斯称，不幸之处在于美国人已经将草案提交给中国，伤害已经造成，"尽管尚不清楚美英草案之间究竟存在多少重大差别"，"对所有在华外人而言，包括美国人自己，美方草案都是一个不幸的文件"。威利斯称，尽管如此，英方应该尽力去与美方沟通。威利斯建议外交部立即训令驻美大使馆，"在避免被控诉美英合伙对付中国的前提下"，基于实践操作层面，"美英为基于共同利益应确立最佳条款，防止各自因条款不同而排挤对方的利益"。美英对华商约草案的最大不同在于"美方草案未能获得对外国在华公司的保护"。[②]

英国外交部于 6 月 28 日首先回复了美方上次的询问。大意如下：英国在华地产权利条款已经在 1943 年《中英新约》第三款中有了规定，换文第五段又重申了英方的观点。英国驻华大使馆已经告知，中国政府并未提出将后延公司的注册日期至 1945 年 6 月 30 日，因此大使馆建议英国在华公司在此之前进行注册。英方可能限制提出关于强制贷款和征用的国民待遇及最惠国待遇条款，只提出一个一般性立法征收的条款。英方内部正在讨论草案的各部分，不久将完成定稿，在提交给中方以前将与美方交换彼此的主要观

---

① From Washington to Foreign Office, May 30, 1945, FO371/46220, F3267/235/10.
② From Board of Trade to Foreign Office, June 26, 1945, FO371/46221, F3838/235/10.

点。① 发出上述指示后，7 月 3 日，贝内特又通知哈利法克斯，将贸易委员会研究得出的英美商约的不同之处照会美方，并尽快与美方安排一次讨论。函电重复了威利斯所提出的论点。

此时，从英国驻华大使馆商务顾问哈奇森（Hutchison）处传来另一条重要信息，令英方益加重视与美国的沟通。中国外交部条约司对英方表示，"中方希望先与美国签订商约，然后以之作为与英方谈判的底本"，哈奇森表示如果该消息确为政府方面所释放，则"尽力对美方施加影响，以防止美方在对华谈判使英国的计划落空"。②

1946 年 5 月 15 日，英国内阁会议在讨论此事时，迪格比（Major Digby）询问贸易委员会主席马昆德（Marquand），英国是否和美国一样，已经在和中国进行缔结商约的谈判。③ 会议期间，马昆德给外交部打电话，询问如何回答议会的咨询，外交部建议他回答"是的"，并指出咨询人肯定会追问谈判的进程等细节，因此由韦尔奇（Welch）附上了一个补充材料。"我们并不确切掌握美方正在与中国进行的谈判，因美方不愿与英国交流谈判细节"，很难指出英国草案与美方草案之间的异同点，中国也不大可能去利用双方草案的不同在谈判中讨价还价。④ 外交部建议马昆德尽可能简短回答该问题，不要涉及具体内容，也不要涉及与美方的不同点。

1946 年 7 月初，英驻美大使馆卡尔（Clark Kerr）勋爵汇报了英国使馆萨默斯克尔（Summescale）从美国国务院商业政策司获得的信息及交流情况。萨默斯克尔称美方表示对华条约获得积极进展，但不能确定何时可以签约。借此机会，他也秘密告诉了美方英国对华商约的谈判状况。在会谈中，萨默斯克尔表达了不满，"英方未能见到美方条约草案，深感失望"。美方解释称，美方并非不与英方合作，此前美方通过哈利法克斯所传达的内容，已经完整的表达了美方草案的内容，"如果让中国人认为英美事先商讨了各自

---

① From Foreign Office to Washington, June 28, 1945, FO371/46220, F3628/235/10.
② From Mr. Willis to Mr. Scott and Mr. Young, June 30, 1945, FO371/46221, F3941/235/10.
③ Commercial Treaty with China, May 20, 1948, FO371/53658, F7488/235/10.
④ Notes for Supplementaries, May 13, 1946, FO371/53658, F7113/235/10.

的条款，它将会感到被英美合伙算计了"。①

一直到中美商约谈判完毕，英美之间未再有更为深入的交流。中美谈判结束后，美国驻华大使司徒雷登告诉英国驻华大使施谛文（Stevenson）："中美商约谈判已经于 10 月 30 日完成所有谈判，双方将很快签字。"美方谈判人员意识到"该约将是所有对华商约的基石"，"自己的责任并非仅仅为了美国自身的利益"，"也考虑到了其他国家对华的商业利益"。司徒雷登还表示，美方在对华谈判过程中"强硬地坚持了原则"，谈判可以说是成功的。虽然美方尽力进行了谈判，但司徒雷登认为"英方可能对某些方面不会感到满意"。②

第四节　英国对华提出商约草案及中方提出对案

1946 年 5 月，英国对华商约草案已经准备完毕。在正式通知驻华大使馆对华提交商约草案之前，英国议会询问条约的内容及准备情况。韦尔奇介绍了英美双方草案的原则性差异，认为美方草案可能在出入境及居住条件方面比英方规定要"稍弱"，但鉴于"国际收支平衡及即将出台的国际贸易组织规则"，英方草案没有涉及经商条款。中美双方或许相当重视进出口贸易。因此，事实上，英国的商约草案实际上是一个"居住、航海条约，而非综合性的商约"。韦尔奇称，虽然英方没有提出经商条款，但并不会妨碍英国商品对华出口。③

1946 年 5 月 14 日，英国外交部致电驻华大使薛穆，称已经通过快件将草约寄出，并表示"在向中国政府提交草案之前，大使馆会收到电文指示"，"指示电文可能先于快件达到驻华使馆"。④ 5 月 21 日，外交部正式命令薛穆，授权"向中国政府提交条约草案，并正式邀请中国开启谈判"，并表示

---

① From Washington to Foreign Office，June 7，1946，FO371/53659，F8479/235/10.
② From Nanking to Foreign Office，October 31，1946，FO371/53659，F15929/235/10.
③ Notes for Supplementaries，May 13，1946，FO371/53658，F7113/235/10.
④ From Foreign Office to Sir Horace Seymour，May 14，1946，FO371/53658，F7113/235/10.

具体向华提交草案的时机由其本人把握。① 对薛穆发出可以对华提交商约草稿的指示后，外交部对草案有了新的变动，又紧急通知薛穆，在向中方提交时，特别说明"请忽略第九条的内容"，英方将补充修改该条内容，总的条目数不变，仍是 32 条。②

6 月 19 日，英国驻华大使馆代办华麟哲（G. A. Wallinger）向中国外交部部长王世杰递交了英方条约的草案。在递交草案时，华麟哲称，1946 年 2 月因国民政府将还都南京，中方曾建议将 1943 年《中英新约》第八款缔结新商约的建议推迟至外交部及各国领事馆入驻新址后再行开启谈判。英方已经在 1945 年 1 月份递交了领事条约草案并在当时表示不久将提交商约草案，"现奉英国外交大臣之令向阁下递交商约草案，并正式邀请中方开启谈判"。③ 7 月 5 日，外交部部长王世杰正式回复英国驻华大使馆，表示英方条约草案已经收到，中方正在研究，一旦完成研究，将确定双方开始谈判的日期。1946 年 8 月 1 日，英国新任驻华大使施谛文召开记者招待会，称关于订立中英新商约，因一般情况的变迁，新约至感需要。根据 1943 年之《中英新约》，中英商约应于战事结束后六个月内开启，"战事结束后，适值中国政府迁都，因以延宕，相信中英双方日内即将开始谈判"。④

9 月 3 日，外交部条约司司长王化成通知英方："在中美商约没有签订之前，中国政府不准备开启与其他国家的商约谈判。"⑤ 对此消息，英国外交部斯科特立刻判断认为，"美国商约将成为中国与其他过国家商约的样本"，果真如此，"英国将有机会向美方咨询，或许还可协调两国之间关于商约草案的条款"。⑥ 斯科特也承认，由于美国一直拒绝向英方提供商约条款的副本，不欢迎英方的相关咨询，美方或许已经在涉及英国关键利益的条款上背叛了英国，比如船运业。对于 9 月 3 日的中方答复，外交部认为"难以令人满意"，斯科特向英国驻华大使馆重复了其得出的判断，"在此后期阶段，不大

① From Foreign Office to Sir Horace Seymour, May 21, 1946, FO371/53658, F7113/235/10.
② From Foreign Office to Sir Horace Seymour, May 22, 1946, FO371/53658, F7113/235/10.
③ From G. A. Wallinger to Wang Shih-Chieh, June 19, 1946, FO371/53659, F10164/235/10.
④ 武汉日报年鉴编委会编：《民国三十六年度武汉日报年鉴》，武汉日报社，1947 年，第 23 页。
⑤ From Nanking to Foreign Office, September 6, 1946, FO371/53659, F13071/235/10.
⑥ From A. L. Scott to H. O. Hooper, September 16, 1946, FO371/53659, F13071/235/10.

可能说服中国改变态度"，建议"至少不能让中方如此顺利地通过他们的单方决议"。在向驻华大使指示时，斯科特举出了 1943 年《中英新约》的第八款，认为在 2 月份与中国外交部的交流中已经确认该款规定，即在"结束战争后的 6 个月内开启谈判"，尽管条约文字编印在册，但中方却违背了条约精神，单方推迟了商约谈判。①

面对英方的催促，中方建议发表一份声明，表示从技术上而言两国的谈判已经开始。施谛文询问王世杰，"自英方向中方提出条约草案至今已经过去了十几个星期，不知何时可以收到中方所提的草约对案"。王世杰解释称，由于对案需要经常咨询立法院一些细节，因此耽误了对案的提出，并表示很快将可以完成对案，并给英方以一个确定的日期。并建议，"如果英方需要，中方可以发表一个公开声明，解释中方延缓提出的原因，并申明中国对案正在准备过程中，将在不久后提供给英方"。②

对于未能即时开启的中英商约谈判，英国外交部吉特森（G. V. Kitson）向贸易委员会胡珀（H. O. Hooper）表示，根据施谛文的来电，"从技术上讲中英之间的谈判已经开始当然并无问题"，但此类声明可能会给人以误导，"等于公开表示中英谈判已经在进行"，"英方不能同意中方发表此类声明"。③英国外交部此时为回应来自各方的压力，虽然担心类似的声明可能为误导民众，但经过抉择后，提议中方以英方提供的内容为基础，发表一个声明，解释中方延误谈判的原因。外交部提议，中方的声明最好能包含下列内容："中国政府业已收到英王陛下政府所提议的居留及航海条约的谈判建议，中方正仔细研究草案以提出对案。上述事项正在准备过程中，并在不久提交给英方。在等待中美商约签字的同时，开启中英商约谈判"。④

10 月 18 日，外交部部长王世杰复函，同意按照英方所建议的内容由中国发表一个公开声明，并告诉英方"中国政府已经准备好在 11 月底开启双

① From Foreign Office to Nanking, September 19, 1946, FO371/53659, F13071/235/10.
② From Nanking to Foreign Office, October 1, 1946, FO371/53659, F14417/235/10.
③ From Kitson to Hooper, October 8, 1946, FO371/53659, F14417/235/10.
④ From Foreign Office to Nanking, October 14, 1946, FO371/53659, F14417/235/10.

方会谈"。^① 当日，国民政府外交部发表了一份公开声明，称"中国政府业已收到英国政府所提议的居留及航海条约的谈判建议，中方正详细研究以提出相应对案。上述事项正在准备过程中，并在不久后提交给英方"；"自英方向中方提交条约草案起，可以视为中英之间已经开启了商约谈判进程"，"中美商约刻下正在谈判之中，估计很快就可签字"。^② 中方声明发表后，施谛文立刻向英国外交部进行了汇报，"尽管中方的公开声明与英方所建议的并不完全一致，我认为尚可接受，声明公开表示中英之间的谈判并不取决于中美谈判是否已经完成"。^③

至 1946 年 11 月，中方已经完成了对英国草案的分析，11 月 25 日外交部提出了基于英方条约草案的对案。中方对案将条约名字修改为"中英友好通商航海条约"。在前言中，中方删掉了英方草案中所规定的确立各自国民的"居住及海运"业务字句，修改为："为进一步加强两国间业已存在的友好关系，并实现 1943 年 1 月 11 日中英新约中所规定的贸易及商业规定。"在适用范围上，中方在对案中增加了英国海外自治领，并特别将印度包括在内。^④

在英文条约草案中，并不包括"友好"、"通商"两个词。外交部条约司第二科在审议英方所提草案时，即提出英方草案"为何不提 Commerce 字样"而仅仅标出"居留航海"的疑问。在条约的适用范围上，中方认为英国远东属地及自治领均未包括在内，印度亦被排除在外。建议修改条约前言中的相关字句，加入"通商"字样，并在适用范围上依照 1943 年《中英新约》内容修改。^⑤

英方草案第二条是对条约所涉及概念及主体的说明。草案在第二条第一款规定，英国人是指包括英国本土及本条约所适用的地域内的英国自然人。

① From Nanking to Foreign Office, October 18, 1946, FO371/53659, F15266/235/10.
② From Nanking to Foreign Office, October 19, 1946, FO371/53659, F15255/235/10.
③ From Nanking to Foreign Office, October 19, 1946, FO371/53659, F15266/235/10.
④ Draft of Sino-British Treaty of Friendship Commerce and Navigation, Chinese Counter draft, November, 1946, 台北"国史馆"藏"外交部档案"，档号 020-070400-0005。
⑤ 《中英居留航海条约及中外航海协定等》，1946 年，台北"国史馆"藏"外交部档案"，档号 020-070400-0005。

中方在分析报告中提出，"要求在记录中说明，英国自然人限于来自本约所适用之英领土"。第二款是关于船舶的定义，英国船系指在英国本土及条约规定地域内注册的船舶。公司的定义出现在第三款，英方强调所有依法设立，而中方则认为应区分营利和非营利。第四款外国的定义，是指英帝国以外的，不属于英联邦成员的那些国家。[①]

英方草案第三条是关于彼此出入对方国家的规定。关于入境权，英国草案提出，任何出于国家安全理由而限制本国人居住或进入的区域，也同样适用于另一方，亦即给予对方入境及居住权的国民待遇。中方提出"有时某一地点可以禁止外人进入，而不禁止本国人民"，不建议接受国民待遇。对于入境目的，英方提出了 6 个月内的临时入境时间限制，其目的包括国际贸易、技术职业或商业目的、教育学习、认可的传教及医疗活动。对于英国草案所规定的入境目的，中方提出"如果本约适用于英属南洋一带，则华工无权前往矣"，提出"南洋华工能否包括在内"，并要求欧洲司及护照科"提出增加项目以利侨民入境"。英方对于入境签证发放条件提出了详细的规定，中方建议删除这些规定。[②]

关于宗教及信仰自由，中方并未提出过多反对意见，仅提出可照美约修改。公司的国民待遇及最惠国待遇规定出现于第九款。中方对于草案中提出允许对方公司从事金融业一项提出异议，表示不能接受，对以开采油矿亦提出异议。公司及个人纳税规定出现于第十一款，中方表示暂时接受英方提议。整体上，审查者建议以公司法规定比照英方草案。[③]

英人在华购置及持有不动产事项出现在第十三款。英方提出了购置不动产的国民待遇规定，外交部审查时提出："当初中英新约中虽有类似规定，但当时以此为放弃治外法权之条件，今何以扩大范围，重提于此"？建议修

① 《中英居留航海条约及中外航海协定等》，1946 年，台北"国史馆"藏"外交部档案"，档号 020-070400-0005。
② 《中英居留航海条约及中外航海协定等》，1946 年，台北"国史馆"藏"外交部档案"，档号 020-070400-0005。
③ 《中英居留航海条约及中外航海协定等》，1946 年，台北"国史馆"藏"外交部档案"，档号 020-070400-0005。

改。① 英国决定不予提出的经商条款在第十四条进行了简约说明，"缔约双方公司或个人，在遵守各自现行法律法规的情形下，可以从事或指定机构雇人代为从事商业经营"。外交部在审查时认为，英方将在此基础上"等于经商条款再增加二十条"，而且"中美商约中美人所得一切权利，英人皆得之"。英方草案在第十八款提出了关于最惠国待遇的适用问题，要求本约第四至十七款所规定事项，缔约国一方给予其他第三国优惠时，缔约另一方公司和人民同样获此优惠。外交部审查时建议，须避免大规模无限制之规定，应采取"个别例案方式"。②

英国战争运输部极为重视的船运条款出现在第二十一条。该条第一款第一句为："缔约一方之船舶可以自由出入彼方船舶可以进出之所有港口和水域。"外交部审查时认为"本国船所到之处英船皆可到，较中英新约又进一层，必为航业界所反对"。至于船舶遇风避险等规定，中方审查认为"似无多大问题"英方草案围绕英人在华居住的国民待遇及最惠国待遇提出了一个远比美国方案详细的规定，并在此基础上于第二十八条提出了无条件最惠国待遇条款，本约所有条款凡涉及给予最惠国待遇，除第八条第三段外，"均意味着同时、无条件取得最惠国待遇，无须特别请求或说明"。外交部建议删除此款，并重新起草。③

国民政府外交部在 12 月下旬时通知英方，中国所提对案已经完成，正由行政院审核，将在获得批准后提交英方。1946 年 12 月 31 日下午，外交部条约司司长王化成将议定后的草约对案正式提交给英国驻华大使施谛文。王化成表示，中国政府极为看重 1943 年《中英新约》第八条第一款的规定，中方所提草约的名字是"中英友好通商航海条约"。施谛文称，他尚未与英方草案进行仔细比对，只是大致浏览后感觉有以下不同：中方对案直接提出了"永久和平及友谊"条款，同时还包含两个贸易条款，规

---

① 《中英居留航海条约及中外航海协定等》，1946 年，台北"国史馆"藏"外交部档案"，档号 020-070400-0005。

② 《中英居留航海条约及中外航海协定等》，1946 年，台北"国史馆"藏"外交部档案"，档号 020-070400-0005。

③ 《中英居留航海条约及中外航海协定等》，1946 年，台北"国史馆"藏"外交部档案"，档号 020-070400-0005。

定在进出口贸易及税收方面，互相给予最惠国待遇；中方建议条约的适用
范围应与 1943 年《中英新约》相同。王化成还表示，中方仍将保持对草
案进行修改的权利。[①]

收到中方草案后，印度事务部提出，印度将单独对华进行商约谈判，要
求从对案中删除印度；"印度将单独与中国签订居留通商条约"，"当印度准
备完毕谈判工作，将由驻华大使通知中方"。[②] 对于印度经由英国使馆转达的
单独对华缔结商约的提议，国民政府予以拒绝，王化成向英国驻华大使馆公
使华麟哲称："作为回复，我想再次强调，中国政府极为重视中英商约的适
用范围问题。"中国政府"刻下正仔细研究中，一旦得出明确结论将尽早通
知贵馆"。对于王化成最后一句的含义，英方解读为，"如条约不适应于印
度，中国政府将很难答应"。[③]

第五节　英国决定推迟商约谈判

收到中方对案后，英国将《中美商约》与英方所提草案及中方对案逐
条进行了详细比较。1947 年 1 月 17 日，英国政府各部聚集开会，研讨
《中美商约》的文本，分析总结《中美商约》与英国文本的差别，讨论如
何修改英方文本。重点讨论了下列事项：一、在中方对案的基础上，如何
实现英方航运企业的利益最大化。二、英国是否坚持进入长江至汉口的
航行。三、在中国反对沿海贸易条款情形下，施谛文大使应该尽力争取
的内容。[④]

此次会议在评判《中美商约》时认为，《中美商约》对航运业规定"远
低于英国所需要的最低要求"。在内河航行权方面，英方需要：一、"海船至

①　From Nanking to Foreign Office, December 31, 1946, FO371/63279, F27/27/10.
②　From India Office to Foreign Office, January 14, 1947, FO371/63279, F579/27/10.
③　From Nanking to Foreign Office, February 18, 1947, FO371/63279, F3334/27/10.
④　To discuss the Draft of the Proposed Treaty Establishment and Navigation in China, January 22, 1947, FO371/63279, F753/27/10.

少可以至汉口贸易"；二、"英方海船可以停泊所有海港"；三、"组建英国控制下的航运公司，悬挂中国国旗"。会议认为，如果上述三项条件难以通过商约正文获得，也应该通过换文的形式获得至少 25 年期的允许。[1] 运输部、贸易委员会、英商中华协会等部门和商业团体均密集参与了对中国对案的讨论，于 2 月 26 日最终由外交部形成最终定案。

随着中国国内形势的变化，英国内部在研究中方对案的同时，对于何时开启谈判开始有了不同的看法。英国议会批评外交部行动缓慢，催促尽早签订商约，而外交部内部及英国驻上海商人代表等均认为推迟订约对英有利。"当中国处于混乱状态之下时，强行推动条约谈判将一无所获"。[2]

因中英商约谈判进展缓慢，时任保守党副党魁的艾登在英国下院受到批评，下院一致要求尽早订约。外交部认为，英商中华协会可能是此次下院诘难的主要幕后推手。吉特森致函英商中华协会的米歇尔（G. E. Mitchell）称，"在现有情形下，如果中英商约谈判被迫推迟，并不一定是件坏事"。早在 3 月 18 日，英国商业总会曾在上海专门组织了一个针对中英商业谈判的下级委员会，其成员包括怡和洋行的祁士域（John Keswick）、[3] 启东烟草公司的普莱斯（R. J. E. Price）、帝国化工的哈雷（G. A. Haley）。该委员会判断"基于目前的政治及经济形势，英方将商约缔结时间拖延的越长，就越有利"。英国驻上海领事蓝来讷（L. H. Lamb）认为"如果避免仓促开启谈判，让当下对于中国人对所谓主权的狂热冷静下来，对英方应该有利"。[4]

米歇尔同意吉特森的判断，立刻回函吉特森，"艾登关于需要尽速完成对华商业谈判的言论与我们毫无关系"，"我已经给保守党写信，表明英商中华协会不认可他们的观点"。英商中华协会对商约的观点已经由协会主席祁士域在两周前的年度例会上进行了报告，即"不要急于缔结中英商约"，因为中国现在的状况变化不定，催促订约对英国没有利益可言，推迟到政治稳

---

① To discuss the Draft of the Proposed Treaty Establishment and Navigation in China, January 22, 1947, FO371/63279, F753/27/10.

② Commercial Treaty with China, May 29, 1947, FO371/63280, F7210/27/10.

③ 英国商人，生于上海。

④ From Kitson to Mitchell, May 27, 1947, FO371/63280, F6292/27/10.

定以后再订商约或许更为有利。但米歇尔认为，推迟商约谈判一事不宜公开声张，因为不论是下院还是外交大臣都已经公开表态，公开声明延迟订约不太合适。[①] 吉特森亦认为不宜公开声明推迟中英商约谈判，但如果下院进一步催促尽早订约，可以让商会在下议院的发言人提出一个补充说明，暂缓谈判进程。[②]

英商中华协会及外交部远东司建议延迟谈判的建议很快为下院保守党所知悉，下院议员弗莱彻（Sir Walter Fletcher）特别致函外交大臣贝文（Ernest Bevin），表示无意催促加快中英商约谈判进程。弗莱彻称，"在中英商约问题上催促急于求成是危险的"，在下院正反两方都催促订约的情形下，"外交部顾问会同意我的观点"，即"获得一个中国根本不能执行的商约，其危险性要远大于没有商约"，"英国政府需要做的是督促国民政府履行现有的义务，保护外人在华财产及给予外人更为公平的待遇，这远比一纸漂亮的条约文件更为重要"。[③]

外交大臣贝文对弗莱彻的建议表示认可，主动表示将以此转告贸易委员会主席科瑞普（Stafford Cripps）。贝文写道："因我关于对华商约即将缔结的一席谈话，下院外交事务委员会刮起了一阵旋风；而且您也应该对弗莱彻最近给我所写的有关评论感兴趣，弗莱彻提出，他个人认为，急于签订商约是一件相当危险的事情，上海英商代表亦持同样观点。""巧合的是，中国政府自去年12月底提交商约对案后，并无兴趣再推进一步"。尽管一再催促中方并不恰当，但英方准备工作"应该比谈判要先行一步"，英方内部应该召开一次部际会议，对中英商约问题进行探讨。[④] 科瑞普同意贝文的判断，即"在中国形势尚不明朗的情况下催促订约是不明智的"，亦认为此种观点亦愈来愈被关心英国商业利益的人们广为接受。科瑞普还进一步解释了贸易委员会对中方对案回复缓慢的原因：贸易委员会数月以来将主要精力集中于国际贸易组织的成立上，因此无暇更多关注中英商约的问题，而7月底国际贸易

---

① From Mr. Mitchell to Mr. Kitson，June 2，1947，FO371/63280，F7527/27/10.

② From Mr. Kitson to Mr. Mitchell，June 9，1947，FO371/63280，F7527/27/10.

③ From Walter Fletcher to Mr. Bevin，June 12，1947，FO371/63280，F8496/27/10.

④ From Ernest Bevin to Stafford Cripps，June 19，1947，FO371/63280，F7208/27/10.

组织的工作将告一段落，贸易委员会可以集中精力处理中英商约问题。①

　　1947 年 10 月上旬，贸易委员会向 20 个政府部门发去了邀请，准备召集一次空前广泛的英国政府部际会议。10 月 21 日上午 11 时，在贸易委员会 562 会议室，英国政府部门间协商正式举行。会议总结了中英商约谈判的缘起及准备过程，并解释了商约重视居留条款而不涉及进出口贸易的原因。对于中方所提对案，会议认为中方对案极其类似《中美商约》，"整体上无法实现英国商约草案中的设定目标"。会议建议，应通过适当的外交手段让中国人了解英方的观点，"在接受中方对案若干可以接受的条款基础上，请中方以英国草案而非中国对案作为中英进一步谈判的基础"。如果要求中方以英方原案为谈判底稿，会议认识到可能存在被中方拒绝的风险，"中方或者拒绝谈判"，"或者要求改用中方底稿"。②

　　尽管对谈判策略进行了各种预估，贸易委员会向政府各部介绍时仍然抛出了一项更为重要的问题：要不要与中国签订商约？是"宁可选择一种没有正式商约的对华关系"，还是达成"一项无法让人满意的商约"。会议提出的另一个问题是：基于对中国经济形势的分析，很难判断一个全面的对华商约对英国是否还有必要？出于平衡考虑，各部汇总意见后提出，"除非贸易委员会认为谈判破裂的政治后果过于严重，否则英方应做好破裂的准备"。对上述两个问题讨论的结果，事实上将动摇中英商约的谈判前提。③

　　虽然做好了中止谈判的预期，但会议仍详细分析了双方的草案，并对各自草案间的重大分歧提出了各种可能性的预判。如果决定仍缔结中英商约，应尽力说服中国人，英方通过商约希望获得的是涉及人、公司及船舶的"国民待遇"而非"最惠国待遇"。英国之所以强调此点，是为了避开《中美商约》中所列出的限制。对外国在华公司而言，《中美商约》的规定非常不利，此时英国在华仍"有 7 亿英镑的直接投资"，而且主要集中于船舶运输、矿业、公共基础事业及商业方面。如果不能获得所有条款的"国民待遇"，损

---

① From Stafford Cripps to Ernest Bevin, July 7, 1947, FO371/63281, F9269/27/10.
② Commercial treaty Negotiations with China, October 21, 1947, FO371/63281, F13816/27/10.
③ Commercial treaty Negotiations with China, October 21, 1947, FO371/63281, F13816/27/10.

失太大。作为最后一种努力，英国也应该让中方接受基本规则的例外条款，即尽力通过例外特许实现国民待遇条款而非最惠国待遇条款。[1]

通过此次会议，英国已经有意停止对华商约谈判进程。但对商约起草者而言，如果中止谈判，面临的一个最为突出的困难是：如何向英国大众解释戛然中止的中英商约谈判？会议认为，英国人对过去在华特权的留恋，可能是对商约始终不满的深层次原因，因而提出"如果能等到英国人对所有治外法法权的记忆及其影响完全忘却，然后再来签订商约可能对谈判会更有利"。[2]

对中英两国而言，商约谈判事实上已经陷入僵局。《中美商约》的订立，使得中国对外新订商约已经有了一个蓝本，中国将以此为基础与所有国家确立贸易通商关系。另，即使坚持《中美商约》所体现出来的原则，国内的舆论已经令国民政府感受到了压力，不可能再有退让。但对英国而言，《中美商约》的条款远低于其预期，获得事实上的所有通商事务的国民待遇条款是其坚持的底线。正是因为此种状况，英国内部认为，是否订立中英商约已经不再重要。

英国驻华大使馆认可贸易委员会召集的部际会议结果，"很高兴得知英国在向华要求合理利益问题上态度坚定"，大使馆亦感到"暂时维持一种无商约的状态，要好于接受一个不能令人满意的商约"。[3]

解放战争全面爆发后，国民党在战场上一败再败，国统区内经济凋敝、物价飞涨，英国内部对于是否缔结中英商约的认识也明朗化。1948 年 6 月，国民政府内部曾通过中英商会（The Anglo Chinese Chamber of Commerce）释放信息，不再固执己见，希望尽快与英国订立一个贸易协定。[4] 对于中英商会所转达的信息，英国外交部认为与驻华使馆及驻华英国商会的观点正好相反，该会可能受到了一些中国政府人士的影响，这部分中国人主要是出于维护政府的"面子"的考虑，支持签订中英商约。外交部称，自 1948 年 3

---

① Commercial treaty Negotiations with China，October 21，1947，FO371/63281，F13816/27/10.

② Commercial treaty Negotiations with China，October 21，1947，FO371/63281，F13816/27/10.

③ From Leo H. Lamb to A. L. Scott，November 14，1947，FO371/63281，F15809/27/10.

④ From Mr. Petch to Welch，June 14，1948，FO371/69625，F8656/710/10.

月份以来中国国内形势未见改变，无论是政治形势还是经济环境，均不支持中英商约的缔结。"此时此刻，完全不再适宜向中方提出新的建议"，"亦完全没有必要再去征求驻华大使的意见"。① 一直到国民党政权退守台湾，中英商约谈判再也未能开启。

中英、中美《新约》订立后，外交部部长宋子文曾同时向英美提及战后综合性商约的谈判问题，在最初的阶段英美之间保持了信息的互通，但英方在是否提前启动谈判问题上与美方存在分歧。美方的策略是先于中国提出草案，目的是先声夺人，掌握谈判的主动，让中国在美方草案的基础上修改。英方最初的策略正好相反，先让中国提出草案，英方根据中方草案来确定自身条款，后发制人。当得悉美方草案已经完成后，为了避免被动，英国改变了等待中方先提草案的策略，希望能够提出自身的条款，遂启动了各部门之间的协调工作。1945 年 1 月 29 日，英国外交部主持了第一次真正意义上的各部门之间的商约起草协调会。并于 3 月 12 日拿出了对华草约的纲要。美方并未及时向英国提供自己的商约草案副本，但与英国之间仍存在利益共同点，比如希望影响中国公司法的修改。英方对于美方未能与自己保持一致步骤，提出了批评。顾维钧曾言及：英国商人对美国人利用战争而排挤其对华贸易一事，深感怨恨，这在上海和香港商界是公开的秘密，"他们发誓要想一切办法从美国人手中夺回所失去的一切"。②

对于是否列入经商条款，是英方在起草过程中做出的重大选择。贸易委员会曾提出了三种方案供英国政府选择。经过各部讨论，英国倾向于不列入经商条款。此外，在准备商约过程中，英国内部极为看重内河及沿海贸易条款，而且对于商约的适应范围是否应包括印度、缅甸、海外各自治领及殖民地存在较大分歧。

1946 年 6 月，英方向中方正式提出了不包含经商条款的条约草案，即"中英居留及航海条约"，而非通常意义上的通商航海条约。在不含经商条款的情形下，英方条约草稿多达 32 条，已经超过了美方草约。中方注意到了英方草案的不同，并于《中美商约》签字后完成了对案的准备工作。12 月 31 日，中方正式向英方提交了对案。《中美商约》的签字成为中英商约筹备过程中的一个关键节点，英国认为《中美商约》给英国商约带来了极大困难，在一些重大利益方面，中方已经很难让步。英国为减少独自对华谈判的压力，有意拉拢荷兰等国，互通商约条款。

中英商约最终未能签订的原因是什么？究竟是中方故意延宕还是英方有意拖延？对于该问题的思考，有助于理解在准备商约过程中国民政府与英国政府各自所处的态势及地位。对于中方而言，已经有了《中美商约》作为蓝本，很难再作进一步的让步。然而对于英方而言，英国需要的是居住及航海贸易上的国民待遇，而非仅取得与美国类似的最惠国待遇，这样的一种定位使得英方很难作出让步。此种定位，是基于废除治外法权后英国商人的心理而形成的。从 1842 年《南京条约》开始，至 1943 年 1 月 11 日《中英新约》订立，英国商人在华已经享受了 100 年的不平等条约特权，虽然治外法权已经废除了，但其在英国人内心的惯性依然是强大的。不平等特权突然废除后的失落感，也是英国贸易委员会在最后提出"与其订立一个不能令人满意的条约，不如不订"的心理背景。

第八章　战时及战后条约关系观念及政策调整

　　战时及战后条约关系变化的背后是中国国内对条约观念认识及理解的发展及变化，此种观念的发展及变化构成政府政策调整的社会背景。1931 年 9 月 18 日，日本发动"九一八"事变，打断了中国的修约进程，这是中国国内要求废约的舆论呼声的一个转折点，如何从学理上阐述中国废约的正当要求成为知识界及舆论界关注点之一。"七七"事变爆发后，中日之间进入全面战争状态，中外之间的条约关系因日本侵华而发生变化，因敌我阵营的变化组合，中国与英美法德意日之间的条约关系有重大的分化。中国舆论界及政府部门开始调整对条约的认识和态度，为建立新的中外条约关系做了理论上的准备和舆论上的宣传。为废除不平等条约而进行的政策准备相继进入实施阶段。

第一节　抗战期间中国对平等条约关系的呼吁

　　虽然"九一八"事变打断了中国的废约进程，但国内知识界、舆论界对废约的呼声并未中断，延续了大革命以来的废约呼声。领事裁判权是不平等条约特权中最为舆论界关注的辱国条款之一，对于如何取消领事裁判权，学界有多种言论。有人指出，中国从事撤废领事裁判权运动已经 20 年，一直未能实现，一方面是由于各国的阻挠，另一方面是因为中国自身准备不足，"加之政局频仍混乱，司法鲜于改良，乃予外人常引为'撤废尚非其时'为借口"。现在，列强过去的借口已经不再存在，是时候提出撤废该项特权了。通过比较世界各国撤废不平等条约特权的历史，有人建议"能够自动宣布废止，断然加以处置，固为上策"，但如果缺乏武力作后盾，很难做到。建议不如采取分别谈判单独废除的办法，谈判的内容可以附加一定的事实条件，并必须确定一个时期和一种过渡办法，"可仿照土耳其的撤废先例，附以五年为期，或以三年，于过渡的时期，得设置外国人法务顾问"，以保证旅华外侨对中国的法律有充分的信任。该建议还提出需要联合各界民众组织"撤废领事裁判权后援会"，作为政府的后盾，表达了全国民众对于撤废治外法权的坚决态度。[①]

　　虽然建议采取土耳其的办法废除领事裁判权，但当时学界认识到土耳其的领事裁判权与中国并不一样。土耳其的领事裁判权范围较列强在华领事裁判权宽泛，"我国之领事裁判权，依照条约规定，仅限于司法上民刑诉讼事件"，而土耳其的领事裁判权至少包括三个方面：一是司法上的民刑诉讼之领事裁判制度；二是领事行政权；三是外侨免除一切租税之特权。相较于土耳其而言，中国出让的仅仅是第一项特权，不包括后两项。在华外人一方面臆断领事裁判权属于一种治外法权，另一方面"极力模仿在土耳其之领事治理权"，造成这种状况的原因有两个：一是外人刻意扩张在华权利，漠视条约，加以曲解；二是"外国领事及人民，缺乏法律知识，认为领事裁判权系无上法宝，信口雌黄，任意援引"。指出"所谓领事裁判权，其最要之点，不外两国人民间之民刑诉讼案件，其被告各由其本国之官员审判，即外侨为被告时，不受中国法庭审理，而由其本国领事裁判而已"。[②]

---

① 潘灜江：《撤废领事裁判权运动的回顾与今后应取的途径》，《东方杂志》总第 34 卷，1937 年第 12 期。
② 薛典曾：《领事裁判权之解释问题》，《东方杂志》总第 34 卷，1937 年第 10 期。

到抗战全面爆发前，中外之间围绕领事裁判权的交涉所进行的交涉案件，主要有两类性质，一是"工厂检查法之施行"；二是"所得税之征收"。中国允许外人在华设厂，始于中日《马关条约》，其他各国援引最惠国条款，获得此项权利。由于当时中国没有公司法，对外人工厂未加管理。1931年国民政府公布《工厂法》，1932年公布了《修正工厂法》及《修正工厂法实施条例》，但上海租界当局表示，租界内工厂不受中国政府检查。经中国政府与租界工部局协商，于1936年6月24日订立了一个草约，主要内容有两项：中国政府授权工部局在租界内行使中国政府所颁布的工厂法规；工厂检查机关设于工部局内，但检查员则由中国方面委派。上海领事团拒绝批准该约，其理由是，"所指之草约，仅可适用于租界内中国人所设之工厂，至于中国对于外人所设之工厂，施行检查，即系对于享有治外法权之人民，剥夺其条约上之利益"。并认为工部局无权交涉其事，需要由各国政府进行交涉。上海领事团此类言辞，属于混淆视听之举，在法理上是站不住脚的。至于所得税之征收，凡中国政府颁布任何税法，或地方政府征收房捐、警捐等，在华外人常以领事裁判权相违抗，"现中国早已实行关税自主，对于课税之主权，已完全恢复，征收所得税，为中国政府固有之权"，至于援引领事裁判权用以辩护，实在是一种谬误。仅有少数英美侨民缴纳所得税，且多数属于传教士，大部分在华外人违抗如故。①

中国朝野上下对于条约观念认识的转变与日本发动的全面侵华战争存在密切关系。"九一八"事变后，中国已经逐步将外交重点转向抗日，尽力争取可能的外援。中国国内的政治及军事准备亦朝着中日决战的方向进行努力。"七七"事变后，国民政府发表自卫抗战声明书，体现了中国对条约观念的认识变化。

国民政府指出，中国近年来的建设在于"完成现代国家之建设，以期取得自由平等之地位"，对外"尊重和平与正义"，"凡国联盟约、九国公约——中国曾参加签订者，莫不忠实履行其义务"。在条约观念上强调对既有国际公约的尊重。此时中国政府在观念上强调尊重旧有条约关系，主要考

———————————

① 薛典曾：《领事裁判权之解释问题》，《东方杂志》总第34卷，1937年第10期。

虑是如何尽可能多的联合外国，增强抗战力量。针对"七七"事变本身，声明强调"卢沟桥事件之起因，由于日本大举扩张天津驻屯军，且屡于辛丑条约未经允许之地点施行演习"，指责日本违反既有条约。①

在社会舆论探讨中国废约途径和方式的同时，国民政府对于废约有自己的考虑。事实上，民间团体向政府所献具体政策时，亦不是一味强调废约。1938 年 1 月 16 日，蒋介石发表对日本第一次"近卫声明"的批评，表示中国的"立国精神，就是不侮鳏寡，不畏强敌，尤其是不肯背盟弃信"，中国废除不平等条约，也将循合法正当的手续来做。② 此时国民政府对于既有条约的认识存在两个面相，一方面要维护既有条约义务，另一方面要取消列强在华享有的不平等条约特权。在既有的条约体系之内，有些条款对于批判日本的侵略争取国际舆论的同情是有帮助的。尤其是既有的公约和多边条约，有利于从整体上抗击日本的侵略。

在布鲁塞尔会议前夕，中国曾呼吁《国联盟约》《九国公约》《非战公约》已为日本破坏无余，而此等条约的最大目的"在维持正义与和平"。"中国以责任所在，自应尽其能力，以维护其领土主权及维护上述各种条约之尊严"。③ 上海市文化界救亡协会在向外交部呈送对布鲁塞尔会议的意见时，亦提出"申述日本违犯国际法及条约，向中国从事侵略战争"，中国被迫抗战，"目的不仅在于保卫本国领土主权，且在于维持国际法及条约尊严，并保全远东及世界和平"。④

上海市文化界救亡协会认为，在对外宣传上，"我国政府此次集合全民族力量以对日抗战，目的不仅在于保障领土主权，且亦在于维持条约尊严与国际和平，光明正大"，批评日本自"九一八"以来，破坏了《九国公约》《非战公约》《国联盟约》。此种看法代表了当时普通大众对于条约的认识，

---

① 《国民政府自卫抗战声明书》，1937 年 8 月 14 日，《中华民国史档案资料汇编》第五辑第二编《外交》，第 26 页。

② 《王外长发表演说阐明中国外交政策》，1940 年 12 月 18 日，《申报》1940 年 12 月 18 日，第 4 版。

③ 《国民政府自卫抗战声明书》，1937 年 8 月 14 日，《中华民国史档案资料汇编》第五辑第二编《外交》，第 27 页。

④ 《上海市文化界救亡协会国际宣传委员会对九国公约会议开会前后我国外交政策意见书呈》，1937 年 10 月 25 日，《中华民国史档案资料汇编》第五辑第二编《外交》，第 29 页。

并呼吁"各友邦为维护和平与条约尊严计，予中国以精神的物质的援助"。①

抗战进入相持阶段后，1938 年 12 月 26 日，蒋介石发表斥责日本第三次"近卫声明"的谈话，引用孙中山与田中义一的谈话来表达自己的观点，认为"废除不平等条约，也要堂堂正正，循合法的正当手续来做，如果不合法的破坏条约，这种举动，虽于我国有利，亦所不为"。② 1939 年 9 月 1 日，德国突袭波兰，欧洲战争爆发。对于此新形势，蒋介石再次阐述中国对条约关系的认识，强调中国一贯的抗战国策是"遵守国际公约，尤其是《国联盟约》《九国公约》与《非战公约》，以与世界爱好正义和平之国家，共同维护世界秩序"。③

中国朝野对于条约关系的态度是尊重既有条约，呼吁国际社会据现有国际公约谴责日本，制裁日本的侵略。对于旧有不平等条约，除敌对国家外，在与各国谈判废除前，仍示以信守态度。

第二节　为废除条约而进行的政策准备

"七七"事变爆发后，美英两国曾多次声明，将在适当时期放弃在华治外法权及其他条约特权。太平洋战争爆发前，驻英大使郭泰祺曾在回国途中与美国密商废约问题。太平洋战争爆发后，美英开始考虑废约的利弊得失，最终决定战时废约，以鼓舞中国军民的士气。

一、 国民政府外交部拟定废约原则

在美英酝酿战后废约的同时，1942 年 3 月，国民政府外交部拟定了战后取消列强在华领事裁判权的原则。总的指导原则是"一切不平等条款，战后

---

① 《上海市文化界救亡协会国际宣传委员会对九国公约会议开会前后我国外交政策意见书呈》，1937 年 10 月 25 日，《中华民国档案资料汇编》第五辑第二编《外交》，第 29—30 页。

② 《蒋介石斥责近卫声明的谈话》，1938 年 12 月 26 日，《中华民国档案资料汇编》第五辑第二编《外交》，第 62 页。

③ 《蒋介石对欧战爆发之表示声明》，1939 年 9 月，《中华民国档案资料汇编》第五辑第二编《外交》，第 73 页。

应无条件取消"，"届时与有关各国接洽领事裁判权之废止，不再根据以往交涉，而应完全以平等互惠为原则，缔结新约"。对于谈判过程中可能出现的问题，外交部也预先设想了若干状况，如"有关各国提出有损中国主权之任何过渡办法（例如聘用外籍法官），我方应根本拒绝讨论"。外交部认为在平等互惠原则之下，如对方提出以下三点，可以加以考虑：一、彼此解除境内侨民服兵役之义务；二、彼此侨民个人身份及家庭关系，均由本国驻外官吏依照本国法律处理之；三、外人在华设立的宗教、医药、慈善机构及其设备可以继续存在，但"须受中国政府所制定关于各该机关之管理或监督各特种法规之支配"，其地位与待遇"以与中国类似机关相同为原则"。①

考虑到治外法权废除后，外人事实上将在内地杂居，外交部提出了相应的管理办法。在土地法内，严格限制外人在华的土地所有权、典权、永租权以及耕种权。通过各种相关工商法规，限制外人在华的工商业投资。为限制外人在华的迁移，避免大量外国人聚居一地，以致影响到当地的社会经济状况，外交部建议"应即实施外人居留证制度"，"必要时得仿美国及英荷各属地先例，限制每年外人移民来华之数目"。②

1942 年 7 月，外交部又拟定了取消其他条约特权及特种制度的办法，共提出了五个方面的问题，为废除旧约做全面准备。排在前三位的是军事、势力范围及通商问题。军事方面列出了三项应废止的特权：应一律取消外国军舰在中国沿岸领海及港湾江湖中游弋停泊之特权；一律取消外国在中国指定地区驻扎军队及警察之特权；一律取消不准中国在自己领土上驻扎军队或不得设立炮台的限制。关于外国在华势力范围应取消四项特权：一律废止"规定中国不得将某地割让或租给他国之条款"；一律取消"承认外国在某地享有之筑路开矿等特权或优先权"条款；一律废止"外国间相互协定强指中国某某地方为其势力范围之条款"；一律废止"中国在某地不设某平行铁路之声明或类似之限制"。废止或取消通商方面的四

---

① 《外交部拟定关于取消领事裁判权之原则》，1942 年 3 月 9 日，《中华民国档案资料汇编》第五辑第二编《外交》，第 138 页。
② 《外交部拟定关于取消领事裁判权之原则》，1942 年 3 月 9 日，《中华民国档案资料汇编》第五辑第二编《外交》，第 138 页。

类限制或特权：一律取消"外国根据条约或不根据条约在华沿岸贸易及内河航行之特权"；依照中国法律管理或限制"外侨在中国设立之行栈、工厂、学校、教会、病院"，"敌侨在中国所设者，照敌产处理"；一律取消"规定中国改善某某河道及其由国际经营之特种制度"；一律废止"外籍人员得充当中国境内引水人之特种制度"。[①]

除上述军事、势力范围及通商贸易外，交通、财政方面需要取消的各有三个方面特权。关于铁路，"凡由敌方投资或经营者，准用清理敌产之规定"，"凡系友邦政府或人民投资经营者，由我方备价收回"。收回后，"铁路上用人行政，完全由中国政府管理"，"其原来任用之外籍人员，得由中国政府酌量分别去留"。外人在华经营收发的无线电信及有线电信特权，一律予以取消。外人在华的邮政特权，一律予以取消，"聘用外籍邮务总办及其他外籍人员之特种制度，应即废止"，原有外籍职员，由中国政府酌量，分别去留，原有外国邮件由外籍职员检查制度，一并废止。财政方面，外人在华应依法缴纳一切捐税，"禁止外人在华所设银行发行钞票"，废止"海关任用外籍总税务司及其他外籍人员之特种制度"。除上述五大方面之外，外交部还特别列出了两类特别情形。一是关于最惠国条款，如果不是以平等互惠为原则，应一律废止。针对日、英、苏三国，外交部认为应分别取消其在中国特别区域内的特权。即日本在东三省，英国在西藏，苏联在外蒙古、新疆、北满区域的特权。[②]

继制定废除治外法权原则及其他特权原则之后，外交部又拟定了租界和租借地的收回办法。收回租界与租借地从大的类别上分为敌国、盟国、中立国三大类，"敌国在华之租界租借地及其它特殊区域，均应立即无条件收回"；盟国在华租界租借地及其他特殊区域，"均应以立即收回为原则"。在对待盟国时，如因当地特殊情形，有制定特别法规之必要，"可由我国自动制定颁布施行"。如由中国制定颁布施行针对盟国的特殊规定，应注意：各

---

① 《外交部拟定取消其他特权及特种制度办法》，1942 年 7 月 26 日，《中华民国史档案资料汇编》第五辑第二编《外交》，第 147 页。

② 《外交部拟定取消其他特权及特种制度办法》，1942 年 7 月 26 日，《中华民国史档案资料汇编》第五辑第二编《外交》，第 148 页。

该地之行政，由我政府依法派员管理；警察权完全归我国管理；不设置特区法院；向中国政府移交各该地公有财产与档案；取消外人在各该地的购地权，中国政府认为必要时，以公平价格征购外人私有之财产。中立国在华租界与租借地收回原则比照同盟国，分别交涉收回。外交部在制定此项收回办法时，对于已经收回的租界租借地，亦指出应取消外人保留的特权。①

二、关于废除治外法权原则草案的讨论

美英宣布将于战时废约后，国民政府各部亦就取消领事裁判权的原则进行相应的研讨。外交部条约委员会委员方文政在其所提草案中提出，第一原则在于"对方国允诺取消在华之治外法权及领事裁判权同时，承认中国法权在其全部领土内完全自由行使"，"凡在本约成立前，由中国与对方国或数国依照条约协定换文或其他约定，许与在华享有治外法权、领事裁判权会审官审、外籍律师与翻译之出庭权以及外国驻华使领所享逾越国际惯例之特权，均完全废止"。之所以将上述原则作为第一原则，第一个原因在于：中美或中英订约取消领事裁判权时，似应将取消"治外法权"文句一并规定。在1924年的《中俄解决悬案大纲协定》第十二条已经有此先例。1902年的中英商约设有"治外法权"之规定，1941年7月美国声明亦有愿取消治外法权字句；第二个原因在于，本原则后半段的含义在于包括下列各点：一是"中国一面进行取消领事裁判权，同时自必进行收回全部租界"，上海租界法院、鼓浪屿会审公堂等均应废止；二是外国在华设置的特别法庭均应撤废；三是中国法院依法发布的传票、拘票、判决书，或依法搜查正待收回之租界或外国人住宅内执行，"任何外国驻华领事不复有权预行审查或行其他干涉"；四是外国驻华领事馆或设在中国领土内的外国警察，应即撤废。②

方文政所提第二个原则是"两缔约国应依据相互平等待遇原则为基础，新订通商航海条约，而且所指的新订通商航海条约应在新约订立之日起六个

---

① 《外交部拟定租界租借地及其它特殊区域之收回办法》，1942年7月26日，《中华民国史档案资料汇编》第五辑第二编《外交》，第148—149页。

② 《废除领事裁判权之原则草案》，1942年10月16日，台北"国史馆"藏"外交部档案"，档号020-070600-0030。

月内签订成立"，如果逾期未能签订成立，则"彼缔约国人民在此缔约国领土内，其身体及财产之保护均得视为无约国人民及财产一律处理之"。方文政所提第二个原则的理由有二，一是，取消领事裁判权与废除不平等条约依据的是新的国际平等待遇原则，中国必须主张同时订立通商航海条约，"缘两缔约国人民在彼此领土内，其身体及财产之保护应另订通商航海条约，以资遵守"。二是"此项原则第二项之命意在使对方国对我履行修改一切不平等条约之义务取得保证"。[①]

第三个原则是"中国与任何外国间国际关系达于完全平等之后，愿与对方国在平等待遇原则之下于新订通商航海条约中约定此缔约国人民在彼缔约国领土之任何区域内，遵照所在国法令之规定，享有居住经商之权"。确定第三个原则的理由之一是"中国开放内地准许外人杂居问题应以中国与任何外国间国际关系达于完全平等之后，以及对方国人民在华应遵照中国法令之规定为先决条件"，如果仍有任何一国在华尚依据不平等条约享有特殊权利，则中国领土主权之行使、行政及司法之执行，仍将受到阻碍，"是以此时中国与其他一国纵使依照平等条约开放内地，仍应顺带规定停止生效之条件"。具体而言，所谓国际关系达于完全平等应包含下列意义：一是任何外国在华领事裁判权均应取消；二是任何有约国与中国所有不平等条约均已经修订为平等关系；三是中国已经收回所有租界及租借地；四是"任何外国在华之驻舰、驻兵、设警察及其他因条约或习惯所享受之特权，均经完全放弃"；五是"任何限制中国国防之约款均经废止"。理由之二是，中国曾于 1928 年与比利时、意大利、西班牙、葡萄牙、丹麦五国订立条约，在附件中声明在中国停止享受领事裁判权及其他特权，国家间关系达于完全平等之后，中国即依照互惠条款开放内地，并允许外人在华享有一切地权。方文政认为以 1928 年时中国之国际地位而言，修约交涉，艰难万端，出此让步办法，实非得已，然太平洋战争爆发后以中美、中英间国际形势而言，中国地位已经改善。理由之三是所谓遵照所在国法令之规定，应包括：一、"外人入境之自

① 《废除领事裁判权之原则草案》，1942 年 10 月 16 日，台北"国史馆"藏"外交部档案"，档号 020-070600-0030。

由应经中国政府之许可，中国政府有权随时规定其范围"；二、"中国有权严密规定发给外人入境出境旅行护照以及居留证办法"；三、"中国政府得依国权规定外人在华从事各种营业之条件及限制，遇必要时，得保留某种职业仅许中国本国人民享有其权利（例如海口拖船、领港、经营渔业等等）"；四、"中国政府遇某外国人有左列情形之一时有实施驱逐之权"，所指情形有"经法院确定判决者"，"依照中国法律规定，认为违反国法应予驱逐出境者"，"为维持国内治安起见应予此项处分者"。①

穆文富在其所建议的废除领事裁判权方案中提出：首先要"划定有关领判权各条约范围"，"凡中英、中美所订各种条约协定有关领判权之规定一律废止之"。中英之间涉及领判权的有中英《五口通商章程》第十三条，中英《北京条约》第九条、第十五条、第十六条、第十七条、第二十一条、第二十二条，中英《烟台条约》第二条，中英《续议通商行船条约》第十二条，中英《修订藏印通商章程》第四条。中美两国条约涉及领判权的有《望厦条约》第十一、十八、二十一、二十四、二十五、二十七、二十八条等，以及《续增条约》第四条，中美《续议通商行船条约》第十五条。其次提出要采取"平等互惠原则"。穆文富提出，中国对于废止领判权已经做了多年准备，也已经下定了决心。首先应无条件地废止领判权。再次是要"维持中国司法尊严"。根据国际公法一般原则，一国司法他国不得干涉，领事裁判权的存在侵犯了中国司法主权，上海特区法院的存在限制中国检察官履行职权，鼓浪屿会审公堂的存在也属于此类，不应再允许其存在。第三项建议是"各地同时撤废领判权"。此条建议提出的理由是，新约既然已经订立，全国各地应即同时废止领判权，以期一劳永逸解决此问题，不宜采取分区渐进的办法，以免产生撤废不彻底的弊端。第四项建议是"规定外人在华权利义务"。领判权取消后，允许外国人在华有自由居住、游历、贸易之权，但须受中国法律之限制；在华外人一律遵守中国法律，概无例外。在第四项建议内，还提出"外人在华不得享有土地所有权"。提出该建议的理由是，中国地大物

---

① 《废除领事裁判权之原则草案》，1942 年 10 月 16 日，台北"国史馆"藏"外交部档案"，档号 020-070600-0030。

博，内地多为未发达地区，土地房屋价值很低，而外国传教士星罗棋布，倘一律开放购买，则资本势力将"挟以俱进"，产生极大危害。此外，"外人在不违三民主义及中国法令原则之下，可以继续在中国传教，但不得有政治阴谋作用"，"外人在华贸易，开设工厂，租借土地，有纳一切捐税之义务"。第五项建议是"领判权废止后中国之设施"。对于废约后的设施建设，穆文富建议，一是要普遍设立新式法院，并在新式法院内设立专庭审理英美人与华人的诉讼案件，但须适用中国法律；二是要在各级法院内普遍设立翻译员，以便审理外人案件；三是另外设立外国人监狱，即在新式法院内设立新式监狱收容外国人犯；四是取消特区法院，包括上海公共租界之特区法；五是收回鼓浪屿会审公堂，设立厦门地方法院鼓浪屿分庭；六是领判权取消后，所有各地华洋诉讼案件一律移交中国法院继续审判执行。第七是"领判权废止后中国之保证"。①

三、 国民政府政府各部门的废约准备工作

财政部围绕与自身有关的部分先行拟具了应对的纲领，并在部内进行了讨论。财政部认为范围应限于"现行有效条约章程换文"及"因有最惠国条款之关系对于其他各国条约所订之片面权益"。关务署需要做涉及海关行政制度的研讨，"检查及公断之拘束（中美《五口贸易章程》第二十七条）"、内地通商、沿海航行及内河航行、取消不平等条款后之过渡办法；贸易委员会需要准备的议题包括国际贸易的商约原则、贸易互惠问题、现行商约取消不平等条款后的过渡办法；公债司需要做的准备有"基于不平等条约而生之赔款之取消"及"赔款现况取消方式及其过渡办法"；钱币司需要做的准备有"租界收回后外商银行之设立及其业务之管理（特别注意发钞及承做存款问题）"及"关于本项之过渡办法"；专卖司需要做的有"检讨买卖物品在条约上之拘束"、"关于本项问题应准备之事项"。②

财政部部长俞鸿钧就订立新约的意见提出了五点个人的建议，并于 1942

① 《废除领事裁判权之方案》，台北"国史馆"藏"外交部档案"，档号 020-070600-0030。
② 《研究英美条约不平等各款本部应注意之纲领》，台北"国史馆"藏"财政部档案"，档号 018000032043A。

年 10 月 23 日致函条约司司长钱泰。第一点是关于最惠国待遇，认为在新约
中最好不涉及最惠国条款，如须予以规定，须"本相互原则"。第二点系关
于缔约国彼此对法律的遵守情况，建议对于驻在国的法律，不论是中央、地
方的法律命令，还是行政上之一切规程，必须予以遵守或受限制。第三点是
缔约国对于各自国内的行政事务，比如税政、关政、缉私、统制及财务行政
等，不宜在新约中予以规定。第四点是关于中外人民的刑诉问题，建议"所
有中外人民相互间之诉讼或争议均依照中国法令规定办理"。第五点建议是
"旧约中（包括其他商务协定合同等一切文件）所有违反上列原则之规定应
一律检讨废除之"。①

社会部针对主管范围内的应对事项提出了四点建议。一是，"取消对于
限制中国工人进口及不合理待遇之法律与设施"；二是"招募中国工人应遵
守中国有关招募工人出国之法律办理并应与各该国工人享受平等之待遇"；
三是"外国人在中国投资经营之企业对于中国工人之待遇与福利事业及在华
之外籍工人组织工会时均应遵照中国法律办理"；四是"各种教育团体及外
侨在中国所组织之各种人民团体均应向社会行政主管官署申请备案，受其指
导监督，其所办事业应遵照中国有关法令办理"，"过去已成立之机构须向主
管官署补行登记"。②

在召开外交资料整理研究会时，外交部提请各部研究与本部有关事项，
交通部特提出书面意见一份。外交部原案中提出"英美在中国内河航行及沿
岸贸易之特权一律取消"。交通部对于此条提出了三点补充意见：一是收回
沿岸贸易权，所有中国沿岸贸易"自应完全限于中国籍船舶"，"英美商船仅
得在中国政府指定公布之沿海通商港口停泊经营国际贸易"，其中"沿海租
借地，如九龙、广州湾等，如未能收回，亦应一律视为中国之通商港口"。
二是关于收回内河航行权，所有与海相通的河流，如长江、珠江、闽江、白
河、辽河等航行，应完全限于中国籍船舶，至于各通海河流沿线已经开辟的

---

① 《俞鸿钧致外交部函》，1942 年 10 月 23 日，台北"国史馆"藏"外交部档案"，《废除不平等条约后关于
财政经济之意见》，档号 020-070200-0029。

② 《社会部代电》，1942 年 11 月 3 日，台北"中研院"近代史研究所藏"外交部档案"，《废除不平等条约后
关于交通水利社会之意见》，档号 606/0002。

通商港口一律关闭，不作为国际贸易港口。三是，中国航运业比较薄弱，"应暂以不接受沿海内河之互惠航行权，以免造成事实上之不平等为原则"。外交部在原案中提出，"因经营内河航行及沿岸贸易之英美船舶及其他有关设备与产业得由中国政府备价收买"。对于此条规定，交通部提出"本部当于进行时与外交部会同议定"。①

关于引水人制度。外交部原案规定"英美人民允当中国境内引水人之特种制度应即废止"；交通部建议以后所有沿海、沿江之引水人一律限于中国人民，"其管理之方法与机构完全由中国政府自定之"，"中国政府认为必要时得自由就英美人民在华领有营业执照凭证纸引水人随时雇佣或解聘之"。②

关于铁路经营权问题。外交部在原草稿中提出，"依据条约合同，英美在中国境内享有之铁路建筑权或其优先权，一律取消，其已有英美投资及经营之铁路等，由中国政府备资收买"。交通部对此条规定提出，英美在华所取得的铁路建筑或优先权等，事实上"已无强硬性之存在"，为将来利用外资及合作便利起见，在交涉时需要注意以下几点：一是在国民政府成立之前，英美在华由于条约合同或以照会或其他方式所取得之优先权及管理权，大多并未实际执行，可以取消，但"我国如认为有继续之必要，得另行依据平等互惠之原则订立新约"；二是国民政府成立以后英美在华所订铁路方面条约合同或有关条文，应继续有效，此为原则，但为适应经济环境之变迁，应保留必要时修订条款的机会；三是英美建筑经营之铁路由中国政府备价收回方案，事实上英美所经营者仅有英国在九龙所经营之广九铁路，交涉时可以提及该铁路。③

关于铁路用人权问题。外交部在草案中还规定"英美因借款关系所取得之铁路用人及管理权一律取消"。交通部认为，"英美方面所订合同在我国整理债务时均已修改，现在各路外籍人员系由我方自主聘用性质"，交

---

① 《交通部公函》，1942 年 11 月 7 日，台北"中研院"近代史研究所藏"外交部档案"，《废除不平等条约后关于交通水利社会之意见》，档号 606/0002。
② 《交通部公函》，1942 年 11 月 7 日，台北"中研院"近代史研究所藏"外交部档案"，《废除不平等条约后关于交通水利社会之意见》，档号 606/0002。
③ 《交通部公函》，1942 年 11 月 7 日，台北"中研院"近代史研究所藏"外交部档案"，《废除不平等条约后关于交通水利社会之意见》，档号 606/0002。

通部建议在交涉时"最好以能不影响我技术专门或其他外籍人员做无损主权任用机会"。①

关于邮电权。外交部在原案中提出"我国邮政任用外籍人员之特种制度应即废止，原有外籍人员由中国政府酌量分别去留"。交通部针对此条提供了补充意见，"邮政外籍人员见诸约章者仅有华盛顿会议撤销客邮案决议案内所载'中国政府保证现在邮务行政与外国邮务总办之地位有关系者无变更之意'"，但是自南京政府发布"邮政总局组织法"后，外籍总办地位及名称已经取消，前任总办已经退休，其他人员在邮政总局迁到南京时尚有126人，"前后迭经裁退及退休者先后已达一百人，故所余无几"。外籍人员的任职办法"皆系依照本部核准之邮政规章办理，并无不平等特殊契约"。外交部还提出，"英美在中国境内设立之无线电台除因战争关系已得中国特许者外，一律取消"。交通部建议认为，1921年华盛顿会议上曾通过关于外人在华设立无线电台的决议案五条，中国出席华盛顿会议代表团曾发表声明，称各国通例均不准外人自设电台，而会议决议案对于外人在华设立若干电台予以承认，于中国主权有碍，应予以废止。所有英美在中国境内已设立电台，包括在使领馆内或租界内设立之各种无线电台应一律取消，因同盟国作战关系特许在战时设立者，应附设于军事机关，专供军事通讯之用，不得收发普通官电、商电，战事终了时，即行撤销，一切应遵照中国法律办理，绝对不许设置于使领馆内。②

至于英美在华已有之有线电讯事业，外交部原案规定"由中国政府备价收买或依照公平原则改订合同"。交通部建议，有线电讯事业应改为各种电信事业，除由中国备价收买或依照公平原则改订合同外，应加"得令其停办"一词。交通部认为，英美在华新办电信事业，如上海租界内之上海电话公司应归中国自办，并应备价收回；英商大东电报公司上海香港间水线及美商太平洋水线公司上海马尼拉水线，已经中国政府核准在上海附近登陆，并

---

① 《交通部公函》，1942年11月7日，台北"中研院"近代史研究所藏"外交部档案"，《废除不平等条约后关于交通水利社会之意见》，档号606/0002。

② 《交通部公函》，1942年11月7日，台北"中研院"近代史研究所藏"外交部档案"，《废除不平等条约后关于交通水利社会之意见》，档号606/0002。

在上海设立水线发报室传递电报,该两项合同至 1944 年期满,期满以后将改订合同,将上海一端收发电报事宜收回自办。①

针对邮电权一事,交通部还提出了两点,一是外国驻军自由带运邮件特权。根据 1902 年 4 月 29 日的《英国交递关内外铁路章程》《关内外铁路交还以后章程》换文第二件,"北京山海关铁路运输规则第十一节"规定"外国驻军军事邮件包封自由带运",不在国际邮政公约规定之内。此项规定侵犯中国主权,在交涉时应提请取消。二是,租借地内设立的客邮问题。交通部指出,按照华盛顿会议撤销客邮决议案所规定,中国境内的外国邮局除在租借地或为约章特别规定者外,予以撤销。租借地主权仍属中国,新设立的客邮应即予以废除。"英美两国虽无依据特别约章在我国境内设立之客邮,然在九龙租借地新设客邮似应提请撤销。"关于电政问题,交通部亦提出"航空器及海洋航轮经我国政府准许在我国领空飞行或境内降落或在领海航行或停泊时,其新设无线电台应遵守我国法令之规定"。②

关于工商矿业经营权问题。外交部原稿规定:"凡中国法律章程规定不许外人经营之工商业英美人民亦不得经营,其已经营者得依照中国法律章程改组或由中国政府公平价格购买之。"交通部补充建议,英美两国在华所经营之工商业涉及交通方面的有交通部与国际标准电气公司合办的中国电气公司,该公司专门制造电信器材,战时已经被日军侵占,而且与中方的合同亦已经到期,战后收复该公司时将依照中国法律改组该公司或收购该公司。③

外国在华设立的治理河道的机构有浚浦局及海河工程局。英美在华治外法权废除后,如何处理类似治理河道的机构,由行政院水利委员会负责该项问题。在回复外交部的公函中,行政院水利委员会认为,"各国根据在华特权所设立之治河机构如上海浚浦局、天津海河工程局等均经交涉收回而未有结果",这两个机构系根据《辛丑和约》订立。此外,水利委员

---

① 《交通部公函》,1942 年 11 月 7 日,台北"中研院"近代史研究所藏"外交部档案",《废除不平等条约后关于交通水利社会之意见》,档号 606/0002。

② 《交通部公函》,1942 年 11 月 7 日,台北"中研院"近代史研究所藏"外交部档案",《废除不平等条约后关于交通水利社会之意见》,档号 606/0002。

③ 《交通部公函》,1942 年 11 月 7 日,台北"中研院"近代史研究所藏"外交部档案",《废除不平等条约后关于交通水利社会之意见》,档号 606/0002。

会还认为"内河及沿海航行权虽属交通范围与水道亦有关系"，应一并予以废除。①

赈济委员会对于英美放弃在华治外法权亦提出了一些需要注意的问题，主要是针对在外华侨的权益提出了建议。一个主要的问题是"我国旅居英美及其属地侨民回国时，携带款项及汇款回国接济家用，或捐献各项款物，每受英美移民律规之限制，其事于救济事业似有关系，拟请附带交涉"。②

对于英美放弃在华治外法权所引起司法行政方面的问题，司法部认为有三项需要特别予以注意。一是管辖在华外国人实施条例废止问题。司法部认为，该条例由国民政府于 1931 年 5 月 6 日颁布，复于 1931 年 12 月 29 日明令暂缓实行。该条例内容系为应付当时环境而设，情势变迁，已无施行之必要，建议"如须明令废止，固宜待新条约签字之后，以免妨碍交涉之进行"。此外，还认为"新约既可无条件收回法权，该约一经公布，上开条例即当然失效"，是否再以明令废止，请国防最高委员会决定。二是审理外国人为被告之民刑诉讼问题。司法部认为，法权收回之后，外国人为被告之民刑诉讼，原则上应适用中国法律，然而各地法院尚未普遍设立，刑事特别法令众多，管理纷歧，许多外国人持有中国律师资格证，这些事实均与法权有关系。为了适应这种状况，司法部建议：外国人为被告之民刑诉讼案件，所受理之司法机关如非地方法院，被告应以书面申请移送就近地方法院审理。接受此类移送申请的地方法院，由各省高等法院斟酌具体交通情形，预先选定，并报送司法行政部转呈司法院备案。各省未设立地方法院的县，仅仅设有司法处，或仍由县长兼理司法，类似此种组织并不健全的地方，应另外规定诉讼程序，允许外国被告申请移送附近之地方法院审理，但申请应在言辞辩论前以书面提出。三是，"外国人在中国取得律师资格，应经司法行政部许可"。③

---

① 《行政院水利委员会代电》，1942 年 11 月 7 日，台北"中研院"近代史研究所藏"外交部档案"，《废除不平等条约后关于交通水利社会之意见》，档号 606/0002。

② 《赈济委员会建议》，台北"国史馆"藏"外交部档案"，《废除不平等条约后关于财政经济之意见》，档号 020-070200-0029。

③ 《司法行政部关于审理外人的三项建议》，1942 年 11 月，台北"中研院"近代史研究所藏"外交部档案"，《不平等条约废除后外人犯陆海空军刑法》，档号 609.11/0002。

关于外侨纳税问题。外交部指出，征收外侨所得税开始于 1926 年 8 月，当时外交部"于所得税暂行条例公布后曾分别照会驻华各国使馆，转饬其各该国侨民遵照纳税"。到当年 11 月，英美法日荷兰等 12 国均已先后答复，美日两国态度强硬。美国在照会中提出"此项条例对于本国侨民不能适用"，日本则表示"对于贵国向日本侨民课赋所得税决难承认"，德法等国亦援引约章，拒绝同意。

1937 年 1 月 1 日，个人所得税开征后，上海市商会、浙江商会联合会及浙江农会、工会各团体纷纷请求征收外侨所得税。4 月 16 日，王宠惠会晤德国驻华大使陶德曼（Trautmann），徐谟会晤英国驻华大使许阁森（Katchbull-Hugessen），商讨向外侨征收所得税问题，虽未取得实际结果，但已经向外方声明了外侨须缴纳所得税的法律观点。王宠惠告以"吾人之原则以在华外侨皆须缴纳所得税，即享有治外法权各国之侨民亦须使之缴纳"，表示治外法权的本义在于"以中国与外国习俗迥异，对于民事、刑事之诉讼得不受中国法庭之管辖，其范围只限于法庭方面，并不涉及纳税一事"，"纳税一事属于地方关系，不问其国籍如何"。从原则上而言，在某地为居民，既受当地政府之保护，并享有相应权利，就应该有纳税的义务。在 1926 年的调查法权会议上，对于纳税问题曾有一份建议案，即"在治外法权废止前，享有治外法权各国之在华侨民必须缴纳中国政府所制订之一切税类"。自法权调查会议后，中国与各国陆续交涉，外交部又推出了《外侨纳税方案》，分为有领事裁判权的国家以及无领事裁判权的国家，经过会商决定：一是"无领事裁判权及无约国之侨民，应征之所得税应积极从速催缴，以帮助增强外交部交涉之力量"；二是"其他有领事裁判权各国侨民课税办法，由外交部即向各使馆提议交涉，并电驻法顾大使及行将赴任之驻美王大使向各该国政府接洽"。并同时将本国征收所得税情形及各种统计材料先分别准备报告，详细编印。在进行外交交涉的同时，向驻华外国传教士及学校教员、医院医生等外国人进行政策宣传及劝告，责成其缴纳，造成一定的社会舆论。据统计，当时外侨纳税者有英美法比苏德日等国，共纳税 6000 余元，而上海、汉口各租界之中国商号亦能照章报税。抗战爆发后，中国为敦睦邦交，外侨征税问题未再积极推进。①

第三节　不平等条约废除后应对条约关系变化后的政策调整

　　不平等条约废除后，行政院训令各部各机关，提出应即进行的各项工作，并限令各部 1943 年 4 月底之前办理完竣，上报行政院。令司法部："计划重要法院监狱之设施"；"培训司法人员"；"罗致及训练关于审理外人之司法人才"；"检讨审判手续及军法审判"。令内政部"训练与扩充外事警察"；"举办外侨之登记"。令立法院"修订有关法律，例如土地法、工厂法、工商业法等"；"编译我国有关外人之重要法规（可用书店名义出版，不作为政府认可之正式译本）"。令外交部"查不平等条约废除后各机关宜即进行之工作与一般人民宜求具备之知识及调整对外关系之要点"；外交部认为其中第一项中有四点需要外交部准备：一、"继续进行废除其他不平等条约"二、"准备进行订立新商约"三、"拟具外人护照及身份证制度"四、"编印文官对外礼节手册"。②

　　外交部在收到训令后，作了以下准备：第一项是继续废除其他不平等条约。自中美、中英《新约》订立后，澳大利亚、加拿大、巴西、荷兰等四国已经送来约稿，外交部已拟就修正对案提出谈判。中国与比利时约稿业已提交比利时驻华大使，中国墨西哥约稿正在草拟之中，其他国家如瑞士、瑞典、秘鲁、西班牙、葡萄牙等国之不平等条约准备相机提出，随时进行交涉废止。第二项是准备进行订立新的商约。外交部在汇报中提出，"订立新商约事现已着手收集材料，研究原则，并已分函有关机关，请其供给意见"。一旦准备就绪，将立即召集有关机关开会讨论，酌量情形随时提出与各国谈判。第三项准备工作是"拟具外人护照及身份证制度"。外交部已经制定了"外国人来中国护照签证办法修正草案"及"外侨领取身份证制度之原则"，

---

① 《本部办理征收外侨所得税经过概况》，台北"国史馆"藏"财政部档案"，档号 018000032043A。

② 《条约司签呈》，1943 年 4 月 2 日，台北"中研院"近代史研究所藏"外交部档案"，《不平等条约废除后宜即进行工作案》，档号 818.12/0093。

并对于切实执行 1930 年 8 月 22 日公布的《查验外人入境护照规则及施行细则》及《制定军事要塞与边远偏僻区限制居住通行规章》提出了修改意见。第四项工作是"编印文官对外礼节手册"。①

关于调整对外关系之要点，外交部草拟的原则包括以下内容：一是"外侨护照及登记问题"。草案认为，由于中美、中英新约已准美英侨民内地杂居，但中国幅员广阔，各地情形不一，"对于外人之保护与管理，惟有从护照签证与外侨登记入手"。国防最高委员会曾经颁布过《外人领取身份证规则》，尚未实施，而不平等条约废除后，情形已经与当初颁布时有所不同，外交部建议由内政部召集有关机关参照原来的规则，制定一个详细的办法通令全国施行，同时加紧训练外事警察。二是"外侨主办之文化、教育、宗教、慈善等事业问题"。对外侨在华所办类似事业，如何管理、如何登记，以及在何种情形下方可以购置不动产，草案建议由教育部、社会部、地政署会同办理。三是"外侨纳税、外商登记及外商银行之管理问题"。外交部草案提出，此类问题是否应与本国商人之规定完全一致，或者是另订管理办法，建议由财政部、经济部召集有关机构讨论决定。四是"修改及制订各种涉外法规问题"。外交部认为，中国现有法令在新约开始实施后有一些需要加以修改和充实，如"违警法、土地法等"，也有需要特别制订的法律，如"驱逐外人出境条例"。草案建议，应由内政部召集有关机构议定原则，然后送请立法院依据修改现行法令或另订新的法令。②

立法院涉外立法研究委员会将金融实业关税等问题详加研究后，向外交部提出了一份原则草案，外交部认为该草案"关系重大牵涉广泛"，为慎重起见，外交部建议由立法研究委员会召集有关单位会商讨论，外交部派员到会提供相应咨询。③

文教政策的变化。为了适应不平等条约废除后的新形势，国民政府教育

---

① 《外交部呈行政院》，1943 年 5 月 4 日，台北"中研院"近代史研究所藏"外交部档案"，《不平等条约废除后宜即进行工作案》，档号 818.12/0093。

② 《不平等条约废除后调整对外关系之要点》，台北"中研院"近代史研究所藏"外交部档案"，《不平等条约废除后宜即进行工作案》，档号 818.12/0093。

③ 《外交部公函》，1943 年 8 月 21 日，台北"国史馆"藏"外交部档案"，《废除不平等条约后关于财政经济之意见》，档号 020-070200-002-01339x。

部于 1943 年 9 月 23 日将涉及文教问题的事项函送外交部，以统筹规划文教方面涉及外人的政策调整。教育部提出了若干方面的事项，其中主要者如下：一是外侨在中国设立的各级学校。教育部已经修正了私立学校章程有关条文，并已经上报行政院核准，即准许外国人在中国境内设立学校教育其本国人，但须"受中国主管教育行政机关之监督及指导"。社会部亦已经拟就应对建议，由行政院交教育部核复，要求须另订办法，并须经教育部备案。①教育部还拟定了关于外侨举办宗教慈善等事业的管理规定，以及外侨因主办文化教育宗教慈善事业购买不动产案以及经营企业教育用品的审查办法。

二是在外侨设立宗教慈善团体兴办教育事业规章草案中，教育部对于可能涉及外人的相关事项，尽可能予以提前规划。草案第一条规定，"外侨以宗教或慈善团体名义设立学制系统内之各级学校招收中国学生者，应遵照修正私立学校规程办理"。第二条规定"外侨以宗教或慈善团体名义设立图书馆、博物馆、科学馆、美术馆、体育场、补习学校等及其他各种社会教育施教机关，而对中国人民施教者，应遵照教育部所定关于是项法令办理"。第三条规定外侨设立之宗教或慈善团体"集合中国人士组织会社以研究教义或事业设施者应依学术团体或人民团体有关之法令办理"。第四条规定"外侨之宗教团体招致中国人民为宣传或研习教义之活动而含有教育作用者，均不得违背中华民国教育宗旨"。其余三条，亦要求外侨所办相关教育及文教事业不得违背中华民国教育规章及宗旨。②

三是外侨在华兴办或从事教育事业时涉及经营教育用品事项。教育部为此专门制定了一个相应规章，主要措施是要求外侨经营是类用品必须向中国主管部门申请，获得批准后方得进行，且该商品须合乎中国相关的规定。

外交部条约司奉令对教育部的报告进行审核，国际法专家陈体强系审核者之一。陈体强认为，此次英美放弃在华治外法权为废除所有外国在华治外法权之开始，此后外侨将一律接受中国法律的管辖，教育部拟定管理外侨在华宗教教育文化慈善团体办法实为必要。陈体强从一般国际惯例出发，认为

---

① 《废除不平等条约后关于文化教育事业案》，台北"国史馆"藏"外交部档案"，档号 020-070500-0008。
② 《废除不平等条约后关于文化教育事业案》，台北"国史馆"藏"外交部档案"，档号 020-070500-0008。

"除法律另订优待或限制外侨之办法外，外侨概依一般国民待遇，不须另订特殊法规"，"适用于国民之法规当然适用于外侨"；至于过渡期间，建议另订规则，要点不宜过多，"以免引起不必要之反感"。对于教育部所提草案，陈体强提出了一些具体性意见。一是目前除英美两国放弃了在华治外法权，德奥苏等国也已经放弃，但并非所有外侨都受中国法律管辖，因此教育部所定规则"适用范围应有限制，非及于所有外侨"。二是，外人在华设立宗教教育文化慈善团体，除团体机关之设立权外，其余权利均无条约规定。陈体强认为，过去因有治外法权存在，中国政府对于此种团体实际上不能加以干涉，一旦治外法权完全废除，中国政府自应行使对外侨团体的管理权。三是，"规章第一至第三条规定管理外侨宗教等团体适用本国人同款事业之管理办法"，"第四、五、六条不得违反中国教育宗旨及对违反者加以取缔"等款皆为外侨接受中国法权管辖的当然结果，无须另订条款。四是，中国与英美等国尚未订立商约，将来在订立商约时"或与各国约定外侨对于宗教慈善等事业，凡非我国法律之所禁止，均得从事，但其活动须遵守当地法规"，一旦该团体有不当之处，仍可另以法规加以限制。五是，如果中国给予外籍宗教等团体不同于国民待遇的规定，如何奖励，如何限制，应以法规进行限制。六是，如果外侨在华设立学校的目的是教育其子女，无论是否属于教会所办，似可不必严格遵守我国私立学校规章，因此种学校不接受中国学生，不影响我国教育行政，宜从宽。①

关于外人在华经营文化教育用品，陈体强认为，依中外条约"外人得在华发卖书籍"，"中国虽不得加以禁止，然仍不妨予以某种程度之限制"。陈体强还提出了具体的分析意见。经营教育用品有两种性质，一为教育目的，二为盈利目的。如果是以盈利为目的的外人，"应以中英新约第六条，中国对于英国人及公司关于各项法律手续及各种租税之征收与其他有关事项应不低于所给予中国人之待遇"，"其精神均为国民待遇之精神"；如果教育部的外人经营教育用品办法所订手续及费用，系专为外国人而设，则属于对外商

---

① 《陈体强拟关于教育部报告的审查意见》，1943 年 10 月 9 日，台北"国史馆"藏"外交部档案"，档号 020-070500-0008。

的额外限制，或与现有条约精神相违背。陈体强还认为，从教育立场而言，教育用品是否符合健全的教育原理非常重要，中国国内制造出售的教育用品是否均经过审查程序是一个前提，"如对国人已定有办法，则援引法权管辖之外国人当然亦应同样适用，不必另订法规，如此办法系专为外侨而设，依前项理由似觉与条约精神不甚相符"。①

外交部资料整理委员会在审查时认为，外侨设立专门学校教育其本国人，"无论是否教会所办，似可不必严格遵守我国私立学校规程"，"因此种学校不致影响我国教育行政"；中国希望战后尽量发展教育事业，对于外人的限制宜"从宽办理"。至于外侨在华经营教育用品办法草案，外交部认为依照《中英新约》第六条、《中美新约》第五条，"中国对于英国（美国）人及公司关于各项法律手续及各种租税之征收与其有关事项，应不低于所给中国人之待遇"；教育部所拟的审查办法"如非同样适用于中国人者，即与条约规定有所抵触"，提请教育部予以特别注意。②

对于促进战后工业发展，参政会三届二次大会召开时，有多名参政员联名向政府提出建议，要求重新订定中外合资经营条例，以便大量吸收外资。参政员们认为，"中国战后必须工业化"已经成为全国公认的共识，欲建立全国工业化的基础，必须有巨量的资金，据经济部估计"推动五年计划，最低限度需美金一百万万元"，而战后的中国不可能短期内筹集到如此巨额的资金，只有谋求外资的援助，方能实现目标。战后中国利用外资，必须注意以下原则。一是"利用外资，应配合整个建设计划"，就性质而言，应全部用于生产事业；就各个部门而言，应分别缓急；就区域而言，应分别先后多寡；就方式而言，应在最可能及最有效的条件下决定。第二个原则是"利用外资，应吸收长期投资，使整个生产计划，能发生最大效用"。第三个原则是"应有负责机构，统筹办理，以期分配合理，计划周详"。第四个原则是

---

① 《陈体强拟关于教育部报告的审查意见》，1943 年 10 月 9 日，台北"国史馆"藏"外交部档案"，档号 020-070500-0008。

② 《外交部条约司函》，1943 年 10 月 14 日，台北"国史馆"藏"外交部档案"，档号 020-070500-0008。

借债方式应在最可能及最有利条件下举办。① 上述利用外资原则，由行政院交财政、经济、外交、交通四部门参照。

1944 年 11 月 13 日，国防最高委员会第 148 次常务会议通过了第一期经济建设原则七条，谕令各相关部门办理。建设原则强调"经济建设事业之经营必须遵照总理遗教，为有计划的实施，以有计划的自由经济发展，逐渐达到三民主义经济制度之完成"；"对于经营方式应在不违背节约资本之原则下，尽量鼓励民营企业，对于外资利用则依照平等互惠、国际经济合作之精神，在不妨碍主权及计划实施之前提下，以各种方式加以吸收"。该原则提出"中国实业之发展，应分两路进行，一民营企业，二国家经营"；在经济建设总计划下，为便利分工合作起见，对于经济事业规定如下：一、由政府专营的经济事业种类不宜过多，政府专营事业包括邮政电讯、兵工厂、铸币厂、骨干铁路、大规模水利发电厂等。二、未经指定由政府专营的事业，均可以由人民经营。三、民间力量不足以承担或政府认为需特别加以重视的事业，如石油开采、钢铁厂及航运业等，政府仍须单独经营或与民间资本、外国资本等合办。四、政府与民资、外资合办事业应用公司制度，政府除依法行使行政监督权外，对于公司业务、财务及人事管理权应以股东地位行使之。五、政府经营的事业，除须专营外，无论单独经营还是合资经营都属于商业性质，与同类别民营事业的权利及义务同一待遇。②

第一期经济建设原则要求民营重要事业的创设，须依法经政府按照建设总计划予以审核，而中外合资事业，"外人投资数额之比例应不加固定拘束，公司组织除董事长外，其总经理人选亦不限定为本国人"。原则还要求，外人在华投资单独经营事业，应依照中国法令办理，外人投资特种事业须经允许方可进行经营。原则要求，政府人员不得参加经营其主管或监督范围内之事业。"我国现行有关法令与上列原则互相抵触之处事所难免，似应交由立

① 《国民参政会决议》，1944 年 11 月 13 日，台北"国史馆"藏"外交部档案"，《废除不平等条约后关于财政经济之意见》，档号 020-070200-0029。

② 《第一期经济建设原则》，1944 年 11 月 13 日，台北"国史馆"藏"外交部档案"，《废除不平等条约后关于财政经济之意见》，档号 020-070200-0029。

法院整理修订以求适应"。[①]

财政部提出了金融实业关税等问题的涉外立法问题。原草案提出，外国银行在华设立分行，"须呈经核准指定地点设立，领得营业执照方得开始营业"。原草案也规定了外商不得办理的业务：不得发行钞票及类似钞票之票券；不得吸收储蓄存款；放款不得以国防工业为对象。财政部认为，草案中加列贴现业务及代销中国政府及中国公司债券并限定收受定期存款存户为外国侨商一节，用意妥善，可予以照办。不应准许外商银行经营储蓄存款业务，因为该业务"与累积民族资本关系至巨"，即使是只收外国侨商的储蓄，亦不应例外。建议删除相关的条款规定。[②]

财政部认为，原草案对于"国营"商业定义为由政府机关经营而非由政府统筹购销之物品，"涵盖似过广泛"，可以修改为"凡由政府指定国营机构统筹购销之对外贸易农产品、矿产品、工业品，均不许本国人或外国人贩运出口"。此外，政府专卖物品非经政府许可不得贩运出口，"烟类、糖、火柴等非经政府之许可不得由国外输入"。

财政部还提出，不平等条约废除后所有外人操纵沿海贸易及内河航行各项特权随之取消，但贸易航行直接关系物资供求，间接影响金融经济。由于战后复员建设时，"中国内河船舶寥若晨星，不能与沿海贸易相呼应，必致运输困难，贸易衰落"，应"仿照各国先例，准许外商出资或与华商合资遵照中国法律并悬挂中国国旗组织船公司航行内河"，航运通畅，贸易自然兴旺，民生国家税收等亦受其益。关于原案中的关税问题，财政部认为"我国关税自主后，关税税率本已不受不平等条约之拘束，关税政策亦对调剂对外贸易，保护国内产业及增裕财政收入各方面统筹兼顾"。此后，关税政策应以促进建设、稳固经济为目的，欲使此项政策运用圆满，与中外友好通商关系之配合非常重要，"我国关税问题似以采用税率保护政策而不以禁运办法限制较为适宜"。财政部建议将原草案的各条修改如下：一、"关税进口税则

---

① 《第一期经济建设原则》，1944 年 11 月 13 日，台北"国史馆"藏"外交部档案"，《废除不平等条约后关于财政经济之意见》，档号 020-070200-0029。

② 《财政部公函》，1943 年 9 月 1 日，台北"国史馆"藏"外交部档案"，《废除不平等条约后关于财政经济之意见》，档号 020-070200-0029。

海陆关应一律相同";二、"关税应适用国定税则,其有特殊需要情形者应以完全平等互相优惠为原则,对协定商品在某一时期内准其适用互惠税率";三、"需要品课以极轻税率或采互惠方式予以免税以促进其输入";四、"非必需品课以高度税率,寓禁于征,以减少其输入"。①

关于外债整理事项,交通部提出了债务通盘整理计划方案。财政部部长俞鸿钧在致行政院的呈函中表示,财政部将其与自身有关的条款进行了审查,"第一项与本部意见完全相同"第二项亦无甚出入,从第三项末段开始,不甚了解,请外交部查明情况予以回复。②

战后,由于治外法权的废除,外人在华取得地产问题成为一项急需解决的实际问题。1946 年 3 月 2 日,行政院通知地政署及司法行政部,行政院会议已经通过了各地方政府关于办理外人地权案件应注意事项的修正案。该案第十三条规定"凡与我国订有新约后外人享有土地权利应一律依照土地法现行之规定办理"。行政院向外交部提出,应查明订有新约的国家名单、新约生效的日期及其本国法律是否准许中国人民享有同样权利,并将这些信息通知地政署转知各省市政府。该案第十八条规定"外国人在中华民国取得或设定土地权利以其本国与中华民国订有平等互惠条约并依其本国法律准许中华民国人民享受同样权利者为限"。该条款中的"平等互惠条约"定义,外交部与地政署皆认为应从广义的意义理解,"不以条约中对于土地权利有互惠规定者为限,平等互惠条约中虽无土地权利互惠之规定,如其本国法律准许外国人取得土地权利者,我国亦应予同样之权利"。外交部在统计后认为,截止到当时,与中国订有平等互惠条约的国家,"有印度等三十六国",已经通过使领馆查明:准许外国人购地的国家有智利、瑞士、伊朗、比利时、葡萄牙、波兰、多米尼加、伊拉克、古巴、美国、英国、巴西、挪威、加拿大、哥斯达黎加、墨西哥、瑞典、荷兰、暹罗、法国、阿根廷、菲律宾等 22 国。上述 22 国法律对于外国人在其本国购地的用途、面积、位置及手续等

---

① 《财政部公函》,1943 年 9 月 1 日,台北"国史馆"藏"外交部档案",《废除不平等条约后关于财政经济之意见》,档号 020-070200-0029-0131X。
② 《财政部致外交部函》,台北"中研院"近代史研究所藏"外交部档案",《不平等条约废除后有关法律解释问题》,档号 609.12/001。

大多分别设有限制，但对于中国人民并无歧视。据查明，不准许外国人在本国购地的国家有：苏联、阿富汗、沙特阿拉伯三国。其中，土耳其只准许与该国订立有购地互惠条约国的人购置土地。由于中国与土耳其并无互惠购地条款，因此华侨在土耳其无法购置土地。此外，美国、加拿大、荷兰三国对于华侨购地在其本国部分地域有歧视规定。①

外交部与地政署会商后认为，自外人在华土地权利条例实施以来，仍有很多问题难以处理。根据《土地法》第十八条规定，外国人在华取得或设定土地权利，以其本国与中国订有平等互惠，并依据其本国法律准许中国人享受同样权利为限。但这里的平等互惠仍有异议，"是否专指关于取得或设定土地权利，明白规定平等互惠原则之条约（如《中英新约》）"，或"仅指与我们订一般性质平等互惠条约（如《中美新约》），尚无一定解释"。如果是作前一种解释，则后项情形所指国家"虽法律准许我国国民取得土地权利，其国民如不得在华取得同样权利，势将引起反感，使我侨民利益蒙受不良影响"。第二个难题是如何处理苏联等不准外人取得土地权的国家。此类国家并非专门针对中国，虽订立有一般性平等互惠性质的条约，但如依照中国既有土地法规，苏联等国无法在华取得或设定土地权利。"我国既非完全禁止外人取得土地权，若因其本国内部制度关系不准一般外人取得地权而我遂拒绝其国民享受土地权利，亦易招致反感"。第三个难题是已经允许中国人取得土地权的国家，如果中国不能给予其同样权利，必将引发抗议。第四个问题是，就外国人已经取得的地权而言，"其本国虽与我国为有约国，而约内未曾涉及此项问题者，亦有其本国与我国尚在无约状态中者"，这些类别与既有土地法规定不相符合，如果一概取消作废，执行上可能存在困难，但若一概予以承认，又与既有法律规定相违背。外交部地政署指出，"我国既允许外人取得地权，而又于土地法第十八条增加两项条件，不但使外人取得地权问题发生各种困难，无法解决，并使清理地权工作难以进行"。会商意见认为"无论是否与我国为有约国家，其条约是否规定有关取得或设定土地权利之平等互惠原则，抑或其法律是否准许外人取得地权，倘若其关于土

---

① 《外人取得地权问题》，1946 年 5 月 2 日，台北"国史馆"藏"外交部档案"，档号 020000013190A。

地之法律对我并无歧视之规定，我国即可准其依照我国土地法第十九条规定，享有土地权利"，建议将土地法第十八条修改为："外国人在中华民国得依法律所规定之条件取得或设定土地权利，但以其本国关于土地之法律对中华民国人民无歧视规定者为限。"至于针对外人在华已有地权之处置，则"不论其本国已否与我国订有条约，加以承认，一概遵照上述钧院核定之处理办法三项予以清理"。①

---

① 《外交部、地政署致行政院函》，1946 年 10 月，台北"国史馆"藏"外交部档案"，档号 020000013190A。

第九章　条约关系变化中的民众运动①

中国通过抗日战争实现了废除不平等条约。虽然国民政府承担了对外交涉的任务，但背后则有广大民众的支持和督促。条约变化过程中的民众运动是近代条约关系中的一个重要方面，舆论与外交的互动往往是通过这种最为直接的方式表达出来的。中英、中美平等新约订立后，中国共产党和中国国民党都举行了盛大的庆祝活动。《中美商约》的订立，则遭到中国民众的一致讨伐。

第一节　庆祝平等新约活动

中英、中美《新约》订立后，中国国内掀起了庆祝新约的活动。为筹备陪都各界庆祝中美、中英平等新约的活动，国民党重庆市党部邀请各有关团体开会，筹商庆祝新约办法。国民党宣传部为启发国民深入认识新约的意

---

① 本章由刘利民、殷娟娟撰写。

义，于 1943 年 1 月 14 日下午举行茶会招待陪都文化界人士。国民党宣传部部长张道藩向会议致辞，称中英、中美间平等新约公布以后，我国已达到独立自由平等的地位，文化人士是国民的先导，"值此伟大时代之来临，当知负起各人应尽之责任，建立吾国争取自由独立后之新文化"。① 庆祝新约筹备会议于 1943 年 1 月 22 日上午在市党部举行，到会各机关代表 30 余人。会议由杨公达主持，宣布庆祝新约方法，要求全市于 2 月 5 日悬旗一日，各工厂休假一日，各机关学校自 2 月 5 日至 7 日休假三天，民间张灯三夜。其所用灯具上应选写"庆祝新约"、"自由平等"、"独立自主"、"立己立人"、"同盟胜利"等文字。会议还宣布 2 月 5 日下午召开庆祝大会。② 2 月 5 日为庆祝平等新约之日，迪化、西宁、桂林、恩施、长沙、贵阳、赣县、韶关、大理、拉萨、成都等国统区纷纷举行盛大的庆祝新约大会，各地张灯结彩，爆竹喧天，气氛极为热烈。当日下午 2 时，陪都市民庆祝新约大会在夫子池新运广场隆重开幕，到会军民达 5 万余人。国民党党部要员张道藩、谷正纲、贺国光、杨公达等人组成会议主席团，由杨公达报告开会宗旨，号召全国同胞以礼仪待友邦人士，自强不息。宣传部部长张道藩要求大家做一个独立自由的大国民，把握住既得的自由平等，建设一个三民主义新中国。会后民众开始进行大规模游行。重庆市娱乐场放映庆祝新约标语、国府命令、领袖文告摘要及有关庆祝新约或同盟胜利等电影、戏剧，并组织乡村宣传队，以扩大新约成立之宣传。国民党中央广播电台为庆祝平等新约缔结开播庆祝节目三天，特别播送蒋介石为订立中美、中英平等新约告全国军民同胞纪录片。由国民党中央广播电台与中国国民外交协会联合举办的庆祝新约集体广播演讲最为精彩，张继播讲《从党史看新约》，谢冰心对全国小朋友讲平等新约，国民党党部要员张道藩、张治中、谢冠生、吴铁城等均应邀播讲新约，畅谈新约感想。重庆市区内各通商街道都设有扩音器，陪都热闹非凡。各省党部为了表示对新约的支持也纷纷开展庆祝新约活动。云南省党部召集省各机关学校团体代表召开庆祝中英中美缔订新约大会，会内设总务、宣传、艺术三

---

① 《张部长致词盼文化界扩大宣传新约》，《中央日报》1943 年 1 月 15 日，第 2 版。
② 《庆祝新约大会定下月五日举行》，《中央日报》1943 年 1 月 23 日，第 2 版。

组，以处理庆祝新约的有关事务。贵州省党部发起庆祝平等新约运动，召集各界人士举办庆祝新约筹备会，定 2 月 5 日至 7 日为扩大新约宣传日。赣县为庆祝新约于 2 月 5 日举行龙灯竞赛，6 日举行胜利宴会，7 日举行庆祝新约大会①。

国民参政会为庆祝新约于 2 月 18 日下午在中央军委会大礼堂举行茶话会，在渝参政员共有 56 人参加，蒋介石亲自参加举行会议。会议申述了订立平等新约的意义，并宣读《诸参政员上蒋委员长致敬之函》，称平等新约订立后，"同人睹此业绩，快慰莫名"，举国上下应更加奋发，"内则修明政治以立自强不拔之基，外则与爱好和平正义诸友邦共负世界改造重责"。蒋介石则向诸参政员致辞，希望新约成立后，"参政会同人继今以往，更加奋发，督促全国上下一致努力，以竣抗战建国之全功"。② 山东临时参议会为庆祝新约成立电呈蒋介石，称"本会誓率全省三千八百万民众，谨遵训示，淬励奋发，抱定决心，矢志报国"③。

外交部则举办大型宴会庆祝新约，成为国民政府庆祝新约活动的一大特色。部长宋子文为庆祝平等新约的签订多次举办宴会招待中外嘉宾。1943 年 1 月 20 日，宋子文在其官邸举办庆祝新约盛会，蒋介石亲自参加，立法院院长孙科、考试院院长戴季陶、监察院院长于右任、行政院副院长孔祥熙、美国大使高斯及参事范宣德、英国大使薛穆及参事台克满、印度驻华专员公署代理黎吉生等应邀出席此次活动。④ 23 日，宋子文在军事委员会会议厅再次举办庆祝新约的盛大茶会，招待中外各界嘉宾，全体外交使团、各国驻华军事代表团、国民政府外籍顾问、党政军长官、国民参政会议员、各国驻渝知名传教士、中外记者等约 490 余人参与此次宴会，邀请国立歌剧学校校长王泊生及全体学生表演国剧《古城记》以娱嘉宾⑤。

国民政府军委会政治部为庆祝平等新约，分电各级政治部，要求对军队

---

① 《各地普庆新约》，《中央日报》1943 年 1 月 25 日，第 2 版。
② 《留渝参政员昨茶会庆祝新约》，《大公报》1943 年 2 月 19 日，第 3 版。
③ 《各地普庆新约》，《中央日报》1943 年 1 月 25 日，第 2 版。
④ 《庆祝新约盛宴》，《大公报》1943 年 1 月 21 日，第 2 版。
⑤ 《宋外长盛大茶会庆祝新约》，《中央日报》1943 年 1 月 24 日，第 2 版。

官兵及驻地民众扩大平等新约宣传，以此振奋士气、鼓舞民心。各级政治部商同部队主官集合官兵宣读政府明令及蒋介石告全国军民书，并解释平等新约之内容与意义；各级政治部于 2 月 5 日至 7 日会同驻地党、团部召开军民联合大会，组织宣传队，印发并张贴政府明令、蒋介石告全国军民书，讲解平等新约的意义；各军办报纸发行庆祝新约特刊，各级政治部编印宣传平等新约的剧本、歌曲、鼓词、说书等，交所属宣传单位及驻地艺人演唱，举行化装游行和提灯大会，使男女老幼均能了解新约意义。① 国民政府军委会政治部及重庆卫戍总司令部，于 2 月 6 日举行陪都军人庆祝中英、中美新约大会，陪都将士代表及各机关代表六百余人到会，由政治部主任张治中、卫戍司令刘峙主持会议，说明军人庆祝新约意义，宣示新约成立后军人的职责更加重大。② 国民政府航空委员会政治部为庆祝平等新约，组织宣传队于 1943 年 2 月 2 日赴乐山举行为期三天的空军艺术展览会，展览内容有盟国空军动态、盟国空军写真、中国空军留美受训照片及世界新锐飞机等约四百余件展览物品。③

文化界以中央文化运动委员会为领导中心庆祝、宣传新约，形成国统区庆祝新约活动特色之一。新约签订后，中国国民外交协会、中国国联同志会、东方文化协会、中国回教救国协会等陪都 12 个社会文化团体为庆祝中英、中美新约签订，特意联合致电美国总统罗斯福及英国首相丘吉尔表示感谢，称"以互惠平等为基础签订之中美中英新约，为大西洋宪章之诚挚表示，亦为中美中英关系新页之揭开，此即吾辈伟大民主国家深厚友谊及巩固团结之宏基"。④

中央文化运动协会拟定《全国文化界扩大平等新约宣传的实施办法》，分电各省市文化运动委员会遵照办理，借以振奋人心。该会要求《文化先锋》等编刊中英、美签订平等新约特辑，邀请专家执笔，定期召集平等新约座谈会，将所得结论陆续刊布；举办各种文化讲座，讲述平等新约的内容及

---

① 《政治部令对军队宣传新约》，《大公报》1943 年 1 月 14 日，第 2 版。
② 《陪都军人庆祝大会》，《中央日报》1943 年 2 月 7 日，第 2 版。
③ 万仁元，方庆秋编：《中华民国史史料长编》第 61 册，南京大学出版社，1993 年，第 62 页。
④ 《庆祝新约陪都文化团体电谢美英领袖》，《大公报》1943 年 1 月 23 日，第 2 版。

意义；函请各刊物发行新约特辑，刊登新约宣传标语，借以加大文字宣传力度；各文化机关团体于扩大新约宣传周内，在其所在地通街悬挂宣传新约布标；各戏院放映幻灯标语及政府命令、领导人文告摘要等，筹办宣传与条约资料展览会，征求宣传新约的剧本、歌曲及鼓词等，举行文艺晚会，讨论各文艺部门如何改变作风建立中国独立自由后的新文化。[①] 中央文化运动协会还会同其他各文化团体向前方将士致敬，说明平等新约是全国将士浴血苦战的伟功。1943 年 1 月 27 日，中央文化运动委员会在文化会堂召开"新条约与新文化"的座谈会，讨论新约宣传问题，会议提出全国各大中学史地教员，应向学生讲述不平等条约的历史及新约的意义。[②] 中国天主教文化协会庆祝新约签订大会，于 1943 年 1 月 29 日在曹家庵文化会堂举行，文化界人士到会有六百余人，由主教于斌致开幕词，指出中美、中英签订新约是中华民族自力更生的结果，并对英美领袖有如此远见表示钦佩。[③] 中美文化协会为庆祝新约，于 1943 年 2 月 5 日至 7 日和联合国幻灯电影供应社合作，在夫子池新运影务社举行照片及幻灯片展览，其中包括无线电传真照片表演，日夜开放，任人参观。2 月 6 日晚，中美文化协会举行茶话游艺会，庆祝新约成立。茶话游艺会共招待陪都文化界及新闻界来宾 30 余人，由中美文协秘书长陈炳章发表演讲，对英美废除在华特权表示欢迎。

与国统区举行的庆祝新约运动相呼应，中国共产党领导根据地及边区群众发动了庆祝新约的活动。为了表示对平等新约的衷心祝贺，1943 年 1 月 25 日中共中央发布《关于庆祝中美中英间废除不平等条约的决定》，要求"各地党部凡在战争环境许可下，均于旧历元旦前后，召开军民庆祝大会，庆祝中英中美间新的关系与新的团结，坚定军民抗战信心，号召军民为驱逐日寇，完成中国独立解放而斗争到底"。[④] 根据这一指示，中共及边区民众开展各种形式的庆祝。《解放日报》从 1943 年 2 月 4 日至 2 月 8 日连续五天发行"庆祝不平等条约特刊"，第十八集团军朱德总司令、边区政府林伯渠主

① 《文化界宣传新约》，《大公报》1943 年 1 月 18 日，第 2 版。
② 《中央文运会召开新约座谈会》，《大公报》1943 年 1 月 28 日，第 3 版。
③ 《庆祝新约度春节》，《新华日报》1943 年 2 月 4 日，第 2 版。
④ 《关于庆祝中美中英间废除不平等条约的决定》，《解放日报》1943 年 1 月 29 日，第 1 版。

席及著名国际问题专家、法律学者、中国近代史专家、文艺界人士等纷纷发表文章畅谈废约感想，表明对新约的肯定态度。

中共领导人对订立新约这一事件是高度重视的。1943年1月27日，毛泽东出席中共中央书记处工作会议，对党内发出庆祝中英、中美新约的指示。1月28日，毛泽东、刘少奇、王稼祥等共同出席中共中央政治局会议，讨论如何庆祝废除不平等条约等问题；2月4日在延安军民庆祝新约大会上，毛泽东、刘少奇、贺龙、朱德、林伯渠等人被推选为大会主席团成员。① 中共领导人纷纷对新约的意义给予积极评价和肯定。朱德从团结抗战的角度指出新约签订的意义，认为新约的签订，确立了中国与英、美两国的平等地位，为今后继续解决中英美间经济、文化及其他问题，立下了合理的原则，这必将大有助于中、英、美的团结，鼓舞中国军民的抗战意志，使反法西斯阵线更加强固有力；强调这是我国艰苦奋斗的伟大成绩，也是英美同情与援助中国抗战的一大成就，"我们欢迎新约，并欢迎中英美三国新的关系和新的团结"。② 贺龙则认为新约的签订提高了中国的国际地位，这表明中华儿女的鲜血没有白流。③ 中英、中美新约给中国民众以极大的鼓舞，给中共领导下的敌后战场涂上了一抹喜庆的色彩。从1941年开始，中共领导的抗日根据地因为日军的"蚕食"、"扫荡"以及严重的自然灾害而进入极端的困难时期，一直到1943年这种困难局面才有所好转。中英、中美新约的签订无疑是1943年春天的第一场春雨，给久经困难的抗日根据地带来了滋润，根据地民众人人为之欢欣鼓舞。边区政府主席林伯渠在谈新约感想时说："（废除不平等条约）表明了英美对中国人民有了深切的认识，从中国的力量中看出了新的希望"，"中国倒霉的时候应该过去了，展在他面前将是一块辽阔的新天地"。④ 中共中央西北局书记高岗认为新约是"我国百年来民族解放斗争中一个新的胜利，也是我国五年来英勇抗战的结果，值得我们以无限的热忱来

① 刘崇文，陈绍畴编：《刘少奇年谱》上卷，中央文献出版社，1996年，第411—412页。
② 朱德：《庆祝中美中英新平等条约》，《解放日报》1943年2月5日，第1版。
③ 贺龙：《必须把日寇打出去》，《解放日报》1943年2月6日，第4版。
④ 林伯渠：《开始新的历史》，《解放日报》1943年2月4日，第4版。

欢迎与庆祝"。①

共产党人艾思奇、周扬、丁冬放、吴玉章等对新约的意义也给予积极评价。艾思奇认为新约的签订"是一个不容易获得的巨大成就，是值得我们以高度的兴奋和热情来庆祝的"。② 周扬从中国新文艺发展的角度出发，认为"庆祝中美中英间废除不平等条约对于我们文艺界是一件有特别意义的事情"。③ 延安经济学家丁冬放则从近代中国经济发展的角度对新约的意义给予肯定，认为新约"解除了中国经济发展上的束缚，我们已有了有利的条件去作自力更生的努力"，因此签订新约对"中国经济的现状与发展前途的影响非常重大④。"吴玉章认为正值世界反法西斯形势发生转变的时期，"我们庆祝不平等条约的废除是有更重大的意义"。⑤ 徐特立、陈伯达分别撰写文章论述了新约签订的前因后果和中国共产党对废约运动做出的贡献。田家英编制了中国百年来的不平等条约及废除不平等条约的大事年表，为中共宣传新约提供了丰富的材料。

与此同时，根据地新闻界对新约的订立也给予热烈回应，中共中央北方分局、中共晋察冀中央局的机关报《晋察冀日报》，中共中央委员会的机关报《解放日报》和《新华日报》均对签订新约一事给予高度关注，刊发了一系列文章进行讨论和宣传。

延安文艺界积极参与庆祝新约。1943年1月31日下午，文艺界人士在文化俱乐部集会，商讨庆祝新约事宜，决定成立延安文艺界春节四大运动委员会，选出周扬、萧三、柯仲平、罗烽、黑丁五人为委员，以响应拥军、拥政爱民、生产三大运动，并统一筹划推动三大运动和开展庆祝新约事宜。延安鲁迅艺术学院一百余人连日忙于在街头张贴新约大幅宣传画，作曲家吕骥编制"庆祝废约歌"在街头艺术台演奏。⑥ 延安各界群众于1943年2月4日举行万人庆祝新约大会，会场设于延安南门外杜甫川畔。朱德、林伯

① 高岗：《废除不平等条约的感言》，《解放日报》1943年2月7日，第4版。
② 艾思奇：《人民的成功》，《解放日报》1943年2月7日，第4版。
③ 周扬：《中苏英美文化交流》，《解放日报》1943年2月6日，第4版。
④ 丁冬放：《不平等条约与中国经济》，《解放日报》1943年2月7日，第3版。
⑤ 吴玉章：《废除不平等条约的四个要件》，《解放日报》1943年2月8日，第4版。
⑥ 《我与英美签订新约延安各界同声庆祝》，《晋察冀日报》1943年2月5日，第3版。

渠、边区副主席李鼎铭及延安市长李景林等出席了此次会议，美国人马海德及在华日人反战同盟代表大岛也应邀参加了会议。各界人士致辞完毕后，到会民众高呼"庆祝中英中美间新的关系"、"拥护国共合作"等口号，欢呼声经久不息。①

　　除延安外，根据地其他地区也纷纷举办庆祝新约活动，如晋西北、太行区、山东等地均举办了不同规模的庆祝活动。晋西北行署电告各专区、各县，于 1943 年旧历正月十日至十五日普遍放假三天，举行庆祝大会，召开各界、各机关座谈会，讨论新约，并印发关于新约的宣传品。太行区庆祝新约的盛大会议，并组织宣传周以宣传新约，还利用民间风俗张灯结彩，使灯火通明三夜以庆祝百年来桎梏之解放。根据中共中央北方局太行分局的指示，太行区各地放假三天以扩大宣传，宣传内容以中共中央所发布的庆祝不平等条约决定为中心。② 山东各界党政军民于 1943 年 2 月 16 日举行庆祝新约盛会，到会军民达五千余人。大会主席、省临参会副议长致简短开幕词后，中共山东分局及山东八路军代表黎玉发表讲话，号召全山东人民加强团结，坚持斗争，争取中华民族的彻底自由和解放。

第二节　维护航权运动与反对英国重新谋夺沿海贸易权

　　抗日战争成为中外航运业经济发展的转折点。战前中国航权操纵在英国人和日本人手里。抗战爆发后，这种情况逐步发生了根本性改变。抗日战争在客观上推动了中国收回航权运动进程。抗战后期，中国与英美等国家签订平等新约，明确取消了这些国家船只享有的航行特权。中国航运界不久发现，现实没有他们想象的那么美好。威胁航权的因素依然存在。英国在华航运企业不愿意按照《中英新约》处置航运产业，随时待机而起。飘着英美等国旗帜的轮船再次出现在中国沿海和内河部分水域，从事沿岸贸易和内河航

---

① 《延安举行空前盛会》，《晋察冀日报》1943 年 2 月 9 日，第 3 版。
② 《太行各界庆祝废约》，《解放日报》1943 年 2 月 8 日，第 1 版。

行活动。这与战后国民政府重新开放沿海和内河的政策有关。于是，一场反对国民政府重新开放沿海贸易和内河航行权的斗争开始了。

一、 战后英国在华航运产业的保留和航运势力的恢复

按照《中英新约》，英国轮船战后均不能再在华享有航行特权。但是，英国对此并不甘心。平等新约签字后不久，英国就有传言，称外轮将可继续航行中国沿海和内河。1943 年 10 月 26 日，中国驻挪威大使钱泰致电外交部称："那（挪）国驻英大使面询，据伦敦银行传说，中国有意许英国船舶战后改悬中国旗帜继续行驶沿岸及内河。那（挪）威船公司在中国曾有船务，愿知究竟等语。"钱泰请求外交部指示是否有此意向，外交部答复："关于内河及沿海航运，政府似尚无具体之计划，所传不确。"[①] 从此可以看出，外人对于战后航行权问题仍有觊觎之心。

抗战一结束，英国就开始筹划恢复在华航行权。战前，外人在华航运业中英国占第一位，主要是太古和怡和两公司。战争期间，太古和怡和公司的船只虽被迫退出中国，但实力仍存。太古轮船公司在太平洋战争爆发前已经将主要船舶转移至印度海岸，如"湖北"、"绥远"、"海口"、"四川"、"牛庄"、"南昌"等轮；天津驳船公司的一部分驳船转移到新加坡；英国战时运输部陆续征调一部分，如"顺天"轮。战时虽沉没 5 艘，被俘 18 艘，但战后实力仍保存不少。这些保存下来的外轮仍希望战后恢复在华昔日辉煌。"太古对我国沿海航行贸易权和长江航运的重新开放，一直是梦寐以求的。事实上，第二次世界大战结束不久，英国战时运输局就和太古、怡和一起策划，想以造成既成事实的办法先恢复沿海贸易权"。[②] 当时，英国政府希望利用战后中国运输困难，以帮助中国运输救济物资为名，重享在华航行权。

为达到目的，英方首先力促国民政府尽早开放沿海口岸。1945 年 10 月 2 日、19 日英国驻华大使馆两次致函中国外交部，询问有关恢复通航问题："广州香港间之航务亟欲尽速恢复，而英商太古洋行所代理中国航运公司专

---

① 《钱泰致外交部电》，1943 年 10 月 26 日（发自伦敦，附有欧洲司批文），台北"国史馆"藏"外交部档案"，档号 02000003215A。

② 张仲礼等：《太古集团在旧中国》，上海人民出版社，1991 年，第 176、177 页。

为该航线建造之佛山号轮船已准备复航……广州港口现在是否对于外国商船开入已重行开放?"① 外交部提请行政院讨论。当时，交通部认为，广州可开放。但外交部称，与前令"似有抵触之处"。② 此前，蒋介石的命令是："我沿海各战区各方面军转饬各港口驻军及沿海地方政府，此后除美国船舰外，其他国家之舰船非经政府许可，不准出入本国港口。"对此命令，财政部以有不明之处，要求解释：一、舰船二字是否仅指军舰而言，还是包括商船在内。二、沿海各港是否包括上海、天津、大连、广州沿海港在内。三、原电所示须由政府许可一节，系由何机关办理。四、美国舰船是否准出入内河港口。国民政府的解释是：一、舰船是指军舰、军用运输船及商船。二、包括这些港口在内，唯大连按中苏友好条约规定。三、由外交部办理。四、美国舰船如系应我请求协助我国扫雷或军运可随时依情况准其出入内河港口。③由此可见，此时国民政府除允许美国舰船享有特权外，其余各国船只，包括商船在内均不能开入中国港口，更不享有沿岸贸易和内河航行权。

由于有蒋介石的命令，张发奎对于驶入广州、汕头的英国商船予以查扣。例如，英国商船"永生"号、"玫瑰"号在广州亦被扣。英国方面予以抗议，国民政府致函外交部："此后外国商轮出入我国口岸，希即会同交通、军令两部依据条约及国际惯例迅拟妥善办法呈核。至现在广州之英国商轮玫瑰号，已电饬张司令官查明放行矣。"④ 外交部亦致函张发奎，要求按照国际航行处理："香港在未收回前仍为外国港口，由香港至广州及由香港至汕头，均不得视为沿海贸易或内河航行"，英国商轮应可准其往返行驶。广州、汕头二港事关我国开放口岸问题，在各口岸未正式开放以前，不妨先准英船行驶，但须向英方声明，此系暂时办法。⑤ 英国轮船就在"国际航行"的名义下暂时取得了从香港至广州及汕头的权利。

① 《英国驻华大使馆节略》，1945 年 10 月 2 日，台北"国史馆"藏"外交部档案"，档号 020000003796A。

② 《中国陆军总司令部快邮代电》，1945 年 10 月 31 日，台北"国史馆"藏"外交部档案"，档号 020000003796A。

③ 《国民政府快邮代电》，1945 年 11 月 23 日，台北"国史馆"藏"外交部档案"，档号 020000003796A。

④ 《国民政府代电》，1945 年 11 月 9 日，台北"国史馆"藏"外交部档案"，档号 020000003796A。

⑤ 《为英商船拟由香港行驶广州汕头事复准英船暂时行驶请鉴核由》，1945 年 11 月 22 日，台北"国史馆"藏"外交部档案"，档号 020000003796A。

　　但是，在正式开放以前，英轮航行广州、汕头仍是临时的，且"权利"得不到保障。如太古洋行"贵阳"号等八船运送侨胞 400 人由新加坡经香港抵汕头，刚抵达就被扣。英方提出抗议，并要求中国尽早开放沿海口岸。1945 年 12 月 25 日，外交部答复："因沿海各港口现尚未接收完竣，或秩序尚未完全恢复，不能即予开放，所有各国商船（除美国船外，原注）均须经外交程序，由外交部签报核准后方准进口。至将来各港口恢复平时状态时，自当由外交、交通等部依据条约及国际惯例妥拟开放办法。"① 英方是在除外之列，自然不满。

　　由于英方一再催促中国开放沿海口岸，国民政府亦在准备开放沿海港口方案。按照 1945 年 1 月外交部公布的《执行收回法权各约须知》第十条规定，关于此后我国通商口岸问题，"中美新约规定：中华民国领土内，凡平时对美国海外商运已开放之沿海口岸，此后仍继续开放。至中英、中挪、中瑞（典）、中荷等新约，仅规定缔约一方之商船许其自由驶至缔约彼方领土内，对于海外商运业已或将来开放之口岸地方及领水，而并无'沿海'二字之限制。但上述四约均附有同意记录规定双方为国防计，有权封闭任何口岸。此后我国应规定何者为沿海口岸，有关机关正会呈行政院核示中。"② 抗战结束，规定何者为沿海口岸就成为急需解决的问题。加之英国不断催促，国民政府不得不加快研究步伐。11 月 3 日，交通部拟定开放口岸名单：大东沟、安东、大连、营口、葫芦岛、秦皇岛、天津、烟台、青岛、连云港、上海、宁波、温州、福州、厦门、汕头、广州、北海、基隆等 19 处。但有的地方尚未接收，故在正式开放时没有列入名单。

　　1946 年 1 月 22 日，行政院训令："沿海各口岸逐渐安定，此后除军事情况特殊者外，自三十五年度起，凡订有互惠条约之国家，其商船准予进出于我国设有海关之各通商口岸"③ 所称互惠国家，是指英国、美国、苏联、法国、荷兰、瑞士、比利时、西班牙、葡萄牙、瑞典、挪威、丹麦、芬兰、波

① 《外交部代电》，1945 年 12 月 25 日，台北"国史馆"藏"外交部档案"，档号：020000003796A。
② 《外交部公布〈执行收回法权各约须知〉》，1945 年 1 月，《中华民国史档案资料汇编》第五辑第二编《外交》，第 194 页。
③ 《行政院训令》，1946 年 1 月 22 日，台北"国史馆"藏"外交部档案"，档号 020000003796A。

兰、捷克、希腊、土耳其、伊朗、伊拉克、阿富汗、巴西、智利、玻利维亚、墨西哥、哥斯达黎加、古巴、多米尼加、厄瓜多尔、利比里亚、暹罗、加拿大等国。① 意大利在 1947 年 11 月 24 日中意和约生效后亦加入互惠国行列。② 除此之外，其他国家轮船进口另行处理。"日轮或其他无互惠条约国家之商船装卸货物，如经政府特许，可予进口及结关，其未经政府特许者，仍逐案请示办理"。③ 这项命令在财政部关务署有更详细阐述："其他各国之商船，除有左列两项情形者外，不准驶入中国口岸：（一）装运联合国善后救济总署物品者。（二）依照关务署本年公告，经政府特许来华之船只，例如驻在日本盟邦总部，商得中国政府允许来华装卸交换物质之日轮。其无互惠条约国家之商船，如无上述两项情形，驶达中国口岸时，该口海关应暂缓发给卸货准单，饬其代理人呈由外交部转请政府核准，并由该关税务司电呈本署核示。"④

至于开放口岸，行政院第 742 次会议决议："查暂时开放之港口，前指定为上海、宁波、永嘉、厦门、汕头、天津、秦皇岛、大连、海口、拱北、烟台、营口、安东、广州、福州、基隆、高雄、九龙等十八处，嗣奉主席电令，葫芦岛（秦皇岛）不必开放，九龙、烟台、营口、安东暂缓开放。"⑤ 本来开放与否均是中国的主权，国民政府亦宣称有权随时封闭与开放沿海港口，但事实上并不能如此。1946 年 12 月，怡和公司称"拟于本年十二月及明年一月内由秦皇岛装运大豆六千吨至八千吨出口"。而根据蒋介石命令秦皇岛系暂停开放之列，外交部欧洲司的意见为："依照条约，英船仅可进入我国对外轮开放之口岸，而此种口岸为国防安全计，亦随时可以封闭，故青岛及秦皇岛之封闭与条约毫无抵触，该两口岸之封闭完全由于内战关系。"⑥

---

① 《财政部关务署代电》，1946 年 3 月 9 日，中国第二历史档案馆藏"国民政府外交部档案"，档号十八/2244。

② 《为我国对于意大利商船驶入口岸应给予与我订有平等互惠条约国家同等待遇函请查照转饬知照由》，1947 年 12 月 22 日，中国第二历史档案馆藏"国民政府交通部档案"，档号二十（2）/1095。

③ 《财政部代电》，1946 年 1 月 18 日，中国第二历史档案馆藏"国民政府外交部档案"，档号十八/2244。

④ 《海关总税务司署通令》（第 6861 号），1946 年 7 月 5 日，中国第二历史档案馆藏"国民政府交通部档案"，档号十八/2244。

⑤ 《复员期间暂准外轮驶泊南京芜湖九江汉口四港装卸货物案》，中国第二历史档案馆藏"国民政府交通部档案"，档号二十（2）/528。

⑥ 《怡和公司运大豆由秦皇岛出口案》，1946 年 12 月 23 日，台北"国史馆"藏"外交部档案"，档号020000039656A。

但是，1947 年 1 月 1 日，英国驻华大使施谛文照会外交部："查海关前年十一月二十三日第十四号通告称，青岛及秦皇岛两口岸对于外洋航商均予开放，惟海关上年十二月十五日第九十九号通告暂予撤销等由。似此项最后变更办法，大致对英方利益影响甚巨……望贵部长设法令饬将海关十二月十五日第九九号通告迅即撤回。"① 在英国的要求下，1947 年 1 月 6 日，国民政府允许青岛及秦皇岛开放。②

除上述沿海港口外，对于一些未开放港口，实际上亦准许载运救济物资的外轮有条件驶入。7 月份，海关总税务司发布通令称："港口二字，应系指开放之口岸而言，按此是该项外国船只虽载运政府物品，亦不准往来未开放口岸。惟考诸实际，各政府机关，如行政院善后救济总署、经济部及盐政总局等均请海关准许外国船只结关前往未开放口岸，如连云港、葫芦岛、秀屿及沙美港等处……如经认为确系为救济及善后之用，海关即可徇其委用政府机关之请，准予结关前往未开放口岸……任何船只，不得往来未开放口岸及外国口岸之间。又前往未开放口岸之船只，不得载有由外国运来之货物，亦不得在未开放口岸装运往外国之货物。"③ 这就给予部分外轮开入非通商口岸的权利。

从上述情况看，1946 年初，国民政府重新开放沿海大部分港口。但是，按照国民政府的解释，这些港口只是允许外轮从事国际贸易，并不允许外轮在沿海港口之间从事贸易。事实上，战后在华外商轮船公司一般限于国际航行。这些外商轮船公司多在上海，共有 30 余家，真正有实力的是英、美、挪威、丹麦、瑞典的十家公司，垄断了上海港的远洋航线。④

二、　反对英国重新谋夺沿海贸易权

只允许国际航行，对于英国来说，显然不是其所希望的。英国在要求中

① 《〈英国大使馆致中国外交部〉第一号照会译文》，1947 年 1 月 1 日，台北"国史馆"藏"外交部档案"，档号 020000039656A。

② 《行政院卅六年一月六日肆字第 80 号代电》，1947 年 1 月 6 日，台北"国史馆"藏"外交部档案"，档号 020000039656A。

③ 《海关总税务司署通令》（第 6861 号），1946 年 7 月 5 日，中国第二历史档案馆藏"国民政府外交部档案"，档号十八/2244。

④ 茅伯科主编：《上海港史》（古、近代部分），人民交通出版社，1990 年，第 405 页。

国开放沿海口岸的同时，亦在筹划帮助太古、怡和洋行恢复原来在华的业务，其方式就是"帮助"中国运送救济物资，乘机再享有沿岸贸易权，造成既定事实，为日后缔结条约打下基础。

抗战刚结束，联合国善后救济总署（简称"联总"，1943 年成立）就将救济物资运送到各战争受害国，帮助恢复重建，其中中国是接受救济的主要国家。这些物资运送到中国后，需要由行政院善后救济总署（简称"行总"）分配到各地。而中国航运力量在战争期间受损严重，运输力量不足。战前航运力量大致情况是，英国太古洋行 15.4 万吨，怡和洋行 9.8 万吨，其他英商船只 10 万吨，共计 35 万吨；日本在华营业轮船日清汽船株式会社 5 万吨，大连汽船株式会社 9.8 万吨，其他日船 5 万吨，共计 20 万吨；中国轮船总计不超过 50 万吨。战后航运力量，招商局轮船 32 万吨，民生公司 6 万余吨，三北轮埠公司 3 万余吨，大连大通公司 1 万余吨，其他及接收敌产，各项总计 85 万吨。[①] 战后中国航运力量虽然吨数不少，但事实上有不少船舶仍待修理，尚在恢复整顿阶段，又需要忙于军事复员等工作，故将救济物资分配到沿海各口岸有一定困难。英美等国就利用此种情况提出"帮助"中国运输救济物资。

1945 年 9 月，行政院指示外交部研究善后救济总署为运输救济物资，可否租用英轮悬挂英旗行驶我国内河及沿海一事。10 月 3 日，英国战时运输部次长史德楼照会中国驻英大使顾维钧，提出"求适应目前之环境"，英国政府征用之太古、怡和等公司轮船，可以在战后为中国救济、复员与复业大计，听任中国之配用。经双方议定，各船舶行驶仍归各该公司等掌管。至吨位之优先取舍权，则为由"行总"所独操。[②] 1946 年初，中国驻英使馆与英国谈判租借英国商轮航行中国沿海和内河运输救济物资。顾维钧与英国战时运输部订下原则："由远东船务经理处的怡和、太古两公司船只，协助中国办理复员及装运救济物资。"于 1 月 16 日具体细则由行政院善后救济总署与英国战时运输局之远东船务处签订为期 6 个月（1946 年 1 月 16 日至 7 月 15

---

① 李云良：《百年沧桑话航权》，上海市轮船商业同业公会编印：《维护航权文电辑要等资料》，上海市档案馆藏，S1491—128。

② 《太古股份有限公司、怡和公司联合宣言》，《申报》1946 年 7 月 16 日，第 2 张第 8 版，"广告"。

日）的合同，指定船只（原系 35 艘）悬挂联合国善后救济总署旗帜和英国国旗（船尾），装运"行总"救济物资（倘有剩余，可装运中国政府其他物资），驶至中国沿海受"行总"指挥。[①] 如此一来，英国太古、怡和等沿海及内河各船舶"遂相率由战时所指定之行驶地带，遄归远东，以供行总输运救济物资之用。各船舶吨位之配用悉由该署司之，而应付运费即由"联总"核发。如行总署需用过剩之吨位，敝公司等仍得用以载运商品，借以恢复各省之贸易，以转运出口货物至各大口岸"。[②] 这显然是在运送救济物资名义下从事客货运输，换言之就是从事港口间贸易。

国民政府允许外轮以帮助善后救济的名义从事沿岸贸易，立即遭到了航业界的反对。1 月 4 日，上海航业界就举行集会表示反对。当"行总"签署合同后，航业界反应更激烈。1 月 25 日下午，上海市轮船业同业公会、上海市商会、中国商船驾驶员总会、中国轮机员联合会、中国航海驾驶员联合会、中华海员工会、中国引水公会、中国航业学会等团体在上海广东路九号航运俱乐部召开保全航权紧急会议，对于英籍轮船假借运送救济物资之名义，企图重享沿海及内河航行之特权，已有八轮航行我国沿海一事进行讨论。[③] 会议决定：（一）发表维护航权联合宣言；（二）电呈政府根据新条约切实保持领水及航权之完整，并禁止悬挂外旗之船只经营我国内河及沿海贸易；（三）如有悬挂外旗之船舶航行我国内河或沿海侵害我国航权，我国海员码头工人及其他一切与航业有关之从业人员绝对不与之合作；（四）电请政府援照各国先例，迅速赔偿此次战役中牺牲之民营船舶三十万吨，以恢复原有之运输力量；（五）电请政府对于现有各种船舶及其他航业设备迅速加以恢复，并充分利用，对于全国船舶之调配，按照船舶之性能与水运相配合，军运民运，兼筹兼顾；（六）电请政府饬令海关克日恢复长江及沿海航行标识，并请海军机关迅速扫除水雷，以便恢复夜航，增加运输力量。[④]

---

① 江天凤主编：《长江航运史》（近代部分），交通人民出版社，1992 年，第 608 页。

② 《太古股份有限公司、怡和公司联合宣言》，《申报》1946 年 7 月 16 日，第 2 张第 8 版，"广告"。

③ 《维护航权文电辑要》"序"，上海市轮船商业同业公会编印：《维护航权文电辑要等资料》，上海市档案馆藏，S1491—128。

④ 《维护航权文电辑要》，上海市轮船商业同业公会编印：《维护航权文电辑要等资料》，上海市档案馆藏，S1491—128。

1月31日，上述各航业团体联合致电蒋介石、国民政府各部院、国民党中央执行委员会、善后救济总署、国民参政会、各报馆等，称：“本会等鉴于我国过去丧失航权之惨痛，此次收回航权之不易，目前航权动摇之危机，举行紧急会议，一致议决，誓以全力维护航权，吁求政府根据平等新约关于收回航权之规定，切实保持我国领水及航权之完整，严禁悬挂外旗之任何船只行驶我国内河及沿海。”如有悬挂外旗之船只，无论以何种借口侵害中国航权，中国海员、码头工人及其他一切与航业有关之从业人员，绝对不与之合作。电文称“五十年来（原文如此，笔者注），国民革命之主要目标，即在于不平等条约之废除，尤其是内河及沿海航权之收回。此次抗战，中国军民以空前无比之牺牲，克服物资上之困难，捍卫国权，乃获江海重光，应特别珍爱，慎防得而复失”。电文还指出，英国素以航业立国，自《南京条约》以来，在中国所享之航行特权，根深蒂固。中英不平等条约虽废除，英国仍企图以伺隙蚕食之手段，达成继续把持航权之目的。[①]

同时，该联合会发表了长篇《维护航权联合宣言》。《宣言》称，航权为统治权之重大项目，“不容他国丝毫之侵害”。长期以来，“国人对于收回航权之奋斗，迄未稍懈”。所幸抗战胜利，“不平等条约于焉废除，举国鼓舞，喜迎航权之归来，朝野振奋，共谋航业之恢宏”。此时，“突闻外商借口善后救济总署物资之运输，要求以悬挂外旗之船舶行驶我内河及沿海”。而“政府对于饮鸩止渴之祸害，似亦有忽视之危机，甚至有运输事大、国旗事小之怪论。外商利用一部分人认识不透彻，意志不坚定弱点，对于在平等新约中应行转让与我国之航业资产，坚持不售，企图以偷天换日，伺隙蚕食之手段，重享内河及沿海航行之特权。”航业界认为，复员期间暂时出现的运输困难可以克服。航业界郑重宣告中外：“凡有侵害我国内河及沿海航权之任何行为或企图，我人必以八年来浴血抗战艰苦奋斗之精神，加以抵抗，任何牺牲，在所不惜，以尽我炎黄子孙之神圣责任。我人深信领水及航权之完整远重于各人之生命。”要求政府采取措施维护航权，奖励航业。同时，希望

① 《（紧急代电）为航权关系重大收回不易万恳严禁悬挂外旗之船舶行驶我国内河及沿海以确保领水及航权之完整伫候核示由》，1946年1月31日，台北“国史馆”藏“外交部档案”，档号 02000003726A。

各友邦，特别美国"将其剩余大量船舶之一部分，以合理之经济条件让与我国，俾能早日达成航业之复兴与航权之恢宏"。①

对于联合会的主张，交通部部长俞飞鹏表示："我国航权在本人任上收回，决不容在本人任上丧失。"军事委员会的意见是，不准许美国以外之船舶航行中国海口，但最近善后救济总署以船只不敷应用，而与英商订定租用英船运输救济物资。"此类船只航行于沿海尚可"，如行驶内河，中国当坚决反对。因我全国接收敌伪船舶加上自存船舶离我国战前之五十万吨并不太远，"勉强够用"。② 2 月 13 日，善后救济总署答复："依据该署当年度内输入之善后救济物资总量，将两倍于战前中国国际贸易输入总额，而现在内河航行之船只尚未达到战前三分之一，如不特别设法，则因物资滞运关系，除沿海各省外，内地省份如皖、赣、湘、鄂、桂等地之战后疾苦势将无从解救。可以通过租用英公司船只运输救济物资，所订合同明定以六个月为期，五个月后，如通知取消，合同即到期失效。总署物资由英船载运系八折计算，出具证明书，运费由英政府拨付，作为英政府协助中国善后救济事业之义举。船桅悬善后救济总署标帜，以表示非普通商业航运，船尾悬英国国旗，以表示英国政府及人民对中国善后救济事业，亦有所襄助。此项协订办法，绝不影响内河航行权，且不可引以为例，英方亦表示允诺。"③ 此主张遭到上海航业界的驳斥："查船只悬旗惯例，船尾之旗系代表国家之航权，关系极为重大。英国为航业国家，对于船尾悬旗之重要性，自极明了。此次以悬旗为条件者，显系出于航权之观点，断不能视为友谊之表示。如云悬英旗系表示礼貌，亦与国际礼节相反，盖乙国船只如对于甲国表示礼貌，应即悬挂甲国之国旗，反之，悬挂其本国国旗以航行于他国之领水范围，除国际航行外，则不但非礼貌之表示，且为侵犯他国航权之明证矣。"④

① 《维护航权联合宣言》，1946 年 1 月 31 日，台北"国史馆"藏"外交部档案"，档号 02000003726A。

② 《交通当局表示决坚护航权》，上海市轮船商业同业公会编印：《维护航权文电辑要等资料》，上海市档案馆藏，S1491—128。

③ 《善后救济总署解释租用英船问题代电》，上海市轮船商业同业公会编印：《维护航权文电辑要等资料》，上海市档案馆藏，S1491—128。

④ 《再致善后救济总署质疑代电》，上海市轮船商业同业公会编印：《维护航权文电辑要等资料》，上海市档案馆藏，S1491—128。

尽管遭到航业界的反对，国民政府仍旧允许英国轮航行中国沿海口岸运输救济物资。不过，经航业界的反对，原定 35 艘英船来华代运救济物资，实际只来了 8 艘。① 这些外轮均从事沿岸贸易活动。太古洋行的"岳州"、"济南"、"宁海"、"北海"、"山东" 5 轮，定期驶往天津、青岛、秦皇岛等地，除运输救济物资外，还大量装载客货。如 1946 年 2 月 21 日开往秦皇岛之"济南"轮，除装运衣服外，"客运满额"。② 又比如，"牛庄"轮装运救济物资面粉 200 吨开赴广东时，带运商货达 2000 余吨。③ 这种"附带"经营行为是违反合同的，海关最初亦明令禁止。但不久，江海关根据行政院的指示，于 3 月 21 日颁布新的公告，使这种行为"合法"了。行政院院长宋子文的指示是："在三十六年三月三十一日以前：（一）中国政府可准外国商船进入中国港口卸除由外洋运来之货物及旅客，并接运货物及旅客由中国运往外国港口。（二）在中国境内各港口间航行之船只，仅以中国商船为限，惟鉴于目前情形，凡外国商船如由中国机关委用，以供善后救济及复员工作之用者，准自由往来中国港口，并载运货物及旅客。"④ 命令的第二项事实上等于将沿岸贸易权给了外轮，而且延长了这些外轮从事沿岸贸易的时间。江海关的公告遭到了上海航业界的反对，上海轮船业同业公会呼吁取消。⑤

在 3 月 21 日江海关颁布公告前几天，英国战时运输局远东航务处宣布，将原征用船只归还各公司，"岳州"、"济南"、"宁海"、"北海"、"山东"划归上海太古洋行，太古轮船公司在上海筹备复业。不久，太古轮船公司又增添"南昌"、"湖北"、"汉阳"、"福州"、"福建"等轮。怡和则有"永生"、"和生"、"怡生"三轮一同开驶北洋线。⑥ 这些外轮运输救济物资的同时，将主要"工作"放在经营"附带"业务方面，因为江海关的公告明确允许它们从事客货业务，因此它们就公然以客货运输为主。因国民政府事先已经颁布

---

① 中国航海学会编：《中国航海史》（近代航海史），人民交通出版社，1989 年，第 371 页。
② 张仲礼等：《太古集团在旧中国》，上海人民出版社，1991 年，第 179 页。
③ 《轩然大波的航权问题》，1946 年 7 月 15 日，《新世界月刊》第 7 期，第 27 页。
④ 《财政部代电》，1946 年 1 月 18 日，中国第二历史档案馆藏"国民政府外交部档案"，档号十八/2244。
⑤ 《为卢叙维护航权经过检附商报新闻电请转饬各地航政机关严密制止外轮一切侵略行为由》，1946 年 8 月 29 日，中国第二历史档案馆藏"国民政府交通部档案"，档号二十（2）/1082。
⑥ 张仲礼等：《太古集团在旧中国》，上海人民出版社，1991 年，第 180 页。

公告，对此亦无可奈何，惟一的办法就是等待合同到期终止。

1946 年 4 月下旬，上海市轮船业同业公会致电政府，要求"行总"租用之英轮期满不再续租，得到了政府的同意。7 月 16 日，"行总"宣布 1 月 16 日签订的合同效力终止。[①] 此后，太古、怡和等公司船只不再是租用的外轮，按照规定自然不能继续享有江海关 3 月 21 日公告所给予的特殊权利。但这些船只仍希望继续从事沿海贸易，于是想出各种办法揽载客货。比如"南昌"轮以载运救济物资为名开入温州等案就是如此。

所谓"南昌轮事件"，是指 1946 年 8 月 1 日英商太古轮船公司"南昌"轮以运送救济物资为名（遭到质疑后又改称奉令装运军米，但粮食部又否认有此令）开入瓯江，实则空船驶入温州，目的是装运土货出口。当时在温州营运的只有私营轮船公司，运价很高。"南昌"轮开入后，压低运价（运价降低一半），揽载商货，受到出口商的欢迎。但是，当地航商认为，在这种竞争之下，温州航业无法存在，甚至中国航业和主权也受重大影响，于是纷纷反对。永嘉轮船业同业公会呼吁维护航权，得到了学生等支持。8 月 3 日，温州专科以上学生联谊会和中等学生联合会开会讨论，发表《反对英商南昌轮驶温侵害航权宣言》，会议决定："一则函请出口业公会拒绝装货，报关行拒绝报关，埠头驳船及码头小工拒绝驳运；二则广发电报，请上海轮船业公会响应维护航权运动，并请交通部暨上海航政局取消外轮行驶沿海及内河，以维护国家主权。"同时，学联会要求招商局"调整温沪航线常用轮船"。在学生、码头工人、航商等反对下，此轮被迫空船离开温州。[②]

所谓"贵生轮事件"，是怡和公司"贵生"轮于 8 月 25 日由香港驶往青岛、天津，途经上海时装卸客货，被华商航业团体发现，经反对而被迫放弃装货。[③]

由于遭到中国航业界的激烈反对，海关亦明令禁止这些外轮继续揽载客

---

① 《行总昨日正式宣布英航务契约终止原订六个月合同业已期满》，《申报》1946 年 7 月 17 日，第 4 版。
② 冯坚：《英商南昌轮事件始末》，中国人民政治协商会议浙江省温州市鹿城区委员会编：《鹿城文史资料》（第 3 辑），1988 年，第 42 页。
③ 中共上海海运管理局委员会党史资料征集委员会、中国海员工会上海海运管理局委员会编写：《上海海员工人运动史》，中共党史出版社，1991 年，第 159 页。

货。于是，太古、怡和曾以"牛庄"、"南昌"、"北海"三船改换旗帜，由华人出面经营，并以六成股票售予华人，但亦遭到反对。[①] 1947 年 7 月 21 日，中华民国轮船商业同业公会联合会电请防止外国航商侵犯航权，称："近闻有在名义上与国人合作，另组航业公司之阴谋，果成事实，为害益烈。我同业尤宜密切注意，并请政府加以防止。"该会开会决议三项：第一，通知各地公会，"随时注意搜集证据，向政府举发"；第二，要求政府饬令有关机关对航业公司及船舶登记时特别注意船只之资金来源、董事及主持人之背景；第三，"呈请政府从速收购所有现留我国境内而适合行驶我国内河之外籍船只"。[②] 这样，在中国民众的反对下，太古轮船公司只好改变经营方向，"以上海、厦门、汕头、马六甲海峡航线作为最优先考虑的打算"。同时，开始筹建太古仓埠公司，"准备经营太古在各口岸购置的仓库、码头以及趸船等不动产"。[③]

英商变相攫取航权的阴谋不能得逞，但仍时刻关注中国沿海贸易，觊觎此种权利。例如，利用香港为根据地，从事华南沿海港口贸易。广州航政局对此专门有过说明："互惠国轮船准航行我国开放港口，不得在两港口之间经营沿海贸易。"但香港、澳门两地毗连中国内地，且与沿海及内河开放各口岸距离亦近，或朝发夕至，或一二日可达，抗战胜利以来，广州与香港、澳门间，以及闽粤各口岸间，不断有定期外轮穿梭往来。外轮以吨位较大，设备优良，且不受中国航政官署管辖，中国轮船自难与之争衡，以致沿海客货运输大部分为其揽夺，实与未收回航政时无大差异。1948 年初，国民政府应英国要求变相开放了沿岸航行贸易。英国大使馆向中国外交部提出请求"准许外轮由香港转运自中国某一口岸运出之货物至另一口岸，免缴进口税而起卸进口"，这实际上就是要求享有沿岸贸易权。收到英方请求后，国民政府内部进行了讨论。财政部认为，在"戡乱非常时期"中国船只缺乏吨位，"为保持重要物资起见"，应准予外轮由被威胁之口岸转运此项物资至另

① 中国航海学会编：《中国航海史》（近代航海史），第 372 页。

② 《中华民国轮船商业同业公会联合会电请防止外国航商侵犯航权由》，1947 年 7 月 21 日，中国第二历史档案馆藏"国民政府交通部档案"，档号二十（2）/1095。

③ 张仲礼等：《太古集团在旧中国》，上海人民出版社，1991 年，第 182—183 页。

一安全之中国口岸。外交部虽认为"事关业经收回之各国在华沿海贸易权"，但对财政部的意见不反对，"本部认为，既非由于条约义务，且系因时制宜暂时有限制开放沿海贸易，事属可行"。于是，就在"因时制宜"的借口下有条件的开放了沿海贸易。其实，这是一种自欺欺人的做法。当时国民政府允许从事这种沿海贸易的国家为美、英、加、比、挪威、瑞典、法、丹、葡、荷。① 从事这种沿海贸易的具体办法分为三项，即：第一，"在非常时期得准外轮装运物资由接近战区口岸直接运至其他中国口岸，或经香港转至其他中国口岸"；第二，"如经香港转运至其他中国口岸时，其运送人应向海关提供担保"；第三，"前项准许外轮运送之物资，应以美援等项物资为限"。所称接近战区口岸包括汉口、南京、青岛、上海（含宁波）。② 英国商轮利用中国的"非常时期"终于获得了从事沿岸贸易的权利。据台北《新生报》刊发太古公司盛京轮广告，称开通由沪至基隆、香港定期航路，10 天一班。这遭到全国轮船同业公会反对，该会致电交通部，请求制止。致电称："该轮从事我沿海贸易，实属侵犯我航权，特电请转行海关，不予结关，以维国权。"③ 这些情况表明，英国在战后一直在事实上从事沿海航行贸易活动。

三、 反对英国谋取长江内河航行权

除从事沿岸贸易外，英国又试图"劝说"中方重开内河航权。因为当时大量善后救济物资运送到中国沿海口岸，中国船只不能及时转运，造成物资堆积，这给了英国觊觎内河航行权的机会。当 1945 年 9 月行政院指示外交部研究租用英轮悬挂英旗行驶我国内河及沿海运输救济物资时，英方已经提出了开放内河的问题。当时外交部认为"我国与各国订立平等新约以后，外籍船只即不得在我内河航行，善后总署所租英轮，似不应悬挂英旗，而应悬

---

① 《英国驻华大使馆请准由外轮装运物资自我国某一口岸至另一口岸在香港转船案奉谕应由贵部迅即邀集有关部会会商拟议呈核由》，1949 年 1 月 8 日，中国第二历史档案馆藏"国民政府关务署档案"，档号一七九（2）/335。

② 《海关总税务司署代电》，1949 年 3 月 11 日，中国第二历史档案馆藏"国民政府关务署档案"，档号一七九（2）/335。

③ 《（交通部咨）据船联会电请制止太古盛京轮行驶沪基案电请查照制止由》，1948 年 8 月，台北"国史馆"藏"外交部档案"，档号 020000039656A。

挂我国国旗。"但行政院并未采纳外交部的意见。① 1945 年年底，即有消息传出中国政府拟允许外轮航行内河。路透社 12 月 29 日电："中国政府虽已决定将内河航行权收回，但鉴于目下国内船只之缺乏，或将暂时允许外船继续航行内河。此种特权，将延续至六个月以上"。②

1946 年 5 月 29 日，行政院院长宋子文以复员运输困难为由，提请国防最高委员会讨论暂时开放长江四口问题。该提案称："我国现值复员期间，需求国外物资大量运入，如国外轮船只准驶至上海，不但由上海转运所需之装卸费用使货品价格巨额增高，且使长江沿岸输出国外之货品必先运上海卸装，增加货品之成本，并益增加运输之阻滞，对于输入输出，俱感未便"，建议"暂准来自国外之轮船在南京、芜湖、九江、汉口四港装卸货物，但不得在经过我国各港口时添装货物乘客，离开我国时亦不得搭载转口货物及乘客，"③ 此案在提交之前，宋子文亦意识到，内河航行权在各国新约订定时已经取消，如果再度开放内河航行，势必引起人们反对。于是，行政院指令外交部进行研究。5 月 24 日，外交部审查意见认为："开放内河港口供外洋来船停泊，欧美各国本有实例。惟我国甫将各国在华内河航行权取消，今若无条件开放四港，易生误会。盖在现时我国自有之航海船只极少，开放之后，一般人民将惟见外籍大船在内河行驶，而罕见本国船舶也。为兼顾此种可能之反感，与当前之需要计，拟请于公告开放时声明，该四港之开放系应复员期间之特殊需要，其时限仅定为一年，其他限制仍照原提案之所定。"④ 6 月 5 日，国防最高委员会第 194 次常务会议讨论行政院所提"为复员期间，拟准国外轮船驶舶南京、芜湖、九江、汉口四港装卸货物，其时限定为一年，请核定"一案，决议："准予照办，但来华装卸货物之外轮应于进口两周前

① 《签呈（战后关于悬挂外旗在内河航行问题）》，1946 年 2 月 12 日，台北"国史馆"藏"外交部档案"，档号：02000003726A。

② 《暂时开放内河航权补救船荒困难我建新船四十只明春下水向日索船事政府正准备中》，《益世报》（天津）1945 年 12 月 30 日，第 1 版。

③ 《复员期间暂准外轮驶泊南京芜湖九江汉口四港装卸货物案》，1946 年 6 月 17 日，中国第二历史档案馆藏"国民政府交通部档案"，档号二十（2）/528。

④ 《外交部公函》，1946 年 5 月 24 日，中国第二历史档案馆藏"国民政府交通部档案"，档号二十（2）/528。

先行呈准登记。"① 同日行政院宣布开放上述四口。

为了减少航商的反对，6 月 11 日，国民党宣传部部长彭学沛对新闻记者谈话，解释政府开放四口的原因：一是平衡进出口。因为现在进口货大量吸入，就应当更加鼓励出口，以稍资平衡，否则经济受到极大威胁，但是我国内河船舶缺乏，驳船缺乏，上下驳运费用高，对出口货是重大打击。二是减少停滞所受损失。上海仓库空位少，常常找不到码头位置，外轮等候时间长，增加运输费用。他并声明开放四口是暂时的，只一年为期，不会产生危害，希望国人体谅政府苦衷。②

但是，国民党官方的声明立即遭到了各界的反对，尤其是上海航业界反应激烈。中国商船驾驶员总会理事长金月石在《文汇报》《联合日报》等报纸上发表了《对于内河航权开放的我见》《从另一角度看长江四埠的开放》《为维护航权问题答复外国朋友》等署名文章。他还以中国商船驾驶员总会的名义发表了《为维护航权致各界的一封信》《维护航权，航业界书告各界（公函）》。在文章中，他斥责国民党政府此举是"媚外，有失主权，大失人心"。内河航权开放，"除非汉奸和洋奴、买办，随便哪个老百姓是不会欢迎的"。③ 6 月 21 日，上海市轮船商业同业公会召开大会，要求撤销开放内河航权原议。面对国人的反对，国民政府亦不得不有所顾虑，于是派人到上海进行协调。22 日，行政院派秘书尹仲容、交通部航政司司长高廷梓到上海与航业代表商讨："据闻政府为采纳各方意见，保护国内航业，可望收回前命，但关于载运救济物资之船只，仍得在绝对不准夹带商货之条件下，直航前所规定开放之四口。"④ 但航业界仍对此不满。28 日，上海市商会、上海市轮船航业同业公会、中国商船驾驶员总会、中国航海驾驶员联合会、中国轮机员联合总会、淞沪区引水公会、上海铜沙引水公会筹备会、中华海员工会等召开联席会议，讨论政府开放内河案。会议一致决定："甲、发表联合宣言

① 中国国民党"中央委员会"党史委员会影印：《国防最高委员会常务会议记录》第 8 册，台北近代中国出版社，1996 年，第 316 页。

② 盛叙功：《内河航权再度放弃》，1946 年 7 月 1 日，《中国建设》第 2 卷第 4 期，第 15—16 页。

③ 《金月石小传》，中共上海海运管理局委员会党史资料征集委员会、中国海员工会上海海运管理局委员会编：《上海海员工人运动史》，中共党史出版社，1991 年，第 329—330 页。

④ 《开放内河航权成命有收回讯，但载运救济物资者例外》，《益世报》（天津）1946 年 6 月 23 日，第 1 版。

及反对理由书，以救国护权之挚诚，向政府及社会呼吁，务求达到取消开放四口之原议，永保江海之航权。乙、如政府罔顾舆情，仍准内河开放，则自外轮入江之日起，国轮只得自动停航，引水人及其他工人均拒绝为外轮工作，以免外轮压迫之痛苦。丙、组织维护航权运动联合会。"① 随后，联合会发表了联合宣言及《反对开放京芜浔汉四口内河航行权理由书》。列举了不能重开长江内河的八条理由：一、损害主权；二、摧残航业；三、侵略阴谋；四、无需外求；五、饮鸩止渴；六、经济破产；七、增加失业；八、生死关头。②

各航业公司亦纷纷发言谴责政府开放长江内河。招商局指出，"准许外轮在内河停靠，无异引狼入门，汉口为扼两湖咽喉，长江重心，外轮堂堂开入，外人经济势力亦必跟随而入，其危险性质不堪设想"；并指出，"开放内河亦必发生若干问题如：（一）运价——长江东下船只，吨位不足，航政局欲维持核定运价，航商损失太巨，势不可能。（二）管理问题——外轮船只由外人出面，航政局管制困难不易就范。（三）船员缺少问题——外商与国营船员待遇悬殊，我国船员势必外流而感缺少。（四）江海关已易外人，外轮可取得特殊便利。"民生公司指出："值此航界空前危机之际，政府应辅导国内航业，实不应再召外轮来危害国内航业。"三北公司代表认为："外商借运输救济物资作掩护重享我国内河航行权，又于条约中规定不载军用品及汽油，则外货得倾销内地，此无异摧残国货，使我国经济及工商业破产。"上海市商会亦提请政府维护沿海及内河航权并提出办法："（一）行总租赁外商船只，于本年七月十五日到期，务请不再继续。（二）行总接管船只，统由我国航业界承购，租赁或代理，不另设水运大队，以资救济。（三）行政院开放京、芜、浔、汉四口内河航行权，特准外轮航行一案，损害主权，应请收回成议。（四）万一政府不顾舆情开放沿海及内河航行权，我商界当采取一切有效办法，加以阻止，以保国

---

① 《上海市商会维护航权运动联合会为反对伪政权开放外轮行驶京芜浔汉四口维护内河航运的联合宣言及本市宜昌等地市商会对该问题表示响应的有关文书》，上海市档案馆藏，档号 201-1-142，第 16—17 页。
② 《反对开放京芜浔汉四口内河航行权理由书》，中国第二历史档案馆藏"国民政府交通部档案"，档号二十(2)/1082。

权。"上海市商会要求商界一致吁请维护。[1]

上海轮船业工会秘书长李云良公开发表谈话，称："航业界对于政府此种措施极为震惊，因英商借运输救济物资作掩护，企图重享我内河航行权。"长江四口船只实际供过于求。"务请政府对开放内河航行权一举，慎重考虑，以免收回不久之航权轻易断送。"[2] 李云良质疑政府开放内河航行权的理由，称 1946 年 6 月 6 日国防最高委员会通过行政院提案，开放长江京、芜、浔、汉四口内河航行权，准许外船停靠，等同于将收回不久的内河航行权又轻易断送，虽有种种的说法，总掩盖不了丧权的事实。政府的理由是吸收大量进口货，"然而即使要吸收进口货，也不一定要断送内河航行权"。[3]

重庆轮船公司等亦致电政府，要求收回成命。该公司等指出，"外轮重入内河，无论时间久暂，均属妨害主权，窒息国人自营航业"。实际上是饮鸩止渴，引狼入室。因此该公司等呼吁政府收回成命，不准外轮入江，"万不得已，亦只能采取租用外轮方式航行内河"。[4]

由于航业界反对，尤其是上海航业界强烈反对，行政院院长宋子文只好亲赴上海，试图说服上海航业界。7 月 3 日，宋子文召集上海航业界与工商界领袖杜月笙、钱新之、卢作孚、杨管北、李云良等解释政府决策。但这些人一致坚决表示应维护航权，并提具体建议七点：（一）"撤销开放长江四口内河航行权之原议"。为节省转口费用起见，可规定中国所购由美来华之船只，优先载运至长江各口之物资。且美国剩余船只中，合于远洋航行之船甚多，中国尽可乘此时机，开辟远洋航线，实无招引外轮入江，影响航权之理。（二）"取消行总租赁外船之合同"。各外船假借运送救济物资名义，带运大宗商货，流弊甚多。现招商局有海船 39 艘，计 14 万吨；民营轮船公司有海船 20 余艘，计 40000 余吨，而救济物资过去 6 个月中平均每月不过22390 吨，此后即加两三倍计算，为数亦属无多；确无继续租用外船之必要。

① 《轩然大波的航权问题》，1946 年 7 月 15 日，《新世界月刊》第 7 期，第 28 页。
② 《沪航界反对开放内河航行》，1946 年 7 月 1 日，《银行周报》第 30 卷第 25 期，第 43 页。
③ 李云良：《百年沧桑话航权》，上海市轮船商业同业公会编印：《维护航权文电辑要等资料》，上海市档案馆藏，S1491—128。
④ 《重庆轮船公司等呈请维持主权收回成命》，1946 年 5 月 16 日，中国第二历史档案馆藏"国民政府交通部档案"，档号二十（2）/528。

（三）"取消开放沿海各口之命令"。前项命令流弊甚多。（四）"收购外商在华之航业资产，依照平等新约之规定，英国已放弃在华之内河及沿海航行权，其原有之产业，中国政府准备以公平价格收购"。经查太古、怡和两洋行有伪托华商名义，继续操纵中国航权之企图，应请政府迅速向英国方面交涉，转让沿江沿海之码头、仓库及船舶，如各该洋行以中英合资组织之公司，向中国政府注册，应请查明真相，是否确有华股三分之二以上，合于海商法第三条之规定。（五）"协助航商购船"。中国航商在抗战中，牺牲船舶 30 余万吨，亟需救济与扶植。美国国会已通过出售剩余船舶之法案，售价照建造成本若干成计算，第一次付款百分之二十五，其余数分 20 年摊缴，拟请政府与美国洽购大批合于中国水道之船舶，以原条件转让与各民营轮船公司。（六）"整理上海港政"。（七）"确定航业政策"。① 宋子文对于航商的一些要求表示予以考虑，但提出京、汉两口必须停靠。这仍遭到航业界的反对。②

不仅航业界、工商界表示反对，其他各界人士亦纷纷表示关注。6 月 21 日，郑挺一等依据上海航业界提交的反对开放长江四口理由书，向国民参政会第四届第二次会议驻会委员会第四次会议提交《拟请政府迅速取消开放外轮航行内河之议以维护本国航业案》，对政府开放长江四口表示反对。郑挺一等提案称：宋子文所称复员运输困难并不存在，"目前长江下水船只揽货已极困难，回空吨位甚多，已形供过于求。"至于英美等国有准许外轮进入内港之先例说法，"英美等国虽有准许外轮进入内港之先例，但彼航业发达，其权操之于己，不畏外轮之竞争"。该提案警告政府，如果任外轮再度驶入长江将造成重大危害。"今若再获此种便利，则我国脆弱之航业势难与争，一年之后其结果必归于消灭，而造成外轮独占局面。是以政府此举非仅摧残我脆弱之航业，且违背我废除不平等条约，取消外轮内河航行权之政策。"因此，提请政府"迅速明令取消外轮航行内河成议"。③

至于舆论方面，除了上海《大陆报》等少数报刊赞成开放外，多表示反

---

① 《轩然大波的航权问题》，1946 年 7 月 15 日，《新世界月刊》第 7 期，第 28—29 页。
② 中国航海学会编：《中国航海史》（近代航海史），第 373 页。
③ 孟广涵主编：《国民参政会纪实（1938—1948）》，重庆出版社，1987 年，第 226—227 页。

对重开内河航行。如上海《文汇报》6 月 6 日发表评论《请勿断送航权!》。[①]《新世界月刊》亦对宋子文所持理由一一批驳。[②]

由于遇到的阻力较大，宋子文只好重新考虑开放案。7 月下旬，行政院宣布只开放南京、汉口两口。7 月 24 日，上海航业界召开维护航权运动联合会第一次大会，对宋子文所拟指定南京、汉口为临时停卸码头办法专门进行讨论，决议签陈政府，"以该办法第二项规定准许若干种商货装运外轮行驶内河，仍多流弊，对于本国农工商业及航业尤有妨害，应请改订为进口以救济物资及政府公物为限，出口货则不加任何限制。进口洋货之属于商业性质，足以构成巨额入超者，不得夹带私运，违者以走私论"。同时大会决议要求政府饬令海关取消 3 月 21 日开放沿海航权的布告。[③]

1946 年 9 月 29 日，联合国善后救济总署远东区委员会在中国举行会议，美国代表要求外国船只可运输救济物资驶入长江四口，英国代表附和。这遭到中苏两国代表反对，但英美操纵会议，仍以 6 票赞成，2 票反对，决议得以通过。[④]

1946 年 11 月 20 日，上海市轮船商业同业公会、中国商船驾驶员总会、中国航空驾驶员联合会、中国轮机员联合总会、淞汉区引水公会、上海铜沙引水公会筹备会、中华海员工会等团体联合致电国民政府：以政府开放京、芜、浔、汉四埠内河航行权之议有损主权，危害国家，呼吁取消原议。[⑤]

鉴于航业界反对意见颇多，交通部遂派航政司长高廷梓进行调查，其调查结论如下："法理方面，开放港口主权在我，根据平等新约，中国允予开放航行各港，必要时亦得封闭，沿海各港开放若干处，原由我政府决定，并非由于外人之指定。随后宣布暂缓开放五港口，亦为政府因应需要自动主张。开放期间既有一年之限度，期满当然可以封闭，外商自不能格外要求继

---

① 盛叙功：《内河航权再度放弃》，1946 年 7 月 1 日，《中国建设》第 2 卷第 4 期，第 16 页。
② 《轩然大波的航权问题》，1946 年 7 月 15 日，《新世界月刊》第 7 期，第 30 页。
③ 《开放内河航权问题维护航权运动联合会在沪召开首次会议讨论》，《益世报》（天津）1946 年 7 月 26 日，第 1 版。
④ 江天凤主编：《长江航运史》（近代部分），第 605—606 页。
⑤ 《为请求取消开京芜浔汉四口内河航行权之议以顺舆情由》，1946 年 11 月 20 日，中国第二历史档案馆藏"国民政府交通部档案"，档号二十（2）/1082。

续开放，可无疑义。惟各国商港开放之实例，如美国之波特兰、新奥尔良、英之伦敦，德之汉堡等，系离海岸若干里之第一重要口岸，其情形约略与我国上海、广州、天津等港相似，但不能与离海岸一千公里之汉口并论也。故开放京、芜、浔、汉四口在法理上有其根据，在实例上似觉牵强。"技术上，万吨级海轮直航汉口只有 6 至 9 月才可能，实际上开放时间只有 4 个月，其余时间势必转运，外轮可能在香港转载，用小轮运入内河，转口贸易由上海移至香港。经济上，外轮在上海卸货后转运上游各港，转口费增加不是一般物价增长之重要因素。船舶运量上"查我国一百吨以上轮船，根据是年五月统计，有九六五艘，四十万九千吨，除一部分需要修理者外，至少有三十万吨。此项运量尚未包括百吨以下小轮。是以轮船业同业公会及招商局两方均称，长江方面船舶吨位勉足需要。"上海码头仓库，敌伪物资占去仓位，需要清理。政治上，"前者我国航权丧失，具有特殊历史，不平等条约之束缚，全国人民创巨痛深，经多年之宣传，已深入人心，每一提及开放口岸，丧失主权等名词，无论智愚，皆知反对。开放长江四口，易生误会，徒使反对政府者资为口实，而煽动民众，其损失之大，决非节省转口费之经济利益所能补偿。况航业有关人士，平时对我政府措施素极拥护，若因本案而使其反对扩大，表示于行动，殊觉不值。"① 交通部将结论呈交行政院，行政院最终决定暂停开放。行政院所定四口开放"以财政、交通二部公布开放之日起为条件"，但是，"二部迄未公布，本案遂无形取消。"② 此次内河开放案的取消，得益于航业界、工商界及舆论界的强烈反对，说明舆情影响了政府的决策，开放内河航行最后得以撤销。③

　　开放长江四口计划未获成功，英国政府并不甘心，仍一再向国民政府提出要求。1946 年 8 月 3 日，英国驻华使馆应英商和记洋行请求，要求中国政府允许该行在汉口重建冷藏库之前，得将在汉口的鸡蛋装在有冷藏设备的外

---

　　① 高廷梓：《中国航政建设》，商务印书馆，1947 年，第 100—102 页。
　　② 《（交通部咨）关于英大使馆请准悬挂外国旗之船只行驶扬子江各口岸一案业经会商决定函请查照由》，台北"国史馆"藏"外交部档案"，档号 020000039657A。
　　③ 李云良：《百年沧桑话航权》，上海市轮船商业同业公会编印：《维护航权文电辑要等资料》，上海市档案馆藏，S1491—128。

洋航轮上运输，但没有得到回应。9 月 16 日，该洋行直接致函交通部航政司，请求准许在 1947 年 3 月间进行装载，但交通部"以内河禁止外轮航行"为由予以回绝。英国大使馆因此于 1947 年 3 月 18 日再向中国外交部提出请求。① 4 月 21 日，英国又企图以运输桐油出口销售为诱饵，"劝说"中方同意允许英轮开入汉口。英国驻华使馆向国民政府外交部递交节略，称："大使馆为请中国政府慎重考虑，并优惠起见，顺再声明，所予外商轮船在扬子江中行驶之便利，对于中国人民必然有直接而迅速之利益。"英方节略还称"相信外商之参加航行，将对中国建设有益，而于彼等自身业务利益似认为恐惶者，并无损害"。② 外交部收到节略后将此事征求经济部、交通部意见。经济部认为：我国桐油运输从汉口输出，"仍应由我主管交通机关自行设法解决"，并指出英国的目的在于"要求开放扬子江航线"。③ 交通部的意见是："未便照办。"④

英国大使馆多次提交备忘录，请准许悬挂外国旗帜的船只行驶扬子江。行政院将此案交交通部会同善后救济总署、外交部核议。1947 年 5 月 24 日下午，三部门开会讨论外轮应否准其航行扬子江问题。会议认为，依照 1943 年《中英新约》附件，"英方放弃沿海贸易及内河航行之权，本部曾对航商公会表示，决不使旧时代之不平等条约重现于今日。就条约立场言，似无考虑余地，应否重予开放，纯属政策问题"。各部会商结果：以内河航行权收回不应容许外轮行驶长江。⑤ 英国的计划再次落空。英国政府不仅极力诱使国民政府"主动"开放内河，而且还试图通过谈判将此问题条约化。他们寄望于中英商约谈判，以期再次在条约中获得这种权利。这亦遭到了中国人民的反对。

---

① 《略以英商和记洋行之冷藏设备轮船拟驶往汉宁装货出口事是否可予保证即请查函办理由：附第一四三号节略译文》，1947 年 3 月 18 日，台北"国史馆"藏"外交部档案"，档号 020000039657A。

② 《略以英商和记洋行之冷藏设备轮船拟驶往汉宁装货出口事是否可予保证即请查一函办理由：附第二号节略译文》，1947 年 4 月 21 日，台北"国史馆"藏"外交部档案"，档号 020000039657A。

③ 《(经济部致外交部)和记洋行请以冷藏设备船只驶赴京汉装运冻蛋事》，1947 年 5 月 17 日，台北"国史馆"藏"外交部档案"，档号 020000039657A。

④ 《(交通部致外交部)英商和记洋行拟遣冷藏设备船只驶赴南京汉口装运冻蛋一案本部无权允许请酌复英国大使馆由》，1947 年 5 月 22 日，台北"国史馆"藏"外交部档案"，档号 020000039657A。

⑤ 《(交通部致外交部)关于英大使馆请准悬挂外国旗之船只行驶扬子江各口岸一案业经会商决定函请查照由》，台北"国史馆"藏"外交部档案"，档号 020000039657A。

根据 1943 年中英、中美新约规定，中英、中美商约谈判应在战后 6 个月内完成。中美商约谈判比较顺利，1946 年 11 月 4 日双方签订《中美友好通商航海条约》。但是，中英商约谈判颇费周折，最终无果而终。中英商约谈判流产原因很多，其中重要原因之一是双方分歧较大，例如双方在内河航权问题上无法达成一致就是一例。

四、 英国商务考察团及议会访华团来华期间再议在华航权

在中英商约交涉期间，英国先后派出商务考察团和议会访华团来华。这两个访华团均不是直接与商约谈判有关，但与促进中英贸易或中英关系有关。在他们访问期间，对于中英通商的重要内容之一航权问题均有所涉及。

1946 年 10 月 7 日，英国商务考察团来华，团长鲍埃斯爵士（Sir Boyoe），同行 11 人。他们来华主要是考察商业及中英贸易情形，"曾赴南京、青岛、昆明、重庆、北平、天津、汉口等各地视察"。[1] 访问团"探索之中国经济问题'至为广泛'，并曾与国民政府磋商英国在中国沿海及长江流域之航运事宜"。[2] 航运问题只是该访华团考察的一个方面。在对中国社会各界宣传时很少提及这方面，只是隐约地表达了希望中国开放航权的要求。如 12 月 4 日，在广州举行记者招待会时，鲍埃斯称，"因长江交通工具缺乏，致华西农产品不能外运，汉口为华中交通枢纽，亦以交通工具缺少，对外贸易十分困难"。[3] 他建议中国政府注意水上交通，说："交通的进步，又是一切问题的基本，中国要进步，就不能不注意于交通，特别是水路的通畅。"[4] 他还说，英国的船只航运是发达的。言下之意，中国可以考虑开放中国沿海及长江水路，以便解决交通运输缺乏问题。但鲍埃斯并未就开放内河问题公开表态，其在华考察材料亦须回国整理，其报告内容当时未公布，故并没有引起中国航业界的注意。当时，只有上海轮船同业公会秘书长李云良提及，

---

① 王雷鸣：《英贸易访华团返国》，1946 年 12 月 4 日，《金融周报》第 15 卷第 23 期，"国内经济纪要"，第 6 页。

② 《英国商务访华团》，石源华主编：《中华民国外交史辞典》，上海古籍出版社，1996 年，第 381 页。

③ 王雷鸣：《对外经济关系之恢复与发展》，1946 年 12 月 11 日，《金融周报》第 15 卷第 24 期，"国内经济纪要"，第 4 页。

④ 徐盈：《鲍埃斯与英贸易访华团》，1946 年 12 月 15 日，《新世界月刊》第 12 期，第 7 页。

鲍埃斯在考察期间曾作开放内河航行权的试探，中国断然加以拒绝。①

该访问团在华考察历时两个月之久，掌握了大量一手资料。由于资料缺乏，其考察报告是否涉及开放内河航权，不得而知。但是，我们看到此后英国政府对开放中国内河航权多次公开提出要求。1947 年春，英国司法大臣表示要重享权利，甚至发出"运输事大，主权事小"之论。② 英国议会亦表态要求中国开放航权。"英议会于讨论中国问题时，公开要求在即将签订之商约中企图重享内河航权"，"英上院要求在中英商约中重享沿海航行权"。③ 英国上议院议长在 1947 年 1 月 23 日发表宣言，对于开放中国内河航行仍抱愿望。获悉此讯后，上海市商会、上海市轮船同业公会、中华海员总工会、中国商船驾驶员总会、中国轮机员工人总会、中国航海驾驶员联合会、上海铜沙引水人公会筹备会、淞沪区引水公会专门联合致电国民政府："兹悉英国协订商约仍要求开放航权，务恳垂念主权之重要，毅然拒绝。"④

在商务考察团回国后，英国议会访华团来华。这个访华团比商务考察团更直白地提出了开放内河的要求。在议会访华团来华之前，中英商约谈判长时间未得进展，事实上已经搁置起来。为打开僵局，1947 年 10 月 9 日至 30 日，英国派出议会访华团，由工党元老亚蒙勋爵（Lord Ammon）任团长，包括阿穆里勋爵（Lord Amulee）、林赛（Martin Lindsay）、罗拔士（Wilfred Roberts）、麦克利威（Frank Macleavy）、哈里逊（James Harieson）等成员。议会访华团的任务是："（一）考察地方政治及地方自治之实施情形；（二）参观社会福利、公共卫生、医院及大学；（三）调查劳工问题；（四）考察工矿及公用事业，包括邮政电讯及水电；（五）与各地英侨会谈，并与各农工商团体及民意机构接触。"⑤ 实际上，该访问团主要是来与中国当局商谈有关

① 李云良：《百年沧桑话航权》，上海市轮船商业同业公会编印：《维护航权文电辑要等资料》，上海市档案馆藏，S1491-128。
② 《上海市航业有关各团体呈政府各机关代电》，1947 年 2 月 10 日，（《航业通讯》第 10 期，第 3 页）见上海市轮船商业同业公会编印：《维护航权文电辑要等资料》，上海市档案馆藏，S1491-128。
③ 《英欲谋我内河航权我航业界坚决反对》（《文汇》30/1），中国第二历史档案馆藏"国民政府交通部档案"，档号二十（1）/00331。
④ 《上海市商会等八团体电》，1947 年 1 月 30 日，台北"国史馆"藏"外交部档案"，档号 020000039657A。
⑤ 主流社：《致英议会访华团诸先生书》，《主流》1947 年第 10 期，第 18、19 页。

"中英经济合作"事宜的。[1]"中英经济合作"的重头戏之一是中国内河开放，所以议会访华团多次就内河开放问题发表谈话，以使中方接受其观点。

英国议会访华团抵达南京次日，即 10 月 10 日，举行了记者招待会，宣称中国口岸对外轮开放将对自己有很大帮助，中国不应对外轮封闭。[2]亚蒙勋爵发表谈话，称："中英贸易至要之障碍，即系中国限禁外轮入口，而使外商裹足。"英方言论引起中国航业界批评，全国轮船同业公会认为："其用意显系希图重享我内河及沿海航行权"；遂致电国民政府表示反对，提出四项要求："（一）为保护我幼稚之航业，我内河及沿海航行权决不容再遭蹂躏。（二）英轮行驶我港穗间之珠江流域，走私舞弊，造成我经济及财政上极大之漏洞，是为殷鉴。（三）维护航权及发展远洋航行为争取对外贸易主动地位之必要措施。（四）英国虽开放内河航行权，但其优越之商船吨位决非我幼稚之航业足以望其项背。""敬乞对于英人企图予以严密之注意，并对我航业赐予高度之保护。"[3]行政院批交外交、交通两部核办。外交部答复，英方并未正式提出上项建议，"本部为维护航权起见，曾一再表示今后各国如有不利于我航业发展之任何建议，决不予以考虑"。[4]

此后，访华团在京、沪、平、津、汉各地迭次表示重享内河航行权的愿望。[5] 10 月 14 日，英国议会访华团在北平召开记者招待会。亚蒙勋爵声称："中英贸易的重要关键是，中国应开放内河航运。"哈里逊进一步解释中国必须开放内河的理由："（一）中国内河航轮不足。（二）中国航运经验不够。（三）外船直航内河可免去进出口货装卸的费时费钱。"[6] 10 月 18 日，亚蒙在天津住所接待记者采访，认为，"中国的航运设备及船只都不太够，封锁

---

[1] 《告英议会访华团》，《经济周报》"短评"，1947 年第 5 卷第 16 期，第 5 页。

[2] 张仲礼等：《太古集团在旧中国》，上海人民出版社，1991 年，第 191—192 页。

[3] 《中华民国轮船业公会请防止英商侵我内河航行权由：抄附原电》，台北"国史馆"藏"外交部档案"，档号 020000039657A。

[4] 《奉交核复轮业公会呈请防止英商侵我内河航权一案查英访华团因此次并未向本部提出内河航行之建议函复查转陈由》，1947 年 10 月 30 日，台北"国史馆"藏"外交部档案"，档号 020000039657A。

[5] 李云良：《百年沧桑话航权》，上海市轮船商业同业公会编印：《维护航权文电辑要等资料》，上海市档案馆藏，S1491—128。

[6] 《英议会访华团抵平，昨招待记者，谈中英友好，盼望中国开放内河航运，今游颐和园，十八日来津》，《益世报》（天津）1947 年 10 月 15 日，第 1 版。

内河港口，封锁了别国的船只，也封锁了自己的船只，结果是外货不能大量进来，内地的货更不能如意地运出。"他说其实内河航行权不必这样重视，因为中国的船到了英国，一样可以驶到伦敦卸货。① 10 月 19 日，访华团在天津总领事住宅召开记者招待会。有记者提问："阁下以个人意见谈及中国内河航河（行）权问题，是不是希望恢复英国战前在中国内河的地位？"亚蒙对此并不直接回答，而是说："我个人觉得开放航权对两国都有利，中国现行政策，可以说是'关门的理论'。英国有充足的航行设备及船只，可以用来互相合作。"有记者问："内河航行可分二种，一种为国外与国内某港直航，一种是在内河各港口间往返航行，阁下所希望开放的是哪一种？"他的答复是："我觉得这并没有什么分别，中国船如果愿意的话，也可以在英伦内河两港间来往航行运输。"② 显然，英方希望的是仍享有战前那种内河航行权。

英国议会访华团的一系列言论引起了中国航业界的反对。10 月 18 日，中国轮船商业同业公会联合会致电英国大使馆，请求转致英国议员访华团团长亚蒙勋爵，反对英国重享内河航权。电文称："查我国保留内河及沿海航行权，乃维持幼稚航业之必要措施，美国及其他许多国家均曾实施保护政策，现尚继续如此。中国航业界自复员以来即努力于国内水运系统之重建，历经艰巨，日臻进步。现江海各航线尚有相当之吨位足以供应贸易上之需要，并无货物滞积之现象，而对于进口货物更予以优先之运输，并在不断改进之中，当为我友邦所昭鉴。"③ 同时，航业界要求政府坚决拒绝此类要求。10 月 20 日，在亚蒙访问天津发表谈话后，天津轮船业同业公会召开理事会紧急会议，决议："电请全国轮船业联合会并呈请交通部，表明我内河航权不容侵犯，友邦关怀我航运事业，应以技术援助为正当之途径。"④ 10 月 22 日，外交部部长叶公超表示，中国并未改变政策。

① 《亚蒙勋爵昨告记者》，《益世报》（天津）1947 年 10 月 19 日，第 4 版。
② 《亚蒙再谈航权》，《益世报》（天津）1947 年 10 月 20 日，第 4 版。
③ 《中华民国轮船商业同业公会联合会电》，1947 年 10 月 18 日，台北"国史馆"藏"外交部档案"，档号 02000003727A。
④ 《维护内河航权》，《益世报》（天津）1947 年 10 月 21 日，第 4 版。

11 月 2 日，访华团在南京举行记者招待会。亚蒙声称，自己关于外轮航行内河之评述"曾为广泛误解"，自己"甚至从未提及沿海航行之语"，"余所建议者，仅为汉口及南京等港口应重行开放，令外国远洋巨轮驶入，一如同样情况下，目前广州、厦门、汕头、上海及天津之对外国远洋巨轮之开放者然"。并称，即使这项建议也未正式向中国政府官员提出，只是就中国内地运输情形而作的建议。① 但是，亚蒙的解释不仅未释中国航业界的"误解"，反而进一步引起了中国航业界的警觉。11 月 5 日，中国轮船同业公会联合会理事长杜镛当即致电行政院："英国以航业立国，在华享受航运上之特权，又历一世纪之久，未能遽即忘怀，时以种种借口，企图在事实上重享前项特权，尤其对于长江流域航运上及商务上之利益，即自中英南京、天津等条约以后，所形成之所谓英国势力范围特别重视。上年六月钧院在宋前院长任内，曾徇外商之请，一度拟开放长江京芜浔汉'四口通商'，经各方反对而撤销原议。最近英议会访华团团长亚蒙勋爵曾于十一月二日在京又发表谈话，建议开放京汉'两口通商'，乃上年旧调之重弹，其用心及可能之祸害，必为钧座所深知。"② 行政院要求外交部等核复。外交部答复："本部当以英访华团并未向本部提出上项建议，今后各国如有不利于我国航业发展之任何建议，决不予以考虑。"③

除航业界之外，舆论界亦对英国议会访华团的开放内河言论进行了批驳。当时比较典型的文章是胡成之的《中国内河航权不容放弃——并以此奉告英议会访华团诸先生》一文。该文对英国议会访华团历次谈及内河开放的言论进行逐一批驳。④

在中国航业界、舆论界的反对下，中国政府对于英国议会访华团的要求予以拒绝。"开放京汉两埠，侵我内河航权，航业界深表反感。关于航权问题，自去年以迄现在，我航业界已作数十次之声明：我内河及沿海航行权绝

① 《英访华团告别》，《益世报》（天津）1947 年 11 月 3 日，第 1 版。
② 《中华民国轮船商业同业公会联合会电》，1947 年 11 月 5 日，台北"国史馆"藏"外交部档案"，档号 02000003727A。
③ 《外交部批》，"国史馆"藏"外交部档案"，档号 02000003727A。
④ 胡成之：《中国内河航权不容放弃——并以此奉告英议会访华团诸先生》，1948 年 2 月 15 日，《海事》第 2 期，第 34—35 页。

不容许外商再度之侵犯，而政府对于航联之吁请注意，在最近之指令内，亦坚决表示，为维护航权，并保护我国幼稚之航业，我政府自应力予维护，对于开放一节，决不加以考虑。"① 这样，英国议会访华团力促中国内河重新开放的企图没有成功。

但是，英国方面没有放弃这种努力。1948 年 5 月 31 日，英大使施谛文在重庆记者招待会中发表谈话，"强调开放长江航权为增进中国国外贸易之最佳步骤，并指京、汉二重要埠为开放对象"。② 而英国在华轮船公司则希望利用中国时局混乱，私自航行内河。1947 年 7 月 25 日，广州宪兵当局在英商太古公司之"佛山"轮上缉获大批走私货物。这引起航业界的愤慨，中华民国轮航商业同业公会联合会电请政府予以制止并处罚。电文称："我国航权收回后，外国航商仍不择手段，如南昌、牛庄、北海、贵生等轮以种种方法，希图重享我航权。最近复有武穴轮因走私被罚，迄未履行，而佛山轮又继以作大规模之走私，蔑视我航权及法令，显系有计划之阴谋。"该会提出两项要求："（一）太古船只绝对不再航行我内河。（二）武穴及佛山轮之走私案件应履行我官厅之裁决，而尊重我法权。"③

五、 美国攫取沿岸贸易及内河航行权

战后初期，美国舰船继续留在中国帮助军运、扫雷等善后工作，这些船只取得了其他国家船只没有的特权。至于商船，也拥有优先权。1945 年 11 月，首批美国商船到达上海。当月，蒋介石下令除美国船舰外其余国家船只非经政府许可不准出入本国港口。按照国民政府的解释，这里的美国船舰包括军舰、军用运输船及商船，他们可以自由出入中国沿海港口，至于内河港口则有条件出入，"美国舰船如系应我请求协助我国扫雷或军运可随时依情

① 《珍爱航权为我国朝野一致之抱负》，1947 年 11 月 4 日，《前线》，中国第二历史档案馆藏"国民政府交通部档案"，档号二十（2）/1095。

② 《上海市轮船公会维护航权节略》，上海市轮船商业同业公会编印：《维护航权文电辑要等资料》，上海市档案馆藏，S1491—128，第 21 页。

③ 《中华民国轮航商业同业公会联合会电请制止太古船只航行我内河并处罚其走私案件静候示遵由》，1947 年 8 月 2 日，中国第二历史档案馆藏"国民政府交通部档案"，档号二十（2）/1098。

况准其出入内河港口"。① 这样，美轮又在帮助中国军运的名义下取得了取得其他外轮没有的特权，先一步进入中国沿海。不过，这种航行权是特殊情况下的一种安排，并不能借此从事沿海贸易，亦不准开入内河。如资源委员会中国石油公司董事长兼总经理翁文灏曾呈文行政院，请求准许美商德士古公司油船"议会皇冠"（Counoil Crest）开入内河。呈文称："查该美轮虽非载运救济物资，但属内地急需之煤油等料，似可暂准在内河航行，以应需要。"由于该轮涉及内河航行权问题，而当时外轮不得航行我国内河。1946 年 9 月 28 日，行政院批示："只准抵沪卸货，另行转运。"② 这就是说，外轮航行内河是不允许的。

1946 年初，国民政府开放了部分沿海港口。从此，英国等国家船只亦取得了出入中国沿海港口的权利，但由于美国在华的特殊地位，英国船只无法与美国竞争。"战前在华外国航业，英国占第一位，其次为日本，再次为美、德、意。大战结束后，德日战败，其航业完全退出中国。英国航业由于战争破坏，船舶减少甚多，新船建造限于国力，又难办到；英国航业只能凭借香港、新加坡与中国维持航运业务，英国在华航业已难以与美商竞争。"美国船只上升为第一位。③

美国船只损害中国航权并不是指美国船只出入中国海港从事国际贸易，美国船只觊觎中国航权主要是希望在中国从事沿岸贸易，甚至内河航行。美船从事沿岸贸易是从参与运输联合国善后救济总署救济物资的工作开始。据善后救济总署署长霍宝树报告，到 1947 年底"行总"结束时，联合国善后救济物资运到中国有 230 万吨，其中大部分是粮食。④ 这些物资运到中国还需要分配到各地，中国船只应付不过来，于是行政院善后救济总署决定租用外轮运输。在运输救济物资时，美国船只占据第二位。1946 年 1 月 16 日至 7 月 16 日运到中国的救济物资总数为 121249 吨，其中英国太古、怡和运输

① 《国民政府快邮代电》，1945 年 11 月 23 日，台北"国史馆"藏"外交部档案"，档号：020000003796A。
② 《资源委员会中国石油有限公司董事长兼总经理翁文灏呈行政院》，1946 年 9 月 9 日，台北"国史馆"藏"行政院档案"，档号 014000005099A。
③ 中国航海学会编：《中国航海史》（近代航海史），人民交通出版社，1989 年，第 370 页。
④ 洪葭管主编：《中央银行史料 1928.11—1949.5》下卷，中国金融出版社，2006 年，第 1205 页。

89275 吨，大来和美国总统轮船公司 27362 吨，其他公司 4612 吨。[①] 这些参与运送救济物资的船只享有以"剩余吨位"从事沿岸贸易的特权，实际上损害了中国的航行权。

国民政府又于 1946 年 5 月租用了美国船只 20 万吨，加上"联总"来华船只及美军剩余物资船只，共有各类大小船只数百艘，总吨位二三十万吨，组成行政院善后救济总署水上运输大队（简称"行总水上运输大队"）。该大队是为协助运送救济物资而组建，但它们均以"剩余吨位"揽载商货。这亦是美国船只变相地从事沿岸贸易活动，引起中国航业界的不满。天津航政局为此在交通部航政会议上提出《请对行总水运大队所属船舶取缔装载商货案》。该提案指出：行总水运大队本是为运输救济物资而组建，"但查每次由申来津，均装有商货，至在津出口，则全部揽装商货，并有私自跌价竞争，扰乱航运情事，按公务船舶，不应兼营商业，理宜取缔"。天津航政局要求交通部咨商"行总"，"自动停止搭装商货，否则各地航政局得酌情取缔或不准放行"。[②] 由于航商等反对，经多次磋商，国民政府同意，怡和、太古等洋行外籍轮船退出，所有救济物资由中国轮船业同业公会负担，水上大队船只可由国营、民营轮船公司租赁营运。租用之外轮暂运救济物资驶行各港口至 1947 年 3 月 21 日止。[③] 这个水上大队亦在 1947 年底解散。

但是，英美控制的"联总"对于中国租用外轮运输救济物资仍感不满意，提出由外轮直接参与运输救济物资至沿海和内河口岸，以加快物资转运。以上是美国利用运送救济物资贸易攫夺在华沿岸贸易权的活动，但这种攫夺并没有条约依据，且是暂时的。实际上，美国在战后亦在谋求沿海贸易和内河航行权条约化。

综上所述，通过抗战，中国在法律意义上收回了航权。但是，实际上中国航权在战后仍受到英美等国的侵害，在事实上航权仍不完整。英美出于不同的目的在战后中国积极谋求重享沿海贸易和内河航行权，并在一定

---

① 张仲礼等：《太古集团在旧中国》，上海人民出版社，1991 年，第 181 页。
② 《交通部航政会议提案摘录》，1948 年 2 月 15 日，《海事》第 2 期，第 104 页。
③ 江天凤主编：《长江航运史》（近代部分），第 608 页。

程度获得了成功。为获取英美支持，国民政府在战后以种种借口给予他们这种权利。这遭到了中国航业界和舆论界的强烈反对。在他们的压力下，国民政府在开放航权问题上不敢走得太远。如英国要求在条约上重获沿岸贸易和内河航行权的企图就没有得逞。因此，航业界与舆论界的反对活动有利于航权的维护。

第三节　取消《中美商约》运动

《中美商约》生效后，国内各界对其展开了激烈批评。对《中美商约》批评最激烈的是中国共产党。《解放日报》发表社论，称："这是历史上最可耻的卖国条约。"对于条约涉及的航行权问题，社论认为，通过这一条约，"美国船舶可以在中国'开放之任何口岸、地方或领水内'自由航行，可以无限制地一只船停泊几处口岸。其人员货物可以经由'最便捷之途径'，有通过中国'领土之自由'，'不得课以任何过境税或予以任何不必要之迟延或限制'。而且，美国船舶（包括军舰）只有在遇到'任何危难'的借口下，就可以开入中国'对外国商务或航业不开放之任何口岸、地方或领水'，中国还须对它采取'友好之待遇及协助'"。就是说："中国一切航路、海港、陆道的自主权完全丧失，变成美国的航路、海港、陆道了"。社论指出，这是在"平等"的烟幕，"实际上绝对不平等的条约之下，中国对美一切开放，美国帝国主义在中国领土上如在其本国领土上一样，可以为所欲为。美国企业在华享有了各种特许的待遇。中国完全断丧了关税自主权，断丧了沿海及内河的航行权"。这是蒋介石的"卖身契约"。[①]《东北日报》社直接将《中美商约》斥为新"二十一条"，指出这一条约在平等互惠名义下丧失了许多权利，其中包括"沿海内河航行权的出卖"。指出，"在中国的领海和内河，凡挂有美国国旗及持有美国护照之一切船舶，不管载货（军火武器在内——原注）、装人（军人在内——原注）都可以自由自便的航行，自由自便的在任

---

① 《评美蒋商约》，《解放日报》1946 年 11 月 26 日。

何口岸登陆。这就是说蒋介石将中国的一切领水权都出卖了"。①

此外，其他各团体和报纸、个人等亦纷纷提出程度不等的批评。如天津《大公报》11 月 7 日发表社评《评中美商约》，天津《益世报》11 月 21 日发表饶毓苏的专论《论中美商约》，重庆《商务日报》11 月 20 日发表印泉的《评中美商约》，天津《民主导报》11 月 10 日发表金月石的《从中美商约看中国航业前途》，北平《世界日报》发表社评《评中美商约》，《长春国民公报》11 月 18 日发表社论《不可援引为例》《中美商约与我民族工业》及 12 月 6 日发表《中美商约谈判秘史》等，均对此提出批评。各界人士都认为这是空前丧权辱国的卖国条约，纷纷反对。上海《文汇报》于 11 月 8 日举办座谈会，工商、金融、航业等界知名人士纷纷发表意见，批评此约。上海各界人民团体联合会于 11 月中旬发表声明，要求废除或修改这一条约。重庆工商金融文化界人士亦于 12 月 9 日举行座谈会，与会代表一致指摘该约。香港许多华侨工商业家对于商约签订感到忧虑。

对于《中美商约》人们普遍认为将不利于中国。《大公报》社评称，商约关于航业问题的规定"太完密了"，"凡是开放港口，美船皆可通航，没有限制一只船可停泊几个港口，它可以沿途起卸货物，且应其自有选择'捷径'，'不得课以任何过境税'。只要我们宣布开放一个港口，那个港口便将辐辏美国船舶，其待遇不得稍异于中国船或第三国船只。条文上是双方，但中国没有一只出口的船，结果是一方受'最惠'"。②

饶毓苏在《天津益世报》发表专论，认为在事实上中国无法享受平等待遇。关于船舶待遇，"在这平等的处置下，中国未兴的航业，不可能有机会发达，也永不会到美国口岸领水去享受这平等待遇了"。关于采矿权和内河航行权，也是采用最惠国待遇，亦无不平等体现。"当然我们与其他国家订约时，若不出让采矿权及内河航行的权利，美国也不能援引要求"。但是，作者质问"不过这种关系国家主权利益的事项，既已随不平等条约的废除而

---

① 沙英：《廿一条件与蒋美商约》，陕北新华社：《评中美商约，总结魏德迈》，光明书店，1947 年，第 19 页。

② 《评中美商约》（大公报社评），燕京大学学生自治会研讨股编印：《评中美商约》，燕京大学学生自治会，1947 年，第 17 页。

收回了，又为何重新给他人开一扇方便之门？"① 何国樑认为，从法律上看，《中美商约》大致上是平等的，"但其中有若干条款足以限制国家主权，影响本国国民法人团体船舶应有之保障"，其中包括有关船舶待遇的第二十二、第二十三、第二十四等条款。②

有关内河航运和沿海贸易权利规定，不少人提出了批评。赵在田指出，该约第二十一条至二十四条为规定船舶及航海之待遇，双方互予国民待遇。"我国航海事业较之美国不逮远甚，故美国所得之利益远较我国为大，然亦以系现代商约之一般规定，我国自难深拒。"第二十四条第二款关于内河及沿海贸易互予最惠国待遇之规定，属画蛇添足。沿海及内河为一国领土之一部分，与一国主权与独立关系密切，国际法承认为一国所专有，他国船舶绝无航行之权利。"我国过去以不平等条约之束缚，航权丧失，外轮得航行于我国之沿海及内河，为我国近百年来航业不振之主因；今者航权既已收回，按之国际惯例，无须明文规定，他国自不得再享此项权利；故本约规定互予最惠国待遇，实属多余。"③ 这还是比较温和地批评。更多的人明确指出这将破坏中国航业发展。杨培新指出，"这对于航业界不是安慰，而是警报。目前中国口岸洞开，上海、天津、广州、青岛，无处没有美国的舰队，美国货物可以直运各海口，如此尚有什么沿海贸易可做？内地开放之口岸，美船必要时亦可直航，故内地航行权也是残缺不全。美国是否将以投资或与华商合股的办法，以掌握中国航运，这也是很可虑的事情"。航业界人士对于该约颇为敏感，轮船公司理事长邓华益、民生公司经理何乃仁也同样反对。④ 上海轮船驾驶公会主席、实业公司顾问金月石指出："今后五年（编者按：恐不要五年之久，原注）中国航业将在美国侵略面前全部破产。""中国无重工业，不能造船，也没有轻工业，不能制造商品，因此不但谈不到远海航

---

① 饶毓苏：《评中美新商约》，1946 年 10 月 12 日，燕京大学学生自治会研讨股编印：《评中美商约》，第 4 页。

② 何国樑：《中美新商约中值得注意之几项条款》，燕京大学学生自治会研讨股编印：《评中美商约》，第 19、21 页。

③ 赵在田：《中美商约评议》，1946 年 12 月，《中央银行月报》"附刊"，新 1 卷第 12 期，第 20 页。

④ 杨培新：《中美商约对中国经济的影响》，燕京大学学生自治会研讨股编印：《评中美商约》，燕京大学学生自治会，1947 年，第 27、28 页。

行，且近海航行亦不能与人竞争。依据中美商约，海港几全部对外开放，而且还有'中间港'，大大破坏了我国民族航业，这样自可确定不会有前途可言了。"①

11月5日，上海航业公会秘书长李云良发表谈话指出："所谓缔约国双方领土间应有通商航行之自由，这种自由仅就国际航行而言尚可，如果是政府开放沿海和内河航行就应当受到反对。"②

从上述情况看，《中美商约》签订后遭到了中国社会的普遍反对，人们对于该约将产生的危害感到担忧，包括航业经济的崩溃。至于内河航运和沿海贸易权，在条约上虽未明确允许美国享有此种权利，但是规定一旦允许第三国享有，就必须给予对方同样权利，这是美国为攫取在华内河航行和沿海贸易权埋下伏笔。按照美国的法律，美国政府不能将内河航行和沿海贸易权开放，即使互惠亦不行，那就意味着中国不可能在美国享有这种权利。该条款的规定显然只是针对中国情况而来的。除非中国政府与所有通商国家签订条约均不允许内河航行和沿海贸易开放，并且中国政府永不自动开放内河和沿海贸易，否则美国终将获得此种权利。事实上，该商约签订后并没有来得及实施，1948年11月美国才批准，而此时国民政府处于崩溃前夕，根本不可能实施全面条约，故实际的危害影响还未来得及显现。

中美《友好通商航海条约》签订后，美国在事实上亦试图向国民政府施加压力，要求国民政府开放沿海贸易和内河航行权，典型的事例就是以运输美援物资为借口攫取这种权利。这遭到了中国各界尤其是航业界的强烈反对。

随着内战的进行，中国国内经济形势日趋恶化。1947年2月6日，国民政府行政院院长宋子文向美国驻华大使提交备忘录，请求美国在财政上加以援助，提出1.5亿美元的援助或直接贷款要求。国务卿马歇尔令国务院与美国进出口银行谈判，拟以贷款作粤汉铁路重建、塘沽新港兴筑，以及数处煤

---

① 《从中美商约看中国航业前途——天津民主导报金月石氏之专论节录》，陕北新华社：《评中美商约，总结魏德迈》，光明书店，1947年，第38页。

② 中共上海海运管理局委员会党史资料征集委员会、中国海员工会上海海运管理局委员会编写：《上海海员工人运动史》，中共党史出版社，1991年，第160页。

矿之修复，但该银行怀疑国民政府的偿债能力，不愿意提供该项借款。5 月 27 日，中方要求借用进出口银行原指定的 5 亿美元，以购买各项建设计划所需之装备与物资，但亦未成功。于是，国民政府向美国政府商请救济援助。12 月 27 日，中美签订救济援助协定，给予 4500 万美元，大部分购买粮食。但是这远不能满足国民政府的要求。1948 年 2 月 18 日，美国总统杜鲁门向国会提交援华法案，要求国会批准拨付 5.7 亿美元，作为 1949 年 6 月 30 日前，为期约 15 个月的援助开支。经过讨论研究，美国国会最终决定给予中国援助 4 亿美元，其中经济援助为 2.75 亿美元，特种援助为 1.25 亿美元。援华法案同时规定，在美国国会制定拨款法案之前，得由美国财政复兴公司先行垫拨 5000 万美元，以便立即购运援华物资。[①] 4 月 3 日，中美换文规定在双边经济援助协定未商订前，美援之拨付须照 1947 年 10 月 27 日关于美国对外救济方案商订之协定办理。[②] 5 月 3 日，双方同时公布换文。随后，美国驻华使馆与中国外交部开始谈判中美双边经济援助协定。6 月，基本达成一致。6 月 22 日，国民政府立法院通过法案接受美援，授权政府与美国磋商正式订立双边协定，并对美援妥善运用。[③] 7 月 3 日，司徒雷登大使与中国外交部长王世杰签订协定。

1948 年美援并不是无条件赠与，而是附带有政治、经济等条件。美援协定规定，中国政府须遵守三项条件："（一）为使美援之运用获致经济情况之最大进步，中国政府同意：（甲）采用必要之步骤，以确实有效运用其现有资源，包括美援物资之有效运用，及适当利用中国私人在美之资财；（乙）在一健全经济基础上，促进工农业之发展，（丙）采取财政、金融预算及行政之必要措施，以产生较安定之货币情况；（丁）与其他国家合作，以增进国际间货物及技力之交换，并减少对外贸易上之公私障碍"。"（二）中国政府同意从事一切实际努力，以改善与其他国家之商务关系，特别注意中国私人企业足以影响对外贸易之各种情形"。"（三）中国政府同意美援物资应依照中美双方协议之条件及价格分配之。中国政府承诺定额分配及物价统制办

① 《立法院接受美援》，1948 年 7 月，《东方杂志》"现代史料"，第 44 卷第 7 期，第 56 页。
② 美国国务院编，中华民国外交部译：《美国与中国之关系》，中华民国外交部印，1949 年，第 231 页。
③ 洪葭管主编：《中央银行史料 1928.11—1949.5》下卷，中国金融出版社，2006 年，第 1197 页。

法，尽可能将美援物资及类似物资，公平分配于中国之城市中心地点。"① 美国国务院原计划要求就中国政府承诺取得一份书面担保，但后来考虑到主权及美国担负义务等原因，决定采取非正式方式，"劝中国政府及早采取具体办法，以履行将包括于美援协定中之一般承诺"。5 月 15 日，美国国务院将中国所应采取具体步骤之主要事项，制定办法一份，送交驻华大使馆，以备该馆与中国政府领袖赓续商讨之用，包括政府开支、政府收入、民政及军政、重要商品之分配、银行与贷款、农业之改进、对外贸易及其统制、鼓励私人企业等八项。② 5 月 22 日，司徒雷登与蒋介石会谈，以个人资格向其提出改革备忘录。

为了获取美援，国民政府考虑牺牲内河航行权。1948 年 2 月 19 日，据中央社消息，南京国民政府新闻发言人董显光在记者招待会上就"美政府要求取得美国船只在扬子江之航行权，作为援助中国之条件"一事发表谈话，表示"中国政府对于外籍船只装运输出或起卸输入货物，必要时自有开放或封闭沿海或内河任何一港口之自由"，实则等于默认此事。③

在美援与内河开放的消息传出后，立即遭到了社会各界的批评。全国航联会及各地人民纷纷反对。各报刊杂志亦发表文章表示反对。例如 3 月 4 日，董冰如在《经济周报》第 10 期发表《"美援"与中国航权》一文，就美援的基点考察，衡量是否应开放港口之换取，开放会不会破坏航权，将招引怎样的灾难等进行探讨。他分析指出，美援的基点仍在美国的利益，"政府若用'装运输出或起卸输入货物'作借口，开放沿海或内河任何一港口，那只是引狼入室，拿国家利益、国民经济、工商前途来说，是绝不应该的"。开放是否破坏航权呢？根据政府发言人董显光的解释，内河航行权只限于"船只载运货物，自中国甲口岸至乙口岸之权利，此项权利只限本国航商可以享受"，而"外国船只，自外国港口运货来华，以及自中国港口载货运往外国，在中国政府宣布开放之港口，得起卸转运"，这并非内河航行权。董

---

① 美国国务院编，中华民国外交部译：《美国与中国之关系》，第 232 页。

② 美国国务院编，中华民国外交部译：《美国与中国之关系》，第 233—234 页。

③ 董冰如：《"美援"与中国航权》，1948 年 3 月 4 日，高朗遗著，白安丹校订：《中共一大党员董锄平》，中央文献出版社，2006 年，第 249 页。

冰如对此不以为然。他指出，"要知中国沿海内河航权的丧失，其关键就在董氏（董显光，笔者注）所说的'中国政府对于外籍船只，必要时有开放之自由'上，实在的，中国政府太自由了"。他以中国近代航权丧失的历史为依据，指出，"那就不能说并不影响维护内河航行权的政策"，一个独立国家只指定沿海几个海港允许外轮直航，"如听其在某数港口互相往来，或为其新开港口，甚至行驶内河，即为百分之百的破坏航权！"作者对《中美商约》有关航权规定颇为不满，指出该约"规定缔约双方有通商航海自由，并涉及吨税、港税、引水费、灯塔税，与行驶口岸，地方及领水内之自由，甚至引水人员与内河航行沿海贸易，每皆采国民待遇与最惠国待遇，对我航权的侵犯，存心毕露"，中英商约事实上亦因内河航行问题而迟迟未能缔定。"总之，美英今日其欲取得我国沿海内河航行权而始甘心，这是毋容疑异的。"在这种情况下，"我国如投其所好，为外籍船只开放沿海内河港口"，势必招致灾难。"首当其冲的，自属经济，航权的开放，外轮的长驱直入，不但对外贸易，将全被掌握，即国内农矿工商各业，亦必受其垄断，若航业，那就更会在大资本吃小资本的原则下，遭蒙吞没，国家永为附庸，人民永受剥削"。除经济的危害外，政治上"国家沦为殖民地，人民受其奴役"，伴随而来的是军事侵入。开放港口"会置国家于万劫不复的地位"。[①] 不仅如此，董冰如还指出，这种双边协定"此固非中国的福，更非美国的福。因中国人民，在这近百年的帝国主义压榨下，已深受痛苦，故于反侵略战中，表现得特别英勇，无论任何国家，今后再欲侵犯我内河航权，势必助长爱国高潮，非把侵略主义者吞没，决不会休止"。[②]

航业界对此更是敏感。3 月 10 日，中国轮船商业同业公会联合会致电国民政府，称我国航权收回不易，亟应加意珍贵，不容外轮侵犯。[③] 上海市轮船公会亦发表《维护航权节略》，对将美援与航权问题挂钩表示明确反对。

---

　　① 董冰如：《"美援"与中国航权》，1948 年 3 月 4 日，高朗遗著，白安丹校订：《中共一大党员董锄平》，第 249—255 页。

　　② 董冰如：《内河航运权与"援华"双边协定》，《时与文》1948 年第 3 卷第 12 期，第 3 页。

　　③ 《中华民国轮船商业同业公会联合会电》，1948 年 3 月 10 日，中国第二历史档案馆藏国民政府"交通部档案"，档号二十（2）/1095。

"美国方面于讨论美援物资运输问题时，向我政府建议开放南京、汉口两埠，本会对此开放此项内河港口，外籍轮船借美援物资名义得直入我长江，为侵犯我航权"。①

除航业界和舆论表示反对外，"国大代表"亦将反对意见带到了政府层面。在1948年3月29日至5月1日召开的第一届"行宪国大"会议上，广东代表朱克勤专门提出《政府不得以任何理由开放内河航权，以维航权而固国防案》。此案"经大会议决，一致通过"。② 但是，这同样无法阻止国民政府以接受美援为目的的开放内河行动。

在中美双边经济援助协定谈判期间，美国大使馆官员极力宣称向运送美援物资的轮船开放内河对中国有利。"中国政府如普遍准许装载国际物资之外籍商轮航行于中国主要之内河，则对中国自身之经济显属有利；所有之主权国家虽均对其内河航行保留完全之控制权，但大多数国家常因种种经济上与己有利之理由，准许外籍商轮往来于其内河之全部或若干港口"。国民政府因顾及反对意见，并不准备全部开放，表示"可在个别申请之基础上，予以准许"。③ 6月，国民政府实际上已经接受了美方的条件。在外长王世杰综合答复各立委的询问中，就有下面的说话："绝无条款足以损害中国的内河航权。在不妨害主权之下，中国亦可能改善现有的运输关系，不过那是我们自己的事。"④ 比较隐晦地提到了"主动"开放内河航权的问题。

为了尽量减少阻力，国民政府采取压制措施。6月15日的《南京晚报》登载消息："美援物资的运输问题已经解决，而且这是美援附带条件之一，即内河航权的暂时开放，允许美国船只直驶南京与汉口两埠。据悉：这个办法在进行时及决定以后，政府当局一再约束航商对外绝对保守秘密，不得声张。"⑤ 但是，这个消息在新闻报纸上刊登了，引起了民众的

---

① 《上海市轮船公会维护航权节略》，上海市轮船商业同业公会编印：《维护航权文电辑要等资料》，上海市档案馆藏，S1491—128。

② 朱克勤：《出席国民大会记》，1948年，沈云龙主编：《近代中国史料丛刊》续编第43辑，台北文海出版社，1977年，第55、63、110页。

③ 美国国务院：《美国与中国之关系：特别着重1944年至1949年之一时期》，1949年，第234、235页。

④ 董冰如：《内河航权与"援华"双边协定》，《时与文》1948年第3卷第12期，第3页。

⑤ 维：《内河航权开放》，1948年7月1日，《法商论谈》第3卷第2期，第2页。

不满。"近日新闻报导，亦称航联会奉政府秘令，美国'援华'物资，由美轮运往南京、汉口，航联会不得干与。立院海事委员会在本月廿二日举行小组会议，'各委员对于外传中国政府将特许美国船只航行京、沪两地一事，将表示非常关心，认为任何悬挂外国旗之船只进入长江，即为侵犯我国内河航权之表示'。"①

国民政府还通过官员谈话方式，试图将此次开放事宜轻描淡写地解释为运输问题，不关系内河航权问题。某外交官在 6 月 20 日发表谈话称："开放内河沿海航行权，乃指外国船舶航行于我国内河或沿海港口间，起卸或装载货物之谓。倘外国船舶驶来我国，对于外国商务及航业开放之任何口岸地方及领水内起卸货物，不得视为开放内河航行权。" 22 日，王世杰亦称不关涉内河航权问题，只是运输问题。这遭到了国人的驳斥。25 日，北大、清华、燕京、师院、中法、朝阳、华北、南开、北洋、艺专、铁院、唐工院、冀工院等 13 院校学生自治会联合发表《反对开放内河航权宣言》，公开指责政府为了美援不顾民族利益而断然开放内河航行权。《宣言》指出，"美国船驶入京、汉两地，决非平时'一般商业停泊于航业开放之任何口岸地方及领水'可比，而正是'外国船舶航行于我国内河'。这不是开放内河航行是什么？"针对王世杰的观点，该《宣言》亦予以批驳，指其为"荒谬言论"。《宣言》历数过去内河航行权丧失的历史和危害，对于政府允许美轮航行内河高度警惕，指出："今日可以开放二个商埠，明天何尝不可以开放二十个商埠？今天内河可以航行，明天陆路又何尝不可以出让？"抗议政府秘密缔结条约出卖民族利益的行为，宣布坚决反对开放内河航行权。②

尽管遭到民众反对，国民政府仍于 7 月 3 日与美国政府签订美援协定，实际上等于国民政府正式接受了开放内河条件。这遭到了航业界的强烈反对。中国轮船商业同业公会联合会召开理事会，讨论运输美援物资之外籍船只驶入长江京、汉两埠一案。会议决定四条："一、准许外轮驶入我长江显与我维护航权之本旨相抵触；二、我国丧失航权达百年之久，经数十年之奋

---

① 董冰如：《内河航权与"援华"双边协定》，《时与文》1948 年第 3 卷第 12 期，第 3 页。

② 《反对开放内河航权》，《益世报》（天津）1948 年 6 月 26 日，第 3 版。

斗，而始收回，不可因运输美援物资而重遭摧毁，致贻噬脐之悔；三、中国船舶有足够之吨位将美援物资运往内地并保证迅速而便利；四、中美邦交向极敦睦，美国以盛大之情谊援助中国，应请美国考虑运输美援物资之船只驶入长江对我航权发生不利之影响。"7月6日，该联合会致电国民政府，请求拒绝外轮驶入京、汉两口。[①]

对于航商的反对和各方的质疑，国民政府一再予以解释。如《大刚报》南京21日专电："关于我国政府特许载运援华物资的美籍航船，驶入长江南京、汉口两埠，全国航协发表声明表示反对。政府某要员却称：美船入我内河时，可能不悬挂美国国旗对我国主权之完整并无妨害。"[②]确实，按照国民政府设想，这种外轮只能直驶开放的内河口岸，并不能享有不平等条约时代的内河航行权，即在内河自由营业权利。但是，国民政府的解释无法平息航商的不满情绪。

国民政府坚持"以美援为重"，决意开放长江。1949年2月25日，国民政府发布《特许外轮装运物资由接近战区口岸直接运送至其他中国口岸》的命令。这等于将沿海贸易和内河航行权一并拱手让给"外轮"。不过，此时这种开放意义已经不大，"但中国政府决定作此项准许之时，外籍航商已不愿冒行驶长江之危险，故并无多大之效果"。[③]随着国民政府垮台，命令随后亦失去效力。

---

① 《中华民国轮船商业同业公会联合会电》，1948年7月6日，中国第二历史档案馆藏"国民政府交通部档案"，档号二十（2）/1095。

② 转引自刘一仑著：《雪泥鸿爪》，中国人民政治协商会议邵阳市委员会学习文史委员会，2002年，第51页。

③ 美国国务院编：《美国与中国之关系》，中华民国外交部印，1949年，第235页。

第十章　参与创建联合国及广泛加入各项国际公约

苏德战争爆发后，英美联合发表《大西洋宪章》，呼吁建立战后广泛永久的普遍安全制度。随着太平洋战争爆发，中国积极响应和参加筹建新的国际秩序，领衔签署《联合国家宣言》，积极参与筹建联合国，为《联合国宪章》的制定做出了贡献。中国参与创建联合国是中国参加国际公约的一个标志性事件。自此之后，中国开始广泛参加各类国际公约，参与战后政治、经济秩序的重建。

第一节　从《大西洋宪章》到莫斯科《四国宣言》

1939年9月1日，德国突袭波兰，欧洲战争爆发。1941年6月22日，苏德战争正式爆发。至此，除美国外的主要大国均已卷入战争。苏德战争爆发后，美国总统罗斯福与英国首相丘吉尔在大西洋一艘军舰上会晤，于8月14日发表《大西洋宪章》，声明"两国不自行扩张军力或领域或其他"。在宣称此宗旨后明确"凡未经有关民族自由意志所同意之领土改变，两国不愿其实现"，否认因战争而导致的国家领土变更，并展望将在纳粹专制宣告结束后，重建和平，实现一"广泛永久之普遍安全制度"。①《大西洋宪章》强调，在这一"广泛永久之普遍安全制度"成立之前，需要解除法西斯国家的军备，英美将援助遭受侵略的各国。12月7日，日本偷袭美国珍珠港，太平洋战争正式爆发。至此，英美苏等均已正式加入反法西斯战争，世界进入战时状态。当时的国际组织国联及维持一战后国际秩序的《九国公约》《非战公约》等重要公约，已经名存实亡。旧有的国际公约及国际组织面临新的变局。

太平洋战争爆发后，在《大西洋宪章》的基础上，美国起草了美英苏中《四国宣言》的全文。12月30日，中国驻美大使胡适收到了美国国务卿转交的《四国宣言》，美国希望中国加入共同宣言，承诺用"全部军事与经济资源"与法西斯作战，承诺不单独缔结停战协定或和约。1942年1月1日，美国总统罗斯福约见中国外交部部长宋子文、英国首相丘吉尔及苏联驻美大使乌曼斯基（Konstantin Umansky），商讨由四国领衔签署联合宣言，国民政府当即予以同意。宋子文在当场签字后，即请示蒋介石，"宣言各节与前奉电示方策相符，故已从权签字，总统并嘱转达欢迎中国为四强之一之意"。②《大西洋宪章》及二十六国联合宣言的发表是战后国际组织的初步酝酿。此时并不意味着中苏美英已经开始设计联合国的框架，而是指四大国已经开始了战后集体安全工作的基本思考。中国因参与领衔签署，被视为"四强"之一，自此以后中国作为"四强"的提法开始逐渐增多。③

对于具有国际公约性质的《大西洋宪章》，国民政府曾命国防最高委员会委员长王宠惠予以研究。王宠惠认为，《大西洋宪章》的规定，"对于太平洋之适用上显然有两点感觉欠缺"，其一是该条所规定"凡未经有关民族自

---

① 《美国总统罗斯福、英首相丘吉尔共同发表大西洋宪章成立经过及宣言内容》，1941年8月14日，叶惠芬主编：《中华民国与联合国史料汇编·筹设篇》，第2—3页。

② 《外交部长宋子文电蒋委员长》，1942年1月1日，叶惠芬主编：《中华民国与联合国史料汇编·筹设篇》，第4页。

③ 见王建朗：《中国抗日战争史》第五卷《战时外交》，社会科学文献出版社，2020年，第314—315页。

由意志所同意之领土改变，两国均不愿其实现"，这是一种"消极的民族自决"，中国应该在战争结束后根据民族自决原则，"作积极之调整"；其二是该《宪章》仅仅指出了德意两国的纳粹暴政，并未将日本纳入，原因在"当时日本尚未对英、美宣战，英、美自不便以日本为对象"，即使是"二十六国宣言"亦仅提及"希特勒主义"，未提及日本。中国在太平洋问题上，一般舆论要求的有三点："摧毁暴日"、"民族自决"、"种族平等"，此三点或为《大西洋宪章》所缺少、或为《大西洋宪章》所不足，均须加以明白规定。作为普遍性原则，可以提出该三点作为补充条款。[①]

继领衔发表"二十六国宣言"后，国民政府继而又获邀参加"莫斯科四国宣言"，朝着成立战后和平组织又前进了一步。莫斯科三国外长会议前，中方得悉，此次英美苏中四国将"联合组最高委员会，负有武力维持世界安全之责"，并获悉"此系临时组织，战后再成立永久性机关"。根据莫斯科《四国宣言》，美英苏中政府，依据1942年元旦之联合国家宣言及后续各项宣言所共同之决定，"各向其现与作战之轴心国家进行战事，直至此种国家在无条件投降下屈服为止之决心"，为达该项目的，"彼等承认，有于最早可能实现之日期，成立一普遍国际组织之必要"，在该组织内"以各国平等之原则为根据，无论大国小国均可为会员，以维持国际和平与安全"。[②] 对于《四国宣言》，时任军委会参事室主任的王世杰认为"对我均甚有利"，"预料苏方对若干条款，或尚不完全接受"，对中方参加宣言"或难免不持异议"，建议中国应该"不宜此时增提任何条件，我方政策在力求此项草约得经四国同意迅速成立"。王世杰建议蒋介石对美方所提草案完全赞同，并希望通过外交部告诉美国，"盼望美方于英美苏三国会议中对苏交涉此案时，将交涉情形随时通知中国"，如果三国会议涉及对草案条文的修改，中国希望美方可以与中国磋商"。[③] 9月28日，蒋介石批准了王世杰的提议。

---

① 《王宠惠签呈蒋介石》，1942年7月7日，叶惠芬主编：《中华民国与联合国史料汇编·筹设篇》，第5—6页。

② 《吴国桢译呈蒋介石》，1943年9月25日，叶惠芬主编：《中华民国与联合国史料汇编·筹设篇》，第8—9页。

③ 《王世杰呈蒋介石》，1943年9月28日，叶惠芬主编：《中华民国与联合国史料汇编·筹设篇》，第10页。

在最初的设计战后和平组织执行委员会组成成员时，美国内部曾经建议组建以英美两强或英苏美三强为主的战后组织。当时亨贝克到伦敦与英国政府商讨时，英方不建议组织一个以盎格鲁—萨克逊为主的排他性组织，英方认为此种方式不适合实际，不利于组建一个以最终成立联合国为目的的执行委员会，成立一个包括中国在内的四强执行委员会，将比较妥当。亨贝克将此提议致电美国国务卿赫尔，请美方予以正式考虑。^① 经英美两国的内部沟通，英国向美方正式提出英国的方案。英国所提修正案的动机，一是"对于各小国表示好感"，比如美国方案原定在普遍安全制度成立前，以四强作为代表维持国际和平与安全，而英国则增加"必要时与其他联合国国家商议"；二是"减轻本身负担之任务"，依照美国方案，四强可随时协商采取共同行动，而英国只规定"会商之目的在能采取共同行动"。^②

对于最初中国参与国际组织的筹议，反对的声音主要是来自苏联。在莫斯科讨论《四国宣言》草案时，莫洛托夫认为不可能将中国作为《四国宣言》的起草国之一，中国代表并未获邀参加莫斯科三国外长会议。赫尔国务卿认为，将中国包含在《四国宣言》之内，符合成立战后联合国家的精神，一个包含中国在内的《宣言》无比重要，中国以及其他国家将在《宣言》发表后签字。针对莫洛托夫所提的中国没有在场的观点，艾登建议在会议结束前，可以征询中国政府的同意，以四强的名义发表《宣言》。^③ 在与莫洛托夫的私下谈话中，赫尔称美国政府正在尽其可能帮助中国，"将中国排除在四强宣言之外是不可能的，美国政府已经将中国视为战时四强之一"，如果英美苏不把中国纳入四强宣言之内，令其颜面扫地，将在政治和军事上对太平洋地区产生极为糟糕的后果。^④ 1943 年 10 月 26 日，三国外长会议第八次会议上，莫洛托夫表示不再反对中国作为《四强宣言》的签字国之一，会议终

---

① The Adviser on Political Relations（Hornbeck）to the Secretary of State，London，October 10，FRUS1943，China，pp. 821-822.

② 《吴国桢呈蒋介石报告》，1943 年 10 月 8 日，叶惠芬主编：《中华民国与联合国史料汇编·筹设篇》，第 12—13 页。

③ Summary of the Proceedings of the Third Meeting of the Tripartite Conference of Foreign Ministers，Moscow，October 21，1943，FRUS1943，China，pp. 823-825.

④ Memorandum of Conversation，by the Secretary of State，Moscow，October 21，1943，FRUS1943，China，p. 826.

于达成一致意见。中国驻苏大使傅秉常急电国内，请求授予签字全权。

10月26日，蒋介石同意授予傅秉常全权，代表中国在《四强宣言》上签字。《宣言》发表后，蒋介石致电斯大林、罗斯福及丘吉尔，祝贺《四国宣言》的发表。"此一历史性的重要文件，昭示反侵略大义于世界，不仅增强我四国为达成共同信念之合作，且对全世界爱好和平之民族，均与以建立国际和平及普遍安全之保证，此于世界之前途实有莫大之贡献"。① 蒋介石对傅秉常表示，"我国外交地位得由四国协定之签字而巩固，是吾兄之成功，与党国历史同其悠久而远大矣"。② 丘吉尔在回复蒋介石的贺电时指出，"联合国正在努力为世界筹建以自由及正义为根据之国际和平制度，此宣言将为其基石"，"中国在宣言中署名，不独加重其分量，且使其成效更得一保证"。③

《四国宣言》在前言部分强调了"联合国家宣言"依赖的历次宣言，明确要使轴心国无条件投降，保证各国迅速而有秩序地从战争过渡到和平，确立并维持国际和平与安全。《宣言》第一条声明将继续反法西斯的战争，"为对各该国的敌人进行战争而约定的联合行动，当为和平与安全的组织和维系，而继续保持下去"，并在第四条说"在可能实行的最早日期，确立一种普遍的国际组织，以所有一切爱好和平的国家主权平等的原则为基础，这些国家不论大小都可加入为会员国，以维系国际的和平与安全"。④ 在英、美、苏三国发表的《莫斯科公告》内进一步指出，《四国宣言》提出了四国政府同意的各项原则，"就是一种国际合作和安全的广泛组织，必须以它作为基础的诸原则"，"所有其他爱好和平的大小国，都可参加这个组织会议同意建立的机构"。⑤

联名签署《四国宣言》无疑巩固了中国战时四强的地位，中国亦进一步

---

① 《蒋介石致斯大林、罗斯福及丘吉尔》（1943年11月3日），叶惠芬主编：《中华民国与联合国史料汇编·筹设篇》，第41页。

② 《蒋介石致傅秉常电》，1943年11月4日，叶惠芬主编：《中华民国与联合国史料汇编·筹设篇》，第42页。

③ 《丘吉尔致蒋介石电》，1943年11月10日，叶惠芬主编：《中华民国与联合国史料汇编·筹设篇》，第45页。

④ 《四国宣言》，叶惠芬主编：《中华民国与联合国史料汇编·筹设篇》，第57页。

⑤ 《莫斯科公报》，叶惠芬主编：《中华民国与联合国史料汇编·筹设篇》，第61页。

增加了对筹建战后国际组织的影响。在分析该《宣言》时，中方认为该项《宣言》只是原则，"而无任何具体方案"，尚有若干重要而急切的问题并未体现在协定之内。为了对此类急切问题达成原则认识，四国将在近期内采取适当方式进行协商。唯一需要注意的是在苏联尚未对日宣战前，"苏联对于一切专涉远东之问题，或不愿参加任何共同表示或共同讨论"，四国之间的协商，将采取"两个三国会议之方式"，即"英美苏举行三国会议，中英美举行三国会议"。如何应对《四国宣言》之后的盟国间诸项问题，参事室主任王世杰建议："主张及早成立四国机构"；"经常机关设于华盛顿，但有时亦可在伦敦、重庆或莫斯科开会"；"授四国机构以筹设联合国总机构之责"；"联合国机构之组织，大致可接受美政府之拟议（即由十一个联合国组成一种执行机关，由美英苏中四国任主席团）。"关于过渡时期的安全的问题，中国应"赞同设立'国际军事技术委员会'"，原则上赞同"设定国际海空军军事根据地"。对于一切欧洲问题，"我国政府可不要求参加讨论，亦不必表示意见"。至于远东问题，中国主张应设置远东委员会，欢迎苏联参加。[1]

第二节　中国提出战后国际组织公约方案

二十六国宣言发表后，中国政府内部开始研究战后国际组织等相关问题。国防最高委员会所属国际问题讨论会分别研究了四大国际问题，一是国际政治，二是国际经济，三是中日问题，四是取得国际自由平等问题。最早完成的是国际政治问题。国际问题讨论会提出了《国际集团会公约草案要点》，分析国际联盟的失败原因，为建立新的战后国际组织提出中方的建议。

《要点》提出，国联设立后，"盟约墨迹未干，而侵略又复猖獗，战祸弥漫世界，此种原因固多，而国联未能善尽维护和平之责，当为主因"。《要点》指出，国联失败第一个原因在于"国联盟约与对德、奥等国和约两者牵

---

[1] 《关于四国会议问题节略》，1943 年 11 月 11 日，叶惠芬主编：《中华民国与联合国史料汇编·筹设篇》，第 46—50 页。

连"，战败国以反对和约之故，连带敌视国联，认为国联为战胜国执行和约的工具，不准备与国联真正合作。国联失败的第二个原因在于"组织欠缺，权力过小"，对于制裁侵略的办法"事先既无拟定之机关，及至实施制裁，又无强制执行之能力"；对于战后和平组织而言，首先要做的就是健全机构，扩大职权。第三个原因在于国联各国缺乏信心，不能合作。[①] 鉴于上述三点教训，国际问题研究会提出，需要废弃国联盟约，另订国际集团会公约。

对于战后和平组织的组成形式，《要点》认为应"介于国际联合会与世界联邦国家或世界统一国家之间"，较国际联盟的地位应大大增强，但距离"世界国家"尚远。中国设计战后和平组织的初衷是本着"较切实际之理想计划"，循序渐进，"将来不难演变为一真正之世界国家"。其具体设想是进行组织改革及制度改革。组织改革设想如下：一是理事会改为常设，以便随时执行制裁及处理国际重大事件；增设军缩委员会及经济合作委员会，分别掌理军缩及国际间经济事宜，并附属设立军事参谋团与经济参谋团，以备咨询关于军事及经济的各项技术问题。二是理事会为组织的重心，"其行动贵在敏捷，故人数不宜太多"，其组建标准需要仔细考虑，既不能完全指定，亦不能完全选举，应"兼采指定与选举办法"。理事会成员国在指定时，应以国家的人口多寡为标准。军缩委员会及经济合作委员会的组成，亦应"兼采指定与选举办法"。三是设立国际警察。四是扩充国际劳工局，改为"国际社会福利局，办理各种国际社会福利事业"。制度改革设想包括打破全体一致原则，"集团会之决议除另有规定外，只须出席代表三分之二之同意，即可成立"；"禁止使用武力解决国际争议"；"侵略定义之确定"；"制裁之加强"；"委任治理地之国际化"。在实行步骤上，《要点》建议循序渐进，不能操之过急。[②]

鉴于《国联盟约》与对德奥和约相互关联的教训，国际问题讨论会建议战后和会的讨论范围应"仅限于和约，而不及于国际集团会公约"，因为和

----

① 《国际集团会公约草案要点》，1942 年 7 月 4 日，叶惠芬主编：《中华民国与联合国史料汇编·筹设篇》，第 66 页。

② 《国际集团会公约草案要点》，1942 年 7 月 4 日，叶惠芬主编：《中华民国与联合国史料汇编·筹设篇》，第 68—70 页。

会的宗旨在于结束战争，恢复和平，而和约的内容又千头万绪、至为繁琐。《要点》指出，公约与和约"两者性质不同，任务各异"，中国前已主张公约、和约分别成立，并无必要在同一和会中同时讨论。至于对战败国的处置，中国认为应该力求公允。国际问题讨论会在如何处置战败国问题上，提及了美国国务卿赫尔 1937 年 7 月 16 日的宣言、1941 年 8 月 14 日《大西洋宪章》及 1942 年 1 月 1 日的"二十六国联合宣言"。待和约订立一至两年后，世界秩序大体恢复，然后再来讨论集团会公约。[①]

基于上述认识，国际问题研究会提出了一个详细的公约方案，总数达 25 节。此方案将和平原则列为篇首，共列出了五项原则：种族平等；用和平方法解决国际争端；各国军备以自卫为限度；经济合作及国际贸易机会均等；增加社会福利、提高劳工待遇及实行文化合作。关于会员，方案建议公约签字国皆为会员，经过大会决议，新独立国家及自治领、自治殖民地可以补签字成为会员国。各会员国之间"担任尊重并维持彼此领土之完整，及现有政治之独立，以抵御外来之侵略"。会员国退会，须自通告起两年后退出，并须将所有国际义务及依据公约所负义务履行完竣。集团会的机构设有大会、理事会，并设立秘书厅。大会及理事会的决议采用无记名投票方式，并取三分之二多数票为通过。[②]

社会各界也对筹划中的战后和平组织寄予期望，并纷纷提出自己的计划。王云五在分析欧洲历史上有关国际组织学说的基础上，就组织的范围提出两点建议：一是"组织范围应属世界性"；二是"世界性的国联之下，宜分设各洲分会，至少欧、亚、美三洲当先设立"。王云五还建议总分会各国代表人数应该按照会员国人口比例进行分配，但亦考虑到人口过多或过少国家的情形。[③] 史国纲则建议，"战后设立的国际机构内该有制止任何破坏和平行为的规定"，各国"不能利用战争为调整国际关系或实现国策的工具，并

①《国际集团会公约草案要点》，1942 年 7 月 4 日，叶惠芬主编：《中华民国与联合国史料汇编·筹设篇》，第 71—72 页。

②《国际集团会公约草案要点》，1942 年 7 月 4 日，叶惠芬主编：《中华民国与联合国史料汇编·筹设篇》，第 72—75 页。

③ 王云五：《战后国际和平问题》，1943 年 4 月 30 日，《东方杂志》第 39 卷第 4 号，第 6 页。

且承认战争是非法的";建议对侵略进行定义,对非法违法及侵略行为规定惩罚的办法。[①] 杜光埙提出,"在未来国际和平机构中,大小会员国家一律平等原则之下,承认大国特别的权利与责任","废除全体通过的原则,改为普通多数票决的办法","采用美国参议院三分之二的成例"。[②] 中国国民外交协会提出一个全面的方案,提出为了永久和平,"要树立集体安全之整个体系,积极的根除战争之原因,并防止战争之再起;积极的培植和平之意志与力量,并造成合作共荣之环境",强调要"必须包有全世界所有国家,会员国非经特许不得自行退出";建议在军事上建立"国际武力","除国际武力外,任何国家不得在他国使用武力";设立军缩委员会,对侵略进行定义并确立制裁侵略的步骤;设立军事参谋团;编纂国际公法;进行国际经济合作,设立经济参谋团,负责接受集体安全机构关于制裁侵略的咨询。[③] 社会各界所讨论的这些观点,相当一部分建议被吸收进中方草案之内。

1944 年 5 月 29 日,美国国务卿赫尔宣布美国政府准备召集英中苏三国,开会商讨国际安全机构问题。魏道明大使代表中国政府表示接受邀请,参加此次会议。罗斯福在会见魏道明、商震时表示决不会忘却中国,"必要四国"作为发起人。[④] 对于罗斯福的邀请,蒋介石回复称,"中国向来主张早日成立此种机构,如其可能,并望在战时结束以前成立。阁下现时采取领导行动,俾此意见得以实现,余等极为欣慰"。[⑤] 蒋介石表示国民政府将积极参与会议,随即指示宋子文开始着手准备会议的有关工作,一是收集会议相关的材料;二是早日获得美方关于战后和平组织的草案。

在中国准备和平组织会议的同时,参事室周鲠生提交了《新国联约章草案》29 条,其内容所参照了当时英美的舆论、中国的立场及国联的经验。该

---

① 史国纲:《怎样维持战后的世界和平——战后问题丛谈之一》,1943 年 7 月 29 日,《东方杂志》第 39 卷第 9 号,第 5 页。

② 杜光埙:《论重建世界和平的基本问题》,1943 年 9 月 30 日,《东方杂志》第 39 卷第 14 号,第 19 页。

③ 中国国民外交协会:《战后世界和平意见书》第四章,叶惠芬主编:《中华民国与联合国史料汇编·筹设篇》,第 104—114 页。

④ 《魏道明致蒋介石电》,1944 年 5 月 31 日,叶惠芬主编:《中华民国与联合国史料汇编·筹设篇》,第 128 页。

⑤ 《蒋介石致罗斯福电》(1944 年 6 月 2 日),叶惠芬主编:《中华民国与联合国史料汇编·筹设篇》,第 129 页。

草案第一条提出以同盟国家为发起会员国，"会员国不得被驱逐出会，亦不得退会"。第二条是关于新国联建立的原则，"各国须尊重他国之领土完整、政治独立。各国有不干预他国内政及防止在他国领土内鼓动该国内乱之义务"，"各国间之争议，应用和平方法解决之，并只能用和平方法解决"。① 参事室主任王世杰拟定了《我政府关于国际安全和平组织问题之主张（要点）》，此要点相较于其他方案而言，较为引人注目的是"不主张美、英、苏、中四国享有过大之特权"，参事室的考虑是，如果中方主张其他特权，势必增加其他小国对中方的反感，即使四强享有特权，中国事实上未必能利用，而拥有特权的英苏两国反而可能对中国不利。要点对于大会及理事会的投票原则提出以三分之二多数票为原则，亦强调会员国不得退会。②

经过比较多种方案，并经多次开会研讨，宋子文于 1944 年 7 月 17 日提出了外交部的方案《国际和平联合会公约要点》。关于理事会的组成，鉴于各小国对于联合国善后救济总署由中苏美英把持已经表示了不满，此次理事会应该在中苏美英四个常任理事国外，应从其他会员国中选出四个理事国，轮流担任。至于中国的立场，"似以愈少为愈妙"，"如无较美国之建议尚少者，似可赞成美国提案"。理事会决议的效力，"宜主张理事会决议经三分之二或多数之通过，应有强制施行之效力"。不主张设立"远东区分会"，可以在重庆设立"远东顾问委员会"。③

在收到外交部的《要点》后，蒋介石即指示王宠惠研究是否应向会议提出中方观点，即中方对此次会议的指导原则。在具体对策方面，蒋介石认为宋子文提交的外交部方案与参事室王世杰的方案大体相同，就其中要点做出了相关的指示。关于理事会的组织者，蒋介石认为第一届理事会常任理事"似以五国为宜"，建议在中、苏、美、英四国之外，"扶助捷克当选"。非常任理事，"如土耳其参战，则应扶助土耳其当选，以代菲律宾"。关于理事会

① 《国联约章草案》，叶惠芬主编：《中华民国与联合国史料汇编·筹设篇》，第 132—134 页。
② 《我政府关于国际和平安全组织问题之主张（要点）》，叶惠芬主编：《中华民国与联合国史料汇编·筹设篇》，第 139—140 页。
③ 《宋子文呈蒋介石》，1944 年 7 月 17 日，叶惠芬主编：《中华民国与联合国史料汇编·筹设篇》，第 140—141 页。

的投票原则，"可主张三分之二表决为原则"。对于四强之间维持武力配备的定额标准，中方提议"以四国人口、土地、现有服役军队及军火生产能力"，可以交给中国代表团为参考，相机运用。对于拟议成立的远东顾问委员会，如果苏联参加对日作战，亦可加入，但如果美英两国不主动提议让苏联加入，中国亦不主动提出。①

此时，蒋介石所参考的共有三种方案，分别来自国际问题讨论会、外交部及军委会参事室。蒋介石命令王宠惠研究这三种方案，拿出中方的最后提案。中方根据所得消息，判断美国对于战后组织的基本要点是："设置一普遍性之世界和平机构"，该机构"系联合会性质，而非太上国家"，不准备设置国际警察，"必要时由会员国动员其军队，以制裁侵略"。中方认识到，美国总统罗斯福的前后发言与中国三种方案差别较大，中国舆论"大抵主张设置一坚强有力之和平机构"，而美方所泄露出来的信息"颇与旧日国联相仿佛"。由于尚未得悉英苏两国对美方案的反应，又由于英美苏、中英美三国分别开会，情形比较微妙，王宠惠认为"我方似以暂不正式提出整个对案为宜"。王宠惠认为，中国一旦提出将面临两难境地，一是如果"过重现实，则无甚意义"；二是如果太重理想，"则与美国立场相去悬殊，恐难成立"。不如就美方草案依照中国立场，"提出补充或修改案"。② 1944 年 7 月 29 日，蒋介石致电宋子文，明确"就目前形势而言，我方似以暂不正式提出整个对案为宜"，将"基本态度五条与对重要问题之立场十五条"转交宋子文，请其密令出席代表作初步准备，并表示如果接到美国草案，再行电告需要追加或修改之处。③

8 月 6 日，顾维钧汇报了英国方面的态度。大体上，英国对战后和平组织的态度是希望与旧日国联类似，减少强制性规定，采取缓进政策，以便视战后情势变迁与经验随时加以改善；英方的用意在于"保持其相机应付、进退

---

① 《蒋介石电宋子文》，1944 年 7 月 20 日，叶惠芬主编：《中华民国与联合国史料汇编·筹设篇》，第 156—157 页。

② 《王宠惠呈蒋介石》，1944 年 7 月 24 日，叶惠芬主编：《中华民国与联合国史料汇编·筹设篇》，第 157—158 页。

③ 《蒋介石致宋子文电》，1944 年 7 月 29 日，叶惠芬主编：《中华民国与联合国史料汇编·筹设篇》，第 161—162 页。

裕如之便利"。对于区域组织的原则问题，英国主张从缓讨论，不积极推动，不赞成组织独立国际军事力量及警察。顾维钧建议，中国的立场应"本我国酷爱和平公道之精神及集团安全之原则，着重世界整个和平机构为基础，区域组织仅为其一部分"，将区域组织视为集体组织的一部分；预订制裁大纲；委任统治地以自治为目的；设立国际军事参谋委员会。①

在收到英国节略和美国方案后，王宠惠修改了中方对战后世界和平组织基本态度及主要问题立场的修正案：与英美不同，中国主张"世界和平机构以愈坚强有力为愈宜"；在成立时间上主张"尽早成立"；在战后组织中，凡英美苏三国参与的事项，"我国应以平等地位同样参与"；在美英苏意见不同，而与中国无利害关系时，"重视美方意见"。上述四点构成了中国的基本态度。对于重要问题的立场有 16 条，其中有不强调区域组织，理事会以大国一致以及三分之二通过为原则，对侵略进行定义，"暂不提出殖民地制度之前途"，等等。②

第三节 缔结《关税及贸易总协定》及参与筹划战后国际经济秩序

一、 从国际粮食问题会议到国际金融会议

《大西洋宪章》发表后，英美两国开始提议商讨战后国际经济体系。英国提出了一个基于凯恩斯提议的国际化贸易非歧视方案，经过与美方讨论后，英美各自推出自身方案。1943 年 2 月，国民政府收到了英美方案。3 月 11 日，美国驻华代办范宣德向中国政府递交备忘录，邀请中方派遣专家参加会议，共同研讨军事胜利后各国将面临的经济问题，"美国政府确信此项提

---

① 《顾维钧致蒋介石电》，1944 年 8 月 6 日，叶惠芬主编：《中华民国与联合国史料汇编·筹设篇》，第 164—165 页。
② 《我方基本态度与对重要问题之立场（修正案）》，叶惠芬主编：《中华民国与联合国史料汇编·筹设篇》，第 168—170 页。

议当可为中国政府所接纳，并信中国政府可予以合作使达到其所期望之目标"。美方在备忘录上明确，会议目的在于"关于后述事项得有交换意见及情报之机会并对解决此类问题之适宜及实际步骤在原则上得有谅解"。具体包括：一、研讨逐步提高各国消费水准，增强一般经济活动所应采取的措施；二、探讨可否在确保粮食充足供应情形下，在生产者和消费者间求得一公平价格；三、通过财政贸易使各国都可获得必须之食品及农产品，并使剩余产品有交易市场；四、探讨通过国际合作推动各国增加消费，改善居民营养。①

宋子文在会晤美国副国务卿威尔斯时获悉，罗斯福总统欲在战争结束前召开若干国际会议，"先经济后政治，俾和平荟临时各种国际问题均已获得解决途径"，并准备"先从粮食问题上入手"。宋子文认为中国参加会议为必然之举，至于对美方的请柬内容，"似可不必提出任何修正意见"，中国对问题各部分之建议可以在会议上逐项提出。在最初的代表人选上，宋子文建议由驻美商务参事李干任首席代表，营养问题专家刘瑞恒、农业问题专家张鑫为代表，另请粮食部、农林部、卫生署各派代表一人参加。②

先行召开粮食会议，是美国准备设计战后"多边自由贸易体系"的重要举措，中国予以了积极的回应。4 月初，国民政府最终确定由财政部次长郭秉文为首席代表，出席联合国家粮食会议。此次会议是盟国筹备战后国际组织系列环节中的一环，是英美中三国在二十六国宣言后、莫斯科宣言前的一次重要的会议。对于中国而言，更为看重的是外交上的意义。在筹备战后国际和平组织的过程中，粮食会议、国际货币会议是敦巴顿会议前盟国设计战后国际体系的重要组成部分。

预订 4 月 27 日开幕的粮食会议，一直到 5 月 18 日正式举行。45 国代表聚集美国弗吉尼亚州温泉镇，举行关于粮食问题的磋商。大会会长由美国代表团首席代表琼斯担任，中、英、苏、巴西首席代表担任副会长。这是中国首次以四强身份出席国际会议。在开幕式上，郭秉文代表与会各国发言，

① 《美政府备忘录》，1943 年 3 月 11 日，洪葭管主编：《中央银行史料》（下），第 854—855 页。
② 《财政部致蒋介石签呈》，1943 年 3 月 16 日，洪葭管主编：《中央银行史料》（下），第 854—855 页。

《大公报》将郭的发言誉为"这是中国国家的荣誉，我们流年流血抗战，艰苦缔造出来的国际地位"。大会主要讨论了三方面的议题，一是粮食的消费水准及条件；二是扩大粮食生产及满足世界需要的可能性；三是改善分配。《大公报》社评指出，此次会议中国面临最重要的问题是"农业国与工业国如何分工合作"。[①] 6月3日，会议闭幕。会议共通过31项议案，规定于7月15日前在华盛顿成立临时委员会，负责起草永久性粮农组织的详细计划。粮农组织会议成为美国构建战后国际经济秩序的先声。[②]

在筹备出席国际粮食问题会议的同时，国民政府着手筹备参加国际金融会议。收到英美方案后，蒋介石指示军事委员会参事室进行研究，以便提出中方的应对方案。1943年5月1日，蒋介石将参事室方案转交行政院副院长孔祥熙进行研议。参事室分析英美方案时认为，为了稳定战后各国通货计划，两国方案的目的"几全相同"，其所采用的手段，"亦大致相同"，但两国方案"所拟想之制度及办法，仍有重要之异点存在"。由于英美方案只是两国的初步计划，参事室建议不必对此整个计划进行批评，亦不必"寄与同情或反对"。[③]

参事室认为，英美两国方案的共同目的在于"稳定战后各国货币之价值，以促进列国间贸易总额之扩增"，两国方法都是为了"设立一国际货币金单位，以为清算国际收支差额之用"。英国的名目是"联合清算局"，美国的名目是"平准基金"。各国货币与此国际货币单位的比值，由参与国共同决定，如果没有得到"平准基金局或联合清算局"许可，不能随意变更。两种方案的不同之处在于，关于国际货币与黄金的关系，英国方案只允许以黄金购买国际货币，不许以国际货币兑换黄金，参与国不得以高价购买黄金；美国方案则无类似规定。关于分摊额度，美国方案规定基金总额50亿美金，"由参与国按其存金、外汇、国民所得变动程度分担之"；英国亦规定了分摊额度，但"仅为将来向联合清算局透支款额之标准，各国无需缴出资金"。

---

① 《国际粮食会议与中国》，《大公报》（重庆）1943年5月24日，第2版。
② 参见程朝云：《国民政府与联合国粮农组织的创建及早期活动》，《近代史研究》2020年第4期。
③ 中国第二历史档案馆：《关于同盟国战后世界货币金融问题档案选》，《民国档案》1986年第3期，第66页。

关于汇价变动，美国方案允许在一定幅度内各国自由变更，但"未规定幅度之大小"，超过一定幅度的变更，需要"得投票权五分之四的许可"；英国方案规定如果变动幅度不超过 5%，以及借方差额超过分摊额 25% 至二年时，各国可自由变更，超出之外需要联合清算局的允许。关于资金通融，"美制规定不得超过该国分摊额百分之二百，英制准许参与国向清算局透支，但以不超过该国之分摊额为度"。关于汇兑管制，"在英制下可以保留，美制则要求各国取消汇兑统制，但防止资本外逃之办法除外"。关于国际收支失衡时，英国方案对于过度的借方或贷方，都要求缴纳"惩罚金"，目的在于使"过度出超或过度入超之国家，皆须负调整其国内经济、金融之责任"；美国方案无此类规定。参事室认为，比较此两种方案，英国方案对中国较为有利。中国"应要求此国际货币计划，对新兴的开发中之国家及工业已长成之国家予以区别，其对透支之通融及汇率之改订两事尤应如此"；关于计算分摊数额的办法，中国可以同意"以各国贸易总额为决定分摊额之标准"，但应注意如果一国贸易年度总额不及一定数额时，其分摊额度应增加 20%，或者增加其他比例的数额，这样做的目的在于"助长工业落后国家之开发，及提高此类国家人民生活水准"，中国的分摊额度以 1934、1935、1936 三年的平均贸易额为标准，将来收复的失地（如东北、台湾等）的贸易额，应一并计入。将来汇率的制定，对中国而言"宁偏低勿偏高"。①

1943 年 5 月 17 日，国民政府指派席德懋、郭秉文、李国钦、宋子良为专家，参加与美国专家的非正式讨论。中方提出"我国将来在货币基金中之地位，必须保持前四位，以与我国政治地位相配合"；二是"关于汇率之订定及缴纳黄金数量等重要事宜，应顾及曾被敌人侵占国家之特殊处境，另作规定"。② 此两点提议，英美均表示接受。席德懋、郭秉文、宋子良等在研究中方提议及政府的训令后指出，中国对于金融会议的立场"似宜助其成功，惟我方金融复兴方面有需协助之处或可另行设法商洽"，因为美国作为召集

---

① 中国第二历史档案馆：《关于同盟国战后世界货币金融问题档案选》，《民国档案》1986 年第 3 期，第 66—68 页。

② 中国第二历史档案馆：《关于同盟国战后世界货币金融问题档案选》，《民国档案》1986 年第 3 期，第 70 页。

方希望能够取得成功。由于在专家会议上英国及加拿大提案"仅被美方作为参考资料，并未提交大会讨论"，宋子良建议中国提议是否可以"作为意见书请魏大使转送美方"。① 得到蒋介石授权后，孔祥熙回复宋子良，同意将中方提议作为意见书转送美方。②

1944 年 4 月 23 日，英、美、中三国同时发布国际货币基金专家联合宣言。

粮食会议开幕的同日，席德懋回复孔祥熙："一俟粮食会议结束后，即与秉文兄回华盛顿，约国钦、子良二兄与美方洽商。"③ 6 月 19 日，币制金融会议准备会议在美国大西洋城召开，预定大会于 1944 年 7 月 1 日在美国新罕布什尔州的布雷顿森林公园华盛顿山旅馆举行（一般称布雷顿森林会议）。

1944 年 6 月，中方代表"各专家及秘书等约 18 日出发"，前往会议地点。④ 孔祥熙于会议开始的当日抵达会场。7 月 1 日上午 12 时，各国代表集议，商讨会议办法，下午 3 时正式开幕，共有 44 个国家的代表出席，"大会推举毛根韬（摩根索）任主席"，在罗斯福致辞后，由孔祥熙代表各参加国致辞。⑤ 大会议题有三项：一是"建立国际货币平准基金，以稳定世界币制，融通国际贸易，并保证战后国际经济之健全发展"；二是筹设国际复兴开发银行，恢复战争破坏地区之经济建设，协助开发落后国家之资源，提高全人类的生活水准；三是讨论其他战后国际货币金融问题，如"白银问题、国际清算银行之解散问题及轴心国战争罪犯逃亡财产之处置问题"。⑥

会议开始后，孔祥熙向蒋介石汇报称，"各国代表对自身希望甚大，而美舆论则认美国负担太重"，为争取更多的基金配额，各国竞争激烈，"苏则

① 《郭秉文等致孔祥熙电》，1943 年 8 月 12 日，洪葭管：《中央银行史料（1928—1949）》（下），第 856 页。
② 《孔祥熙致郭秉文等电》，1943 年 8 月 16 日，洪葭管：《中央银行史料（1928—1949）》（下），第 858 页。
③ 《孔祥熙与席德懋等的往来电》，1943 年 5 月 18 日，洪葭管：《中央银行史料（1928—1949）》（下），第 855 页。
④ 《孔祥熙与席德懋等的往来电》，1943 年 6 月 11 日，洪葭管：《中央银行史料（1928—1949）》（下），第 855 页。
⑤ 任骏选辑：《孔祥熙出席布利顿森林会议期间致蒋介石密电》，1944 年 7 月 2 日，《民国档案》2009 年第 3 期，第 47 页。
⑥ 中国第二历史档案馆：《关于同盟国战后世界货币金融问题档案选》，《民国档案》1986 年第 3 期，第 59 页。

要求与英同等，英则支持法，印图占我国之第四席"。① 7 月 7 日正值中国抗战周年纪念，货币金融会议特别放映了中国抗战的宣传影片，各国代表对华艰苦抗战极表同情，在此氛围之下，"对于基金摊额问题，我国地位列第四已作确定"。至于分摊额度的大小，由于英、法、苏、印均申请增加，美国有意减少中国的额度，由原来允诺的 5 亿至 6 亿美元，可能减少到 4.5 亿美元。孔祥熙向美方表示，"如有减少，于我国内及美国自身均留不良印象"，经过争取，美方允诺增加到 5 亿美元。孔祥熙告蒋，"默察情形，经此表示五亿当无问题，可能再略增加，但不致达我希望六亿"。②

围绕设立国际货币基金组织、世界复兴开发银行以及国际金融合作等议题，各国进行了 22 天的讨论。最终决定成立国际货币基金及国际复兴开发银行，并签署了两个相应的协定。中国政府于 1945 年 9 月批准该两项协定。同年 12 月 27 日中、美、英、法等 24 国在华盛顿签署该两项协定，国际货币基金协定及国际复兴开发银行协定正式生效。

二、 筹拟成立国际贸易组织及缔结关贸总协定

1945 年 11 月，美国政府倡议举行世界贸易暨就业组织会议，英国附和美国提议。12 月 6 日，英美联合发表宣言，主张召开世界会议。宣言发表的同时，首届联大正在英国伦敦举行，联大经济暨社会理事会此时已经正式产生。于是美国代表团提请经济暨社会理事会倡议举行世界贸易及就业会议。经济及社会理事会遂决定于 1946 年 2 月 18 日召集世界贸易暨就业会议，并选举出 18 个国家组成准备委员会，筹拟国际贸易组织的宪章草案，这 18 国是：中国、美国、英、苏联、澳大利亚、法国、比利时、巴西、加拿大、古巴、捷克、印度、荷兰、南非、新西兰、挪威、智利和黎巴嫩。国际贸易组织准备委员会于 1946 年 10 月 15 日至 11 月 26 日在伦敦举行第一届准备会议，并于首次准备会议后另设国际贸易组织草案的起草委员会。起草委员会

---

① 任骏选辑：《孔祥熙出席布利顿森林会议期间致蒋介石密电》，1944 年 7 月 6 日，《民国档案》2009 年第 3 期，第 47 页。

② 任骏选辑：《孔祥熙出席布利顿森林会议期间致蒋介石密电》，1944 年 7 月 8 日，《民国档案》2009 年第 3 期，第 47 页。

于 1947 年 1 月 20 日至 2 月 25 日在美国纽约继续讨论宪章草案事宜。同年 4 月 10 日，准备委员会在日内瓦召开第二届准备会议，并同时进行多边减税谈判。第二届会议的主要任务一是完成国际贸易组织的宪章草案，二是"多边之减税谈判与关税及贸易总协定之缔结"。会议开幕后，"首先进行各国间之减税谈判，并设立关税谈判小组，以促进各国间之谈判，并负责起草关税及贸易总协定之条文"。①

第二届会议一直进行到 10 月 30 日，前后"历时凡十二个月，集会达一千余次，始将此宪章草案拟成"，即《关税及贸易总协定》和《联合国贸易就业宪章草案》。②

1947 年 11 月 21 日至 1948 年 3 月 24 日，世界贸易暨就业大会在古巴首都哈瓦那正式举行。会议邀请联合国全体会员国参加了会议，还邀请了奥地利、爱尔兰、芬兰、匈牙利、意大利、葡萄牙、瑞士、巴基斯坦及"独立关税自主区域缅甸、锡兰"等。准备委员会还建议邀请德、日、韩占领区域当局及联合国各专门机关及非政府国际组织列席会议。最终与会国为 58 国，参加人员为 650 余人。③

依照惯例，大会主席国一般由东道国代表担任，拉美各国故欲推举古巴首席代表卡拉克（Sergio I. Clark）为主席，而英美等国有意推荐"曾任两次准备委员会主席之比国首席代表苏敦该氏（Max Suetens）"，经过数次商谈及中国首席代表等的斡旋，大会采取了折衷办法，"决定卡拉克为主席，苏敦该氏为第一副主席"。④

联合国经济暨社会理事会曾经规定，非会员国不得有投票权。此次大会对于经济及社会理事会的此项投票规则，"皆力主修改"。由于之前已经有了定案，为避免此项限制起见，会议决定"在可能范围内，各项决议不仅由主席听取各方意见后决定避免投票方式，但必须投票时，则仍照经社理事会之决议案办理"。大会议事规则规定沿用联合国组织之成例，以英文、法文为

①　"关于《关税及贸易总协定》之报告"，《顾维钧档案》，档号 Koo/0108/B-104/0059/015。
②　《出席联合国贸易暨就业大会中国代表团报告书》，《顾维钧档案》，档号 Koo/0108/B-104/0003/002。
③　《出席联合国贸易暨就业大会中国代表团报告书》，《顾维钧档案》，档号 Koo/0108/B-104/0003/003。
④　张力编辑：《金问泗日记》，台北"中研院"近代史研究所，2017 年，第 872 页。

应用语言，中、英、法、俄、西班牙文为正式语言，但会议期间萨尔瓦多、阿根廷提出增加西班牙文为应用语言。中南美各国赞同阿根廷的提议，中国代表团声明"大会议事规则如有修正，则中文亦应为应用语文"。其他各国与会代表反对萨尔瓦多、阿根廷的提议，增加西班牙文为工作语言的提议未能通过，但宪章文字"中、俄、西班牙文并列为依准文字"。[①]

美国提案的重点在于"以灭除贸易障碍为惟一目的"，经过准备委员会的修改，"已将经济发展、自助互助之各项促进方法并列为扩充世界贸易主因之一"，并将"全民就业、保持有效需求与商务政策联成一整个问题"，以促成世界贸易之繁荣。会议争议焦点在于"数量限制、差别待遇问题与工业发展所须采用数量限制暨优惠关税两问题，争取运用余地不受贸易组织束缚"。美国原提案希望，将因国际收支失衡而采取的进口数量限制予以取消，数量限制不得有差别待遇；准备委员会所拟定的草案是，将因国际收支失衡所采取之进口数量限制"无期展缓"，仅规定"宪章生效两年后再行检讨"。至于数量限制及差别待遇，准备委员会认为在 1952 年 3 月之前，"经贸易组织之许可，于某种条件下可以实施"。各国代表在会议上围绕相关各条争论激烈。各个分组在开会一个月后未能得出任何结论，所争执的重要各点均未能解决，甚至"外界谣传会议或将破裂"。在此情形下，大会召集首席代表会议，希望通过口头交换意见，谋求解决打破僵局的途径。各首席代表中，除阿根廷、乌拉圭坚持原各自提议外，其余代表均主张"从长计议"。大会总务委员会遂请各委员会拟具工作报告，以备首席代表会议讨论。根据各组报告，争执各点如下："工业发展所须采取措施而与宪章规定抵触者，应否先得贸易组织之同意"；"各国间增订关税优惠协定，应否先得（贸易）组织之同意"；"减税谈判"；"会员国与非会员国之关系"，等等。中南美各国联名提请设立调整委员会，以便协调各项争执点，总体解决各项困难问题。美国起初反对，继而赞成，调整委员会因此得以成立。[②]

世界贸易暨就业大会调整委员会成立后，于 1948 年 2 月 5 日正式开始

---

① 《出席联合国贸易暨就业大会中国代表团报告书》，《顾维钧档案》，档号 Koo/0108/B-104/0003/004。
② 《出席联合国贸易暨就业大会中国代表团报告书》，《顾维钧档案》，档号 Koo/0108/B-104/0003/006。

工作。2月13日，智利、墨西哥、菲律宾联名提议，"宪章应规定若干客观标准，凡经济落后国家为经济发展而须采用保护措施，其合乎此等标准者，无须经贸易组织核准"。美国代表团反对此项提议。美国继而提出新的方案，新方案如下：一、会员国间已经议定的义务，如欲变更，"须经双方直接洽议或请贸易组织从旁督促成议"。至于非经洽议之义务，如数量限制等，"如欲实行而与宪章抵触者，宪章特别规定四个标准"，如果合乎标准，贸易组织应该予以"自动核准"，"其他核准步骤，与日内瓦宪章草案所拟各节大体上大同小异"；二、"会员国间商订关税优惠协定合乎标准者，贸易组织应即予以'自动核准'"。三、对于中南美国家所反对的关税委员会的组成，美方提出了三个方案。（甲）"关税委员会依照原案，此外并设立经济发展委员会暨商务政策委员会，为建议机构，隶属执行委员会"。（乙）"该三个机构均不设立，凡非日内瓦总协定缔约国之会员国，于参加贸易组织两年期内，得享受总协定内减税利益，逾此期限，如无正当理由不议定税则，则停止享受"。或（丙）"该三个机构均不设立，而将宪章第十七条第四款所规定之职权由大会授予执行委员会"。四、美方建议接受执行委员会业经小组议定的各点，以之作为总解决条件之一，"如有关各国代表接受此议，则所有对于各该条文之保留案一律撤回"。①

针对美方新提案，调整委员会经过一周时间的讨论，在略有修正的基础上，予以通过。除阿根廷、波兰、伊拉克等对于其中部分条款表示不满外，其他各国均予以接受。至此，大会所争议的各点均获得解决。

在会议过程中，美方曾通过国民政府外交部向中方代表金问泗寻求支持，支持其在占领区域问题上的主张。美国提议"贸易宪章之原则应适用于占领区，以期恢复占领地区之商务"，中国代表团当时曾发言表达了反对意见。为了能在投票中获得通过，美国请中方支持。顾维钧认为"美提修正案原文词意笼统，似包括甚多，对日贸易、远东委员会尚未决定政策"，而且"现时美政府训令麦帅之临时处置其他会员国无法律责任"。金问泗的本意也

---

① 《出席联合国贸易暨就业大会中国代表团报告书》，《顾维钧档案》，档号 Koo/0108/B-104/0003/007-008。

认为"占领系临时性质，不应列入宪章"。① 美方代表克雷顿（Clayton）于 2 月 6 日宴请金问泗等中方代表，请中方支持美方在占领区贸易问题上的主张。美方此案曾因中、法、澳大利亚等国的反对，未能在日内瓦会议上通过。虽然美方私下向中方做了工作，但与会各国"认为性质重大，须俟本国训令，屡次要求延期"。大会为此专门成立工作小组，讨论结果是"各国对大会是否有权讨论本案一点均表示怀疑"；法国、捷克、波兰对此"质诘尤严"；澳大利亚代表虽然认为大会可以讨论此问题，但"德日占领区问题既已有各国际管理机构负责其事，在大会立场，似仅能将意见用决议案方式提供给各该管理机构采纳参考而已"。②

3 月 24 日，大会举行签字仪式。参加大会的 57 国中，阿根廷拒绝签字，波兰代表以政府尚未作出决定为由没有签字，土耳其未接到政府签字的训令，芬兰作为旁听身份亦未签字，最终签字国为 53 国。在此次会议结束时，中国政府补签了《关税贸易总协定暂行实施议定书》，成为国际贸易组织临时委员会执委会成员。4 月 21 日，中国代表团签署"临时适用议定书"，并于 5 月 21 日起实施减免关税。

第四节　中国对《联合国宪章》的贡献及联合国的成立

一、　旧金山会议前中国的准备工作

通过参加国际粮食问题会议、国际货币金融会议、敦巴顿橡树园会议，中国积极加入到战后组织实际运筹的历史进程中。在雅尔塔会议上，英美苏三国建议于 1945 年 4 月 25 日在旧金山举行联合国制宪会议。雅尔塔会议期间，决定"对中国政府与法国临时政府应立即与之咨商，并邀请其与美英苏共同发起此会议"，一旦中法予以同意，将公布关于投票的建

---

① 《顾维钧致外交部电》，1948 年 1 月 31 日，《顾维钧档案》，档号 Koo/0108/B-104/0011/001。

② 《金问泗致顾维钧电》，1948 年 3 月 18 日，《顾维钧档案》，档号 Koo/0108/B-104/0021/001。

议规则。① 在关于国际安全机构的公报发表前，美国向中国通报了大概，一是表明苏、美、英三国将在会议结束时"发表公告"，"其中对于三国政府所同意在安全理事会中投票之程序问题，将有所阐明"。公告中还将声明召开旧金山会议的目的在于"成立一联合国组织之宪章，以维持和平与安全"，该宪章将以"去年十月所公布敦巴顿橡树园会议结果所提出成立一普遍国际组织之建议为基础"。②

由于法国政府拒绝作为发起国发出会议请柬，最终由中、美、英、苏四国作为请柬发起国。请柬对敦巴顿橡树园第六章第三节进行了关于投票问题的补充："安全理事会理事国每国应有一投票权"，"安全理事会关于程序事项之决定须有理事国七国之赞成票"，"安全理事会关于一切其他事项之规定，须有理事国七国之赞成票，包括常任理事国之同意票在内"，"争议之当事国应不投票"。③

外交部进一步研究了安全理事会的投票规定，认为存在不合理之处。在呈报蒋介石时，吴国桢认为，从条文而言，苏联似乎已经接受了英美两国的意见，但实际上并非如此。依据敦巴顿橡树园提议案，安全理事会11国中，除中、苏、美英担任常任理事外，其余各理事由选举充任。关于程序事项规定，"七票即可通过"，关于其他事项"七票亦可通过，惟须包括常任理事之同意票"，"换言之，中、苏、美、英、法另加二票即可"。又鉴于草案规定"参加争议之国家应不投票"，这就形成了一个漏洞。依照橡树园会议建议案，遇有争议事项的解决，争议国可自行提请安理会，或由安理会交办，安理会令争议国家用和平方法解决，安理会鼓励地方之争议经由区域组织或区域机构解决。依照雅尔塔会议的规定，争议之当事国，不应参加投票。"三国会议之决定投票程序，并未规定参加争议之国家应不投票"，因此如果是常任理事国之一属于争议的一方，则"仍有权否决施用任何制裁办法"。虽然意识到规定存在漏洞，但外交部仍然表示："我对三国会议所提之安全理

---

① 《雅尔达秘密协定及雅尔达（即克里米亚）会议报告》，国际出版社印行，1946年，第5页。
② 《吴国桢呈蒋介石》，1945年2月13日，叶惠芬编：《中华民国与联合国史料汇编·筹设篇》，第340页。
③ 《外交部公告》，1945年3月5日，叶惠芬编：《中华民国与联合国史料汇编·筹设篇》，第348页。

事会投票办法亦只好同意"。[①]

外交部建议中国应从两个方面准备旧金山会议：一是"与国际和平机构本身有关之各项问题"；二是"应乘机与美、英、苏等国洽商之各项外交问题"。第一个方面总共提出了八点建议：国际法院规章及程序；设立领土代管制度的原则；归于区域组织问题的意见；已经为英美所接受的中国建议；尚未为英美所接受的建议；中国对于敦巴顿橡树园建议案的态度；各国对于敦巴顿橡树园建议案的意见及中国应采取的态度；解散国联的步骤。除上述八个方面之外，外交部提出还应注意各区域国家对于常任理事国的提名问题，如南美国家可能提名巴西，届时"如美、英、苏、法之中有二国以上赞成时，我似可表示同意"。关于战后和平组织官方用语问题，以往国联仅用英、法两种文字，此次苏联可能提出增加俄文为官方语言，中国亦可以提出同样要求。在此问题上，顾维钧认为"因外人通晓中文者甚少，且将使新国际组织在事务上愈感困难，各国未必肯予接受，提而不成反为不美"，以不提出为宜。[②]

关于区域组织问题，中国内部有人提出各国均在研究该问题，将来在国际和平机构下，大约会成立两种类别的区域组织：一类是互相保障与合作的区域组织，并非世界和平机构的附属组织；一类是殖民地管辖区域。中国虽然可以在殖民地分配问题上让步，但"于监督权则不可轻易放松"，中国的目的在于保障主权利益不被牺牲，"但如在国际间毫无牵制他国之权，则国权当亦难保"。[③]

在与美国国务院讨论代管制度时，顾维钧认识到美国内部的意见并不一致。由于旧有代管领土种类很多，情形也不尽相同，均需予以考虑。一是国联解散后，其托管领土的主权如何转移；二是敌国之领土有已经被盟国占领的，也有将被占领的，在将来究竟应割让给何国，然后再交与代管国？这些

---

① 《吴国桢呈蒋介石》，1945 年 2 月 14 日，叶惠芬编：《中华民国与联合国史料汇编·筹设篇》，第 362 页。

② 《外交部长宋子文呈蒋介石》，1945 年 3 月 17 日，叶惠芬编：《中华民国与联合国史料汇编·筹设篇》，第 348 页。

③ 《旧金山会前各国研究成立区域组织吾对此勿旁观》，1945 年 3 月 29 日，叶惠芬编：《中华民国与联合国史料汇编·筹设篇》，第 389 页。

都是需要讨论的问题。美国海军当局主张所有在太平洋占领的岛屿归美国所有，不主张代管。①

4月3日，美国国务院向中方通报了旧金山会议的组织与程序问题，表达了美国的意见。美国提议，会议组织由会议开始后的全体大会决定，美方认为如能组织"四个或五个主要委员会，当为最佳"，并建议旧金山会议会期为四周至八周之间为宜。② 安全理事会的组成问题，苏联提议以11国组成，给予"法、荷、南一席"，此三国中，南斯拉夫"完全以苏联意旨为依归"，"荷则系西欧方面，不完全依赖英国者"。中国建议除法国将担任常任理事国外，其他常任理事国应由大会推选，"以免各小国认为完全系大国操纵"，中国可以暗中策划"土耳其、加拿大、巴西、捷克、比利时或墨西哥当选"。③

为准备联合国宪章，各国代表在旧金山首先讨论了国际法院规约。1945年4月9日，各国法学家委员会会议正式开幕，王宠惠代表中国出席大会。会议草拟了国际法院的组织法，决定仍以原国际法院组织法为根据，在其基础上做必要之修正。4月21日，会议结束，草拟了国际法院规约及报告书，准备送旧金山会议作最后决定，各要点如下：一、新的国际法院与旧法院的关系，"此项问题认为有政治性质，待旧金山会议决定"。二、法官选举仍由国际组织大会及理事会同时举行，在候选人提名问题上，中国主张"各国政府各提名一人"，英苏赞同此种办法；亦有主张"仍由海牙公断法庭各国公断员团体提出法官候选人"，决定将此两种提名办法提交旧金山会议讨论。三、法官总数为15人，任期9年，每3年更换5人，首次法官任期分为3年、6年、9年3组，抽签决定。四、建议将法院管辖权权利由选择性管辖改为强制管辖，赞同更改者为多数，但英、美、苏三国主张维持既有办法，最终决定请旧金山大会予以表决。④ 在此次会议上，所有的会议签署文件首

---

① 《顾维钧致蒋介石电》，1945年4月10日，叶惠芬编：《中华民国与联合国史料汇编·筹设篇》，第395页。
② 《宋子文呈蒋介石》，1945年4月3日，叶惠芬编：《中华民国与联合国史料汇编·筹设篇》，第355页。
③ 《吴国桢签注》，1945年4月15日，叶惠芬编：《中华民国与联合国史料汇编·筹设篇》，第398页。
④ 《王宠惠致蒋介石电》，1945年4月21日，叶惠芬编：《中华民国与联合国史料汇编·筹设篇》，第405—406页。

次用了中、英、法、俄、西班牙五种文字，这属于国际间的第一次。对于中国而言，有重要的意义。自此以后，中文成为联合国的官用工作语言，开启了中文走向国际化的序幕。

孔祥熙建议中国出席旧金山会议的代表团团长以宋子文为宜，并再次明确"此次雅尔达会议决定投票方式，我国亦已同意，故此次对和平机构固不宜公开另作建议"，中国的立场"积极上应防止侵略行为，消极上应免除国际摩擦与猜忌"，所有补充意见应提前与美方进行洽商。①

二、 中国代表团的组建

在筹备出席旧金山会议时，除对于中方建议案的准备外，另外一项重要工作就是组建会议代表团。1945 年 3 月 7 日，周恩来就关于出席旧金山会议代表等问题致国民党宣传部部长王世杰，反对国民党一党包办，要求代表团内需有中国共产党和中国民盟的代表，并建议由周恩来、董必武、秦邦宪三人代表中国共产党出席大会。② 中国代表团组成问题亦引起美国总统罗斯福的关注。美国总统罗斯福希望中国能组建一个具有广泛民意的代表团参加旧金山会议，以便团结中国国内各政治势力，为击败日本法西斯奠定基础。3 月 10 日，罗斯福致函毛泽东，特别赞赏中国共产党对于国共合作的贡献，希望在国共合作之下能够打击日本法西斯。③ 3 月 15 日，罗斯福致电蒋介石，要求中国出席旧金山会议的代表团能够吸收中国共产党的代表参加。④ 罗斯福还表示："如阁下之代表团容纳共产党或其他政治结合或政党在内，余预料不致有何不利情形，实则此种办法有显著之利益"，"在会议中必能产生良好印象，而阁下对于统一中国之努力，势将因阁下此种民治主义之表示，而获得实际援助。"⑤ 在中国共产党及全国人民的正义呼声下，国民政府内部开始出现了不同的声音。顾维钧建议需扩大代表团的基础和规模。在收

① 《孔祥熙致蒋介石电》，1945 年 3 月 7 日，叶惠芬编：《中华民国与联合国史料汇编·筹设篇》，第 304 页。
② 《坚决反对国民党一党包办——致王世杰》，1945 年 3 月 7 日，《周恩来书信选集》，第 259—260 页。
③ 《罗斯福致毛泽东函》，1945 年 3 月 10 日，吕彤邻主编：《美国与战时国共关系》，第 583 页。
④ The Secretary of State to the Ambassador in China (Hurley), March 15, 1945, FRUS, 1945, Vol.07, p. 283.
⑤ 《罗斯福致蒋介石电》，1945 年 3 月 15 日，叶惠芬编：《中华民国与联合国史料汇编·筹设篇》，第308 页。

到罗斯福电文后，顾维钧再向蒋介石建议吸收共产党的代表，并提名董必武参加。3 月 23 日，王世杰建议在周恩来、董必武、秦邦宪三人中选择一人参加联合国制宪会议，并建议选秦邦宪参加。3 月 26 日，国防最高委员会会议决议，董必武代表中国共产党出席会议。同日，蒋介石回电罗斯福，称对于罗斯福的建议表示感谢，"中国政府今日已派定代表十人，其中六人为国民参政员，即国民党之外之共产党及其他两反对党各一人，暨无党派者三人，大公报社长亦在其内"。①

在国民党公布的代表团名单中，中国共产党的代表只有一人。中共中央致电王若飞，"出席旧金山会议代表团名单既已公布，为委曲求全我们同意董老参加，但须告王世杰、邵力子，对只给中共一名代表表示不满"。② 1945年 4 月 1 日，中共中央决定，董必武带随员二人（伍修权、陈家康或章汉夫）参加中国出席旧金山会议代表团。主席团指示，董赴美后主要是争取外国朋友，提高我党的国际地位，并尽量争取留驻美国工作。4 月 6 日，董必武由延安飞重庆。董必武在中国民盟举行的欢送会上讲话，被民盟称为真正代表中国的劳苦大众。

三、 旧金山会议上中国代表团的工作及《联合国宪章》 的签署

4 月 24 日下午，在旧金山会议开始前，美国国务卿斯退丁纽斯举行记者招待会，宣布与会国家一致同意，中国在敦巴顿橡树园所提议的三点建议获准向大会提出：一、"宪章对国际争论，应特别规定调整或解决方法，在此方面，应予正义及国际法原则以适当之注意"；二、"全体会议对国际法条例原则之改变修正，应负责首作研讨"；三、"经济及社会委员会，应特别规定有助于促进教育及其他文化合作方式之规则"。③

4 月 25 日，旧金山会议正式开幕，宋子文代表中国发表简短演说，称"吾国被侵略最早，若问其对此大会有何可言，即曰：为集体安全计，吾人

---

① 《蒋介石致罗斯福电》，1945 年 3 月 26 日，叶惠芬编：《中华民国与联合国史料汇编·筹设篇》，第 314 页。
② 《毛泽东年谱》（中），第 587 页。
③ 《美国务卿斯退丁纽斯宣布四邀请国同意中华民国在敦巴顿会议所提之三项建议》，1945 年 4 月 25 日，叶惠芬编：《中华民国与联合国史料汇编·筹设篇》，第 405—406 页。

必须无所迟疑，将国家主权之一部分授予安全理事会"，并称"吾人必须立刻接受在法律下之自由的概念"。在第一次大会上，苏联外长主张由中、苏、美、英四国轮流担任大会主席，反对由美国代表充当主席，苏方提议对于会议的顺利进行造成不便。为解决此问题，经宋子文和英国外长艾登的斡旋，提出一个折衷方案，接受苏方四国轮流担任主席的提议，但由中、苏、英三国首席代表授权美国首席代表为大会永久主席，负责会议的行政事务。宋子文此次协调中被认为出力甚多。①

大会成立了五个专门委员会，其职责分工分别是：会员资格及一般规定；大会机构及程序；托管制度；安全理事会机构及程序；法律问题。中国出席旧金山会议代表团自 4 月 27 日起举行代表团内部会议。经过讨论，决定仿英美代表团，举行记者招待会，招待各国新闻记者。首次会议公推王宠惠、胡适、张君劢、胡霖为起草委员，草拟面向记者的书面谈话草稿，并暂定中国代表团第一次记者招待会议于 5 月 1 日星期二举行。②中国代表团的内部会议成为中国代表内部互相通报各分委员会进展，讨论中国决策的重要议事机构。1945 年 6 月 21 日，中国代表团举行第四十九次会议总结，讨论签署联合国宪章的一些具体问题，如中国对于联合国宪章的文字排列形式的建议。代表团内部认为，在装订联合国宪章时，应依照法律准备委员会的先例，按照英文字母先后排列，"中文第一，然后英法俄及西班牙文"，但由于考虑到英文、法文为工作文字，应排在前面，其次是中文、俄文及西班牙文。此次会议决定，中国认可此种文字排列顺序，不再提出异议。代表团还讨论了中国代表在宪章签字时，应该签中文还是他种文字的问题，最终决定"洋文本签洋文，洋文后加一括符，括符内签注中文"，"中文本签中文，中文后加一括符，括符内签注洋文"。③

经过两个月的紧张讨论，各国终于就联合国宪章达成一致。6 月 26 日，与会各国正式签署《联合国宪章》及《国际法院规约》。

除签署《联合国宪章》之外，同日各与会国还签订了《参加联合国国际

---

① 曹树铭：《中国与联合国会议》，叶惠芬编：《中华民国与联合国史料汇编·筹设篇》，第 418—419 页。
② 《第一次代表会议结论》，1945 年 4 月 27 日，《顾维钧档案》，档号 Koo/0085/061/0003/002。
③ 《第四十九次代表会议结论》，1945 年 6 月 21 日，《顾维钧档案》，档号 Koo/0085/061/0003/002。

组织会议各政府所议定之过渡办法》。依据该《过渡办法》，在联合国未正式成立之前，设立联合国筹备委员会，由筹备委员会拟定临时办法，筹备联合国成立大会。筹备委员会的组成，以"联合国宪章签字国政府各派代表一人组织之"，筹备委员会闭会期内，"其职权应由执行委员会行使之"。执行委员会由"现充本会议执行委员会委员之各国政府所派代表组成之"，为便利工作起见，执行委员会可以设立各种专门委员会，雇用具有专门学识和经验的人才加入。筹备委员会设在伦敦，设执行秘书一人，其所需经费由英国政府先行垫付，或者"经筹备委员会请求，由其他各国政府分担"。由筹备委员会"召集大会首次会议"。①

四、 联合国的成立

《联合国宪章》签字后，与会 50 个国家的代表随即成立了联合国筹备委员会。中国代表顾维钧、代表团顾问徐谟参加了筹备委员会会议。会议"决议由十四人组成之执行委员会应尽速在伦敦组成，并召集会议"，由负责会议的英国政府准备一切。顾维钧以中国驻英大使的资格，成为中国参加联合国筹备委员会执行委员会中方代表。②

1945 年 8 月，联合国筹备委员会于伦敦举行会议，筹备联合国正式成立的各项事宜。关于联合国筹备委员会的主席人选问题，伦敦会议上各国争执不下。顾维钧认为，波茨坦会议已经决定了由五国轮流担任大会主席的办法，而苏联代表不赞同固定主席制度。美国代表提议每两星期选举主席一次，并以两个星期为任职期限。经过讨论，以中国英文国名首字母在苏联之前为由，推举中国代表出任大会首任主席。

为了加快联合国的成立，尽快完成召开大会的准备工作，美国代表斯退丁纽斯提议"扩充主管大会第一小组之职掌，而缩小主管安全理事会第二小组之议程"。美方的理由是作为常设机构，安全理事会可以自行支配议程，

---

① 《参加联合国国际组织会议各政府所议定之过渡办法》，1945 年 6 月 26 日，《顾维钧档案》，档号 Koo/0099/126/0002/0008-0010。

② 《联合国筹备委员会会议成立》，1945 年 6 月 27 日，叶惠芬编：《中华民国与联合国史料汇编·筹设篇》，第 418—419 页。

并主张"军事参谋委员会之设立，可由安全理事会成立后自行规定"。① 在联合国筹委会执行委员会会议上，斯退丁纽斯进而提议，首届联大会议应"仅限于确立新世界组织各种委员会之原则，至于重要之世界经济、社会等问题，应留待明年四月召开第二次联合国大会时讨论"。苏联代表葛罗米柯支持美国斯退丁纽斯的建议，认为应尽早成立联合国，美方的提议"实际而重要"，"执行委员会之工作至十月十五日必须完成，俾使联合国大会第一次会将于十一月举行"。顾维钧完全赞同美方的提议，认为应先经过"组织会议之阶段"，首届联大重在讨论联合国各委员会的原则。②

在9月28日的筹委会执行委员会议上，提出了若干程序上的建议，一是"筹备会对于联合国各机构之组织，宜尽量预备，愈详愈佳，彼大会开会时无须多费时间讨论细则上之问题"；二是"筹备会议设立调整委员会，其权能与金山会议之调整委员会相同，该委员会之组织大多数意见仍应仿照金山会议办法"，并由"筹执会廿四国代表充任"。中方代表提议筹备委员会最后议定书应以包括中文在内的五种文字为正式文件，同时签字。③ 顾维钧后总结称，中方总的原则是"我们不同美国、英国、苏联公开发生冲突，除非影响到我们极其重要的利益"，"我们在交涉中应当小心谨慎，而且始终设法调和"。顾维钧强调他"渴望通过提倡和衷共济的精神以促进进步"。④

联合国总部所在地是筹委会上争执热烈的一个问题。筹委会决定先讨论总部所在的地区，然后再来决定城市。事实上，最主要的竞争地区有两个：美国和欧洲。在最终的投票中，中国、澳大利亚、苏联、巴西、智利、墨西哥、伊朗、捷克斯洛伐克、南斯拉夫支持美国，英国、荷兰、法国反对美国。英、法、荷投票支持欧洲，而七国投票反对（中国、苏联、澳大利亚、巴西、智利、捷克斯洛伐克和南斯拉夫），四国弃权（美国、加拿大、墨西

---

① 《顾维钧致外交部电》，1945年8月21日，叶惠芬编：《中华民国与联合国史料汇编·筹设篇》，第570页。

② 《顾维钧与苏、英代表赞助美代表建议》，1945年9月10日，叶惠芬编：《中华民国与联合国史料汇编·筹设篇》，第571—572页。

③ 《顾维钧致外交部电》，1945年10月，叶惠芬编：《中华民国与联合国史料汇编·筹设篇》，第572—573页。

④ 中国社会科学院近代史研究所译：《顾维钧回忆录》第5分册，中华书局，1987年，第621页。

哥和伊朗）。美国成为联合国总部所在地。①

　　随着各项准备工作逐渐就绪，1945 年 11 月 24 日，联合国筹委会在伦敦举行全体大会。此时，签字批准《联合国宪章》的国家已经达到 39 国，根据规定，签字批准国达到 29 国，宪章即开始生效。中国代表此时向筹委会建议于经济社会理事会内设立"麻醉毒品国际统制委员会"，以便"办理有关麻醉品之援用国际公约，加以监管，并谋协议"。②

　　在 12 月 5 日会议上，联合国筹委会决定了安全理事会主席的推选办法。在辩论过程中，主要集中于两点：其一，"执行委员会所提安全理事会主席应按照理事会各会员国国名英文字母之次序轮流由十一国担任，每一会员国担任期限为一月"；其二，"安全理事会应于十一个会员国中推选主席及副主席各一人，任期为一年，此项推举应以个人才能为原则"。顾维钧发言时，赞同执委会提出的按月轮流制，认为有三个优点，一是有比较确定的制度，可以使各代表团遴选最具才干的人士担任主席；二是可以避免长期担任主席的缺点；三是轮流制避免了由五强主持会议。顾维钧也指出了按月轮流制的缺点，认为一个月的时间过短，应稍加延长，以二个月或三个月为宜。③

　　关于联合国永久地址相关各问题中，其中之一就是各主要机构是否需要集中于一地？在筹委会技术小组委员会上，确立了"集中一地之原则"，联合国组织永久所在地以及联合国主要及附属机构与专门机构应集中一地，"惟国际法院，则依其规定得仍设荷兰之海牙"。虽然确立了集中一地的原则，但仍有附属机构或专门机构另选他地作为永久地址。作为选择联合国永久地址的条件，技术小组列出了五点：一是气候良好，不会因气候影响各国代表的健康及工作；二是当地人应通用一种联合国通用语言，并具备良好的文化环境，适宜居住的设备以及教育、卫生方面的便利；三是具备建立机构的充分便利条件，尤其是印刷条件；四是可以"圆满觅得联合国组织所需之

---

① 中国社会科学院近代史研究所译：《顾维钧回忆录》第 5 分册，第 622 页。
② 《联合国筹备委员会八委员会进行各项检讨会中我代表建议设麻醉品统制会》，《中央日报》（重庆），1945 年 12 月 5 日，第 3 版。
③ 《联合国筹备委员会决定安全理事会十一国轮流担任主席及旧国联任务转移事宜》，《中央日报》（重庆），1945 年 12 月 7 日，第 3 版。

区域建筑物";五是"联合国组织设在国可予人民以前往联合国组织设在地之合理便利"。① 在 1945 年 12 月 22 日的筹委会会议上,最终决定将联合国永久会址设于美国东部。

1945 年 12 月 23 日下午,联合国筹备委员会于伦敦举行会议闭幕式,接受了筹委会 6 个技术委员会及行政事务与永久会址委员会等共 8 个委员会的报告,定于 1946 年 1 月 10 日于伦敦举行首届联大会议。中国代表顾维钧代表全体与会人员致闭幕辞,赞扬与会各国的合作精神,感谢英国政府给予大会的支持和便利。顾维钧称:"处今重大时代中,首一节目已见和平之标记,筹备委员会之工作,业已完成,明年元月元日,即可见新世界组织之成立,全体人类之希望实有以赖之。"②

1946 年 1 月 10 日下午 4 时,首届联大如期在英国伦敦举行。

广泛参与联合国组成机构及其附属专门机构,是战后中国参与国际公约的一大特色,这也是由战后国际政治格局的现实所决定的。联合国及其附属机构已经成为最为重要的国际机构。除参加上述由联合国粮农组织肇端的战时及战后的公约签署潮流外,中国还加入了一系列其他重要的国际公约及组织。1944 年 11 月中国参与国际民用航空会议,签署并批准《国际民用航空公约》。1946 年 7 月签署了《世界卫生组织法》。1946 年 9 月 13 日批准《联合国教育、科学及文化组织法》。1947 年 10 月签署《世界气象组织公约》。

---

① 《联合国筹备委员会讨论联合国组织永久地址》,《中央日报》(重庆)1945 年 12 月 6 日,第 3 版。
② 《联合国筹备委员会完成筹备工作我代表顾维钧致闭幕词》,《中央日报》(重庆)1945 年 12 月 25 日,第 3 版。

第十一章　中国共产党与条约关系走向
真正平等的新趋向^①

　　中国共产党自起成立之日起即将废除不平等条约视为自身的任务之一，领导民众积极投身于废除不平等条约的运动。大革命时期的反帝废约运动体现了中共对不平等条约的态度。当南京国民政府致力于修约运动时，中国共产党事实上对于有保留的修约是持批评态度的。抗战爆发后，中国共产党积极支持抗战废约，呼吁英美予中国以平等主权国家的身份。抗战废约后，英美等又试图给中国以新的不平等条约关系，中国共产党坚决反对。在中国共产党的领导下，中华人民共和国政府最终收回香港、澳门，实现了不平等条约的完全废除。

---

　　①　本章由李育民撰写。

第一节 中国共产党对改订新约运动的态度

1928 年 6 月，国民革命军攻占北京，南京国民政府从此成为一个全国性的政权，大革命时期由中共所倡议宣传的废约运动由于国民党的叛变革命而被迫中止。鉴于废除不平等条约所具有的天然的号召民众的意义，南京国民政府统一全国后仍然继续了废止旧约的政策，但已经脱离了原来的废约反帝的立场。6 月 15 日，国民政府发表宣言，称"当中国统一告成之会，应进一步而遵正当之手续，实行重订新约，以副完全平等及相互尊重主权之宗旨"，并表示将信守平等的条约义务。[①] 发动了改订新约运动。

一、 改订新约运动的兴起及国内各界的批评

日本在济南制造了屠杀中国军民的"五三"惨案后，中国共产党就指出，此次济南屠杀，当然和北伐有关，但北伐没有反帝国主义的意义，"中央决定我党目前对于反帝国主义运动，应当领导工农群众积极参加"，"反对压迫民众和帝国主义妥协的国民党"。[②] 对于国民政府的对外宣言批评其虽然提及要修改不平等条约，但又声明"所谓修改将依外交手续行之"，"对山东和满洲的现实事件原稿提到了马上又删掉"，批评国民党与历届军阀政府并无区别。[③]

中国共产党第六次全国代表大会后，中共中央发布第 61 号通告，向全党通报政治情形及党的责任。通告将反日运动作为党的一般日常性工作加以推动，强调要"同时扩大反对英美乘机侵略，反对太平洋战争，反对国民政府勾结美国帝国主义出卖山东满洲于日本"；并批评南京国民政府的修约实

---

① 《国民政府废除旧约宣言》，1928 年 6 月 15 日，中国第二历史档案馆编：《中华民国史档案资料汇编》第五辑第一编《外交》（一），第 33—34 页。

② 《中央通告第四十五号——五三惨案后的反帝斗争》，1928 年 5 月 9 日，中央档案馆编：《中共中央文件选集》第 4 册，中共中央党校出版社，1989 年，第 194—198 页。

③ 《中央通告第五十四号——国民党军阀打下平津后的形势和深入反帝运动复兴城市工作问题》，《中共中央文件选集》第 4 册，第 266—268 页。

质上"假名修约剔开济案实际问题等卖国行为",所谓修约"实际上是以更具体的实际的利益换取某种不重要的修改",比如"默认日本割据山东满洲而向之哀求修改满期商约,对美国欢迎其要求享受最惠国待遇之修改关税条约照会"。在通报中中共提出,要从反帝运动反帝宣传中加紧群众反国民党的工作,以打破国民党"利用上层反日运动及修约等给予民众特别是小资产阶级群众的欺骗"。①

针对新的斗争形势,中国共产党提出了一些宣传工作政治上的中心口号,其中有"自动的废除一切不平等条约,取消领事裁判权,撤退驻华海陆军警,收回满洲山东,反对卖国外交","恢复中俄邦交,苏俄是最先以平等待我自动废除在华不平等条约的国家"。②

在革命的低潮中,中国共产党对于南京国民政府所发起的改订新约运动是持批评态度的,批评国民党对于废除不平等条约态度的不坚定、不坚决、不彻底。这些批评都反映了中国共产党此时仍然坚持了大革命时期所提出的废约反帝的方针。需要指出的是,此时党对南京国民政府重订新约运动的反对,一方面是基于坚持原来的废约方针;另一方面也是出于与国民党进行政治斗争的需要。当张学良发动"中东路事件"后,中苏关系骤然紧张,中国共产党为了配合共产国际,在外交宣传上批评国民党,并将英美列强视为国民党镇压革命的帮手。对于研究此时期中国共产党的对外政策及废约行动而言,需要注意两个关键性因素:一是,自"八一"南昌起义后,中国共产党开始有了自己的工农武装;二是,各地革命根据地的普遍建立以及中央苏维埃政权的成立。

然而,这种突击性的修约交涉,并未真正实现废除条约特权的目的,新订条约新意差强人意,但仍存在诸多局限和问题。一是新订条约在某些问题上较前有所倒退。这里尤其值得一提的是《中比新约》。当初,北京政府毅然废除中比条约,不同意订立临时协定,试图开创单个国家废约的先例。现

① 《中央通告第六十一号——目前政治情形和我们的责任》,1928年8月1日,《中共中央文件选集》第4册,第545页。
② 《中央通告第六十二号——目前党的根本策略与政治宣传鼓动》,1928年8月11日,《中共中央文件选集》第4册,第568页。

在南京政府为了尽快实现订约，却满足了此前北京政府没有同意的条件，订立了这样一个具有临时协定性质的新约。曾参与北京政府修约外交的顾维钧，评析该约说，"南京外交部和比利时公馆达成的协议令人相当吃惊。因为协议接受了中国北京政府一贯反对的内容，"在治外法权这一特殊规定上，上述规定使比利时摆脱了原来的困难处境。因为它无需再为坚持这些特权而承担任何责任，而把这一棘手的问题推给了其他国家。他感到，"在这个问题上，南京政府所采取的行动与北京政府的政策是背道而驰的"。顾维钧在北京政府主持外交时，"曾极力设法消除恶性循环，采取行动，创立先例，向其他国家表明，中国决心尽早废除不平等条约"。然而现在"南京政府却采取了妥协的政策和行动，将此问题拖延到半数国家同意废除条约为止。中国北京政府和南京政府在同一个问题上采取的不同政策和态度是令人难以理解的"。对此顾维钧分析认为，"南京外交部在接受比利时方案时，没有完全理解其含义，也没有密切注意或研究北京谈判的经过"。①

这一分析是合乎实际的，当时南京政府仅满足于订立新约，而对其内容并未认真推敲。当然，其根本因素，还是出于政治的需要。顾维钧与王正廷存在个人嫌怨，上述对王的评析，不排除发泄个人不满的因素，但基本上是客观的。教育行政委员会委员褚民谊也认为，外交部订立此约虽基于平等互惠原则，但"对此案事实观察太疏忽"。旧约在北京政府时期已取消两年，未订新约。其过渡办法，曾由海牙法庭颁有临时处分，以民事归中国，刑事归比利时领事。后来比利时自行放弃其处分，承认中国暂行办法三条，海牙法庭即据以取消前项处分，故民刑事皆归中方审理，"比领权实际已全然收回"。"今复承认比领判权，故欧报乃称比领权复活，卢森堡自对德宣战，其领判权取消已十年，今亦承认，殊费解"。②曾友豪也认为，新约使比国得以延长在华权益的机会，"就这一点说来，《中比新约》的条文，当然比不上北京政府的交涉"。中国在比利时没有条约上的利益，新约载明中国人在比国所得的优待，又不出于最惠国的程度。比国人在中国却有领事裁判权，有庚

---

① 《顾维钧回忆录》第 1 分册，第 358—360 页。
② 《褚民谊谈比约案观察事实太疏忽》，《大公报》1928 年 12 月 30 日。

子赔款，有铁路债权，等等。"如果不订立新约，中国只有益无损。订立了新条约，中国有百害无一利"。因此，《中比新约》从理论上说来，"比国卖空，中国付给实利以买空。所以拿寻常政论家或法律学者的眼光看来，中比新约是值得批评或攻击的"。①

另外，关于《中德新约》，也明显从原来的《中德协约》倒退了。新约"把德国人的权利提高，和英国侨民平等了。是新约的精神，自然远不如从前的《中德协约》"。不过，按照《中德协约》，"在国定税率未普通施行之前，德货入口得暂照通用税率完纳关税"，中国也不容易向德商征收高于其他国家或中国人所应会的国定税率。"所以《中德新约》，表面上中国损失最大，事实上也有不得已的苦衷"。另外，各个条约，"多以对方国家文字为正本，依旧继续从前不平等条约的精神"，如中英及中美条约以英文为正本，中法条约以法文为正本，即是其例，"这是不应该有的"。②

二是中国收回关税主权以及取消领事裁判权，实际上是空头支票。前已谈到，条约正文虽作明确规定，但各附件却将这些权益"限制殆尽"。当时许多报刊只登载条约正文，不录条约附件，"所得的印象及意义，和各条约的精神完全相反"。如关于关税，实际上是有条件的自主，不是完全的自主。条约"所载平等互惠一类的原则，处处为条约的附件所拘束。这一类的原则，因此简直成了一种空话"。条约正文各国均承认中国关税自主，但在附件中却仍获得种种优惠，并附有各种条件，如中英关税条约，规定了从速废除厘金、常关税、沿岸贸易税、各项进口货物税、通过税、落地税等条件。而人们不注意，以为中国已收回关税自主权。"如果说一句刻薄的话，新条约的规定，有许多地方还不及1903年（光绪二十九年），中美《续议通商行船条约》"。至少该约尚附有声明书，指定中国政府得自行抽收销场税、出厂税及出产税。③

三是新订条约实际上将自己置于与所有列强国整体谈判的不利处境。条约虽规定1930年1月1日废弃治外法权，但这只是一个没有实际意义的约

①　曾友豪：《从国际法学的观点批评中外新约》，《东方杂志》第26卷第14号。
②　曾友豪：《从国际法学的观点批评中外新约》，《东方杂志》第26卷第14号。
③　曾友豪：《从国际法学的观点批评中外新约》，《东方杂志》第26卷第14号。

定，因为取消这一特权还须在得到其他国家同意的条件下实行。中比条约和中意条约有所不同，中比条约是"现有领事裁判权之国半数以上承认"时，中意条约则是在"签订华盛顿条约国议定取消领事裁判权之后"。两相比较，中意条约更为苛刻，按该约规定，只要有一个国家不同意，中国则永无取消领事裁判权之望。此后订立的几个类似的通商条约，均是按照中意条约的模式，因此中比条约实际上也处于与它们同样的地位。在人们将视线集中于内地居住、土地权等问题时，舆论界亦有注意到此，认为："在表面上虽似明定其实施之期，而实际上其实施期则仍不可测"。"倘他国援例，订同等条款，则相互牵制观望，法权永难收回"。"此条约可谓毫无诚意，不过糊涂表面，眩惑人目，以博平等之虚名已耳。"① 这样，南京政府虽是与各国单个订约，但事实上却同时需要取得所有国家的认可。

此外，在修废不平等条约的问题上，人们仍存在某种错觉。如中美关税条约也有最惠国待遇和互惠条款，此前订立的中美关税条约也作了同样的规定，但"彼时并未闻有反对之论"，人们没有提出批评。而随后其他国家订立此类条款时，却一片愤激之声。当时即有人提出疑问，"何以迄今又忽起反对之说，此诚至不可解者也"。② 这种区别对待，无疑反映了对美国的好感，仍将废约的希望寄托于它，同时亦体现了人们对小国和大国态度的差异。

无疑，新订条约数量上的惊人业绩，是用一系列退让换来的。新订条约存在的种种局限和问题，反映了南京国民政府在修约问题上并未实行真正的革命外交的妥协态度。当时舆论即认为，"国民政府一年来之外交，虽不无相当成功，然太失之软弱，不能收革命政府外交之实效，以符十余年来国人废除不平等条约之期望"，并希望此后"积极进行，出之以革命政府外交之手腕，则收效尚为未晚"。③ "所谓修约，即变相的屈服于帝国主义者之前，不特与中山先生打倒帝国主义，及废除不平等条约之主张相背驰，更非国民

---

① 《对于中比中义新约之非难评》，《顺天时报》1928 年 12 月 5 日。

② 《对于中比中义新约之非难评》，《顺天时报》1928 年 12 月 5 日。

③ 朱偰：《一九二八年国民政府修改不平等条约之成绩与批评》，《东方杂志》第 26 卷第 2 号。

政府，革命政府所应出。"① 这也说明，南京政府实行温和的修约外交，势必作出种种让步。如赞成这种修约外交的楼桐孙认为，"要'废'就废，若既不能废而必须'修'，则这种变通，似乎是不能免的。比义等约中允许比义等国人民在中国相互的自由居住及享有土地权，莫非就是这种变通罢。"②

但是，新约亦有成功之处。如最惠国待遇的规定比较从前略有进步，在条文表述上，"说得比较得体，在大部分条约内，连最惠国待遇一语也不说出"。其内容上，"外国人不能因这种条文而提出任何种权利上的要求。那就表示新条约中这种规定，比较从前好得多了"。陆路关税与海关划一的问题，也取得了重要的进展，此前的减税规定，"当可取消或改善"。③ 尤其是，各国列强通过条约的形式作出承诺，也就为废弃这些条约特权打下一定的基础。

新约所存在的局限和问题，反映出南京政府采取了不得已的修约策略，以及中国在废除不平等条约斗争中的两难境地。在难以使列强立即放弃条约特权的形势下，南京政府只好作出妥协，"希望列强至少能以平等互惠的名辞，给中国政府做面子"。先使列强作出承诺后，"缓一步再求细则上能得实际的利益"。因此，"这样说来，批评新约的人，也不是完全对的"。④不能说这一策略一无是处，实际上也收到一些效果，如关税主权后来终于得以收回。另外，客观地看，蒋介石在 12 月 10 日的演说中，提出要按"国际上的惯例和法律"，"不能够只享平等的权利，而不尽平等的义务"，亦不无道理。当时舆论界也提出，"平等之意义者，乃法文上之平等也，如否认法文的平等而求实际的平等，终非以人力所得而规定"。"如以平等原则为标准，则王外长所结之条文，亦不能不谓其为至当也"⑤。关于外人在内地杂居及购置土地问题也是如此，王正廷认为，这"两点实为世界各国共通之原则"，我国不应该特别作为例外。虽然"现代国际法学者，大都承认这种问题，纯粹应

---

① 郑公弼：《废约与修约》"周序"，励志书局，1929 年，第 4—5 页。
② 楼桐孙：《新约平议》，《东方杂志》第 26 卷第 1 号。
③ 曾友豪：《从国际法学的观点批评中外新约》，《东方杂志》第 26 卷第 14 号。
④ 曾友豪：《从国际法学的观点批评中外新约》，《东方杂志》第 26 卷第 14 号。
⑤ 《对于中比中义新约之非难评》，《顺天时报》1928 年 12 月 5 日社论。

该由各邦内部政策解决",也就是说,这一问题不应在条约中作出限定。但是,开放内地是欧美列强抵制亚洲各国要求取消领事裁判制度的条件,亚洲各国在取消这一特权的交涉中,"似皆允准外人于取消不平等条约后,得在内地杂居和购置产业"。① 如日本、暹罗等国均是如此,这样便形成了另一种形式的国际惯例,尽管并非那种普遍性的惯例。由于这一制约,中国要取消法律上的不平等,解除中国在法律上所受的束缚,订立合乎国际惯例的平等条约,却又要给予列强新的权利,使中国处于事实上的不平等。这正是中国在废约斗争中所面临的窘境。

二、 中国共产党对改订新约的批判

对于南京国民政府的修约外交及其所订一系列新约,中国共产党发表告民众书、通告,以及大量文章,对此作了充分的剖析,并进行尖锐的抨击。

关于"修约"方针,指出:第一,这一方针仍是此前北京政府"外崇国信"的翻版。国民政府"现在所说的只是'修约',这完全与段祺瑞'执政''外崇国信'时代之请求帝国主义修改不平等条约,没有两样"。② 第二,这一修约外交并无实际内容,只是一种利益交换。"所谓修约,实际上是以更具体实际的利益换取某种不重要的修改","而把不平等条约经过一种新的手续更加延长数十百年"。③ 此后,"各帝国主义国家都能普遍的由中国取得'最惠国'的待遇","从中国剥夺去最优益的利权"。第三,"修约"方针反映了国民政府实行对帝国主义妥协的政纲。蒋介石集团是"妥协帝国主义来反对帝国主义",仅仅"'修改不平等条约',而反对'没收帝国主义在华的一切银行企业'和'不还外债',便是妥协帝国主义的政纲"。④

关于新订关税新约,中国共产党人对列强承认中国关税自主作了详尽的评论,客观地分析了"修约"外交的这一成果。首先,新的关税条约仍是一

① 曾友豪:《从国际法学的观点批评中外新约》,《东方杂志》第 26 卷第 14 号。
② 《中国共产党告全国民众书》,1928 年 11 月 5 日,《中共中央文件选集》第 4 册,第 683 页。
③ 《中央通告第六十一号》,1928 年 8 月 1 日,《中共中央文件选集》第 4 册,第 545 页。
④ 《中央通告第三十四号》,1929 年 4 月 10 日,《中共中央文件选集》第 5 册,中共中央党校出版社,1990 年,第 111 页。

种协定关税，中国并未实现关税自主。"国民政府实行关税自主后，所采取的还是段政府时代，关税会议时所议定的七级等差税率。"这一税率，"完全谈不上保护税率，对于削弱帝国主义的经济侵掠，帮助中国工业的发展的意义上，实在是异常之轻微"。① "实际是采用一种协定的税率，无所谓自主可言，而且订定了许多最惠利益的条约，完全束缚了自己，使无一点自由运用关税政策之余地。"② 其次，新的关税条约表面上是平等互利，实际上是不平等的，仍然制约着中国民族经济的发展。第一，外国的生活水平本来较高，他们所收本国与他国货物的税项亦较高，中国货至少也要完同样的税。而外国货输入中国，中国收本国货与他国货的税本来较低，因此收他的税也较低，这样便无平等可言。第二，中国出口的不是原料便是奢侈品，如果是原料，因为是它本来所需要的，一般完税都低，亦乐得使中国完低税。如果是奢侈品，一般完税都高，中国亦仍旧要完高税。洋货到中国来，多半是日用必需品，对于本国同类货物，我们不能加重税，因此对外国货物一样亦不能加重税，甚至反要随本国货的税则减轻。③再次，由于存在其他条约特权，如设厂制造、租界、租借地、领事裁判权、驻军等，再加上它们的在华金融势力和其他势力保护其产品销路，新的关税条约不可能实现关税自主，促进中国工业发展。④

对于国民党政府常常自夸的其他修约成果，共产党人也作了剖析。如关于中意、中比、中挪等国的所谓"平等互惠"条约，指山：所谓"平等"，"只是一个假面具而已"，其结果，"帝国主义在中国都'平等'的受了待遇，都'平等'的取得利权，但中国却派遣什么东西去外国领受这种'互惠'呢！""国民党的'平等'，就是这样'有往无来'的'平等'"，即使是这种"平等"，也"还只是向几个不重要的帝国主义取得了"。⑤威海卫租界地虽然收回，却保留英国在刘公岛的驻军权，保存帝国主义者的私产等，"真是再

---

① 李立三：《目前政治形势的分析与我们的中心任务》，1929 年 2 月 11 日，《中共中央文件选集》第 5 册，第 648、649 页。

② 代英：《关税自主与工农生活问题》，《红旗》第 5 期。

③ 代英：《卖国殃民的"关税自主"》，《红旗》第 8 期。

④ 代英：《革命不成功中国不得太平》，《红旗》第 16 期。

⑤ 立三：《最近帝国主义侵略中国之形势》，《红旗》第 4 期。

丢脸也没有的外交"，都是"用摇尾乞怜的办法，牺牲更多的利益来换取一个租界的空名"，"重订一个新的永远租地的条约来代替旧租界条约"。①

对于国民党随后进行的领事裁判权谈判，以及宣布自 1930 年 1 月 1 日起取消领判权的滑稽剧，共产党人也作了评析。针对国民党自诩"中国自动的撤废领判权"的"革命外交"，共产党人一方面揭露"帝国主义是必不肯自动放弃的"，另一方面又指出"国民党决没有能力与决心来做这一件事"。并提出，"没有广大工农群众的革命高潮"，废除领事裁判权是不可能的，国民党只是"欺骗群众"而已。② 事实也是如此，国民党片面取消领判权，实际上是作给人看的，真相很快便昭然若揭。

共产党人对国民党修约外交的抨击是客观的。国民党虽也希望废约，但却有着软弱性和种种局限，其修约外交不仅受到舆论的攻击，而且还遭到党内的批评。前述国民党及其国民政府的要人们对新约的不满和意见，即充分说明了这一点。共产党人在废约问题上的认识和反帝的坚决性，远远超过国民党人。再如，王正廷认为条约中不平等的内容只有关税协定、领事裁判权、租界及租借地、外兵之驻扎、内河航权五点，一再声述，"所谓取消不平等条约，乃是取消这些不平等的部分之意"。③ 这说明他们对此并无深入的认识。共产党人嘲笑说，"亏他做外交部长，连不平等条约有些什么东西都装着不知道。王正廷不但不敢不提出来说废除，并且连提一提也不敢。我们觉得不平等条约多得很，我们小百姓比这外交部长还要记得多些"。④

同时，共产党人坚持新的反帝方针，认为废除不平等条约并不能推翻帝国主义的统治。"即没有任何形式上的不平等条约的束缚"，帝国主义"统治中国也绰绰有余"。⑤ 在国民党出卖更多新的利益的情况下，领事裁判权也有可能废除，但是"根本推翻帝国主义在华的政治经济统治，是驱逐外国的一

---

① 情涉：《收回租界的两种方式》，《红旗》第 55 期。
② 问友：《帝国主义与领事裁判权》，《红旗》第 44 期；一新：《揭破"革命外交"的假面具》，《红旗》第 66 期。
③ 王正廷：《外交胜利全靠国民的实力》，秦孝仪主编：《革命文献》第 72 辑，台北"中央"文物供应社，1977 年，第 175 页。
④ 黎锦云：《王正廷之卖国外交的理论》，《红旗》第 7 期。
⑤ 慕石：《两个策略与两个政纲》，《红旗》第 56 期。

切海陆空军和没收外资的一切企业和银行，绝不是仅仅简单的一个废除领事裁判权"。① 他们还认为，1927 年 1 月以群众斗争的力量夺取汉口、九江租界的方式，"是永远不能忘怀而且应当学习和发挥的"，但也是不彻底的。因为"租界内的外人财产，都丝毫未动，炮舰陆战队依然存在"，"仅仅是形式上变更一下租界的行政权，而帝国主义还是有一切可能来剥削、压迫中国劳苦群众，和干涉中国革命的"。②

中国共产党对国民党政府修约外交及其新约的抨击，以及所开展的各项工作，也如大革命时期一样，加强了废约反帝的理论宣传，进一步动员了群众，给国民党以巨大压力，推动它进行修约交涉，起了不可忽视的重要作用。1931 年 9 月 18 日，日本发动侵略中国的"九一八"事变，中国的革命性质和主要矛盾有了新的变化。在国民党"攘外必先安内"政策之下，中国共产党的对外政策仍然坚持了反帝废约的宗旨，但增添了新的因素，开始区别对待日本与英美各国。

第二节　不平等条约关系基本废弃与中共的努力

抗战废约得以基本实现，虽是通过国民政府与美英交涉的方式，但中国共产党却与此有着密不可分的联系。如前所述，中国共产党在废约反帝的斗争中最为坚定，当中国面临着生死存亡的民族危机之后，党改变了原来的方针路线，从而为实现废约创造了必不可少的条件。

一、"九一八"事变前中国共产党对不平等条约的态度

大革命失败后，在遭受围剿的艰难处境中，党仍继续进行废约反帝斗争。如前所述，这个时期党的反帝方针发生了变化，反对不平等条约的斗争则从属于这一基本方针。中央临时政治局扩大会议于 1927 年 11 月和 1928

---

① 情涉：《废除领事裁判权问题》，《红旗》第 56 期。
② 情涉：《收回租界的两种方式》，《红旗》第 55 期。

年 1 月 3 日作出决议，认为民族问题"比前一时期更有严重的意义"，重申废除不平等条约的主张和新的反帝方针。随后明确提出，"打倒帝国主义的主要口号是取消帝国主义一切特权，没收外国资本主义在华的企业和银行"。①这个时期，反对不平等条约与新的反帝方针紧密结合起来，除了评析和抨击国民党的修约外交及其新约，进行废约反帝的理论宣传之外，主要进行了以下两方面的斗争。

一是在白区发动群众进行废约反帝斗争。在白色恐怖之下，中共仍将废约反帝斗争作为一项基本任务。由于国民党的搜捕和镇压，中共在白区的工作非常艰难，这项工作也难以开展起来。各地党部迫于环境，对此亦不重视，甚至将废约反帝看成是国民党的工作，临时政治局作出决议，强调："我党必须发动群众的斗争反对帝国主义。"②又根据党在城市群众中没有基础，废约反帝运动"领导不起来"的状况，中央明确提出，"反帝运动应当和一般的群众运动有密切的联系"，③并反复加以强调。

为了将废约反帝运动开展起来，党还作了具体的部署，包括斗争目标、口号和方式。针对国民党的对外宣言及其修约外交，党提出清除帝国主义势力，"自动的废除一切不平等条约"等，④作为发动和动员群众的口号和目标。这个新口号实际上是单方面废约的方针，如周恩来所说，"决不是再放弃什么特权，而是收回特权，而是要发动更广大的群众有决心的来收回特权"。⑤此外还专门作了一个决议，要求全党深入群众进行反帝的具体工作，包括：（一）在党报及群众团体的出版物上经常登载反帝运动的系统文章和各种材料。（二）在各种反帝纪念节和临时反帝事变，召集群众反帝会议，组织反帝罢工、罢课、罢操、罢耕、罢业与示威。（三）建立各种形式的反帝性群众组织，如收回租界委员会、废除不平等条约委员会、撤退帝国主义驻华海陆军委员会，等等。并责成中央宣传部与江苏省委加强对上海反帝同

① 《中国共产党中央委员会告全体同志书》，1928 年 11 月 11 日，《中共中央文件选集》第 4 册，第 695 页。
② 《广东暴动之意义与教训》，1928 年 1 月 3 日，《中共中央文件选集》第 4 册，第 43 页。
③ 《中央通告第四十八号》，1928 年 5 月 18 日，《中共中央文件选集》第 4 册，第 213、214 页。
④ 《中央通告第五十四号》，1928 年 6 月 21 日，《中共中央文件选集》第 4 册，第 272 页。
⑤ 周恩来：《关于传达国际决议的报告》，1930 年 9 月 24 日，《中共中央文件选集》第 6 册，中共中央党校出版社，1989 年，第 371 页。

盟的领导，帮助组织全国反帝同盟。①

二是在苏区彻底清除条约特权和帝国主义势力。1930 年 8 月 14 日，中共中央发表宣言，表示苏维埃政府成立以后，立刻要"宣布一切不平等条约无效"，要"没收帝国主义一切银行及各种公司企业"，等等。② 同时，中央要求苏区党更加努力地去进行群众的反帝工作。接着，根据中共中央关于宪法原则的指示，1931 年 11 月 7 日通过的《中华苏维埃共和国宪法大纲》，首次将废除不平等条约载入宪法。但为了解决苏区生产供给的困难，在目前允许外国企业重新订立租借条约继续生产，但必须遵守苏维埃政府一切法令。③同时发表对外宣言，公开向各国宣布取消一切不平等条约。④随后第二次全国苏维埃代表大会通过的《中华苏维埃共和国宪法大纲》，又重新作了规定。

根据这一方针，中国共产党在苏区彻底清除了帝国主义的势力和影响。不仅"消灭了帝国主义在华的一切特权"，⑤ 而且"牧师神父是被民众驱逐了，教会侵占人民的财产是被收回了，教会学校是取消了"。这样，"在中国境内，只有苏区是脱离了帝国主义统治的地方"。⑥

二、"九一八"后中国共产党废约方针的转变

"九一八"事变发生后，在共产国际的影响下，中国共产党尚未认识到形势的变化，没有及时调整自己的废约反帝方针。直到 1935 年华北事变发生，中共中央于 12 月召开瓦窑堡会议，以此为标志，党的废约反帝斗争进入一个新的阶段。为适应形势的变化，党对废约反帝方针和策略作了较大的调整，促使了抗日统一战线的形成，为英美等国放弃条约特权打下了基础。

废约方针已由原来废除所有不平等条约改为废除中日间的条约，旨在争

---

① 《动员群众扩大反帝运动决议》，1931 年 6 月 5 日，《中共中央文件选集》第 7 册，中共中央党校出版社，1991 年，第 279—281 页。

② 《中国共产党对目前时局宣言》，1930 年 8 月 14 日，《中共中央文件选集》第 6 册，第 260 页。

③ 《中华苏维埃共和国宪法大纲》，1931 年 11 月 7 日，《中共中央文件选集》第 7 册，第 774 页。

④ 《中华苏维埃共和国临时中央政府对外宣言》，1931 年 12 月 18 日，《红色中华》第 2 期。

⑤ 王明：《革命、战争和武装干涉与中国共产党底任务》，1933 年 11 月 30 日，《中共中央文件选集》第 9 册，中共中央党校出版社，1991 年，第 581 页。

⑥ 毛泽东：《中华苏维埃共和国中央执行委员会与人民委员会对第二次全国苏维埃代表大会的报告》，1934 年 1 月 26 日，《红色中华》第 3 期。

取其他国家对抗日救国的支援。此前在"八一宣言"中，中共就已基本上提出了这一精神。瓦窑堡会议则进而确定了此后外交政策的原则："同一切和日本帝国主义及其走狗卖国者相反对的国家、党派，甚至个人，进行必要的谅解、妥协，建立国交，订立同盟条约等等的交涉。"①这一原则包括了对不平等条约所采取的态度，以此为转折，党的废约方略开始发生变化。在此后的宣言及文件中，党没有提出废除日本之外的其他国家的不平等条约。1936年2月21日，苏维埃中央政府"宣布中日间的不平等条约与卖国条款的完全无效"。②随后在北上抗日宣言中提出的八大纲领，"七七"事变后发表的第二次宣言和抗日救国十大纲领，均提出了同样的主张。

中共改变废约方针，是新形势之下的权宜之计，并非放弃废除不平等条约的总目标。第一，这一改变是为服从挽救民族危亡这一中心任务所作的暂时调整。共产党人认为，由于日本的侵略，中国人民"不特丧失了裁判权，并且失掉了生存权"，"实际上问题的严重远远超过了这一个领事裁判权的问题"。"今天中国的最大急务是在如何救亡"，"废除领事裁判权运动，只能是整个抗日救亡运动的一部分，不能够将废除领事裁判权来忘掉了十倍重要的抗日救亡工作"。③毛泽东指出："什么更为迫切？是修改条约，还是民族救亡？显然，对我们来说更为重要的是抗日，因此苏维埃政府和中国人民将把主要力量集中在这个任务上。"④第二，由于日本的侵略，其他各国同中国订立的条约事实上已失去效力。"日本在其统治地区内早已不需要这劳什子"。如毛泽东所说："日本人事实上已在破坏这些条约。他们通过对东北的军事占领，在华北走私，以及各种非法活动，正在逐步破坏这些条件。尤其在东北，我们可以看到各国丧失其条约地位，正常的商务和外贸正在被日本破坏。"第三，中共对与各国建立平等的条约关系，真正实现中国的独立等问

---

① 《中央关于目前政治形势与党的任务决议》，1935年12月25日，《中共中央文件选集》第10册，中共中央党校出版社，1991年，第617页。
② 《中华苏维埃人民共和国中央政府关于召集全国抗日救国代表大会通电》，1936年2月21日，《中共中央文件选集》第11册，中共中央党校出版社，1991年，第794页。
③ 志：《关于废除领事裁判权》，《解放》第1卷第2期。
④ 《和美国记者斯诺的谈话》，中共中央文献研究室编：《毛泽东文集》第1卷，人民出版社，1993年，第392页。

题，作了一定的思考和筹划。例如，共产党人认为，"领事裁判权的废除，要彻底做"，"中国独立平等的必须条件之一的司法主权应该拿回来"。毛泽东更明确提出，"我们赢得独立之后，中国将同友好国家商订互助、互利和互相同意的条约"。"同南京的政策相反，对影响中国独立政治权利的外国投资，一概不予承认。"①

调整废约方针是一个正确决策，这是废除不平等条约的关键和必经之路。因为打败日本侵略者，"意味着中国人民大众已经觉醒了，已经动员起来，并已取得了独立。因此，帝国主义的主要问题也就得到了解决了"。②以后历史的发展印证了党的设想和预见。

三、　抗战废约与中国共产党的贡献

1943 年 1 月 11 日中美、中英新约的签订，标志着中国的废约得以基本实现。这一伟大成果的获得，虽然不可否认国民政府的作用，但同样不可否认中国共产党为此所作的努力，并在实际上推动了这一进程。在某种意义上，这一成果是中国共产党实行正确路线的历史必然。

首先，中国共产党在反帝斗争中最坚决，在各政党中最早提出废约反帝主张，推动了中国的废约运动，尤其是促使国民党坚持民族主义立场。党把中国从帝国主义的束缚中解放出来视为革命的首要任务，始终站在全民族的前头，她的发展和壮大，是和民族解放斗争相关联的。"没有人能够否认的，在中国首先明确地提出'打倒帝国主义'和'废除不平等条约'的口号的，乃是中国共产党。"③ 正是由于中共的参加，孙中山的民族主义和轰轰烈烈的大革命，才具有了以废除不平等条约为主要内容的反帝内涵，中国也因此出现了废约运动的高潮。正如《解放日报》的一篇社论所指出的："由于国共两党在反对帝国主义、废除不平等条约、推翻帝国主义走狗军阀统治等口号上的合作，第一次大革命运动在全中国蓬勃发展了起来，国民党因而获得空前的果实。由此可知，没有中国共产党，就不可能有国民党的反帝国主义的

---

① 《和美国记者斯诺的谈话》，《毛泽东文集》第 1 卷，第 393、394 页。
② 《和美国记者斯诺的谈话》，《毛泽东文集》第 1 卷，第 399—400 页。
③ 陈伯达：《我们继续历史的事业前进》，1938 年 7 月 1 日，《解放》第 43、44 期。

民族主义，也就是说，不可能有革命的民族立场。"①

其次，在民族危亡的紧急关头，中国共产党以民族利益为重的高风亮节，为抗战的胜利奠定了基础。与国民党"攘外必先安内"，排除异己的反动政策不同，中国共产党不是考虑一个政党，一个阶级的利益，而是坚持民族团结，积极主动地谋求国共合作。毛泽东指出："将阶级利益服从于民族利益。国内任何政党与个人，都应明此大义。共产党人决不将自己观点束缚于一阶级与一时的利益上面，而是十分热忱地关心全国全民族的利益，并且关心其永久的利害。"②洛甫也说，中国共产党"诚心诚意的把抗日民族统一战线看做高于一切，把一切服从于抗日民族统一战线，真正实现了'民族利益高于一切'，'国家至上，民族至上'的原则。所以中国工人阶级及其政党能够这样坚决的站在民族抗战的最前线，显示了他们坚决、勇敢、艰苦奋斗、自我牺牲、竭忠尽孝的模范"。③中国共产党人正是这样做的，华北事变后，首先提出捐弃前嫌，共同抗日。尤其是"西安事变"发生，中国共产党没有落井下石，乘机报仇雪恨，而是以此为契机，与蒋介石国民党握手言和。中国共产党的这一立场，说明她不仅是无产阶级的先锋队，而且是中华民族的先锋队。在她的努力之下，形成了全民族团结一致，共同抗日的局面，从而为中国在抗战时期废约创造了必不可少的条件。

再次，中国共产党提出了推翻帝国主义统治，废除不平等条约的正确方法，即统一战线的方针。从五四运动以后的中国历史来看，在反对帝国主义的斗争中，只有实行统一战线，团结全民族的力量，才能取得胜利，抗日战争尤其如此。至1941年夏，有14个国家被德意法西斯所侵占，而中国的抗战却一直坚持下来，主要原因"是由于在国内有了一个抗日民族统一战线，有了一个国共合作，在国外联合了苏联，并且联合了一切援助中国抗战的国家"，而欧洲的这些国家，"大多数是没有这样做，或者做得不够充分"。日

---

① 《国民党与民族主义》，《解放日报》1943年9月18日"社论"，《中共中央文件选集》第14册，中共中央党校出版社，1992年，第567—568页。

② 《中日问题与西安事变——和史沫特莱的谈话》，1937年3月1日，《毛泽东文集》第1卷，第482—483页。

③ 洛甫：《论共产党的阶级立场与民族立场的一致》，《解放》第75、76期。

本曾企图破坏中国的国共合作和统一战线，但却不能得逞，"因为抗日是中共的总路线"。①

最后，中国共产党坚持抗战，反对投降，对鼓舞全国军民进行艰苦卓绝的奋斗，树立必胜的信心，起了中流砥柱的作用。英美在抗战时期同意取消领事裁判权等条约特权，其重要原因之一，就是中国在抗战中显示了自己的坚强决心和军事价值，在世界反法西斯战争中具有不可取代的地位。中国抗战的这一重要地位，中国共产党起了举足轻重的作用，不仅在政治上提出并促成了抗日民族统一战线，而且在军事上也作出了决定性的贡献。抗战初期，国民党还比较努力，但很快走向消极，在进入相持阶段之后，敌后战场成了抗战的主要战场。在这个阶段，日本改变了对华军事战略，以巩固占领区为"第一位的基础性工作"，"配备充分的兵力"，而正面战场的兵力配备则"限制在最小限度内"。② 在空前的巨大压力之下，党领导敌后抗战，进行了艰苦卓绝的斗争，实际上担负起了抗战的历史重任。1941年，仅八路军就"胜利的牵制了敌寇进兵中国总兵数五分之二兵力"，正因为此，"日寇侵入四年了的华北今天仍然是属于中国人民"。③ 叶剑英在1944年对中外记者参观团说，"八路军、新四军抗击了敌人64.5％，友军（国民党军队）抗击了35.5％"，"我党担负抗击的敌人，占全部敌伪军总数的134万人中之110万。即84％，或多或5/6以上。而国民党抗击的敌人仅占16％，即不足1/6"。④ 正是以敌后战场为主要战场的中国抗战，牵制了大批日军，为世界反法西斯战争作出了不可估量的巨大贡献，赢得了英美等国的高度赞誉。它们深知中国抗战的重要价值，为了推行"先欧后亚"战略，以放弃条约特权来加强与中国的团结。此外，中国共产党积极开展对美外交，使美国对中国的抗战有了较深的了解。如卡尔逊（Evans Fordyce Carlson）来延安考察后，给罗斯福写了不少信，"生动地叙述了他在共产党人当中发现的

① 朱德：《八路军新四军抗战四周年》，《解放》第131、132期。
② 转自沙健孙主编：《中国共产党通史》第四卷，湖南教育出版社，1999年，第76页。
③ 《十八集团军抗战四周年战绩总结》，《解放》第133期。
④ 金城：《忆中外记者参观团访问延安》，中共中央党史资料征集委员会编：《中共党史资料》第27辑，中共党史资料出版社，1988年，86—87页。

'奇迹'……激起了他的想像力，描绘了一幅展示游击战价值的扣人心弦的图景"。[1] 这些无疑有助于美国认识中国抗战的价值和地位。

毋庸置疑，抗战时期废约的基本实现，是多种因素促成的，中国共产党所起的实质性作用是不可磨灭的。

中美、中英《新约》签订后，中国共产党对此作了积极的反应和客观的评价，深刻地总结废约得以基本实现的历史经验，认为："百年来中国人民独立解放的斗争涌出了领导这个斗争的国民党与共产党。'七七'抗战的发动，民族统一战线的形成，国共合作的坚持，全国军民的卓绝奋斗，国际法西斯联合阵线的形成，英美苏（苏联还远在十月革命后即发表声明书，声明废弃帝俄与中国签订的一切不平等条约，后又签订孙文越飞协定，更于一九二四年正式签订条约，完全取消中俄间不平等条约，完全放弃沙皇俄国在中国取得的特权）对中国抗战的同情与援助，使中国的国际地位提高了，使中英美间不平等条约等到废除。"尤其重要的是，"历史事实证明了：当国内团结，国共合作时，中国是充满着光明与希望的，当分裂决战时，人家便来欺负，国必自侮，而后人侮之。上一次国共合作，曾经收复了汉口、九江租界，这一次国共合作，又取消了不平等条约"。[2] 1943 年 2 月 4 日《解放日报》发表社论指出，"中国共产党早就看到，只有全民族团结一致的斗争，才能求得中华民族之自由平等。历史事实证明了中国共产党远见之正确，大革命时代与抗战时代，不论对内对外都是中华民族近百年史上最光明最充满希望的时代。目前废约之成功，将来抗战之胜利，均唯民族统一战线与国共合作是赖！"纵观大革命以来的历程，当国共两党团结一致，共同对敌，废约反帝的斗争就顺利发展，反之则遭受挫折。但"中国共产党却并不以此自炫。它深知在这事业上，政党倡导之力固然不可淹没，然而这个成功，总的来说，是全国人民努力奋斗的结果。人民，唯有人民，乃是这一光荣史诗的作者……所以，若问：这是谁的成功？我们将毫不迟疑地回答：这首先是中华民族广大人民的成功……人民——这是中华民族求得

---

① ［美］迈克尔·沙勒：《美国十字军在中国 1938—1945》，商务印书馆，1982 年，第 24—25 页。

② 《中央关于庆祝中美中英间废除不平等条约的决定》，1943 年 1 月 25 日，《中共中央文件选集》第 14 册，第 18—19 页。

自由平等的力量源泉和保证"。①

　　同时，对这一成果的取得，中国共产党并未沉浸在盲目的欢庆之中，仍保持着清醒的头脑。中国共产党认识到：英美放弃条约特权，并不意味着不平等条约的真正废除。"中国今后命运是要在抗日战争中的烽火中得到决定"，如不打走日本帝国主义，"中国的独立解放便无法实现，中美中英间不平等条约之废除也还是一纸空文"。② 而且，"平等条约的订立，并不就表示中国在实际上已经取得真正的平等地位。这种实际上的真正平等地位，决不能单靠外国政府的给予，主要地应靠中国人民自己努力争取"。③ 中国共产党还明确指出，这两个新约，把英美在华政治和军事的特权，除九龙租借地外，都一笔勾销了。但是，"经济和文化方面的问题，如通商口岸设厂权、采矿权、自由传教权和设立学校等等，则尚有待于今后磋商谈判"。也就是说，中美、中英《新约》只是废除政治上和军事上的条约特权，而经济文化上的特权，还依然存在。"不论在战时或战后和会上合理解决这些问题，都要看我国今日是否努力，是否自强"。当然，"既然确立了中、英、美三国平等地位的原则，英美且已放弃了在华政治特权，经济和文化方面的问题，已经有了合理解决的基础，所以，我国当前最主要的任务，是十倍百倍的努力自强"。④ 共产党人还批评了《中美新约》中将通商口岸全部开放的规定，认为，"此种海岸洞开的办法，对于我国工业前途的影响如何，实在值得我们极大的注意"。"法律上的平等，不就是实际上的平等，更不就是经济上和文化上的平等"⑤。中国共产党人的上述认识是极为深刻的，从表面现象看到了内中的实质，抓住了彻底废除不平等条约问题的根本。事实正是如此，抗战时期废约的实现，并不意味着中国真正摆脱了不平等条约的束缚，中国人民还必须经过艰巨的斗争，才能真正实

---

　　① 《中国共产党与废除不平等条约》，《解放日报》1943 年 2 月 4 日社论，《中共中央文件选集》第 14 册，第 441—442 页。

　　② 《中央关于庆祝中美中英间废除不平等条约的决定》，1943 年 1 月 25 日，《中共中央文件选集》第 14 册，中共中央党校出版社，1992 年，第 18 页。

　　③ 《目前的国际形势和中国共产党外交政策的基本原则》，1945 年 4 月 24 日，中华人民共和国外交部、中共中央文献研究室编：《毛泽东外交文选》，中央文献出版社、世界知识出版社，1994 年，第 44 页。

　　④ 《奋斗自强——读蒋委员长向全国广播演说》，《新华日报》1943 年 1 月 13 日社论。

　　⑤ 高扬：《自由独立新中国的起点》，《群众》第 8 卷第 3 期。

现这一目标。此外，历史的发展也印证了中国共产党人的预料，形式上的平等并没有给中国带来真正的平等。

第三节　新形势下中国共产党的废约斗争

一、　解放战争时期中国共产党的废约斗争

不平等条约的新形式和新特点，决定了废约斗争的新形式和新特点。抗战胜利后，国民党政府放弃了废约斗争，而中国共产党成为这一斗争的主导力量。这一斗争的内容，除了反对新形式的不平等条约之外，还包括条约特权残余的清理。在新中国成立之前，中国共产党的废约斗争，可以 1947 年下半年人民解放军转入战略大反攻为界，分为两个阶段。

第一阶段主要是反对 1946 年 1 月 10 日以后蒋介石政府与美国签订的，涉及经济、文化、军事各个方面的一系列条约和协定、换文，尤其是 11 月 4 日订立的中美《友好通商航海条约》。对新的不平等条约，中国共产党表示了坚决反对的态度。此前，中央即指出新的不平等条约的实质："蒋介石政府之美国殖民地色彩亦日益显著（无理由地无条约地允许美军驻华，出卖内河航行权，允许美舰美机任意航行飞行中国领海领空，公开宣传美方在调处中国内争中之最后决定权等）"，并"要求蒋介石爱国，要求国民党保持中国国家民族利益与主权完整，向美国交涉撤退美军，收回内河航行权，保护关税及领海领空，谢绝美国武器等。"[1] 在纪念"七七"事变 9 周年的宣言中，中共中央坚决表示，"反对美国，坚持独立"。[2] 在 8 月 29 日的声明中，提出，"反对和不承认蒋介石政府出卖主权以换取外国武器屠杀同胞的叛国行为"。并郑重宣布："中国共产党认为美蒋在此项和同类谈判中的任何密约

---

[1] 《中央关于动员各群众团体要求美国改变对华反动政策的指示》，1946 年 6 月 24 日，《中共中央文件选集》第 16 册，中共中央党校出版社，1992 年，第 217 页。
[2] 《中国共产党中央委员会为纪念"七七"九周年宣言》，1946 年 7 月 7 日，《中共中央文件选集》第 16 册，第 239 页。

协议都是非法的，中国人民对此决不负任何责任。"① 党的舆论机关也大力宣传党对于新的不平等条约的立场，揭露其不平等的实质。1946 年 7 月 1 日，《解放日报》发表《中国共产党与中国》的社论，指出："中国共产党人认为：中国乃是中国人的中国。中国共产党人愿意和各国在经济上、文化上平等合作互助，但决不当任何外国的奴隶，决不和任何外国订立出卖自己祖国利益的密约或公开条约，决不拿祖国的利益去交换外国的武器取得外国的援助来屠杀和欺侮自己的同胞。"②

《中美商约》等条约订立后，中共中央于 1947 年 2 月 1 日发表《关于不承认蒋政府一切卖国协定的声明》，指出：中国政治协商会议，"是全国人民与世界列强所一致承认的中国最高政治机构"。国民党政府"单独与若干外国政府进行了多次性质严重的外交谈判，并在这类谈判中成立了各种书面的或口头的、公开的或秘密的协定和谅解，而未曾经过政治协商会议各党派的意见，亦未曾征询过本党和其他参加政治协商会议各党派的意见"。这些协定、条约等，"要求或允许外国海陆空军驻扎和活动于本国领海、领土、领空，进入或占领，共同建设或共同使用本国国防要塞和军事基地，要求或允许外国军事人员或其他人员，参与本国海、陆、空军事力量的组织、装备、训练、运输与军事行动，洞悉本国的军事秘密和其他国家秘密，允许外国干涉本国内政等严重事项"。因而已经使并将继续使中国陷入"丧权辱国、殖民地化、混乱与崩溃的危机之中"。为了挽救国家的危机，维护国家权益和政治协商会议的尊严，特郑重声明："对于 1946 年 1 月 10 日以后，由国民党政府单独成立的一切对外借款，一切丧权辱国条约及一切其他上述的协定谅解，与今后未经政治协商会议通过或未经征得本党和其他参加政治协商会议各党派同意的一切同类外交谈判，本党现在和将来均不承认，并决不担负任何义务。"③ 在 7 月 7 日发布对时局的口号中明确提出，"取消卖国的中美

---

① 《中共中央关于反对美国以剩余战争物资援蒋内战的声明》，1946 年 8 月 29 日，《中共中央文件选集》第 16 册，第 283 页。

② 《中国共产党与中国》，《解放日报》1946 年 7 月 1 日社论，《中共中央文件选集》第 16 册，第 667 页。

③ 《关于不承认蒋政府一切卖国协定的声明》，1947 年 2 月 1 日，《中共中央文件选集》第 16 册，第 401—402 页。

商约及一切卖国条约。"①

对于《中美商约》，中国共产党更是作了深刻的揭露，指出："这是历史上最可耻的卖国条约，是蒋政府把中国作为美国附属国的重大标志之一，是中华民族又一次新的大国耻"。"概括说来，在这一个以双方'平等'为绝对虚伪的烟幕、实际上绝对不平等的条约之下，中国对美一切开放，美国帝国主义在中国领土上如在其本国领土上一样，可以为所欲为。美国企业在华享受了各种特许的待遇。中国完全断丧了关税自主权，断丧了沿海及内河的航行权。"蒋介石签订了这张"卖身契约"，"就把中国一切经济命脉双手奉献与美国金融财阀了！把中国变成美国商品所独占的殖民地市场了！把从水上到陆上的全部中国领土，中华民族的生存权利，拍卖得干干净净！无怪纽约的官员要夸耀他们从此'以明确而合法的形式'，取得剥削中国的'特权'。而英国议员则称这个条约，是对中国'从未见过的最野蛮的经济侵略'"。"在近代中国历史上，这是最大、最残酷苛刻的一个卖国条约"。30 年前的"二十一条"和 8 年前的"日汪密约"上有关经济条款，日本帝国主义所取得的特权，其范围远不如该约之广。"我们中国人民要和反对历史上所有的卖国条约一样，坚决反对这个蒋美商约！"②

中共对该约的谴责，激烈的言辞虽含有反蒋的因素，但并非完全是耸人听闻，如前所述，当时许多党外人士即提出了类似的评论。这些谴责和评论，无疑揭示出一个明显的事实，即在平等的形式下，美国对中国的经济渗透更为广泛，更为深入。这正是所有爱国的中国人所担心和忧虑的问题，是中国在新的条约中所面临的严峻现实，它提出了如何建立真正平等的条约关系的重要课题。其后，党报继续载文揭露，反对蒋介石把中国变为美国殖民地。

第二阶段是在即将取得全国政权的形势下，中共在实践中清理不平等的条约关系。1947 年下半年人民解放军转入战略反攻，夺取全国胜利的军事、

---

① 《中共中央为纪念"七七"抗战发布对时局口号》，1947 年 7 月 7 日，《中共中央文件选集》第 16 册，第 472 页。

② 《评蒋美商约》，《解放日报》1946 年 11 月 26 日社论，《中共中央文件选集》第 16 册，第 700—702 页。

政治条件渐趋成熟，"这是一百多年以来帝国主义在中国的统治由发展到消灭的转折点"。① 在这种形势下，中国共产党开始着手清理新旧不平等条约。这种不平等的条约关系，包括帝国主义国家及社会主义国家苏联的条约关系。中共的基本原则，是清除所有不平等条约，但处理的方式却有所不同。这个时期主要是处理帝国主义的条约关系，对苏联的条约关系问题作了一些思考，具体处理则放在新中国成立之后。

对于帝国主义国家主要是美国，采取的是法律上不予承认，单方面废约的方针。10 月 10 日，毛泽东起草的《中国人民解放军宣言》，宣布"否认蒋介石独裁政府的一切卖国外交，废除一切卖国条约"。②同日发表的中国人民解放军口号提出，"否认卖国外交，废除中美商约！"③

随着解放战争的胜利发展，在即将建立全国性政权的形势下，中共中央从 1948 年开始重视如何处理帝国主义侵略及不平等条约所造成的具体问题。1948 年 2 月 7 日，中央发布指示："我们目前对于这些外国侨民所办的经济、文化、宗教等机关，不论其是否属于帝国主义性质，一般地还不采取排除或没收的政策。对于外国侨民及其国家代表机关，一般地应采取保护政策。除非他们妨害我们国家主权，破坏我民主政府和军事行动决不容许者外，只要他们承认遵守我民主政府及人民解放军的法令条例，即容许他们继续居留于我解放区，进行业务或其他正当活动，并受我民主政府之保护。"但外人文化、教育、宗教机关"在农村中购置或霸占土地者，其土地应按土地法规定交给农会处理"。④ 并为防止人们的误解，中共中央宣传部发布指示："宣传保护宗教自由与外侨安全，是对的，这在国际宣传上有其重要性，但不要给人一种印象，似乎几个传教士和外国人在解放区和全中国有着了不起的重要性，似乎解放军和人民政府对他们负了债，必须用大的代价来伺候他们。"⑤

---

① 《毛泽东选集》合订本，人民出版社，1969 年，第 1140 页。
② 《中国人民解放军宣言》，1947 年 10 月，《毛泽东选集》合订本，第 1134 页。
③ 《中国人民解放军口号》，1947 年 10 月 10 日，《中共中央文件选集》第 16 册，第 553 页。
④ 《中央关于对待在华外国人的政策的指示》，1948 年 2 月 7 日，《中共中央文件选集》第 17 册，中共中央党校出版社，1992 年，第 35—36 页。
⑤ 《中共中央宣传部与新华总社关于纠正各地新闻报导中右倾偏向的指示》，1948 年 11 月 18 日，《中共中央文件选集》第 17 册，第 497 页。

二、 三条外交方针的提出

至 1949 年 1 月中旬，三大战役的最后一个战役——平津战役接近尾声，解放战争已胜利在望。在即将建国之际，中国共产党在建立新的外交格局的同时，也开始考虑清理条约特权残余问题，逐渐确立了新中国的三条重要的外交方针，即："另起炉灶"、"一边倒" 和 "打扫干净屋子再请客"。这三条方针，是处理对外关系，清理不平等条约残余的基本准则，同时也决定了处理各种不平等条约的不同方式。

这三条方针是毛泽东在 1949 年春夏间正式提出的。"另起炉灶" 和 "打扫干净屋子再请客"，提出于该年春季；"一边倒" 则是在同年党的 28 周年纪念日，毛泽东在《论人民民主专政》一文中提出的。如周恩来所说，"另起炉灶"，"就是不承认国民党政府同各国建立的旧的外交关系，而要在新的基础上同各国另行建立新的外交关系"；"一边倒"，就是 "我国站在以苏联为首的和平民主阵营之内"；"打扫干净屋子再请客"，就是针对 "帝国主义总想保留一些在中国的特权，想钻进来" 的企图，"先把帝国主义在我国的残余势力清除一下"，不给 "留下它们活动的余地"。①

就清理不平等条约残余问题而言，这三条方针适用于不同的对象。"另起炉灶" 和 "打扫干净屋子再请客" 主要是针对帝国主义国家，而 "一边倒" 的方针则对如何处理中苏间不平等的条约关系产生了重要影响。

"另起炉灶" 的基本内容，是毛泽东在 1949 年 1 月 19 日发布的《中央关于外交工作的指示》中特地加上去的。其内容为："凡属被国民党政府所承认的资本主义国家的大使馆、公使馆、领事馆及其所属的外交机关和外交人员，在人民共和国和这些国家建立正式外交关系以前，我们一概不予承认，只把他们当作外国侨民待遇，但应予以切实保护。对于这些国家的武官，应与外交人员同样看待。但对美国武官，因其直接援助国民党打内战，

---

① 《我们的外交方针和任务》，1952 年 4 月 30 日，中华人民共和国外交部、中共中央文献研究室编：《周恩来外交文选》，中央文献出版社，1990 年，第 48、50 页。

则应派兵监视，不得给以自由。"①这一原则否认了国民党时期的外交关系，而否认与这些国家的外交关系，就为否定它们所签订的所有条约，奠定了外交基础。如周恩来所说，这一"另起炉灶"的方针，"使我国改变了半殖民地的地位，在政治上建立了独立自主的外交关系"。②

"打扫干净屋子再请客"的基本思想，毛泽东在 1949 年 2 月与米高扬的谈话中即已提出。在谈到新中国的对外政策的总方针问题时，毛泽东生动地指出："我们这个国家，如果形象地把它比作一个家庭来讲，它的屋内太脏了，柴草、垃圾、尘土、跳蚤、臭虫、虱子什么都有。解放后，我们必须认真清理我们的屋子，从内到外，从各个角落以至门窗缝里，把那些脏东西通通打扫一番，好好加以整顿。等屋内打扫清洁、干净，有了秩序，陈设好了，再请客人进来。""我们的屋里本来就够脏的，因为帝国主义分子的铁蹄践踏过，而某些不客气、不讲礼貌的客人再有意地带些脏东西进来，那就不好办了。因为他们会说：'你们的屋子里本来就是脏的嘛，还抗议什么?!'这样我们就无话可说啦。"至于要打扫的是什么，毛泽东明确的指出："帝国主义同我们国家之间是有几笔大账要算的。第一是他们在我国的一切特权必须全部彻底废除。第二是他们欠我国的一切债务和款项必须偿还。第三是帝国主义的武装部队、警察等必须全部撤离中国。"至于侨民居留问题，则按一般外侨居留办法和国际惯例来处理。"帝国主义分子历来是看不起中国人的，对他们也得教训教训，使他们的头脑清醒过来"。③

这里，毛泽东提出了彻底清除帝国主义在中国的特权的基本思路，即先清除这些特权之后再建立外交关系。这一思路与"另起炉灶"的方针有着密切的联系。因为，如果在保持与帝国主义外交关系的同时，清理已存在的各种特权，将会遭到它们的反对而出现某些纠葛。如毛泽东所说，帝国主义者会说，"你们的屋子里本来就是脏的嘛，还抗议什么?!"而否认与他们的外

---

① 《毛泽东关于外交工作方针的四篇谈话和论述》，1949 年 1 月—1958 年 9 月，《党的文献》1992 年第 1 期；参见《中央关于外交工作的指示》，1949 年 1 月 19 日，中央档案馆编：《中共中央文件选集》第 18 册，中共中央党校出版社，1992 年，第 45 页。

② 《我们的外交方针和任务》，1952 年 4 月 30 日，《周恩来外交文选》，第 49 页。

③ 师哲回忆，李海文整理：《在历史巨人身边——师哲回忆录》，中央文献出版社，1991 年，第 380、381 页。

交关系，问题就简单地多，新中国可以按自己的意愿来处理这些问题。

如何彻底清除帝国主义的在华特权，1 月 19 日发布的《中央关于外交工作的指示》提出了基本方针。这个方针包括两个基本要点，第一，"在原则上，帝国主义在华的特权必须取消，中华民族的独立解放必须实现，这种立场是坚定不移的"。第二，"在执行步骤上，则应按问题的性质及情况，分别处理"。这是一个"原则性与灵活性"相结合的方针，如指示所说"对于原则性与灵活性应掌握得很恰当，方能站稳立场，灵活机动"。

如何分别处理？该指示规定了具体的政策。分为四种情况：一是"凡问题对于中国人民有利而又可解决者，应提出解决"。二是"其尚不可能解决者，则应暂缓解决"。三是"凡问题对于中国人民无害或无大害者，即使易于解决，也不必忙于解决"。四是"凡问题尚未研究清楚或解决的时机尚未成熟者，更不可急于去解决"。这里所指出的四种情况，实际上分为可以处理和暂不处理两类。

其不予承认或立即处置的事项有如下几项：一是外交关系，现在对于资本主义国家，"在人民共和国和这些国家建立正式外交关系以前，我们一概不予承认"。二是外资关系，"对于一切资本主义国家政府的和私人的在华经济特权、工商业和投资，均不给以正式的法律的承认"。但在目前，"不要忙于去做有关禁止、收回或没收的表示；只对其于人民经济私生活危害最大者，例如金融投机，以及于国家主权侵害最大者，例如内河航行等，发出立即禁止的命令"。三是对外贸易，"不要忙于去建立和恢复一般的贸易关系；尤其不要忙于去订立一般的贸易合同；只在对我有利而又急需者，可与这些国家进行临时的个别的地方性的出入口贸易"。四是关于海关机构，"应全部接收，派人管理"。五是外国传教士，对于新来者，"暂不批准"。六是外国人办的学校，新请成立者，"不予批准"。七是外国通讯社，"一律不准发稿，更不得私设收发电台"。八是外国人办的救济机关，"其属于帝国主义政府者，如经济合作总署，应不予承认，拒绝接收其援助和救济"。九是外国雇员，"从顾问到一般技术人员，原则上我们不承认其原有机关的合同。但在需要与并无危险性的职位上，可以容留某些外国雇员"。十是外国人入境，

"除特许者外，概行停止批准"。

　　暂时不作处理的主要以下几项：一是外资关系，"如外国银行，不要忙于令其停业，而应先令其报告资本、账目和业务，以凭核办。保险公司，尤其是海运保险公司，更不要忙于去处理"。二是关税税收，"在我未重订海关税则以前，凡为我所允许的出入口贸易，除特许者外，应照旧章征收关税"。"外资在华应纳之税，在未改订税则以前，亦应照旧缴纳，不得停止"。三是外国传教士，"已在我解放区者，容许其继续居住，执行业务"。四是外国人办的学校，"已办之私立外国学校，暂许其维持现状，但其校长必须为中国人；其学校经费，必须报告其来源；其课程，必须照其他学校的规章，同一办理"。"专为在华外国儿童主办的外国小学校，许其存在，但亦须报告备案。"五是外国人办的医院，"已办者许其继续，但须受我监督检查。新办者，未得批准，不许开设"。六是外国办的报纸、刊物等，"暂置不理，但须令其送全年报刊呈请登记"。经过一个时期的调查，"并得中央批准后，一般的不予登记，停止出版。特殊的，或暂不干涉，或转为华人出面办理"。七是外国人办的文化机关，"已办者，经一个时期调查后，视情况，并得中央批准，或派员监督；或实行改组；或派人接收。新来接洽者，暂置不理"。八是外国人的救济机关，"其属于国际合作团体者，须视其有无损害我国家主权，及我人民团体的独立自主之处，方能决定接收其援助和救济与否"。

　　上述政策，说明中央已确立了基本方针，但对于一些具体问题尚未最后作出决定。其原因之一，是由于有些问题并无把握，还需要进一步研究。因此，指示又规定，在规定的城市军事管制委员会内设一外交问题研究组，"由市委负责同志一人参加领导，吸收市政府外国侨民事务处及公安局外国侨民管理科负责同志参加，共同研究有关外国侨民及外交问题的各种情况，并搜集各项材料，负责向中央及中央局作定期报告，并提出应请示的问题和意见"。① 2 月 16 日，中共中央作出"关于对外贸易的决定"，提出建立临时贸易关系的原则及方针、政策。决定提出：这种临时贸易关系，"在对我有

---

　　① 《中央关于外交工作的指示》，1949 年 1 月 19 日，中央档案馆编：《中共中央文件选集》第 18 册，中共中央党校出版社，1992 年，第 44—49 页。

利及严格保持我国家主权独立并由政府严格管制等原则的条件下，是可以而且应该允许的"。并决定华北人民政府在天津设立对外贸易局，由其"制定适当的对外贸易的政策和计划，送交中央审查批准"，① 等等。

三、 七届二中全会及不平等条约时代的结束

七届二中全会上，毛泽东在其报告中明确提出"有步骤地彻底地摧毁帝国主义在中国的控制权的方针"，并对这一方针作了科学的论述："旧中国是一个被帝国主义所控制的半殖民地国家。中国人民民主革命的彻底的反帝国主义的性质，使得帝国主义者极为仇视这个革命，竭尽全力地帮助国民党。这就更加激起了中国人民对于帝国主义者的深刻的愤怒，并使帝国主义者丧失了自己在中国人民的最后一点威信。同时，整个帝国主义制度在第二次世界大战以后是大大削弱了，以苏联为首的世界反帝国主义阵线的力量是空前地增长了。所有这些情形，使得我们可以采取和应当采取"这一方针。也就是说，帝国主义在中国的所作所为，为这一方针提供了国内条件；而帝国主义制度的削弱和反帝国主义阵线的形成，则为此提供了国际条件。报告指出，帝国主义者的控制权，"表现在政治、经济和文化等方面"。在国民党军队被消灭、国民党政府被打倒的每一个城市和每一个地方，帝国主义者在政治上、经济上和文化上的控制权即随之被打倒。"但帝国主义者直接经营的经济事业和文化事业依然存在，被国民党承认的外交人员和新闻记者依然存在。对于这些，我们必须分别先后缓急，给以正当的解决"。进入大城市的时候所必须首先采取的步骤，是"不承认国民党时代的任何外交机关和外交人员的合法地位，不承认国民党时代的一切卖国条约的继续存在，取消一切帝国主义在中国开办的宣传机关，立即统制对外贸易，改革海关制度"。在做了这些以后，"中国人民就在帝国主义面前站立起来了"。剩下的帝国主义的经济事业和文化事业，"可以让它们暂时存在，由我们加以监督和管制，以待我们在全国胜利以后再去解决"。②

① 《中央关于对外贸易方针的指示》，1949 年 2 月 16 日，《中共中央文件选集》第 18 册，第 138—140 页。
② 《应当有步骤地彻底摧毁帝国主义在中国的控制权》，1949 年 3 月 5 日，中华人民共和国外交部、中共中央文献研究室编：《毛泽东外交文选》，中央文献出版社、世界知识出版社，1994 年，第 79、80 页。

毛泽东在七届二中全会提出的方针，肯定了 1 月 19 日关于外交工作指示的基本原则，并明确提出"不承认国民党时代的一切卖国条约的继续存在"。这一坚定立场，"不受过去任何屈辱的外交传统所束缚"，可以说是"自动的废除一切不平等条约"方针的发展，在废约斗争史上开创了新的一页。宣布不承认一切卖国条约，帝国主义在中国的条约特权也就失去了存在的基础，剩下的实际上也就是处理其残余问题。报告还指出，"关于帝国主义对我国的承认问题，不但现在不应急于去解决，而且就是在全国胜利以后的一个相当时期内也不必急于去解决"。这一方针，有利于在新中国成立后干净、彻底地清理条约特权残余。因为，"我们是愿意按照平等原则同一切国家建立外交关系的，但是从来敌视中国人民的帝国主义，决不能很快地就以平等的态度对待我们"。① 也就是说，如果与帝国主义国家建立外交关系，对方必然会以不平等的态度干扰、破坏新中国清理条约特权的斗争。

随后，周恩来于 1949 年 4 月 17 日在《关于和平谈判问题的报告》中，也阐述了对"废除卖国条约"问题方针。一方面坚持原则立场，即中华民族独立的立场和独立自主、自力更生的立场，表示，"在原则性的问题上我们是不让的，决不让。对于美帝国主义，我们一定要采取严肃的态度，使他了解中国是不可欺侮的。任何国家都不能干涉中国的内政。我们就是为此而奋斗了一百多年！""即使对于苏联及各人民民主国家，我们也不能有依赖之心……我们愿意和一切以平等待我之国家合作。我们不排外，不挑衅，但必须站稳立场，否则就只能倒在外国人的怀里。"另一方面，在处理这个问题上，"我们是很谨慎的。对外条约有的要废除，有的则要加以修改，有的还可以保持"。② 中央又进一步指示："不要和他们发生任何正式的外交来往，也不要在文字上和口头上做任何承认他们为大使或公使的表示。"但对其人员的安全，"则应负责保护，不加侮辱，同时，亦不必进行登记"。③ 为防止在外

① 《应当有步骤地彻底摧毁帝国主义在中国的控制权》，1949 年 3 月 5 日，中华人民共和国外交部、中共中央文献研究室编：《毛泽东外交文选》，第 80 页。
② 《关于和平谈判问题的报告》，1949 年 4 月 17 日，中共中央文献编辑委员会编：《周恩来选集》上卷，人民出版社，1980 年，第 321—322 页。
③ 《中央关于外交问题的指示》，1949 年 4 月 25 日，《中共中央文件选集》第 18 册，第 233 页。

交工作出现偏差，中央军委于 4 月 26 日发出指示，传令全军，"处置一切外交事务须事先请示"。①

在清除不平等条约，维护国家主权的斗争中，党及其领导的军队立场坚定，毫不妥协。1949 年 4 月"紫石英号事件"发生后，英前首相丘吉尔叫嚣要"实行武力的报复"，现任首相艾德礼则声称，"英国军舰有合法权利在长江行驶……因为它们得到国民党政府的许可"。对此，毛泽东起草了中国人民解放军总部发言人的声明，予以回击。声明谴责了英国人的罪行，针锋相对地指出："长江是中国的内河，你们英国人有什么权利将军舰开进来？没有这种权利。中国领土主权，中国人民必须保卫，绝对不允许外国政府来侵犯。"声明还"要求英国、美国、法国在长江、黄浦江和在中国其他各处的军舰、军用飞机、陆战队等项武装力量，迅速撤离中国的领水、领海、领土、领空"。占领南京后，中央军委于 5 月 20 日对进入我内河、港口的外国军舰、中外轮船的处理原则作出指示；"黄浦江是中国内河，任何外国军舰不许进入。有敢进入并自由行动者，均得攻击之；有向我发炮者必须还击，直至击沉击伤或驱逐出境为止。"并提出，"应有充分的精神准备与实力准备"，"要将外国干涉者的武装力量歼灭或驱逐之，如感兵力或炮火不足应速从他处抽调补足"。②

需要指出，中国共产党对于帝国主义经济方面的在华特权，采取了较为稳健的方针。党在法律上否认了帝国主义在华特权的合法性，但对于此类特权，主张"在全国胜利以后再去解决"。这较之大革命末期的反帝主张，显然是一个重要的变化。这一变化至少有以下两个原因：一是反映了中国共产党在处理对外关系上更为成熟。1944 年 8 月，中共中央发布外交工作的指示，批判了近代史上排外和媚外两种错误观念，提出正确的民族立场是："一方面加强民族自尊心自信心，而不是排外，另方面要学习人家长处，并

---

① 《中央军委关于处置一切外交事务须事先报告请示的指示》，1949 年 4 月 26 日，《中共中央文件选集》第 18 册，第 246 页。
② 《军委对进入我内河、港口的外国军舰、中外轮船的处理原则的指示》，1949 年 5 月 20 日，《中共中央文件选集》第 18 册，第 277 页。

善于与人家合作，但决不是惧外媚外。"① 这说明中共放弃了过去那种极端的反帝观念，并不赞成笼统排外，完全断绝与帝国主义国家的联系。二是这一变化有着现实的需要。新中国建立，百废待举，作为执政党不能不考虑国家建设的大局，在经济贸易上与帝国主义国家建立必要的联系。如对于香港、澳门问题，当时中共完全有能力解决，但并不急于解决。1949 年 2 月初，毛泽东在接见米高扬时说：现在急于解决香港、澳门的问题，没有多大意义。"相反，利用这两地的原来地位，特别是香港，对我们发展海外关系，进出口贸易更为有利些。"②

随着全国胜利的到来，中国共产党将要建立一个新的中国，彻底结束不平等条约时代。1949 年 6 月 15 日，在新政治协商会议筹备会的开幕大会上，毛泽东用铁一般的语言宣布："中国必须独立，中国必须解放，中国的事情必须由中国人民自己作主张，自己来处理，不容许任何帝国主义再有一丝一毫的干涉。"③ 1949 年 9 月 29 日，中国人民政治协商会议第一届全体会议通过了具有宪法性质的《共同纲领》。这些条文以法律的形式彻底否定了不平等条约存在的根据，国民党政权签订的《中美商约》和其他种种不平等条约，由此得以废除。

第四节　不平等条约的尾声

在中国共产党的领导下，中国政府和中国人民始终坚持独立自主的方针，不仅废除了新形式的不平等条约，而且彻底清除了各种条约特权残余及其影响，为建立真正平等的条约关系打下了基础。中华人民共和国成立后，中央人民政府按照《共同纲领》的方针，根据不同情况，逐步处理了过去的条约关系，主要包括重订中苏友好同盟条约，彻底清扫对帝国主义通过百余

---

① 中央档案馆编：《中国共产党抗日文件选编》，中国档案出版社，1995 年，第 440 页。
② 师哲回忆，李海文整理：《在历史巨人身边——师哲回忆录》，中央文献出版社，1991 年，第 380 页。
③ 《在新政治协商会议筹备会上的讲话》，1949 年 6 月 15 日，《毛泽东选集》合订本，第 1354 页。

年来的不平等条约所获特权的残留。

一、 中苏《友好同盟互助条约》的订立及中苏平等关系的建立

国民党政府与苏联于 1945 年 8 月签订的中苏《友好同盟条约》，具有不平等的性质。《共同纲领》中 "或修改，或重订"，确定了处理中苏条约关系的原则和方式。中共最早于 1949 年 2 月向苏方提出这一问题，斯大林获悉后，向毛泽东表示："中国共产党人掌握政权后，形势就根本改变了。苏联政府已经决定，一旦同日本签订和约，而且美国也从日本撤军，苏联就取消这个不平等条约，并从旅顺撤军。"① 苏方虽表示取消这个不平等条约，但对某些内容仍然坚持，如认为有关中长铁路的协定不是不平等的。"因为这条铁路主要是由俄国出资建成的"，"可能在这个条约里，平等的原则并未等到充分的体现，但我们准备与中国同志友好地讨论并解决这个问题"。② 6 月至 8 月，刘少奇率中共中央代表团秘密访问莫斯科期间，直接以书面形式提出了如何处置中苏《友好同盟条约》的问题。③ 斯大林也表示，"1945 年签订的中苏条约是不平等的，因为那时是与国民党打交道，不能不如此。新中国成立后，毛泽东即可来莫斯科。待毛泽东来莫斯科后再解决这个问题"。④ 但苏方却未明确表示立即放弃此约。

当毛泽东于 12 月抵达莫斯科后，苏方拒绝了中国的要求。在毛泽东的坚持下，苏方作出让步，改变了不签订新约的态度。周恩来率代表团抵达莫斯科后，中苏双方于 1950 年 1 月 22 日举行第一次会谈。毛泽东发言，阐述了在新情况下中苏两国的合作关系应以条约形式固定下来的意见，认为："条约的内容应是密切两国的政治、军事、经济、文化、外交的合作，以共同制止日本帝国主义再起及日本或与日本勾结的其他国家的重新侵略。"斯

---

① ［俄］列多夫斯基：《米高扬访华秘密使命》，《远东问题》1995 年第 2、3 期。见沈志华、［俄］谢·冈察洛夫：《〈中苏友好同盟互助条约〉的签订：愿望和结果》，《中共党史研究》1998 年第 2 期。

② 见沈志华、［俄］谢·冈察洛夫：《〈中苏友好同盟互助条约〉的签订：愿望和结果》，《中共党史研究》1998 年第 2 期。

③ 裴坚章主编：《中华人民共和国外交史》（1949—1951），世界知识出版社，1994 年，第 12 页；参见师哲回忆，李海文整理：《在历史巨人身边——师哲回忆录》，第 403 页；沈志华、［俄］谢·冈察洛夫：《〈中苏友好同盟互助条约〉的签订：愿望和结果》，《中共党史研究》1998 年第 2 期。

④ 师哲回忆，李海文整理：《在历史巨人身边——师哲回忆录》，第 405 页。

大林同意毛泽东的意见，并说："中苏条约应是一个新的条约，对雅尔塔协定问题可以不管它。"① 在随后的谈判中，苏联试图维持在中长铁路、旅顺和大连等问题上的权益，而中方则要求收回这些权益，双方存在着利害冲突和分歧。经过反复磋商，周恩来和苏联外长维辛斯基于 2 月 14 日签订了《友好同盟互助条约》《关于中国长春铁路、旅顺口及大连的协定》，以及《补充协定》等相关协定，并于当年 4 月 11 日生效。

《友好同盟互助条约》指出：为了加强两国之间的友好与合作，共同防止日本帝国主义之再起及日本或其他用任何形式在侵略行为上与日本相勾结的国家之重新侵略，决定缔结本条约。条约规定，"缔约国双方保证共同尽力采取一切必要的措施，以期制止日本或其他直接间接在侵略行为上与日本相勾结的任何国家之重新侵略与破坏和平"。"双方保证以友好合作的精神，并遵照平等、互利、互相尊重国家主权与领土完整及不干涉对方内政的原则，发展和巩固中苏两国之间的经济与文化关系，彼此给予一切可能的经济援助，并进行必要的经济合作"②。《关于中国长春铁路、旅顺口及大连的协定》的主要内容有：一、苏联将共同管理中国长春铁路的一切权利以及属于该路的全部财产无偿地移交中华人民共和国。此项移交一俟对日和约缔结后立即实现，但不迟于 1952 年末。二、一俟对日和约缔结后，但不迟于 1952 年末，苏联军队即自旅顺口海军基地撤退，并将该地区的设备移交中华人民共和国政府，而由中华人民共和国政府偿付苏联自 1945 年起对上述设备之恢复与建设的费用。三、对日和约缔结后，必须处理大连港问题。大连的行政，完全直属中华人民共和国政府管辖。现时大连所有财产凡为苏联方面临时代管或苏联方面租用者，应由中华人民共和国政府接收，并于 1950 年内完成。③ 同时，两国互换照会，"声明 1945 年 8 月 14 日中苏间所缔结之相当的条约与协定，均失去其效力，同样，双方政府确认蒙古人民共和国之独立

---

① 师哲回忆，李海文整理：《在历史巨人身边——师哲回忆录》，第 445 页。
② 《中华人民共和国与苏维埃社会主义共和国联盟友好同盟互助条约》，1950 年 2 月 14 日，中华人民共和国外交部编：《中华人民共和国条约集》第 1 集（1949—1951），法律出版社，1957 年，第 1—2 页。
③ 《中华人民共和国与苏维埃社会主义共和国联盟关于中国长春铁路、旅顺口及大连的协定》，1950 年 2 月 14 日，中华人民共和国外交部编：《中华人民共和国条约集》第 1 集（1949—1951），第 2—5 页。

地位，已因其 1945 年的公民投票及中华人民共和国业已与其建立外交关系而获得了充分保证"。①由此，1945 年 8 月 14 日订立的中苏《友好同盟条约》，以及《关于中国长春铁路之协定》《关于大连之协定》《关于旅顺口之协定》三个协定均被废弃。

中苏条约和协定的签订，符合两国的利益，有着极其重要的意义。通过这一条约和协定，中国真正结束了与苏联不平等的条约关系，解除了具有强权政治色彩《雅尔塔密约》的束缚，洗刷了这一协定给中国带来的耻辱。在谈判的整个过程中，中国代表团坚持维护国家主权的原则，与苏方进行了有理、有节的斗争，使得条约和协定基本上符合自己的意愿和利益。周恩来在归国途中很兴奋地说："我们这次把历史上的一些悬案作了一个总的解决，这只有我们人民的中国共产党领导的中国才能和苏联得到这样的解决。"② 同时，鉴于当时的实际情况和国际形势，中方也作了一些必要的让步，但掌握分寸，不留后患。如撤兵问题，中方主张应于协定上规定期限，"使中方日后收回旅顺口有法可依"。"如果协定形式不变，苏军虽撤离，以后随时可以进驻，于我不利。"③ 其他问题，也是在对方作出相应的保证之后才让步的。苏联也体现了社会主义国家的平等精神，尽管并不情愿，但最终还是放弃了1945 年条约和协定所获取的权益。毛泽东认为这个条约既是"爱国主义的条约"，"又是国际主义的条约"。④同时也要看到，由于斯大林及苏联"有大国主义和老子党传统"，更兼某种原因，担心"新中国可能走'民族主义道路'"，⑤ 仍表现出大国沙文主义和民族利己主义倾向。如秘密的《补充协定》，规定在苏联的远东和中亚地区、中国的东北和新疆，"不给予外国人以租让权利，并不准许第三国的资本或其公民以直接或间接形式所参加之工业的、财政的、商业的及其他的企业、机关、会社与团体的活动"。中方考虑

① 《中苏两国关于中华人民共和国关于苏联之间缔结条约与协定的公告》，1950 年 2 月 14 日，《新华月报》第 1 卷第 5 期，第 1085 页。

② 《周恩来在东北干部会上的报告记录》，1950 年 3 月 3 日，中共中央文献研究室编：《周恩来传》第 3 册，中央文献出版社，1998 年，第 1325 页。

③ 裴坚章主编：《中华人民共和国外交史》（1949—1951），世界知识出版社，1994 年，第 24 页。

④ 《缔结中苏条约和协定的重大意义》，1950 年 4 月 11 日，中华人民共和国外交部、中共中央文献研究室编：《毛泽东外交文选》，中央文献出版社、世界知识出版社，1994 年，第 132 页。

⑤ 裴坚章主编：《中华人民共和国外交史》（1949—1951），第 18 页。

当时美英等是敌视新中国的国家，为了照顾中苏团结的大局，接受了苏方的要求。斯大林也表示要把东北的敌伪财产和北京的苏联财产由中方接收。这就是后来周恩来所说的，两个势力范围交换两个东西，一是在上海给中方提供空中保护，二是给一点敌伪财产。[①]

二、 新中国彻底清除帝国主义在华特权

帝国主义在华军事、政治特权虽已没有条约依据，但还有着种种残余。新中国成立后，对其在华驻军权以及海关行政权的残余进行彻底的清除。

驻军权方面，主要是收回美、法、荷兵营地产，并征用其地面上的兵营和其他建筑。1950 年 1 月 6 日，北京军管会颁发布告，宣布："一、某些外国，过去利用不平等条约中所谓'驻兵权'，在北京市内占据地面，建筑兵营。现在此项地产权，因不平等条约之取消，自应收回。二、此项地产上所建之兵营及其他建筑，因地产权收回所发生之房产问题，我政府另定办法解决之。三、目前此项兵营及其他建筑，因军事上之需要，先予征用。四、此项征用，自布告之日起，七日后实施。"[②] 美、法、荷前领事接到命令后，曾借口与国民党政府所订条约，企图拖延抗拒。尤其是美国，更是极力反对。1 月 9 日，美前总领事奉美国务院命令，向周恩来提交一项通知，称美国政府根据《辛丑条约》，获得了这片供政府使用的土地的权利，这项权利由1943 年的中美条约予以重申。[③] 接收美国兵营地产的当天，美国务院发表声明，指责中国"侵占"了美国财产，"违反从 1901 年以来美国长期享有的条约权利"。[④] 新华社发表评论，批驳说：中国人民政治协商会议的《共同纲领》中已经明白宣布要取消一切帝国主义的在华特权和一切不平等条约，不管它们是"久已存在"的也好，还是"1943 年重申过"的也好。"北京市军管会有义务执行中国人民政协的《共同纲领》，但决无义务执行这些不平等

①　裴坚章主编：《中华人民共和国外交史》(1949—1951)，第 25 页。
②　《北京军管会征用外国兵营》，《新华月报》第 1 卷第 4 期。
③　《美国国务院关于我国接收美国驻北京领事馆财产的声明》，1950 年 1 月 14 日，世界知识出版社编：《中美关系资料汇编》第 2 辑，世界知识出版社，1960 年，第 38、39 页。
④　《美国国务院关于我国接收美国驻北京领事馆财产的声明》，1950 年 1 月 14 日，《中美关系资料汇编》第 2 辑，世界知识出版社，1960 年，第 36—37 页。

条约"。在北京的一切守法外侨，"应当无条件地服从和执行北京市军管会的命令，而不应当妄想保持旧日的特权，否则就是违背我国政府的命令，侵犯我国的主权"。1943 年的条约，"并没有重申美帝在华保有兵营的特权的字句"，美国所说的"侵占"，"是一种诬赖"。北京军管会所收回的不是任何领事馆的"办公地址及产业"，而是某些国家根据不平等条约中的所谓"驻兵权"而占据的地产。评论强硬表示："帝国主义者在中国所制造的一切不平等条约和侵略特权，必须废除。"① 收回各国兵营地产，并征用其房屋，"才真正废除帝国主义在中国'驻兵权'的遗迹，使丧失了整整 50 年的东交民巷的这些领土主权，才真正回到了祖国的怀抱"。②随后，天津、上海等地军管会也收回各外国兵营，帝国主义国家在中国驻军权被彻底肃清。③

　　海关行政也进行了全面的清理和彻底的改造，清除了帝国主义在旧中国长期统治海关所留下的种种印痕。1950 年 3 月 7 日，政务院发布了《政务院关于关税政策和海关工作的决定》，指出："在过去一百多年当中，帝国主义者侵犯了我国的海关自主权"，"一九四三年的所谓'取消不平等条约'，并没有真正实现海关的自主，只不过是把海关的管理权从一个帝国主义者转到另一个帝国主义者手里，海关的最高官员由美国人代替了英国人"。现在已经结束了"以上各种不平等与不自主的状态，收回了中国在关税政策方面的独立主权及管理海关事业的自主权"。④ 经过一年来的整顿，如周恩来所说，"基本上把半殖民地的海关改变过来了，现在已全部收回过去外国人在我国海关占有的特权，我们国家大门的'钥匙'已经由我们自己掌握了"。⑤随后，政务院继续清理帝国主义控制海关时所留下的种种痕迹。海关总署制定了《地方海关组织通则与各关编制暂行方案》，各地海关根据这一方案进行了内部组织的整编工作，解决了所谓"洋员"问题，完全取消了洋人税务司与总税务司制度。"对旧的一套人事制度给予了根本的批判"，尤其是对"与中国

---

① 新华社评论：《美国国务院的狡辩、诬赖和威胁》，《新华月报》第 1 卷第 4 期。
② 《人民日报》资料组：《北京东交民巷的外国兵营》，《新华月报》第 1 卷第 4 期。
③ 裴坚章主编：《中华人民共和国外交史》（1949—1951），第 261 页。
④ 《政务院关于关税政策和海关工作的决定》，中共中央文献研究室编：《建国以来重要文献选编》第 1 册，中央文献出版社，1992 年，第 100—101 页。
⑤ 徐达深主编：《中华人民共和国实录》第 1 卷（上），吉林人民出版社，1994 年，第 354 页。

社会经济生活水平背道而驰"的高薪待遇制度，取消了此方面"许多不合理的现象"，并对员工中残存的"超政治"、"崇拜英美"等错误思想进行了改造，等等。① 进一步，又制订了海关法规，改变了过去无法可依的状态，从法制的角度根本上改造了半殖民地的海关。1951 年 4 月 18 日颁布的《中华人民共和国暂行海关法》，标志着帝国主义在海关的条约特权残余的彻底清除。"旧海关是按照不平等条约和帝国主义在海关方面的代表人——外籍总税务司的命令来办事的，而独立自主的中国新海关必须严格依照中国人民自己的国家法律办事，不能再继续沿用帝国主义所制定的成规。"②

经过改造后的新中国海关，条约特权残余被彻底肃清。"帝国主义已由海关中根本的赶出去了，原在旧海关服务的洋员除极少数技术人员暂予留用外，均已解职"。过去以洋人总税务司为核心，"一切业务完全依照不平等条约或片面协定条款办理"的海关成规被彻底摒弃，而代之中国人民自己的国家法律。新的《海关法》"废除了以往一切有益于洋商不利于国人的办法"，③从根本上清除了海关在不平等条约时代的种种污垢，是"建设新中国海关制度的法律基础和具体纲领，充满了独立自主保护我国经济发展的原则精神"。④ 海关的职能得以规范化，不平等条约时代越俎代疱的种种事务和职务，"分别的移交于交通或公安部门，以明职权而专责成"。根据不平等条约及片面协定而确定的设关地点，也进行了调整，"凡为我对外贸易及国家经济情况不需要的口岸，均行封闭并撤销海关机构，集中人力物力，在开放口岸加强对外贸易的管制，以巩固我国经济国防"。体现"帝国主义统治殖民地"的旧海关人事制度，诸如考绩全凭密报，外籍关员的优厚待遇和高薪制等等，均被废除，代之以新的管理体制。海关经费也大大减少，与此前比较，"天壤悬殊"。旧海关的经费开支占税收的 20%，1950 年新海关仅占 2.5%。总之，"多年为帝国主义统治、为帝国主义及官僚资本主义服务、剥

---

① 孔原：《新中国海关的第一年》，《人民日报》1951 年 1 月 3 日。
② 《为建设独立自主的新海关而奋斗——祝中华人民共和国暂行海关法的颁布》，《人民日报》1951 年 4 月 21 日社论。
③ 丁贵堂：《新旧海关的比较》，《人民日报》1951 年 5 月 5 日。
④ 孔原：《海关制度的历史变革与中华人民共和国暂行海关法》，《新华月报》第 4 卷第 2 期。

削人民大众的旧海关","根本的扭转过来，变为独立自主为人民大众服务的新海关"。①

经济方面，新中国对帝国主义国家依仗条约特权所形成的势力及其影响，进行了全面的清理。新中国建立前夕，有人撰文提出，旧中国的工业，由于"外国资本的垄断"、"对外的依赖性"、"集中在几个殖民地化的都市"等缺陷，"必须全盘改造"，"取消帝国主义的特权"。②周恩来在一次讲话中说："要打破依赖帝国主义的观念。这种观念是一百多年来形成的，在一些人中间是根深蒂固的。旧中国不但在经济方面，而且在文化教育方面也是依赖帝国主义的；不但经济上受剥削，思想上也受毒化，这是很危险的。现在要清算、消除这些毒素。"③

三、 外国在华工商业的改造

关于外国在华工商业，新中国成立之初，党的方针是分别情况，以法为据，有所侧重，逐步清理。1950年11月5日，外交部提出《关于外资企业处理办法的初步意见》，根据意见，所有外国企业均要加以处理，只是时间迟早不同。处理的重点，是以美在华企业为主要对象；处理的方式，有军事管制、全面接管、没收及征用等；处理的步骤，根据外资企业的国别和类型，以及形势发展和中国的需要，分别缓急。④这一方针尚未开始实行，由于帝国主义的禁运政策，尤其是美国对华封锁，加速了这一进程。朝鲜战争爆发后，美国于1950年12月宣布对中国实行全面禁运，管制我在美资产。⑤在这种情况下，中国政府不得不采取相应的措施，立即开始对帝国主义国家，尤其是在华经济事业的清理。周恩来指出："最近美国宣布了冻结我国在美国境内的财产，这就给了我们一个很有利的机会，我们可以提早把美帝

① 丁贵堂：《新旧海关的比较》，《人民日报》1951年5月5日。
② 陈真：《旧中国工业的若干特点》，《人民日报》1949年9月24日。
③ 周恩来：《当前财经形势和新中国的几种关系》，1949年12月22日、23日，中共中央文献研究室编：《建国以来重要文献选编》第1册，中央文献出版社，1992年，第81页。
④ 裴坚章主编：《中华人民共和国外交史》（1949—1951），世界知识出版社，1994年，第265—266页。
⑤ 《中美关系资料汇编》第2辑（上），第326、352页。

国主义在我国的残余势力肃清。"① 1950 年 12 月 28 日，政务院发布命令，宣布管制美国政府和美国企业在中国境内的一切财产，"并进行清查"；"即行冻结"一切美国公私存款。② 翌年 5 月，中共中央作出了具体的指示，规定了对美在华企业财产的处理原则。按照这一指示，处理方式分为征用、代管、征购和管制四种，而以征用与加强管制为主。大多数美在华企业均进行了清理，或征用、或代管、或征购，一般企业也要"促其自行清理结束"，只是少数在政治上经济上无大妨碍的企业，可在几个城市保留一些。③ 在轮船业，中央政府则完全否定了外资企业的合法存在。④ 在对外贸易方面也进行了改造，实行"奖出限入"的政策，"改变了近百年来对外贸易的半殖民地性格"。⑤ 政务院制定了《对外贸易管理暂行条例》，⑥ 一方面允许外商在华经营贸易，一方面又予以严格的管制。关于土地问题，中央政府先后颁布了相关法规，处理了外国私人、团体或政府在中国所拥有的房地产。包括不承认外国人在中国境内有土地所有权，不准许他们买卖或继承土地，对外国人占有的农田和农村空地予以没收或征收，对有建筑物的基地随同处理建筑物予以收回，等等。1953—1956 年间，采取各种方式处理了外国私人或团体的房地产。⑦

　　鉴于英国对新中国采取不友好的态度，非法扣押中国留在香港的中国航空公司和中央航空公司的全部飞机资产，中国政府对英在华企业也作了处理。1951—1952 年间，中国政府先后征用英国在华的亚细亚火油公司、⑧ 英

---

① 徐达深主编：《中华人民共和国实录》第 1 卷（上），吉林人民出版社，1994 年，第 417 页。
② 《关于管制美国财产、冻结美国存款的命令》，《新华月报》第 3 卷第 3 期。
③ 中共中央：《关于处理美国在华财产的指示》，1951 年 5 月 15 日，徐达深主编：《中华人民共和国实录》第 1 卷（上），第 492 页。
④ 交通部 1951 年 6 月 19 日公布的《轮船业管理暂行规则》第 4 条规定："私营轮船业资本应完全由中国人民投资，不准参入外资，公私合营之私营部分亦同。"〔中央人民政府法制委员会编：《中央人民政府法令汇编》（1951），总编号（2），法律出版社，1982 年，第 365 页〕
⑤ 王祖光：《自力更生的华北对外贸易》，《新华月报》第 1 卷第 1 期。
⑥ 中央人民政府法制委员会：《中央人民政府法令汇编》（1949—1950），总编号（1），法律出版社，1982 年，第 337 页。
⑦ 裴坚章主编：《中华人民共和国外交史》（1949—1951），第 264—270 页。
⑧ 《政务院关于征用英国在我国各地的亚细亚火油公司财产及征购其全部存油的命令》，1951 年 4 月 30 日，世界知识出版社编：《中华人民共和国对外关系文件集》（1951—1953）第 2 集，世界知识出版社，1958 年，第 18—19 页。

联船厂和马勒机器造船厂、上海英国电车公司、自来水公司、煤气公司，以及在上海、天津和武汉的英国隆茂洋物的全部财产。①又由于英国追随美国，对中国采取禁运政策，致使其在华企业遇到重大困难，几乎全部在华公司准备申请结束业务。1952 年 7 月，外交部副部长章汉夫对此发表声明："在华英商的困境是英国政府管制禁运政策所给予他们的苦果"。"英国的任何公司和厂商，或其在中国境内的公司和厂商，以及由英国公司厂商所联合组织的团体，只要是不怀垄断企图而且愿意在平等互利的基础上与中国进行贸易的，都可以随时和中国的公司贸易机构进行接洽，建立联系，举行具体的业务谈判。"②

至 1952 年，曾经控制着中国的财政金融，并掌握着中国最重要的工业生产的外资企业已失去了原来的地位。其原因如薛暮桥当时所分析的，主要有二：一是"取消了帝国主义在中国的特权，允许外资企业在服从中国政府法令的条件下仍然继续经营"。由于它们"向来是依仗帝国主义特权而发展起来的，随着这种特权的消灭，它们便因经营腐败大部分感到难于维持"。二是由于"美国对我封锁禁运并冻结我们的国外资产以后，美帝国主义的在华企业大部分已受我政府管制，其他外资企业也因封锁禁运而遇到更大的困难"。"帝国主义统治中国的时代，显然已经一去不复返了。"③ 据统计，到 1953 年，外资企业及资产大大减少，"基本清除了帝国主义在我国工业和其他经济领域的侵略势力，并进一步扩大了社会主义国有的工业和其他经济事业的阵地"。④

1953 年中国开始实行第一个五年计划，并对资本主义工商业进行社会主义改造，加快了对外国在华产业清理工作。该年 6 月召开了外事工作会议，对以往清理外国企业的经验作了总结，在此基础上，确定了以下基本方针：一、有计划、有步骤、有重点地清理帝国主义在中国的产业，而与其开展平

---

① 裴坚章主编：《中华人民共和国外交史》(1949—1951)，第 267 页。
② 《外交部章汉夫副部长就英国政府有关中英两国贸易问题的照会的声明》，1952 年 7 月 5 日，《新华月报》1952 年 8 月号（总第 34 期）。
③ 薛暮桥：《三年来中国经济战线上的伟大胜利》，《新华月报》1952 年 10 月号。
④ 汪海波主编：《新中国工业经济史》，经济管理出版社，1986 年，第 61 页。

等互利的贸易额往来。二、按照国籍、系统、行业等各种不同的具体情况，区别对待，个别处理，稳步前进。三、密切结合国内外形势，根据有关国家对中国的态度、国内建设的需要与可能，以及外国产业本身的问题与意愿，按照有理、有利、有节的原则，采取多种处理方式。当时实际采用方式主要有四种，即军事管制、征用、代管和对价转让。对价转让方式对双方有利，政治上平和，也不留未了事项，因此后期多采用此种方式。至 1956 年底，除全部清理完美国产业外，主要是继续清理英国产业，同时清理法国和其他国家的在华产业。包括英国在华企业总资产的 93.1%、法国在华企业总资产的 98.9%、一般资本主义国家在华企业总资产的 55.4%。再经过扫尾工作，所剩外国企业不到 10 家，清理外国在华企业和房地产的任务基本完成。[①]

50 年代由美国冻结中国在美资产所引起的一系列问题，在中美关系上留下了一些阴影。中美建交后，两国政府"为了在平等互利的基础上并按照中美建立外交关系的联合公报的精神，发展双边经济和贸易关系"，[②] 于 1979 年 5 月 11 日签订了《中华人民共和国政府和美利坚合众国政府关于解决资产要求的协议》，对这些问题作了妥善解决。

四、　清除帝国主义在华宗教及教育特权

新中国还彻底清除了帝国主义在华宗教及文化教育方面的条约特权残余，这是各届民国政府在修废不平等条约的交涉中均未提及的工作。尽管这些特权已无条约依据，但其通过条约特权而形成的宗教文化势力相当大，党和国家对此非常重视。毛泽东说："帝国主义在我国设立的教会学校和宗教界中的反动势力"，"是我们的敌人"。"这场斗争是很激烈的，是历史上没有过的"，我们要"跟帝国主义斗争到底"。[③]

这是一场特殊的斗争，中国共产党将清理这一领域的条约特权与党的统战工作结合起来。李维汉在 1950 年召开的第一次全国统战工作会议报告中

---

① 裴坚章主编：《中华人民共和国外交史》（1949—1951），第 268—270 页。
② 《中美两国政府关于解决资产要求的协议在北京签字》，《人民日报》1979 年 5 月 12 日。
③ 《不要四面出击》，1950 年 6 月 6 日，中共中央文献研究室编：《建国以来毛泽东文稿》（1949.9—1950.12），中央文献出版社，1987 年，第 397—398 页。

提出："从其内部展开民族民主觉醒运动，使在政治和经济上真正与帝国主义侵略势力和国内反动势力割断联系，成为'自治'、'自给'、'自传'的宗教团体。"① 周恩来亦指出，"我们的政策，是要保护宗教信仰自由"，"我们主张宗教要同帝国主义割断联系"，"中国的宗教应该由中国人来办"。② 随后，周恩来在有关座谈会上指出，近百年来基督教传入中国和它对中国文化的影响，"是同帝国主义对中国的侵略联系着的。基督教是靠着帝国主义枪炮的威力，强迫中国清朝政府所签订的不平等条约而获得传教和其他特权的"。在今天，"美帝国主义仍企图利用中国的宗教团体来进行破坏中华人民共和国的活动"。他提出了解决这一问题的基本思想，即："割断同帝国主义的联系"，"摆脱帝国主义的控制"，依照三自（自治、自养、自传）的精神，提高民族自觉，恢复宗教团体的本来面目，使自己健全起来；"不搞反宗教运动"，"中国人民有宗教信仰的自由"，但今天的中国"不是一个基督教国家"，"传教是要受到若干限制的"；"不再请外国传教士到中国来"，自力更生办教会，"不应该再向外国募捐"，要"自己办教"；对基督教，"一方面不能无原则地团结，另一方面不要脱离广大群众"，"要团结多数，争取中间分子，打击极少数反动分子"，等等。③

1950 年 7 月发生的辅仁大学事件，促使党和政府加速进行宗教革新运动，收回教育主权。事件发生的同时，政务院制定了有关高等教育的文件，如《政务院关于高等学校领导关系的决定》《教育部关于实施高等学校课程改革的决定》《高等学校暂行规程》和《专科学校暂行规程》等，规定了高等教育的方针政策。其中《私立高等学校管理暂行办法》特别规定："私立高等学校的行政权、财政权及财产所有权均应由中国人掌握"；"私立高等学

---

① 《人民民主统一战线的新形势与新任务》（1950 年 3 月 21 日在中共中央统一战线工作会议上的报告），《李维汉选集》编辑组编：《李维汉选集》，人民出版社，1987 年，第 221 页。

② 周恩来：《发挥人民民主统一战线积极作用的几个问题》，1950 年 4 月 13 日，中共中央文献研究室编：《建国以来重要文献选编》第 1 册，中央文献出版社，1992 年，第 186 页。

③ 周恩来：《关于基督教问题的四次谈话》，1950 年 5 月 2 日—20 日，《建国以来重要文献选编》第 1 册，第 220—227 页。

校不得以宗教课目为必修科或强迫学生参加宗教仪式与活动。"①这些文件坚决维护中国的教育主权，完全否定了不平等条约给中国高等教育造成的不正常的现象，是清理旧中国有关教育方面的条约特权的依据。在处理该事件的过程中，教育部部长马叙伦向该校教会代表芮歌尼（Rigney）阐述了新中国对教会学校的五个原则：一、在一个独立民主的国家里，不允许外国人办学校，除非是他们的侨民自己设立而为教育他们的子女的学校，这是世界通例。二、外国人在旧中国所办的教会学校，在遵守《共同纲领》及教育方针与法令的条件下，可以暂时允许它继续办，但中央政府有收回自办的权利，不允许新设这类学校。三、宗教与学校教育必须明确分开，在学校课堂内不允许进行做礼拜、查经等宗教活动。四、高等学校可以设宗教课程，但只准是选修，不允许任何强迫与利诱学生选修宗教课程。五、最近颁布的《高等学校暂行规程》和《私立高等学校管理暂行办法》，是全国私立高等学校都遵守的法令。又针对辅大事件，马叙伦提出了具体的解决办法并指出，信教自由，同时不信教也是自由的，批评宗教也是自由的。因此，不能把不信教与批评宗教就认为是违反《共同纲领》，也不能把不信教批评宗教认为是反宗教的行动。在中国境内的学校，必须设革命的政治课，这是教育法令。进行革命的政治教育与保障宗教信仰自由，同是中华人民共和国的既定政策。②由于教会拒绝接受中国政府的教育方针和解决方针和办法，教育部报请政务院批准，将辅仁大学收回自办。1952 年 5 月 19 日，辅仁大学与北京师范大学合并，该校校名取消。③ 辅仁大学事件的实质，如陈垣所说，"是争教育主权，不关宗教信仰"。④对此事的处理，亦体现了党和政府收回教育主权的坚定态度，以及保护宗教信仰自由的政策。

在这期间，中共中央于 1950 年 8 月 19 日下发了"关于天主教、基督教问题的指示"，提出："我们现在的任务，不是进行群众的反宗教运动"，

---

① 《私立高等学校管理暂行办法》（1950 年 7 月 28 日政务院第 43 次政务会议通过，1950 年 8 月 14 日教育部公布），中央人民政府法制委员会编：《中央人民政府法令汇编》（1949—1950），总编号（1），法律出版社，1982年，第 602、603 页。

② 马叙伦：《为接办辅仁大学发表的书面谈话》，1950 年 10 月 12 日，《新华月报》第 3 卷第 1 期。

③ 徐达深主编：《中华人民共和国实录》第 1 卷（上），第 677 页。

④ 陈垣：《辅仁大学反帝斗争的经过》，《大公报》1950 年 10 月 22 日。

而是"广泛进行唯物主义与科学知识的宣传，来逐渐缩小宗教的市场"，"有步骤地使教会摆脱帝国主义的影响及其经济关系，把教会变为中国人自治、自传、自养的宗教事业"。指示还提出了处理教会一些具体问题的原则。① 指示下达之后，经过努力，基督教和天主教均行动起来，形成了全国性的革新运动。

美国宣布对中国实行禁运，并冻结中国在美国的一切公私财产之后，党和政府进一步采取措施，彻底肃清其在宗教及文化教育方面的影响。1950 年 12 月 29 日，郭沫若副总理在政务会议上作了《关于处理接受美国津贴的文化教育救济机关及宗教团体的方针报告》，提出处理此类机关团体的方针，或实行完全自办，或接办改为国家事业等，"把一百余年来美国帝国主义对中国人民的文化侵略，最后地、彻底地、永远地、全部地加以结束"。② 会议决定，"责成政务院文化教育委员会本此方针，会同各有关部门，迅速定出实施办法，予以完全实现"。③ 1951 年 2 月 12 日，政务院发出《关于接受美国津贴的宗教学校处理办法》；3 月 5 日又发布通令，要求省市以上应设各级接受美国津贴救济机关处理委员会，统一进行调查、研究、计划、指导、处理等工作。④ 相关部门制订了具体的办法，并召开各种会议，予以实施。如教育部发出《关于处理接受美国津贴的教会学校及其他教育机关的指示》，⑤拟定了具体办法，逐步处理接受外国津贴的教会学校，收回教育主权。在对外资津贴学校进行登记之后，有计划地先接办美资津贴学校，再接办所有外资津贴学校。至 1953 年 7 月底，全部外资津贴学校接办完毕。⑥ 卫生部制定了《处理美国津贴的医疗机构实施办法（草案）》，经政务院批准实施，对接受美国津贴医疗机构，或由政府予以接办改为国家事业，或由私人团体继

① 《中共中央关于天主教、基督教问题的指示》，1950 年 8 月 19 日，中共中央文献研究室编：《建国以来重要文献选编》第 1 册，第 409—412 页。

② 郭沫若：《关于处理接受美国津贴的文化教育救济机关及宗教团体的方针的报告》，1950 年 12 月 29 日，《人民日报》1950 年 12 月 30 日。

③ 《中央人民政府政务院关于处理接受美国津贴的文化教育救济机关及宗教团体的方针的决定》，1950 年 12 月 29 日，《人民日报》1950 年 12 月 30 日。

④ 徐达深主编：《中华人民共和国实录》第 1 卷（上），第 446、455 页。

⑤ 徐达深主编：《中华人民共和国实录》第 1 卷（上），第 428—429 页。

⑥ 杭苇：《接管上海中小学的一些回忆》，中国人民政治协商会议上海市委员会文史资料工作资料委员会编：《上海解放三十五周年文史资料纪念专辑》，上海人民出版社，1984 年，第 371 页。

续经营改为中国人民完全自办之事业。①

在教育主权逐步收回的同时，宗教革新运动进入一个新阶段。1951 年 3 月 5 日，中共中央发布了"关于积极推进宗教革新运动的指示"，指出："这是一个有重要政治意义的群众运动，各地应予积极领导。"② 由于党和政府的大力推动，如毛泽东亲自指示宣传推广运动中出现的典型，宗教革新运动获得迅速发展。广大教徒纷纷响应，在吴耀宗等人发表的三自宣言上签名。③ 天主教的三自革新运动，也迅速在全国铺开，获得重要的进展。④ 如 15000 名天主教徒签名发表《天津市天主教自立革新宣言》。宣言谴责了列强在近代攫取的传教条约特权，"一连串的不平等条约里，都明文载定'在华传教特权'，目的就是借教会作为他们侵略工具。帝国主义者借在华传教自由特权，致使散布在全国的教堂形同租界"。⑤

1951 年 4 月，根据"处理接受美国津贴的文化教育救济机关及宗教团体的方针的决定"，政务院召开了两个会议，进一步将宗教革新运动推向深入。一是"处理接受美国津贴的基督教团体会议"，其任务，"是彻底切断中国基督教与美帝国主义的一切关系，并协助爱国基督徒推进三自革新运动，以实现政务院的决定"。⑥ 会议讨论并通过了《对于接受美国津贴的基督教团体处理办法》，经政务院于 7 月 24 日批准公布。该《办法》规定，中国各基督教教会及团体，应与美国差会及大部分由美国经费支持之其他非美国的差会，立即断绝关系，上述差会应即停止活动，等等。⑦ 与会代表发表联合宣言，号召全国的同道坚决拥护政务院的决定，"最后地彻底地永远地全部地割断与美国差会及其他差会的一切关系，实现中国基督教的自治、自养、自传"。⑧ 并决定发起组织中国基督教抗美援朝三自革新运动委员会筹备委员

① 徐达深主编：《中华人民共和国实录》第 1 卷（上），第 458 页。

② 《中共中央关于积极推进宗教革新运动的指示》，1951 年 3 月 5 日，中共中央文献研究室编：《建国以来重要文献选编》第 2 册，中央文献出版社，1992 年，第 94—98 页。

③ 陈秀萍编著：《沉浮录——中国青运与基督教男女青年会》，同济大学出版社，1989 年，第 143 页。

④ 《全国天主教人士的爱国运动》，《新华月报》第 3 卷第 4 期。

⑤ 《天津市天主教自立革新宣言》，《新华月报》第 4 卷第 1 期。

⑥ 《处理接受美国津贴的基督教团体会议经过》，《新华月报》第 4 卷第 1 期。

⑦ 《对于接受美国津贴的基督教团体处理办法》，1951 年 7 月 24 日，《新华月报》第 4 卷第 4 期。

⑧ 《中国基督教各教会团体代表联合宣言》，1951 年 4 月 21 日，《新华月报》第 4 卷第 1 期。

会。此次会议，"标志着基督教徒人士在爱国主义的旗帜下，更密切地团结在人民政府的周围，坚决斩断与美帝国主义的一切关系，彻底肃清美帝国主义文化侵略的影响"。① 二是"处理接受美国津贴救济机关会议"，其任务，是对上述救济社团及救济机关进行处理。会议用协商方式，具体商定了各项有关问题，通过了"关于处理接受美国津贴的救济社团及救济机关实施办法"，呈请政务院批准后实施。②全体代表发表宣言，表示：拥护人民政府和中国共产党，拥护政务院的决定等，"坚决拒绝美国津贴，割断与美帝国主义的一切联系，依靠人民自己，来办好救济福利事业"。③ 这两个会议，尤其是第一个会议，"对于基督教与天主教革新运动的发展有很大意义"。④

进而，宗教革新运动向纵深发展，最终完成了这一历史性的转变。1954年7—8月，在北京举行了中国基督教全国会议。会议通过了四项决议以及关于拥护中华人民共和国宪法草案的决议和谴责美帝国主义侵略中国破坏和平的决议，并成立了中国基督教三自爱国运动委员会。这次会议是中国基督教的重要里程碑，表明它已完全割断了与西方基督教的联系，走上了一条新的道路。1957年6—8月，在北京召开了"中国天主教友第一次代表会议"预备会议和正式会议。这是一次"中国天主教历史上空前的由中国教徒自己当家作主的"会议，通过了"中国天主教友爱国会章程"，宣告成立"中国天主教友爱国会"（后来改称"中国天主教爱国会"）。会议标志着中国天主教完全摆脱了与帝国主义和梵蒂冈政治上、经济上的关系，真正实现了自治、自养、自传。这样，经过新中国建国初年的收回教育权和宗教革新运动，宗教、文化教育领域里的条约特权残余，得到了彻底的清扫。

在中国共产党的领导下，经过建国初期的一系列运动，中国一百多年来不平等条约关系的残余得到了彻底的清理，帝国主义给中国留下的各种垃圾被打扫干净，这是此前修约交涉和废约运动所没有，也难以做到的。这些不平等残余的清除，中国独立自主的主权地位才真正得以体现，中华民族在世

---

① 《处理接受美国津贴的基督教团体会议经过》，《新华月报》第 4 卷第 1 期。
② 《会议概况》，《新华月报》第 4 卷第 1 期。
③ 《全体代表联合宣言》，1951 年 4 月 30 日，《新华月报》第 4 卷第 1 期。
④ 林洪：《基督教和天主教革新运动的新发展》，《人民日报》1951 年 6 月 20 日。

界上才真正站立起来，中外之间才可能建立真正平等的条约关系。

五、 收回香港、澳门主权及不平等条约残余的彻底清除

需要指出，在清除不平等条约残余的同时，中国没有触及香港、澳门，这并非是软弱妥协，而是出于全球战略和新中国经济建设的需要。此前中国共产党便确立了暂时不动香港的决策，1951 年春，周恩来对这一策略作了更详尽的阐述，指出：这是"东西方斗争全局战略部署的一部分"，"我们在全国解决之前已决定不去解放香港"。仍让英国占领香港，"是不能用狭隘的领土主权原则来衡量的，来作决定的"。"从长期的全球战略上讲，不是软弱，不是妥协，而是一种更积极主动的进攻和斗争。""香港是大英帝国在远东政治经济势力范围的象征。在这个范围内，英国和美国存在着矛盾的斗争。因此，在对华政策上美英也有极大的分歧和矛盾。美国要蚕食英国在远东的政治经济势力范围，英国要力保大英帝国的余晖。那么保住香港，维持对中国的外交关系，就成了英国在远东的战略要点。"将香港留在英国人手上，我们反而主动，因为"我们抓住了英国人的一条辫子"，"就拉住了英国，使它不能也不敢对美国的对华政策和远东战备部署跟得太紧，靠得太拢。这样我们就可以扩大和利用英美在远东问题上对华政策的矛盾"，我们"可以最大限度地开展最广泛的爱国统一战线工作，团结一切可以团结的人，支持我们的反美斗争，支持我们的国内经济建设"。在这种情况下，香港对我们大有好处，大有用处。"香港是我们通往东南亚、亚非拉和西方世界的窗口。它将是我们的瞭望台、气象台和桥头堡。它将是我们突破以美国为首的西方阵营对我国实行经济封锁的前沿阵地。"[①]

但是，中国政府从来未放弃收回香港，曾一再表示不承认不平等条约，要维护中国主权的主张。例如，1963 年 3 月 8 日，《人民日报》发表题为《评美国共产党声明》的评论说："我国政府在中华人民共和国成立时就宣布，对于历史遗留下来的历届中国政府同外国政府所订立的条约，要分别按

---

① 金尧如：《保持香港现状和地位——毛主席和周总理的战略思想》，《香港经济日报》1993 年 7 月 2 日，第10 版。转自余科杰：《对"暂时不动香港"战略方针的历史考察》，《四川党史》1997 年第 4 期。

其内容，或者承认，或者废除，或者修改，或者重订。"还有一些历史遗留下来悬而未决的问题，"我们一贯主张，在条件成熟的时候，经过谈判和平解决；在未解决之前维持现状。例如香港、九龙、澳门问题，以及一切未经双方正式划定的边界问题"。① 中国恢复在联合国的合法席位之后，常驻联合国代表于 1972 年 3 月 8 日，反对英国将香港和澳门列入殖民地地区名单的建议，指出："香港和澳门是被英国和葡萄牙当局占领的中国领土的一部分，解决香港、澳门问题完全是属于中国主权范围内的问题，根本不属于通常的所谓'殖民地'范畴。因此，不应列入反殖宣言中适用的殖民地地区的名单之内。"②这一主张为联合国有关决议所接受。1982 年 1 月，国务院总理赵紫阳会见英国掌玺大臣阿特金斯（Humphrey Atkins），再度说明中国的立场，指出：中国对香港、九龙、新界全部领土享有主权。中华人民共和国于 1949 年成立之后不久，即宣布过去一切不平等条约作废。③ 1982 年，针对英国首相撒切尔"三个条约继续有效，不应推翻"的论调，新华社发表评论员文章，指出：三个条约有效论"是中国人民绝对不能接受的"。这些条约"都是 19 世纪英帝国主义推行'炮舰政策'，侵略中国的产物，都是强加在中国头上的不平等条约，也是英帝国主义掠夺中国领土的铁证。中国人民一贯认为这些条约是非法的、无效的"。④

显然，中国对香港、澳门问题的立场，是建立在否认不平等条约关系，维护国家主权基础之上的，其后所进行的谈判以及这一问题的最终解决，均是以此为据。70 年代末，新界租期渐近届满，更由于党的十一届三中全会后，我国进入了一个新的历史发展时期，解决香港问题的时机已趋成熟。1979 年 5 月，中国外交部部长助理宋之光回答法国代表团有关香港前途的提问时说，香港是中国领土的一部分，当租约期满时，我们将以适当的方式来

① 《评美国共产党声明》，《人民日报》1963 年 3 月 8 日。
② 吴学谦：《就提请审议中英关于香港问题协议文件向全国人大常委会的报告》，人民出版社编：《香港问题文件选辑》，人民出版社，1985 年，第 17 页。
③ 姜秉正：《香港问题始末》，陕西人民出版社，1987 年，第 177 页。
④ 《我们对香港问题的严正立场》，见李后：《百年屈辱史终结——香港问题始末》，中央文献出版社，1997 年，第 91 页。

解决这个问题。① 1982 年 9 月英国首相玛格丽特·撒切尔访华，两国开始了实质性的讨论，中方宣布了中国政府解决香港问题的两大基本方针：一是中国一定要在 1997 年收回整个香港地区，恢复行使主权；二是在恢复主权的前提下，保持香港的繁荣和稳定。② 邓小平会见撒切尔夫人时坚定地表示："中国在这个问题上没有回旋余地。坦率地讲，主权不是一个可以讨论的问题。现在时机已经成熟了，应该明确肯定：1997 年中国将收回香港。就是说，中国要收回的不仅是新界，而且包括香港岛、九龙。中国和英国就是在这个前提下来进行谈判，商讨解决香港问题的方式"。"不迟于一二年的时间，中国就要正式宣布收回香港这个决策。我们可以再等一二年宣布，但肯定不能拖延更长的时间了。"③ 根据解决香港问题的两项基本方针，中国政府提出了"一国两制"的构想。1982 年 12 月通过的《中华人民共和国宪法》作了相应规定，为实行"一国两制"提供了法律依据。

　　经过反复交涉，1984 年 12 月 19 日，中国国务院总理赵紫阳与英国首相撒切尔夫人在北京正式签署《中华人民共和国政府和大不列颠及北爱尔兰联合王国政府关于香港问题的联合声明》。在《联合声明》中，中华人民共和国政府声明："收回香港地区（包括香港岛、九龙和'新界'，以下简称香港）是全中国人民的共同愿望，中华人民共和国政府决定于一九九七年七月一日对香港恢复行使主权。"英国政府声明："联合王国政府于一九九七年七月一日将香港交还给中华人民共和国。"同时，中国政府还声明，根据宪法规定，设立香港特别行政区，实行香港"享有高度的自治权"的种种政策，"并在五十年内不变"。④ 中英《联合声明》的签订，使中国得以恢复在香港行使主权，"为国际社会通过和平协商解决历史遗留问题提供了一个范例"。⑤随后，中葡也开始了澳门问题的谈判。1987 年 4 月 13 日，中葡两国政府总

---

① 姜秉正：《香港问题始末》，陕西人民出版社，1987 年，第 177 页。

② 萨本仁、潘兴明：《20 世纪的中英关系》，上海人民出版社，1996 年，第 399 页。

③ 《我们对香港问题的基本立场》，中共中央文献编辑委员会编：《邓小平文选》第 3 卷，人民出版社，1993 年，第 12—14 页。

④ 《中华人民共和国政府和大不列颠及北爱尔兰联合王国政府关于香港问题的联合声明》，《香港问题文件选辑》，第 63—66 页。

⑤ 《当代世界历史上的重大事件——祝贺中英关于香港问题的联合声明正式签署》，《人民日报》1984 年 12 月 19 日社论。

理正式签订《中华人民共和国政府和葡萄牙共和国政府关于澳门问题的联合声明》。两国政府声明："澳门地区（包括澳门半岛、冰仔岛和路环岛，以下简称澳门）是中国领土，中华人民共和国政府将于一九九九年十二月二十日对澳门恢复行使主权。"同时，中国政府声明：中国根据"一个国家，两种制度"的方针，对澳门所实行的政策，包括在澳门设立中华人民共和国澳门特别行政区，以及澳门"享有高度的自治权"等政策。① 至此，澳门问题也如香港一样获得了圆满的解决。

香港、澳门的终于收回，解决了中英、中葡之间的这一历史遗留问题，近代不平等条约关系最后的残余被彻底清除。

---

① 黄鸿钊：《澳门史纲要》，福建人民出版社，1991 年，第 300—302 页。

结　语

一

　　近代中外条约关系史从概念上而言系指中国与外国政府或国际组织围绕条约而进行的交往史，包括条约的缔结、执行以及废除。具体到不同的国别和时段，这三个环节可能有所侧重，历史遗留条约只存在执行或废除环节，而新订条约重在缔结环节。条约关系所涉及这三个环节的理论阐释已经在第一卷有系统论述。本卷所论述的抗战废约与中外平等条约关系的基本形成及历史趋向，展现了抗战及战后时期中外条约关系史的这三个环节的基本方面。考虑到促进条约关系发展的政府及民间力量的综合作用，本卷在围绕这三个基本方面论述的同时，增加了中国政府的政策选择以及民众运动。事实上，对于研究中外条约关系变化而言，政府的政策变化及国内舆论亦是极为重要的方面。需要指出的是，抗战时期中外条约关系的变化，主要起因仍是战争，从"七七"事变到太平洋战争的全面爆发，构成了中外条约关系变化的大背景。由于中国自近代以来笼罩于不平等条约的罗网之下，废除不平等条约是数代中国人的夙愿。鉴于这一历史原因，废约成为中外条约关系史三个重要环节上最重要的一环。本卷内所论述的废约具有典型特征，可以概括为"抗战废约"。这一提法事实上亦已久为学界所引用。

　　"在近代，中外条约关系的建立、发展及其转变，战争往往是前提，甚至是根本性的要素"，"作为一种法律关系，条约关系最终要在战后通过外交程序结束战争并订立协议，以确定中外间的权利义务"。① 全面抗战的爆发是此时期中外条约关系的变化的直接原因。但需要清楚的是，中国的废约运动自一战以来就已经开始了，南北两个政府同时开启了针对旧有不平等条约的修改或废除的运动，北京政府依照华盛顿会议的决议，发起了关税自主运动及法权调查会议，并适时废除了个别条约到期国家的旧约；南方政府则在中国共产党的号召下发起了革命外交，号召废除一切不平等条约。"九一八"

---

① 参见《中外条约关系通史》第一卷相关部分。

事变的爆发，打断了南京国民政府开启的关税自主运动，修约交涉被应对日本侵华的外交交涉所取代。由"九一八"事变开启的 14 年抗战对于中外条约关系而言，抗战前期更多的是建交条约和诉诸国际公约，全面抗战爆发后，由于中日条约关系的断绝，中外条约关系进入剧烈变化期。

抗战爆发前，中国已经致力于修约运动，并在广大国民的支持下取得了列强的口头废约许诺，还部分地收回了一些租界和租借地。中国希望能够建立一个基于平等互惠原则的对外条约关系，而要完成这一目标，首先要做的就是废除旧有不平等条约。抗战废约的基本实现，是全体中国人用不屈的民族意志换来的，也是中国共产党实行正确路线的必然。

全面抗战爆发后，对既有条约体系的认识和利用，体现了国民政府的外交政策和抗日战略，本卷对此有特别的说明。抗战废约构成了这一时期中外条约关系的基本特征，其背后则体现出中国在反法西斯战争中逐步获得了国家主权的完全独立。"抗战废约"对应的另外一条就是缔结新约，旧约的废除及新约的订立体现了中外条约关系的变化。本卷除重点论述中日、中美、中英、中苏条约关系的变化之外，将中法及其他中小国家的条约关系亦纳入了讨论的范围。荷兰作为战时盟国，可视为中小国家的代表，中荷废除旧约订立新约的过程，展现了战时中外条约关系变化的一个典型特征。实现中华民族的伟大复兴是近代以来中国志士仁人的夙愿。1840 年鸦片战争以来，中国逐步沦为半殖民地半封建社会，列强以强迫、诈欺等手段，强迫中国陆续签订了 340 个以上的不平等条约，"国家蒙辱、人民蒙难、文明蒙尘"，"中华民族遭受了前所未有的劫难"。从那时起，"实现中华民族伟大复兴，就成为中国人民和中华民族最伟大的梦想"。[①] 束缚在中国人民身上的不平等条约的枷锁，就是这种苦难最直接的体现，也是中国国际地位落入谷底的表现。中国共产党成立后，发表的第一份《中国共产党对于时局的主张》，就旗帜鲜明地向全国人民表明了共产党的政治立场。其中第一条就是废除不平等条约。主张明确提出：改正协定关税制，取消列强在华各种治外法权，清偿铁

① 习近平：《在庆祝中国共产党成立 100 周年大会上的讲话》，人民出版社，2021 年，第 2—3 页。

路借款，完全收回管理权。①

习近平总书记为《复兴文库》写的序言中指出："中国共产党成立后，团结带领人民前赴后继，进行艰苦卓绝的斗争，坚持马克思主义指导地位，找到了实现中华民族伟大复兴的正确道路。"② 全民族抗战的 8 年是中华民族复兴的枢纽，是中华民族伟大复兴的重要节点。抗战胜利赢得了近代以来第一次反抗外敌入侵完全意义上的胜利，由于抗日战争中的卓越贡献，中国跻身四强之列，成为联合国安理会的常任理事国，为战后获得国际事务发言权奠定了基础。在此之后，中外条约关系实现了基本平等，并显现出了走向完全平等的趋向，中华民族及中国人民"在复兴之路上坚定前行"。

二

"七七"事变爆发后，中日之间进入全面战争状态，敌我阵营逐渐分化。争取多数国家的同情和援助，并尽可能地孤立日本，是此时国民政府外交战略的重点。在此外交战略之下，中外之间的条约关系呈现出的特点较抗战前期有所不同，最为显著的一个特色就是尽可能在现有条约中发现有利于中国抗战的条款，尽快建立有利于中国抗战的条约关系网。就大国之间的双边关系而言，中苏之间迅速订立了互不侵犯条约，为获得苏联武器援助扫清了障碍。事实证明，全面抗战初期苏联的武器对中国"苦撑待变"发挥了至关重要的作用。在对日关系上，是否宣战，继而断绝中日之间的一切条约关系，为国民政府所反复考虑。经过利弊两端的权衡，在英美等国的外交交涉下，一直到太平洋战争爆发之前，中日之间处于战而不宣的状态，但两国的条约关系事实上已经处于废止状态。在此期间，仍有一批国家与中国建立起了友好关系，这些建交国丰富了战时中国的双边条约关系网，亦为战时废约提供了可资借鉴的平等条约的蓝本。

与双边条约关系相比，中国外交的主战场集中于利用公约和多边条约。

---

① 《中国共产党对于时局的主张》（1922 年 6 月 15 日），《建党以来重要文献选编（1921—1949）》第一册，第 97 页。

② 《在复兴之路上坚定前行——〈复兴文库〉序言》（2022 年 9 月 20 日），金冲及总主编：《复兴文库》第二编第八卷《抗日战争与中国国际地位的转变》，中华书局 2022 年，第 1—5 页。

中国希望通过现有的国际公约及多边条约实现对日本的制裁，以图达到阻止日本侵略的目的。国民政府对国联的申诉，对召集包括美苏在内的《九国公约》签字国会议的期许，都是寄望于国际组织和体系能够发挥制裁侵略的作用。对英法两国的双边外交上，国民政府力图能够获得英法在国联内的支持，对于《国联盟约》能够得到执行尽了最大的努力。从某种程度上讲，日本肆意侵华，置国际法及条约而不顾，已经使得包括《国联盟约》在内的国际公约成为事实上的名存实亡状态。国联形同虚设，《非战公约》亦成为具文，这些深刻的教训均为战后建立新的国际组织提供了借鉴。

在中国独立抗日的艰难时刻，欧洲形势突变，德国先是突袭波兰，继而进犯苏联，欧洲战争全面爆发。日本则进一步发动太平洋战争，第二次世界大战全面爆发。随着世界反法西斯同盟的成立，中国所努力争取的外援及平等的国家间关系，开始出现曙光。在世界反法西斯同盟建立前，英美为了从精神上鼓舞中国，坚定中国人民的抗战意志，有意宣布战后废约，废除各国在华既有条约特权。之所以会有上述对华条约关系的转变，原因在于英美等国逐渐认识到中国战场对于世界反法西斯战争所具有的不可替代的作用，正是由于中国将日本法西斯拖在了中国战场，才使得英美可以从容应对欧洲战事，避免了同时应对德日的困难局面。在国内舆论呼吁抗战废约的同时，国民政府外交部及相关部门开始为废约作政策和外交上的准备。

日本发动太平洋战争后，中国与英美等成为盟国，这极大地改变了中国对外条约关系的格局：一个显著的变化在于，中国正式对日本宣战，并对德意宣战，一举废除了与德日间的双边条约及章程、合同；另一个变化在于，中英美三国成为同盟国后，英美在已经表示战后废约的前提下，决定提前废约，以显示盟国对中国抗战的鼓励和支持。在英美表示战后废约意愿后，国民政府内部开始从政策上做相应的准备工作，为即将到来的废约做好对接工作。虽然英美已经表示愿意提前废约，但废约谈判并不算顺畅，尤其是中英之间的废约谈判曾一再延宕。1943 年 1 月 11 日，中英、中美同时宣布废弃两国在华治外法权，订立平等新约，并在战事结束 6 个月内缔结通商航海条约。随着中英、中美《新约》订立，中国相继与有约国订立了平等新约。在此波废约浪潮中，中国又先后与一批无约国订立了平等的友好建交条约，进一步扩大了双边关系。

对于抗战时期的中外条约关系而言，有一种另类的条约关系需要注意，即汪伪、伪满等傀儡政权与日本订立的条约。国民政府始终没有承认伪政权，也在各种国际场合宣布绝不承认伪政权所订立的条约，这决定了汪伪、伪满的对外条约不属于中外条约关系的范围。虽然这些伪条约在一定的时期得到了执行，曾经发挥过作用，但这种执行及效用不属于中外条约的范畴，其有效性并不代表其正当性。条约的效用和合法性是两个概念问题。

在太平洋战争爆发后，国际反法西斯联盟正式建立，法西斯集团必将覆灭，只是在时间先后上，需要决定先击败哪一个法西斯国家。雅尔塔会议上，为了尽快促使苏联加入对日作战，美国等密议满足斯大林所提要求，并对涉及中国利益的部分对华保密。战后的中外条约关系尽管是一个基于国际法的平等的双边关系网，但大国政治及强权政治的影响开始显现，面临美苏强权的情况下，中国对外条约关系仍然蒙上了一层阴影。《雅尔塔密约》及稍后的中苏《友好同盟条约》，给战后的中外条约关系营造了另外一种氛围：强权政治下的不平等条约。战后初期的条约关系仍然是充满矛盾和复杂的，除了强权政治所被迫订立的条约外，形式上和程序上的平等也未必一定能取得中国朝野的认可，典型的如《中美商约》。战后条约关系的发展表明：中国对外的条约关系，不仅需要主权的平等，同时也需要实际利益的公平原则。

国内舆论对于战后的条约关系是不满意的，声势浩大的反对《中美商约》运动便是这种不满意的集中表现。对于中国政府而言，事实上还有远比《中美商约》更为苛刻的商约，那就是延宕已久的中英商约。英国对华新商约关系并不满足于美国从商约中已经取得的权利，而是希望更进一步，取得英国对华经商的国民待遇，而非最惠国待遇。由《中美商约》等引发的反美浪潮，某种程度上动摇了国民政府统治的政治基础。

当国民政府在新的中外条约关系中逐渐失去民心的同时，中国共产党开始引领中国对外条约关系的发展，并逐步具有了主导地位。从大革命时代起，中国共产党就高举废约的大旗，主张彻底全部废除列强在华不平等条约，中国共产党所倡导的废约外交成为国民革命时期最能号召民族主义的口号。"七七"事变后，抗日成为压倒一切的重中之重，中国共产党又根据变化了的形势提出了抗日民族统一战线的主张，为中国抗日战争的胜利指明了方向。中国共产党是抗战废约的参与者和推动者，为中华民族伟大复兴贡献了自己的力量。当历史把重新树立中外条约关系的重任交给中共时，中共不负众望，在与旧约进行切割的同时，提出了新的订约模式，中外条约关系开启了一个新的时代。

三

中国人对"平等"的追求与对"不平等"的痛恨构成了辛亥革命以来革命的动员口号之一，没有哪一个口号可以像"废除平等条约"一样能够高效地动员起民众的爱国热情了。"七七"事变后，中国朝野对于获得国际上的平等地位有更深切的体验，希望能以中外条约关系上平等独立国家的身份激励民众的爱国热情，投身抗日战争。英美等国在二战爆发后亦对于中国朝野的期望有一定的认识，为了鼓励中国的斗志，缓解其自身面临德、意、日等国的压力，释放出了废除在华不平等条约的信号。在中国的敦促下，英美最终同意改"战后废约"为"战时废约"，通过抗战废约中国基本实现了对外条约关系中的主权平等。对于战后中国的外交而言，需要适应新的战后国际关系格局，需要对新约中的"平等"有正确的理解，如果一味陷于"对等"的程序陷阱，则难免进入事实上的新类型不平等关系。

从抗战后期开始，在反法西斯盟国内部，中国对外条约关系分两条主线发展，一条是同主要国家废除旧约，实现了条约关系上的主权对等；另一条则是逐步签订新的通商航海条约，建立新的条约关系。第一条主线最主要的体现在于治外法权的废除；第二条主线主要是以中美《友好通商航海条约》为标志的中外商约关系。辅以这两条主线发展的，是中国加入国际公约的外交交涉，以及中苏之间从《不侵犯条约》到强权政治下的《友好同盟条约》的发展。治外法权及外人在华其他条约特权的废除，并不意味着中国在国际上已经建立起了与其他列强完全对等的国家主权，中国不具备"对等"实施条约的能力。本卷在《中美新约》、中苏《友好同盟条约》章节内的论述，已经展现了这一点。抗战胜利前后条约关系的事实表明，久为条约束缚的中国民众对于程序上的平等及条款上的对等并不满意，国内对《中美新约》的广泛批评正是这种体现。如何适应新的国际经济秩序及国际政治秩序成为构建中外条约关系的新议题。

近代中外条约关系自鸦片战争开始，经历了100余年的演变发展，最终从传统的朝贡体系经过不平等条约体系，发展为主权平等的国际法体系。不平等条约体系统治中国的百年期间，外人在华享有的不平等条约特权是中国处于半殖民地半封建社会的标志之一。抗战胜利后，中国共产党继续开展废约斗争，中华人民共和国的成立，标志着近代中外不平等条约关系的终结。中外不平等条约关系的终结并不意味着近代中国所有丢失的权益亦同时得以复归，其中的根本原因在于：造法性条约可以立即终结，但对于条约执行所造成的损害后果，包括领土割让及租界和租借地的出让等，仍需要另类处理。香港、澳门作为旧约的残留仍在新中国成立后得以延续，从性质上而言，此时中外条约关系已经属于完全平等，但在事实上仍有一些旧约执行后果的残留。1949年9月29日，中国人民政治协商会议第一届全体会议通过的《中国人民政治协商会议共同纲领》将中华人民共和国政府对旧约的态度予以阐释："对于国民党政府与外国政府所订立的各项条约和协定，中华人民共和国中央人民政府应加以审查，按其内容，分别予以承认，或废除，或修订，或重订。"① 1997年7月1日，香港回归祖国。1999年12月20日，澳门回归祖国。在中国共产党的领导下，百余年来的条约特权残留被彻底清扫，中国解除了百年来套在中华民族身上的不平等条约锁链，中外条约关系迈向了新的时代。

---

① 新华书店编辑部编辑：《中国人民政治协商会议第一届全体会议重要文献》，新华书店，1949年，第40页。

主要参考文献

一、 资料丛刊、汇编、已刊及未刊档案

财政科学研究所、中国第二历史档案馆编:《民国外债档案史料》第十一卷,档案出版社 1991

复旦大学历史系编译:《日本帝国主义对外侵略史料选编 1931—1945》,上海人民出版社 1983

复旦大学历史系中国近代史教研组编:《中国近代对外关系史资料选辑》下卷第 2 分册,上海人民出版社 1977

洪葭管主编:《中央银行史料(1928.11—1949.5)》下卷,中国金融出版社 2006

黄朝琴编:《广源轮案》,耿素丽、张军选编:《民国华侨史料汇编》,国家图书馆出版社 2011

李嘉谷主编:《中苏国家关系资料汇编(1933—1945)》,社会科学文献出版社 1997

美国哥伦比亚大学图书馆藏,《顾维钧档案》(Wellington Koo Papers),1937—1949 年间有关部分

美国国务院编,中华民国外交部译:《美国与中国之关系》,中华民国外交部印 1949

美国国务院出版:《美国与中国的关系》下卷,中国现代史资料编辑委员会刊印 1957

美国斯坦福大学胡佛档案馆藏,"金问泗档案"Box 1

秦孝仪主编:《中华民国重要史料初编——对日抗战时期》第三编《战时外交》、第六编《傀儡组织》,台北"中央"文物供应社 1981

人民出版社编:《香港问题文件选辑》,人民出版社 1985

任建树、张统模、吴信忠编:《陈独秀著作选》第一卷,上海人民出版社 1993

日本防卫厅战史室编：《日本帝国主义侵华资料长编——大本营陆军部摘译》，四川人民出版社 1987

上海市档案馆藏，上海市轮船商业同业公会编印：《维护航权文电辑要等资料》

沈志华主编：《俄罗斯解密档案选编：中苏关系》第一卷，东方出版中心 2015

世界知识出版社编：《国际条约集（1648—1871）》，世界知识出版社 1984

世界知识出版社编：《国际条约集（1934—1944）》，世界知识出版社 1961

世界知识出版社编：《中华人民共和国对外关系文件集（1951—1953）》第 2 集，世界知识出版社 1958

世界知识出版社编：《中美关系资料汇编》第 1、2 辑，世界知识出版社 1957、1960

台北"国立"编译馆主编，陈志奇辑编：《中华民国外交史料汇编》（10）、（11）、（12），台北渤海堂文化事业有限公司 1996

台北"国史馆"藏"外交部档案"、"行政院档案"有关部分

台北"中研院"近代史研究所藏，"国民政府外交部档案"（简称为"外交部档案"）有关部分

台北联合报社译：《一九四三年中美关系文件》，台北联合报社 1962

台北"外交部"编：《外交部档案丛书——界务类》第二册（中苏关系卷），台北"外交部"2001

万仁元、方庆秋编：《中华民国史史料长编》第 61 册，南京大学出版社 1993

王建朗编：《中华民国时期外交文献汇编 1911—1949》第七卷、第八卷，中华书局 2015

王铁崖编：《中外旧约章汇编》1—3 册，三联书店 1957、1959、1962

吴景平、郭岱君编：《宋子文驻美时期电报选（1940—1943）》，复旦大学出版社 2008

武汉日报年鉴编委会编：《民国三十六年度武汉日报年鉴》，武汉日报社 1947

徐达深主编：《中华人民共和国实录》第 1 卷（上），吉林人民出版社 1994

叶惠芬编：《中华民国与联合国史料汇编：筹设篇》，台北"国史馆"2001

张玮瑛等译：《美国外交文件：日本（1931—1941）》，中国社会科学出版社 1998

张研、孙燕京主编：《民国史料丛刊》（6），大象出版社 2009

中共中央党史资料征集委员会编：《中共党史资料》第 27 辑，中共党史资料出版社 1988

中共中央文献研究室编：《建国以来重要文献选编》第 1、2 册，中央文献出版社 1992

中国第二历史档案馆编：《抗日战争正面战场》，江苏古籍出版社 1987

中国第二历史档案馆编：《中华民国史档案资料汇编》第五辑第一编、第二编《外交》，江苏古籍出版社 1997

中国第二历史档案馆藏，"国民政府外交部档案"、"国民政府交通部档案"、"国民政府关务署档案"有关部分

中国国民党中央委员会党史委员会影印：《国防最高委员会常务会议记录》第 8 册，台北近代中国出版社 1996

中国近代经济史资料丛刊编辑委员会主编：《一九三八年英日关于中国海关的非法协定》，中华书局 1964

中国人民解放军国防大学党史党建政工教研室编：《中共党史教学参考资料》第 17 册，国防大学出版社 1985

中国社会科学院近代史研究所编：《胡适任驻美大使期间往来电稿》，中华书局 1978

中国史学会、中国社会科学院近代史研究所编：《抗日战争》第四卷（上），四川人民出版社 1997

中华人民共和国外交部编：《中华人民共和国条约集》第 1 集（1949—1951），法律出版社 1957

中央档案馆、中国第二历史档案馆、吉林省社会科学院合编：《汪伪政权》，中华书局 2004

中央档案馆编：《中共中央文件选集》第 4—11、14、16—18 册，中共中央党校出版社，1989、1990、1991、1992

中央档案馆编：《中国共产党抗日文件选编》，中国档案出版社 1995

中央人民政府法制委员会编：《中央人民政府法令汇编》（1949—1950）、
　　（1951），法律出版社 1982

朱汇森主编：《中华民国史事纪要（初稿）：中华民国二十六年（一九三七）
　　七至十二月份》，台北"国史馆"1987

二、人物文集、传记、年谱、日记及回忆录

《蒋介石日记》，斯坦福大学胡佛研究院藏，中国社会科学院近代史研究所
　　抄本

《李维汉选集》编辑组编：《李维汉选集》，人民出版社 1987

黄朝琴：《我的回忆》，台北龙文出版社 1989

李海著，马登阁等译：《我在现场》，华夏出版社 1988

林美莉编：《王世杰日记》，台北"中研院"近代史研究所 2013

刘崇文、陈绍畴编：《刘少奇年谱》上卷，中央文献出版社 1996

吕芳上主编：《蒋中正先生年谱长编》第 5—7 册，台北"国史馆"、中正纪
　　念堂管理处、财团法人中正文教基金会 2014

秦孝仪总编纂：《"总统"蒋公大事长编初稿》卷四（上），台北中国国民党
　　"中央委员会"党史委员会 1978

师哲回忆，李海文整理：《在历史巨人身边——师哲回忆录》，中央文献出版
　　社 1991

吴世民等译：《哈里曼回忆录》，东方出版社 2007

伊利奥·罗斯福著，李嘉译：《罗斯福见闻秘录》，春光新闻社 1947

张力校订：《傅秉常日记》，社会科学文献出版社 2017

中共中央毛泽东选集出版委员会编：《毛泽东选集》合订本，人民出版
　　社 1969

中共中央文献编辑委员会编：《邓小平文选》第 3 卷，人民出版社 1993

中共中央文献编辑委员会编：《周恩来选集》上卷，人民出版社 1980

中共中央文献研究室编：《建国以来毛泽东文稿》（1949.9—1950.12），中央

文献出版社 1987

中共中央文献研究室编:《毛泽东文集》第 1 卷,人民出版社 1993

中共中央文献研究室编:《周恩来传》第 3 册,中央文献出版社 1998

中国社会科学院近代史研究所译:《顾维钧回忆录》第 1、2、5、7 分册,中华书局 1983、1985、1987、1988

中华人民共和国外交部、中共中央文献研究室编:《毛泽东外交文选》,中央文献出版社、世界知识出版社 1994

中华人民共和国外交部、中共中央文献研究室编:《周恩来外交文选》,中央文献出版社 1990

三、 研究著作、论集

陈光华:《中国的交通运输发展》,中华文化复兴运动推行委员会主编:《中华文化丛书》,台北"中央"文物供应社 1982

陈拯:《新兴大国建设国际人权规范研究》,上海人民出版社 2017

董晨鹏:《炮打紫石英号——中英长江事件始末》,云南人民出版社 2000

高朗遗著,白安丹校订:《中共一大党员董锄平》,中央文献出版社 2006

高廷梓:《中国航政建设》,商务印书馆 1947

龚学遂:《中国战时交通史》,上海商务印书馆 1947

顾翊群:《危机时代国际货币金融论衡》,台湾三民书局 1971

贺越明编选:《徐铸成新闻评论选》,武汉大学出版社 1985

黄鸿钊:《澳门史纲要》,福建人民出版社 1991

江天凤主编:《长江航运史》(近代部分),交通人民出版社 1992

姜秉正:《香港问题始末》,陕西人民出版社 1987

姜念东、伊文成、解学诗、吕元明、张辅麟:《伪满洲国史》,吉林人民出版社 1980

金光耀:《国民政府与联合国的创建》,《中国社会科学》2003 年第 6 期

金应熙主编:《菲律宾史》,河南大学出版社 1990

劳特派特修订:《奥本海国际法》,商务印书馆 1989

李浩培：《条约法概论》，法律出版社 2003

李后：《百年屈辱史终结——香港问题始末》，中央文献出版社 1997

李育民：《中国废约史》，中华书局 2005

罗伯特·达莱克：《罗斯福与美国对外政策》，商务印书馆 1984

迈克尔·沙勒：《美国十字军在中国 1938—1945》，商务印书馆 1982

茅伯科主编：《上海港史》（古、近代部分），人民交通出版社 1990

孟广涵主编：《国民参政会纪实》（续编，1938—1948），重庆出版社 1987

裴坚章主编：《中华人民共和国外交史》 （1949—1956），世界知识出版
    社 1994

彭敦文：《太平洋战争爆发前国民政府外交战略与对外政策》，武汉大学出版
    社 2009

任东来：《试论一九四六年〈中美友好通商航海条约〉》，《中共党史研究》
    1989 年第 4 期

任东来：《争吵不休的伙伴：美援与中美抗日同盟》，广西师范大学出版
    社 1995

萨本仁、潘兴明：《20 世纪的中英关系》，上海人民出版社 1996

沙健孙主编：《中国共产党通史》第四卷，湖南教育出版社 1999

陕北新华社：《评蒋美商约总结魏德迈》，光明书店 1947

舍伍德著，福建师范大学外语系译：《罗斯福与霍普金斯》，商务印书馆 1980

石源华主编：《中华民国外交史辞典》，上海古籍出版社 1996

陶文钊、杨奎松、王建朗：《抗日战争时期中国对外关系》，中共党史出版
    社 1995

汪海波主编：《新中国工业经济史》，经济管理出版社 1986

王才芳编：《中国和世界气象组织》，气象出版社 1990

王建朗：《大国意识与大国作为———抗战后期的中国国际角色定位与外交
    努力》，《历史研究》2008 年第 6 期

王建朗：《抗战初期的远东国际关系》，台湾东大图书公司 1996

王建朗：《卢沟桥事件后国民政府的战和抉择》，《近代史研究》1998 年第

5 期

王建朗:《英美战时废约政策异同与协调》,《抗日战争研究》2003 年第 3 期

王建朗:《中国废除不平等条约的历程》,江西人民出版社 2000

王铁崖:《国际法》,法律出版社 1995

王在帮:《霸权稳定批判论——布雷顿森林体系的历史考察》,时事出版社 1994

王正廷:《外交胜利全靠国民的实力》,秦孝仪主编:《革命文献》第 72 辑,台北"中央"文物供应社 1977

吴孟雪:《美国在华领事裁判权百年史》,社会科学文献出版社 1992

吴相湘:《第二次中日战争史》(上),台北综合月刊社 1973

燕京大学学生自治会研讨股编印:《评中美商约》,燕京大学学生自治会 1947

杨天石、侯中军编:《战时国际关系》,社会科学文献出版社 2011

张仲礼等:《太古集团在旧中国》,上海人民出版社 1991

郑公弼:《废约与修约》,励志书局 1929

中共上海海运管理局委员会党史资料征集委员会、中国海员工会上海海运管理局委员会编写:《上海海员工人运动史》,中共党史出版社 1991

中国航海学会编:《中国航海史》(近代航海史),人民交通出版社 1989

中国社会科学院近代史研究所编:《纪念七七事变爆发 70 周年学术研讨会论文集》,社会科学文献出版社 2009

朱克勤:《出席国民大会记》,沈云龙主编:《近代中国史料丛刊》续编第 43 辑,台北文海出版社 1977

四、 报刊、杂志

《东方杂志》《红旗》《解放日报》《申报》《中央日报》《大公报》《益世报》(天津)、《晋察冀日报》《新华月报》《新华日报》《人民日报》《新中华》《解放》《新世界月刊》《经济汇报》《经济周报》《金融周报》《银行周报》《军事与政治》《海事》《红色中华》《外交公报》等

五、 外文档案、资料集及出版物

The U. S. Department of State ed. ，Foreign relations of the United States
　　(FRUS)，Diplomatic Papers，1941，Vol. 4，(Washington，D. C.：Gov-
　　ernment Printing Office)，1956

—1938，Vol. 3，China，GPO，1954

—1942，Vol. 1，China，GPO，1956

—1943，Vol. 1，China，GPO，1957

—1944，Vol. 1

—1945，Vol. 7

British Foreign Office Files，371 Series，China (FO371)，The National
　　Archives，FO371/20950、22050、23458、35809、41601、46220、46221、
　　53658、53659、53660、63279、63280、63281、69625

British Documents on Foreign Affairs-Reports and Papers from the Foreign
　　Office Confidential Print (BDFA)，Part Ⅲ，Series E，Vol5，Bethesda，
　　MD：University Publications of America，1991

Hornbeck Papers，Stanford：Hoover Institution Archives，Box 148

T. V. (Tzu-wen) Soong papers，box 33 folder 2，Stanford：Hoover Insti-
　　tution Archives

Wesley R. Fishel. *The End of Extraterritoriality in China*. Berkeley & Los
　　Angeles：University of California Press，1952